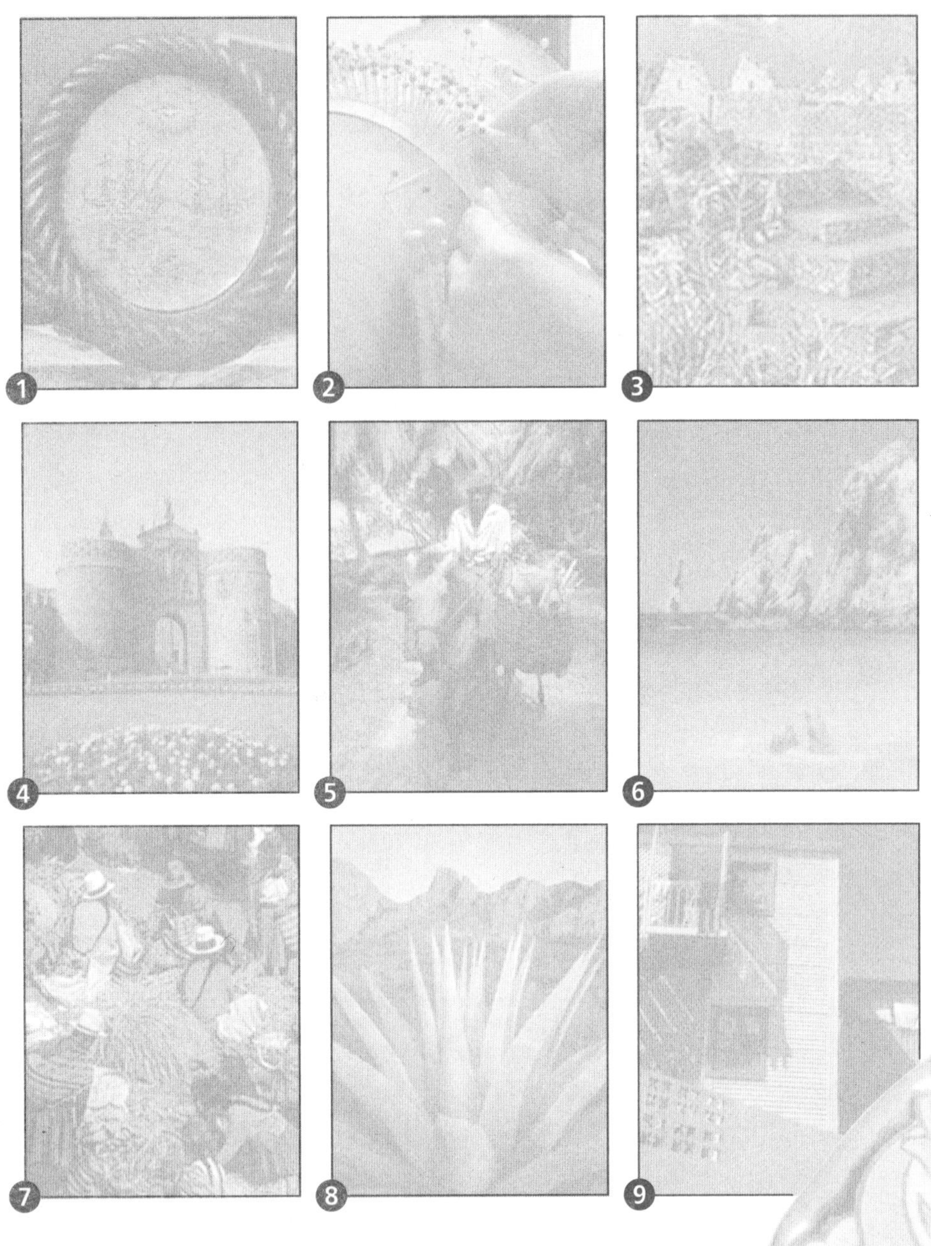

1 **Argentina** Official crest of the city of Buenos Aires
2 **Puerto Rico** Lace making with a **mundillo** in Old San Juan
3 **Peru** The ruins of the ancient city of Machu Picchu
4 **Spain** Puerta Bisagra, Toledo
5 **Dominican Republic** Dominican villagers riding to market
6 **Mexico** Sea stacks on beach, San Lucas
7 **Peru** Sunday Indian market, Chinchero
8 **Texas** Century plant in Chisos Mountains
9 **Argentina** La Boca neighborhood, Buenos Aires
10 **Spain** Gold enamel plate, Sevilla

(Back cover: **Peru** Teens in native costumes)

HOLT SPANISH 3

¡Exprésate!®

Nancy Humbach

Sylvia Madrigal Velasco

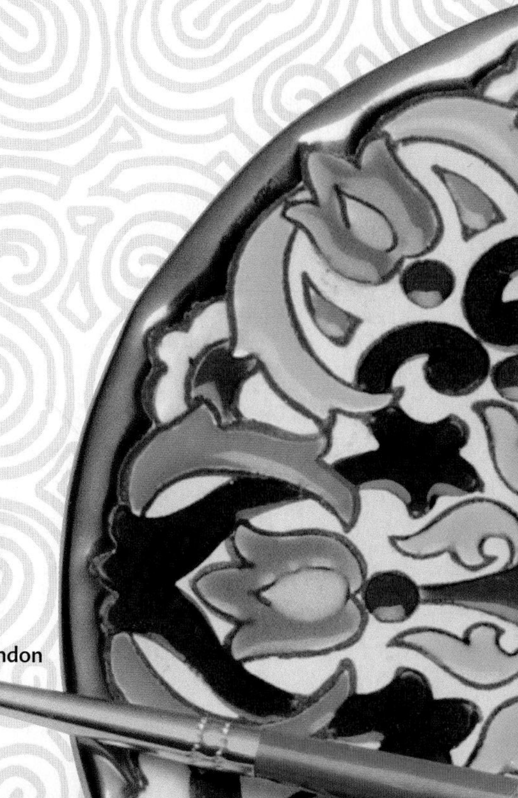

HOLT, RINEHART AND WINSTON

A Harcourt Education Company

Orlando • Austin • New York • San Diego • Toronto • London

Holt Teacher Advisory Panel

As members of the **Holt World Languages Teacher Advisory Panel,** the following teachers made a unique and invaluable contribution to the ***¡Exprésate!*** Spanish program. They generously shared their experience and expertise in a collaborative group setting and helped refine early materials into the program design represented in this book. We wish to thank them for the many hours of work they put into the development of this program and for the many ideas they shared.

¡Muchísimas gracias a todos!

Erick Ekker
Bob Miller Middle School
Henderson, NV

Dulce Goldenberg
Miami Senior High School
Miami, FL

Beckie Gurnish
Ellet High School
Akron, OH

Bill Heller
Perry High School
Perry, NY

MilyBett Llanos
Westwood High School
Austin, TX

Rosanna Perez
Communications Arts
High School
San Antonio, TX

Jo Schuler
Central Bucks High School East
Doylestown, PA

Leticia Schweigert
Science Academy
Mercedes, TX

Claudia Sloan
Lake Park High School
Roselle, IL

Judy Smock
Gilbert High School
Gilbert, AZ

Catriona Stavropoulos
West Springfield High School
Springfield, VA

Nina Wilson
Burnet Middle School
Austin, TX

Janet Wohlers
Weston Middle School
Weston, MA

COVER PHOTOGRAPHY CREDITS

FRONT COVER (from top left to bottom right): Don Couch/HRW; John Langford/HRW; © Robert Frerck/Odyssey; © Jose Fuste Raga/CORBIS; © Tom Bean/CORBIS; © Bill Ross/CORBIS; © Blaine Harrington III; © David Muench/CORBIS; © Walter Bibikow/DanitaDelimont.com; Sam Dudgeon/HRW Photo.

BACK COVER: Don Couch/HRW.

Acknowledgments appear on page R106, which is an extension of the copyright page.

Printed in the United States of America

ISBN 0-03-071272-6

3 4 5 6 7 048 07 06 05

Authors

Nancy Humbach

Nancy Humbach is Associate Professor and Coordinator of Languages Education at Miami University, Oxford, Ohio. She has authored or co-authored over a dozen textbooks in Spanish. A former Fulbright-Hays Scholar, she has lived and studied in Colombia and Mexico and has traveled and conducted research throughout the Spanish-speaking world. She is a recipient of many honors, including the Florence Steiner Award for Leadership in the Foreign Language Profession and the Nelson Brooks Award for the Teaching of Culture.

Sylvia Madrigal Velasco

Sylvia Madrigal Velasco was born in San Benito, Texas. The youngest of four siblings, she grew up in the Rio Grande Valley, between two cultures and languages. Her lifelong fascination with Spanish has led her to travel in many Spanish-speaking countries. She graduated from Yale University in 1979 and has worked for over 20 years as a textbook editor and author at various publishing companies. She has written bilingual materials, video scripts, workbooks, CD-ROMs, and readers.

Contributing Writer

Marci Reed
Austin, TX
Ms. Reed wrote material for the **Geocultura** pages.

Field Test Participants

We express our appreciation to the teachers and students who helped field test *¡Exprésate!* Levels 1–3.

Kathleen Neal Carroll
Edinburg, TX

Inés Loveras
Staten Island, NY

Jenny L. Wilton
St. Louis, MO

Yadira Gonzáles
McAllen, TX

Nitza T. Cochran
Jacksonville, FL

Doris Muñoz Fuentes
Brooklyn, NY

Diane Mackenzie
Louisville, KY

Sara Kate Perkins
High Point, NC

María E. Negrón
Richmond, VA

Ms. Luz M. Vasquez
San Antonio, TX

Zulema Silva
Greensboro, NC

Hank Cline
Jamesville, NY

Yvonne L. Harrell
Jacksonville, FL

Reviewers

We'd like to thank the following teachers for having reviewed one or more chapters of *¡Exprésate!*.

Elizabeth Baird
Independence High School
Independence, OH

Laura Grable
Riverhead Central School District
Riverhead, NY

Manuel Hernandez
Presentation High School
San Jose, CA

Christine M. Lord
Dracut HS
Dracut, MA

Pablo Oliva
Arendell Parrott Academy
Kinston, NC

Sharon Strait
Mukwonago High School
Mukwonago, WI

Dora Villani
High School for American Studies
Bronx, NY

Contenido en breve

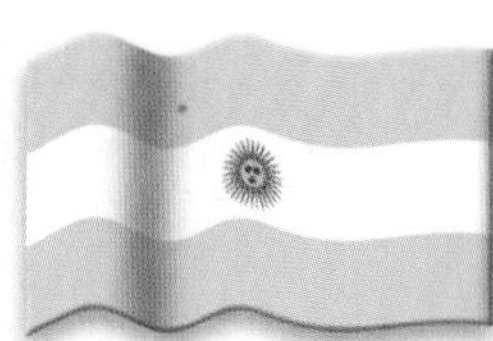

Castilla-La Mancha

Capítulo 1 ¡Adiós al verano!

En video

Geocultura **GeoVisión**
Cultura **VideoCultura**
VideoNovela **Clara perspectiva**
Variedades

Visit Holt Online
go.hrw.com
KEYWORD: EXP3 CH1
Online Edition

Capítulo 2 ¡A pasarlo bien! 48

En video

Geocultura **GeoVisión**
Cultura **VideoCultura**
VideoNovela **Clara perspectiva**
Variedades

Visit Holt Online
go.hrw.com
KEYWORD: EXP3 CH2
Online Edition

El Caribe

Capítulo 3 Todo tiene solución

Geocultura

En video

Geocultura **GeoVisión**

Cultura **VideoCultura**

VideoNovela **Clara perspectiva**

Variedades

Visit Holt Online
go.hrw.com
KEYWORD: EXP3 CH3
Online Edition

En video

Geocultura **GeoVisión**
Cultura **VideoCultura**
VideoNovela **Clara perspectiva**
Variedades

Visit Holt Online
go.hrw.com
KEYWORD: EXP3 CH4
Online Edition

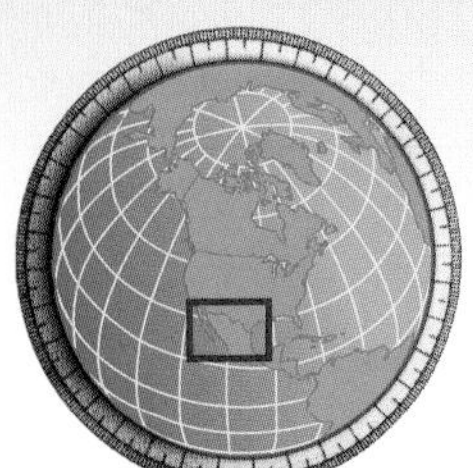

El Suroeste y el Norte de México

Capítulo 5 El arte y la música 186

Geocultura

En video

Geocultura **GeoVisión**

Cultura **VideoCultura**

VideoNovela **Clara perspectiva**

Variedades

Visit Holt Online
go.hrw.com
KEYWORD: EXP3 CH5
Online Edition

En video

Geocultura **GeoVisión**
Cultura **VideoCultura**
VideoNovela **Clara perspectiva**
Variedades

Visit Holt Online
go.hrw.com
KEYWORD: EXP3 CH6
Online Edition

Los Andes

Geocultura

En video

Geocultura **GeoVisión**
Cultura **VideoCultura**
VideoNovela **Clara perspectiva**
Variedades

Visit Holt Online
go.hrw.com
KEYWORD: EXP3 CH7
Online Edition

Capítulo 8 ¿A qué te dedicas? 318

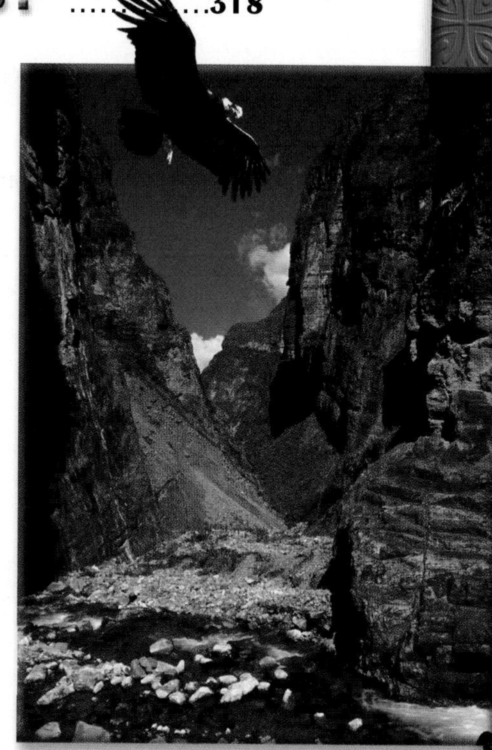

En video

Geocultura	**GeoVisión**
Cultura	**VideoCultura**
VideoNovela	**Clara perspectiva**

Variedades

Visit Holt Online
go.hrw.com
KEYWORD: EXP3 CH8
Online Edition

El Cono Sur

Capítulo 9 Huellas del pasado

Geocultura

En video

Geocultura **GeoVisión**
Cultura **VideoCultura**
VideoNovela **Clara perspectiva**
Variedades

Visit Holt Online
go.hrw.com
KEYWORD: EXP3 CH9
Online Edition

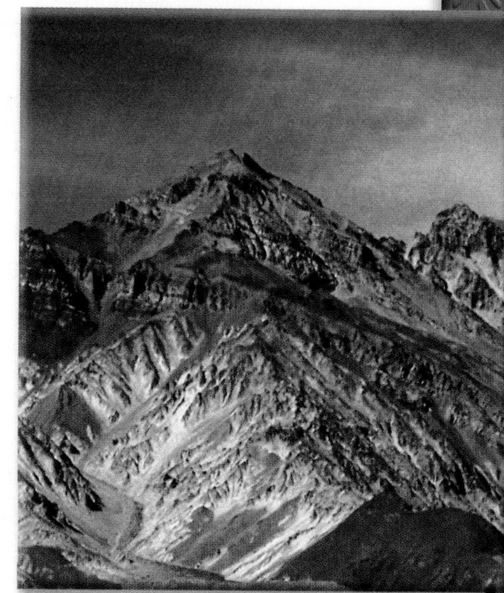

En video

Geocultura **GeoVisión**
Cultura **VideoCultura**
VideoNovela **Clara perspectiva**
Variedades

Visit Holt Online
go.hrw.com
KEYWORD: EXP3 CH10
Online Edition

Estrategias para leer

Reading Strategies

As you read the texts in this book, you will be asked to use certain skills, such as **paraphrasing, summarizing, making inferences,** and **determining the main idea.** Here are some strategies that may help you work with the skills that are presented.

Paraphrasing A paraphrase is a summary in which the author's ideas are restated in the reader's own words. Paraphrasing is a good way to check your understanding; if you can state someone else's ideas in your own words, then you have understood what you read.

Summarizing is similar to paraphrasing. While paraphrasing is retelling a story in your own words, summarizing is retelling the most important information or details of a text.

After you have read a story, for example, practice retelling it to a partner. Before you retell it, make a checklist of the things to include in the retelling, such as title, setting, main characters and their relationship to each other, main events, conflict, and resolution of the conflict.

Making inferences As readers, we make inferences when we combine information in the text with what we already know in order to understand things the writer has not stated directly. Understanding a text or story well enough to be able to make such connections can be a matter of reading the text several times, focusing each time on what you didn't understand with the previous reading. Here are some steps that may help.

1. Read the text one time through, rate your understanding on a scale of 1-10, and write down any questions you have. Discuss your questions with a partner and see if he or she understood some things that you did not.
2. Read the text again, rate your understanding, and see if you find the answers to some of your questions.
3. If you still have questions, read the text a third time, rate your understanding, and discuss any remaining questions with your partner.

Determining the main idea The main idea is what the writer wants readers to remember about the topic—the message, opinion, insight, or lesson that is the focus or key idea of the text. Sometimes the main idea is directly stated; at other times, it is implied.

One way to figure out the main idea is to break the reading into small chunks, and then decide what one word conveys the message of that chunk. Discuss your decisions with a partner or small group. Your group may come to a consensus about what the most important word is.

Finding the most important word in each of the passages, and putting all of these words together, will help you figure out the most important word, and thought, of the entire passage.

There are many other strategies that will help you develop the skills you need to become a good reader. As a general rule, re-reading a text and breaking it down into smaller pieces will make it easier to use these skills.

Sugerencias para continuar tus estudios

Tips for studying Spanish

Do you remember everything you learned last year? It's easy to forget your Spanish when you don't use it for a while. Here are some tips to help you in Spanish class this year.

¡Escucha!

When someone else is speaking, ask yourself what that person is saying. Listen for specific words or phrases that either support or do not support your guess. If you don't hear or understand a word, don't panic or give up. Try to figure out its meaning from the sentences that follow it.

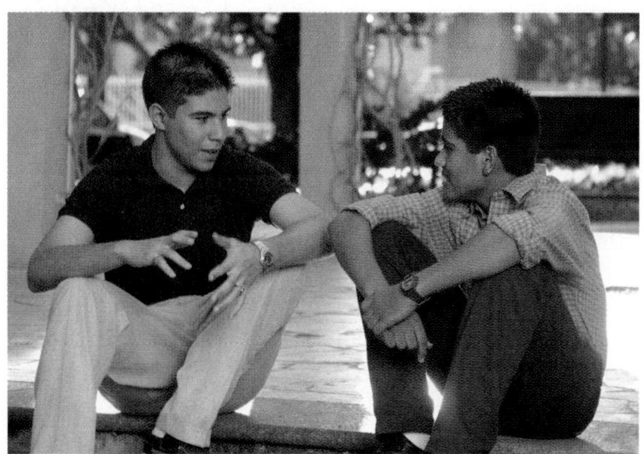

¡Habla!

Have you ever tried to say something in English, but then you forgot a certain word? Chances are you did not let that stop you. You simply thought of another way of saying the same thing. Use that same trick when speaking Spanish.

With a classmate, practice short conversations on topics you learned about last year. If you can't remember how to say something in Spanish, look in the glossary or ask someone, **"¿Cómo se dice...?"**

¡Lee!

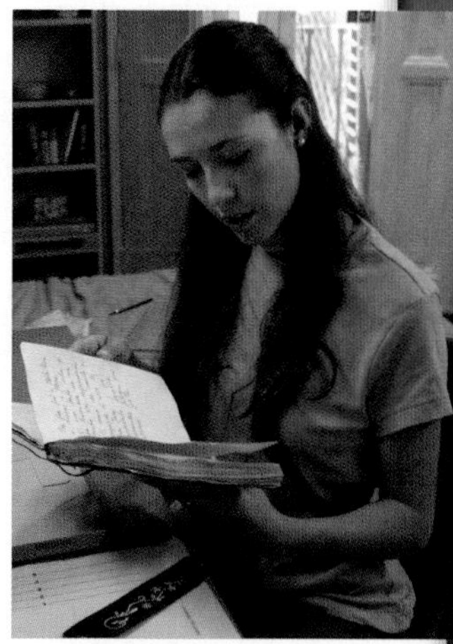

Sometimes you might feel anxious when you read in Spanish, because understanding the entire text seems to be an overwhelming task. One way to reduce this anxiety is to break the reading up into parts. With the reading divided into small sections, you can focus all your attention on one section at a time.

If you look up specific words or phrases in an English-Spanish dictionary, be careful about choosing the meaning. Many words can have several different meanings in English or in Spanish. Be sure to look closely at the context, if one is given, before choosing a word.

¡Escribe!

It will be easier to decide what to write about if you brainstorm. Brainstorming means writing down all the ideas that come to mind without being critical of them.

Before you begin writing, organize the ideas you have brainstormed. Write a sentence that states the main ideas. Then choose the details that support it, listing them in an order that makes sense to you. After you have listed all of your ideas, you can write about the ones that appeal to you most.

Learning a foreign language is like any other long-term project, such as getting into shape or taking up a new sport: it will take some time to see the results you want. And remember, knowing another language is a valuable asset, and you've already come a long way. Keep up your Spanish and . . . **¡Exprésate!**

GeoVisión

Geocultura Castilla-La Mancha

▲ **La ciudad de Toledo** está ubicada en un precipicio a orillas del río Tajo. La ciudad es testigo de la rica historia de una región en la que los cristianos, musulmanes y judíos se han entremezclado, dejando cada uno sus huellas.

Talavera de la Reina
TOLEDO
Montes de Toledo

▼ **Las extensas llanuras de Castilla-La Mancha** son el escenario perfecto para los molinos de viento en uso desde el siglo XVI, en los tiempos de Miguel de Cervantes. En su obra *El ingenioso hidalgo don Quijote de la Mancha,* el héroe, don Quijote, ataca a los molinos confundiéndolos con gigantes. El castillo es de origen musulmán.

Almanaque

Provincias de la comunidad autónoma
Guadalajara, Toledo, Cuenca, Ciudad Real, Albacete

Idioma castellano

Industrias importantes
turismo, agricultura, ganadería

Nota de interés
Durante mucho tiempo el azafrán valió su peso en oro. Hoy sigue siendo la especia más cara del mundo.

¿Sabías que...?

Toledo, la capital de Castilla-La Mancha, también fue la capital de España hasta 1561.

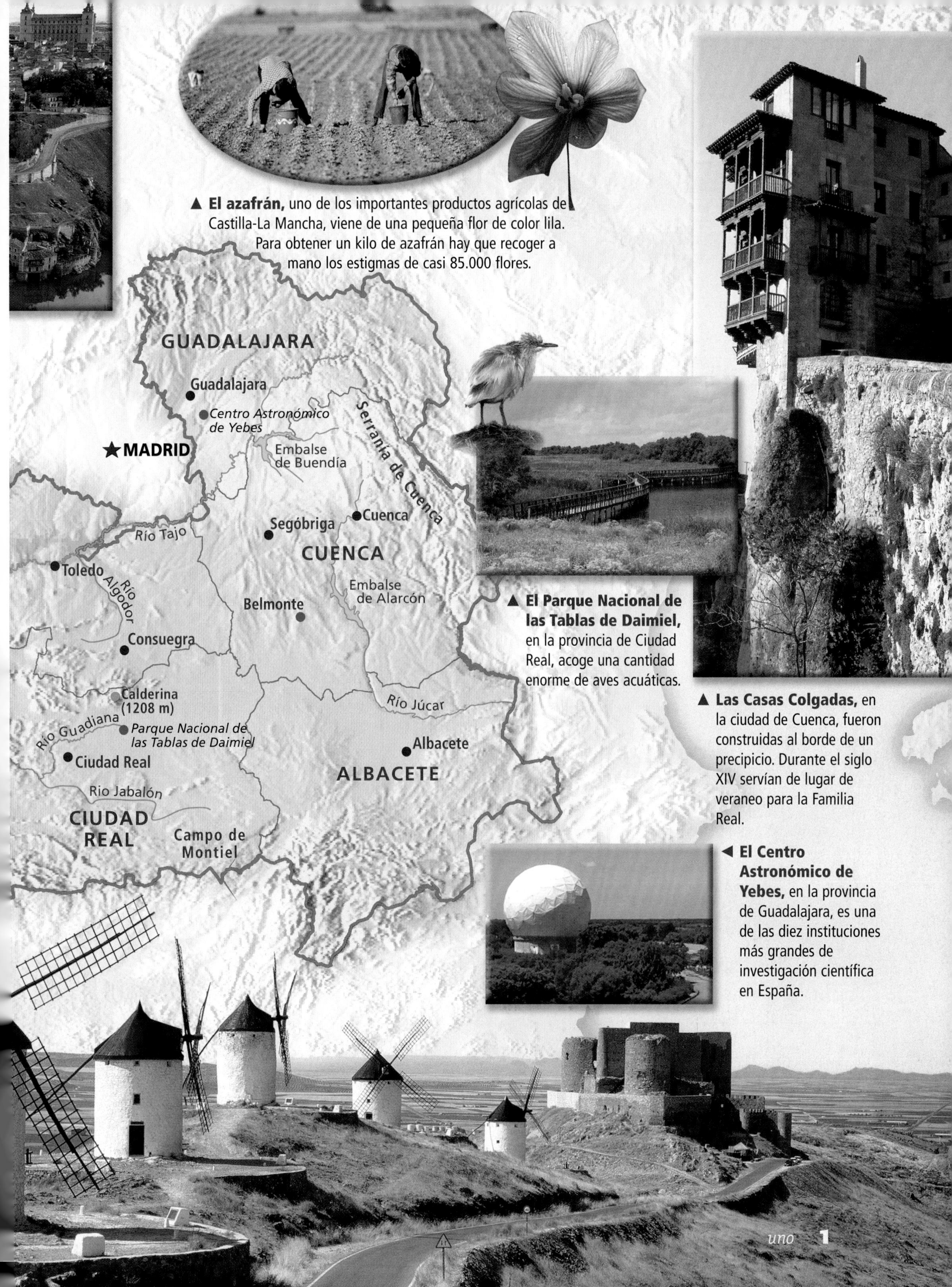

▲ **El azafrán,** uno de los importantes productos agrícolas de Castilla-La Mancha, viene de una pequeña flor de color lila. Para obtener un kilo de azafrán hay que recoger a mano los estigmas de casi 85.000 flores.

▲ **El Parque Nacional de las Tablas de Daimiel,** en la provincia de Ciudad Real, acoge una cantidad enorme de aves acuáticas.

▲ **Las Casas Colgadas,** en la ciudad de Cuenca, fueron construidas al borde de un precipicio. Durante el siglo XIV servían de lugar de veraneo para la Familia Real.

◀ **El Centro Astronómico de Yebes,** en la provincia de Guadalajara, es una de las diez instituciones más grandes de investigación científica en España.

La historia de Castilla-La Mancha

100 200 300 400 500 600 700 800 900 1000

Siglo VIII–XI

Los musulmanes expulsaron a los visigodos y ocuparon el terreno de Castilla-La Mancha durante cuatro siglos. Construyeron mezquitas elaboradas y fundaron **escuelas superiores** de matemáticas y lenguas. Hoy día usamos el sistema numérico árabe. **Investiga otras influencias que dejaron los árabes en España.**

Siglo V–VIII

La tribu germánica de los visigodos invadió la península y nombró Toledo su capital. *La Corona de Recesvinto* es uno de los tesoros que queda de los tiempos de ocupación visigoda en España. **¿Cuánto tiempo dominaron España los visigodos?**

Siglo II a.C.–III d.C.

La ciudad romana de Segóbriga sirve como testigo de la ocupación romana en España. Las ruinas de un anfiteatro y baños públicos atraen a cantidades de turistas a este pequeño pueblo cada año. **Investiga qué otros sitios en España tienen ruinas romanas.**

1085

Alfonso VI «el Bravo» (antes de 1040–1109) encabezó la reconquista cristiana de España contra los musulmanes, capturando Toledo en 1085. Su vasallo Rodrigo Díaz de Vivar, «el Cid», capturó Valencia en 1094. **En tu opinion, ¿por qué se llamó «el Bravo»?**

¿Sabías que...?

José Bonaparte, el hermano de Napoleón, fue el rey de España durante la ocupación francesa.

Visit Holt Online
go.hrw.com
KEYWORD: EXP3 CH1
Photo Tour

1100 1200 1300 1400 1500 1600 1700 1800 1900 2000

1561

Felipe II (1527–1598) trasladó la capital de España de Toledo a Madrid en 1561. Debido a esto y a la inflación causada por la abundancia de oro traído desde las Américas, Toledo dejó de ser un centro intelectual y artístico para convertirse en provincia agrícola. **¿Conoces una región en Estados Unidos que se transformó drásticamente como Toledo?**

1808–1814

La Guerra de la Independencia

Napoleón Bonaparte controló la mayoría de Europa, incluyendo España, Italia, Alemania y Austria, entre 1804 y 1814. **La Batalla de Talavera,** en La Mancha, constituyó una de las primeras victorias de las fuerzas españolas aliadas con las de Gran Bretaña contra Napoleón. **¿Por qué fue importante para España la Batalla de Talavera?**

1936–1939

El Alcázar de Toledo fue el lugar de una batalla clave en la **Guerra Civil de España** en 1936. El General Francisco Franco marchó a Madrid después de la victoria de sus tropas nacionalistas en Toledo. **¿Cuánto tiempo se quedó en control el dictador Franco?**

1982–presente

Castilla-La Mancha se convirtió en región autónoma en 1982. Las Cortes de Castilla-La Mancha, con sede en este monasterio, tienen función legislativa. Las Cortes, el Presidente de la Junta y el Consejo de Gobierno forman las **tres ramas administrativas** del gobierno de Castilla-La Mancha. **¿Cuáles son las ramas administrativas de tu estado?**

El arte de Castilla-La Mancha

100 a.C. | 1200 | 1300 | 1400 | 1500

Siglo I a.C.

Los romanos reconocieron la alta calidad de la elaboración del acero en Toledo y llevaron su fama a Roma. La belleza y calidad de las **espadas y puñales de Toledo** tienen fama mundial. **¿Hay alguna artesanía famosa en tu región o comunidad?**

Siglo XIV

En **la Sinagoga del Tránsito** los arcos y los diseños geométricos son típicos del arte mudéjar. **Mudéjar** se refiere a los árabes que permanecieron en España después de la reconquista y su arte es preponderante en muchos edificios en Castilla-La Mancha. **¿Quién hizo el arte mudéjar?**

Siglo XV–presente

El arte del **damasquinado** es el arte de origen árabe de incrustar hilo de oro, plata o cobre sobre acero. Los platos, broches, pulseras y anillos damasquinados de Toledo son famosos por todo el mundo. **¿Qué materiales se usan para este arte?**

1226–1493

La construcción de la **Catedral de Toledo** duró de 1226 hasta 1493. Por eso el monumento refleja varios estilos de arquitectura. El exterior es un ejemplo de arquitectura gótica francesa, mientras los estilos mudéjar y barroco decoran la mayoría de su interior. **¿Por qué crees que tardaron tanto en construir la catedral?**

Siglo XV

El Castillo de Belmonte fue construido en el siglo XV. Es uno de los castillos mejor preservados de la región. Es principalmente gótico en estilo, con arte mudéjar y renacentista. **Investiga en Internet quién contruyó el castillo.**

¿Sabías que...?

Hasta hoy día algunos países usan las espadas de Toledo en sus uniformes militares.

Visit Holt Online
go.hrw.com
KEYWORD: EXP3 CH1
Photo Tour

1600 1700 1800

Siglo XVI–presente

La cerámica y los azulejos de Talavera han decorado las casas ilustres de la región. **¿Crees que la cerámica fue fabricada para usar o para decorar?**

Siglo XVIII

El altar de la Catedral de Toledo fue elaborado entre 1721 y 1732. Es un buen ejemplo del estilo barroco del siglo XVIII, el cual se caracteriza por líneas onduladas y el contraste entre la luz y la oscuridad. **¿Por qué crees que muchas obras de arte tienen motivo religioso?**

1620

Un discípulo de El Greco, **Luis Tristán** (1586–1624) sigue las tradiciones de la Escuela de Arte de Toledo. En *Adoración de Los Reyes Magos* (1620) su uso predominante del claroscuro refleja la influencia de su maestro. **Si tú pudieras ser discípulo de un artista, ¿a quién elegirías y por qué?**

1597

El Greco, Domenikos Theotocopoulos (1541–1614), llegó a Toledo en 1577. Se enamoró de la ciudad y se quedó en Toledo hasta su muerte en 1614. Es considerado el primer genio de la escuela española de pintura. *Vista de Toledo* (1597) demuestra colores intensos y contrastes dramáticos de luz. **¿De qué país vino El Greco?**

Capítulo 1

¡Adiós al verano!

OBJETIVOS

In this chapter you will learn to

- talk about the past
- talk about what you liked and used to do
- ask for and give advice
- talk about the future

And you will use

- preterite and imperfect
- **ser** and **estar**
- subjunctive for hopes and wishes
- pronouns
- comparisons, demonstrative adjectives and pronouns
- negative words and time constructions

¿Qué ves en la foto?

- **¿Qué hacen los jóvenes en la foto?**
- **¿Cómo es el clima en este lugar?**
- **¿Te gustaría viajar a un lugar como éste? ¿Por qué?**

Los molinos de viento de Consuegra

Objetivos
Talking about the past, talking about what you liked and used to do

Vocabulario en acción 1

Hice muchas cosas este verano. ¿Y tú?

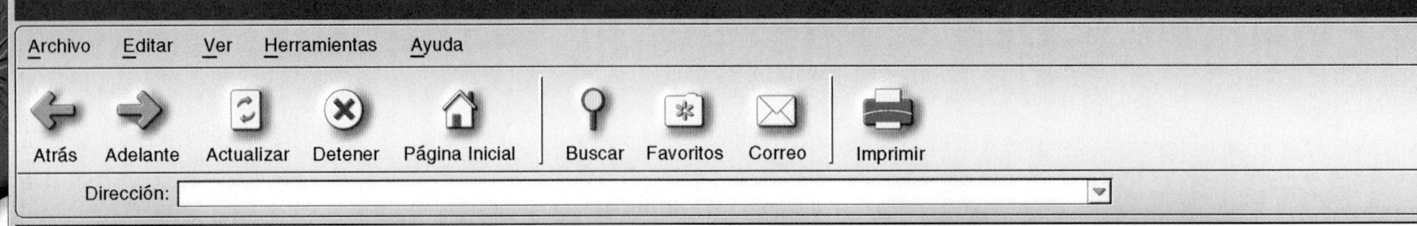

Mis vacaciones
Mi familia
Mis amigos

Di una caminata con mi familia cerca de Toledo. Almorzamos en un lugar con una vista hermosa a la ciudad. Luego acampamos en el bosque.

Hacía calor en Toledo y no había brisa. Pero el sábado llovió a cántaros, cayeron relámpagos y escuché truenos. Luego, cuando solamente caía una llovizna, fuimos a un concierto al aire libre.

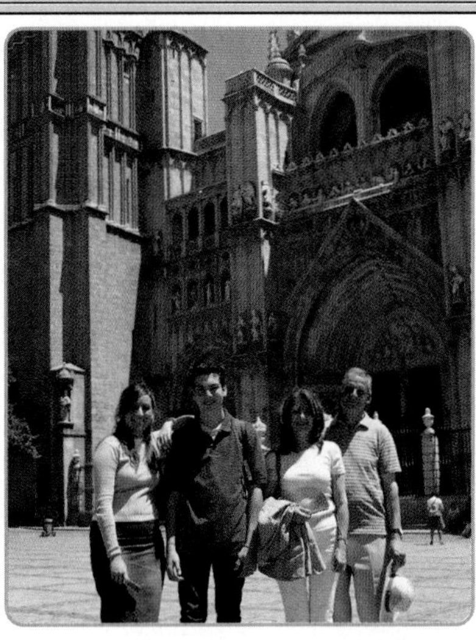

Pasamos un fin de semana muy bueno en Toledo. Tomamos un autobús desde la estación de autobuses hasta la Plaza Zocodóver. Visitamos la catedral y varios monumentos. Paseamos por el río Tajo y nos divertimos mucho.

Toda la familia disfrutó de las vacaciones porque hicimos actividades interesantes. Un día todos montamos a caballo y ¡hasta intentamos el patinaje en línea!

Más vocabulario...

Actividades

trotar	*to jog*

Tiempo

los grados Fahrenheit/centígrados	*degrees Fahrenheit/centigrade*
la tormenta	*storm*

Visit Holt Online
go.hrw.com
KEYWORD: EXP3 CH1
Vocabulario 1 practice

Al día siguiente fuimos a la estación de trenes para regresar a Madrid.

Nos aburrimos un poco en el tren. Mamá hizo crucigramas, papá y yo jugamos naipes y mi hermana conversó con una chica que también viajaba a Madrid. Vimos las montañas por la ventanilla.

Pasamos dos semanas en la costa. Coleccioné caracoles e hice windsurf. Cuando me cansé de hacer windsurf, practiqué el esquí acuático y la natación.

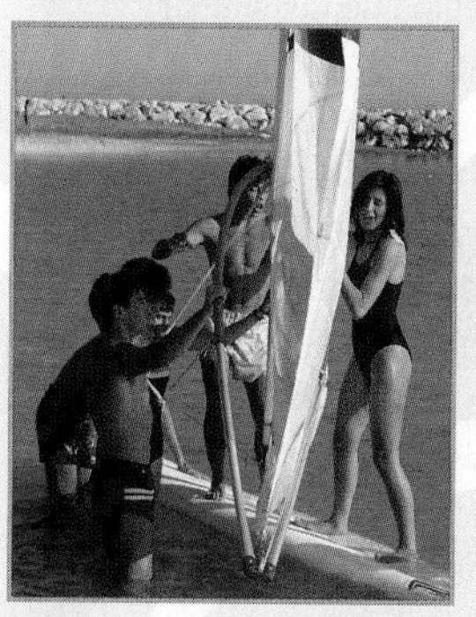

¡Exprésate!

To talk about the past	To respond
¿Qué hiciste el verano pasado? *What did you do last summer?*	**Viajé a...** *I traveled to . . .*
¿Qué tal lo pasaste? *Did you have a good time?*	**Lo pasé de película/de maravilla.** *I had a great time.*
¿Adónde fuiste? *Where did you go?*	**Fui a...** *I went to . . .*
¿Qué te pareció...? *How was . . . ?*	**Lo/La encontré muy interesante.** *I found it very interesting.*

Interactive TUTOR

Online
Vocabulario y gramática, pp. 1–3

▶ Vocabulario adicional — Los viajes, p. R15

1 ¿Quién es?

Escuchemos Escucha los comentarios y escoge la foto que corresponde a cada comentario.

A

B

C

D

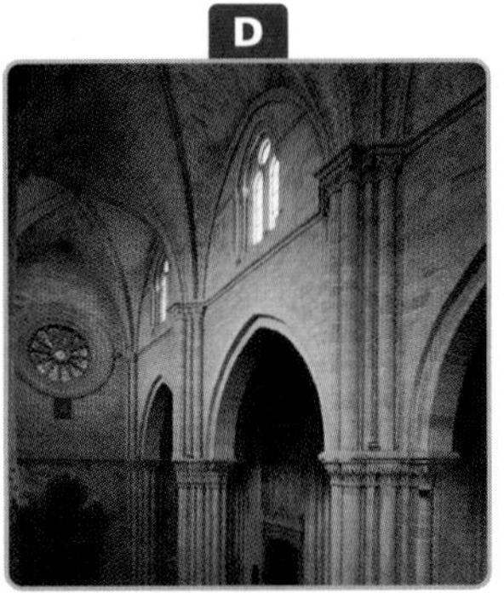

2 ¿Qué significa?

Leamos/Escribamos Escribe la palabra de **Vocabulario** que corresponde a cada definición.

1. Cuando esto ocurre, hay lluvia, viento y relámpagos.
2. Para hacer esta actividad necesitas una silla especial.
3. Un lugar con muchos edificios y calles.
4. En este lugar se puede nadar y coleccionar caracoles.
5. Correr lentamente como ejercicio.
6. Un edificio donde se celebran ritos religiosos.

Nota cultural

La región de Castilla-La Mancha está dominada por una extensa llanura, pero también tiene montañas como la Cordillera Central al norte, el Sistema Ibérico al noreste, la Sierra Morena y los Montes de Toledo al sur. Hay muchas lagunas, como las lagunas de Ruidera y de Cañada del Hoyo, y dos ríos grandes, el Tajo y el Guadiana.

3 ¿Lo pasaron bien?

Leamos/Escribamos Completa el diálogo con las palabras del cuadro.

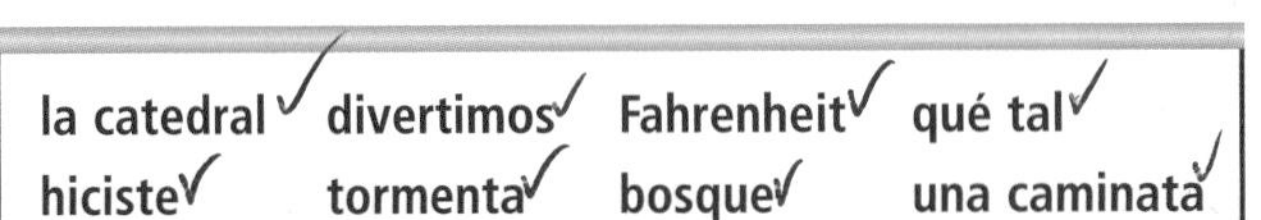

la catedral	divertimos	Fahrenheit	qué tal
hiciste	tormenta	bosque	una caminata

CARMEN ¡Hola Miguel! ¿Qué __1__ este verano?

MIGUEL Acampé en el __2__ con mi familia.

CARMEN ¿Hizo mucho calor?

MIGUEL Sí. Hizo mucho calor... cien grados __3__.

CARMEN ¿Y __4__ lo pasaron?

MIGUEL Bueno, la primera noche hubo una __5__ y llovió a cántaros.

CARMEN ¡Qué desastre! ¿Qué hicieron el segundo día?

MIGUEL Decidimos ir a un hotel en la ciudad. Fuimos a un concierto y nos __6__ mucho. Al día siguiente dimos __7__ por la ciudad y tomamos fotos de __8__.

CARMEN Me parece que disfrutaron su viaje a la ciudad.

4 Guía turística

Escribamos Escribe lo que se puede ver o hacer en cada lugar de Castilla-La Mancha, según las fotos.

MODELO **En Talavera de la Reina, puedes ver la famosa cerámica, pintada de muchos colores.**

Talavera de la Reina

Un viaje a Castilla-La Mancha

1 el Río Henares

2 Albacete

3 Toledo

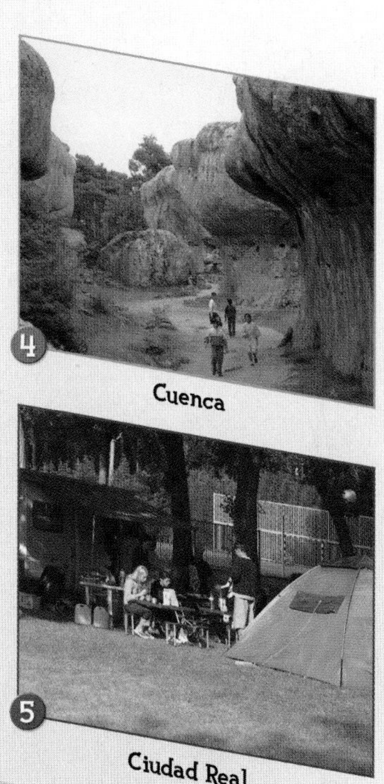
4 Cuenca

5 Ciudad Real

5 Adivina la pregunta

Leamos/Hablemos Lee las siguientes respuestas y haz una pregunta para cada una.

1. Viajé por Europa con mis papás.
2. Fuimos a España, Francia e Inglaterra.
3. Lo pasé de película.
4. ¿España? Lo encontré fascinante.
5. Comimos muchos mariscos.
6. Viajamos en tren.

6 ¿Qué hiciste el verano pasado?

Hablemos Túrnense tú y un(a) compañero(a) para hablar de lo que hicieron el verano pasado. Usen las palabras y las expresiones de **Vocabulario** y **Exprésate.**

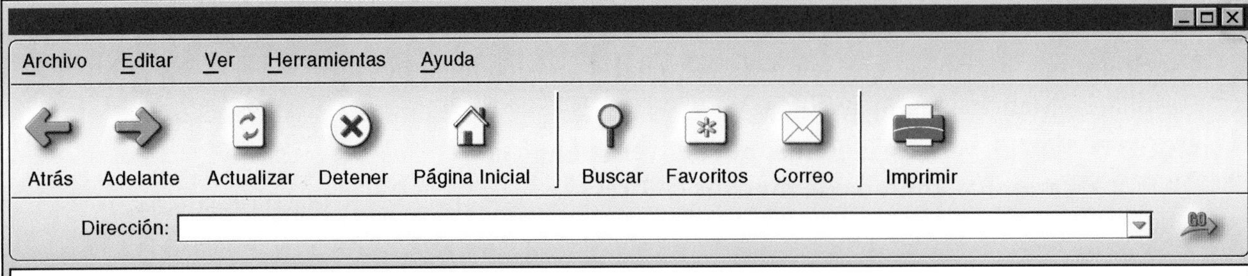

Las fiestas en el pueblo de Felipe

Querido Jorge:

Aquí ves una foto de las fiestas de mi pueblo. Son del 4 al 11 de agosto, todos los años. Siempre me han encantado estas fiestas. De niño me gustaba ver a los payasos y comer tortilla de patata. Ahora me gustan los bailes que dan por la noche, pero de niño me gustaba jugar con mis primos en la plaza. Jugábamos todo tipo de juegos y nos lo pasábamos bomba. También solía participar en el desfile el primer día de las fiestas. Lo encontraba genial. Usaba ropa tradicional y tocaba la flauta. La última noche de las fiestas, disfrutaba de los fuegos artificiales. Esa noche, solía dormir en casa de mis primos, y pasábamos toda la noche hablando de lo que habíamos hecho.

Mándame una foto de las fiestas de tu pueblo. Me gustaría ver cómo son.

Saludos, Felipe

¡Exprésate!

To talk about what you liked and used to do

Interactive TUTOR

De niño(a), me gustaba... *As a child, I liked to . . .*	**Cuando tenía diez años, me encantaba...** *When I was ten, I loved to . . .*
Cuando era joven, solía... *When I was young, I usually . . .*	**Siempre disfrutaba de...** *I always enjoyed . . .*
De pequeño, me lo pasaba bomba... *When I was little, I had a great time . . .*	**Lo encontraba genial...** *I thought . . . was great . . .*

Online
Vocabulario y gramática, pp. 1–3

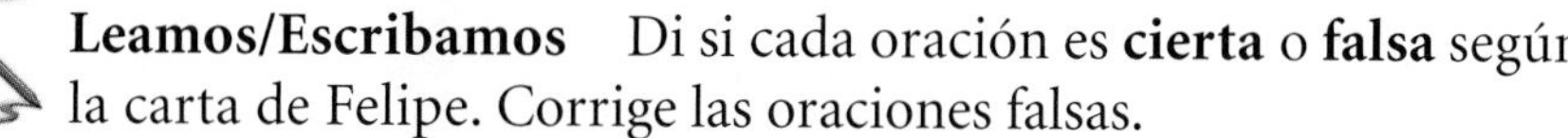

7 ¿Cierto o falso?

Leamos/Escribamos Di si cada oración es **cierta** o **falsa** según la carta de Felipe. Corrige las oraciones falsas.

1. De niño, a Felipe le gustaban los bailes que daban por la noche.
2. Felipe nunca comía tortilla de patata durante las fiestas.
3. Cuando era pequeño, Felipe disfrutaba de las fiestas.
4. A Felipe no le gustaba participar en el desfile.
5. Felipe encontraba geniales los fuegos artificiales.
6. De joven, a Felipe le encantaba jugar con sus primos durante las fiestas.

Castilla-La Mancha es una comunidad rica en cultura y folclor. La región tiene muchas tradiciones populares: fiestas, romerías *(pilgrimages)*, bailes y carreras para celebrar los ciclos agrícolas, momentos históricos, milagros o acontecimientos religiosos. En el Baile de la Soldadesca en Toledo la gente se viste con ropa típica y baila danzas folclóricas, llamadas animeros, en la plaza.

8 Haz el cuento

Leamos/Escribamos Completa el diálogo con las palabras del cuadro.

genial	aburría	bomba
disfrutaba	solía	gustaba

MARTÍN De niño, me ___1___ dar caminatas por el bosque o acampar en las montañas.

TERESA ¿De verdad? A mí no me gustaba el bosque. Mi familia ___2___ ir a la playa.

MARTÍN Me ___3___ mucho en la playa de joven. No había nada que hacer.

TERESA Pues, yo lo encontraba ___4___. Cuando tenía cinco años, me encantaba coleccionar caracoles.

MARTÍN Es que yo nunca ___5___ de la natación.

TERESA ¡Yo tampoco! Pero me lo pasaba ___6___ practicando el esquí acuático.

Comunicación

9 Lo que me gustaba hacer

Hablemos Túrnense tú y un(a) compañero(a) para hablar de lo que les gustaba hacer de niños. Luego, resuman para la clase lo que le gustaba hacer a su compañero(a).

MODELO —**Cuando tenía siete años, me encantaba patinar.**

—**Yo solía jugar al escondite con mis amigos.**

Objetivos
Preterite and imperfect, ser and estar, subjunctive for hopes and wishes

Repaso Preterite and imperfect

1 You already know that the **preterite** and the **imperfect** are used to talk about past events or situations.

2 Use the **preterite** to talk about something that happened

- on a specific occasion or a specific number of times

  El verano pasado **viajé** a España y **acampé** cerca del Río Tajo.

- in a sequence of events

  Cuando **llegué, busqué** alojamiento y **llamé** a mis amigos. Al día siguiente nos **reunimos** en un café y luego **paseamos** por Toledo.

- for a specific period of time, even if it happened repeatedly

  Pasé un mes en Toledo y **fui** todos los días a las playas de Cádiz.

3 Use the **imperfect** to talk about a situation or event in the past to say

- what used to happen for an unspecified period of time

  De niño, **viajaba** a España con mis padres todos los veranos y **visitábamos** a mis abuelos en Cádiz.

- what people, places or things were generally like or to describe the setting

  Mis abuelos **eran** más activos y simpáticos.

  En las playas **había** menos turistas. Siempre **hacía** calor.

- how someone felt or what he or she liked or disliked

  No me **gustaba** ir a la playa porque le **tenía** miedo al mar.

4 You can use the **preterite** to say what people, places or things were like, how people felt, and what they liked or disliked *in order to sum up a particular occasion.* Use it also to talk about someone's reaction, or to say that a state or condition changed.

¿Fuiste a Cádiz? ¿Qué tal **estuvo?**

Llevé a mi hermanito a la playa y no **tuvo** miedo. ¡Al contrario, le **gustó** mucho bañarse en el mar!

Ayer miré algunas fotos de España y **sentí** mucha nostalgia.

Online
Vocabulario y gramática, pp. 4–6 | Actividades, pp. 1–3

¿Te acuerdas?

These are the regular **preterite** endings of **-ar** and **-er** or **-ir** verbs.

compr**é**	compr**amos**
compr**aste**	compr**asteis**
compr**ó**	compr**aron**
volv**í**	volv**imos**
volv**iste**	volv**isteis**
volv**ió**	volv**ieron**

Before **e** or **é**, verbs ending in **-car, -gar,** or **-zar** have a spelling change.

bus**c**ar:	bus**qu**é
lle**g**ar:	lle**gu**é
organi**z**ar:	organi**c**é

Visit Holt Online
go.hrw.com
KEYWORD: EXP3 CH1
Gramática 1 practice

10 ¿Qué hiciste el verano pasado?

Escuchemos Escucha la conversación y di si se habla de **a**) una situación en particular o de **b**) cómo son o eran las cosas en general.

11 Cuéntame más

Escribamos Completa la conversación con el pretérito o imperfecto de los verbos según el contexto.

MATEO ¿Qué tal las vacaciones? ¿Adónde __1__ (ir)?

SONIA Mi familia y yo __2__ (visitar) a mis abuelos en Santander, en la playa.

MATEO ¿Y qué tal __3__ (estar)?

SONIA Genial. Fíjate que de niña no me __4__ (gustar) ir a la playa, pero ahora me encanta. __5__ (Venir) mis primos y nos lo __6__ (pasar) bomba.

MATEO ¿Por qué no te __7__ (gustar) ir a la playa de niña?

SONIA __8__ (Preferir) jugar en casa de mis abuelos. __9__ (Haber) muchas cosas antiguas—muebles, pinturas, muñecas, libros. __10__ (Fascinarme) los dibujos en los libros. Y tú, ¿qué hiciste?

MATEO Pués...

12 ¿Qué hicieron?

Escribamos Escribe dos o tres oraciones acerca de cada foto. Explica adónde fueron las personas y qué hicieron. Luego describe qué había en el lugar y cómo era.

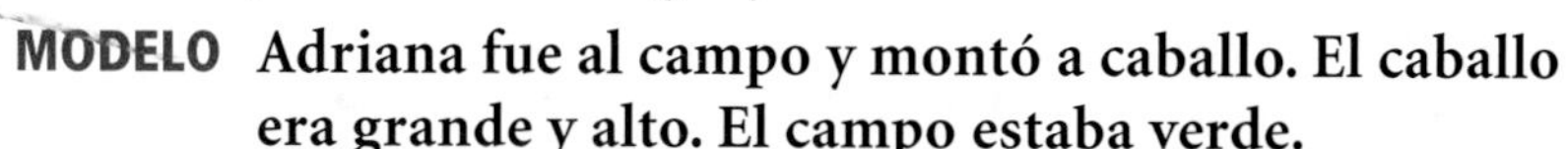
MODELO Adriana fue al campo y montó a caballo. El caballo era grande y alto. El campo estaba verde.

Adriana

1. Sergio

2. Clara y sus amigos

3. Mis amigos y yo

Comunicación

13 Tus vacaciones de verano

Leamos/Hablemos Pregúntale a tu compañero(a) qué hizo durante sus vacaciones de verano. Luego pregúntale adónde iba de vacaciones de niño y qué hacía. Túrnense.

Repaso Ser and estar

1 As you have learned, both **ser** and **estar** have specific uses and cannot be used interchangeably.

2 **Ser** is used:

- to describe or identify people, places, or things

Ella **es** alta y rubia.	*She is tall and blonde.*
Tomás y Elena **son** muy listos.	*Tomás and Elena are very smart.*

- to tell time

Son las dos y media.	*It is two-thirty.*

- to say what someone's profession is

Mario **es** bombero.	*Mario is a firefighter.*

- to talk about nationality and origin

Soy de España, pero mi mamá **es** francesa.	*I'm from Spain, but my mother is French.*

3 **Estar** is used:

- to say where something or someone is located

Mi hermano Luis **está** en Cuenca.	*My brother Luis is in Cuenca.*
¿Dónde **están** los boletos de tren?	*Where are the train tickets?*

- to describe physical conditions, emotions or feelings, or how something tastes

Marta **estuvo** enferma la semana pasada.	*Marta was sick last week.*
Hernán **estaba** preocupado por el examen.	*Hernán was worried about the test.*
El bistec **está** un poco salado.	*The steak is a little salty.*

- with the present participle to form the present or past progressive

Ellos **están** esperando el autobús.	*They are waiting for the bus.*
¿Qué **estabas** haciendo cuando te llamé?	*What were you doing when I called?*

Online
Vocabulario y gramática, pp. 4–6 | Actividades, pp. 1–3

Nota cultural

Cuenca es un pueblo pequeño en Castilla-La Mancha, construido sobre los acantilados *(cliffs)* de una montaña. Es famoso por sus «casas colgadas» que fueron construidas en los acantilados y están situadas de tal forma que parecen estar colgantes. Este pueblo antiguo, establecido durante el imperio romano, está tan bien conservado que Cuenca ha sido nombrado Patrimonio de la humanidad *(World Heritage Site).*

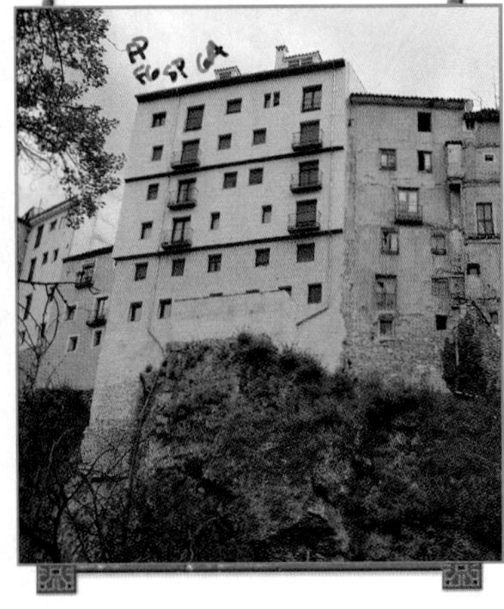

14 De vacaciones

Leamos/Escribamos Completa el diálogo con la forma correcta de **ser** o **estar.**

GRACIELA ¿Adónde vas de vacaciones?

ANDRÉS Siempre vamos a la costa. ¡__1__ un lugar muy hermoso! La playa a la que vamos __2__ muy grande.

GRACIELA ¿Te lo pasas bien allí?

ANDRÉS Sí. Allí conocí a Begoña, una chica española. Ella __3__ de Sevilla. La vi en la playa y la saludé. Ella me presentó a sus hermanos. Ellos __4__ estudiantes. Los dos __5__ estudiando medicina.

GRACIELA ¡Qué bien! ¿Qué pasó cuando tuviste que regresar a casa?

ANDRÉS Mira, cuando terminaron las vacaciones, Begoña regresó a Sevilla, donde __6__ su familia. Pero nosotros estamos en contacto por correo electrónico. Me dice que ahora ella __7__ de nuevo *(again)* en el colegio.

GRACIELA ¿Me la presentas?

ANDRÉS ¡Claro!

15 ¿Ser o estar?

Escribamos Escribe una oración con **ser** o **estar** para describir lo que ves en cada foto.

1

2

3

4

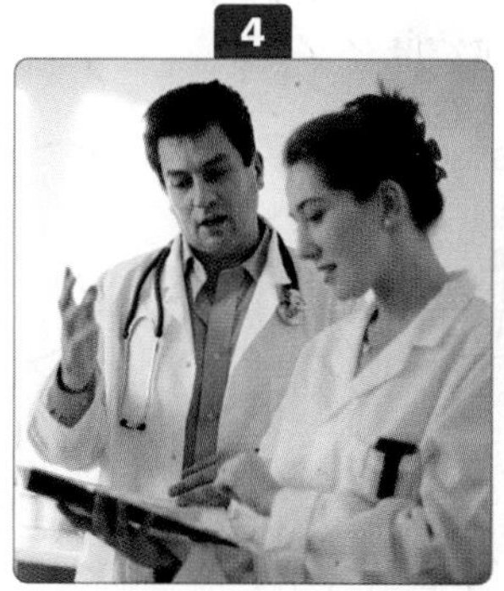

Comunicación

16 ¿Qué está pasando?

Hablemos Dile a tu compañero(a) algo que ves y algo que está pasando en el salón de clase. Describe algo verdadero y algo falso. Tu compañero(a) debe corregir lo falso. Sigan el modelo y túrnense.

MODELO **—Son las doce. El profesor no está en el salón de clase.**
—El profesor sí está en el salón de clase. Está escribiendo algo en la pizarra.

Repaso Subjunctive for hopes and wishes

1 You already know that the subjunctive mood is used to express hopes and wishes with **esperar que, querer que,** and **preferir que,** and to give advice and opinions with **es mejor que, es buena idea que, es importante que, aconsejar que, recomendar que,** and **sugerir que.**

2 In Spanish the **subjunctive** usually appears in the **dependent** or **subordinate clause** *(cláusula subordinada),* and is introduced by the conjunction **que** after the **main clause** *(cláusula principal).*

Cláusula principal / *Cláusula subordinada*

Yo espero que el viaje a Toledo sea divertido.
I hope the trip to Toledo is fun.

Cláusula principal / *Cláusula subordinada*

Gloria prefiere que vayamos al bosque.
Gloria would rather we go to the forest.

Cláusula principal / *Cláusula subordinada*

Te recomiendo que des una caminata por la ciudad.
I recommend you take a walk around the city.

3 The **subjunctive** is used when the subject changes between the **main clause** and the **subordinate clause.**

subject change

Es importante que haya parques grandes en las ciudades.
It's important to have large parks in the cities.

subject change

Espero que Carmen pueda acompañarnos a Guadalajara.
I hope Carmen can accompany us to Guadalajara.

subject change

Oscar sugiere que ellos lleven un traje de baño al lago.
Oscar suggests they bring a bathing suit to the lake.

4 When there is no change of subject, an **infinitive** follows the verb in the **main clause.**

Gloria prefiere ir al bosque.
Gloria would rather go to the forest.

Online
Vocabulario y gramática, pp. 4–6 | Actividades, pp. 1–3

¿Te acuerdas?

To form the present subjunctive, add these endings to the **yo**-form stem of regular verbs.

-AR VERBS	-ER / -IR VERBS
habl**e**	le**a**
habl**es**	le**as**
habl**e**	le**a**
habl**emos**	le**amos**
habl**éis**	le**áis**
habl**en**	le**an**

17 Otros planes

Leamos/Escribamos Completa las oraciones con la forma correcta del verbo en paréntesis.

1. Fabián y Lorenzo quieren que nosotros ____ (ir) al lago con ellos.
2. Ellos nos recomiendan que ____ (hacer) windsurf en el lago.
3. Quiero ____ (practicar) el esquí acuático también.
4. Mis amigos prefieren ____ (dar) caminatas por el bosque.
5. Esperamos que el viaje al lago ____ (ser) divertido.

18 Te recomiendo que...

Leamos/Hablemos Lee las oraciones y da una recomendación u opinión a cada persona. Usa las expresiones del cuadro.

Te recomiendo que...	Te aconsejo que...
(No) Es una buena idea que...	Es mejor que...
Es importante que...	Te sugiero que...

1. Ana quiere aprender a patinar pero no tiene patines.
2. Gabriela quiere montar a caballo pero no sabe hacerlo.
3. Tus amigos quieren ir al bosque pero hay una tormenta.
4. Margarita quiere saber si es mejor viajar en autobús o en tren.
5. Marcos quiere ir a un lugar donde se pueda acampar.

Nota cultural

Una de las comidas típicas de Castilla-La Mancha es el **mazapán,** un dulce de almendra. Según una leyenda de Toledo, el mazapán se hizo en el convento de San Clemente cuando la ciudad estaba sitiada *(under siege)* por los árabes en el siglo XIII. Hicieron una pasta con almendra y azúcar, los únicos alimentos que tenían, la hornearon y la llamaron "pan de maza". Otro alimento famoso de la región es el **queso manchego,** hecho con leche de oveja.

Gramática 1

Comunicación

19 ¿Qué les recomiendas?

Hablemos Hagan tú y un(a) compañero(a) un cuento basándose en los dibujos. Usen por lo menos tres recomendaciones con el subjuntivo en sus oraciones.

a.

b.

c.

Cultura

VideoCultura

La playa y la bahía de Tamariu, Costa Brava, España

El trabajo sin reposo convierte al hombre en un soso

En algunos países de habla hispana, muchas familias dejan la ciudad y van a la playa o al campo a pasar las vacaciones de verano. Muchas familias de clase media compran una segunda vivienda en estos lugares, o si no, la alquilan por un mes. Los chicos hacen amigos allí que ven todos los veranos. A veces, la vida en la ciudad se paraliza durante todo el mes, y las tiendas y bancos tienen horarios reducidos. Compara esto con el efecto que tienen las vacaciones en tu ciudad, en tu vida y la de tus compañeros.

María
Madrid, España

¿En tu país es común hacer un viaje durante el verano?

Sí, nosotros nos solemos ir de vacaciones sobre el julio y agosto.

¿Hay un lugar que sea muy popular?

Sí, casi todo el mundo suele ir a las playas.

De niña, ¿qué hacías durante las vacaciones de verano?

Yo me iba sobre julio con mis padres a la playa y luego en agosto me venía, me bañaba en la piscina.

¿Qué hiciste durante el verano el año pasado?

El año pasado estuve en Galicia haciendo una visita turística, y luego me vine aquí a la playa.

¿Qué planes tienes para el verano que viene?

El verano que viene pienso irme con mis tías y con mi prima al Caribe y Disneyworld®.

Visit Holt Online
go.hrw.com
KEYWORD: EXP3 CH1
Online Edition

Brando
Buenos Aires, Argentina

En tu país, ¿es común hacer un viaje durante el verano?
Sí, durante el verano se va a las costas del mar argentino: Mar de Tuyú, Villa Gesell, Miramar, Mar de Plata.

¿Hay un lugar popular?
Sí, mayormente se va a Mar de Plata, que es una de las costas que tiene el centro más grande acá en Buenos Aires.

De niño, ¿qué hacías durante las vacaciones de verano?
Construía castillitos en la arena, salía con mis primos.

¿Qué hiciste durante el verano el año pasado?
Estuve en las costas de lo que es el Mar de Tuyú.

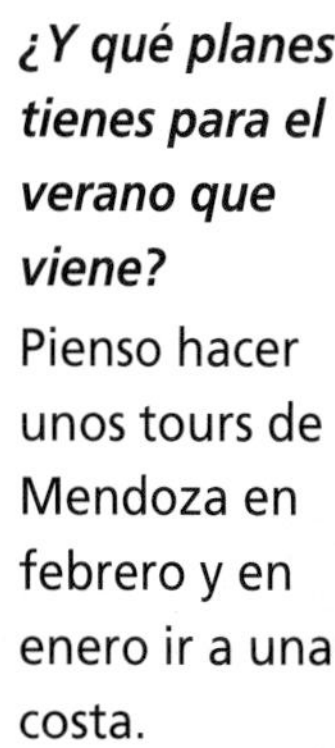

¿Y qué planes tienes para el verano que viene?
Pienso hacer unos tours de Mendoza en febrero y en enero ir a una costa.

Para comprender

1. Según María, ¿adónde van muchos de los españoles durante el verano?
2. Cuando María era niña, ¿cómo pasaba los meses de julio y agusto? ¿Hizo algo parecido el año pasado?
3. ¿Adónde van los argentinos durante el verano? De niño, ¿qué hacía Brando durante las vacaciones?
4. María y Brando hablan de ir a la playa. ¿Adónde va la gente de tu ciudad durante el verano?

Para pensar y hablar

¿Para ti es el viajar una manera de reunirse con familia y conocer nuevos amigos o lugares? ¿Cómo te diviertes durante las vacaciones? Compara lo que haces hoy con lo que hacías de niño. ¿Qué te gustaría hacer en unas vacaciones futuras?

Comunidad y oficio
Turistas hispanohablantes

España está entre los destinos más populares de los turistas, que ya no visitan solamente sus playas. El gobierno está promoviendo el turismo cultural y ahora los turistas van a ciudades como Sevilla, Barcelona y Bilbao. ¿Qué está haciendo el gobierno estadounidense para promover el turismo? ¿Hay información turística en español? ¿Puedes encontrar guías turísticas para ciudades históricas en español? ¿Qué trabajos relacionados al turismo requieren a personal bilingüe? Investiga estas preguntas y busca información turística en español sobre tu comunidad.

El centro de visitantes de la ciudad de Nueva York

Objetivos
Asking for and giving advice, talking about the future

Vocabulario en acción 2

¡Ayúdame, Amparo!

Querida Amparo:

Necesito su ayuda. Voy a empezar un nuevo año escolar y quiero que este año sea el mejor. El año pasado **tenía ganas de participar** en las actividades del colegio, pero no lo hice. Mi vida es **solitaria** y muy **aburrida.** ¿Qué puedo hacer para cambiar esto?

Joaquín

Querido Joaquín:

No te preocupes, hay una solución. **¿Te interesa** discutir ideas? Debes participar en **el club de debate.** ¿Te gusta correr? Debes **practicar atletismo.** ¿Te gusta la música? Debes participar en **la banda escolar**. ¿Eres creativo? ¿Por qué no **haces diseño por computadora** o **diseñas páginas Web?** En fin, hay muchas cosas que puedes hacer para tener una vida más interesante.

Amparo

Querida Amparo:

Sé que necesito **mantenerme en forma** pero no sé cómo empezar. Sigo **una dieta balanceada** pero, ¡no tengo tiempo para hacer nada! ¿Qué consejos me da?

Ana Luisa

Querida Ana Luisa:

No necesitas tener mucho tiempo para mantenerte en forma. Busca una actividad que puedas hacer con una amiga, como los **ejercicios aeróbicos**, para que te diviertas más. Puedes **saltar a la cuerda** por unos minutos todos los días o ir a un **centro recreativo** y **hacer gimnasia.**

Amparo

Visit Holt Online
go.hrw.com
KEYWORD: EXP3 CH1
Vocabulario 2 practice

Querida Amparo:

Soy una persona bastante **nerviosa** e **impaciente.** Me siento muy ansioso todo el tiempo y no sé por qué. ¿Qué puedo hacer para llevar una vida más calmada?

Fernando

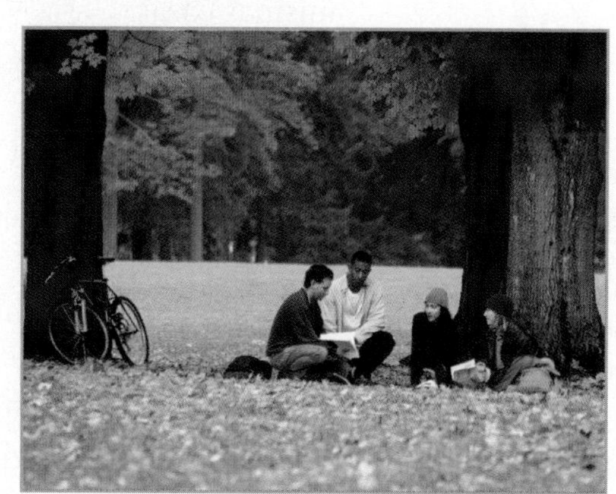

Querido Fernando:

¡Hay mucho que puedes hacer! Algunas personas **coleccionan estampillas, observan la naturaleza** o se ocupan con una actividad tranquila como **jugar al golf.** Vas a ver cómo cambia tu vida.

Amparo

Más vocabulario...

coleccionar pósters/monedas	*to collect posters/coins*
crear (quemar) CDs	*to make (burn) CDs*
escribir poemas y cuentos	*to write poems and stories*
hacerse amigo(a) de alguien	*to make a friend*
la oratoria	*speech (class)*

¡Exprésate!

To ask for advice	To give advice
¿Qué consejos tienes? *What advice do you have?*	**Hay que...** *One has to . . .*
¿Puedes darme algún consejo? *Can you give me some advice?*	**Te aconsejo que...** *I advise you to . . .*
¿Qué debo hacer? *What should I do?*	**Debes...** *You should . . .*
¿Qué me recomiendas? *What do you recommend (to me)?*	**Te recomiendo que...** *I recommend that you . . .*

Interactive TUTOR

Online
Vocabulario y gramática, pp. 7–9

20 ¿Qué me aconsejas?

Escuchemos Escucha los problemas y escoge el consejo que corresponde a cada uno.

a. Te recomiendo que participes en el equipo de golf.
b. Debes quemar CDs con la información y llevarlos al colegio.
c. Mi consejo es que aprendas a jugar al golf. Así puedes relajarte.
d. Si estás nerviosa durante una presentación, toma clases de oratoria.
e. Te aconsejo que te hagas amigo de alguien que coleccione las mismas cosas.
f. Debes escribir cuentos o poemas en tu tiempo libre.

La primera parte del nombre Castilla-La Mancha viene de la palabra "castillo". Los expertos creen que la palabra "Mancha" viene de la palabra árabe "Mantxa" *(dry land),* aunque algunos dicen que es una contracción de la frase "La más ancha" *(the widest).* Las dos interpretaciones son aptas para describir esta región ancha, seca y llena de castillos.

21 ¿Se relaciona?

Leamos Indica la palabra o frase que no se relaciona lógicamente con las otras dos.

1.	diseñar páginas Web	hacer diseño por computadora	jugar al golf
2.	quemar CDs	hacer gimnasia	practicar atletismo
3.	el club de debate	mantenerse en forma	la oratoria
4.	saltar a la cuerda	escribir cuentos	escribir poemas
5.	las estampillas	las monedas	la banda
6.	hacer gimnasia	los ejercicios aeróbicos	la naturaleza

22 Un discurso

Leamos/Escribamos Completa el diálogo con las palabras del cuadro.

impaciente	**poemas**	**mantenerme**
recomiendas	**naturaleza**	**aeróbicos**

MÓNICA Quiero __1__ en forma este año, pero no tengo ganas de practicar atletismo.
FLORENCIO Debes hacer algo divertido, como los ejercicios __2__.
MÓNICA Tampoco sé cómo estar más tranquila. Es que soy una persona muy __3__.
FLORENCIO Puedes ir al bosque y observar la __4__.
MÓNICA ¿Y qué me __5__ si no me gusta dar caminatas?
FLORENCIO Pues, te gusta escribir. Te aconsejo que escribas __6__ o cuentos en un lugar tranquilo.
MÓNICA ¡Buena idea!

23 ¿Qué les recomiendas?

Leamos/Escribamos Vas a ser un(a) "hermano(a) mayor" de varios estudiantes del primer año en el colegio. Dales consejos sobre qué deben hacer, según lo que les interese.

MODELO **Guille/la literatura**
Guille, te recomiendo que escribas poemas para la revista del colegio.

1. Sara/correr
2. José/tocar música
3. Fátima/hablar en público
4. Jorge/mantenerse en forma
5. Alicia/practicar español
6. Andrés/aprender a usar la computadora
7. Emilio/conocer a más gente
8. Luisa/buscar un pasatiempo

24 ¿Qué le aconsejas?

Leamos/Hablemos Mira las fotos y da un consejo o una recomendación a cada persona. Usa las palabras de **Vocabulario** y las expresiones de **Exprésate.**

1

2

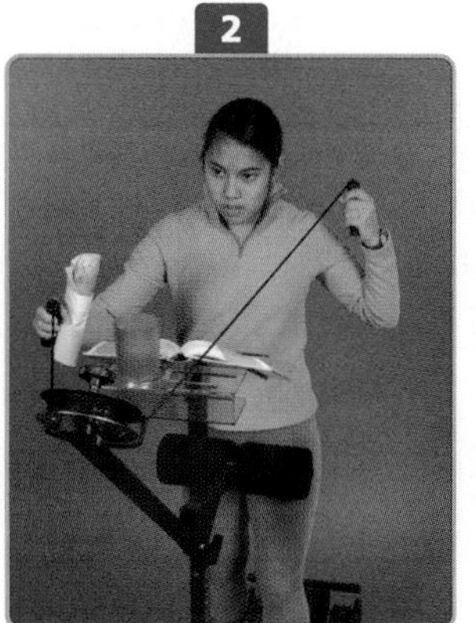

3

4

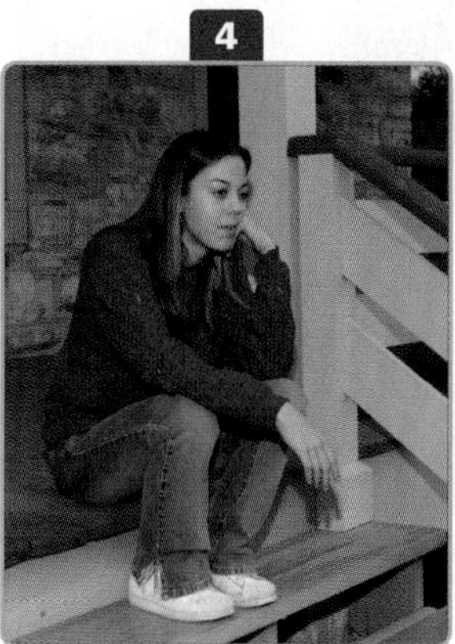

Comunicación

25 ¿Qué debo hacer?

Hablemos Hablen tú y un(a) compañero(a) de dos actividades que les guste hacer. Luego, pídanse consejos sobre otras actividades que puedan hacer para pasar el tiempo o para mantenerse en forma.

MODELO **—A mí me gusta jugar al golf para relajarme.**
—A mí me relaja hacer gimnasia. Te la recomiendo.

Este año será diferente

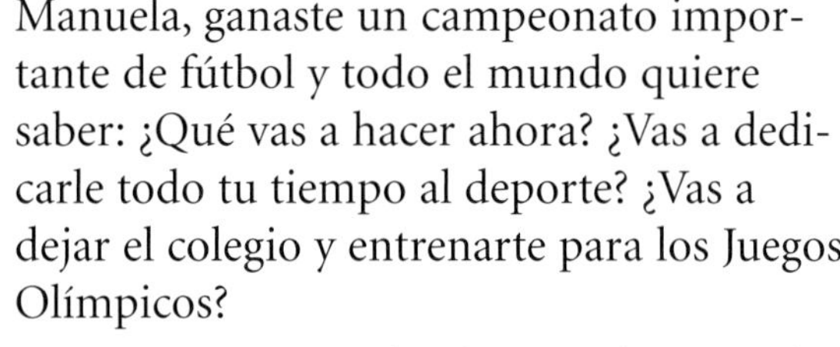

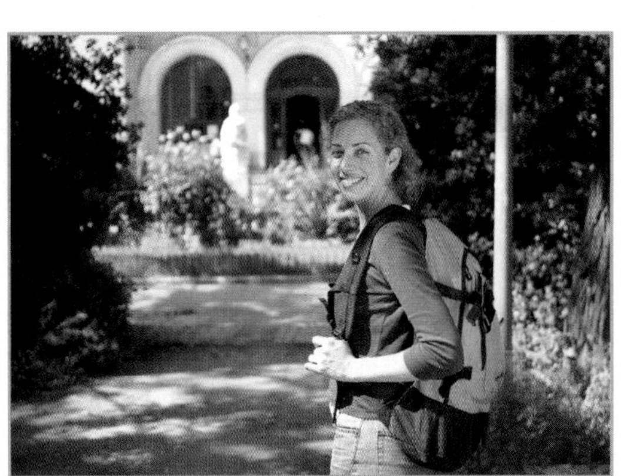

ALBERTO Manuela, ganaste un campeonato importante de fútbol y todo el mundo quiere saber: ¿Qué vas a hacer ahora? ¿Vas a dedicarle todo tu tiempo al deporte? ¿Vas a dejar el colegio y entrenarte para los Juegos Olímpicos?

MANUELA No, voy a regresar al colegio. Tal vez en el futuro sí me entrenaré para los Juegos Olímpicos. Pero ahora lo más importante para mí es la educación.

ALBERTO ¿Y qué cambios vas a hacer este año?

MANUELA Pues, voy a estudiar más. También quiero participar en actividades como el club de debate y la banda escolar. El año pasado no hice más que hacer gimnasia y jugar al fútbol, y por eso no pude hacer otras cosas.

ALBERTO ¿Y cómo vas a mantenerte en forma para el próximo campeonato?

MANUELA Iré al gimnasio por las mañanas y así tendré tiempo por las tardes para participar en otras actividades y para estudiar. El año pasado siempre me entrenaba por las tardes también, y por eso no estudié lo suficiente.

ALBERTO ¿Qué piensas hacer cuando te gradúes del colegio?

MANUELA Pienso ir a la universidad. Si estudio más este año, creo que lo puedo lograr.

ALBERTO Bueno, te deseo mucha suerte.

¡Exprésate!

To ask about the future	To respond
¿Qué vas a hacer...? *What are you going to do . . .?*	**Voy a estudiar...** *I'm going to study . . .*
¿Adónde piensas ir...? *Where do you plan to go . . .?*	**Pienso ir...** *I plan to go . . .*
¿Qué cambios vas a hacer? *What will you do differently?*	**De hoy en adelante participaré en...** *From now on I'll participate in . . .*
¿Cómo vas a mantenerte en forma? *How will you stay in shape?*	**Voy a practicar...** *I will practice . . .*

Interactive TUTOR

Online
Vocabulario y gramática, pp. 7–9

26 Mis planes

Leamos/Escribamos Basándote en el diálogo, determina si cada oración es **cierta** o **falsa.** Corrige las oraciones falsas.

1. Manuela ganó un campeonato de gimnasia.
2. Manuela va a dedicarle más tiempo al deporte.
3. A Manuela no le interesa participar en las actividades del colegio.
4. Manuela piensa estudiar más este año.
5. A Manuela le gustaría ir a la universidad.
6. Manuela irá al gimnasio por las tardes.

27 ¿Qué harás?

Leamos/Hablemos Contesta las preguntas con las frases en paréntesis.

1. ¿Piensas participar en algún club este año? (participar en el club de debate)
2. ¿Qué van a hacer esta tarde? (hacer ejercicios aeróbicos)
3. ¿Cómo vas a sacar una A en historia? (estudiar todos los días)
4. ¿Adónde piensas ir para observar la naturaleza? (ir a las montañas)
5. ¿Qué harás en tu tiempo libre? (escribir cuentos)
6. ¿Qué harás cuando te gradúes del colegio? (ir a la universidad)

28 ¿Qué van a hacer?

Escribamos Escribe una oración con el tiempo futuro para decir lo que harán las personas en las fotos la próxima semana.

1

2

3

4

29 El mejor año

Hablemos Túrnense tú y un(a) compañero(a) para entrevistarse sobre qué van a hacer este año para que sea el mejor año del colegio.

Objetivos

Pronouns, comparisons, demonstrative adjectives and pronouns, negative words, time constructions

Gramática en acción 2

Repaso Pronouns

1 In Spanish, as in English, the **subject (sujeto)** of a verb does the action and the **object (complemento)** of a verb receives the action.

María llama a **Juan.** **Alberto** lleva una **mochila.**

2 Spanish speakers don't often use **subject pronouns** because the verb ending usually indicates the subject. However, the pronoun may be used to clarify or emphasize the subject.

Yo iré al concierto, no Paco. ¡**Tú** tienes que hacerlo!

3 Pronouns used after prepositions such as **a, de,** and **para** are known as **objects of prepositions.** They have the same form as subject pronouns, except for **mí** and **ti,** which are used instead of **yo** and **tú.** These pronouns join **con** to form **conmigo** and **contigo.**

Carlos me habló **de usted.** Tienes un regalo **para mí?**

4 **Direct objects** receive the action of the verb. **Indirect objects** usually stand for people who *receive the direct object* or who *experience* the action of the verb. Before **lo(s)** and **la(s), le(s)** changes to **se.**

Mi hermano compró **un boleto** extra y **se lo** regaló a **su novia** en vez de a mí. **Me** parece injusto.

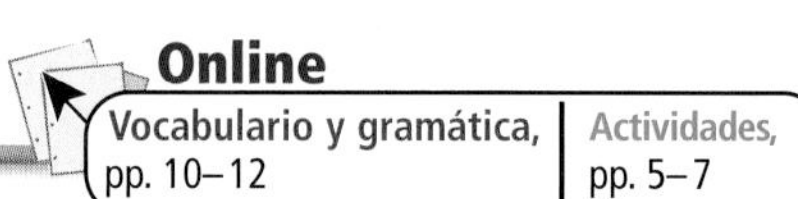

¿Te acuerdas?

The pronoun **se** can also refer back to the subject **(reflexive pronoun)** or stand for people doing something to or for each other **(reciprocal actions).**

Irma trota por la mañana para mantener**se** en forma.

Ángel y Gabriela **se** escriben poemas todos los días.

30 Sujeto y complemento

Leamos/Hablemos Indica el **sujeto** y el **complemento** de cada oración. Luego, vuelve a decir cada una utilizando pronombres.

1. Paulina y Ana ven a Nacho.
2. Ricardo ayuda a sus amigos.
3. Carolina trae la comida.
4. Mi amiga y yo llamamos al director.
5. Tú y Roberto leen los libros para mañana.
6. Mi profesor tiene los exámenes.

Visit Holt Online
go.hrw.com
KEYWORD: EXP3 CH1
Gramática 2 practice

31 Pronombres

Leamos/Escribamos Completa el diálogo con los pronombres correctos.

JORGE Oye, Carmen, ¡ __1__ (ella/tú) llegaste tarde hoy!

CARMEN Ya lo sé, Jorge. ¡__2__ (Nos/Me) levanté muy tarde hoy porque no sonó el despertador *(alarm)*!

JORGE Pues, tengo algo para __3__ (ti/nosotros). Es un libro de matemáticas que puedes usar en la clase.

CARMEN ¡Gracias Jorge! Esto __4__ (me/te) va a ayudar mucho.

JORGE De nada. ¿Tú y Alejandra van a ir al ensayo para el club de debate esta tarde?

CARMEN __5__ (Ustedes/Yo) sí voy a ir, pero Alejandra no puede. __6__ (Él/Ella) tiene que cuidar a sus hermanos. Voy a ayudarla después.

JORGE Ustedes siempre __7__ (se/les) ayudan con todo. Qué suerte que sean tan buenas amigas. ¿Puedo ir __8__ (contigo/conmigo) a su casa?

32 ¿Qué pasa?  

Escribamos Describe en una oración lo que pasa en cada foto. Usa por lo menos un pronombre en cada oración.

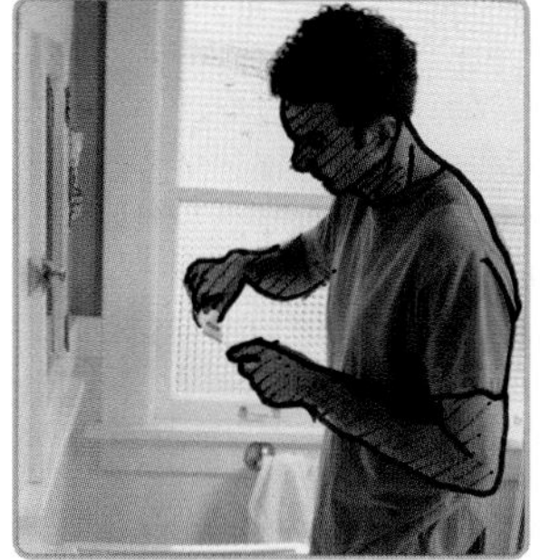
1. Víctor

2. Fernanda y yo

3. Cristina y Tito

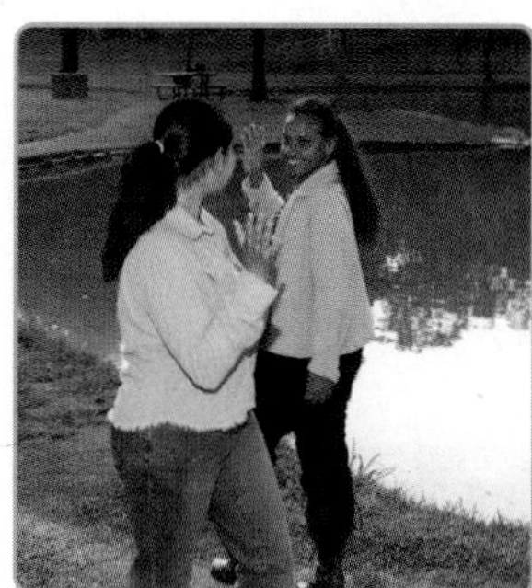
4. Rosa y Andrea

Comunicación

33 Adivina quién

Hablemos Túrnense tú y un(a) compañero(a) para describir a las personas de tu colegio y adivinar a quién se describe. Usen pronombres en su descripción para no decir quién es.

MODELO **—La ves todos los días y está en el club de debate.**
—¿Es María Eugenia?
—¡Exactamente!

Repaso Comparisons, demonstrative adjectives and pronouns

¿Te acuerdas?

The following comparisons are irregular.

más + bueno → **mejor**
más + malo → **peor**
más + joven → **menor**
más + viejo → **mayor**

Soy **mayor que** mi prima.
Cantan **peor que** mi perro.

1 To compare two unequal things, actions, or quantities, use the constructions **más** (+ noun/adjective/adverb +) **que** and **menos** (+ noun/adjective/adverb +) **que.**

Tengo **más** planes **que** Fernanda para este año.
Seremos **menos** perezosos **que** el año pasado.
Tú llegaste al colegio **más** tarde **que** Sara.
Berta nada **más que** nadie.

2 Use a form of the demonstrative adjective that agrees in gender and number with what the speaker is pointing out and shows how far someone or something is in distance or in time.

	this	these	that	those	that (farther away)	those
masculine	**este**	**estos**	**ese**	**esos**	**aquel**	**aquellos**
feminine	**esta**	**estas**	**esa**	**esas**	**aquella**	**aquellas**

¿Te gusta **este** centro recreativo?
Voy a hacer gimnasia con **esas** chicas que entraron.
¿Te acuerdas de **aquel** chico que trabajaba aquí?

3 You can also use a demonstrative pronoun with an accent mark on the stressed syllable **(éste, ése, aquél)** to avoid repeating a noun. Use the neutral forms **(esto, eso, aquello)** to refer to an idea or to something that was said or done.

agrees with

Ese diseño para el póster es mejor que **aquél** (aquel diseño).

Online
Vocabulario y gramática, pp. 10–12 | Actividades, pp. 5–7

El Cine Callao en la Gran Vía de Madrid tiene pósters que miden más de veinte pies.

34 ¿Quieres ver mi colección?

Leamos Completa cada oración con las palabras correctas.

1. Tere, ¿qué opinas de (esta/aquél) estampilla?
2. ¿(Ésa/Este) que está en la primera página de tu álbum?
3. No, (esta/ésta) que acabo de sacar.
4. Es muy bonita. Pero prefiero (aquélla/ésta) que me enseñaste ayer.
5. Te la doy por (esas/éstas) estampillas de España que tú tienes.
6. Vale. ¿Quieres ver (aquellos/aquél) pósters que te mencioné?

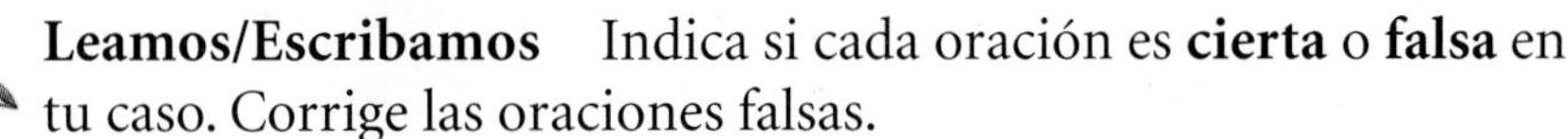

35 ¿Cierto o falso?

Leamos/Escribamos Indica si cada oración es **cierta** o **falsa** en tu caso. Corrige las oraciones falsas.

1. Este año, tengo mucho más tarea que el año pasado.
2. Me interesan más los deportes en equipo que los deportes que se practican individualmente.
3. Hago menos actividades ahora que hace dos años.
4. Para mí, es más difícil seguir una dieta balanceada que mantenerme en forma.
5. Saco mejores notas en oratoria que en matemáticas.
6. Estudiar mucho es más importante que hacer amigos.

36 Tus comparaciones

Escribamos Escribe una oración para comparar cada par de cosas que se menciona abajo. Usa **más que** y **menos que** en tus oraciones. Sigue el modelo.

MODELO **la natación/el esquí acuático**
Me gusta más la natación que el esquí acuático.

1. la música rock/la música clásica
2. diseñar páginas Web/coleccionar estampillas
3. el golf/el atletismo
4. la clase de inglés/la clase de matemáticas
5. los poemas/las novelas
6. el club de debate/el club de español
7. el centro recreativo/el colegio
8. observar la naturaleza/participar en un deporte

El idioma oficial de España es el español, pero varias regiones españolas tienen sus propios idiomas además del español. En Galicia se habla *gallego,* un idioma parecido al portugués, en Cataluña se habla *catalán* y en el País Vasco se habla *euskera,* un idioma que no tiene nada que ver con ningún idioma europeo. El español moderno, el idioma oficial de toda España, se conoce como *castellano.*

37 Comparte tus opiniones

Hablemos Con un(a) compañero(a), comenta y compara varios libros, películas o programas de televisión que hayan leído o visto recientemente. Usen adjetivos o pronombres demostrativos para describirlos, y compárenlos utilizando **más que** y **menos que.**

MODELO **—Ayer vi la nueva película "El terror", y hace un año vi "Una boda en el campo". "El terror" me gustó más que "Una boda en el campo" porque tiene más suspenso.**

—A mí esas películas no me gustan. Prefiero las películas cómicas...

Gramática 2

Repaso Negative words and time constructions

¡Te acuerdas?

Other negative words include **nada, nadie, tampoco,** and **ni.**

No quiero hacer **nada.**
Yo **tampoco.**
Nadie quiere ir al centro recreativo.
No quiero hacer gimnasia **ni** saltar la cuerda.

1 Negative words can go before or after the verb. If they go after the verb, **no** is used before the verb. Use **ninguno(a)** to say *none, not (a single) one.* It is generally used only in the singular and matches the noun it describes in gender. It can stand alone or go in front of a noun. **Ninguno** changes to **ningún** before a masculine singular noun.

Ninguno de ellos me saludó.

No tenemos ningún examen mañana.

Jaime **no quiere** practicar atletismo **jamás.**

Ella **nunca llega** a tiempo a **ninguna** parte.

2 The time construction **hacer + time + que + verb** is used to describe an event that began in the past and is still going on.

Hace un año que participo en el club de debate.
I have been participating in the debate club for a year.

For an event that *has not happened* for a period of time up to the present, put **no** in front of the verb.

Hace un año que no participo en el coro.
I haven't participated in choir for a year.

3 **Hacer + time** can also be used to describe how long ago an event or situation took place.

Hace dos años, me hice amigo de Juan.
Two years ago, I became friends with Juan.

Hace dos días, vi a Ricardo.
I saw Ricardo two days ago.

Online
Vocabulario y gramática, pp. 10–12 | Actividades, pp. 5–7

38 ¿Hace cuánto tiempo?

Escuchemos Coloca estas actividades en orden cronológico según las oraciones que vas a escuchar.

a. ayudar en la tienda familiar
b. conocer a mi mejor amiga
c. venir a este pueblo
d. ir a Taiwán
e. estudiar chino
f. decidir asistir a la universidad

39 Por favor, necesito...

Escribamos Imagina que es tu primera semana en la universidad y hay varias cosas que no tienes. Escribe una oración para cada imagen, usando las expresiones de **Gramática.**

MODELO **No tengo microondas. Mi compañero de cuarto tampoco tiene uno. (Ni yo ni mi compañero de cuarto tenemos microondas.)**

1
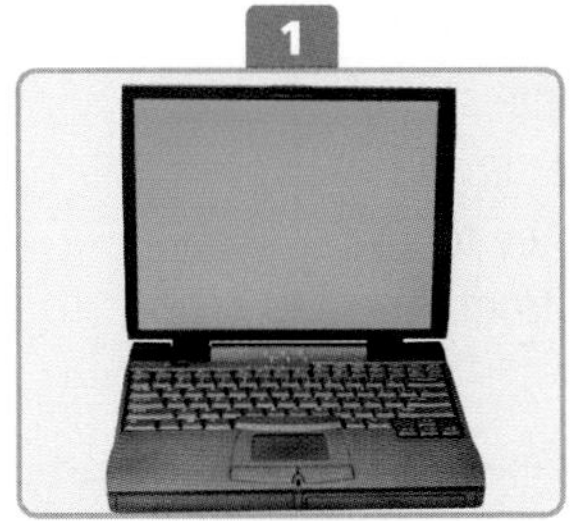

2

3
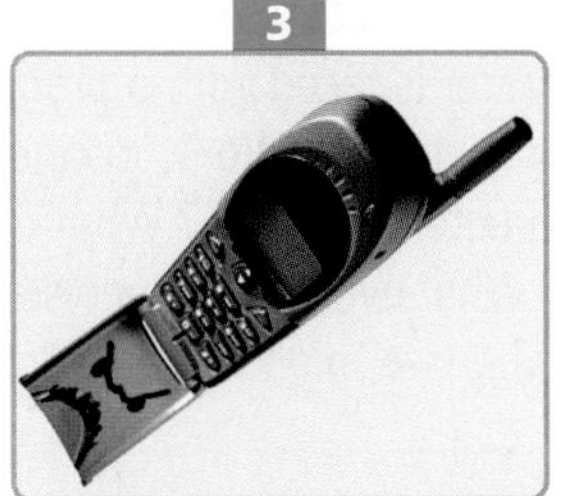

4
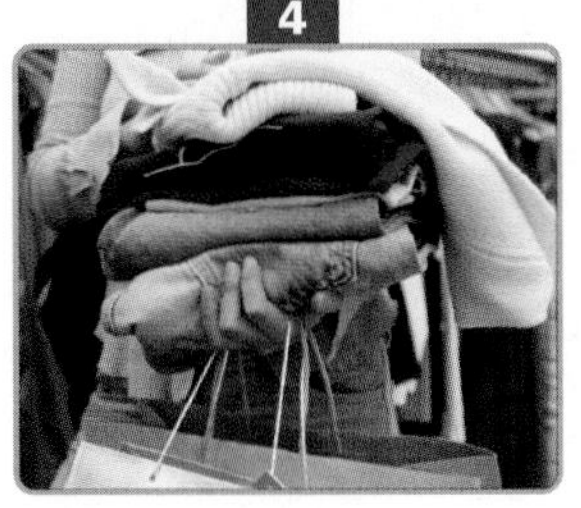

5

6

40 Mi vida

Escribamos Completa las oraciones con algo importante o interesante que hiciste o que sucedió *(occurred)*.

1. Hace quince años...
2. Hace diez años...
3. Hace un año...
4. Hace un mes...
5. Hace una semana...
6. Hace una hora...

Comunicación

41 ¿Qué quieres hacer?

Hablemos Dramatiza que tu compañero(a) quiere que hagan una actividad juntos, pero que a ti no te interesa hacer lo que él o ella sugiere. Responde con expresiones negativas hasta que lleguen a un acuerdo.

MODELO **—¿Por qué no participamos en el club de debate?**
—No quiero participar en ese club jamás.

Novela en video

Clara perspectiva

Episodio 1

ESTRATEGIA

Analyzing the opening Usually in any story, an incident at the beginning gets the plot going. The main character is faced with a problem that sets him or her off on some sort of journey. As you go through **Episodio 1,** decide who you think the main character is and why. What is that character's problem? What does the character see on the journey to solving the problem? What events in the episode are unexplained? Can you tell from these unexplained events who else might be a central part of the story? Why?

En la universidad

En el café una semana después

Clara Le pedí la recomendación al profesor Luna hace una semana. Y todavía no la escribe.

Graciela ¿Cuándo la tienes que entregar?

Clara En dos días. De todos los puestos que solicité, éste, el de la revista *Chile en la Mira,* es el que más quiero.

Graciela Sí, entiendo por qué. Es una revista buenísima. El otro día leí allí un artículo súper interesante sobre el medio ambiente.

Clara ¡No sé qué voy a hacer!

Graciela ¿Por qué no le pides la recomendación a la profesora del Valle? O pídesela al profesor Matías.

Clara Tienes razón. Los llamo apenas llegue a mi casa, pero no te he contado lo más interesante.

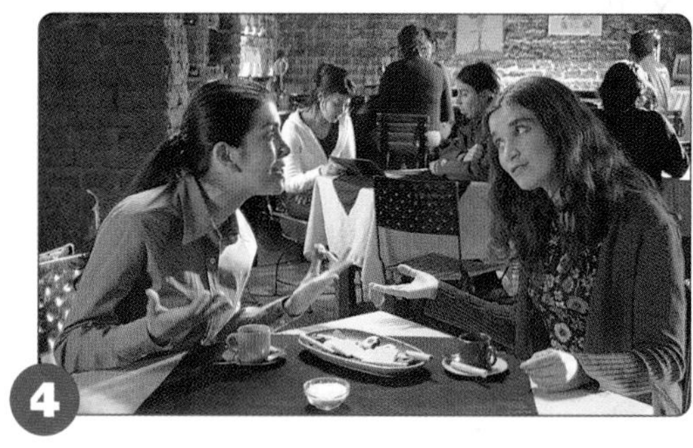

Visit Holt Online
go.hrw.com
KEYWORD: EXP3 CH1
Online Edition

5

Tiene que ver con el profesor Luna. Cuando me dijo que no podía hablar conmigo, decidí seguirlo. No sé, lo vi muy raro. Se encontró con un señor de traje oscuro. Discutieron un buen rato.

Ay, Clara, por favor. Ya te estás haciendo la periodista y todavía ni te dan el puesto. A lo mejor se peleó con un amigo no más. No le des cuerda a tu imaginación; mira que no hace falta.

6

7

Graciela Bueno y entonces, ¿qué pasó?

Clara No, nada. Se separaron sin despedirse. El profesor Luna se fue por un lado y el hombre por otro.

Graciela Clara, Clara, Clara. ¿Qué voy a hacer contigo?

En la universidad

Dos personas le dan un sobre al profesor Luna.

8

¿COMPRENDES?

1. ¿Qué quiere Clara con el profesor Luna? ¿Es importante? ¿Cómo lo sabes?
2. ¿Qué le pide Clara al profesor Luna? ¿Para qué es? ¿Él se la da?
3. ¿Qué dice Graciela de la revista?
4. ¿Qué más le cuenta Clara a Graciela sobre el profesor Luna?
5. ¿Qué cree Clara del incidente? ¿Qué cree Graciela?
6. ¿Crees que las dos personas que le dieron el sobre al profesor Luna al final tienen algo que ver con el hombre de traje oscuro? ¿Por qué sí o por qué no?

Próximo episodio
Clara empieza a trabajar en la revista Chile en la Mira. *¿Crees que va a olvidarse del asunto con el profesor Luna?*
PÁGINAS 76–77

Lectura informativa

Una visita a Castilla-La Mancha

El azafrán se recolecta de pequeñas flores color lila. Éstas cubren las tierras al sur de Toledo.

Los castillos de Castilla-La Mancha

Durante siglos, varios ejércitos lucharon por el control de la región de Castilla-La Mancha. En la Edad Media, Castilla-La Mancha era una zona neutral entre los cristianos del norte de lo que hoy es España y los musulmanes del sur, por lo tanto, construyeron muchos castillos fortificados. Hoy en día estos castillos son un recuerdo impresionante de la historia de la región, y todos los años los turistas siguen la "Ruta de los castillos" para verlos.

La Crestería Manchega

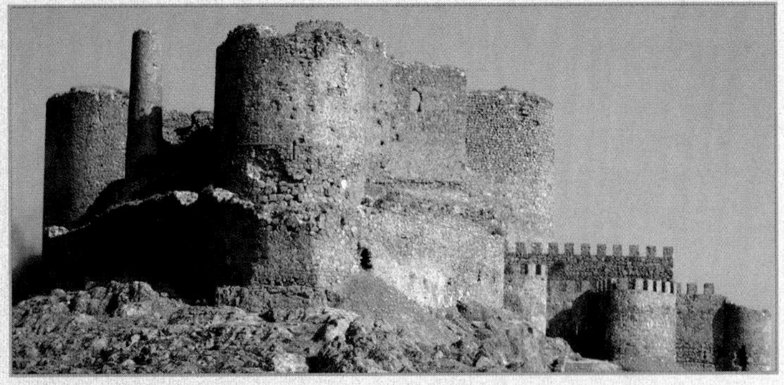

Arte y arquitectura de Toledo

Toledo, una ciudad de Castilla-La Mancha muy popular entre los turistas, es un centro importante de la historia medieval de Europa. Su arquitectura incluye edificios de muchas épocas, de estilos morisco, mudéjar, gótico y del renacimiento[1]. También tiene una tradición artística importante; el famoso pintor El Greco vivió allí desde 1577 hasta su muerte en 1604.

A lo largo de la historia las espadas de Toledo eran reconocidas como las mejores del mundo y fueron usadas por Aníbal y su ejército, los romanos, los ejércitos musulmanes e incluso los samurai japoneses.

El azafrán de Consuegra

El mes de octubre es buen momento para visitar Castilla-La Mancha. Ésta es la época de la cosecha de la uva[2] y no solamente los viñedos[3] están llenos de colores, sino que la tierra al sur de Toledo está cubierta de crocos[4]. Los moros trajeron a España esta flor que produce una de las especias más caras del mundo, el azafrán[5]. Esta especia es la que se usa en la famosa paella de España y la que le da el color amarillo intenso. La mayor cosecha de azafrán se realiza alrededor del pueblo de Consuegra. Una vez al año se celebra el Día de la Rosa de Azafrán y una chica es elegida para presidir el festival. La llaman Dulcinea de La Mancha, por la enamorada de Don Quijote en el libro de Cervantes.

1 *de estilos...* Moorish, Mudejar, Gothic, and Renaissance styles 2 grape harvest 3 vineyards 4 crocus flowers 5 saffron

Para la Fiesta de la Endiablada, en Almonacid del Marquesado, los jóvenes se cuelgan cencerros *(cow-bells)* del cuello y corren por el pueblo.

Los festivales de La Mancha

Otro festival importante en la región es la Fiesta del Olivo[6], en Mora. Las aceitunas[7] son uno de los productos más importantes de la región. También están el Festival de San Isidro que se celebra en Talavera de la Reina entre mayo y junio y la Fiesta de la Amistad[8] que se celebra en Polán en el mes de junio.

La cerámica de Talavera de la Reina

Talavera de la Reina tiene una rica tradición artesanal. Hay muchos talleres[9] que producen trabajos en cuero, entre los que se destacan las sillas de montar. También hay talleres que producen velas y figuras de cera[10] y otros que se especializan en la elaboración de muebles y la talla de madera[11]. Pero los talleres más importantes son los de cerámica. Por la cantidad, calidad y variedad de su producción cerámica, Talavera de la Reina es conocida en toda España como la Ciudad de la cerámica. La gente viene de todas partes del mundo para comprar azulejos[12], platos, jarrones[13], candelabros, cuencos[14] y otras piezas elaboradas y pintadas a mano.

6 Olive Festival 7 olives 8 Festival of Friendship 9 workshops 10 wax 11 wood carving 12 tiles 13 vases 14 bowls

Comprensión

A **Cierto o falso** Basándote en lo que leíste, contesta **cierto** o **falso.**

1. En la Edad Media, los musulmanes vivían en el norte de España.
2. Se puede encontrar arquitectura mudéjar en Toledo.
3. Toledo es famoso por sus espadas.
4. La cosecha de la uva se realiza en Castilla-La Mancha en junio.
5. Las aceitunas y el azafrán son productos importantes de Castilla-La Mancha.
6. El Festival de San Isidro se celebra en Talavera de la Reina.

B **Detalles importantes** Contesta las preguntas.

1. ¿Qué pintor famoso vivía en Toledo en el siglo XVI?
2. ¿De qué planta se obtiene el azafrán?
3. ¿Quiénes trajeron el azafrán a España?
4. ¿Cuándo se celebra la Fiesta de la Amistad?
5. ¿Qué festivales rinden honores a productos importantes de Castilla-La Mancha?

Actividad

Un viaje ¿Qué parte de Castilla-La Mancha te interesa ver? ¿A qué festival quieres ir? Habla con un(a) compañero(a) sobre qué hacer en un viaje a Castilla-La Mancha. Busquen más información por Internet para compartir con la clase.

Leamos y escribamos

ESTRATEGIA

para leer Determining the narrator's point of view is an important strategy. When the story is told in the first person, the narrator tells the events from his or her point of view. When the story is told in the third person, the narrator describes the actions of the characters from a distance. Before reading the story, scan the verbs in the first paragraph to determine the point of view of the narrator.

Antes de leer

A Ana María Matute nació en Barcelona en 1926 y su juventud fue marcada por la Guerra Civil española. En 1984 Matute obtuvo el Premio Nacional de Literatura Infantil con la obra *Sólo un pie descalzo.* El cuento "El árbol de oro" es uno de los cuentos más populares de la colección *Historias de la Artámila.* Mientras lees el cuento, determina quién es el narrador. Considera por qué la autora escogió a este personaje para narrar el cuento. ¿Cuántos años tiene el (la) narrador(a)? ¿Qué papel *(role)* tiene este personaje en el cuento?

El árbol de oro

de Ana María Matute

Asistí durante un otoño a la escuela de la señorita Leocadia, en la aldea, porque mi salud no andaba bien y el abuelo retrasó mi vuelta a la ciudad. Como era el tiempo frío y estaban los suelos embarrados y no se veía rastro de muchachos, me aburría dentro de la casa, y pedí al abuelo asistir a la escuela. El abuelo consintió, y acudí a aquella casita alargada y blanca de cal, a las afueras del pueblo.

La señorita Leocadia era alta y gruesa, tenía el carácter más bien áspero. Las clases en la escuela, con la lluvia rebotando en el tejado y en los cristales, tenían su atractivo. Recuerdo especialmente a un muchacho de unos diez años, hijo de un aparcero[1] muy pobre, llamado Ivo. Era un muchacho delgado, de ojos azules, que bizqueaba[2] ligeramente al hablar. Todos los muchachos y muchachas de la escuela admiraban y envidiaban un poco a Ivo, por el don que poseía de atraer la atención sobre sí, en todo momento. No es que fuera ni inteligente ni gracioso, y, sin embargo, había algo en él, en su voz quizás, en las cosas que contaba, que conseguía cautivar a quien le escuchase. También la señorita Leocadia se dejaba prender de aquella red de plata que Ivo tendía a cuantos atendían sus enrevesadas[3] conversaciones, y —yo creo que muchas veces contra su voluntad— la señorita Leocadia le confiaba a Ivo tareas deseadas por todos, o distinciones que merecían alumnos más estudiosos y aplicados.

1 tenant farmer **2** to squint, to be cross-eyed **3** intricate, complicated

Quizá lo que más se envidiaba de Ivo era la posesión de la codiciada[4] llave de *la torrecita*. Ésta era, en efecto, una pequeña torre situada en un ángulo de la escuela, en cuyo interior se guardaban los libros de lectura. Allí entraba Ivo a buscarlos, y allí volvía a dejarlos, al terminar la clase.

Ivo estaba muy orgulloso de esta distinción, y por nada del mundo la hubiera cedido. Un día, Mateo Heredia, el más aplicado y estudioso de la escuela, pidió encargarse de la tarea —a todos nos fascinaba el misterioso interior de la torrecita, donde no entramos nunca—, y la señorita Leocadia pareció acceder. Pero Ivo se levantó, y acercándose a la maestra empezó a hablarle en su voz baja, bizqueando los ojos y moviendo mucho las manos, como tenía por costumbre. La maestra dudó un poco, y al fin dijo:

—Quede todo como estaba. Que siga encargándose Ivo de la torrecita.

A la salida de la escuela le pregunté:

—¿Qué le has dicho a la maestra?

Ivo me miró de través y vi relampaguear sus ojos azules.

—Le hablé del árbol de oro.

Sentí una gran curiosidad.

—¿Qué árbol?

—Si no se lo cuentas a nadie...

—Te lo juro, que a nadie se lo diré.

Entonces Ivo me explicó:

—Veo un árbol de oro. Un árbol completamente de oro: ramas, tronco, hojas... ¿sabes? Las hojas no se caen nunca. En verano, en invierno, siempre. Resplandece[5] mucho; tanto, que tengo que cerrar los ojos para que no me duelan.

—¡Qué embustero[6] eres! —dije, aunque con algo de zozobra[7]. Ivo me miró con desprecio.

—No te lo creas —contestó—. Me es completamente igual que te lo creas o no... ¡Nadie entrará nunca en la torrecita, y a nadie dejaré ver mi árbol de oro! ¡Es mío! La señorita Leocadia lo sabe, y no se atreve a darle la llave a Mateo Heredia, ni a nadie... ¡Mientras yo viva, nadie podrá entrar allí y ver mi árbol!

Lo dijo de tal forma que no pude evitar el preguntarle:

—¿Y cómo lo ves...?

—¡Ah, no es fácil —dijo, con aire misterioso—. Cualquiera no podría verlo. Yo sé la rendija[8] exacta. Una que hay corriendo el cajón de la derecha: me agacho y me paso horas y horas... ¡Cómo brilla el árbol! ¡Cómo brilla! Fíjate que si algún pájaro se le pone encima también se vuelve de oro. Eso me digo yo: si me subiera a una rama, ¿me volvería acaso de oro también?

No supe qué decirle, pero, desde aquel momento, mi deseo de ver el árbol creció de tal forma que me desasosegaba[9]. Todos los días, al acabar la clase de lectura, Ivo se acercaba al cajón de la maestra, sacaba la llave y se dirigía a la torrecita. Cuando volvía, le preguntaba:

—¿Lo has visto?

—Sí —me contestaba. Y, a veces, explicaba alguna novedad:

—Le han salido unas flores raras. Mira: así de grandes, como mi mano lo menos, y con los pétalos alargados.

Ocurrió entonces algo que secretamente yo deseaba; me avergonzaba sentirlo, pero así era: Ivo enfermó, y la señorita Leocadia encargó a otro la llave de la torrecita. Primeramente, la disfrutó Mateo Heredia. Yo espié su regreso, el primer día, y le dije:

4 much desired, coveted **5** shines **6** liar **7** anxiety **8** crack **9** made me uneasy

—¿Has visto un árbol de oro?

—¿Qué andas graznando[10]? —me contestó de malos modos, porque no era simpático, y menos conmigo. Unos días después, me dijo:

—Si me das algo a cambio, te dejo un ratito la llave y vas durante el recreo. Nadie te verá...

Vacié mi hucha[11], y, por fin, conseguí la codiciada llave. Mis manos temblaban de emoción cuando entré en el cuartito de la torre. Allí estaba el cajón. Lo aparté y vi brillar la rendija en la oscuridad. Me agaché y miré.

Cuando la luz dejó de cegarme, mi ojo derecho sólo descubrió una cosa: la seca tierra de la llanura alargándose hacia el cielo. Nada más. Tuve una gran decepción y la seguridad de que me habían estafado[12].

Olvidé la llave y el árbol de oro. Antes de que llegaran las nieves regresé a la ciudad.

Dos veranos más tarde volví a las montañas. Un día, pasando por el cementerio —era ya tarde y se anunciaba la noche en el cielo: el sol, como una bola roja, caía a lo lejos—vi algo extraño. De la tierra pedregosa[13], entre las cruces caídas, nacía un árbol grande y hermoso, con las hojas anchas de oro: encendido y brillante todo él, cegador[14]. Algo me vino a la memoria, como un sueño, y pensé: "Es un árbol de oro". Busqué al pie del árbol, y no tardé en dar con una crucecilla de hierro negro, mohosa[15] por la lluvia. Mientras la enderezaba[16], leí: IVO MÁRQUEZ, DE DIEZ AÑOS DE EDAD.

Y no daba tristeza alguna, sino, tal vez, una extraña y muy grande alegría.

10 squawking about **11** piggy bank **12** cheated, tricked **13** rocky **14** blinding **15** moldy **16** straightened

Comprensión

B **Los acontecimientos** Contesta las preguntas.

1. ¿Quién era Ivo? ¿Cómo era?
2. ¿Qué tenía Ivo que les daba envidia a los demás?
3. ¿Qué veía Ivo en la torrecita?
4. ¿Cómo entró la narradora por fin a la torrecita?
5. ¿Qué vio la narradora en la torrecita?
6. Cuando la narradora volvió después de varios años, ¿qué descubrió?

C **¿Es cierto?** Basándote en el cuento, determina si cada oración es **cierta** o **falsa.**

1. La narradora estaba en las montañas porque había estado enferma.
2. Ivo era de una familia pobre.
3. Los estudiantes admiraban a Ivo.
4. Muchas personas habían visto el árbol de oro.
5. La narradora siempre creía en el árbol de oro.
6. Ivo quería que la narradora entrara a la torrecita.

Después de leer

D Repasa el cuento y busca las descripciones de la casa de la narradora, del colegio, de la señorita Leocadia y luego del cementerio al final del cuento. Escribe los adjetivos en una lista. ¿Cómo es el ambiente que describe? ¿Cuál es el efecto del árbol de oro en este ambiente? Habla de la importancia de la fantasía en este cuento.

Taller del escritor

ESTRATEGIA

para escribir When writing a story, it's important to decide what point of view will best communicate your ideas. If you want the readers to feel a closer connection with the characters, you may want to use the first person. But if you'd like to be able to communicate the thoughts of all of the characters, the third person omniscient narrator may be the best choice. The word *omniscient* means all-knowing; the narrator knows what all of the characters say, do, and think.

El punto de vista

Vas a escribir un cuento sobre algo que te pasó de niño(a) o algo que le pasó a otro(a) niño(a). Puedes escribir un cuento realista o puedes añadir algunos elementos de fantasía.

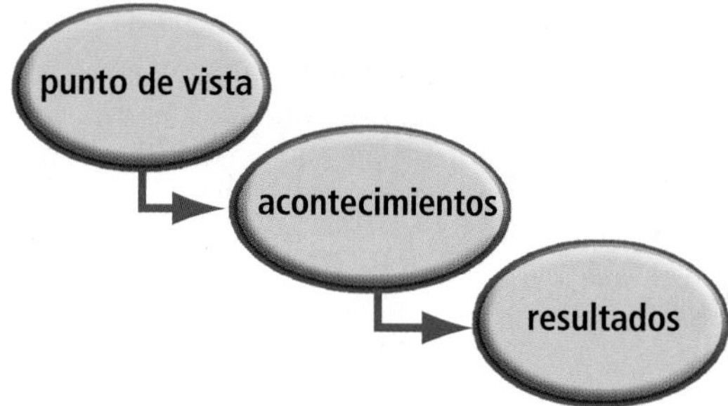

1 Antes de escribir

Antes de empezar tu cuento, tienes que decidir quiénes van a ser los personajes. Piensa en los acontecimientos que vas a describir e incluye solamente los personajes que sean necesarios para contar los sucesos. Escribe una lista de los personajes y sus características.

2 Escribir un borrador

Empieza a escribir el cuento. Describe a los personajes y sus acciones desde el punto de vista que escogiste. Si decidiste usar la tercera persona, debes describir a los personajes de forma menos parcial y sin añadir tu propia opinión.

3 Revisar

Revisa tu borrador y corrige los errores de gramática y ortografía si los hay. Lee tu borrador para ver si se mantiene el mismo punto de vista a través de todo el cuento. ¿Has comunicado cómo son los personajes a tus lectores? ¿Los acontecimientos tienen sentido? Arregla tus descripciones si es necesario.

4 Publicar

Comparte tu cuento con un(a) compañero(a) para que lo lea. Túrnense para comentar el efecto que tuvo el punto de vista que escogieron sobre el cuento. Da tu opinión de los personajes. Pueden compartir sus cuentos con la clase y comparar el efecto de la primera persona con el de la tercera persona.

Prepárate para el examen

Repaso capítulo 1

1 Escucha los comentarios y escoge la foto que corresponde a cada uno.

A

B

C

D
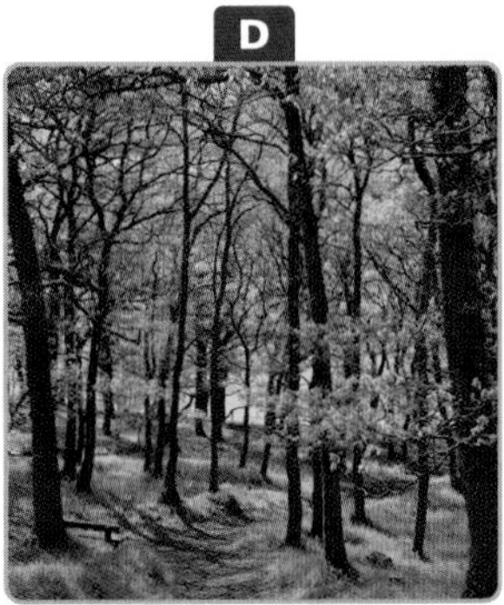

1 Vocabulario 1
- talking about the past
- talking about what you liked and used to do

pp. 8–13

2 Completa las oraciones con la forma correcta de los verbos.

1. Yo (fui/iba) con mi amigo Julio a España en junio.
2. Julio (conocía/conoció) a su novia en España.
3. Él dice que su novia española (es/está) muy bonita.
4. Espero que (puedo/pueda) conocerla algún día.
5. Julio quiere que ella (viene/venga) a visitarnos aquí.
6. Parece que ellos (están/son) la pareja perfecta.

2 Gramática 1
- preterite and imperfect
- **ser** and **estar**
- subjunctive for hopes and wishes

pp. 14–19

3 Completa el diálogo con las palabras del cuadro.

consejo	coleccionar	interesa	aburrida	hacerte	atletismo

TINA Siempre estoy muy __1__ después del colegio. No tengo nada que hacer.

CARMELA A mí me encanta correr, y pienso practicar __2__ este año. ¿Por qué no lo practicas también?

TINA No me gusta correr. ¿Qué otro __3__ me puedes dar?

CARMELA Pues, también me gusta __4__ cosas, y tengo un álbum lleno de estampillas. Si quieres, te ayudo a empezar un álbum.

TINA Gracias, Carmela, pero la verdad es que no me __5__. Pero sí me gusta hacer diseño por computadora.

CARMELA Entonces debes __6__ amiga de Emilio; él sabe diseñar páginas Web y te puede enseñar.

3 Vocabulario 2
- asking for and giving advice
- talking about the future

pp. 22–27

4 Completa las oraciones con la palabra correcta.

1. (Hace/Hacemos) una semana que estamos en Toledo.
2. Mamá (se/le) regaló una espada de Toledo a mi hermano.
3. Nunca he visto una espada más bonita que (aquélla/aquél).
4. Luego mi papá (nos/se) invitó a comer.
5. Mi hermano comió mucho más (de/que) yo.
6. (Nunca/Ninguno) de nosotros dejó nada en el plato.

5 Contesta las preguntas.

1. ¿En qué ciudad de Castilla-La Mancha vivía El Greco?
2. ¿Qué especia que se usa en las paellas se produce en Castilla-La Mancha?
3. ¿Por qué es famosa la ciudad de Cuenca?
4. ¿Cómo se llama el famoso dulce de almendra de Toledo?

6 Escucha el diálogo entre Ramón y Patricia y escribe una lista de las actividades que Ramón le sugiere a ella.

7 Mira los dibujos y describe los personajes. Cuenta lo que pasa.

a.

b.

c.

d.

Visit Holt Online
go.hrw.com
KEYWORD: EXP3 CH1
Chapter Self-test

4 Gramática 2
- pronouns
- comparisons, demonstrative adjectives and pronouns
- negative words and time constructions

pp. 28–33

5 Cultura
- **Comparaciones** **pp. 20–21**
- **Lectura informativa** **pp. 36–37**
- **Notas culturales** **pp. 10, 13, 16, 19, 24, 31**

Gramática 1

- preterite and imperfect
  pp. 14–15
- **ser** and **estar**
  pp. 16–17
- subjunctive for hopes and wishes
  pp. 18–19

Gramática 2

- pronouns
  pp. 28–29
- comparisons, demonstrative adjectives and pronouns
  pp. 30–31
- negative words and time constructions
  pp. 32–33

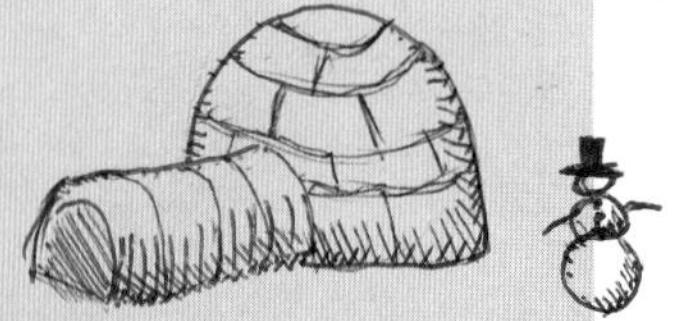

Repaso de Gramática 1

For the uses of the preterite and imperfect, see page 14.

For the uses of **ser** and **estar,** see page 16.

The subjunctive mood is used to express hopes and wishes or to give advice and opinions. The subjunctive is used when the subject changes between the main clause and the **subordinate clause.** The subjunctive is introduced by the conjunction **que.**

Te recomiendo **que** vayas **al lago.**

¿Prefieres **que** hagamos **un crucigrama?**

Repaso de Gramática 2

For a review of pronouns, see page 28.

To compare two unequal things, actions, or quantities, use the constructions **más** (+ noun/adjective/adverb +) **que** and **menos** (+ noun/adjective/adverb +) **que.**

Soy **más alta que** Ernesto.

Marisa corre **más rápido que** Ana.

Use a form of the demonstrative adjective **este** to say *this,* a form of **ese** to say *that,* and a form of **aquel** to indicate a person or thing that is even farther away from the speaker.

¿Estos pósters son tus favoritos?

You can also use a demonstrative pronoun (**éste, ése, aquél**) to avoid repeating a noun. The neutral forms (**esto, eso, aquello**) refer to an idea or to something that was said or done.

Yo prefiero aquéllos.

For negative constructions, see page 32.

The time construction hacer **+ time +** que **+ verb** is used to describe an event that began in the past and is still going on.

Hace **un año** que **estudio** español.

Hacer **+ time** can also be used to describe how long ago something happened.

Hace **dos días,** regresé de España.

Repaso de Vocabulario 1

Talking about the past

aburrirse	*to get bored*
acampar	*to camp*
¿Adónde fuiste?	*Where did you go?*
el bosque	*woods/forest*
la brisa	*breeze*
cansarse de	*to get tired of*
la catedral	*cathedral*
la ciudad	*city*
coleccionar caracoles	*to collect seashells*
conversar	*to converse*
la costa	*coast*
dar una caminata	*to take a walk*
disfrutar de	*to enjoy*
divertirse	*to have fun*
el esquí acuático	*water skiing*
la estación de trenes/ autobuses	*train/bus station*
Fui a...	*I went to . . .*
los grados Fahrenheit/ centígrados	*degrees Fahrenheit/centigrade*
hacer calor	*to be hot*
hacer crucigramas	*to do crossword puzzles*
hacer windsurf	*to windsurf*
jugar naipes	*to play cards*
Lo/La encontré muy interesante.	*I found it very interesting*
Lo pasé de película/ de maravilla.	*I had a great time.*
llover a cántaros	*to pour rain*
la llovizna	*drizzle*
las montañas	*mountains*
los monumentos	*monuments*
montar a caballo	*(to go) horseback riding*
la natación	*swimming*
pasear	*to go for a walk*
el patinaje (en línea)	*(inline) skating*
¿Qué hiciste el verano pasado?	*What did you do last summer?*
¿Qué tal lo pasaste?	*Did you have a good time?*
¿Qué te pareció...?	*How was . . . ?*
el relámpago	*lightning*
el río	*river*
la tormenta	*storm*
trotar	*to jog*
el trueno	*thunder*
Viajé a...	*I traveled to . . .*

Talking about what you liked and used to do . . . . ***See p. 12.***

Repaso de Vocabulario 2

Asking for and giving advice

aburrido(a)	*bored, boring*
la banda escolar	*school band*
el centro recreativo	*recreation center*
el club de debate	*debate club*
coleccionar estampillas/ pósters/monedas	*to collect stamps/posters/coins*
crear (quemar) CDs	*to make (burn) CDs*
Debes...	*You should . . .*
la dieta balanceada	*balanced diet*
diseñar páginas Web	*to design Web pages*
escribir poemas y cuentos	*to write poems and stories*
los ejercicios aeróbicos	*aerobic exercise*
hacer diseño por computadora	*to do design on the computer*
hacer gimnasia	*to do gymnastics*
hacerse amigo(a) de alguien	*to become friends with someone*
Hay que...	*One has to . . .*
impaciente	*impatient*
interesar	*to interest*
jugar al golf	*to play golf*
mantenerse en forma	*to stay in shape*
nervioso(a)	*nervous*
observar la naturaleza	*to observe nature*
la oratoria	*speech (class)*
participar	*to participate*
practicar atletismo	*to do track and field*
¿Puedes darme algún consejo?	*Can you give me some advice?*
¿Qué consejos tienes?	*What advice do you have?*
¿Qué debo hacer?	*What should I do?*
¿Qué me recomiendas?	*What do you recommend (to me)?*
saltar la cuerda	*to jump rope*
solitario(a)	*lonely*
Te aconsejo que...	*I advise you to . . .*
Te recomiendo que...	*I recommend that you . . .*
tener ganas de (hacer)	*to feel like (doing)*

Talking about the future . . . . ***See p. 26.***

Integración

capítulo 1

1 Escucha lo que dice cada persona y escoge la foto que corresponde.

A

B

C

D

2 Cristóbal viajó a España este verano y trajo una guía turística para mostrársela a sus amigos. Léela y contesta las siguientes preguntas.

Viaja a España, el país del sol, donde hay algo para todos.

¿Te gusta la playa? Visita la Costa del Sol y disfruta de actividades como el esquí acuático y el windsurf. **Si prefieres las montañas,** la Sierra Nevada es el lugar para ti. Se puede acampar o dar una caminata por sus pequeños pueblos, blancos como la nieve. Aquí hace menos calor que en la costa. Siempre ha sido uno de los lugares preferidos de los turistas. Te recomiendo que pases algunos días también en **Castilla-La Mancha.** Puedes viajar desde una estación de trenes tan bonita como la de Toledo o ver unas casas tan impresionantes como las de Cuenca. Haz un viaje que no vas a olvidar nunca. ¡Ven a España!

1. ¿Adónde puedes ir si te gusta la playa?
2. ¿Qué región se recomienda a la gente a quien le gustan las montañas?
3. ¿Qué se puede hacer en las montañas?
4. ¿Dónde hace más calor, en las montañas o en la costa?
5. ¿Dónde está la estación de trenes que se menciona en el anuncio?

3 En grupos, hablen de lo que les gustaba hacer de niños durante el verano. Luego, expliquen lo que hicieron este verano pasado y lo que piensan hacer este año.

4 Observa la pintura «Torero y toro» *(Bullfighter and Bull)* de Óscar Domínguez y escribe por lo menos ocho oraciones sobre ella. ¿Qué ves en la pintura? ¿Qué pasa o qué va a pasar? ¿Has visto un toro alguna vez? Si no, ¿es algo que deseas ver? En tu opinión, ¿cómo son los toreros?

Torero y toro **de Óscar Domínguez**

5 Imagina que eres el (la) director(a) del colegio. Escribe una carta a los estudiantes de primer año para explicarles todas las actividades que se ofrecen en el colegio. Explica lo que vas a hacer para que este año sea el mejor y dales recomendaciones para el nuevo año escolar.

6 **Situación** Acabas de conocer a un(a) estudiante español(a) en una fiesta. En parejas, dramaticen una conversación. Los dos deben hablar un poco sobre cómo son y qué les gusta hacer. Luego el (la) estudiante español(a) puede explicar lo que desea hacer en Estados Unidos y tú puedes darle consejos.

Capítulo 2

¡A pasarlo bien!

OBJETIVOS

In this chapter you will learn to

- express interest and displeasure
- invite someone to do something
- describe the ideal friend
- express happiness and unhappiness

And you will use

- imperfect
- **ir a** + infinitive in the imperfect
- **nosotros** commands
- object pronouns
- subjunctive with the unknown or nonexistent
- subjunctive with expressions of feelings

¿Qué ves en la foto?

- **¿Qué hacen estos chicos?**
- **¿Qué están mirando?**
- **¿Crees que son turistas o que viven allí? ¿Por qué?**

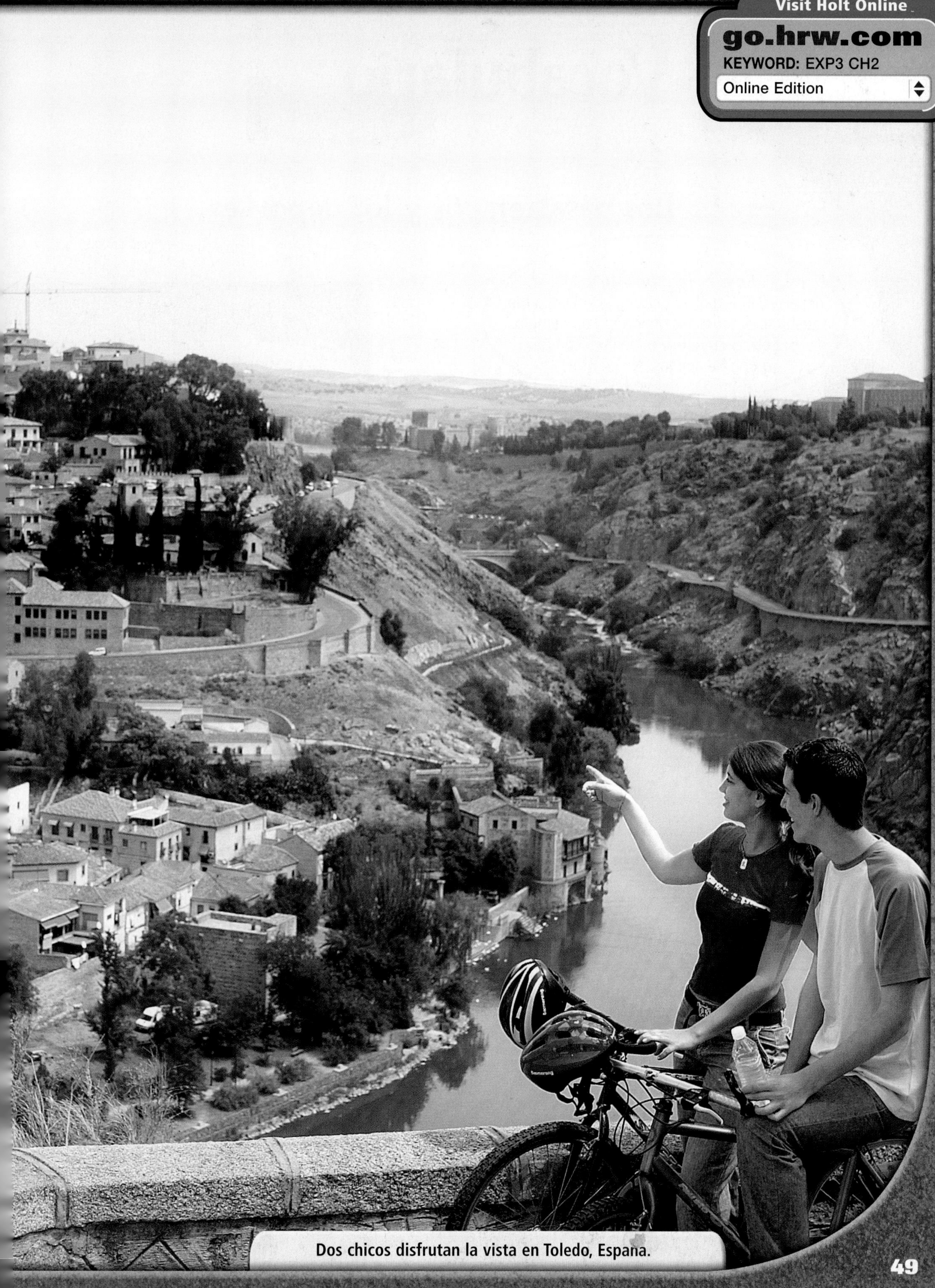

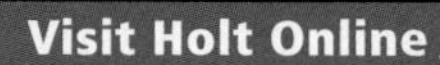

Visit Holt Online
go.hrw.com
KEYWORD: EXP3 CH2
Online Edition

Dos chicos disfrutan la vista en Toledo, España.

Objetivos
Expressing interest and displeasure, inviting someone to do something

Vocabulario en acción 1

Los pasatiempos y los deportes

Soy un fanático de los deportes. El fútbol, el béisbol, el volibol... me gustan casi todos los deportes. Por ejemplo, **practico ciclismo** a menudo con un grupo de amigos. ¡Es **genial!**

El verano pasado aprendí a **esgrimir** con un amigo. **Me lo paso bien** practicando **esgrima.**

La escalada deportiva es **estupenda.** Voy a **escalar** este fin de semana con unos amigos.

Me gusta **remar** con el club de **remo** de mi ciudad. Como ejercicio para todo el cuerpo, es formidable.

Hay unos deportes que, francamente, **me aburren. No aguanto el boliche.** Pero tengo que confesar que cuando hace mal tiempo y quiero estar adentro con los amigos, no es tan malo.

Más vocabulario...

el jai-alai	*jai-alai*
jugar al boliche	*to bowl*
el senderismo	*hiking*
el tiro con arco	*archery*

Visit Holt Online
go.hrw.com
KEYWORD: EXP3 CH2
Vocabulary 1 practice

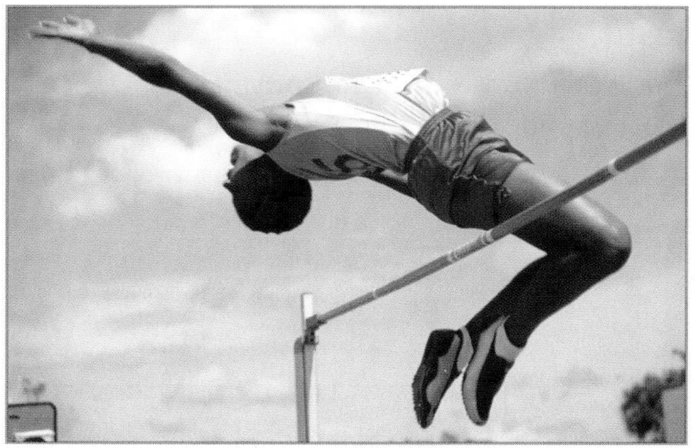

No practico **el atletismo** pero es algo que me gusta ver, por ejemplo, durante los Juegos Olímpicos. Me gusta sobre todo **el salto de altura.**

Pienso tomar clases de **kárate** algún día. **Las artes marciales** te enseñan mucha disciplina.

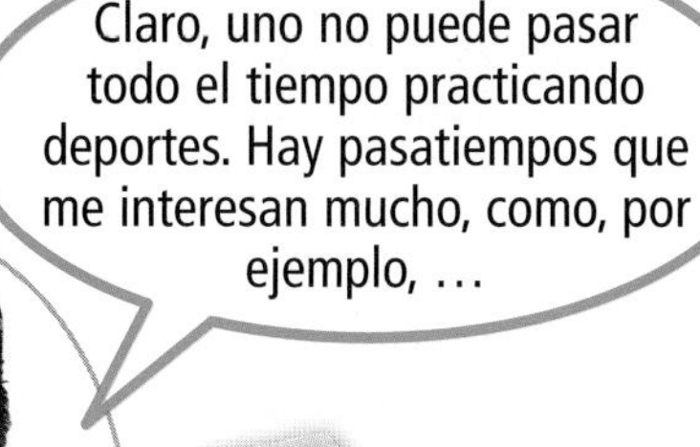

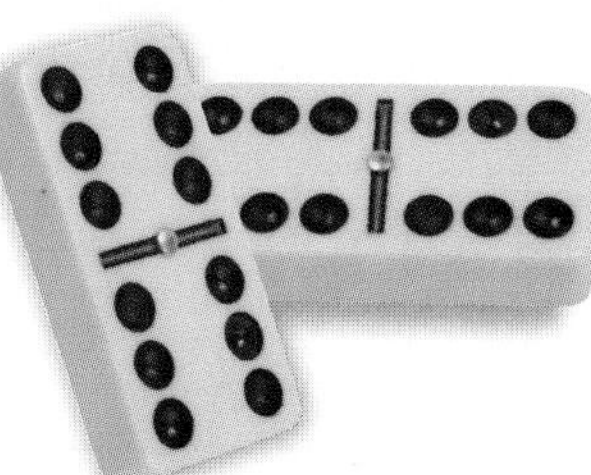

el dominó

los juegos de computadora

los rompecabezas

¡Exprésate!

To express interest and displeasure

Interactive TUTOR

Soy un(a) gran aficionado(a) a... ¿Qué deporte te gusta a ti? *I'm a big . . . fan. What sport do you like?*	**Pues, la verdad es que...** *Well, the truth is that . . .*
Eres muy bueno(a) para... ¿verdad? *You're really good at . . . aren't you?*	**Sí, me la paso... Estoy loco(a) por...** *Yes, I'm always doing . . . I'm crazy about . . .*
Los/Las... me dejan frío(a). *The . . . don't do anything for me.*	**¿Ah, sí? Pues, yo creo que...** *Really? Well, I think . . .*

Online
Vocabulario y gramática, pp. 13–15

▶ Vocabulario adicional — Los deportes, p. R15

1 ¿A quién le gusta?

Escuchemos Mira las fotos y escucha los comentarios. Decide qué comentario corresponde a cada foto.

A

B

C

D

E

F

G

H

Nota cultural

Para los aficionados al senderismo, los Pirineos en el norte de España son las montañas preferidas. Otras montañas populares para los senderistas son los Picos de Europa al norte de Santander o la Sierra Nevada, en el sur. El llano y la meseta central de España presentan otros paisajes bonitos para ir de excursión.

2 Los deportes preferidos

Leamos/Escribamos Completa la conversación entre Sonia y Ernesto con las palabras y expresiones del cuadro.

escalar	remo	soy un fanático	geniales
me deja	bueno para	juegos de computadora	senderismo
aficionada	me la paso		

SONIA Ernesto, eres muy __1__ la natación, ¿no?

ERNESTO No, la natación __2__ frío. Pero estoy loco por otros deportes acuáticos, como el esquí acuático y el __3__.

SONIA Yo también prefiero los deportes al aire libre. Me encanta hacer __4__ en el bosque y en las montañas.

ERNESTO ¿Ah, sí? El senderismo me aburre, pero __5__ de la escalada deportiva. Me encanta __6__.

SONIA No soy una gran __7__ a la escalada deportiva. Me da miedo. ¿Lo haces a menudo?

ERNESTO Sí, __8__ escalando durante el verano.

SONIA ¿Y qué vas a hacer esta tarde? Está lloviendo.

ERNESTO Voy a quedarme en casa jugando a los __9__. ¿Te gustan?

SONIA ¡Claro que sí! Creo que son __10__.

3 Es lo opuesto

Leamos/Escribamos Escribe las oraciones de nuevo y usa expresiones que comuniquen el sentido opuesto. Utiliza las expresiones de **Exprésate.**

MODELO **Bernardo cree que los programas de deportes en la tele son geniales.**
A Bernardo le dejan frío los programas de deportes en la tele.

1. A mi hermano le aburren los juegos de computadora.
2. Marta, eres una gran aficionada al senderismo, ¿verdad?
3. Luis es muy bueno para el jai-alai.
4. Mi amiga Catarina es una fanática de los rompecabezas.
5. Paulina se la pasa jugando al boliche.
6. Pablo cree que la esgrima es genial.

4 Las actividades preferidas

Escribamos Usa una palabra o expresión de cada columna para escribir seis oraciones completas. Escribe sobre tu propia vida.

MODELO **Mi hermano se la pasa practicando el kárate.**

yo	(no) ser bueno(a) para	el ciclismo	el senderismo
mi mejor amigo(a)	estar loco(a) por	la escalada deportiva	el kárate
el profesor/la profesora	(no) ser aficionado(a) a	el remo	la esgrima
mi hermano(a)	pasársela practicando	la pelota	los juegos de computadora
mis compañeros de clase		el boliche	el tiro con arco

Comunicación

5 Los gustos de la clase

Hablemos/Escribamos Con un(a) compañero(a), haz una encuesta de cuatro o cinco preguntas sobre los gustos en cuanto a los deportes. En grupos, túrnense para hacer las preguntas y contestarlas. Después, hagan una gráfica o tabla que represente los resultados de la encuesta.

MODELO **—¿Qué deporte te gusta más?**
—Pues, el deporte que más me gusta es la escalada deportiva.

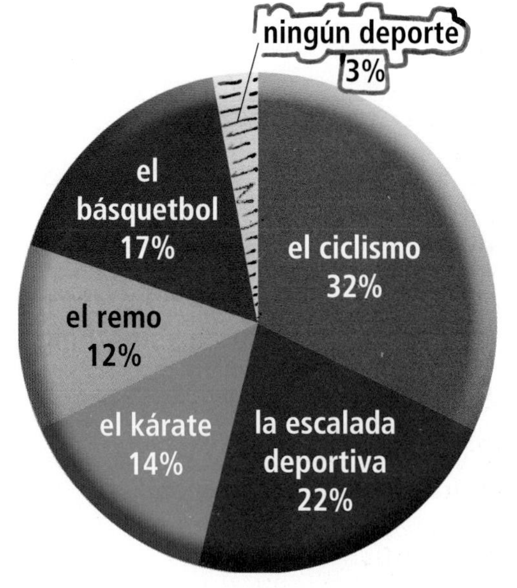

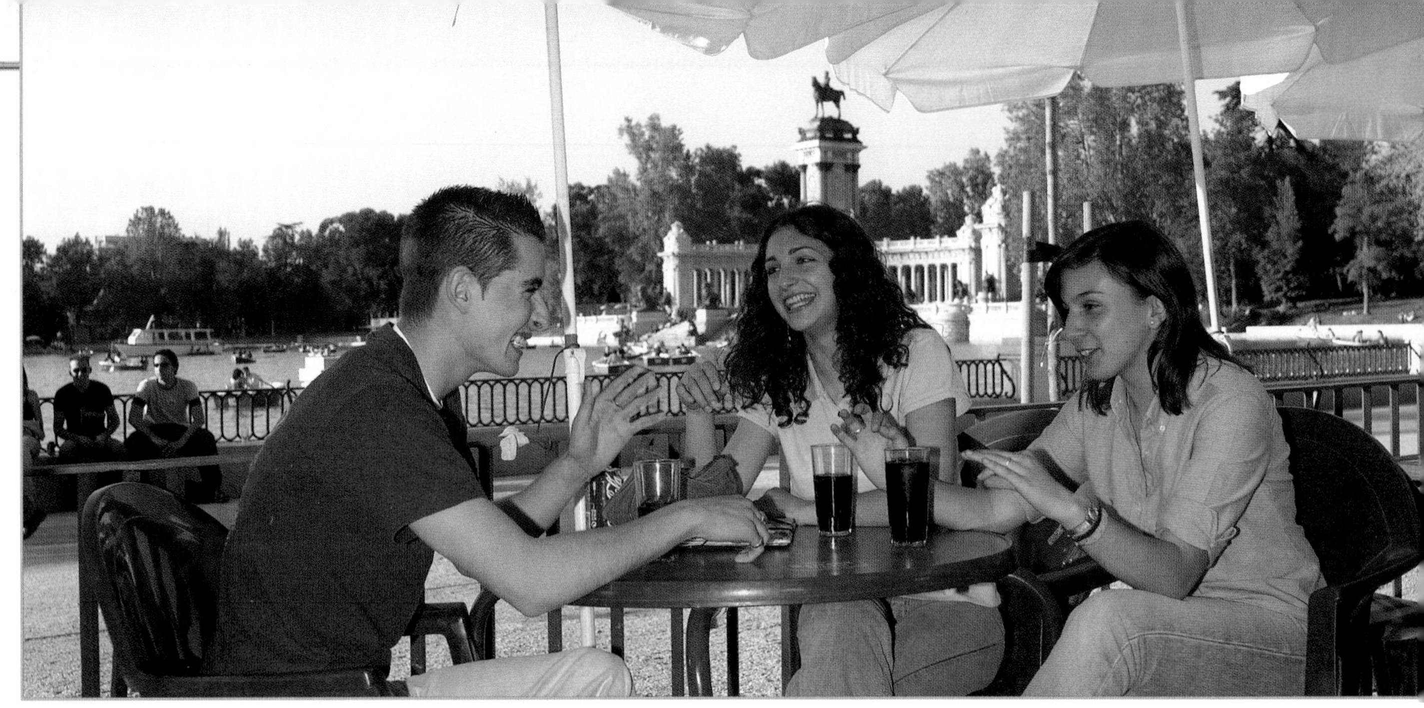

¿Qué planes tenéis?

ROSALÍA ¿Qué planes tenéis vosotros para este fin de semana?

CARMEN Pues, la verdad es que no tengo planes. ¿Por qué?

ROSALÍA ¿Os gustaría ver la Vuelta a España en la tele? Va a ir mucha gente a casa de Marisol a verla.

ANTONIO No, gracias. Iba a remar con unos amigos. Además, el ciclismo me aburre.

ROSALÍA ¿En serio? ¡Pero es genial! Estoy loca por el ciclismo.

CARMEN No veamos la Vuelta a España. No aguanto estar sentada sin hacer nada los sábados. Si vamos a estar sentados, mejor me quedo en casa jugando al dominó con mi hermanito.

ROSALÍA Bueno, no seas dramática. ¿Sabes? Podríamos ver el campeonato de kárate o la competencia de atletismo, pero no... seríamos espectadores nada más.

CARMEN Tengo una idea. ¿Por qué no jugamos al boliche?

ROSALÍA ¿Al boliche? Bueno, como quieras. Me da lo mismo. ¡Simplemente no quiero quedarme en casa!

¡Exprésate!

To invite someone to do something	To respond
¿Te gustaría...? Yo te invito. *Would you like to . . .? My treat.*	**No, gracias. Iba a...** *No, thanks. I was going to . . .*
No vayamos a... No aguanto... *Let's not go to . . . I can't stand . . .*	**Como quieras. Me da lo mismo.** *Whatever you want. It's all the same to me.*

Interactive TUTOR

Online
Vocabulario y gramática, pp. 13–15

6 ¿Qué hacemos?

Leamos/Escribamos Basándote en la conversación en la página 54, contesta **cierto** o **falso.** Corrige las oraciones falsas.

1. Carmen ya tiene muchos planes para el fin de semana.
2. Antonio es un gran aficionado al ciclismo.
3. Antonio va a remar con unos amigos.
4. A Rosalía le deja fría el ciclismo.
5. Carmen no quiere quedarse sentada el sábado.
6. Rosalía está loca por el boliche.

7 ¿Aceptarás la invitación?

Leamos/Escribamos Responde a cada invitación, según tus propios gustos. En algunas respuestas, explica por qué no puedes aceptar la invitación. Usa las frases de **Exprésate** en tus respuestas.

MODELO **—Voy a ir a un partido de fútbol mañana. ¿Quieres ir?**
—Gracias, pero no puedo. Iba a ir al lago.
—(Sí, gracias. Me fascina el fútbol.)

1. ¿Te gustaría ver la nueva película española conmigo este viernes?
2. ¿Por qué no jugamos al dominó?
3. ¿Te gustaría ver el campeonato de básquetbol en la tele con nosotros este domingo?
4. ¿Quieres hacer un rompecabezas conmigo este sábado?
5. ¿Te gustaría ir a un concierto el viernes? Yo te invito.
6. ¿Te gustaría acompañarme a la competencia de esgrima el sábado?
7. ¿Te gustaría hacer senderismo conmigo este fin de semana?
8. ¿Por qué no hacemos windsurf hoy?

El equipo Real Madrid celebra después del partido contra Barcelona.

Comunicación

8 ¿Qué vamos a hacer?

Hablemos Haz una lista de cuatro actividades que te gustaría hacer con un(a) amigo(a). Luego, invita a un(a) compañero(a) a acompañarte. Tu compañero(a) debe aceptar dos de las invitaciones y rechazar *(turn down)* dos. Si tu compañero(a) rechaza la invitación, entonces debe ofrecer una explicación o alternativa.

MODELO **—Te gustaría remar conmigo esta semana?**
—No gracias, el remo me aburre. ¿Por qué no...?

▶ Vocabulario adicional — Los deportes, p. R15

Objetivos
Imperfect, ir a + infinitive in the imperfect, nosotros commands

Interactive TUTOR

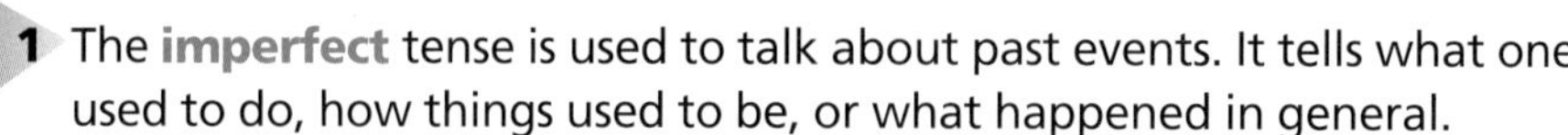

1 The **imperfect** tense is used to talk about past events. It tells what one used to do, how things used to be, or what happened in general.

De niño, me **fascinaban** los rompecabezas.
When I was a boy, puzzles used to fascinate me.

En la escuela primaria, las niñas **jugaban** al tenis cada día.
In elementary school, the girls would play tennis every day.

En esos días, no **teníamos** mucho tiempo libre.
Back in those days, we didn't have much free time.

2 The verb endings in the **imperfect** are:

-ar verbs	
-aba	-ábamos
-abas	-abais
-aba	-aban

-er/-ir verbs	
-ía	-íamos
-ías	-íais
-ía	-ían

3 **Ir, ver,** and **ser** are the only verbs that are irregular in the imperfect.

De niño, David **iba** a clases de kárate todos los días.
Cuando **era** joven, María practicaba el atletismo.
Silvia **veía** los partidos de básquetbol en la tele todos los sábados.

4 The imperfect is often used with expressions such as **muchas veces, a veces, (casi) siempre,** and **todos los años/días.**

Online
Vocabulario y gramática, pp. 16–18 | Actividades, pp. 11–13

¿Te acuerdas?

The **present tense** is often used to say what happens *on a regular basis.*

Juego al fútbol los lunes.

The **present progressive** is used with most verbs to say what is *going on at the moment.*

Marcelo **está estudiando.**

With ***ir*** and *verbs that refer to states or conditions,* use the **present tense** instead of the present progressive.

Ana **va** al centro recreativo.

Me **fascinan** los trenes.

9 ¿Les gustaba o no?

Escuchemos Escucha mientras varias personas hablan de las cosas que hacían de niño o que hacen ahora. Escribe el nombre de la persona y **presente** si la persona hace la actividad ahora o **pasado** si la hacía de niño(a).

1. Elena
2. Juan Luis
3. Victoria
4. Alejandro
5. Carolina
6. José Miguel
7. Sara
8. Guillermo

Visit Holt Online
go.hrw.com
KEYWORD: EXP3 CH2
Gramática 1 Practice

10 ¿Qué hacían todos?

Escribamos Basándote en los dibujos, escribe qué actividad hacía cada persona de niño y qué opinaba de la actividad.

MODELO **De niño, Jaime tenía que practicar el violín todos los días. No le gustaba para nada.**

Jaime

1. mi hermano y yo

2. Emilio y Marcos

3. Martín

4. mi familia y yo

5. Teresa y su abuelo

6. mi mejor amigo(a) y yo

11 Antes y ahora

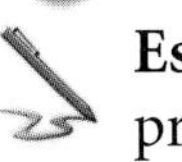

Escribamos Escribe dos oraciones para cada número. La primera oración debe decir qué hacía la persona de niño(a) y qué opinaba de la actividad, y la segunda oración debe decir qué opina ahora de esta actividad.

MODELO **yo/nadar**
Cuando era niña, no me gustaba nadar porque...
Ahora creo que...

1. mi mejor amigo/tomar clases de piano
2. mi hermano(a)/trepar a los árboles
3. mis amigos y yo/ver dibujos animados en la televisión
4. tú/jugar al béisbol
5. mis primos/montar en bicicleta
6. mi mamá/coleccionar animales de peluche

Comunicación

12 Yo hacía lo mismo

Hablemos Piensa en cuatro actividades que te gustaba hacer o que odiabas hacer de niño. En grupos de tres, traten de encontrar a alguien con los mismos gustos que tú de niño(a). Túrnense para hacerse preguntas sobre sus gustos.

Repaso Ir a + infinitive in the imperfect

1. Use **ir a + infinitive** in the **imperfect** to state what someone *was going to do.*

2. **Ir a + infinitive** is followed by a verb in the **preterite** when the second verb refers to a completed action or to a condition that ended.

   Iba a llamarte, pero se me **olvidó.**

   Mis padres **iban a ver** la película, pero **llegaron** tarde.

3. **Ir a + infinitive** is followed by another verb in the **imperfect** when the second verb refers to an ongoing state or condition in the past.

   Nosotros **íbamos a jugar** al fútbol, pero **teníamos** mucha tarea.

   Eduardo **iba a salir,** pero se **sentía** muy cansado.

Online
Vocabulario y gramática, pp. 16–18 | Actividades, pp. 11–13

13 ¿Por qué no fuiste?

Escuchemos Escucha mientras las personas de los dibujos explican por qué no fueron a tu partido de béisbol. Identifica a cada persona según lo que dice.

a. b. c. d. e. f.

14 Un fin de semana muy movido

Leamos/Escribamos Lee el diario de José y contesta las preguntas.

> **Tenía muchos planes para este fin de semana pero no tuve el tiempo suficiente para hacerlo todo. El sábado por la mañana iba a ir al parque a jugar al fútbol, pero me desperté tarde. Me quedé en casa jugando juegos de computadora. Por la tarde mis padres querían hacer senderismo, pero mi mamá se enfermó. Así que fui al parque a jugar al básquetbol. Luego, iba a ver una película con mis primos, pero ellos tuvieron que ayudar a mi tía en casa. El domingo por la tarde Marcos y yo queríamos ver un partido de fútbol, pero llegamos tarde y ya no había boletos. Fuimos a un restaurante a comer. Después, regresé a casa para hacer la tarea. ¡Los fines de semana pasan demasiado rápido!**

1. ¿Qué iba a hacer José temprano el sábado? ¿Por qué no lo hizo?
2. ¿Qué querían hacer los padres de José? ¿Qué pasó?
3. Después de jugar al básquetbol, ¿que iban a hacer José y sus primos? ¿Por qué no pudieron ir sus primos?
4. ¿Qué iban a hacer José y Marcos el domingo? ¿Qué hicieron?

15 Excusas y más excusas

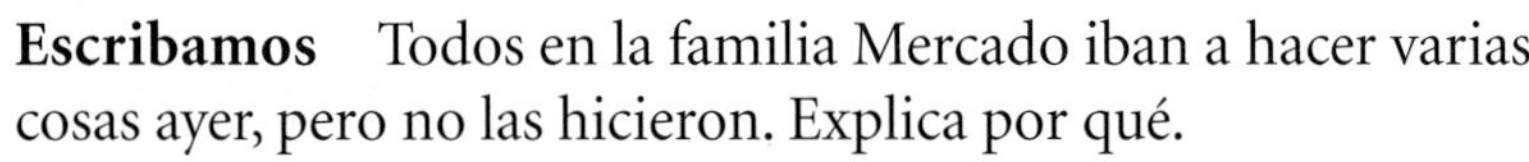

Escribamos Todos en la familia Mercado iban a hacer varias cosas ayer, pero no las hicieron. Explica por qué.

MODELO **La señora Mercado/hacer las compras/tener que llevar a la bebé al médico**

La señora Mercado iba a hacer las compras, pero tuvo que llevar a la bebé al médico.

1. Daniel y Rita/organizar sus cuartos/tener mucha tarea
2. El señor Mercado/lavar el carro/sentirse muy cansado
3. Fernanda y yo/preparar la cena/(yo) cortarme con el cuchillo
4. Yo/jugar al dominó con mi abuelo/tener que estudiar
5. La señora Mercado/tomar una siesta/no tener tiempo
6. Abuela/leer un libro/no poder encontrar los anteojos

Comunicación

16 ¿Qué les pasó?

Hablemos Hiciste una fiesta el sábado, pero dos de tus amigos no vinieron. En grupos de tres, creen una conversación en que uno de Uds. les pregunta a los otros dos qué pasó. Los dos amigos deben explicar por qué no fueron a la fiesta. Después, hagan planes para reunirse en otro momento.

Nosotros commands

1 You've used **vamos a + infinitive** to say what a group of people is going to do. To suggest that a group of people do or not do something *(Let's [not] . . .)* use **nosotros commands.**

No hablemos con el director; **hablemos** con Sergio mejor.
Let's not speak to the principal; let's speak to Sergio instead.

2 Use the **nosotros** form of the present subjunctive for **nosotros commands.** The verb **ir** has an irregular affirmative form: **vamos.**

No vayamos al lago hoy; que está lloviznando. **Vamos** al cine.
Let's not go to the lake today; it's drizzling. Let's go to the movies.

3 **Object** or **reflexive pronouns** are attached to the end of a verb in affirmative commands or go between **no** and the verb in negative commands.

—¿Hacemos la fiesta esta semana? ¿Invitamos a los vecinos?
—Sí, **hagámosla** el viernes. No, **no los invitemos** esta vez.

Note that the final **-s** is dropped before adding **nos**.

No nos preocupemos por eso. **Vámonos** ya.

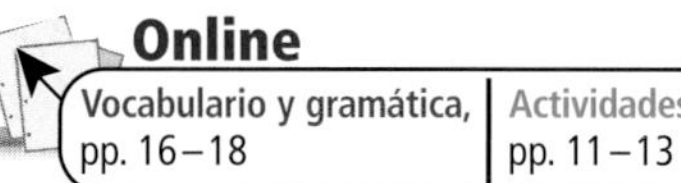
Online
Vocabulario y gramática, pp. 16–18 | Actividades, pp. 11–13

¿Te acuerdas?

Verbs ending in **-car, -gar,** and **-zar** have the same spelling change in **nosotros commands** as in the present subjunctive.

sacar → **saquemos**
llegar → **lleguemos**
organizar → **organicemos**

Verbs having irregular present subjunctive forms will have the same irregular **nosotros command** forms.

dar → **demos**
ser → **seamos**

17 Sugerencias

Escuchemos Escucha las conversaciones y determina si la persona que habla primero sugiere **a)** hacer algo con la otra persona o **b)** que la otra persona haga algo solo (a).

18 Un buen equipo

Escribamos Eres el capitán del equipo de volibol de tu colegio. Escribe las metas *(goals)* del equipo. Anima a todos a hacer las siguientes cosas.

MODELO **practicar con el equipo de la universidad (sí)**
Practiquemos con el equipo de la universidad.

Sí	No
1. llegar a tiempo a los partidos	5. ser maleducados durante los partidos
2. invitar a los nuevos estudiantes a participar	6. olvidarnos de darle las gracias al director
3. organizar un campeonato para abril	7. faltar a los entrenamientos
4. hacer una fiesta o un baile en mayo	8. sacar malas notas en clase

19 Tú eres el líder

Leamos/Escribamos Contesta las preguntas con mandatos afirmativos o negativos.

MODELO **No hay nada interesante que hacer este fin de semana. ¿Qué hacemos?**

Hagamos una excursión al lago el sábado y alquilemos un bote.

1. Estoy harto de ver televisión todas las tardes. ¿Por qué no hacemos algo más interesante?
2. Dicen que no va a haber un club de español el año que viene porque no hay suficientes estudiantes interesados. ¿Qué podemos hacer?
3. No me gusta practicar escalada deportiva en esta montaña porque es peligroso. ¿Adónde podemos ir?
4. El jai-alai es un deporte genial. ¿Qué podemos hacer para ver un partido?
5. El club de ajedrez tiene muy poca publicidad en el colegio. ¿Crees que podemos hacer algo para mejorarla?
6. Vamos a hacer senderismo el sábado, pero hay gente de diferentes niveles en el grupo. ¿Cómo podemos organizar la excursión?

El **jai-alai,** o la pelota vasca, es un deporte típico del norte de España. En el idioma vasco, jai-alai significa «fiesta alegre». Los vascos jugaban a la pelota durante los festivales de los pueblos y usaban las paredes de las iglesias como cancha. Hoy en día, hay canchas de pelota, llamadas **frontones,** en todas las ciudades grandes del norte de España. Se juega al jai-alai entre octubre y junio.

Gramática 1

Comunicación

20 ¿Qué hacemos este fin de semana?

Leamos /Hablemos En parejas, escojan actividades de la guía de ocio que les interesen. Creen una conversación en que Uds. hablen de qué van a hacer. Túrnense para sugerir dos actividades y respondan a ellas con mandatos afirmativos o negativos.

MODELO **—Vamos al Museo del Prado, ¿quieren?**
—No, gracias. Vamos al cine mejor.

Películas:	Cine Alcalá	pág. 2
	Cine Méndez Álvaro	pág. 3
Restaurantes:	italianos	pág. 4
	chinos	pág. 5
Exposiciones de arte:	Museo del Prado	pág. 6
	Museo Reina Sofía	pág. 6
Conciertos:	Guitarra clásica	pág. 8
	Flamenco	pág. 8
Deportes:	Fútbol	pág. 9
	Jai-alai	pág. 9
Teatro:	Centro cultural	pág. 10
	Círculo de Bellas Artes	pág. 10

Cultura

VideoCultura

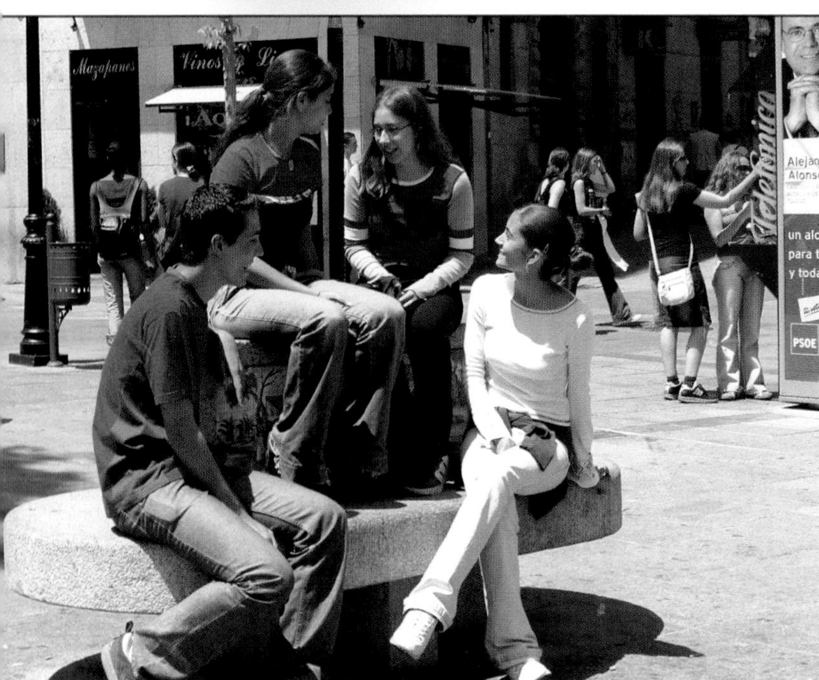

Un grupo de jóvenes en Toledo, España

A buen amigo, buen abrigo

En muchas partes del mundo hispano, muchas amistades que se hacen en el colegio duran toda la vida. La gente no cambia tanto de ciudad, y se mantiene en contacto con sus amigos y amigas de la escuela o del colegio. Crecen juntos y tienen experiencias parecidas que los unen para el resto de sus vidas. Compara esto con la experiencia de tu pueblo o ciudad. ¿Crees que seguirás en contacto con todos tus amigos? ¿Cómo crees que será la vida de tus amigos dentro de 10 años?

Lucía
Madrid, España

Para ti, ¿qué es un buen amigo?

Es una persona con la que compartir diversiones, una persona que te escucha, es una persona que está ahí en todo momento.

¿Qué haces para no tener un malentendido con un amigo?

Intento ser siempre yo, comunicar todo lo que pienso y lo que siento.

¿Alguna vez has tenido un malentendido con un amigo?

Sí, una vez una amiga me contó algo importante para ella y yo no pude juzgarlo de esa manera, y entonces yo se lo conté a otra amiga, y a ella le sentó muy mal.

¿Cómo lo resolvieron?

Hablando. Ella me dijo que le había sentado mal y yo le pedí disculpas.

¿Qué buscas en un novio?

Una persona que te escuche, que comparta diversiones, que comparta malos ratos, que te acepte como eres.

Visit Holt Online
go.hrw.com
KEYWORD: EXP3 CH2
Online Edition

Pamela

Santo Domingo, República Dominicana

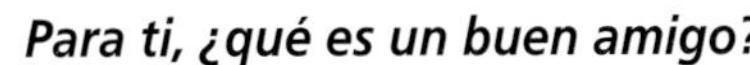

Para ti, ¿qué es un buen amigo?
Es una persona que me comprenda, que sea sincera, que esté conmigo en los buenos y los malos momentos.

¿Qué haces para no tener un malentendido con un amigo?
Pues, nos tenemos una muy buena comunicación y si hay algo que nos molesta, nos hablamos.

¿Alguna vez has tenido un malentendido con un buen amigo?
Sí, [un amigo y yo] tuvimos un malentendido porque se suponía que debía de decirle algo y no lo hice. Entonces se sintió traicionado.

¿Qué buscas en un novio?
Una persona sincera y honesta, y que tenga buenos sentimientos hacia mí.

Para comprender

1. Busca cinco palabras que describan un buen amigo para Lucía. ¿Y un novio?
2. ¿Lucía hizo bien o mal al contarle a otra persona lo que le dijo la amiga? Explica.
3. Busca cinco palabras que describan un buen amigo para Pamela. ¿Y un novio?
4. ¿El amigo de Pamela tenía derecho a sentirse tracionado por lo que no hizo Pamela? Explica.
5. ¿Estás de acuerdo con Lucía y Pamela en que la mejor manera de resolver un malentendido es hablando? ¿Qué pasa si uno guarda para sí los sentimientos?

Para pensar y hablar

¿Crees que es muy difícil encontrar amigos que cumplan con los requisitos de Lucía y Pamela? ¿Qué buscas tú en un amigo y qué no aguantas? ¿Cómo es un buen amigo tuyo en comparación con los de Pamela y Lucía?

Comunidad y oficio

El mundo de los deportes

En Estados Unidos, hay varios canales de televisión y emisoras con programas en español. Busca los canales y emisoras que tengan programas en español y escucha un partido de tu equipo favorito o ve una telenovela *(soap opera).* Fíjate en las expresiones que usan. ¿Cuáles expresiones ya conoces? ¿Cuáles son nuevas? Escribe las expresiones que aprendas sobre los deportes (si viste un partido) o sobre la amistad (si viste una telenovela). Contacta a la persona que se encarga *(is in charge of)* de la programación en el canal de televisión o la emisora de habla hispana. Pregúntale cómo decide qué programas televisar o poner en la radio, y quiénes ven/escuchan los programas.

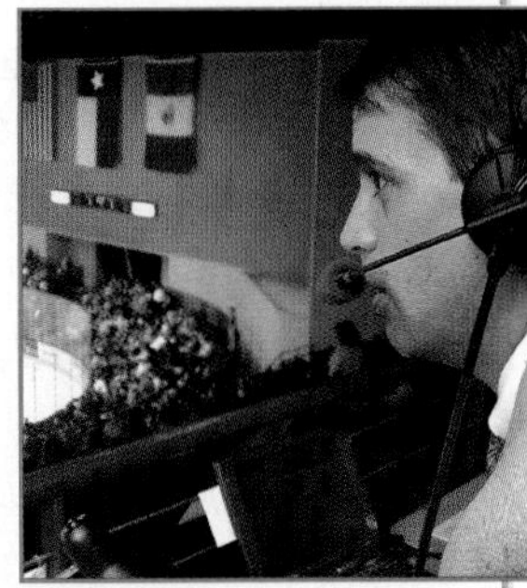

Jim Talamonti anuncia los juegos de los Laredo Bucks en inglés y en español a la vez.

Objetivos
Describing the ideal friend, expressing happiness and unhappiness

Vocabulario en acción 2

La amistad

¿Cómo debe ser un buen amigo? Pues, te voy a dar un ejemplo de cómo es un buen amigo o una buena amiga. (¡Y te voy a dar un ejemplo de alguien que no es un buen amigo!)

Ésta es mi amiga Pilar. Es una buena amiga y **tenemos mucho en común.** Es **generosa.** Comparte sus discos compactos conmigo, y si necesito algo, lo que sea, me lo presta.

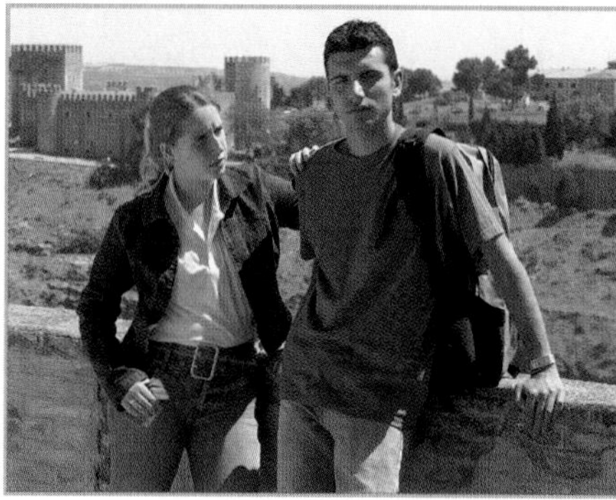

A veces me ayuda a **resolver problemas.** No siempre está de acuerdo conmigo pero **respeta mis sentimientos** y es completamente **honesta** conmigo.

Es muy **leal** a sus amigos. Sé que puedo **contar con** ella para todo.

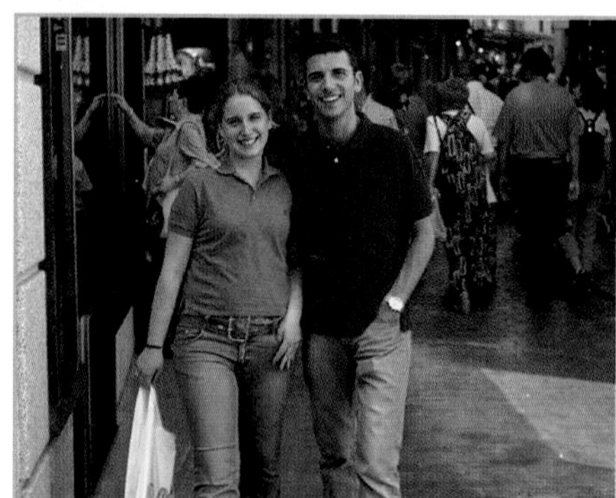

Pilar es **abierta** y **amigable.** Se lleva bien con todo el mundo; es muy **solidaria.**

Más vocabulario...

atento(a)	*helpful*
confiar en	*to trust*
un(a) conocido(a)	*acquaintance*
grosero(a)	*rude, vulgar*
maleducado(a)	*rude*
mentir (ie, i)	*to lie*
querer (ie) a	*to love (someone)*
seco(a)	*cold, unfriendly*

Visit Holt Online
go.hrw.com
KEYWORD: EXP3 CH2
Vocabulario 2 practice

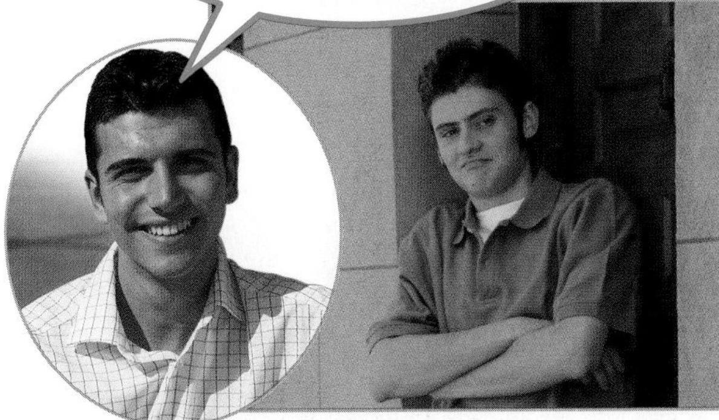

Podía ser muy **terco.** Además, **tenía fama de ser creído,** de considerarse superior a todo el mundo. La verdad es que era bastante **inseguro.**

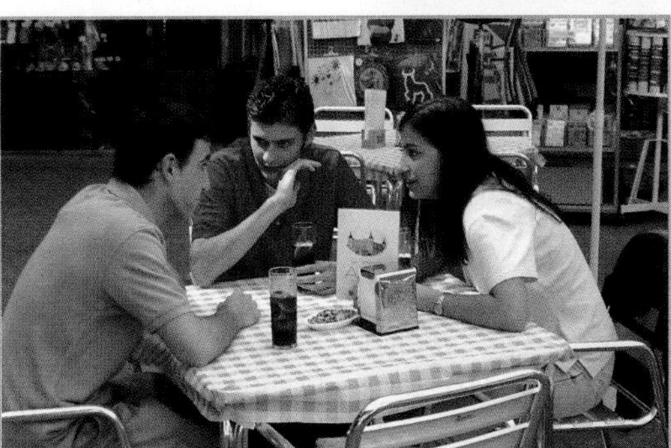

Era bastante **chismoso** también. No me gustaba como **chismeaba** sobre nuestros amigos; eso me pareció muy **desleal.** Nunca sabías si iba a **guardar los secretos** de uno o no.

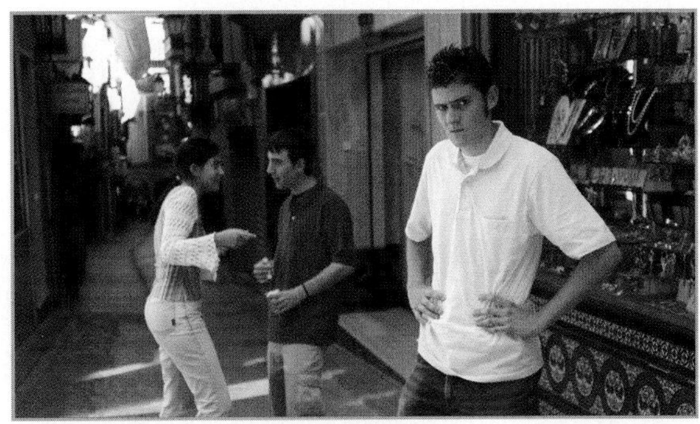

¡Y qué **celoso** era! Una vez **rompió con** una novia porque la vio hablando con otro chico. Hasta **tenía celos de** sus amigos.

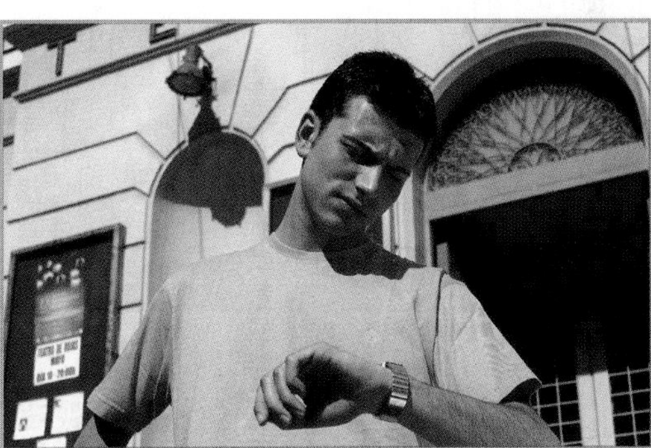

Julio no era nada **confiable.** Muchas veces **me dejaba plantado** en un café o en el cine. Al final me cansé de su actitud y no lo volví a llamar. Todavía no **hemos hecho las paces.**

¡Exprésate!

To describe the ideal friend

Interactive TUTOR

¿Cómo debe ser un(a) buen(a) amigo(a)? *What should a good friend be like?*	**Un(a) buen(a) amigo(a) debe apoyarme y... No debe...** *A good friend should support me and . . . He/She shouldn't . . .*
¿Qué buscas en un(a) novio(a)? *What do you look for in a boyfriend (girlfriend)?*	**Busco a alguien a quien le guste(n)... y que sepa algo de...** *I'm looking for someone who likes . . . and who knows something about . . .*

Online
Vocabulario y gramática, pp. 19–21

Vocabulario 2

21 ¿Cómo son?

Escuchemos Escucha a Pilar describir a unos conocidos y decide qué adjetivo corresponde a cada persona.

1. Laura **a.** generoso
2. Sergio **b.** insegura
3. Tomás **c.** honesta
4. Tía Claudia **d.** desleal
5. Juan Pablo **e.** celoso
6. Marisa **f.** confiable
7. Mónica **g.** amigable
8. David **h.** creído

Un joven observa la variedad de revistas internacionales.

22 ¿Qué tal se llevan Uds.?

Leamos Evalúa la relación que tienes con tu mejor amigo(a) o novio(a) por medio de la siguiente encuesta *(poll).* Escoge **A** si estás de acuerdo, **B** para decir "a veces" y **C** si no estás de acuerdo.

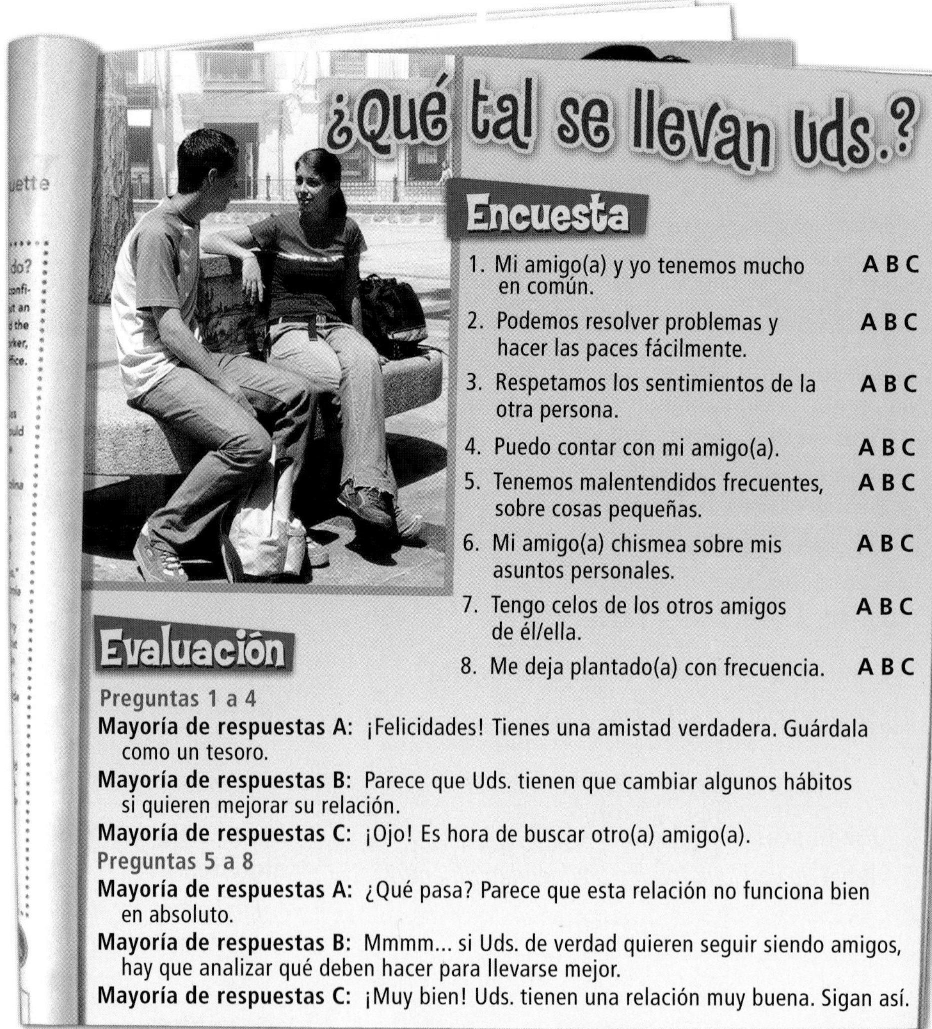

¿Qué tal se llevan Uds.?

Encuesta

1. Mi amigo(a) y yo tenemos mucho en común. **A B C**
2. Podemos resolver problemas y hacer las paces fácilmente. **A B C**
3. Respetamos los sentimientos de la otra persona. **A B C**
4. Puedo contar con mi amigo(a). **A B C**
5. Tenemos malentendidos frecuentes, sobre cosas pequeñas. **A B C**
6. Mi amigo(a) chismea sobre mis asuntos personales. **A B C**
7. Tengo celos de los otros amigos de él/ella. **A B C**
8. Me deja plantado(a) con frecuencia. **A B C**

Evaluación

Preguntas 1 a 4

Mayoría de respuestas A: ¡Felicidades! Tienes una amistad verdadera. Guárdala como un tesoro.

Mayoría de respuestas B: Parece que Uds. tienen que cambiar algunos hábitos si quieren mejorar su relación.

Mayoría de respuestas C: ¡Ojo! Es hora de buscar otro(a) amigo(a).

Preguntas 5 a 8

Mayoría de respuestas A: ¿Qué pasa? Parece que esta relación no funciona bien en absoluto.

Mayoría de respuestas B: Mmmm... si Uds. de verdad quieren seguir siendo amigos, hay que analizar qué deben hacer para llevarse mejor.

Mayoría de respuestas C: ¡Muy bien! Uds. tienen una relación muy buena. Sigan así.

23 Avísame, por favor

Leamos/Escribamos Completa la carta que escribió Marta al periódico, pidiendo ayuda con una relación problemática. Usa las formas correctas de las palabras del cuadro.

abierto	**celoso**	**confiar en**	**dejar plantado**
malentendido	**resolver un problema**	**valer la pena**	**desleal**

Querida Elena:

Te escribo porque quiero __1__ que tengo con una amiga. Recientemente parece que no puedo __2__ ella. Ayer quedamos en tomar café después del trabajo, pero ella me __3__. Luego descubrí que estaba con otra amiga, y ahora estoy __4__ de ella. ¿Crees que todo fue un __5__, o crees que ella es __6__? Quiero ser __7__ con ella y explicarle mis emociones, pero no sé si __8__ hacerlo. ¿Qué debo hacer?

24 ¿Qué opinas tú?

Leamos/Escribamos Imagínate que vas a contestarle la carta a Marta. Escribe una carta de ocho oraciones en la que analices el problema y le des consejos.

Comunicación

25 Un buen amigo es...

Escribamos/Hablemos Completa las oraciones según tus opiniones sobre cómo debe ser un(a) buen(a) amigo(a). Después, reúnete con un(a) compañero(a) y compara tus oraciones con las de él/ella. ¿Qué características mencionaron Uds. dos? ¿Son similares o muy distintas sus opiniones?

MODELO **Un buen amigo es ____ .**
—Para mí, un buen amigo es leal y amigable.
—Para mí, un buen amigo es honesto y respeta mis sentimientos.

Un(a) buen(a) amigo(a)
. . .es ____ .
. . .me ayuda a ____ .
. . .sabe ____ .
. . .(no) tiene ____ .
. . .puede ____ .

¿Qué puedo hacer?

LUZ MARÍA ¿Qué te pasa, Fernanda? Te ves muy dolida. ¿Has estado llorando?

FERNANDA La verdad es que sí. Estoy completamente decepcionada con José Manuel. Ayer me mintió y...

LUZ MARÍA ¡Otra vez! Ay, chica, no entiendo por qué lo quieres tanto. Es grosero y además creidísimo. Bueno, ¿qué te dijo?

FERNANDA Que había estado estudiando en casa por la tarde, pero cuando lo llamé a las tres, su hermanita me dijo que estaba con Laura. Cada vez que lo pienso, me dan ganas de llorar.

LUZ MARÍA ¿Estaba con Laura? Pero ella es la persona más seca que he conocido en mi vida y tiene fama de ser desleal. Mira, no vale la pena estar celosa ni perder el tiempo llorando. Tienes que romper con él lo más pronto posible.

FERNANDA Tienes toda la razón. Lo he pensado bien y voy a llamarlo esta noche.

LUZ MARÍA Así tiene que ser.

FERNANDA Bueno, hablemos de algo menos trágico. Hoy te vi de buen humor.

LUZ MARÍA ¿Cuándo, en el colegio? Ah sí, estaba entusiasmada porque al fin voy a poder terminar el proyecto en la clase de historia.

FERNANDA ¿No estabas haciendo ese proyecto con Hernán?

LUZ MARÍA Sí, aunque Hernán es poco confiable, ¿sabes? Estaba haciendo yo casi toda la investigación. Pero resolvimos el problema y vamos a trabajar juntos de nuevo.

FERNANDA ¿Cuál fue el problema?

LUZ MARÍA Me acusó de ser criticona, ¿te puedes imaginar? ¡Yo, criticona! Soy la persona más tolerante del mundo.

¡Exprésate!

To express happiness and unhappiness

Interactive TUTOR

¿Qué te pasa? ¿Estás dolido(a)? *What's the matter? Are you upset?*	**Sí, estoy decepcionado(a) porque...** **Me dan ganas de llorar.** *Yes, I'm disappointed because . . .* *It makes me feel like crying.*
Te veo de buen humor. *I see you're in a good mood.*	**Sí, estoy entusiasmado(a) porque...** *Yes, I'm excited because . . .*

Online
Vocabulario y gramática, pp. 19–21

26 ¿Qué les pasa a las dos amigas?

Leamos/Escribamos Basándote en la conversación entre Fernanda y Luz María, contesta las preguntas.

1. ¿Por qué llora Fernanda?
2. ¿Cómo le parece Fernanda a Luz María?
3. ¿Quién es José Manuel?
4. ¿Cómo es José Manuel, según Luz María?
5. ¿Qué va a hacer Fernanda esta noche?
6. ¿Cómo es Hernán, según Luz María?
7. ¿Cómo es Luz María, según Hernán?
8. En la opinión de Luz María, ¿cómo es ella?

27 ¿Qué debo hacer?

Leamos/Hablemos Lee lo que varios amigos te cuentan sobre sus problemas. ¿Qué le dirías *(would you say)* a cada uno? Utiliza las expresiones del diálogo y de **Exprésate.**

1. Me siento fastidiado porque mi amiga y yo tenemos muchos malentendidos. La quiero mucho y no quiero dejar de ser amigos. ¿Qué debo hacer?
2. ¡Ese Fernando! Últimamente estoy muy decepcionada con él. Me dejó plantada ayer por la tarde y no creo que me diga la verdad siempre. ¿Qué puedo hacer?
3. Ayer Laura me contó algo sobre Verónica, mi mejor amiga, pero no sé si es mentira o no. No me parece verdad, pero es posible. ¿A quién le debo preguntar?
4. Santiago me pasó una nota que dice que Jorge salió con otra chica anoche que no es su novia. ¿Debo decirle algo a Jorge? ¿O a su novia?

Los amigos tienen mucho que contarse.

Comunicación

28 ¿En qué momentos te sientes así?

Hablemos Júntate con dos o tres compañeros y pregúntales cuándo experimentan *(experience)* las siguientes emociones.

MODELO **—¿En qué momentos te sientes fastidiada?**
—Me siento fastidiada si tengo que esperar mucho.

decepcionado(a)	fastidiado(a)	dolido(a)
nervioso(a)	entusiasmado(a)	de buen humor

Objetivos
Object pronouns, subjunctive with the unknown or nonexistent, and expressions of feelings

Gramática en acción 2

Repaso Object pronouns

1 The **direct object (complemento directo)** is the noun on which an action is being performed. A direct object may be replaced by a **direct object pronoun (pronombre del complemento directo): me, te, lo, la, nos, os, los, las.** The direct object pronoun goes before the conjugated verb or is attached to the infinitive.

Susana busca **el nuevo libro.**	Susana **lo** busca.
Susana quiere ver **la película.**	Susana quiere ver**la**. (Susana **la** quiere ver.)

2 The **indirect object (complemento indirecto)** is the person for whom or to whom an action is performed. The indirect object is used with a pronoun that refers to the noun, and is called the **indirect object pronoun (pronombre del complemento indirecto): me, te, le, nos, os, les.**

Susana **nos** regala el libro a **nosotros.**	Susana **nos** regala el libro.

3 When both a direct object pronoun and an indirect object pronoun are used in the same sentence, the indirect object pronoun goes first.

Susana **nos** regala **el libro** a **nosotros.**	Susana **nos lo** regala.

4 If the indirect object pronoun **le** or **les** comes before the direct object pronouns **la, lo, las,** or **los,** the indirect object pronoun changes to **se.**

Nosotros **le** regalamos **flores** a **Clara.**	Nosotros **se las** regalamos.

Online
Vocabulario y gramática, pp. 22–24 | Actividades, pp. 15–17

¿Te acuerdas?

These verbs are commonly used with **indirect object pronouns: comprar, contar, contestar, dar, decir, dejar, enviar, explicar, hablar, mandar, mentir, pagar, pasar, pedir, preguntar, prestar,** and **regalar.**

¿**Me** prestas ese disco compacto?
¿Qué **te** dijo Anabel?

29 ¿Cuándo lo haces?

Escribamos Escribe una oración que explique cuándo hiciste estas actividades. Usa pronombres del complemento directo.

MODELO **hacer la tarea**
¿La tarea? La hice después de regresar a casa.

1. ver el partido
2. llamar a mi novio(a)
3. visitar a mis abuelos
4. comprar flores
5. lavar el carro
6. leer las noticias

Visit Holt Online
go.hrw.com
KEYWORD: EXP3 CH2
Gramática 2 practice

30 ¿Qué? ¿A quién?

Leamos/Escribamos Escribe cada oración de nuevo, reemplazando los sustantivos con pronombres del complemento directo y del complemento indirecto.

MODELO **Yo les digo la verdad a mis amigos.**
Yo se la digo.

1. Mis padres me van a dar el regalo a mí.
2. Mi hermano nunca le presta sus discos compactos a mi hermana.
3. La profesora nos pidió la tarea.
4. Mi compañero le pasó el balón al entrenador.
5. Yo le pagué cuarenta dólares al cajero.
6. Mis tíos le regalaron la bicicleta a mi primo.
7. Mis tíos nos enviaron fotos a mi familia y a mí.
8. Mi mejor amiga dejó la nota para mí.

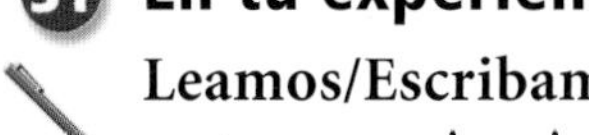

31 En tu experiencia

Leamos/Escribamos Contesta las preguntas basándote en tus experiencias.

1. ¿A quién le prestas tus cosas? ¿A quién no le prestas nada?
2. Cuando sales, ¿tienes que pedirles permiso a tus padres?
3. ¿Siempre les dices la verdad a tus amigos?
4. ¿Quién te compra los mejores regalos de cumpleaños?
5. ¿Vas a ver a tus amigos hoy después de clase?
6. ¿Cuándo conociste a tu mejor amigo(a)? ¿Recuerdas dónde lo(la) conociste?
7. ¿Quién te da buenos consejos? ¿Qué te dice esa persona?

Un grupo de jóvenes camina por una calle de Toledo, España.

Comunicación

32 ¿Cómo pueden resolverlo?

Hablemos Con un(a) compañero(a), dramatiza una conversación sobre un problema que tienes. Tu compañero(a) debe proponer una resolución. Usen por lo menos cuatro pronombres de complemento directo o indirecto.

MODELO **—Tengo una amiga que me llama sólo cuando necesita algo.**
—Pues, dile que...

Subjunctive with the unknown or nonexistent

¿Te acuerdas?

The **indicative** is used to talk about **someone** or **something** that the speaker *does know about.*

Conozco a muchas **personas** que **hablan** francés. (Mi amigo Loic es de Francia. La mamá de Anne es de Francia y le habla en francés...)

Busco a **la señora** que **cuida** las plantas. ¿La han visto?

1 You already know that the **indicative** is generally used to talk about ***what is;*** whereas the **subjunctive** is often used to talk about ***what should be,*** or ***what people think/feel about what is.***

speaker talks about ***what is***

Alonso **puede** ser muy terco, pero **es** generoso y leal también.

what speaker ***thinks/feels about what is***

Espero que Alonso **sea** generoso y leal conmigo.

No es bueno que Alonso **sea** tan terco.

2 In certain situations, the **subjunctive** is used to talk about ***what is not.*** It is used after expressions like **No hay nadie/nada que...** when the person or thing referred to, the **antecedent,** is ***nonexistent.***

nonexistent: according to the speaker, such a person ***does not exist***

No hay **nadie** que **confíe** en Marcos.

No hay **nada** que me **fastidie** más que un chiste grosero.

3 In other situations, the speaker ***doesn't know what is.*** He or she may be looking for someone or something with certain qualities, without having anyone or anything particular in mind. The **antecedent** is ***unknown.***

unknown: the speaker ***doesn't know*** of anyone in particular with those qualities

Busco **una novia** que **sea** abierta y amigable.

¿Conoces a **alguien** que **hable** francés?

Quiero comprarte **algo** que te **guste.**

Online
Vocabulario y gramática, pp. 22–24 | Actividades, pp. 15–17

33 ¿Es real?

Leamos Completa cada oración con la forma correcta del verbo.

1. ¿Conoces a una persona que (está/esté) de buen humor?
2. Tengo un novio que (guarda/guarde) mis secretos.
3. No hay nada que me (alegra/alegre) más que la amistad.
4. Quiero confiar en alguien que (puede/pueda) resolver mis problemas.
5. Mi hermano quiere una novia que no (es/sea) criticona.
6. Cristina es muy graciosa; no hay chiste que no (sabe/sepa).
7. No conozco a nadie que (confía/confíe) completamente en Marcos.

34 ¿Existe o no?

Escuchemos Escucha las oraciones y di si el narrador se refiere a algo o a alguien que **a)** sabe que existe o conoce o **b)** no sabe si existe o no existe en absoluto.

35 ¿Cómo es el (la) novio(a) ideal?

Escribamos Basándote en los dibujos, escribe ocho oraciones sobre cómo son las personas ideales para Pilar y Miguel.

MODELO **Pilar quiere salir con alguien que le dé regalos.**

Pilar Miguel

Comunicación

36 ¿Conoces a alguien que...?

Hablemos Pregúntale a tu compañero si conoce a alguien que corresponda a la frase de uno de los cuadros. Si él o ella contesta que sí, puedes rellenar el cuadro. Si no, le toca a él o a ella hacer las preguntas.

MODELO **—¿Conoces a alguien que sepa guardar un secreto?**

—Sí, conozco a alguien que sabe guardar un secreto. ¡Es mi hermana!

ser de otro país	saber guardar un secreto	querer romper con su novio(a)
saber cocinar bien	tener problemas con sus amigos	tener dos novios(as)
tener mucho en común contigo	dejarte plantado(a) a veces	llevarse bien con todo el mundo

Subjunctive with expressions of feelings

1 The **subjunctive** is used in the subordinate clause after certain expressions of feelings in the main clause, when there is a change of subject.

expression of feelings

Me alegra que vengan mis amigos a nuestra fiesta.

expression of feelings

Siento que lleguemos tan tarde.

2 Some expressions of feelings that are followed by the subjunctive include **me gusta que, me molesta que, me frustra que, me sorprende que, me preocupa que, siento que,** and **me irrita que.**

3 However, if the clause states a fact or belief, the **indicative** is used in the subordinate clause. If there is no change of subject, an **infinitive** is used.

fact or belief

Pienso que mi novia **va** a romper conmigo.

no change of subject

Me molesta llegar tarde.

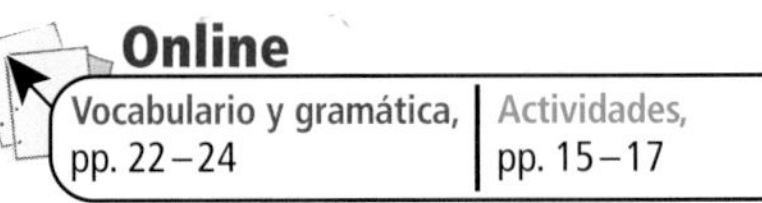
Online
Vocabulario y gramática, pp. 22–24 | Actividades, pp. 15–17

Hay mucha variedad geográfica en Castilla-La Mancha, y gran parte de la región está dedicada a parques y reservas naturales donde se puede ir de excursión. Una excursión popular en Castilla-La Mancha es la "Ruta de Don Quijote", que sigue los pasos del famoso personaje a los molinos de viento y a otros lugares de la obra maestra de Cervantes.

37 ¿Cómo reaccionan?

Escuchemos Escucha las conversaciones que siguen. Basándote en lo que oyes, decide si **a)** la segunda persona reacciona con una emoción, o si **b)** reacciona diciendo lo que cree. Presta atención al uso del subjuntivo.

38 ¿Subjuntivo o no?

Leamos/Escribamos Completa las oraciones con la forma correcta del verbo entre paréntesis.

1. Me parece que tú no ______ (comer) mucho hoy.
2. No me sorprende que el profesor ______ (dar) un examen hoy.
3. ¿Por qué no te gusta que tu hermano ______ (hacer) eso?
4. Siento mucho que mi perro te ______ (molestar).
5. ¿No ves que ______ (haber) tres figuras en esa pintura?
6. A Laura le encanta que sus padres ______ (viajar) a París este verano.
7. Notamos que el carro no ______ (marchar) bien.
8. Mis padres temen que los resultados de la prueba no ______ (ser) muy buenos.

39 Mezcla de oraciones

Escribamos Usa una palabra o frase de cada columna para escribir ocho oraciones completas.

MODELO **A mis padres no les gusta que yo llegue tarde.**

a mí	(no) molestar	que	mis amigos
a mis amigos	(no) preocupar		los profesores
al (a la) profesor(a)	(no) gustar		las clases
a mis padres	(no) frustrar		los adultos
a mi hermano(a)	(no) sorprender		los jóvenes
a los jóvenes			yo

Comunicación

40 ¿Qué me cuentas?

Hablemos Inventen tú y un(a) compañero(a) dos o tres chismes sobre algún actor o alguna actriz. Luego, dramaticen una conversación o llamada telefónica en que uno le cuenta el chisme al otro, y el otro reacciona. Usen las palabras de **Vocabulario.**

MODELO **—Fíjate, me han dicho que...**
—¡No me digas! ¿Es verdad que...?
—Oye, ¿has oído que...?
—Ay, pero no puede ser...

41 Describe la situación

Hablemos Describan tú y un(a) compañero(a) lo que pasa en cada dibujo. Expliquen cómo reacciona o cómo se siente cada persona.

a. 

b. 

c. 

Novela en video

Clara perspectiva

Episodio 2

ESTRATEGIA

Looking for personality traits Character is best illustrated through behavior. What are Clara, Octavio, and Señor Ortega like? What actions do they take that make you think so? What a character is like may give you clues about what actions he or she might take in the future. Do you think Clara is curious? Do you think she's just going to let go of this matter with the professor? Do you think Octavio will help her? Why or why not?

En las oficinas de *Chile en la Mira*

1

Clara Hola. Yo soy Clara de la Rosa.
Octavio Mucho gusto, Clara. Yo me llamo Octavio Medina.
Clara ¿Llevas mucho tiempo trabajando acá?
Octavio No, al contrario. Es mi primer día en la oficina.
Clara Ah, ¿tú también? ¡Qué alivio! No me voy a sentir tan sola.

2

Clara ¿Sabes algo del señor Ortega, nuestro jefe?
Octavio No mucho, pero mi compañero que trabajó acá el verano pasado me dijo que era un poco seco, pero muy atento.
Clara Menos mal. No me gustaría tener un jefe seco...

3

Sr. Ortega Buenos días, Señorita de la Rosa, Señor Medina.
Octavio Buenos días, Señor Ortega.
Clara Muy buenos días, Señor Ortega.
Sr. Ortega Por favor, pasen a mi oficina.

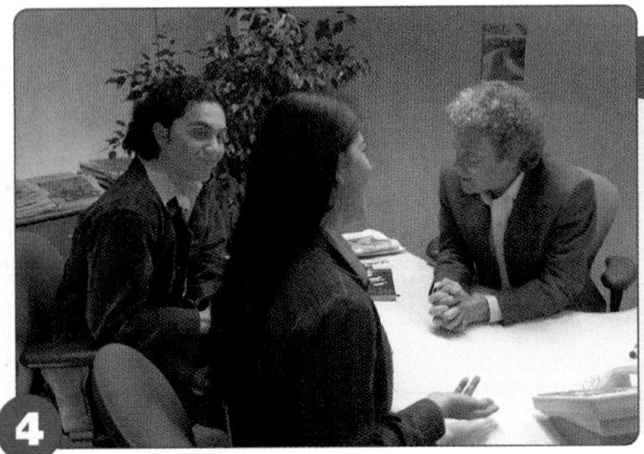

4

En la oficina del señor Ortega

Sr. Ortega Bienvenidos a *Chile en la Mira*. Ya sabrán que en esta revista tenemos estándares muy altos. Somos la revista de mayor circulación de todo el país. Necesito gente con la que pueda contar.
Clara Por supuesto, Señor Ortega.
Sr. Ortega Bien. Su primera tarea. Estamos preparando un artículo sobre la vida del universitario chileno.
Clara ¡Genial! Nosotros sabemos algo de ese tema.

Visit Holt Online
go.hrw.com
KEYWORD: EXP3 CH2
Online Edition

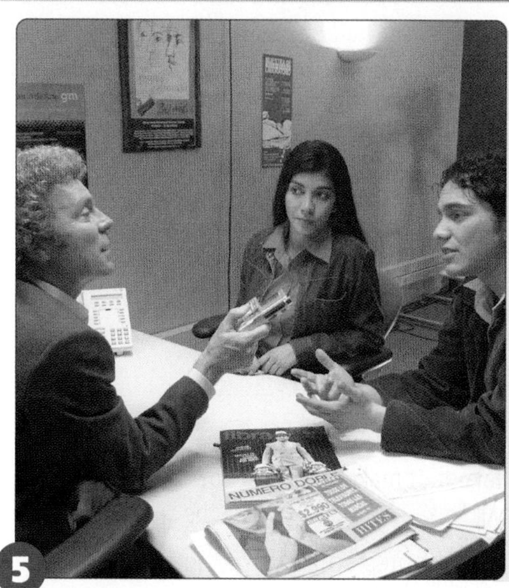

Sr. Ortega Bien. Quiero que vayan a sitios típicos de universitarios. Allí quiero que hagan unas 30 entrevistas y que las graben con esta grabadora.

Octavio ¿Qué clase de preguntas debemos hacerles?

Sr. Ortega Buena pregunta, Octavio. La idea del artículo es identificar los pasatiempos o deportes más comunes entre los universitarios y los sitios de Santiago que se consideran más "en la onda" hoy día. Recuerden, el periodista es mitad detective. Queremos identificar pasatiempos, deportes y sitios que no se hayan mostrado jamás en nuestra competencia.

Octavio Sí señor, por supuesto.

Sr. Ortega Aunque yo sea un poco "seco", no quiero que los artículos de la revista lo sean. Los espero ver aquí a las cinco de la tarde, con las cintas en mano.

5

6

En la universidad

Octavio ¿Cuál es tu pasatiempo favorito?

Joven No tengo tiempo para pasatiempos, con mis estudios, y el trabajo, y mi polola, y mis amigos, y mi familia...

Octavio ¿Eres gran aficionado a los deportes?

Joven Sólo por televisión, nada más. Aunque soy muy bueno para la pelota.

Octavio ¿Hay algún sitio en Santiago que frecuentes con tus amigos?

Joven Sí.—"Café Tecno". Vamos allí a jugar videojuegos y a...

Octavio ¡¿Clara?!

7

8

9

¿COMPRENDES?

1. ¿A quién se presenta Clara? ¿Para quién van a trabajar?
2. ¿Sabe Octavio algo del señor Ortega? ¿Qué sabe? ¿Cómo lo sabe?
3. ¿Sabe el señor Ortega que Clara cree que es "seco"? ¿Cómo lo sabes?
4. ¿Qué pasa durante la entrevista? ¿Qué hace Octavio? ¿Cómo se siente el hombre?
5. ¿Qué quiere hacer Clara? ¿Qué le dice Octavio?
6. Con base en sus acciones de Episodios 1 y 2, ¿cómo son las personalidades de Clara y de Octavio?

Próximo episodio

Clara, Graciela y Octavio se juntan para analizar la situación del profesor Luna. ¿Qué crees que grabó Clara en la cinta?

PÁGINAS 124–125

Lectura cultural

Una noche en España

A los españoles les encanta salir de noche. Lee este artículo sobre la vida nocturna en España y luego haz las actividades que siguen.

Se dice que de todos los europeos, los españoles son los que menos duermen. En España, se cena alrededor de las diez o las once. Sin embargo, después de comer a esta hora, los españoles no se acuestan. Muchos jóvenes, especialmente los que viven en la ciudad, salen para reunirse con sus amigos y disfrutar de los varios restaurantes y clubes de su barrio. De esta manera se puede decir que los españoles tienen más tiempo para disfrutar de cada día. ¡Y lo pasan bien!

En España, hay muchos establecimientos que puedes visitar durante la noche. Los jóvenes españoles suelen salir en grupos e ir a tantos clubes o restaurantes como pueden, porque se considera descortés estar en un solo lugar toda la noche. Es preferible comer un poco en un lugar, tomar una bebida en otro, bailar un rato en un club y luego cambiar de lugar para relajarse un poco. Esto es lo que en España se llama la 'movida', porque muchas personas van de un lugar a otro durante una noche típica.

Estudiantes españoles se reúnen con sus amigos en la Plaza Mayor de Salamanca.

La música forma una parte importante de la vida española. Probablemente ya conoces el flamenco, que es la música más famosa de España. Pero los adolescentes escuchan todo tipo de música, incluso la música norteamericana y de otras partes del mundo.

Hay pocos conciertos de grupos internacionales en España, pero siempre se puede escuchar la música. Por la noche, especialmente en el sur, se pueden escuchar las tunas, grupos de estudiantes

La gente comparte varios platos de tapas cuando sale. Las tapas más populares son la tortilla de patatas, las gambas, las alcachofas y las sardinas.

universitarios que andan por las calles y las plazas cantando y tocando guitarras, laúdes y otros instrumentos tradicionales. Y más tarde se puede escuchar música y bailar en los clubes, donde se tocan canciones populares europeas y de todo el mundo.

Después de tanto bailar uno tiene hambre. Las tapas son perfectas para calmar el hambre y socializar, y además hay cientos de variedades de tapas. Por lo general, las tapas se pueden comer con las manos. Casi todos los clubes o restaurantes en España ofrecen tapas como algo de picar mientras uno conversa con amigos. Cada persona típicamente compra un plato de tapas durante la noche, y así todos comparten el dinero y la comida.

Visit Holt Online
go.hrw.com
KEYWORD: EXP3 CH2
Online Edition

Comprensión

A Los pasatiempos ¿Sí o no?

1. Los españoles duermen más horas que los otros europeos.
2. A los españoles no les gusta la música norteamericana.
3. La cena se come muy tarde.
4. Las tapas son un tipo de bebida.
5. Es normal quedarse en un solo lugar toda la noche.
6. Las tunas tocan música tradicional.

B La noche Contesta las preguntas.

1. ¿Qué hacen los jóvenes después de cenar?
2. ¿Qué es "la movida"? ¿Por qué se llama así?
3. ¿De dónde es la música que se escucha en los clubes?
4. ¿Cuál es la música más famosa de España?
5. ¿Dónde se pueden escuchar las tunas?
6. ¿Cuándo se comen las tapas? ¿Cuántos platos de tapas compra cada persona del grupo?

Actividad

Folleto de viaje Prepara un folleto de viaje para tu pueblo o ciudad que tenga una lista de restaurantes y clubes. Describe lo que puedes comer, beber o hacer en estos establecimientos y añade tus recomendaciones de lugares favoritos.

ESTRATEGIA

para leer One important strategy in understanding a story is to look for the main idea of the text. Remember that you do not always have to understand every word in a text to get the main idea of the story.

Antes de leer

A Prepara una hoja de papel con el título "Idea principal del cuento". Cuando leas el cuento, puedes apuntar los detalles que pienses que son importantes para poder entender la idea principal.

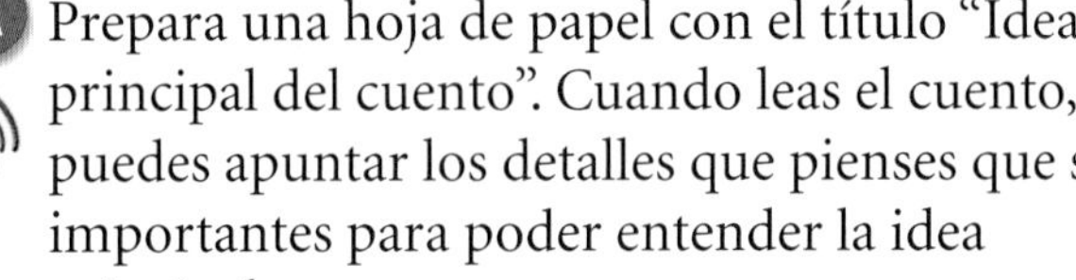

Un oso y un amor

de Sabine Ulibarrí

Era ya fines de junio. Ya había terminado el ahijadero[1] y la trasquila[2]. El ganado iba subiendo la sierra. Abrán apuntando, dirigiendo. Yo, adelante con seis burros cargados. De aquí en adelante la vida sería lenta y tranquila.

Hallé un sitio adecuado. Descargué los burros. Puse la carpa[3]. Corté ramas para las camas. Me puse a hacer de comer para cuando llegara Abrán. Ya las primeras ovejas estaban llegando. De vez en cuando salía a detenerlas, a remolinarlas, para que fueran conociendo su primer rodeo.

El pasto alto, fresco y lozano. Los tembletes[4] altos y blancos, sus hojas agitadas temblando una canción de vida y alegría. Los olores y las flores. El agua helada y cristalina del arroyo. Todo era paz y harmonía. Por eso los dioses viven en la sierra. La sierra es una fiesta eterna.

Las ollitas hervían. Las ovejas pacían o dormían. Yo contemplaba la belleza y la grandeza de la naturaleza.

De pronto oí voces y risas conocidas. Lancé un alarido[5]. Eran mis amigos de Tierra Amarilla. Abelito Sánchez, acompañado de Clorinda Chávez y Shirley Cantel. Los cuatro estábamos en tercer año de secundaria. Teníamos quince años.

Desensillamos y persogamos[6] sus caballos. Y nos pusimos a gozar el momento. Había tanto que decir. Preguntas. Bromas. Tanta risa que reanudar.

1 sheep breeding season **2** sheep shearing **3** tent
4 aspen trees **5** a shout **6** we tied up

Ahora al recordarlo me estremezco[7]. ¡Qué hermoso era aquello! Éramos jóvenes. Sabíamos querer y cantar. Sin licor, sin drogas, sin atrevimientos soeces[8].

Cuando llegó Abrán comimos. Yo tenía un sabroso y oloroso costillar de corderito[9] asado sobre las brasas. Ellos habían traído golosinas que no se acostumbran en la sierra. La alegría y la buena comida, la amistad y el sitio idílico convirtieron aquello en un festín para recordar siempre.

Shirley Cantel y yo crecimos juntos. Desde niños fuimos a la escuela juntos. Yo cargaba con sus libros. Más tarde íbamos a traer las vacas todas las tardes. Jugábamos en las caballerizas o en las pilas de heno. Teníamos carreras de caballo. En las representaciones dramáticas en la escuela ella y yo hacíamos los papeles importantes. Siempre competimos a ver quién sacaba las mejoras notas. Nunca se nos ocurrió que estuviéramos enamorados. Este año pasado, por primera vez, lo descubrimos, no sé cómo. Ahora la cosa andaba en serio. Verla hoy fue como una ilusión de gloria.

Shirley tenía una paloma[10] blanca que llamaba mucho la atención. Siempre la sacaba cuando montaba a caballo. La paloma se le posaba en un hombro, o se posaba en la crin[11] o las ancas del caballo. Llegó a conocerme y a quererme a mí también. A veces la paloma andaba conmigo. Volaba y volvía. La paloma era otro puente sentimental entre nosotros dos. Hoy me conoció. De inmediato se posó en mi hombro. Su cucurucú[12] sensual en mi oído era un mensaje de amor de su dueña.

Era gringa Shirley pero hablaba el español igual que yo. Esto era lo ordinario en Tierra Amarilla. Casi todos los gringos de entonces hablaban español. Eramos una sola sociedad. Nos llevábamos muy bien.

Chistes y bromas. Risas y más risas. Coqueteos[13] fugaces. Preguntas intencionadas. Contestaciones inesperadas. La fiesta en su apogeo[14].

De pronto el ganado se asusta. Se azota de un lado a otro. Se viene sobre nosotros como en olas. Balidos de terror. Algo está espantando al ganado.

Cojo[15] el rifle. Le digo a Shirley, "Ven conmigo." Vamos de la mano. Al doblar un arbusto nos encontramos con un oso. Ha derribado una oveja. Le ha abierto las entrañas. Tiene el hocico ensangrentado. Estamos muy cerca.

Ordinariamente el oso huye cuando se encuentra con el hombre. Hay excepciones: cuando hay cachorros, cuando está herido, cuando ha probado sangre. Entonces se pone bravo. Hasta un perro se pone bravo cuando está comiendo.

Éste era un oso joven. Tendría dos o tres años. Éstos son más atrevidos y más peligrosos. Le interrumpimos la comida. Se enfureció. Se nos vino encima[16].

Los demás se habían acercado. Estaban contemplando el drama. El oso se nos acercaba lentamente. Se paraba. Se sacudía la cabeza y gruñía[17]. Nosotros reculábamos[18] poco a poco. Hasta que topamos con un árbol caído. No había remedio. Tendríamos que confrontarnos con el bicho[19].

Nadie hizo por ayudarme. Nadie dijo nada. Las muchachas calladas. Nada de histeria. Quizás si hubiera estado solo habría estado muerto de miedo. Pero allí estaba mi novia a mi lado. Su vida dependía de mí. Los otros me estaban mirando.

Nunca me he sentido tan dueño de mí mismo. Nunca tan hombre, nunca tan macho. Me sentí primitivo, defendiendo a mi mujer. Ella y los demás tenían confianza en mí.

7 I shudder **8** vulgarities **9** side of lamb **10** dove **11** mane **12** cooing **13** flirtations **14** peak **15** I grab **16** charged us **17** was growling **18** backed up **19** animal

Alcé[20] el rifle. Apunté. Firme, seguro. Disparé. El balazo entró por la boca abierta y salió por la nuca. El balazo retumbó por la sierra. El oso cayó muerto a nuestros pies. Shirley me abrazó. Quise morirme de felicidad.

Desollé[21] al animal yo mismo. Sentí su sangre caliente en mis manos, y en mis brazos. Me sentí conquistador.

En una ocasión le había regalado yo a Shirley un anillo que mi madre me había dado a mí. En otra una caja de bombones. En esta ocasión le regalé la piel de un oso que ella conoció en un momento espantoso. Cuando se fue se llevó la piel bien atada en los tientos de la silla.

Pasaron los años. Yo me fui a una universidad, ella, a otra. Eso nos separó. Después vino una guerra que nos separó más. Cuando un río se bifurca en dos, no hay manera que esos dos ríos se vuelvan a juntar.

No la he vuelto a ver desde esos días. De vez en vez[22] alguien me dice algo de ella. Sé que se casó, que tiene familia y que vive muy lejos de aquí. Yo me acuerdo con todo cariño de vez en vez de la hermosa juventud que compartí con ella.

Recientemente un viejo amigo me dijo que la vio allá donde vive y conoció a su familia. Me dijo que en el suelo, delante de la chimenea tiene ella una piel de oso. También ella se acuerda.

---

20 I raised **21** I skinned **22** once in a while

Comprensión

B Contesta **cierto** o **falso.**

1. Abrán y el narrador guiaban caballos por la sierra.
2. Los amigos de Abrán y del narrador fueron a visitarlos en la sierra.
3. Shirley era la novia del narrador.
4. Shirley no hablaba español.
5. Un oso mató una oveja para comérsela.
6. El narrador lanzó piedras al oso y huyó.

C **Pasó así** Contesta las preguntas basándote en lo que leíste.

1. ¿Cuántos años tenían los personajes del cuento?
2. ¿Qué hicieron cuando llegaron los amigos al campamento?
3. ¿Dónde conoció el narrador a su novia Shirley?
4. ¿Por qué no huyó el oso al ver al narrador con el rifle?
5. ¿Por qué se separaron el narrador y Shirley? ¿Con qué compara el narrador las vidas de estos jóvenes separados?
6. ¿Recordó Shirley esta experiencia años después?

Después de leer

D ¿Te has separado poco a poco de un(a) amigo(a) alguna vez? ¿Cómo ocurrió? ¿Cómo te sentiste? Compara tus experiencias con un(a) compañero(a). Revisen sus apuntes del cuento y hagan un resumen de la historia juntos.

Taller del escritor

ESTRATEGIA

para escribir When writing an essay, it's best to write an outline first. Your outline should include a topic and subtopics. In an outline, subtopics are labeled with Roman numerals. The points you want to mention within these subtopics can be outlined with numerals or letters. This is the information that you will include in the paragraphs of your essay.

La amistad es para siempre

¿Has tenido que separarte de un(a) amigo(a) alguna vez? ¿Qué pasó? ¿Cuál fue la razón por la que se dejaron de hablar o de verse? ¿Cómo te sentiste? ¿Con qué lo puedes comparar? ¿Has vuelto a ver a tu amigo(a) desde entonces? Escribe un ensayo de dos o tres párrafos sobre tus experiencias. Puedes escribir acerca de lo que consideras importante en la amistad.

1 Antes de escribir

Antes de empezar, piensa en las razones por las que se pueden separar los amigos y haz una lista de ellas. Después, anota cómo te sentiste cuando te separaste de tu amigo(a). Luego apunta tus ideas sobre el futuro de tu amistad con él o ella.

Amistades perdidas

I. ¿Por qué se separan los amigos?
   1. la familia se muda
   2. forman nuevas amistades
   3. se van a la universidad/cambian de colegio

II. ¿Cómo me sentí?
   1. extraño
   2. triste

III. El futuro
   1. no he vuelto a saber de mi amigo(a)
   2. me gustaría volver a ver a mi amigo(a)

2 Escribir un borrador

Empieza a escribir tu ensayo. Asegúrate de que tu ensayo tenga párrafos definidos y no te olvides de incluir detalles importantes acerca de los temas que escogiste.

3 Revisar

Revisa tu ensayo y corrige los errores de gramática u ortografía. Verifica que tus párrafos estén bien formados y que contengan las ideas que querías incluir en tu ensayo.

4 Publicar

Comparte tu ensayo con tus compañeros de clase. Lee los ensayos de tus compañeros para saber si han perdido un(a) amigo(a) en su vida y cómo se sintieron. Hablen acerca de lo que aprendieron de su experiencia.

Prepárate para el examen

Repaso capítulo 2

1 Vocabulario 1
- expressing interest and displeasure
- inviting someone to do something

pp. 50–55

2 Gramática 1
- imperfect
- **ir a** + infinitive in the imperfect
- **nosotros** commands

pp. 56–61

3 Vocabulario 2
- describing the ideal friend
- expressing happiness and unhappiness

pp. 64–69

1 Di si a cada persona le gusta la actividad que está haciendo. Escribe una oración para cada foto.

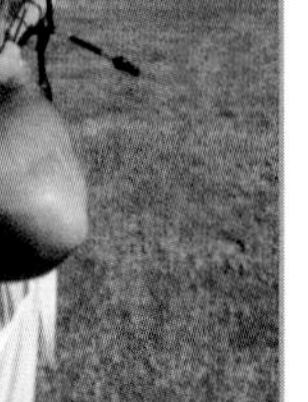
1. Manolo

2. Olga

3. Emilio y Felipe

2 Completa cada oración con la forma correcta del verbo.

1. De niña, me la ____ (pasar) jugando al volibol.
2. Iba a jugar ayer, pero ____ (estar) muy cansada.
3. Nosotros ____ (ver) los partidos de fútbol todos los días.
4. A veces nosotros ____ (ir) a ver los partidos en vivo.
5. De niño yo ____ (hacer) senderismo de vez en cuando.
6. Cuando tú ____ (tener) cinco años, estabas loca por los rompecabezas.

3 Completa las oraciones con una palabra o una frase del cuadro.

celoso	**tenemos mucho en común**	**creído**
dejó plantado	**tuvimos un malentendido**	**chismosa**

1. A Lorenzo no le gustan las mismas películas ni las mismas actividades que a mí. Nosotros no ____.
2. Tenía planes con Rosa el sábado. Íbamos a ver una película a las siete pero ella nunca llegó. Me ____.
3. María siempre le está contando los secretos de otras personas a todo el mundo. Ella es muy ____.
4. Pablo discute mucho con Diana porque no le gusta cuando sale con otros amigos. Creo que él es demasiado ____.
5. Eduardo solamente habla de sí mismo y piensa que siempre tiene la razón. Es muy ____.
6. Nancy estaba enojada porque pensó que no la invité a mi fiesta. Pero ____. Yo pensé que ella no quería venir.

4 Completa cada oración con la palabra correcta.

1. (La/Le) quiero regalar algo a Julia para su cumpleaños.
2. Pero no hay nada en esta tienda que me (guste/gusta).
3. Me molesta que Andrés no me (ayude/ayuda) a buscar el regalo.
4. (Le/Lo) llamé hoy y me dijo que no tenía tiempo.
5. Tengo que buscarme un novio que (sea/es) más solidario.
6. (Le/Lo) voy a decir que no quiero seguir en esta relación.

5 Contesta las preguntas.

1. ¿A qué hora suelen cenar los españoles? ¿Cómo son las tapas?
2. Cuando los españoles salen por la noche, ¿qué suelen hacer?
3. ¿Qué tipos de música son populares en España?
4. Nombra dos lugares donde se puede hacer senderismo en España.
5. ¿De qué parte de España es el jai-alai?

6 Escucha mientras Maribel y Alejandro hablan sobre lo que buscan en un(a) novio(a). Escribe una lista de las cualidades que busca Maribel, y otra lista de las que busca Alejandro.

7 Basándote en los dibujos, describe lo que pasa.

a.

b.

c.

d.

Visit Holt Online
go.hrw.com
KEYWORD: EXP3 CH2
Chapter Self-test

4 Gramática 2
- object pronouns
- subjunctive with the unknown or non-existent
- subjunctive with expressions of feelings

pp. 70–75

5 Cultura
- Comparaciones **pp. 62–63**
- Lectura cultural **pp. 78–79**
- Notas culturales **pp. 52, 61, 74**

Gramática 1
- imperfect
  pp. 56–57

Repaso de Gramática 1

Use the imperfect to talk about what someone used to do, how things used to be, or what happened in general. The only verbs with irregular forms are **ir, ser,** and **ver.**

-ar verbs	
habl**aba**	habl**ábamos**
habl**abas**	habl**abais**
habl**aba**	habl**aban**

-er/-ir verbs	
sal**ía**	sal**íamos**
sal**ías**	sal**íais**
sal**ía**	sal**ían**

- **ir a** + infinitive in the imperfect
  pp. 58–59

Use **ir a + infinitive** in the **imperfect** to state what someone *was going to do.* **Ir a + infinitive** is followed by a verb in the **preterite** when the second verb describes a specific completed action in the past, and by the imperfect when the second verb describes an ongoing condition or state in the past.

Íbamos a caminar pero **empezó** a llover.

Iba a salir pero **estaba** cansada.

- **nosotros** commands
  pp. 60–61

Use the **nosotros** form of the present subjunctive for nosotros commands. When **nos** is attached to the end of a command form, drop the **-s** from the **-amos** or **-emos** ending and add an accent mark.

Veamos la película primero y **almorcemos** luego en alguna parte.

Tenemos que salir temprano mañana. **Despertémonos** a las seis.

The verb **ir** has an irregular affirmative nosotros command form, vamos, and a regular negative command form, no vayamos.

Gramática 2
- object pronouns
  pp. 70–71
- subjunctive with the unknown or non-existent
  pp. 72–73
- subjunctive with expressions of feelings
  pp. 74–75

Repaso de Gramática 2

For a review of object pronouns, see page 70.

The subjunctive is used when the person or thing being referred to (the antecedent) is **unknown** or **nonexistent.**

Busco un **profesor** que **sepa** inglés.

No hay **nadie** en la clase que **entienda** la tarea.

¿Conoces a **unos chicos** que **tengan** tiempo para ayudarnos?

The subjunctive is used with expressions that convey feelings: me alegra que, temo que, es triste que, siento que, me molesta que, me frustra que, me sorprende que, me preocupa que, me irrita que.

Es triste que Paula **esté** enferma.

Me alegra que vayamos todos juntos.

Repaso de Vocabulario 1

Expressing interest and displeasure

aburrir	*to bore*
¿Ah, sí? Pues, yo creo que...	*Really? Well, I think . . .*
las artes marciales	*martial arts*
el atletismo	*track and field*
el boliche (jugar al boliche)	*bowling (to bowl)*
el ciclismo (practicar ciclismo)	*biking (to bike)*
el dominó	*dominoes*
Eres muy bueno(a) para... ¿verdad?	*You're really good at . . . aren't you?*
la escalada deportiva	*rock climbing*
escalar	*to climb*
la esgrima	*fencing*
esgrimir	*to fence*
estar loco(a) por	*to be crazy about*
estupendo(a)	*marvelous*
fanático de	*a huge fan of*
genial	*great*
el jai-alai	*jai-alai*
los juegos de computadora	*computer games*
el kárate	*karate*
Los/Las... me (te, le...) dejan frío(a).	*The . . . don't do anything for me (you, him/her . . .)*
Pues, la verdad es que...	*Well, the truth is that . . .*
pasarlo bien/mal	*to have a good/bad time*
remar	*to row*
el rompecabezas	*puzzle*
el remo (remar)	*rowing (to row)*
el salto de altura	*high jump*
el senderismo (hacer senderismo)	*hiking (to hike)*
ser un(a) fanático(a)	*to be a fanatic*
Sí, me la paso... Estoy loco(a) por...	*Yes, I'm always doing . . . I'm crazy about . . .*
Soy un(a) gran aficionado(a) a...	*I'm a big . . . fan.*
¿Qué deporte te gusta a ti?	*What sport do you like?*
el tiro con arco	*archery*

Inviting someone to do something . . . . *See p. 54.*

Repaso de Vocabulario 2

Describing the ideal friend

abierto(a)	*open*
amigable	*friendly*
la amistad	*friendship*
atento(a)	*helpful*
apoyar	*to support*
Busco a alguien a quien le guste(n)... y que sepa algo de...	*I'm looking for someone who likes . . . and knows something about . . .*
celoso(a)	*jealous*
chismear	*to gossip*
chismoso(a)	*gossipy*
un(a) conocido(a)	*acquaintance*
confiable	*reliable*
confiar en	*to trust*
¿Cómo debe ser un(a) buen(a) amigo(a)?	*What should a good friend be like?*
contar (ue) con	*to count on (someone)*
creído(a)	*arrogant*
criticón, criticona	*critical, judgmental*
dejar plantado(a) a alguien	*to stand someone up*
(des)leal	*(dis)loyal*
generoso(a)	*generous*
grosero(a)	*rude, vulgar*
(no) guardar los secretos	*to (not) keep secrets*
hacer las paces	*to make up*
honesto(a)	*honest*
inseguro(a)	*insecure*
maleducado(a)	*rude, ill-bred*
mentir (ie, i)	*to lie*
¿Qué buscas en un(a) novio(a)?	*What do you look for in a boyfriend/girlfriend?*
querer (ie) a	*to love (someone)*
resolver (ue) un problema	*to resolve a problem*
respetar los sentimientos de otros	*to respect others' feelings*
romper con	*to break up with*
seco(a)	*cold, unfriendly*
solidario(a)	*supportive*
tener celos de	*to be jealous of*
tener fama de ser	*to be known to be*
tener un malentendido	*to have a misunderstanding*
tener mucho/algo/nada en común	*to have much/something/nothing in common*
terco(a)	*stubborn*
tolerante	*tolerant*
Un(a) buen(a) amigo(a) debe apoyarme y... No debe...	*A good friend should support me and . . . He/She shouldn't . . .*
(no) valer la pena	*to (not) be worth it*

Expressing happiness and unhappiness . . . *See p. 68.*

Integración

capítulos 1-2

1 Escucha lo que dice cada persona y escoge el comentario que corresponde a cada foto. Luego, escribe el nombre del deporte que está practicando.

A

B

C

D

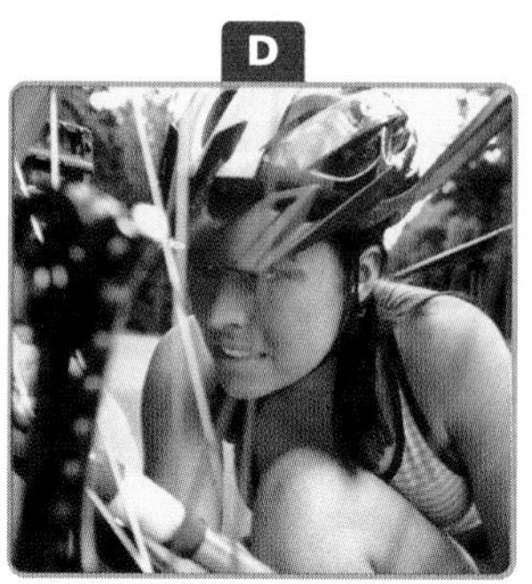

2 Lee la carta y contesta las preguntas.

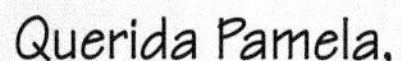

Querida Pamela,

Siento no haber hecho senderismo con Uds. el sábado. Iba a ir, pero recordé que tenía planes con mi novio Tomás. Me invitó a un partido de jai-alai y no quería dejarlo plantado. De niña, estaba loca por el jai-alai, pero la verdad es que el partido el sábado me dejó fría. Él quiere ir el próximo sábado también. Le dije a Tomás que no quiero ir a otro partido porque me aburre el jai-alai y quiero hacer algo contigo. Él es muy celoso y se enfadó conmigo. Me dan ganas de llorar porque él debe respetar mis sentimientos. Creo que simplemente es muy inseguro. Pero no vale la pena hacer algo que no me gusta solamente porque él sea inseguro. Así que, hagamos algo tú y yo. Practiquemos ciclismo, ¿vale? Tengo una bicicleta nueva y es formidable.

Hasta pronto,
Carmen

1. ¿Por qué no hizo Carmen senderismo el sábado?
2. ¿Cómo ha cambiado la opinion de Carmen acerca del jai-alai?
3. ¿Por qué se enfadó Tomás con Carmen?
4. ¿Qué tipo de persona es Carmen?
5. ¿Crees que Tomás es un buen novio? ¿Por qué?
6. ¿Qué quiere hacer Carmen con Pamela? ¿Por qué?

3 En grupos de cuatro, dramaticen la siguiente situación. Una persona quiere salir este fin de semana y está buscando a alguien que lo/la acompañe. La persona invita a varios amigos a salir, pero todos tienen planes.

MODELO —**¿Te gustaría ir a cenar? Yo te invito.**
—**No puedo. ¿Por qué no lo dejamos para la próxima semana?**

4 Mira la pintura y escribe cuatro oraciones para describir lo que a la gente le gustaba hacer para divertirse en España en el siglo XIX. Luego, escribe cuatro oraciones para describir lo que a ti te gusta hacer para divertirte.

Feria de Santiponce **de Manuel Rodríguez de Guzmán (1818–1867)**

5 Tus amigos quieren arreglar una cita *(date)* con alguien que no conoces. Pero quieren saber qué buscas en un(a) novio(a) para poder elegir a la persona perfecta. Describe en un párrafo a tu novio(a) ideal y lo que te gustaría hacer durante la cita.

6

En parejas, escojan una de las siguientes situaciones y dramatícenla.

A. Tú le contaste un secreto a tu novio(a) y él o ella se lo contó a todo el mundo. Habla con tu novio(a) y dile cómo te sientes.

B. Invitaste a un(a) amigo(a) a jugar al boliche, y te dejó plantado(a). Habla con tu amigo(a) y explícale cómo te sientes. Deja que tu amigo(a) te explique lo que pasó.

GeoVisión

▲ **El observatorio de Arecibo,** en Puerto Rico, es el telescopio de un solo plato más grande del mundo. Mide 305 metros de diámetro. Con la ayuda del telescopio, los científicos han descubierto planetas. 2

Geocultura
El Caribe

► **La costa de La Habana, Cuba,** está llena de hoteles modernos y rascacielos, mientras las edificaciones y calles de la Vieja Habana están en necesidad de reparación para conservar su historia colonial. Este contraste entre lo moderno y lo antiguo es común en las islas del Caribe. 1

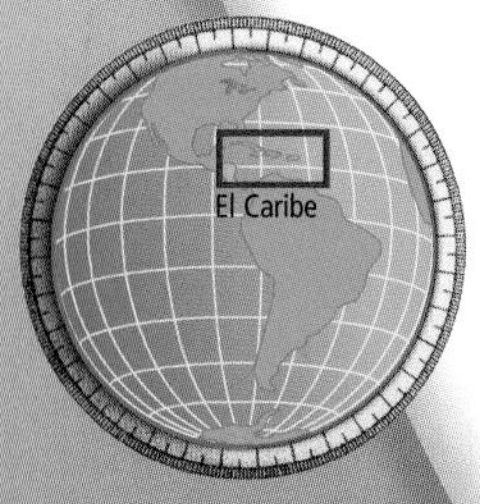

Almanaque

Países y territorios caribeños de habla hispana

Puerto Rico, 3.957.988 (San Juan)
Cuba, 11.224.321 (La Habana)
La República Dominicana, 8.721.594 (Santo Domingo)

Industrias principales

café, azúcar, plátanos, cacao, fármacos y químicos, textiles, turismo

◄ **Las aguas del mar Caribe** son perfectas para una gran variedad de deportes acuáticos, como navegar en barcos de vela, bucear, pescar o esquiar. Millones de turistas, de Estados Unidos y Europa principalmente, llegan a las islas del Caribe cada año.

¿Sabías que...?

Durante enero y marzo las ballenas jorobadas emigran a la costa este de Samaná, República Dominicana, para la reproducción y el nacimiento de sus crías.

▲ **El Alcázar de Colón** se construyó en 1509 con la llegada a Santo Domingo del gobernador Diego Colón, hijo de Cristóbal Colón. Hoy el Alcázar sirve de museo. Cada uno de los veintidós cuartos está amueblado con piezas y antigüedades históricas. 3

▼ La rana más pequeña del hemisferio norte, el **Eleutherodactylus iberia,** se descubrió en el bosque tropical de Cuba en 1996. Sólo mide un centímetro, lo que hace que su nombre sea tres veces más largo que su cuerpo. 4

FLORIDA (EEUU)
BAHAMAS
5 1 4
CUBA
OCÉANO ATLÁNTICO
GRANDES ANTILLAS
REPÚBLICA DOMINICANA
HAITÍ
3
HISPANIOLA
2
PUERTO RICO
JAMAICA
MAR CARIBE

▲ **Huracanes** Cada año la gente del Caribe vive con la posibilidad de gran destrucción causada por las tormentas tropicales. Inundaciones, fallos de electricidad y la destrucción de casas, como se ve aquí en La Habana, ocurren con frecuencia. 1

▼ Tradicionalmente, los productos agrícolas, como el plátano, la piña, el azúcar y el café que ves en esta foto del oeste de Cuba, eran las exportaciones principales del Caribe. Hoy **la economía de las islas** ha diversificado para incluir productos tecnológicos, textiles y equipo médico. 5

La historia del Caribe

ÉPOCA PRECOLOMBINA | 1400 | 1500

Época precolombina

Los taínos se establecieron en las Grandes Antillas hace más de dos milenios. Cazaban pequeños animales y cultivaban cosechas como la yuca, el maíz, la calabaza y los cacahuetes. Los caribes, una tribu más agresiva que había conquistado las Pequeñas Antillas, atacaban a los taínos con frecuencia. **Investiga la distancia que hay entre las Grandes y las Pequeñas Antillas.**

1492

Cristóbal Colón llegó a la isla de San Salvador en las Bahamas en 1492 y tomó posesión del archipiélago en nombre de los Reyes de España. **¿Qué significaba esto para España?**

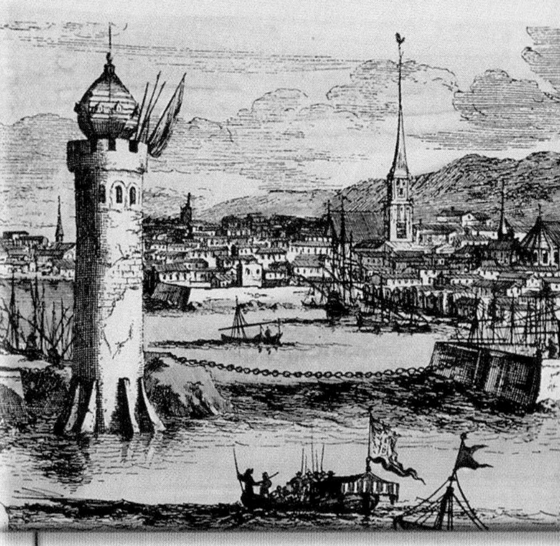

Siglo XVI

En el siglo XVI los españoles construyeron **fortalezas** en Puerto Rico, Cuba, la Hispaniola y Cartagena de Indias para protegerse de los ataques de Holanda, Inglaterra, Francia y de varios grupos de piratas. Los marineros de barcos cargados con oro se reunían en La Habana, y como medida de seguridad, cruzaban el Océano Atlántico en caravanas. **¿Por qué crees que era más seguro viajar en caravana?**

1500–1880

Barcos llenos de esclavos provenientes del continente africano cruzaron el Océano Atlántico y llegaron a las islas del Caribe, cambiando la demografía de las islas. **La herencia africana** transformó la expresión artística, literaria y cultural de la región. **Investiga cómo se ve esta influencia hoy día en el Caribe.**

¿Sabías que...?

Los primeros habitantes de la Hispaniola llegaron a la isla en piraguas desde Sudamérica alrededor de 2.600 a.C. aprovechando la corriente del Atlántico.

Visit Holt Online
go.hrw.com
KEYWORD: EXP3 CH3
Photo Tour

1800 | 1900 | 2000

1822

En 1822 los haitianos invadieron la República Dominicana y mantuvieron control de toda la isla durante veintidós años. La Trinitaria, un movimiento revolucionario encabezado por **Juan Pablo Duarte,** fue instrumental en lograr la independencia de la República Dominicana en 1844. **¿Cómo se llama la isla que comparten Haití y la República Dominicana?**

1898

España perdió las islas de Puerto Rico y Cuba a Estados Unidos en la **Guerra Hispano-norteamericana** de 1898. El crucero acorazado de España, la Infanta María Teresa, salió derrotado del puerto de Santiago de Cuba, marcando el fin de la época colonial de España. **¿Qué países lucharon en la Guerra Hispano-norteamericana?**

1959

Tras el asalto al poder de Fidel Castro en 1959, miles de cubanos se refugiaron en Estados Unidos. Entre 1965 y 1973 más de 260.000 refugiados cubanos llegaron a Estados Unidos. En la década de los ochenta de nuevo hubo un éxodo de gente en embarcaciones. **La flotilla de Mariel** trajo a más de 125.000 cubanos a las costas de Florida. **¿Cómo cambiaron los refugiados cubanos la cultura de Florida? Busca ejemplos.**

1899–1953

El Regimiento 65, fundado en 1899, fue un grupo de infantería compuesto de puertorriqueños que lucharon voluntariamente en **la Primera Guerra Mundial** al lado de Estados Unidos. También participó en campañas importantes de **la Guerra de Corea.** Cuatro soldados del regimiento recibieron la Cruz de Servicio Distinguido y 124 de ellos recibieron la Estrella de Plata. **¿Por qué crees que los soldados puertorriqueños se hicieron voluntarios estadounidenses en la Primera Guerra Mundial?**

El arte del Caribe

ÉPOCA PRECOLOMBINA — 1850 — 1900

Precolombino

Los taínos impresionaron a los españoles con su compleja y rica cultura. Ollas, joyas, muebles y otros artefactos precolombinos se encuentran en el Museo del Hombre Dominicano en Santo Domingo. **¿Para qué crees que los taínos usaban este mueble?**

Santos Figurines by Mariem Dalel

Artesanía colonial

Las esculturas elaboradas de madera fina son muy típicas de la isla de Puerto Rico. **¿Por qué crees que la madera es tan usada en la artesanía de Puerto Rico?**

1880

Jungla Cubana fue pintado por el artista cubano **Esteban Chartrand** (1840–1884). Educado en Francia, Chartrand era un pintor muy de moda por sus paisajes tropicales reflejando el romanticismo europeo. **¿Qué te parece «romántico» en este cuadro?**

1893

En *El Velorio,* pintado en 1893 por el puertorriqueño **José Francisco Oller y Cesteros,** se celebra la muerte de un niño con bailes. Pero también se ve la tristeza profunda de la familia. **¿Por qué crees que hay celebración y tristeza al mismo tiempo?**

Visit Holt Online
go.hrw.com
KEYWORD: EXP3 CH3
Photo Tour

¿Sabías que...?

La mañana verde (1943), obra de Wifredo Lam, alcanzó un precio de $1.267.500 en una subasta de Sotheby's en 1998.

1950 — 2000

1940

El gallo es uno de muchos cuadros con el mismo protagonista, el gallo, pintado por el artista cubano **Mariano Rodríguez** (1912–1990) en los años 1940. Mariano, como se le conoce, considera que sus obras son más expresionistas que abstractas porque al empezar sus obras observa la realidad de los objetos. **¿Qué detalles de *El gallo* te parecen tomados de la realidad?**

2000

El cuadro *Cuatro Vientos* del pintor dominicano **Ramón Oviedo** (1924–) es un ejemplo del arte abstracto contemporáneo. **Describe el movimiento que ves en *Cuatro Vientos.***

1950

El artista cubano **Wifredo Lam** (1902–1982) estudió arte en Madrid, España. Se ve la influencia del surrealismo de Pablo Picasso en esta obra, *Rumblings of the Earth* (1950). **Compara el estilo de este cuadro con *Guernica* de Picasso. Busca la obra de Picasso en la biblioteca. ¿En qué se parecen?**

2002

Óscar de la Renta, oriundo de la República Dominicana, ganó fama en el mundo de la moda trabajando en la casa de Elizabeth Arden en Nueva York. **Investiga qué elementos de una educación artística son necesarios en la carrera de diseño de modas.**

Capítulo 3

Todo tiene solución

OBJETIVOS

In this chapter you will learn to

- complain
- express an opinion and disagree
- make suggestions
- apologize

And you will use

- verb + infinitive
- subjunctive with will or wish
- subjunctive with negation or denial
- future tense
- conditional

¿Qué ves en la foto?

- **¿Cómo se sienten estas personas?**
- **¿De qué están hablando?**
- **¿Has tenido una experiencia similar? ¿Qué hiciste?**

Amigos discutiendo en la República Dominicana

Objetivos
Complaining, expressing an opinion, disagreeing

Vocabulario en acción 1

Lo que piensa la gente

Me molestan **los estereotipos** sobre la gente que estudia mucho; tenemos **fama** de ser todos muy serios y secos. Me parece que a veces algunas personas tienen **una impresión equivocada** de mí. En realidad, me gusta pasarlo bien como cualquier otro estudiante.

Uno de mis primos tenía **una actitud hacia** las mujeres que me chocaba. Pensaba que las chicas no debían ser atléticas. Imagínate... ¡qué **falta de respeto!** Le dije que eso era **un estereotipo** del pasado; para **combatirlo,** lo invité a jugar al tenis conmigo ¡y le gané 6 a 0! Ahora me **respeta** y no dice esas cosas.

Para mí, **la imagen** del latino en la televisión y el cine estadounidense es bastante negativa. Me parece que **la discriminación** y **el prejuicio** que hay contra nosotros en Estados Unidos se debe en parte a esto. Las personas que no conocen a ningún latino ven esas imágenes y por su **ignorancia,** ellos **juzgan** mal a todos los latinos.

Visit Holt Online
go.hrw.com
KEYWORD: EXP3 CH3
Vocabulario 1 Practice

Mis cursos para este semestre

Este **semestre** me estoy preparando para ir a **la universidad.** Tengo **un horario** difícil, y **la consejera** me dice que no puedo **suspender** ningún **curso** si quiero entrar a **la universidad.**

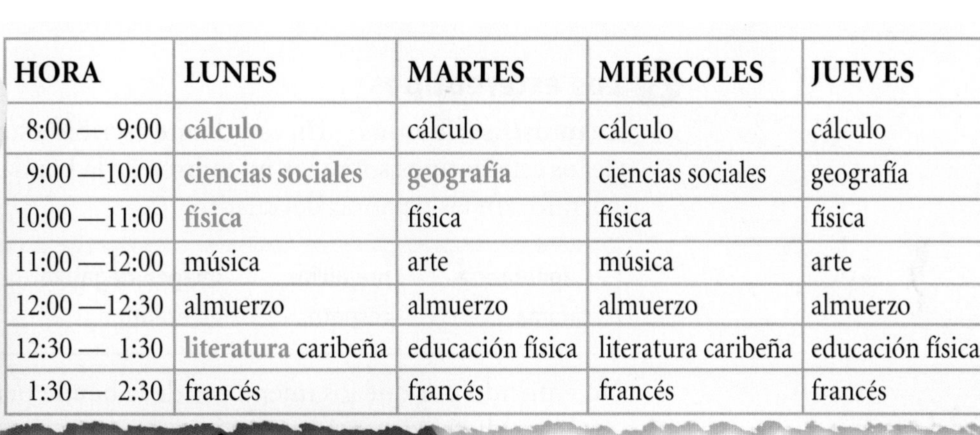

HORA	LUNES	MARTES	MIÉRCOLES	JUEVES
8:00 — 9:00	cálculo	cálculo	cálculo	cálculo
9:00 —10:00	ciencias sociales	geografía	ciencias sociales	geografía
10:00 —11:00	física	física	física	física
11:00 —12:00	música	arte	música	arte
12:00 —12:30	almuerzo	almuerzo	almuerzo	almuerzo
12:30 — 1:30	literatura caribeña	educación física	literatura caribeña	educación física
1:30 — 2:30	francés	francés	francés	francés

Más vocabulario...

el álgebra *(f.)*	*algebra*
aprobar (ue)	*to pass (a test, a class)*
el director, la directora	*principal*
la geometría	*geometry*
tomar apuntes	*to take notes*

¡Exprésate!

To complain

Interactive TUTOR

Me choca la actitud de... hacia... ¡No aguanto más!
I can't stand the attitude of . . . towards . . . I can't take it anymore!

El (La) consejero(a) insiste en que tome... ¡No me gusta para nada!
The guidance counselor insists that I take . . . I don't like it at all!

¿Mañana vamos a tener otra prueba en...? ¡Esto es el colmo!
We're going to have another test in . . . tomorrow? This is the last straw!

Online
Vocabulario y gramática, pp. 25–27

▶ **Vocabulario adicional** — Los estudios, p. R16

1 Impresiones equivocadas

Escuchemos Escucha la opinión de Kim. Basándote en lo que dice, indica si cada oración es **cierta** o **falsa.**

1. Kim está de acuerdo con los estereotipos sobre los asiáticos.
2. Los asiáticos tienen fama de ser muy extrovertidos.
3. La gente suele tener prejuicios sobre las cosas que no conoce.
4. Kim cree que sus compañeros tienen prejuicios porque son malas personas.
5. A Kim sólo le gusta estudiar matemáticas.
6. Kim cree que una manera de combatir la discriminación es conocer a personas de diferentes culturas.

2 Los estereotipos

Leamos/Escribamos Un estudiante escribió este párrafo acerca de los estereotipos sobre los miembros de la banda. Completa el párrafo con las palabras del cuadro.

ignorancia	prejuicios	imagen negativa	equivocada
fama	respeto	estereotipo	juzga

No entiendo por qué los miembros de la banda tienen una ___1___. Mucha gente tiene una impresión ___2___ sobre ellos. Tienen ___3___ de ser muy aburridos, pero esto es un ___4___. Yo los ___5___ mucho porque tienen un talento especial y pasan mucho tiempo ensayando *(rehearsing)*. Además, los miembros de la banda son los estudiantes más divertidos e interesantes que conozco. La gente también los ___6___ mal y cree que no son deportistas, pero más de la mitad del grupo practica algún deporte. De hecho, ¡el capitán del equipo de béisbol está en la banda! Obviamente muchos estudiantes saben poco de los miembros de la banda y es por su ___7___ que tienen estos ___8___.

Desde 1898 hasta 1948, el gobierno de Estados Unidos insistió que en Puerto Rico sólo se dieran las clases en inglés. Hoy en día todos los estudiantes aprenden inglés y español en el colegio. Más del 20 por ciento de los puertorriqueños van a colegios privados, un porcentaje más alto que en Estados Unidos. ¿Es así donde tú vives?

3 En mi opinión

Escribamos/Hablemos Completa las oraciones con tus opiniones, usando las palabras de **Vocabulario** y las expresiones de **Exprésate.**

1. El estereotipo que más me molesta es...
2. Creo que tenemos que combatir...
3. Me parece que la gente a veces juzga...
4. Me choca la actitud de... hacia...
5. Es muy importante respetar a...
6. Muchas veces los prejuicios son el resultado de...
7. Cuando alguien tiene una impresión equivocada de mí...
8. Si queremos evitar la discriminación, es necesario...

4 Mis cursos este semestre

Escuchemos Escucha lo que dice Roberto sobre los cursos que tiene este semestre. Escribe el nombre de los cinco cursos que menciona e indica si le gusta cada uno o no.

5 ¿Qué pasa aquí?

Leamos/Hablemos Mira los dibujos y decide qué comentario va con cada uno.

a. b. c.
d. e. f.

1. Aunque mucha gente cree que no, a mi parecer los jóvenes de hoy sí respetan a los mayores.
2. Este rompecabezas es imposible. ¡No aguanto más!
3. Es un estereotipo que las mujeres no pueden competir con los hombres en los deportes.
4. Me choca la ignorancia de los estudiantes sobre la geografía.
5. Nuestra universidad es la más vieja del estado.
6. Tenemos cinco libros para la clase de literatura. ¡Esto es el colmo!

Comunicación

6 ¡No sólo para hombres!

Hablemos En parejas, dramaticen la siguiente situación. Una estudiante quiere tomar clases de cálculo, pero sus padres prefieren que tome clases de literatura porque ellos creen que las matemáticas son sólo para los hombres.

¡Las chicas toman la iniciativa!

CARMEN Ofelia, ¿ya invitaste a Miguel a salir?

OFELIA Todavía no, lo iba a hacer esta tarde.

DANIEL A mi parecer, las chicas no deben llamar a los chicos.

CARMEN ¿Nunca, dices?

OFELIA No le hagas caso a mi hermano, Carmen; es un tonto en estos asuntos.

DANIEL Bueno, si son amigos o si ya son novios, está bien. Pero si la chica llama al chico para invitarlo a salir, da muy mala impresión.

OFELIA ¡Qué va! Eso no es cierto, Daniel. Hay muchas chicas que toman la iniciativa.

DANIEL Quizás, pero vuelvo a repetir, da muy mala impresión.

CARMEN No estoy de acuerdo contigo. Al contrario, según lo que me han dicho muchos amigos, les gusta que las chicas los llamen para invitarlos a salir.

DANIEL Pues, no me parece que digan la verdad.

OFELIA ¿Ah, sí? ¡Pues, me dijo tu novia que ella tomó la iniciativa y te llamó primero!

¡Exprésate!

To express an opinion	To disagree
A mi parecer, no hay igualdad entre... *The way I see it, there's no equality between . . .*	**¡Qué va! Eso no es cierto.** *No way! That's not true.*
No me parece que sea justo. *I don't think it's fair.*	**¡Al contrario! No estoy de acuerdo.** *On the contrary! I disagree.*

Interactive TUTOR

Online
Vocabulario y gramática, pp. 25–27

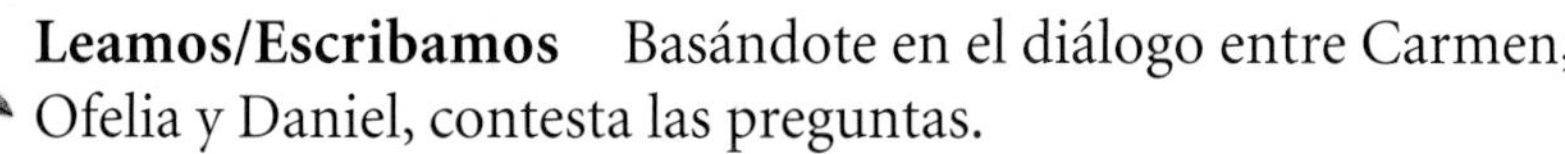

7 ¿Las chicas pueden llamar a los chicos?

Leamos/Escribamos Basándote en el diálogo entre Carmen, Ofelia y Daniel, contesta las preguntas.

1. ¿Cuál es la opinión de Daniel sobre las chicas que llaman a los chicos para invitarlos a salir?
2. ¿Carmen está de acuerdo con Daniel? ¿Qué piensa ella?
3. Según Daniel, ¿cuándo puede una chica llamar a un chico para invitarlo a salir?
4. ¿Por qué a Ofelia le choca la actitud de Daniel hacia las chicas que llaman a los chicos?
5. ¿Crees que Daniel tiene una impresión equivocada? ¿Por qué?

8 ¿Estás de acuerdo?

Escuchemos Escucha las conversaciones y decide si la segunda persona **a**) está de acuerdo o **b**) no está de acuerdo con lo que dice la primera persona.

Comunicación

9 ¿Cómo respondes?

Leamos/Hablemos Mira las fotos y lee la opinión de cada persona. En grupos de tres, túrnense para responder a cada opinión usando las expresiones de **Exprésate.**

1

Me parece que los jóvenes de hoy no aprenden nada en el colegio. Su ignorancia es terrible. No hacen su tarea nunca y se la pasan en fiestas con sus amigos. Deben ser más responsables.

2

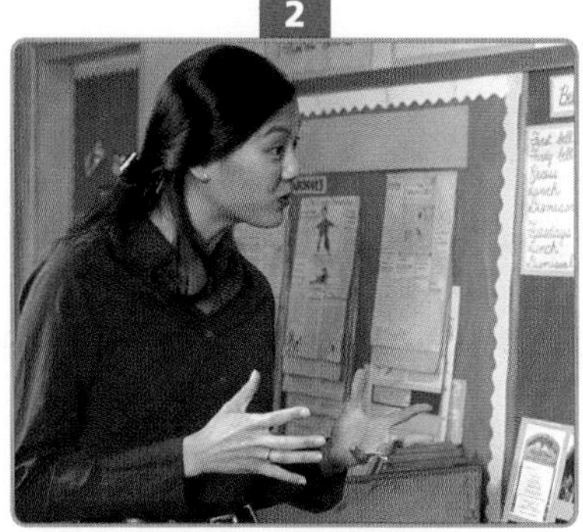

Hoy en día, los estudiantes no respetan a nadie. No escuchan a sus profesores y su actitud hacia los estudios es terrible. Es importante que ellos conozcan a chicos de otros países para que aprendan cómo son los estudiantes de otros lugares. Ellos sí respetan a sus profesores.

3

Los atletas son los peores estudiantes. Suspenden todos los exámenes y no les interesa ir a la universidad. Pienso que deben tomar cursos especiales y hablar con un consejero para que entiendan que la educación es muy importante.

Objetivos

Verb + infinitive, subjunctive with will or wish, subjunctive with negation or denial

Gramática en acción 1

Repaso Verb + infinitive

1 Some conjugated verbs are followed by a **preposition** plus an **infinitive.**

La señora Villalobos **sueña con viajar** por el mundo.

Rosa **va a trabajar** esta tarde a las cuatro.

Luis **acaba de regresar** de Italia.

2 Other conjugated verbs do not require a preposition and are followed directly by an **infinitive.**

Mis tíos **piensan llegar** a las once en punto.

Yolanda **debe estudiar** más para mejorar sus notas.

3 Even if the verb is normally followed by the subjunctive, if the subject does not change, the second verb remains in the **infinitive.** If the subject does change, the second verb is in the **subjunctive.**

same subject

Carlos **espera sacar** buenas notas el semestre que viene.

first subject *second subject*

Los profesores **esperan que** Carlos **saque** buenas notas.

Online

Vocabulario y gramática, pp. 28–30 | Actividades, pp. 21–23

¿Te acuerdas?

The verb immediately following a **preposition** is *always* in the **infinitive.**

Elena necesita su libro **para estudiar.**

Van a cenar después **de terminar** su tarea de cálculo.

10 ¿Cómo será este semestre?

Leamos Completa el párrafo con las preposiciones correctas. Si el verbo no requiere preposición, escoge ∅.

Carolina está nerviosa por el comienzo del semestre. Mañana todos los estudiantes empezarán __1__ (a/de) inscribirse. Está nerviosa porque sus profesores suelen __2__ (∅/en) asignar muchas tareas difíciles. Carolina espera __3__ (a/∅) sacar muy buenas notas este semestre. Ella se pondrá __4__ (a/en) estudiar muy duro y piensa __5__ (de/∅) trabajar en las tardes. Este semestre, Carolina y su amiga Nancy insisten __6__ (de/en) estudiar juntas porque acaban __7__ (de/∅) escoger la misma clase de álgebra y van __8__ (con/a) comparar apuntes.

Visit Holt Online
go.hrw.com
KEYWORD: EXP3 CH3
Gramática 1 Practice

11 ¿Qué hicieron?

Escribamos Escribe dos oraciones para cada foto. Explica lo que hicieron esas personas usando las siguientes frases.

MODELO **Fernando comenzó a correr después de clases.**

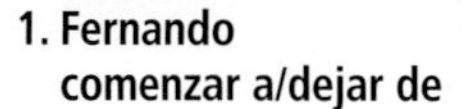
1. Fernando
comenzar a/dejar de

2. Eugenia
ponerse a/insistir en

3. Paula
aprender a/acabar de

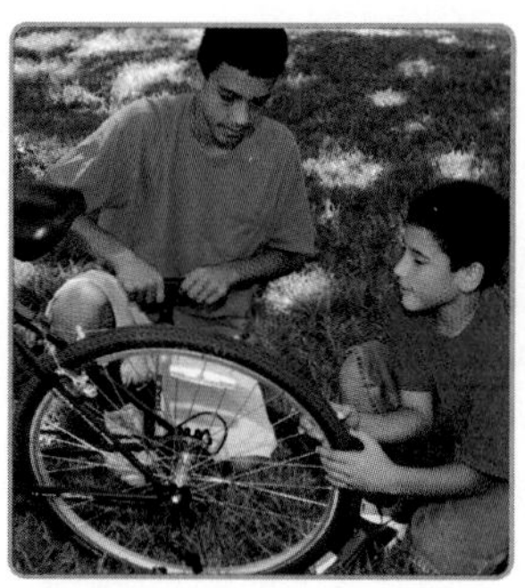
4. Jaime
ayudar a/enseñar a

12 ¡Hagamos publicidad!

Hablemos/Escribamos Eres miembro del Club Internacional de tu colegio y estás trabajando en los letreros para la feria cultural. Escribe oraciones que puedan aparecer en los letreros usando las palabras del cuadro y el mandato de **nosotros.** ¿Se te olvidó? *Nosotros commands,* pp. 60–61

MODELO **luchar por**
Luchemos por la diversidad en nuestra escuela.

tratar de	ayudar a	soñar con
aprender a	dejar de	comenzar a

Comunicación

13 Un cambio

Hablemos Rodrigo está hablando con su hermano sobre su primer semestre de colegio. En parejas, dramaticen la conversación entre Rodrigo y su hermano. Sigan el modelo.

MODELO **—Este semestre me tiene muy preocupado. Quiero aprobar mis cursos pero son muy difíciles. ¿Qué hago?**
—Tienes que...

insistir en	aprender a	tratar de	ir a
el horario	la literatura	la universidad	el semestre
aprobar	el/la consejero(a)	los cursos	empezar a

Repaso Subjunctive with will or wish

1 Use the **subjunctive** in subordinate clauses when there is a change in subject between the main and subordinate clauses and when the independent clause expresses **will** or **wish.**

Los padres de Enrique **prefieren que** él **vaya** a la ciudad.
Enrique's parents would rather he go to the city.

Mis amigos **insisten en que** yo no **llegue** tarde a las juntas.
My friends insist that I not arrive late to the meetings.

Queremos que Carlos **venga** con nosotros.
We want Carlos to come with us.

Alberto **necesita que** Alicia le **ayude** con la tarea.
Alberto needs Alicia to help him with the homework.

2 As you know, when there is no change in subject with a **verb of will or wish,** the first verb is followed by the **infinitive.**

Enrique **prefiere ir** al campo.
Enrique would rather go to the country.

Mis amigos **insisten en llegar** temprano.
My friends insist on arriving early.

Carlos **quiere venir** con nosotros.
Carlos wants to come with us.

Alicia **necesita ayudar** a Alberto con la tarea.
Alicia needs to help Alberto with the homework.

Online
Vocabulario y gramática, pp. 28–30 | Actividades, pp. 21–23

En inglés

In Spanish, the word **que** *(that)* is necessary to separate clauses.

Yo sé que el examen es fácil.

In English, however, the word *that* can be omitted.

I know (that) the exam is easy.

14 El nuevo semestre

Leamos/Escribamos Completa las siguientes oraciones con la forma correcta del verbo entre paréntesis.

1. Los estudiantes esperan que sus horarios no _____ (ser) muy complicados.
2. Los profesores insisten en que los estudiantes _____ (tomar) buenos apuntes.
3. Los estudiantes esperan que los profesores no _____ (dar) muchos exámenes.
4. Los estudiantes piden que sus profesores _____ (tener) buen sentido del humor.
5. Los padres quieren que sus hijos _____ (sacar) buenas notas.
6. La directora espera que los alumnos _____ (ir) a la universidad después de graduarse.

Unos jóvenes juegan al volibol de playa en la República Dominicana.

15 Hablando del futuro

Escuchemos Escucha las siguientes oraciones acerca de Antonio. Para cada oración, determina si se trata **a)** de algo que Antonio quiere, espera o necesita, o **b)** de algo que otra persona espera, quiere o necesita de Antonio.

16 Un año nuevo

Escribamos Escribe seis oraciones con las formas correctas de las palabras de cada columna. Sigue el modelo.

MODELO **Mis amigos esperan que los profesores tengan paciencia.**

los padres	querer	las clases	estudiar
los hijos	preferir	los padres	ayudar
los profesores	necesitar	los estudiantes	limpiar
los estudiantes	pedir	yo	tener
yo	recomendar	tú	preparar
mis amigos	esperar	los profesores	salir
mi abuela	decir	el director	ser

En Cuba, el colegio es obligatorio, pero gratis, desde los seis años hasta los quince años. Después de los quince años, los jóvenes deciden si quieren trabajar o seguir con sus estudios. Pero sigue siendo gratis, no importa cuántos años estudien. Gracias al sistema educativo, uno puede graduarse de la universidad sin pagar ni un centavo.

17 Quiero que...

Hablemos En parejas, dramaticen una posible conversación entre Malena y su mamá basándose en los dibujos. Sigan el modelo. Recuerden usar el subjuntivo en sus oraciones.

MODELO **—Malena, ¡mira este cuarto! ¡Es un desastre! Quiero que limpies tu cuarto ahora.**

Gramática 1

Subjunctive with negation or denial

1 The **subjunctive** is used when the first clause in a sentence expresses a **negation** *(negación)* or **denial** and when there is a change of subject. Phrases that express negation or denial include: **no es verdad que, no es cierto que, no creer que, no estar de acuerdo (en) que,** and **negar que.**

> **No es verdad que haya** tanta discriminación en nuestro país.
> **No creen que** José **sea** muy chismoso.
> **No es cierto que tenga** una impresión equivocada de ti.

2 If these phrases are modified to express **affirmation** *(afirmación)* or **agreement,** the **indicative** is used.

> **Es verdad que hay** mucha discriminación en nuestro país.
> **Creo que** José **es** muy chismoso.
> **Es cierto que** él **tiene** una impresión equivocada de ti.

Online
Vocabulario y gramática, pp. 28–30 | Actividades, pp. 21–23

¿Te acuerdas?

Remember that the verbs **saber** and **haber** are irregular in the subjunctive.

No creo que esa chica **sepa** que estoy en su clase de biología.
¿Niegas que **haya** alguien más inteligente que tú?

18 ¿Están de acuerdo?

Escuchemos Escucha las conversaciones e indica si lo que dice la segunda persona es **a**) una **afirmación** o **b**) una **negación** de lo que dice la primera persona.

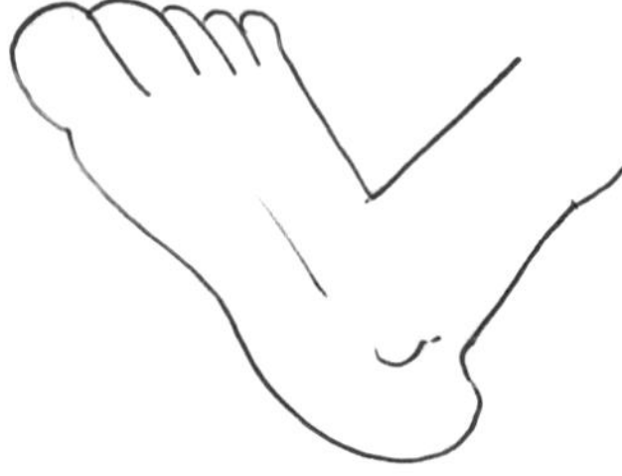

19 La vida universitaria

Leamos/Escribamos Completa la conversación con la forma correcta del verbo entre paréntesis.

—Oye, ¿tú crees que los cursos en la universidad ___1___ (ser) muy difíciles?

—No creo que ___2___ (ser) difíciles. Si quieres sacar buenas notas en la universidad lo puedes ___3___ (hacer).

—Los profesores están ocupados todo el tiempo y es cierto que ___4___ (dar) mucha tarea. ¿Quién me podría ___5___ (ayudar)?

—No creo que los profesores ___6___ (estar) tan ocupados pero es verdad que dan mucha tarea.

—Primero tengo que ___7___ (enfocarse) en los cursos que tengo ahora. ¡Mis padres no creen que ___8___ (estudiar) suficiente!

20 ¿Qué crees?

Escribamos Completa las oraciones con tus opiniones.

MODELO **No creo que...**
No creo que el álgebra sea tan difícil.

1. No es cierto que...
2. No estoy de acuerdo en que...
3. Estoy seguro que...
4. No creo que...
5. Niego que...
6. Es verdad que...

Estudiantes dominicanos debaten sus opiniones después de clases.

Comunicación

21 ¡No es cierto!

Leamos/Hablemos Con un(a) compañero(a), lee los recortes *(clippings)* del periódico. Después de leer, túrnense para decir si están de acuerdo o no con las siguientes opiniones. Expliquen por qué.

Los jóvenes de hoy son todos unos irresponsables.

Los jóvenes son unos perezosos y no ayudan en la casa.

¿Se debe jugar a los videojuegos en vez de ir al colegio?

Los colegios deben ampliar el día escolar a nueve horas.

22 ¡Al debate!

Hablemos Dos estudiantes aspiran a ser presidente de su clase. En parejas, dramaticen el diálogo entre ellos. Una persona menciona por lo menos tres opiniones o afirmaciones y la otra explica por qué no está de acuerdo. Sigan el modelo.

MODELO **—Pienso que la directora debe darnos diez minutos más durante la hora del almuerzo.**
—No estoy de acuerdo en que eso sea necesario, porque...

VideoCultura

Comparaciones

Unos padres y su hijo se sientan para resolver un conflicto.

Quien no oye consejos, no llega lejos

En América Latina y en España, naturalmente, los hijos también discuten con sus padres. Los padres se preocupan de lo que hacen sus hijos, y a veces intentan controlar su comportamiento. Quieren que sus hijos hagan la tarea, que lleguen temprano a casa, que se vistan bien, que sean responsables. Los hijos se resisten a este control, y a veces hay problemas. ¿Se parecen estos conflictos a los que tienen tus padres y tú?

Zaida

San Juan, Puerto Rico

¿Cuál es el problema más común que tiene Ud. con sus dos hijos?

Bueno, el grande, el mayor tiene el problema de vestir desarreglado.

¿Cómo quiere Ud. que se vista su hijo?

Yo quiero que vista arreglado, que se vea bien, porque siempre está con los pantalones todos rotos y prefiero que vista mejor.

¿Y con su hijo pequeño, ¿tiene Ud. algún problema?

Sí, él siempre está pegado al televisor. Yo prefiero que haga ejercicio, que salga un rato porque a él le viene bien para la salud, [pero] no quiere.

¿Y qué hacen ellos cuando Ud. les pide que estudien más o que vistan mejor, o que no vean tanto el televisor?

Bueno, ellos se quejan y todo, pero terminan obedeciendo porque yo hablo con ellos y llegamos a un acuerdo, y ya hacen lo posible por obedecer.

Visit Holt Online
go.hrw.com
KEYWORD: EXP3 CH3
Online Edition

Rafael
San José, Costa Rica

Nicaragua
Mar Caribe
COSTA RICA
San José
Océano Pacífico
Panamá

Tus padres y tú no siempre están de acuerdo, ¿no es cierto?

Por supuesto, en todas familias siempre hay algunos conflictos.

¿Me puedes decir cuál es el conflicto más común que tienen Uds.?

Bueno, por lo general, siempre discutimos un poco por las horas de llegada a la casa.

¿Qué quieren tus padres que hagas?

Bueno, mis padres quieren que llegue a una hora determinada a la casa y yo, por supuesto, trato de extenderla.

¿Qué hacen para resolver el problema?

Bueno, lo más común es sentarnos a conversar, y comunicando solucionamos el problema lo más pronto posible.

Para comprender

1. ¿Qué conflictos tiene Zaida con sus hijos?
2. ¿Qué quiere Zaida que hagan sus hijos?
3. ¿Qué hace Zaida para que sus hijos le obedezcan al final?
4. ¿Por qué discuten Rafael y sus padres? ¿Qué hacen para resolver el problema?
5. ¿Te parece que Rafael y sus padres se llevan bien? ¿Por qué?
6. ¿Qué actitud tienen Rafael y Zaida hacia los conflictos entre familia?

Para pensar y hablar

En tu opinión, ¿cuál es la causa más común de los conflictos entre padres e hijos? ¿Cómo se resuelven más fácil y rápidamente los conflictos? En tu opinión, ¿cómo se puede evitar algunos conflictos entre padres e hijos?

Comunidad y oficio

Estudiar en el extranjero

Muchas universidades tienen programas de intercambio para los estudiantes que quieren vivir en otro país o aprender un idioma. Para los estudiantes de español, hay muchas opciones. Hay programas en España y Latinoamérica que duran un semestre o dos. ¿Hay una universidad en tu comunidad que tenga un programa de intercambio? Busca información sobre los diferentes programas que existen y, si es posible, habla con estudiantes que hayan estudiado en el extranjero. Comparte lo que aprendes con tus compañeros. ¿Es algo que te gustaría hacer?

Músicos peruanos en el Festival Internacional de Lafayette, Luisiana

Objetivos
Making suggestions, apologizing

Vocabulario en acción 2

¿Qué hacemos?

MARTA ¿Vas a la fiesta este sábado con Esteban?

ANA No, **discutimos** esta mañana.

MARTA ¿Qué pasó? ¿Por qué **se pelearon?**

ANA **Me ofendió** mucho con un comentario que hizo sobre mi hermana. Dijo que ella era muy chismosa y que siempre le estoy contando lo que él y yo estamos haciendo.

MARTA ¿Y por eso **discutieron?**

ANA Bueno, me **hirió** mucho; **estoy resentida** con él. Nunca más le voy a hablar.

MARTA ¡No seas exagerada! Ya verás que pronto vas a **olvidar** esto y van a **reconciliarse.**

Más vocabulario...

besar	*to kiss*
cometer un error	*to make a mistake*
la comunicación	*communication*
darle un abrazo	*to give (someone) a hug*
dejar de hablarse	*to stop speaking to one another*
la disculpa	*apology*
maltratar	*to mistreat*
la reconciliación	*reconciliation*
ser (in)fiel	*to be (un)faithful*

Visit Holt Online

go.hrw.com

KEYWORD: EXP3 CH3

Vocabulario 2 Practice 

¡Qué idiota soy! Creo que **insulté** a Ana esta mañana. Qué bueno que mi amigo Héctor me pueda dar **consejos.**

Me dijo: «Para **hacer las paces** es necesario comunicarse. **Admite tu error** y ella te **perdonará.**» Tiene toda la razón.

También me dijo: «**Yo que tú** le cantaría una canción.» ¡Lástima que canto tan mal!

Al final me dijo: «Debes **pedirle perdón** a Ana y **comprarle un regalo.** Las rosas siempre son un bonito **detalle.**» ¡Pero ella es alérgica a las flores!

¡Exprésate!

To make suggestions

Interactive TUTOR

No te olvides de... *Don't forget to . . .*	**Sugiero que no hagas caso a los rumores.** *I suggest that you not pay attention to rumors.*
¿Has pensado en...? *Have you thought about . . . ?*	**No te conviene...** *It's not good for you . . .*
Sería una buena/mala idea romper con... *It would be a good/bad idea to break up with . . .*	**Date tiempo para pensarlo.** *Give yourself time to think it over.*

Online

Vocabulario y gramática, pp. 31–33

23 ¿Qué ocurrió aquí?

Escuchemos Mira las fotos y escucha las oraciones. Elige la foto que corresponde a cada oración.

A

B

C

D

E

F

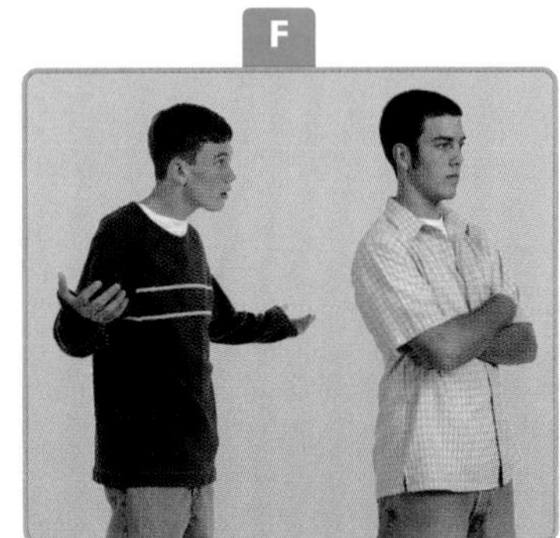

24 Rumores y desacuerdos

Leamos/Escribamos Completa las oraciones con la forma correcta de las palabras del cuadro.

cometer un error	hacer(le) caso	hacer las paces	olvidar
comprarle un regalo	insultar	romper con	el rumor

1. Después del gran malentendido, Juan y Héctor intentaron _____ y dejar de pelear.
2. ¿Cómo pudiste _____ mi cumpleaños? ¡Te lo dije ayer!
3. Ana _____ Samuel después de tres años. Ahora se siente sola.
4. Quiero _____ a mi novia para el Día de San Valentín. ¿Qué me recomienda Ud., joyas o flores?
5. Oí _____ de que Verónica salió con Claudio anoche y no con Daniel. ¿Es verdad?
6. Todos creemos que Manuel _____ cuando se olvidó del cumpleaños de Lourdes.
7. Leonardo trata de convencer a Natalia de que salga con él, pero ella no _____.
8. No quería _____ a Catalina con lo que le dije; dile que lo siento mucho.

25 Se oye que...

Leamos Se oyeron estos diálogos en el autobús del colegio, pero eran muy confusos *(mixed up)* por el ruido. Lee el comienzo de cada diálogo y decide qué oración lo completa mejor.

1. Ayer ofendí a Mónica, ¿sabes? La acusé de tomar un libro mío, pero más tarde lo encontré en mi mochila.
2. ¿Oíste el último rumor? Dicen que Adela y Rafa se han reconciliado; él se disculpó por el error que cometió.
3. Chica, ¿qué les pasó? ¿Por qué Vicente y tú dejaron de hablarse?
4. ¿Todavía estás resentido con Carmen? ¿Qué te hizo?
5. Pablo y yo siempre discutimos, pero luego me da un abrazo y me pide disculpas. Ya no confío en él.

Estudiantes de preparatoria suben al autobús en Guanica, Puerto Rico.

a. Es que él me insultó ayer y todavía no me ha pedido perdón. Ya no puedo más.
b. Si Uds. siguen mis consejos, creo que se llevarán mejor, pero parece que te ha herido con sus comentarios.
c. Creo que debes admitir el error, y así hacer las paces.
d. ¡Qué bien! Si ella pudo perdonar ese error, es obvio que se dio tiempo para pensarlo.
e. Fíjate que ella y yo nos peleamos ayer por algo muy tonto, y ahora quiere romper conmigo.

26 ¡Ayuda, por favor!

Escribamos Escribe una carta a un(a) amigo(a) en la que describas un problema imaginario que tengas con otro(a) amigo(a). Describe el problema, da algunos ejemplos y pídele ayuda a tu amigo(a). Usa al menos seis términos del cuadro.

cometer un error	herir	la disculpa	discutir	olvidar
dejar de hablarse	insultar	ofender	pelearse	el rumor

Comunicación

27 Tus consejos

Leamos/Hablemos En parejas, intercambien las cartas que escribieron en la Actividad 26. Lee la carta de tu compañero(a) y luego ofrécele consejos. Usa las palabras de **Vocabulario** y las expresiones de **Exprésate** en la conversación.

La reconciliación

ESTEBAN	Lo siento, Ana. No sé por qué dije esas cosas.
ANA	No, no, lo siento yo. Fui muy tonta. Tienes razón, mi hermana puede ser un poco habladora y a veces le cuento información personal. No lo volveré a hacer.
ESTEBAN	No, dije algo muy feo. No quise ofenderte. Mira, te traje unas flores.
ANA	¿Pero qué forma es ésta de pedirme perdón? ¿Se te ha olvidado que les tengo alergia a las flores?
ESTEBAN	¡Bueno, dáselas a tu hermana y te compro un helado!

¡Exprésate!

To apologize

Interactive TUTOR

Te juro que no lo volveré a hacer. *I swear I'll never do it again.*	**No lo hice a propósito.** *I didn't do it on purpose.*
Perdóname. No sé en qué estaba pensando. *Forgive me. I don't know what I was thinking.*	**No quise hacerte daño.** *I didn't mean to hurt you.*
Créeme que fue sin querer. *Believe me, I didn't mean to do it.*	**No quise ofenderte.** *I didn't mean to offend you.*

Online
Vocabulario y gramática, pp. 31–33

28 ¿Cómo pasó?

Leamos Pon las siguientes oraciones en orden cronológico según las conversaciones en las páginas 112, 113 y 116.

1. Esteban le da unas flores a Ana.
2. Ana admite su error en contarle cosas a su hermana.
3. Esteban le pide perdón a Ana.
4. Ana se ofende con Esteban por olvidar un detalle sobre ella.
5. Esteban le pide consejos a su amigo Héctor.
6. Ana se siente insultada por lo que dice Esteban sobre su hermana.
7. Héctor le da consejos a Esteban para que haga las paces con Ana.

29 ¿Quién lo dijo?

Leamos/Hablemos Basándote en la conversación, escoge la persona que diría *(would say)* cada oración: **Ana, Marta, Esteban, Héctor** o **la hermana de Ana.** Una oración tiene más de una respuesta correcta.

1. Tal vez no le di buenos consejos a Esteban.
2. No puedo creer que no pueda confiar en mi hermana.
3. Qué lastima que yo no cante mejor.
4. Estoy segura de que se van a reconciliar.
5. ¡No es cierto que yo no sepa guardar un secreto!
6. ¡Qué error cometí! Olvidé que Ana era alérgica a las flores.

30 Tus reacciones

Leamos/Hablemos ¿Qué expresión de **Exprésate** usarías *(would you use)* en las siguientes situaciones?

1. Un amigo te prestó unos discos compactos y los perdiste.
2. No le mandaste una tarjeta de cumpleaños a tu mejor amigo(a).
3. Un amigo te invitó a salir, pero te olvidaste de la hora y lo dejaste plantado.
4. Le contaste un rumor a otra persona acerca de un amigo. Tu amigo lo oyó, y se ofendió.

Las telenovelas de Latinoamérica son muy famosas. A diferencia de las telenovelas estadounidenses, no duran más de un año. Por lo general, pasan las telenovelas más populares entre las siete y las nueve de la noche. En algunos hogares, ver una telenovela juntos es una manera de convivir con la familia y los amigos. Además, hay telenovelas hechas para adolescentes y para adultos. ¿Has visto una telenovela latinoamericana?

Comunicación

31 Escena dramática

Hablemos En grupos de tres, dramaticen una escena de una telenovela *(soap opera)*. En la escena, unos amigos discutían, pero ya se están reconciliando. Expliquen qué causó la discusión. Usen las palabras de **Vocabulario** y las expresiones de **Exprésate.**

tivos
...uture tense, conditional

Gramática en acción 2

Repaso Future tense

1 The **future tense** can be used to talk about future events. The regular endings, added to the infinitive form, are:

yo	comer**é**	nosotros(as)	comer**emos**
tú	comer**ás**	vosotros(as)	comer**éis**
Ud., él, ella	comer**á**	Uds., ellos, ellas	comer**án**

No lo **volveré** a hacer. **Hablaremos** sobre esto otro día.

2 The future tense can be used to express the **probability** of something happening or being true. It can be used with the present participle to say what is probably going on.

—¿Qué hora es?

—No sé, **serán** las cinco más o menos.

—No oigo nada. Los niños **estarán** durmiendo.

Online
Vocabulario y gramática, pp. 34–36 | Actividades, pp. 25–27

¿Te acuerdas?

The following verbs are irregular in the future tense. Add the future endings to the following stems:

caber: **cabr-**	querer: **querr-**
decir: **dir-**	saber: **sabr-**
haber: **habr-**	salir: **saldr-**
hacer: **har-**	tener: **tendr-**
poder: **podr-**	valer: **valdr-**
poner: **pondr-**	venir: **vendr-**

Marta no **querrá** pelear.

Los chicos **podrán** hacer las paces mañana.

32 Pasado, presente y futuro

Escuchemos Escucha las siguientes oraciones y decide si describen algo que ya ocurrió (**pasado**), algo que ocurre ahora (**presente**) o algo que ocurrirá en el futuro (**futuro**).

33 ¿Qué pasará?

Leamos/Escribamos Lee las oraciones sobre qué va a pasar en tu colegio y en la sociedad. Indica si estás de acuerdo o no. Si no estás de acuerdo, escribe lo que tú crees que pasará.

1. Pondrán una pizzería y una heladería en la cafetería.
2. Empezarán un intercambio con estudiantes de otros países.
3. No usaremos libros, sólo computadoras.
4. Los estereotipos desaparecerán.
5. Todo el mundo irá a la universidad.
6. Las personas respetarán las culturas de personas de otros países.

Visit Holt Online
go.hrw.com
KEYWORD: EXP3 CH3
Gramática 2 Practice

34 ¿Qué harán?

Leamos/Escribamos Escribe lo que cada persona hará cuando termine el año escolar.

1. los estudiantes/no estudiar
2. mis amigos y yo/hacer una fiesta
3. los profesores/poder viajar
4. la directora/descansar
5. tú/no tomar clases de verano
6. nuestros padres/ponernos a trabajar en casa

35 ¿Quién será?

Escribamos Mira las fotos y describe lo que estará pasando.

MODELO **Andrés será el novio de Silvia. Silvia estará resentida porque Andrés no llegó a tiempo.**

Silvia y Andrés

1. Mónica y Gerardo

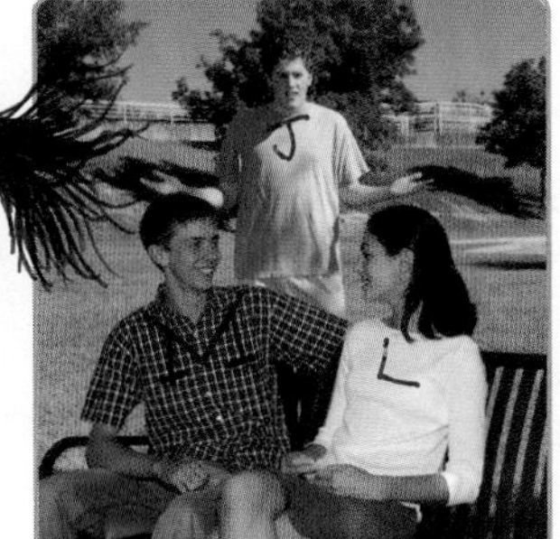

2. Lisa, Juan y Miguel

3. Emilio y Beatriz

4. Patricia y David

36 ¿Qué crees que haré?

Escribamos/Hablemos En parejas, escriban cinco oraciones sobre lo que creen que hará su compañero(a) en los próximos cinco años. Usen los verbos del cuadro. Respondan a las predicciones.

MODELO **—Tú asistirás a la universidad después de graduarte.**
—No, viajaré por el mundo durante un año.

asistir a	ir
salir	trabajar
hacer	ver
hacerse	vivir
viajar	tener
conocer	casarse

The conditional

1 The **conditional** is used to express what *would happen* or what someone *would do* in a given set of circumstances.

En tu lugar, **estudiaría** más.	*In your place, I would study more.*
En esa situación, **pediría** más tiempo.	*In that situation, I would ask for more time.*

The endings, added to the infinitive form, are the same for **-er, -ar,** and **-ir** verbs.

yo	hablar**ía**	nosotros(as)	hablar**íamos**
tú	hablar**ías**	vosotros(as)	hablar**íais**
Ud., él, ella	hablar**ía**	Uds., ellos, ellas	hablar**ían**

2 Some expressions that are often used with the conditional include: **yo que tú, en tu lugar,** and **en esa situación:**

Yo que tú, **trataría** de hacer las paces.	*If I were you, I would try to make up.*
En tu lugar, lo **llamaría** por teléfono.	*In your place, I would call him.*

Expressions that tell what you *would* or *would not like* are also used with the conditional:

Me **gustaría** darle tiempo para pensar.	*I would like to give her time to think.*
Te **molestaría** oír el rumor.	*It would bother you to hear the rumor.*

Online
Vocabulario y gramática, pp. 34–36 | Actividades, pp. 25–27

¿Te acuerdas?

Verbs that have irregular stems in the future tense have the same irregular stems in the conditional:

caber: **cabr-**	querer: **querr-**
decir: **dir-**	saber: **sabr-**
haber: **habr-**	salir: **saldr-**
hacer: **har-**	tener: **tendr-**
poder: **podr-**	valer: **valdr-**
poner: **pondr-**	venir: **vendr-**

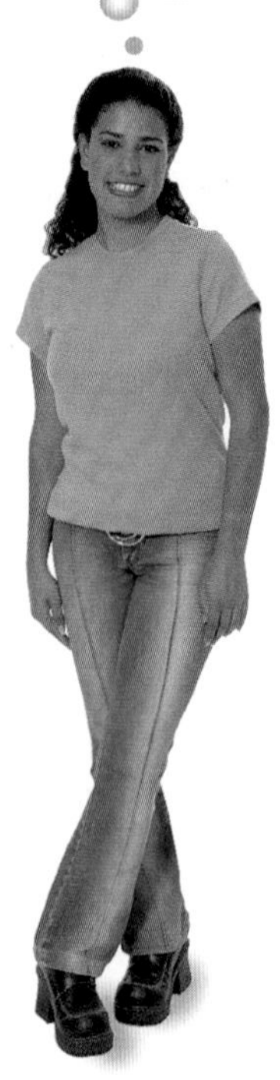

37 Después de graduarme...

Hablemos/Escribamos Completa las siguientes oraciones sobre lo que te gustaría hacer después de tu graduación.

1. En mi opinión, sería interesante trabajar en ____.
2. Creo que no me interesaría estudiar ____ en la universidad.
3. Algún día me gustaría ir a ____.
4. Allí podría ____.
5. Me gustaría vivir en ____.
6. Tendría una casa ideal, con ____.

38 Lo pasaría bien

Leamos/Escribamos Completa el párrafo con la forma correcta del condicional de los verbos entre paréntesis.

Mi amigo Luis es muy tímido pero sé que le __1__ (gustar) salir con Cristina. Pienso que ella __2__ (aceptar) la invitación y que ellos lo __3__ (pasar) muy bien. En esa situación, yo le __4__ (escribir) una carta a la chica y la __5__ (invitar) al cine o a comer. Yo __6__ (ser) muy abierto con ella. Le __7__ (decir) que es bonita y que me __8__ (interesar) pasar tiempo con ella. ¡Seguramente ella __9__ (estar) encantada!

39 En esa situación...

Escribamos Mira los dibujos y escribe lo que tú harías en cada situación.

MODELO **En esa situación, estudiaría más para el próximo examen.**

1.

2.

3.

4.

Comunicación

40 Como presidente...

Escribamos/Hablemos ¿Qué harías como director(a) de tu colegio y como presidente del país? Escribe tres oraciones para cada situación. En parejas, comparen las respuestas.

MODELO **—Como presidente, combatiría la discriminación.**
—¿Sí? Pues, yo trataría de resolver...

la discriminación	el estereotipo	la ignorancia	combatir
suspender	el horario	los cursos	el semestre
disculpar	respetar a	el/la consejero(a)	resolver

Gramática 2

More uses of the conditional

Use the **conditional** with the following **"if" statements** that express contrary-to-fact situations.

> **Si yo fuera** la profesora, **daría** menos tarea.
> *If I were the teacher, I would give less homework.*
>
> **Si tú fueras** la profesora, me **suspenderías.**
> *If you were the teacher, you would fail me.*
>
> **Si yo tuviera** más dinero, me **iría** de viaje.
> *If I had more money, I would go on a trip.*
>
> **Si tú tuvieras** más dinero, ¿**comprarías** una casa?
> *If you had more money, would you buy a house?*
>
> **Si yo pudiera** volver a presentar el examen, **estudiaría** más.
> *If I could do the exam over again, I would study more.*
>
> **Si tú pudieras** volver a presentar el examen, **sacarías** una A.
> *If you could do the exam over again, you would get an A.*

You will learn more about this usage of the conditional in Chapter 8.

Online
Vocabulario y gramática, pp. 34–36 | Actividades, pp. 25–27

41 ¿Quién lo dijo?

Escuchemos Mira las fotos y escucha los comentarios. Escoge la foto que corresponde a cada comentario.

A

B

C

D

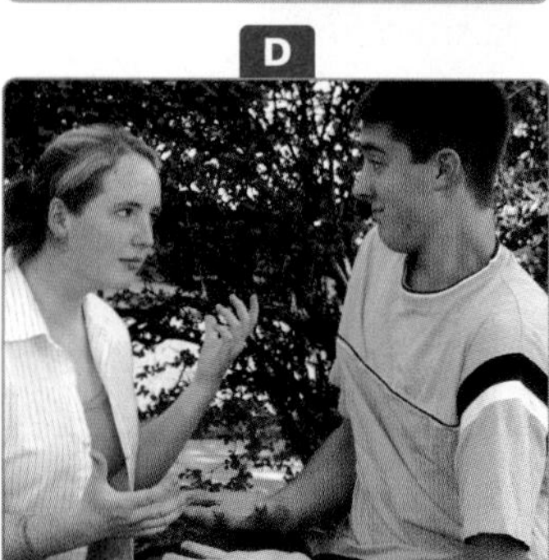

E

F

42 Mis sueños

Escribamos Usa una palabra o expresión de cada columna para escribir seis oraciones. Sigue el modelo.

MODELO Si yo fuera famoso iría a los premios Óscar.

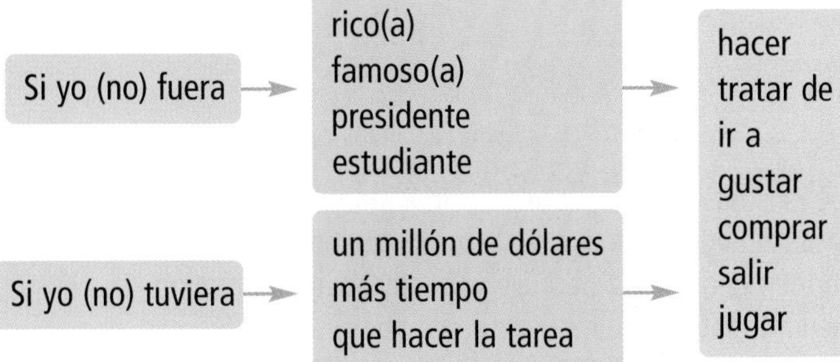

43 Si pudiera...

Escribamos Contesta las preguntas.

1. Si pudieras viajar, ¿adónde irías y por qué?
2. Si tuvieras la oportunidad de conocer a cualquier persona, ¿a quién te gustaría conocer y por qué?
3. Si pudieras resolver un problema de nuestra sociedad, ¿qué problema resolverías? ¿Qué harías?
4. Si pudieras viajar en el tiempo a cualquier década *(decade)* del pasado, ¿qué década escogerías y por qué? ¿Qué harías?

Comunicación

44 ¡Un millón de dólares!

Hablemos Pregúntale a tu compañero(a) si él o ella haría lo que está haciendo la chica en cada uno de los dibujos. Si él o ella te dice que no, pregúntale «¿Qué harías en su lugar?» Túrnense.

a.

b.

c.

Novela en video

Clara perspectiva

Episodio 3

ESTRATEGIA

Making deductions Making deductions based on what unfolds in a story is an important skill. The characters themselves make deductions as they learn more about their situation. You may or may not agree with their deductions, because you may have information that they don't have. Think about the information you have gathered about the professor's situation up to now. Do you agree with Clara's and Octavio's deductions about his situation? Have you seen anything happen that they have not seen happen? Do you have anything to add to their deductions?

En el café

Graciela La cinta no se oye muy bien.
Octavio Tiene que ver con la región de Magallanes.
Graciela Sí, y el profesor tiene algo importante que ellos quieren.
Clara Y le ofrecen dinero para que se lo dé.

1

2

Graciela Pero, ¿qué es lo que quieren?
Octavio No está claro.
Clara La voz del profesor suena rara, ¿no? Parece que tenía mucho miedo, ¿no creen? Esos hombres lo insultaron.
Octavio A mi parecer, lo estaban amenazando. Pero el profesor no se dio por vencido.

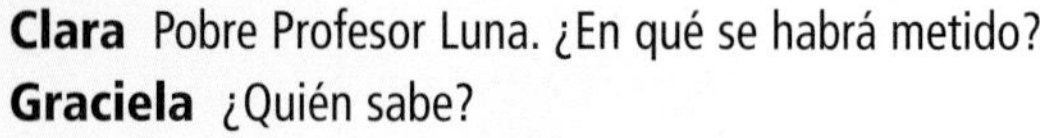

Clara Pobre Profesor Luna. ¿En qué se habrá metido?
Graciela ¿Quién sabe?

3

4

Octavio Perdóname Clara, pero me tengo que ir. Podemos hablar más de esto mañana.
Clara No tienes por qué disculparte, Octavio. Nos vemos mañana.
Graciela Mucho gusto, Octavio.
Octavio Igualmente, Graciela.

Visit Holt Online
go.hrw.com
KEYWORD: EXP3 CH3
Online Edition

5

Clara No sé qué hacer sobre el profesor. No sé cómo ayudarlo.

Graciela Mira, el profesor se puede cuidar perfectamente solo. Así que te sugiero que no te preocupes por él.

Clara No sé. Sería una buena idea tratar de comunicarme con él, ¿no crees?

6

Graciela ¡Al contrario! Deja de meterte en líos que no te importan. No te conviene ser tan terca.

Clara ¿Yo, terca? Yo soy la primera en admitir un error.

Graciela Creo que tienes una impresión equivocada de la conversación que grabaste. Olvídalo, por favor.

Clara No estoy de acuerdo. Quizás debería hablar con él.

7

Graciela Octavio es bien simpático, ¿no? Yo que tú lo invitaría a tu almuerzo familiar el fin de semana que viene.

Clara ¡Graciela! ¿Cómo se te ocurre que lo voy a invitar a mi casa? Apenas lo conozco.

Graciela Era sólo una idea.

En la universidad

8

Hombre Necesitamos ese estudio de impacto ambiental.

Mujer Sí. Pero no podemos entrar ahora. Pasa gente.

Hombre Tenemos que saber si el estudio favorece a la empresa *MaderaCorp*, o si nos favorece a nosotros.

Mujer Es verdad. Pero tenemos tiempo. No creo que el estudio se vaya a desaparecer dentro de 24 horas.

9

Hombre 1 Tiene que tenerlo en la computadora.

Hombre 2 Ése es un estereotipo.

Hombre 1 Estereotipo o no, allí es donde tenemos que empezar a buscar.

¿COMPRENDES?

1. ¿Qué tres cosas puedes deducir de la conversación de la cinta? ¿Qué no puedes deducir?
2. ¿Cómo suena el profesor?
3. ¿Cómo analiza Octavio a los hombres?
4. ¿Qué quiere hacer Clara para el profesor? ¿Cómo reacciona Graciela?
5. ¿Qué piensa Graciela que debe hacer Clara para su reunión familiar? ¿Está de acuerdo Clara? ¿Por qué sí o por qué no?
6. ¿Qué buscan el hombre y la mujer? ¿Qué buscan los hombres de traje oscuro? ¿Lo encuentran?

Próximo episodio

Octavio pasa por la casa de Clara durante su reunión familiar. ¿Crees que algo va a pasar en la reunión familiar que tenga que ver con el profesor Luna? ¿Quiénes serán las personas en la universidad?

PÁGINAS 166–167

Lectura informativa

América en Español

América en Español es una organización que ofrece cursos gratuitos de computación a los hispanos recién llegados a Chicago.

América en Español ayuda a los latinos a desarrollar conocimientos de computación.

Más allá del sistema de educación formal, en Estados Unidos existe un sinnúmero[1] de organizaciones no gubernamentales[2] que promueven el aprendizaje de varias materias y oficios.

En particular, la comunidad latina es una de las más beneficiadas por este tipo de proyectos.

Un ejemplo es América en Español, una iniciativa sin fines de lucro[3] con sede en[4] Chicago, Illinois. Gracias a ella, cientos de latinos han aprendido nociones básicas de computación, por medio de cursos gratuitos en colegios comunitarios[5].

Los responsables de América en Español, Antonio Díaz y Rubén Legorreta, definen su actividad como una "misión y pasión" de tiempo completo, que iniciaron en 1999.

Antonio (39) nació en Los Ángeles de padres mexicanos. Lleva 20 años viviendo en Chicago.

Rubén (40) nació en Hidalgo, México, y llegó a Estados Unidos a los 18 años. Reanudó[6] sus estudios y se recibió de arquitecto.

No sólo procuran cerrar la brecha digital[7], sino que también aplican una buena dosis de motivación y participan en ferias de empleo para promover a sus alumnos.

América en Español se financia gracias a donaciones de comercios y otros benefactores que apuestan por su obra[8].

1 endless number
2 *organizaciones*... non-government organizations
3 *iniciativa*... non-profit initiative
4 *con*... based in
5 community schools
6 He resumed
7 *cerrar*...close the digital gap
8 believe in their work

Dos estudiantes hablan sobre un proyecto de computación.

Pero, según Antonio Díaz y Rubén Legorreta, su mayor recompensa es cuando uno de sus alumnos llega a la meta y pone en práctica sus nuevos conocimientos.

Al pedirles un ejemplo, citaron la historia de Moisés García, un chico pandillero[9] que un día se interesó por uno de los cursos que América en Español ofrecía sobre construcción de sitios de Internet. Gracias a ese curso, Moisés descubrió su vocación por el diseño gráfico y de páginas web; ahora trabaja en esa área, con gran éxito.

"De nada nos sirve tener inteligencia, tener un título universitario, si no utilizamos lo que hemos aprendido; el ayudar a la gente tiene grandes recompensas", cuenta García.

Legorreta asiente: "Yo creo que en este país el latino va a tener un mayor alcance a todo nivel si nos educamos; esto a la larga[10] va a hacer que todos nuestros hijos desarrollen la misma mentalidad", afirma.

9 gang member
10 in the long run

Comprensión

A Los hechos Basándote en lo que leíste, contesta las preguntas.

1. ¿Quiénes son Antonio Díaz y Rubén Legorreta?
2. ¿Cuándo se fundó América en Español?
3. ¿Dónde se ofrecen los cursos?
4. ¿De dónde viene el dinero para América en Español?
5. ¿Cuánto cuestan los cursos de América en Español?
6. ¿Qué opina Moisés García de la importancia de ayudar a los demás?

B ¿Qué piensas? Basándote en tus experiencias, contesta las preguntas.

1. ¿Cómo podría ayudar un programa como éste a cambiar la actitud de la gente hacia la tecnología?
2. ¿Por qué es importante enseñar computación?
3. ¿Qué otros tipos de cursos serían útiles para los inmigrantes?
4. ¿Conoces otros programas como América en Español?

Actividad

Anuncia tu programa Imagina que eres el (la) director(a) de un programa como América en Español, y quieres comunicar tus nuevas ideas al público. Escribe un anuncio para las personas a quienes les interesaría tomar los cursos. Describe los cursos, el horario y otros detalles.

ESTRATEGIA

para leer A good way to improve your understanding of a text is to paraphrase each section. Paraphrasing is telling what happened in your own words. Even if you don't know the meaning of specific words, paraphrasing will help you understand the content of the text. Once you understand the content, it will be easier for you to figure out the meaning of unfamiliar words.

Antes de leer

A Augusto Monterroso (1921–2003), escritor guatemalteco nacido en Tegucigalpa, Honduras, tuvo una carrera de más de cuatro décadas y es reconocido como uno de los grandes escritores de habla hispana. Monterroso escribía prosa *(prose)*, sobretodo cuentos cortos y ensayos. De hecho escribió el cuento más corto en la historia de la literatura latinoamericana. La obra completa es: "Cuando despertó, el dinosaurio todavía estaba allí." El cuento que vas a leer ahora se llama "El eclipse". Busca el pasaje en el que el fraile muestra su arrogancia, y vuelve a contarlo con tus propias palabras.

El eclipse

de Augusto Monterroso

La jornada. México, 30 de diciembre.

Cuando fray Bartolomé Arrazola se sintió perdido aceptó que ya nada podría salvarlo. La selva poderosa de Guatemala lo había apresado[1], implacable y definitiva. Ante su ignorancia topográfica se sentó con tranquilidad a esperar la muerte. Quiso morir allí, sin ninguna esperanza, aislado[2], con el pensamiento fijo en la España distante, particularmente en el convento de los Abrojos, donde Carlos V condescendiera[3] una vez a bajar de su eminencia para decirle que confiaba en el celo religioso de su labor redentora[4].

1. taken him prisoner 2. isolated, alone 3. had condescended 4. redeeming

Visit Holt Online
go.hrw.com
KEYWORD: EXP3 CH3
Online Edition

Al despertar se encontró rodeado por un grupo de indígenas de rostro impasible que se disponían a sacrificarlo[5] ante un altar, un altar que a Bartolomé le pareció como el lecho en que descansaría, al fin, de sus temores, de su destino, de sí mismo.

Tres años en el país le habían conferido un mediano dominio[6] de las lenguas nativas. Intentó algo. Dijo algunas palabras que fueron comprendidas.

Entonces floreció en él una idea[7] que tuvo por digna de su talento y de su cultura universal y de su arduo conocimiento de Aristóteles. Recordó que para ese día se esperaba un eclipse total de sol. Y dispuso, en lo más íntimo, valerse de aquel conocimiento para engañar[8] a sus opresores y salvar la vida. —Si me matáis —les dijo— puedo hacer que el sol se oscurezca[9] en su altura.

Los indígenas lo miraron fijamente y Bartolomé sorprendió la incredulidad en sus ojos. Vio que se produjo un pequeño consejo, y esperó confiado, no sin cierto desdén.

Dos horas después el corazón de fray Bartolomé Arrazola chorreaba[10] su sangre vehemente sobre la piedra de los sacrificios (brillante bajo la opaca luz de un sol eclipsado), mientras uno de los indígenas recitaba sin ninguna inflexión de voz, sin prisa, una por una, las infinitas fechas en que se producirían eclipses solares y lunares, que los astrónomos de la comunidad maya habían previsto y anotado en sus códices sin la valiosa ayuda de Aristóteles.

5. sacrifice him 6. mastery 7. an idea came to him 8. to trick 9. make the sun dark 10. was gushing

Comprensión

B **¿Comprendiste?** Contesta las preguntas.

1. ¿Dónde estaba fray Bartolomé y cuál era su problema?
2. ¿Quiénes capturaron a fray Bartolomé?
3. ¿Cómo trató de salvar su vida?
4. ¿Qué hicieron los indígenas con fray Bartolomé?

Pasó así

C **Resumir** Indica cuál es el mejor resumen de los párrafos indicados.

1. **Párrafos 1 y 2**

   a. Fray Bartolomé era un indígena. Conocía la selva de Guatemala, y quería morir allí, solo. Un grupo de indígenas lo encontraron y decidió irse con ellos.

   b. Fray Bartolomé era un religioso español en Guatemala. No conocía la selva de Guatemala y se perdió. Un grupo de indígenas lo encontraron y él sabía que lo iban a matar.

2. **Párrafos 3 y 4**

   a. Fray Bartolomé no hablaba la lengua nativa. Se consideraba muy ignorante y sabía que los indígenas eran inteligentes. Pensaba que si podía mostrar que quería aprender, no lo matarían.

   b. Fray Bartolomé sabía algunas palabras de la lengua nativa. Él pensó que los indígenas no sabían nada de los eclipses de sol, y quería asustarlos. Dijo que iba a haber un eclipse. Pensaba que con esta información no lo matarían.

3. **Párrafos 5 y 6**

   a. Fray Bartolomé tenía una actitud superior hacia los indígenas. Pero ellos sabían cuándo iban a ocurrir los eclipses. Ellos lo mataron y luego, anunciaron todas las fechas en que ocurrirían los eclipses.

   b. Fray Bartolomé respetaba mucho a los indígenas y les enseñó todo lo que sabía acerca de los eclipses. Después de aprender todo sobre los eclipses, lo mataron y repitieron todas las fechas en que ocurrirían los eclipses del futuro.

Después de leer

D Qué quiere comunicar el autor acerca de los españoles que llegaron a las Américas y su actitud hacia los indígenas? ¿Tenían una impresión equivocada de los indígenas? Explica.

Visit Holt Online
go.hrw.com
KEYWORD: EXP3 CH3
Online Edition

Interactive TUTOR

Taller del escritor

ESTRATEGIA

para escribir When recalling a memory to write about, it's best to brainstorm your ideas. This will help you think of all possible options. Make a list of your ideas and then narrow them down until you find your favorite.

La impresión equivocada

Es muy fácil tener una impresión equivocada de algo o de alguien. Hacemos observaciones de algo o de alguien y formulamos opiniones basadas en lo que suponemos. Escribe un párrafo o una explicación breve sobre una ocasión en que hayas tenido una impresión equivocada de algo o de alguien y luego te hayas dado cuenta de tu error.

1 Antes de escribir

Genera una lista de ocasiones en las que hayas tenido una impresión equivocada. Primero, piensa en posibles categorías para la lista. Por ejemplo, podrías tener una categoría para ropa, comida o personas. Apunta todo lo que puedas en cada categoría.

Impresiones equivocadas

	ropa	comida	personas
Idea 1	____	____	____
Idea 2	____	____	____
Idea 3	____	____	____

2 Escribir un borrador

Mira la lista que hiciste y escoge tu tema favorito. Piensa en por qué tuviste una impresión equivocada y cómo te diste cuenta de que tus ideas no eran las correctas. Empieza a escribir tu borrador con esta información e incluye lo que aprendiste de esta experiencia.

3 Revisar

Lee tu borrador por lo menos dos veces y corrige cualquier error de ortografía. Evalúa tu borrador y verifica que tenga toda la información necesaria.

4 Publicar

Intercambia tu párrafo con un(a) compañero(a). Lee el párrafo de tu compañero(a) para saber si tuvo una experiencia semejante a la tuya. Compartan sus composiciones con la clase y comenten las impresiones equivocadas que hayan tenido otros compañeros de clase.

Prepárate para el examen

Repaso capítulo 3

1 Vocabulario 1
- complaining
- disagreeing

pp. 98–103

2 Gramática 1
- verb + infinitive
- subjunctive with will or wish
- subjunctive with negation or denial

pp. 104–109

3 Vocabulario 2
- making suggestions
- apologizing

pp. 112–117

1 Escucha los comentarios y escoge el dibujo que corresponde.

a.

b

c.

d.

2 Completa las oraciones con la forma correcta del verbo.

1. Mis amigos van a ___1___ (tener) una gran fiesta.
2. Esteban quiere ___2___ (organizar) la fiesta.
3. Él quiere que la fiesta ___3___ (ser) una sorpresa.
4. Insiste en que todo el mundo ___4___ (llegar) a tiempo.
5. Prefiere que cada persona ___5___ (traer) algo de comer.
6. No creo que mucha gente ___6___ (ir) a la fiesta.

3 Completa las oraciones con la forma correcta de un verbo del cuadro.

estar resentida	pedirle perdón	hacer las paces
dejar de hablarse	dar un abrazo	

1. Celia y Manuel discutieron ayer y...
2. María dijo algo que ofendió a Miguel y ahora debe...
3. Sandra y Roberto se reconciliaron. Vi que Roberto le...
4. Cuando dos personas se pelean, deben...
5. Juana ofendió a Eva y no se disculpó. Por eso, Eva...

4 Completa las oraciones con la forma correcta del verbo.

1. Si pudiera, esta noche __1__ (ir) al cine con mis amigos.
2. Y a las nueve __2__ (regresar) a mi casa.
3. Después de regresar, me __3__ (poner) a estudiar geografía.
4. Si no me pongo a estudiar ahora, mañana __4__ (suspender) el examen.
5. Si tuviera más tiempo, __5__ (leer) todo el libro.
6. Ni modo. ¡Presentaré el examen y __6__ (sacar) un diez!

5 Contesta las preguntas.

1. ¿Qué es América en Español y qué hace? ¿Qué opinas de esa organización?
2. ¿Te parece buena idea que los estudiantes de Puerto Rico aprendan el inglés y el español en el colegio? ¿Por qué?
3. ¿Hasta qué edad es obligatorio el colegio en Cuba? ¿Es así donde tú vives?

6 Escucha la conversación entre Marcela y Teresa. Apunta en listas separadas las clases que las dos chicas tienen.

7 Describe lo que pasa en los dibujos. ¿Qué harías o qué dirías tú en esa situación?

a.

b.

c.

d.

Visit Holt Online
go.hrw.com
KEYWORD: EXP3 CH3
Chapter Self-test

4 Gramática 2
- future tense
- conditional

pp. 118–123

5 Cultura
- Comparaciones pp. 110–111
- Lectura informativa pp. 126–127
- Notas culturales pp. 100, 107, 117

Gramática 1
- verb + infinitive
  pp. 104–105

Repaso de Gramática 1

Use a conjugated **verb + infinitive** in sentences where the subject for both verbs does not change, or after a **preposition.**

Quiero ver el partido el sábado. Carlos **insiste en ir** mañana.

- subjunctive with will or wish
  pp. 106–107

Use the subjunctive in subordinate clauses when there is a change in subject between the main and subordinate clause and when the main clause expresses **will** or **wish.**

Queremos que las vacaciones **sean** divertidas.

Mis padres **insisten en** que yo **llegue** a tiempo.

- subjunctive with negation or denial
  pp. 108–109

Use the subjunctive when the main clause in a sentence expresses **negation** or **denial** and when there is a change of subject in the subordinate clause.

No creen que Roberto **sea** el hombre ideal.

No es cierto que **vayan** a cambiar el horario.

If the sentence is **affirmative**, use the indicative.

Es cierto que **van** a cambiar el horario.

Gramática 2
- future tense
  pp. 118–119

Repaso de Gramática 2

Add these endings to the infinitive form of regular verbs to form the future tense: **-é**, **-ás**, **-á**, **-emos**, **-éis**, **-án**. The future tense can be used not only to predict what will happen, but also to say what is probably going on.

Yo **seré** doctor y **ayudaré** a muchas personas.

Nosotros **comeremos** mucho en la fiesta.

- conditional
  pp. 120–123

Use the conditional to express what *would happen* or what someone *would do* in certain circumstances and in expressions that tell what you *would like* or *not like.* The regular endings, added to the infinitive form, are: **-ía**, **-ías**, **-ía**, **-íamos**, **-íais**, **-ían**.

En su lugar yo **llamaría** a la policía.

Me **gustaría** aprender otro idioma.

Use the conditional with the following **"if" statements** that express contrary-to-fact situations.

Si (yo) fuera	**Si fuera** presidente, **combatiría** el crimen.
Si (tú) fueras	**Si fueras** el director, **planearías** más eventos.
Si (yo) tuviera	**Si tuviera** una lancha, **pescaría** en el lago.
Si (tú) tuvieras	**Si tuvieras** un carro, **vendrías** a mi casa.
Si (yo) pudiera	**Si pudiera** hablar francés, **viajaría** a París.
Si (tú) pudieras	**Si pudieras** cantar, me **cantarías** una canción.

Repaso de Vocabulario 1

Complaining

el álgebra (*f.*)	*algebra*
aprobar	*to pass*
el (la) consejero(a)	*guidance counselor*
El (La) consejero(a) insiste en que tome... ¡No me gusta para nada!	*The guidance counselor insists that I take . . . I don't like it at all!*
el cálculo	*calculus*
las ciencias sociales	*social sciences*
combatir	*to combat*
los cursos	*classes*
el (la) director(a)	*principal*
la discriminación	*discrimination*
el estereotipo	*stereotype*
la falta de...	*lack of*
la fama	*reputation*
la física	*physics*
la geografía	*geography*
la geometría	*geometry*
el horario	*schedule*
la ignorancia	*ignorance*
la imagen (positiva/negativa)	*(positive/negative) image*
la impresión equivocada	*wrong impression*
juzgar	*to judge*
la literatura	*literature*
¿Mañana vamos a tener otra prueba en...? ¡Esto es el colmo!	*We're going to have another test in . . . tomorrow? This is the last straw!*
Me choca la actitud de... hacia... ¡No aguanto más!	*I can't stand the attitude of . . . towards . . . I can't take it anymore!*
el prejuicio	*prejudice*
respetar a (alguien)	*to respect (someone)*
el respeto	*respect*
el semestre	*semester*
suspender	*to fail*
tomar apuntes	*to take notes*
la universidad	*university*

Expressing an opinion and disagreeing

A mi parecer, no hay igualdad entre...	*The way I see it, there's no equality between . . .*
¡Al contrario! No estoy de acuerdo.	*On the contrary! I disagree.*
No me parece que sea justo.	*I don't think it's fair.*
¡Qué va! Eso no es cierto.	*No way! That's not true.*

Repaso de Vocabulario 2

Making suggestions

admitir un error	*to admit a mistake*
besar	*to kiss*
cometer un error	*to make a mistake*
comprarle un regalo	*to buy (someone) a gift*
la comunicación	*communication*
comunicarse	*to communicate*
el consejo	*advice*
darle un abrazo	*to give (someone) a hug*
Date tiempo para pensarlo.	*Give yourself time to think it over.*
dejar de hablarse	*to stop speaking to one another*
el detalle	*detail*
la disculpa	*apology*
disculparse	*to apologize*
discutir	*to argue*
estar resentido(a)	*to be resentful*
hacer las paces	*to make up*
¿Has pensado en...?	*Have you thought about . . . ?*
herir (ie, i)	*to hurt (someone)*
insultar	*to insult*
maltratar	*to mistreat*
No te conviene...	*It's not good for you . . .*
No te olvides de...	*Don't forget to . . .*
ofender	*to offend*
olvidar	*to forget*
pedir perdón	*to ask for forgiveness*
pelearse	*to fight*
perdonar	*to forgive*
la reconciliación	*reconciliation*
reconciliarse	*to reconcile*
ser (in)fiel	*to be (un)faithful*
Sería una buena/mala idea romper con...	*It would be a good/bad idea to break up with . . .*
Sugiero que no hagas caso a los rumores.	*I suggest that you not pay attention to rumors.*
Yo que tú...	*If I were you . . .*

Apologizing

Créeme que fue sin querer.	*Believe me, I didn't mean to do it.*
No lo hice a propósito.	*I didn't do it on purpose.*
No quise hacerte daño/ofenderte.	*I didn't mean to hurt/offend you.*
Perdóname. No sé en qué estaba pensando.	*Forgive me. I don't know what I was thinking.*
Te juro que no lo volveré a hacer.	*I swear I'll never do it again.*

Integración

capítulos 1-3

1 Escucha lo que dice cada persona y escoge la foto que corresponde a cada conversación.

a. Cecilia y Alejandro

b. Juan

c. Elvira y Pedro

2 Escribe cuatro opiniones en una hoja de papel. En parejas, intercambien papeles y túrnense para negar lo que escribió tu compañero(a).

MODELO **—Todas las mujeres son muy chismosas.**
—¡Qué va! No es cierto que todas sean chismosas.

3 Lee la conversación y contesta las preguntas.

FLOR Julia, ¡estoy muy feliz de que me escribas desde Estados Unidos!

JULIA Sí, qué bueno comunicarme al fin con mi amiga de Panamá.

FLOR Supongo que eres alta, delgada y rica como todas las americanas.

JULIA ¡Qué va! Ésos son estereotipos tontos. De hecho, soy muy bajita y morena. ¿Y rica? ¡Para nada! Me imagino que Uds. se pasan todo el día en la playa.

FLOR Eso no es cierto. ¡Vaya! ¡Las dos tenemos mucho que aprender!

JULIA Tienes razón. Dime, ¿qué estudias en la universidad?

FLOR Estoy tomando cuatro cursos ahora: literatura, geografía, física e historia.

JULIA Yo quiero enseñar educación física. Practico muchos deportes.

FLOR A mí me gusta practicar ciclismo. Iba a ir con mi novio hoy, pero nos peleamos y ha dejado de hablar conmigo. Él nunca admite sus errores.

1. ¿De dónde es Flor? ¿Qué piensa de las americanas?
2. ¿Qué estereotipos tiene Julia sobre su amiga?
3. ¿Qué hace Julia en su tiempo libre?
4. ¿Qué cursos toma Flor en la universidad?
5. ¿Qué deporte practica Flor?

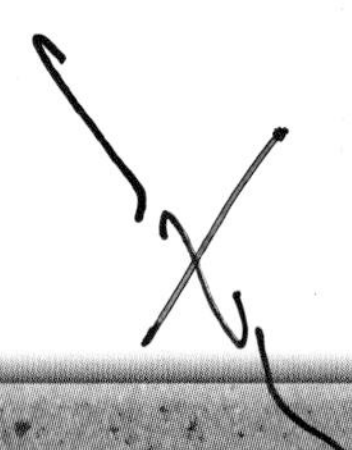

go.hrw.com
KEYWORD: EXP3 CH3
Cumulative Self-test

4 En parejas, describan lo que están haciendo las personas en la pintura. Luego, lean el título de la pintura y comenten lo que significa. ¿Qué más observas?

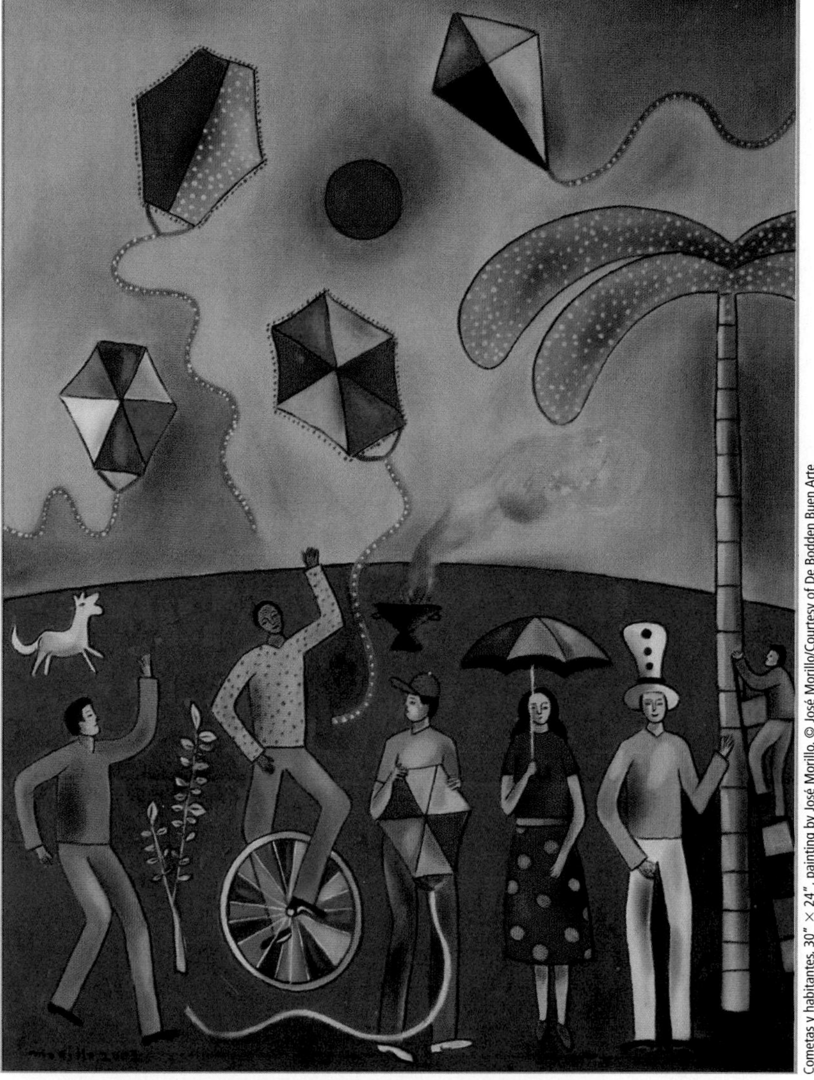

Cometas y habitantes, 30" × 24", painting by José Morillo. © José Morillo/Courtesy of De Bodden Buen Arte

Cometas y habitantes **de José Morillo**

5 Escribes una columna de consejos para un periódico. Recibiste una carta de una chica, Lola, que se ha peleado con su novio. Él es inseguro y se pone celoso cuando ella sale con sus amigas. Escríbele una carta a Lola y explica lo que tú harías en su lugar.

6 **Situación** Trabajen en grupos pequeños e imaginen que uno de ustedes es el (la) nuevo(a) gobernador(a). El (la) gobernador(a) se describe a si mismo(a), y luego ustedes deben comentar lo que él (ella) hará como gobernador(a).

Capítulo 4

Entre familia

OBJETIVOS

In this chapter you will learn to
- ask about the latest news
- react to news
- comment on food
- explain and give excuses

And you will use
- present progressive
- present perfect indicative
- present perfect subjunctive
- preterite
- **se** + indirect object pronouns
- past progressive

¿Qué ves en la foto?

- **¿A qué miembros de la familia ves?**
- **¿Qué ves en su sala de estar?**
- **¿Qué tienen en común con tu familia?**

Una familia dominicana en casa

Objetivos
Asking about the latest news, reacting to news

Vocabulario 1 *en acción*

A reunirse con la familia

Me llamo Carlos y quiero presentarles a mi familia. Mi familia es grande y me encanta pasar tiempo con ellos. ¡Vamos a conocerlos a todos!

Ésta es una foto familiar de hace diez años. Aquí estoy sentado con mis papás y mis hermanas. Hace cinco años mis papás decidieron **separarse** y luego **se divorciaron.**

Ésta es mi mamá. El año pasado, mi mamá se casó con Jorge. Jorge es mi **padrastro** y su hijo Miguel es mi **hermanastro.**

Mi papá **se casó con** Laura, mi **madrastra,** después del **divorcio.** Ella era **divorciada** y tenía una hija, Elisa. Elisa es mi **hermanastra.** Este año, Laura **dio a luz** a un niño, Alejandro, mi **medio hermano.**

Más vocabulario...

la cuñada	*sister-in-law*
el funeral	*funeral*
la medio hermana	*half sister*
separado(a)	*separated*
la suegra	*mother-in-law*
el suegro	*father-in-law*

Visit Holt Online
go.hrw.com
KEYWORD: EXP3 CH4
Vocabulario 1 practice

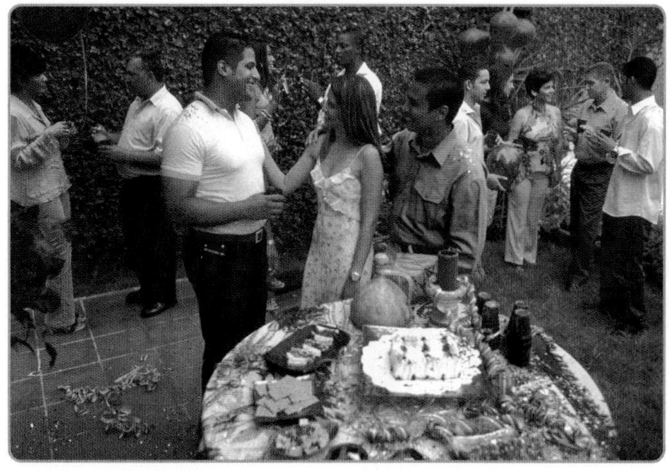

Mi hermana, Gabriela **está casada** con Alberto. Efraín, el hermano de Alberto, es **el cuñado** de Gabriela y es un buen amigo de la familia.

El año pasado **nació** Benjamín, el primer hijo de Gabriela y Alberto. Benjamín es mi sobrino.

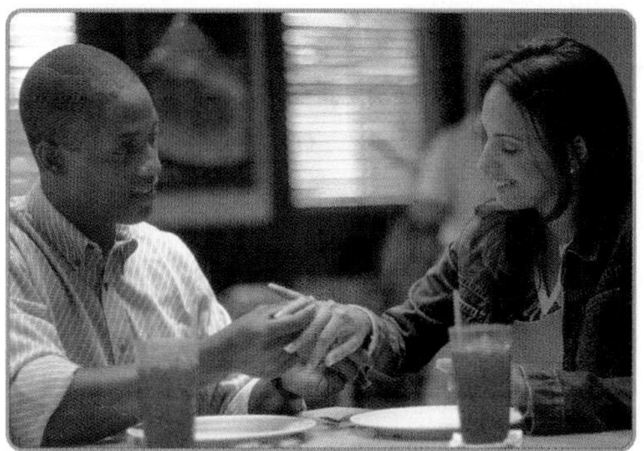

Tengo otra hermana, Cristina. Ella y su novio Pablo **se comprometieron** justo después de **graduarse** de la universidad. Pablo le dio **un anillo de compromiso** muy bonito.

A mis parientes les encanta estar juntos. Nos reunimos todos para las bodas, los bautizos, los cumpleaños, la Nochebuena y ¡hasta buscamos pretextos para hacer una **reunión familiar!**

¡Exprésate!

To ask about the latest news	To respond
¿Qué sabes de...? *What do you know about . . .?*	**Pues, sigue trabajando...** *Well, he's still working . . .*
¿Qué me cuentas de...? *What can you tell me about . . .?*	**Según tengo entendido,...** *From what I understand, . . .*
¿Qué anda haciendo...? *What's . . . up to?*	**Fíjate que se ha casado.** *Get this: he got married.*

Interactive TUTOR

Online
Vocabulario y gramática, pp. 37–39

▶ **Vocabulario adicional** — La familia, p. R16

1 ¡Una gran familia!

Escuchemos Escucha mientras Alfonso habla de su familia y completa el diagrama con el parentesco *(relationship)* entre las personas mencionadas.

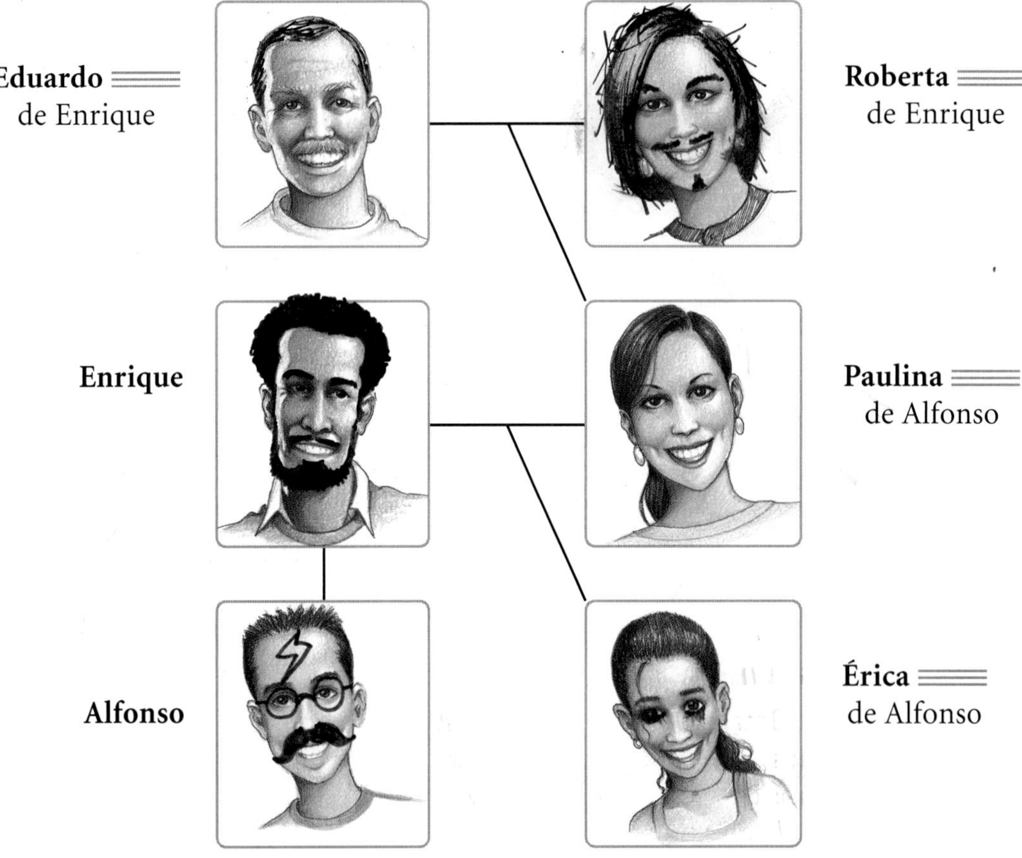

2 ¿Qué significa?

Leamos Lee las siguientes definiciones y escoge la palabra del cuadro que va con su definición.

divorciarse	dar a luz	un funeral
graduarse	casarse	comprometerse
una reunión familiar	un anillo de compromiso	

1. Una fiesta donde toda la familia está junta en un lugar.
2. Algo que se le da a una mujer para proponerle matrimonio.
3. El acto de completar los estudios de un colegio.
4. El acto de contraer matrimonio.
5. El acto de tener un bebé.
6. Una ceremonia después de la muerte de una persona.
7. El acto de proponerle matrimonio a otra persona.
8. El acto de terminar un matrimonio.

3 ¿Qué me cuentas?

Leamos/Escribamos Completa la conversación entre doña Eva y doña Luz con las palabras del cuadro.

puedo creer	anda haciendo	se graduó	fíjate	casarse
qué sabes	cuñado	según	dio a luz	sigue

DOÑA EVA Luz, ¿__1__ trabajando en el hospital tu hijo Rubén?

DOÑA LUZ No, __2__ que tiene un trabajo nuevo, en la Clínica Central. Decidió cambiar de trabajo después de __3__ con Cristina.

DOÑA EVA ¿Y qué __4__ Cristina? ¿Ellos tienen hijos?

DOÑA LUZ Sí. Cristina __5__ a su hijo, Esteban, en junio.

DOÑA EVA ¿Y __6__ de Memo, tu sobrino?

DOÑA LUZ Pues, __7__ tengo entendido, __8__ de abogado y puso un negocio con su __9__ Agustín.

DOÑA EVA ¡Dios mío! El tiempo pasa muy rápido. No __10__ que ya se haya graduado.

En el Caribe los lazos familiares son muy fuertes. A menudo se pueden encontrar muchos miembros de una familia, suegros, abuelos y tíos viviendo en la misma casa. La familia extendida suele tener más importancia en el Caribe que en Estados Unidos. ¿Cómo es tu familia?

4 Una familia única

Escribamos Imagínate que tu familia está formada sólo por personas famosas. Escribe un párrafo acerca de por lo menos ocho miembros de tu familia famosa y sobre lo que han hecho últimamente *(lately)*. Sigue el modelo.

MODELO **Tengo una familia interesante. Mi padre, Andy García, se divorció de mi madre, Salma Hayek, hace cuatro años. Se ha casado con...**

Comunicación

5 Cuéntame de tu familia

Hablemos Con un(a) compañero(a), túrnense para hacer preguntas acerca de los familiares famosos que crearon en la Actividad 4. Cada uno debe hacer por lo menos tres preguntas acerca de la familia de su compañero(a).

MODELO **—¿Qué anda haciendo tu primo?**
—Fíjate que se casó de nuevo, ¡con una de Las Ketchup!

¡Tengo mucho que contarte!

ABUELA Cuéntame, hija, ¿cómo te fue en Nueva York con tus tíos?

MARCELA Muy bien, abuela. Han pasado muchas cosas desde la última vez que los visité. ¡Tengo mucho que contarle!

ABUELA Adelante, querida, te escucho.

MARCELA Para empezar, ¿sabía Ud. que mi primo Héctor le dio un anillo de compromiso a su novia Liliana?

ABUELA ¡Se han comprometido! ¡No me digas! Pues, me alegro mucho por los dos. ¿Y qué me cuentas de tu tío José?

MARCELA Según tengo entendido, renunció a su trabajo como banquero y se fue a Montana a trabajar en un rancho.

ABUELA ¿José? ¿En un rancho? ¡No me lo puedo creer!

MARCELA Pues, es verdad. Y es más, supe que mi primo Rubén y su esposa se han separado.

ABUELA Ay, qué pena, pero no me extraña que se hayan separado. Los dos son personas de carácter muy fuerte.

MARCELA Ya lo sé, pero un día tendrán que hacer las paces.

ABUELA Tienes razón, hija.

¡Exprésate!

To react to news

Interactive TUTOR

¡Qué sorpresa que se hayan...! *What a surprise that they have . . . !*	**¡No me digas!** *You don't say!*
Qué pena que se hayan... *What a shame that they have . . .*	**Me has dejado boquiabierto(a).** *You've left me speechless.*
¡No me lo puedo creer! *I can't believe it!*	

Online
Vocabulario y gramática, pp. 37–39

6 ¿Qué fue lo que contó?

Leamos/Escribamos Basándote en el diálogo entre Marcela y su abuela, determina si cada oración es **cierta** o **falsa.** Corrige las falsas. Luego coloca las oraciones en el orden en que se mencionaron.

1. Héctor fue a Montana a trabajar de banquero.
2. Liliana no aceptó el anillo de compromiso.
3. El tío José renunció a su trabajo como banquero.
4. La abuela no pudo creer las noticias acerca de Rubén.
5. Rubén y su esposa se separaron.
6. Marcela fue a Nueva York a visitar a sus tíos.
7. La abuela sintió mucha pena cuando supo lo de Liliana y Héctor.

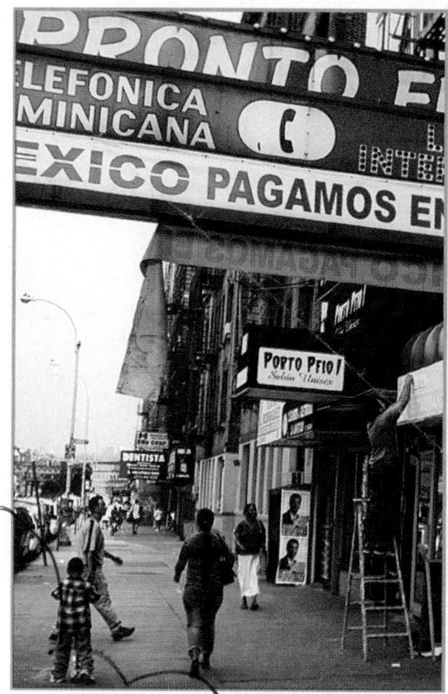

Tiendas con letreros en español en el barrio de Washington Heights, Nueva York

7 ¡No me digas!

Escuchemos Escucha las conversaciones en que una persona le da noticias a la otra. Indica si la persona **a**) está sorprendida o **b**) no está sorprendida con las noticias.

Comunicación

8 Novedades familiares

Hablemos En grupos de tres, dramaticen una conversación basándose en las fotos. Túrnense para dar noticias nuevas y reaccionar. Sean creativos y usen las expresiones de **Exprésate.**

MODELO **—Fíjate que Rodrigo le propuso matrimonio a mi hermana Marta.**

—¡No me digas! ¡Qué emoción!

1

2

3

4

Vocabulario 1

Objetivos

Present progressive, present perfect indicative, present perfect subjunctive

Gramática en acción 1

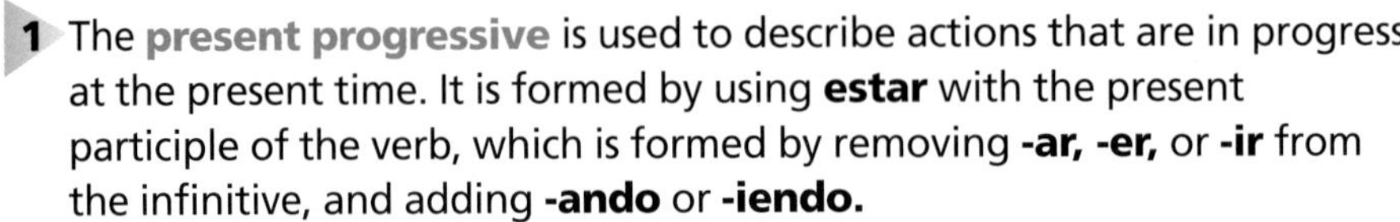

Repaso Present progressive

Interactive TUTOR

1 The present progressive is used to describe actions that are in progress at the present time. It is formed by using **estar** with the present participle of the verb, which is formed by removing **-ar, -er,** or **-ir** from the infinitive, and adding **-ando** or **-iendo.**

2 Some verbs have spelling changes in their present participles, especially stem-changing verbs.

caer → cayendo	**mentir** → mintiendo
decir → diciendo	**morir** → muriendo
dormir → durmiendo	**pedir** → pidiendo
leer → leyendo	**traer** → trayendo

3 When an **object pronoun** is used with the present progressive, place it before the first verb, or after and attached to the participle. When the **object pronoun** is attached to the participle, an accent mark is added.

Alicia **lo** está escuchando. *Alicia is listening to it.*

Juan está leyéndo**lo.** *Juan is reading it.*

4 The present progressive can also be used with the verbs **andar** and **seguir.** Andar + present participle give the impression that someone goes around doing something continuously, sometimes with a slightly negative connotation. **Seguir** is a spelling-change verb. Before **-e** or **-i**, the stem keeps the **gu: sigues.** Before **-a** or **-o**, the **gu** changes to **g: sigo.**

Él anda pidiendo favores. *He goes around asking for favors.*

Seguir + present participle is used to say that someone keeps on doing something, or is still doing something.

Yo sigo viviendo en París. *I'm still living in Paris.*

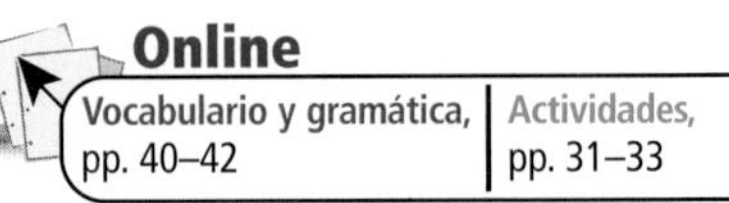

Online
Vocabulario y gramática, pp. 40–42 | Actividades, pp. 31–33

En inglés

In English, it's common to hear *I am going* or *I am coming.*

In Spanish, ser, ir, and **venir** are never used in the present progressive with **estar** or **andar** to express this idea. Use the simple present: **soy, voy, vengo.**

¿Vienes conmigo?
No, **voy** con Laura.

9 ¿Sigue pasando?

Escuchemos Escucha las conversaciones y decide si la actividad que menciona la primera persona **sigue pasando** o **no.**

Visit Holt Online
go.hrw.com
KEYWORD: EXP3 CH4
Gramática 1 practice

Gramática 1

10 ¡A la defensa!

Leamos/Escribamos Completa el párrafo con la forma correcta de **estar, andar** o **seguir,** y el participio presente del segundo verbo.

Algunos parientes __1__ (andar) __2__ (decir) que mi primo Luis es un estudiante perezoso, pero no es cierto. Él __3__ (seguir) __4__ (ser) muy aplicado, como siempre. Este semestre, __5__ (estar) __6__ (tomar) clases extras para avanzar más rápido. Y además, Luis __7__ (seguir) __8__ (trabajar) en la tienda familiar con su tío. Yo __9__ (seguir) __10__ (pensar) que ha cambiado, y que por fin __11__ (estar) __12__ (hacer) algo con su vida. Las personas que __13__ (andar) __14__ (criticarlo) deben prestar más atención, porque ellos no __15__ (estar) __16__ (verlo) como realmente es.

11 Una excursión familiar

Escribamos Describe en ocho oraciones la reunión familiar del dibujo. Usa **estar, andar, seguir** y el participio presente.

MODELO **Como siempre, la tía Gloria anda sacando fotos de todo el mundo.**

Comunicación

12 Una reunión escolar

Hablemos En parejas, dramaticen una reunión escolar que va a ocurrir dentro de diez años. Mencionen tres noticias usando el presente progresivo, y respondan a las de su compañero(a).

MODELO **—¿Qué anda haciendo Inés?**
—Está trabajando de modelo en Nueva York.
—¡No me digas!

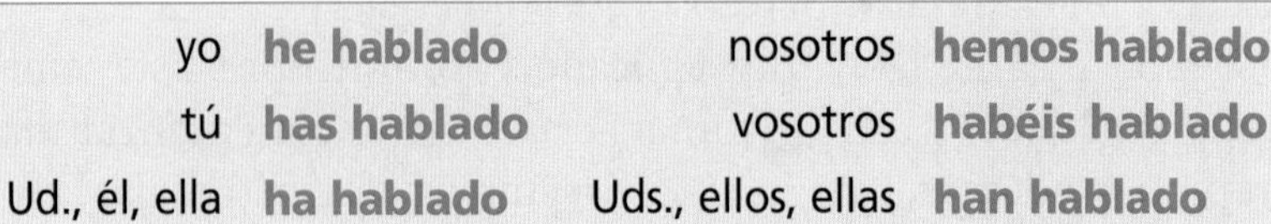

Repaso Present perfect indicative

¿Te acuerdas?

Remember that the past participles of these verbs are irregular.

abrir → **abierto**
cubrir → **cubierto**
decir → **dicho**
escribir → **escrito**
hacer → **hecho**
morir → **muerto**
poner → **puesto**
romper → **roto**
ver → **visto**
volver → **vuelto**

Compound forms of these verbs are also irregular; for example:
descubrir → **descubierto**

1 To form the **present perfect indicative,** use the present tense of the helping verb **haber** followed by the **past participle** of the main verb.

yo	**he hablado**	nosotros	**hemos hablado**
tú	**has hablado**	vosotros	**habéis hablado**
Ud., él, ella	**ha hablado**	Uds., ellos, ellas	**han hablado**

If the stem of an **-er** or **-ir** verb ends in a vowel other than **u**, place an accent on the **i** in **-ido.**

leer → **leído** **traer** → **traído**

2 The **present perfect indicative** is used to say what has or hasn't happened in a period of time up to the present or to talk about something that happened very recently. Use the **present perfect indicative** in Spanish when you would use the auxiliary verb "have" in English.

No **he hablado** con tu suegra.
I haven't spoken with your mother-in-law.

Use the **preterite** for past actions that are viewed as over and are not being connected to the present.

Hablé con tu suegra ayer.
I spoke with your mother-in-law yesterday.

3 When an **object pronoun** is used with the **present perfect indicative,** it should always go before the conjugated form of **haber.** Unlike the present progressive, a pronoun *cannot* be attached to the participle.

Florencia **nos ha contado** las buenas noticias.

Me han invitado a la boda.

Online
Vocabulario y gramática, pp. 40–42 | Actividades, pp. 31–33

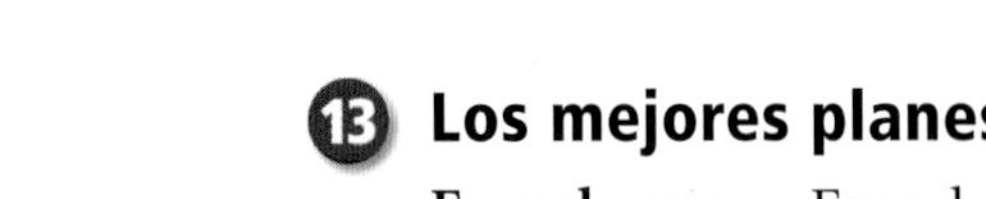

13 Los mejores planes

Escuchemos Escucha mientras Luisa habla de los planes para una reunión familiar. Determina si habla de **a**) algo que sucedió recientemente o está conectado al presente o de **b**) algo que está sucediendo.

14 ¡Cuéntame qué pasa!

Hablemos/Escribamos Estás hablando por teléfono con tu primo durante una boda y le dices lo que ha pasado. Completa tus observaciones usando las frases de abajo.

MODELO **La tía Rosa/llorar mucho esta tarde**
La tía Rosa ha llorado mucho esta tarde.

1. Sonia/llegar con su novio
2. El fotógrafo/sacarnos un montón de fotos
3. El primo Nicolás/hacer travesuras
4. Mamá/reírse con los chistes del tío Román
5. Abuelo/bailar con la novia
6. Nosotros/ver a muchos parientes

Nota cultural

Los platos típicos cubanos incluyen **el congrí:** una combinación de arroz y frijoles negros; **la ropa vieja:** un plato de **carne de res deshebrada** *(shredded beef)*; **el sofrito:** una salsa para sazonar *(season)* la comida; **yuca:** un vegetal parecido a la papa, y **plátanos:** un tipo de banano que se come frito o hervido.

15 Preparaciones para la fiesta

Escribamos Hay una gran lista de tareas que hacer para la fiesta. Explica cuáles se han hecho, basándote en las fotos que siguen.

MODELO **Yo he traído la música.**

yo/traer

1. yo/preparar

2. Mamá y papá/colgar

3. mis hermanos/poner

4. el pastelero/decorar

Comunicación

16 La encuesta

Hablemos Busca un(a) compañero(a) de clase que pueda responder "sí" a cada pregunta.

MODELO **ir a Egipto alguna vez**
—¿Has ido a Egipto alguna vez?

1. ver a su abuelo(a) este año
2. asistir a una reunión familiar alguna vez
3. ir a una boda recientemente
4. visitar a algún pariente en otro estado
5. decirle algo tonto a un amigo
6. comprar ropa nueva esta semana

Present perfect subjunctive

1 Remember that the **subjunctive** is used with expressions that **convey feelings.**

Me alegra que vengan mis amigos a nuestra fiesta.

Temo que mi novia **vaya** a romper conmigo.

2 The **subjunctive** is also used with expressions that **convey judgments** about something.

Es natural que estés enojado con la decisión.
It's natural that you're angry about the decision.

Me sorprende que Gilberto **se comporte** tan raro.
It surprises me that Gilberto behaves so strangely.

Other expressions that convey judgments or feelings include:

es lógico que	me alegra que	me molesta que
es normal que	es bueno que	me choca que
es curioso que	me gusta que	es triste que
me sorprende que	me parece bien que	es horrible que
me enoja que *(it angers me)*	es maravilloso que	es natural que

3 Use the **present perfect subjunctive (el presente perfecto del subjuntivo)** to express an emotion, judgment, doubt, or hope about something that has happened. It's formed with the subjunctive of **haber** and the past participle of the main verb.

yo	**haya comido**	nosotros	**hayamos comido**
tú	**hayas comido**	vosotros	**hayáis comido**
Ud., él, ella	**haya comido**	Uds., ellos, ellas	**hayan comido**

Me choca que ellos **hayan salido** tan de prisa.

Es una lástima que nuestro equipo **haya perdido** otro juego.

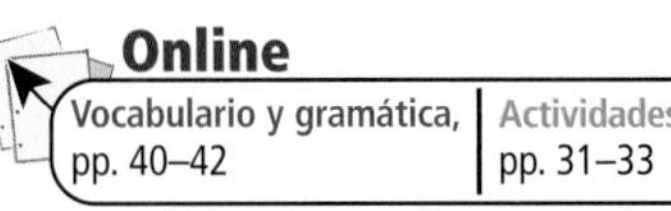

En inglés

In English, the words *would* or *should* can imply the same idea as the Spanish subjunctive mood.

It's funny that you *should* say that.

I'm surprised that he *would* do such a thing.

In Spanish, the subjunctive mood is used instead.

Es curioso que *digas* eso.

Me sorprende que él *haga* tal cosa.

Una tienda para novias en la República Dominicana

17 ¿Le gusta o no?

Escuchemos Escucha cómo reaccionan estas personas ante una noticia y decide si su reacción es **positiva** o **negativa.**

18 Me sorprende que...

Leamos/Escribamos Completa las oraciones con el presente perfecto del subjuntivo del verbo entre paréntesis.

1. Me sorprende que el profesor ═══ (dar) el examen tan pronto.
2. Al profesor no le gusta que los estudiantes no ═══ (estudiar) para el examen.
3. Me da gusto que los estudiantes ═══ (hablar) con el director.
4. Me alegra que mis amigos ═══ (hacer) la tarea de historia.
5. A mis amigos les enoja que el entrenador ═══ (cancelar) el partido de béisbol.
6. Es una lástima que mis compañeros no ═══ (poder) terminar su trabajo.

En muchos países latinoamericanos, los novios tienen dos ceremonias de boda: una ceremonia civil y otra ceremonia religiosa. Durante la ceremonia civil, los novios firman los documentos legales en presencia de un juez y los testigos. Esta ceremonia es la que reconoce la ley pero la ceremonia religiosa es por lo general más importante para los novios. ¿Cómo son las bodas donde tú vives?

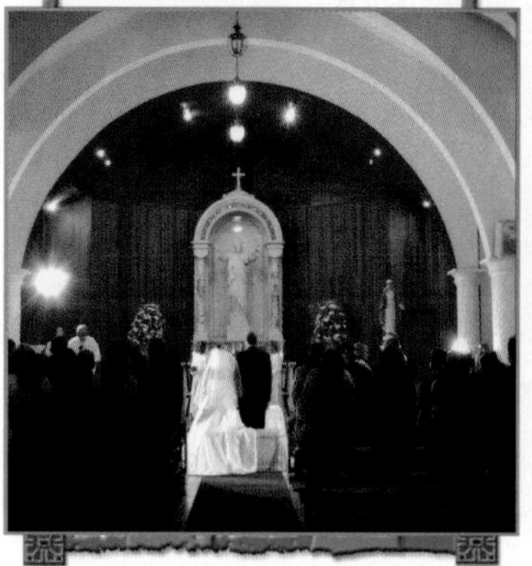

19 ¿Cómo reaccionarías?

Leamos/Escribamos Lee cada situación y escribe una oración sobre cómo reaccionarías o qué dirías. Usa el presente perfecto del subjuntivo.

MODELO **Tu mejor amigo, que vive en otra ciudad, te ha visitado este verano.**
—Me alegra mucho que hayas venido a visitarme.

1. Tus padres no te han permitido salir con tus amigos.
2. Un grupo de amigos te ha hecho una fiesta sorpresa.
3. Tu tía ha venido a visitarte y ha traído un postre delicioso.
4. Tu amigo(a) te ha invitado al cine pero no tienes dinero.
5. Tu hermano te ha pedido ayuda con la música para su boda.
6. Algunos parientes no han llegado a la ceremonia a tiempo.

20 A dramatizar

Hablemos Dramatiza con un(a) compañero(a) tres de las situaciones de la Actividad 19. Usen las expresiones de **Gramática**.

MODELO **Un grupo de amigos te ha hecho una fiesta sorpresa.**
—Me sorprende mucho que me hayan hecho una fiesta.
—Pues, me alegra que haya sido una sorpresa de verdad.

Gramática 1

Cultura

VideoCultura

Tíos, primos y abuelos se reúnen para cenar.

A casa de tu tía, mas no cada día

En los países hispanohablantes, la vida en familia es muy importante, tanto en la familia inmediata como con los tíos, primos, y abuelos. Muchos de los hermanos acaban viviendo en la misma ciudad que sus padres, y forman sus familias que se reúnen en casa de los abuelos muy a menudo. Los niños suelen conocer bien a sus primos y tíos. ¿Se parece esto a la situación de tu familia? ¿En qué se diferencian? ¿Crees que tener mucho contacto tiene más ventajas o desventajas?

Inés

Santo Domingo, República Dominicana

¿Tienes parientes que vivan en otras ciudades u otros países?

Sí, en Zaragoza, España.

¿Quiénes son?

Mi padre, mis tíos, mis primos, y mis abuelos.

¿Cómo se mantienen en contacto?

Por el teléfono, por el correo, y por el Internet.

¿Con qué frecuencia se ven?

Los veo todos los veranos.

Para ti, ¿por qué es importante que los parientes se mantengan en contacto aunque vivan lejos?

Es importante compartir los asuntos de la familia.

Visit Holt Online
go.hrw.com
KEYWORD: EXP3 CH4
Online Edition

Cultura

Nelson
Miami, Florida

¿Tú tienes parientes que vivan en otros países?

Sí, tengo parientes que viven en otros países, en Cuba particularmente.

¿Quiénes son?

Son mis tíos, mis primos, mis hermanos, mis abuelos.

¿Cómo se mantienen en contacto?

Bueno nos mantenemos en contacto por teléfono, por el Internet. Hablamos así de vez en cuando.

¿Con qué frecuencia se ven?

Nos vemos cada dos años. Ellos nos visitan. Nosotros los visitamos.

Para ti, ¿es importante que los parientes se mantengan en contacto aunque vivan aparte?

Sí. Es muy importante ya que la familia es algo muy importante para mí. Me gusta mantener una buena relación con la familia. Y uno siempre tiene que contar con la familia. Por eso es que lo veo importante.

Para comprender

1. ¿Quiénes de la familia de Inés viven en España?
2. ¿Con qué frecuencia ve Inés a su familia de España?
3. ¿En dónde tiene Nelson familia?
4. ¿Tiene Nelson una buena relación con su familia de Cuba?
5. Para Inés y Nelson, ¿por qué son importantes los lazos familares? Explica.

Para pensar y hablar

¿Estás de acuerdo con Inés y Nelson en que la familia se debe mantener en contacto? ¿Por qué? ¿Cuáles son dos ventajas y dos desventajas de tener familiares en otros países? ¿Qué pasa si se pierde el contacto con un pariente lejano?

Comunidad y oficio

Tiendas especializadas

A veces es difícil encontrar en el supermercado los ingredientes que necesitas para preparar un plato auténtico de Latinoamérica. Lo que se vende en una tienda cambia según la comunidad y los grupos étnicos de la región. Tal vez el supermercado de tu comunidad tenga una sección de alimentos internacionales. Pero para encontrar ingredientes como plátanos, masa preparada para empanadas y algunas especias, a lo mejor tendrás más suerte en una tienda familiar que se especializa en alimentos de la región. ¿Existen estas tiendas familiares en tu comunidad? Trata de entrevistar a uno de los vendedores de una tienda especializada. ¿Necesitan empleados bilingües?

La Familia Grocery y otras tiendas en un barrio hispánico de la ciudad de Nueva York

Objetivos
Commenting on food, explaining and giving excuses

Vocabulario en acción 2

La comida casera

Mi mamá sabe cocinar muy bien. Hoy hizo **pollo frito** con **frijoles** negros y arroz, y **coliflor** con queso. ¡Está muy rica la comida!

Uno de mis platos favoritos es la ensalada de frutas. Una buena ensalada de frutas debe llevar **sandía,** naranja, un poco de **toronja,** melón y uvas frescas.

También me gustan mucho los postres. Me encantan **el dulce de coco** y **el bizcocho de chocolate.** Y, bueno, si quiero bajar de peso, **¡el yogur** con **cerezas!**

Más vocabulario...

el apio	*celery*
la crema (agria)	*(sour) cream*
la lima	*lime*
el limón	*lemon*
las pasas	*raisins*
el pavo (con relleno)	*turkey (with stuffing)*
la salchicha	*sausage*

Visit Holt Online
go.hrw.com
KEYWORD: EXP3 CH4
Vocabulario 2 practice

En ocasiones especiales servimos **langosta** y **camarones.**

Aunque me gustan los mariscos, mi plato preferido es el **puerco asado** con arroz y **frijoles** negros.

A veces mi mamá sirve **calabacín** o **chícharos** con un poco de sal y mantequilla.

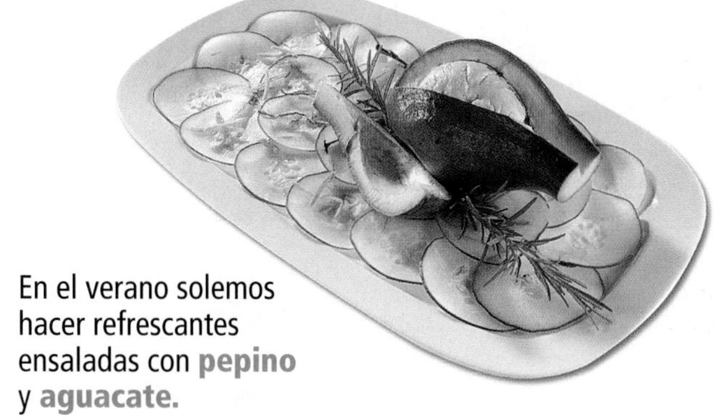

En el verano solemos hacer refrescantes ensaladas con **pepino** y **aguacate.**

También se puede decir...

Many food items have different names in different Spanish-speaking countries. For example: **el lechón asado** for **el puerco asado; las gambas** for **los camarones; la torta** or **el pastel** for **el bizcocho; los guisantes** or **las arvejas** for **los chícharos.** In the Dominican Republic, the French term ***petit-pois*** is used for **chícharos.** In some countries, **la calabacita** is used for **el calabacín.**

¡Exprésate!

To comment on food

Interactive TUTOR

Está para chuparse los dedos. *It's good enough to lick your fingers.*	**Al (A la)... le falta sabor, pero no sé qué le falta.** *The . . . lacks flavor, but I don't know what's missing.*
Se me hace la boca agua. *It makes my mouth water.*	**Está pasada la leche.** *The milk has gone bad.*
Sabe delicioso(a). *It tastes delicious.*	**¡Qué asco!** *That's disgusting!*

Online
Vocabulario y gramática, pp. 43–45

21 ¡Vamos a comer!

Escuchemos Escucha las conversaciones. Escoge la conversación que corresponde a cada foto. Luego, escribe **sí** o **no** para indicar si a la persona le gusta la comida o no.

a. b. c. d. e. f.

22 Veamos el menú

Leamos Lee lo que le gusta o no a cada persona y decide qué puede pedir de comer. Algunas personas pueden tener más de una opción.

ENTRADAS	PLATOS PRINCIPALES	POSTRES
Ensalada de aguacate	Langosta con calabacín	Sandía
Caldo de pollo	Puerco asado con papas fritas	Yogur con o sin cerezas
Salchichas	Pavo relleno y chícharos	Dulce de coco

1. A Héctor le encantan los platos con carne, pero no le gustan las papas. ¿Qué puede pedir de plato principal?
2. Sofía prefiere no comer nada caliente para la cena. ¿Qué puede pedir?
3. A Patricia no le gustan las verduras. ¿Qué puede pedir de entrada y de plato principal?
4. Juan quiere postre, pero no puede comer productos lácteos *(dairy)*. ¿Qué puede pedir?
5. A Mónica no le gusta la fruta. ¿Qué puede pedir de postre?
6. Rosana no come carne. ¿Qué puede pedir de entrada y de plato principal?

23 Mis comidas favoritas

Leamos/Escribamos Completa las oraciones según tus gustos de comida.

1. Mi comida favorita es ____.
2. No me gusta ____. ¡Qué asco!
3. El plato de ____ está para chuparse los dedos.
4. A veces en casa preparamos ____. ¡Sabe delicioso!
5. Mi abuela siempre sirve ____ de postre. ¡Qué rico!
6. En el verano, suelo comer frutas como ____.
7. A mí me gusta preparar ____ a mediodía.
8. Mi postre favorito es ____ con ____.

No es extraño que el pescado sea una parte importante en la dieta de las islas caribeñas. El pescado servido con moro de gandules con coco es un plato típico de Samaná, en República Dominicana. El chillo, un tipo de pescado frito o al horno servido generalmente con una salsa llamada mojo, es un plato típico de Puerto Rico. El ceviche es otro plato popular, hecho a base de pescado crudo en un adobo de limón, cebolla picada, sal y ají. ¿Por qué crees que el pescado es importante en el Caribe?

24 ¿Qué dices?

Leamos/Hablemos Usa las palabras de **Vocabulario** y las expresiones de **Exprésate** para responder a cada situación.

MODELO **Sacas la leche del refrigerador y huele horrible.**
—Está pasada la leche. ¡Qué asco!

1. La comida que preparó tu familia te encanta.
2. Tu novio(a) preparó el mejor bizcocho que has probado.
3. Tu hermano preparó un puerco asado y no tiene sabor.
4. En la cocina de tu abuela ves un pollo frito y un plato de papas fritas, tu comida favorita.
5. Unos amigos prepararon una cena y quieres decirles que es excepcional.
6. La sopa de verduras no te gustó para nada.
7. Preparaste una ensalada pero está muy salada.
8. Tu hermana preparó arroz con pollo pero algo le falta.

Comunicación

25 La cena de la clase

Hablemos/Escribamos En parejas, planeen una cena. Túrnense para entrevistarse sobre qué quieren servir de entrada, plato principal, verduras y bebidas. Pónganse de acuerdo y escriban un plan para presentarlo a la clase.

MODELO **—¿Qué quieren preparar de entrada?**
—¿Qué tal si preparamos un ceviche y unas verduras?

¿Qué tal quedó la cena?

MAMÁ	Pásenme sus platos, voy a servir la comida. Rafael preparó la cena esta noche. Vamos a ver cómo le quedó.
PAPÁ	Pues, me imagino que está para chuparse los dedos.
HERMANO	Oye, Rafa, el arroz está un poco salado, ¿no crees?
RAFAEL	Ya lo sé, se me fue la mano con la sal. Es la primera vez que hago arroz.
MAMÁ	Está bien, hijo, sabe delicioso.
PAPÁ	Y al puerco asado le falta sabor, pero no sé qué le falta.
RAFAEL	Lo siento, papá, es que se me olvidó ponerle ajo.
HERMANA	A mí me gusta sin ajo.
PAPÁ	Pero la ensalada de pepino te quedó exquisita, hijo. Se me hace la boca agua sólo de verla.
HERMANA	Ay, ¿cómo pueden comer ensalada? ¡Qué asco!
	(Luego...)
MAMÁ	Me parece que el bizcocho está demasiado dulce.
RAFAEL	¡Lo sabía! Es que se me fue la mano con el azúcar.

¡Exprésate!

To comment on food	To explain and give excuses
El/La... está salado(a)/picante. *The . . . is salty/spicy.*	**Se me fue la mano con...** *I got carried away with . . .*
El/La... no sabe a nada. *The . . . doesn't taste like anything.*	**Es que se me olvidó ponerle...** *It's just that I forgot to add . . .*
El/La... está seco(a)/no está muy dulce. *The . . . is dry/isn't very sweet.*	**Es que se me acabó...** *It's just that I ran out of . . .*

Interactive TUTOR

Online
Vocabulario y gramática, pp. 43–45

26 La cena de Rafael

Leamos/Escribamos Contesta las preguntas basándote en el diálogo.

1. ¿Por qué está el arroz un poco salado?
2. ¿Cuál de los platos le hace la boca agua al papá?
3. ¿Por qué al puerco asado le falta sabor?
4. ¿A la hermana le gusta la ensalada? ¿Cómo lo sabes?
5. ¿Cree la hermana que le falta sabor al puerco? Explica.
6. ¿Por qué está el bizcocho demasiado dulce?

27 ¿Qué pasó en la cocina?

Escuchemos Escucha lo que le pasó a cada persona en la cocina e identifica el ingrediente que causó el problema.

Comunicación

28 Una cena especial

Hablemos Un(a) amigo(a) te preparó una cena para tu cumpleaños. Algunos platos salieron bien y otros mal. Preparen una conversación en la que Uds. comenten la comida. Tú debes hacer comentarios sobre los platos y tu amigo(a) te explica qué pasó.

MODELO **—El bizcocho no está muy dulce.**
—Perdón, es que se me acabó el azúcar.

Objetivos
Preterite, se + indirect object pronouns, past progressive

Interactive TUTOR

Repaso Preterite

1 Use the **preterite** to show that actions were begun or completed at specific times in the past. Time markers such as **ayer, anoche, este fin de semana,** and **el verano pasado** are often used with the preterite.

Eduardo **habló** con Ana **anoche.**

2 The **preterite** is used with **al + infinitive** or **en cuanto,** which mark the beginning of an event or situation.

Al oír las noticias, se **puso** a bailar.
Upon hearing the news, she started dancing.

En cuanto supo la verdad, **hizo** las maletas y se **fue.**
As soon as he found out the truth, he packed his bags and left.

3 These verbs have irregular stems in the **preterite.**

estar	**estuv-**	saber	**sup-**	traer	**traj-**
poder	**pud-**	tener	**tuv-**	decir	**dij-**
poner	**pus-**	venir	**vin-**	querer	**quis-**

The verbs **ir** and **ser** have the same irregular preterite forms: **fui, fuiste, fue, fuimos, fuisteis, fueron.**

4 The meaning of some verbs can change in the **preterite.**

	present		preterite
conocer:	*know(s)*	→	*met, first saw*
saber:	*know(s)*	→	*found out, realized*
querer:	*want(s)*	→	*tried to, meant to*
no querer:	*do not (doesn't) want*	→	*wouldn't, didn't mean to*

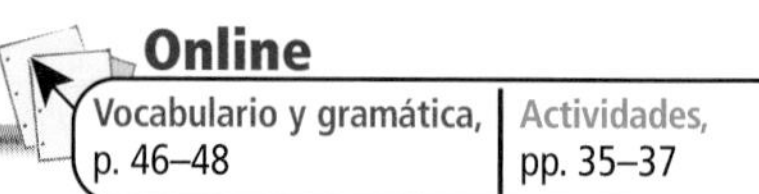

¿Te acuerdas?

When describing past habitual actions, past mental or physical states, telling time, or describing age in the past, the **imperfect** is used.

De niña, Paula **estudiaba** todos los días.

David **era** muy delgado.

Flor **tenía** catorce años en 1999.

29 En el restaurante…

Leamos Completa el párrafo con el pretérito de los verbos.

Ayer __1__ (ser) el cumpleaños de mi mamá. La semana pasada, ella __2__ (decir) que le gustaba la comida mexicana. Por eso, nosotros __3__ (decidir) ir a un restaurante mexicano. Yo __4__ (ir) temprano con mis hermanas. Cuando mi mamá __5__ (llegar), nosotros __6__ (gritar) "¡Feliz cumpleaños!"

30 Todos tienen una opinión

Leamos/Escribamos Completa las oraciones con la forma correcta del verbo entre paréntesis.

MODELO **En cuanto (ver) el menú, mis padres (querer) irse.**
En cuanto vieron el menú, mis padres quisieron irse.

1. La última vez que mis amigos ____ (ir) a este restaurante, ellos ____ (conocer) al cocinero.
2. En cuanto te ____ (ver) llegar, Arturo nos ____ (poner) a cantar.
3. Alejo ____ (venir) también, y le ____ (decir) a Arturo que el puerco asado estaba para chuparse los dedos.
4. Elvira ____ (traer) salsa picante y, a escondidas, les ____ (poner) un poquito a los tacos.

31 Un restaurante cubano

Leamos/Hablemos Lee la reseña *(review)* del restaurante y contesta las preguntas usando el pretérito.

Anoche comí en el restaurante cubano "Buen Provecho". De entrada, pedí camarones en salsa roja, ¡pero el mesero me trajo una ensalada! Quise cambiarla, pero el mesero me dijo: "Se me olvidó decirle que hoy no tenemos camarones". Así que probé la ensalada ¡y me encantó! Luego llegó el plato principal: puerco asado con frijoles negros, arroz y chícharos. Eso me molestó porque había pedido calabacín en vez de chícharos.

— reseña de Paco Ortiz

1. ¿Dónde cenó Paco?
2. ¿Qué pidió de entrada? ¿Qué pasó?
3. ¿Pudo cambiar la entrada? ¿Por qué?
4. ¿Por qué no le dijo el mesero que no tenían camarones?
5. ¿Qué hizo Paco con la ensalada?
6. ¿Qué pasó cuando llegó el plato principal?

Nota cultural

El plato nacional de la República Dominicana es el **sancocho,** un estofado *(stew)* de carne y verduras que puede tener de todo: desde puerco y mariscos hasta ñame *(yam)* y yuca *(yucca)*. El sancocho prieto es un estofado de color oscuro hecho de siete tipos de carne. Pero el plato más popular del país es el arroz con pollo.

32 Una cena terrible

Hablemos Fuiste a un restaurante y todo salió mal. Explícale a tu compañero(a) cuatro cosas que no salieron bien.

Se + indirect object pronouns

1 Use **se** + **indirect object pronoun** + **verb** to talk about unintentional events.

A Julia **se le olvidaron** las bebidas.	*Julia forgot the drinks.*
A José **se le cayó** el libro.	*José dropped the book.*

The **indirect object pronoun** refers to the person the event happened to. The **verb** agrees with the object(s) involved, and is always in the third person singular or plural.

refers to *agrees*
A ti **se te olvidó** la ensalada.
You forgot the salad.

refers to *agrees*
A nosotros **se nos olvidaron** los refrescos.
We forgot the soft drinks.

2 Common verbs used in this construction are **quedar, quemar, perder, olvidar, caer, romper,** and **acabar.**

Se me rompieron los vasos.	*I broke the glasses.*

Online
Vocabulario y gramática, pp. 46–48 | Actividades, pp. 35–37

En inglés

To express unintentional events **in English,** people might say:

The pizza (got) burned. (instead of *I burned the pizza.)*

In Spanish, people say:

Se me quemó la pizza. (instead of *Quemé la pizza.)*

In English, the possessive adjective is often used.

My books fell.

In Spanish, the definite article is used.

Se me cayeron los libros.

33 ¿Fue un accidente?

Leamos Lee las oraciones y decide si la persona hizo cada cosa **a**) a propósito *(on purpose)* o si fue **b**) un accidente.

1. Se me olvidó hacer la tarea anoche.
2. Esta mañana salí de mi casa a las siete.
3. Se me quedó la mochila en el salón de clases.
4. Llevé mis libros en las manos.
5. En la entrada del colegio, se me cayeron todos los libros.
6. Durante el examen, se me rompió el lápiz.

34 No tengo la culpa

Leamos/Escribamos Completa las oraciones con la forma correcta de **se + pronombre + verbo.**

1. A Lourdes ___1___ las llaves en casa. (olvidar)
2. No sé qué vamos a cenar porque ___2___ las pizzas. (quemar)
3. Tengo que tomar jugo porque ___3___ la leche. (acabar)
4. Comparto mi comida contigo si ___4___ el almuerzo. (perder)

35 ¿Qué les pasó?

Escribamos Mira las fotos y escribe una oración para describir qué le pasó a cada persona.

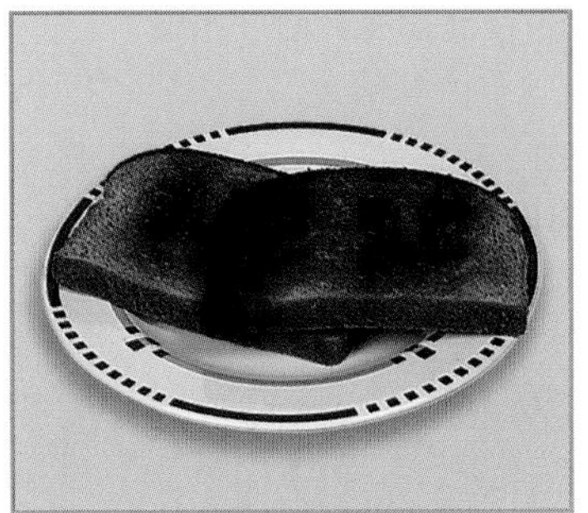
1. Fabián y tú: quemar

2. Blanca: caer

3. Tina: olvidar

4. Diego: acabar

5. Lisa y yo: romper

6. Carla: caer

Comunicación

36 ¡Se le complica todo!

Hablemos En parejas, cuenten la historia de lo que ven en los dibujos. Usen las palabras de **Vocabulario** y las expresiones de **Gramática.**

Past progressive

1 The **past progressive (pasado progresivo)** is used to describe past actions in progress. It is formed with the imperfect of **estar** + the present participle of the main verb.

Mateo **estaba estudiando.**
Mateo was studying.

Nosotros **estábamos hablando.**
We were talking.

Ellos **estaban corriendo.**
They were running.

2 When the **past progressive** and the **preterite** are used in the same sentence, the **past progressive** describes an action in progress, and the **preterite** describes completed actions or interrupting events within that setting.

action in progress — *interrupting event*

Estábamos comiendo cuando **llegó** Cristina.
We were eating when Cristina arrived.

Ellos **estaban hablando** cuando **comenzó** el partido.
They were talking when the game started.

3 As with the present progressive, the **past progressive** refers to actions in progress. Past actions or states that were ongoing or habitual, rather than in progress, and states or conditions that were not unfolding or changing are referred to with the **imperfect.**

Estaba lloviendo cuando **salí** de la casa.

Llovía mucho en el pueblo donde **vivían** mis abuelos.

Online Vocabulario y gramática, pp. 46–48 | Actividades, pp. 35–37

¿Te acuerdas?

1. The imperfect endings for **estar** are:

est**aba**	est**ábamos**
est**abas**	est**abais**
est**aba**	est**aban**

2. **Object pronouns** go before the verb or are attached to the participle and an accent is added.

Me estaba bañando.
Estaba bañándo**me**.

Lo estaba leyendo cuando **me** llamaste.

37 ¿Qué estaban haciendo?

Leamos/Escribamos Completa las oraciones con tus propias palabras.

1. Anoche yo estaba _____ cuando _____.
2. Ayer mis amigos y yo estábamos _____ cuando _____.
3. Esta mañana (yo) estaba _____ cuando _____.
4. Al mediodía mi amigo estaba _____ cuando _____.
5. Mi profesor(a) de matemáticas estaba _____ cuando _____.
6. Tú estabas _____ cuando _____.
7. Hace un rato yo estaba _____ cuando _____.
8. Mi amigo(a) me dijo que él (ella) estaba _____ cuando _____.

38 Una cosa interrumpe a la otra

Leamos/Escribamos Completa las oraciones con el pasado progresivo o el pretérito del verbo.

1. Cuando sonó el teléfono yo __1__ (dormir).
2. Cuando ellos __2__ (llegar) a la casa de Elena, estaba lloviendo.
3. Jorge __3__ (estudiar) cuando de repente escuchó un ruido debajo de su escritorio.
4. Anoche estaba leyendo cuando __4__ (llamar) mi tía Clara.
5. A Diana se le __5__ (caer) una taza cuando estaba lavando los platos.
6. No nos vieron porque __6__ (hablar) con Manuel.

39 ¡Qué desastre!

Escribamos Escribe tres oraciones acerca de los dibujos. Explica qué estaba haciendo cada persona cuando sucedió algo más.

1.

2.

3.

Comunicación

40 Iba a hacerlo cuando...

Hablemos En parejas, dramaticen una conversación donde un papá le pregunte a su hijo(a) por qué no hizo sus quehaceres. El hijo le da una explicación.

MODELO **—¿Y el carro? ¿No lo ibas a lavar?**
—Estaba saliendo para lavarlo cuando…

Novela en video

Clara perspectiva

Episodio 4

ESTRATEGIA

Connecting the dots As a story unfolds, you get information in bits and pieces. You try to connect the dots in the most logical way possible. Write down everything you know up to now about Professor Luna's situation. See whether any information you gather in **Episodio 4** helps you to connect the dots. Who is following the professor? What information do they want? What is their stake in it? What is Professor Luna's role in their search?

En la casa de los de la Rosa

1

Clara ¡Octavio! Hola. ¡Qué sorpresa! ¿Qué me cuentas? ¿A qué se debe el honor de tu presencia?

Octavio Hola Clara. Mira. Vine a devolverte esto. Se te quedó en la oficina.

Clara Ay, ya. Se me quedó en la oficina. ¡Qué bruta! Bueno, muchas gracias. Bueno Octavio, pasa no más. Quiero que conozcas a mi familia.

2

Clara Papá, mamá, quiero que conozcan a mi colega Octavio Medina. Trabaja conmigo en la revista.

Papá Mucho gusto, Octavio.

Octavio Mucho gusto Señor de la Rosa, Señora de la Rosa.

Mamá Octavio, encantada de conocerte. Estás en tu casa.

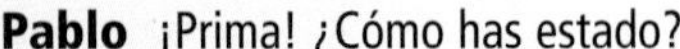

3

Pablo ¡Prima! ¿Cómo has estado?

Clara Muy bien, Pablo. ¿Qué me cuentas de tu media hermana y su pololo, Alberto? ¿Siguen saliendo?

Pablo Fíjate que se han comprometido.

Clara ¿En serio? ¡Qué sorpresa que se hayan comprometido tan pronto!

4

Mamá Hija, Octavio yo creo debe estar muerto de hambre. ¿Por qué no le preparas un plato?

Pablo Sí, Clara. La carne está deliciosa. Y las empanadas están para chuparse los dedos.

Mamá Bueno, creo que se me fue la mano con la sal.

Clara Ay, mamá, por favor. Ella es la mejor cocinera del mundo, así que no le hagas caso.

Octavio Se me hace agua la boca.

Visit Holt Online
go.hrw.com
KEYWORD: EXP3 CH4
Online Edition

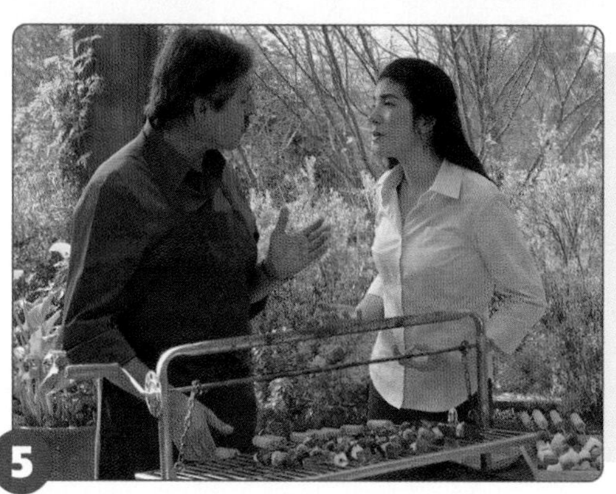

5

Clara Papá, parece que el profesor Luna tiene un problema grave. Alguien lo está amenazando.

Papá Mira, Clara, ¿estás segura que hay un problema?

Clara No papá, pero tengo la obligación de dejarme llevar por mis intuiciones. Mencionaron la región de Magallanes.

Papá Tienes que hablar con tu tío Arnoldo. Tú sabes que él tiene propiedades en esa región. Si algo está pasando en Magallanes, tu tío sabrá qué es.

Tío Arnoldo ¡Clarita! ¿Cómo estás? ¡Siempre agradable verte, hija!

Clara Tío, le presento a mi amigo Octavio.

Tío Arnoldo Octavio, hombre, o tratas bien a mi sobrina, o tienes problemas conmigo, ¿me explico?

Clara Ay, tío, por favor.

6

7

Clara Tío, ¿usted todavía tiene esa propiedad en Magallanes?

Tío Arnoldo Sí, pero el otro día recibí una oferta agradable para esa propiedad. Hablé con el señor Reyes Rodríguez de la empresa MaderaCorp. El problema es que los ecologistas están tratando de convencer al Congreso que esas propiedades no se deben desarrollar.

En la oficina del profesor Luna

Ecologista 2 ¿Tú ves los documentos del archivo?

Ecologista 1 No, no los veo.

Ecologista 2 ¿Por qué no te metes a buscar?

Ecologista 1 ¿Yo? ¿Qué soy yo? ¿un hacker? Hazlo tú.

8

9

Hombre 1 No puedo conseguir los archivos.

Hombre 2 No importa. Mañana regresamos con un hacker.

¿COMPRENDES?

1. ¿Por qué vino Octavio a la casa de Clara? ¿A quiénes les presenta Clara a Octavio?
2. ¿Quién es Pablo? ¿Qué le pregunta Clara? ¿Qué le dice Pablo?
3. ¿Qué recibió el tío Arnoldo sobre su propiedad en Magallanes?
4. ¿Quién le hizo la oferta al tío Arnoldo? ¿Qué problema hay con las propiedades?
5. ¿Qué hacen los ecologistas en la oficina del profesor Luna? ¿Y los hombres de traje oscuro? ¿Consiguen lo que buscan?
6. ¿Qué eventos de la trama puedes relacionar? ¿Cómo se conectan?

Próximo episodio

Clara y Octavio van a una exposición de arte chileno y se encuentran con alguien muy interesante. ¿Con quiénes crees que se van a encontrar?

PÁGINAS 214–215

Lectura cultural

Los postres

Cada postre, desde el flan hasta el tamal dulce tiene un sabor regional que hay que probar.

Aunque la mayor parte del azúcar del mundo se produce en las Américas, los postres de Latinoamérica no son tan azucarados (ni tan complicados) como los de Estados Unidos. Sin embargo, parece que cada país tiene una variedad de postres regionales. ¡Todos son tan sabrosos como para chuparse los dedos!

El flan

El flan es tal vez el postre más común de toda Latinoamérica, aunque su origen es europeo. Es un postre muy sencillo que se hace con huevos, leche y azúcar, pero se puede añadir otros sabores. También se hace el flan con frutas (coco, manzana), pasta de arroz, nueces molidas, ¡o hasta con cebollas licuadas!

el flan

El dulce de leche

Mientras que el flan es originalmente europeo, el dulce de leche es un auténtico postre latinoamericano. Se originó en Argentina, pero se come en varios países. El dulce de leche es aún más sencillo que el flan; se hace sólo con leche y azúcar. A los argentinos les gusta comerlo con panqueques o arepas (que son parecidas a las tortillas), pero también se come con pan o sobre una galleta. Hay otro tipo de dulce de leche que se vende en forma de bolas pequeñas; éstas se comen solas o sobre una galleta.

el dulce de leche

el dulce de papaya

El dulce de papaya

La papaya, también conocida como fruta bomba, es común en Cuba, donde se come este postre. El dulce de papaya se hace pelando[1] la papaya y quitándole las semillas. La fruta se corta en mitad, y se pone en agua durante medio día. Luego se hierve y se le agrega azúcar para formar un almíbar[2]. Este postre se sirve frío y se come con queso.

Los tamales dulces

Los tamales dulces son un postre muy mexicano. Estos tamales son populares en la región sureña de México. Los tamales se hacen con una masa de maíz molido[3] y se envuelven en hojas de maíz para cocinarlos al vapor[4]. A la masa de los tamales dulces se le añade azúcar o chocolate y a veces se rellenan con mermelada[5]. Por lo general, en México se come este postre acompañado con un café de olla[6].

1 peeling
2 syrup
3 ground corn
4 steam
5 they are filled with jam
6 coffee spiced with cinnamon and anise or cloves

Visit Holt Online
go.hrw.com
KEYWORD: EXP3 CH4
Online Edition

Comprensión

A ¿Sí o no?

1. El flan es un postre europeo.
2. Hay muchas variedades de flan.
3. El dulce de leche es un postre de Cuba.
4. El dulce de leche es difícil de hacer.
5. La papaya y la fruta bomba son dos frutas diferentes.
6. El dulce de papaya se come en Cuba.
7. Los tamales dulces no tienen azúcar.
8. Los tamales se envuelven en una hoja de maíz.

B ¿Qué aprendiste?

Contesta las preguntas basándote en lo que leíste.

1. ¿Dónde se come el flan hoy en día?
2. ¿Cuáles son los ingredientes del flan?
3. ¿Con qué se come el dulce de leche?
4. ¿Dónde se originó el dulce de leche?
5. ¿Qué hay que hacer con las papayas antes de cortarlas en mitad?
6. ¿En qué región de México son populares los tamales dulces?

Actividad

Tu postre favorito Haz una lista de los ingredientes de tu postre favorito, o escribe una receta para prepararlo. Compara la lista o la receta con los postres latinoamericanos que ya conoces.

Leamos y escribamos

ESTRATEGIA

para leer If you see words you don't understand in a text, try to guess their meanings by looking at their context—the other words and sentences surrounding the unknown word. This will allow you to guess what the unknown word could mean. Then look up the word in the dictionary to see if you were right.

Antes de leer

A Nicolás Guillén es un poeta cubano nacido en Camagüey, Cuba, en 1902. Estudió leyes y ciencias políticas por un tiempo y trabajó como periodista. Guillén escribió la siguiente obra en Europa para dos amigas que estaban en España. En su poema habla de varias comidas de su isla nativa.

Lee las primeras diez líneas del poema, busca las palabras que no conoces y haz una lista. En vez de buscar el significado de cada palabra en un diccionario, trata de adivinarlo por medio de las palabras que encuentras en la misma oración. Luego, busca las palabras en el diccionario para verificar sus significados.

de *Epístola*

de Nicolás Guillén

A dos amigas cubanas que invernaban en Palma de Mallorca

Perdonad° al poeta
convertido en gastrónomo... Mas quiero
que me digáis si allá (junto al puchero°,
la fabada° tal vez o la munyeta°),
lograsteis decorar vuestros manteles
con blanco arroz y oscuro picadillo°,
orondos huevos fritos con tomate,
el solemne aguacate
y el rubicundo plátano amarillo.
¿O por ser más sencillo,
el chicharrón de puerco° con su masa,
dándole el brazo al siboney° casabe
la mesa presidió de vuestra casa?
Y del bronco lechón el frágil cuero

1 Pardon 3 soup with pork 4 meat stew with beans 4 seasoned bean paste 6 dish of ground beef and vegetables 11 pork rinds 12 pre-Hispanic Caribbean people

Visit Holt Online
go.hrw.com
KEYWORD: EXP3 CH4
Online Edition

dorado en púa° ¿no alumbró algún día
bajo esos puros cielos españoles
el amable ostracismo°? ¿Hallar pudisteis,
tal vez al cabo de mortal porfía,
en olas navegando
en rubias olas de cerveza fría,
nuestros negros frijoles,
para los cuales toda gula° es poca,
gordo tasajo° y cristalina yuca°,
de esa que llaman en Brasil mandioca°?
El maíz, oro fino
en sagradas pepitas,
quizás vuestros ayunos°
a perturbar con su riqueza vino.
El quimbombó° africano,
cuya baba° el limón corta y detiene,
¿no os suscitó el cubano
guiso de camarones,
o la tibia ensalada,
ante la cual espárragos ebúrneos°,
según doctos varones,
según doctos varones en cocina,
según doctos varones no son nada?
Veo el arroz con pollo,
que es a la vez hispánico y criollo°,
del cual es prima hermana
la famosa paella valenciana.
No me llaméis bellaco
si os hablo del ajiaco°,
del cilíndrico ñame° poderoso,
del boniato° pastoso,
o de la calabaza femenina
y el fufú° montañoso.
¡Basta! Os recuerdo el postre. Para eso
no más que el blanco queso,
el blanco queso que el montuno alaba°,
en pareja con cascos de guayaba.
Y al final, buen remate° a tanto diente,
una taza pequeña
de café carretero bien caliente.
Así pues, primas mías,
esperaré unos días,
para saber por carta detallada
si esto que pido aquí debe tacharse
de ser una demanda exagerada,
o es que puede encontrarse
al doblar una esquina
en la primera casa mallorquina°.
Si lo hay, voy volando,
mejor dicho, corriendo,
que es como siempre ando.
Pero si no, pues seguiré soñando...
Y cuando al fin os vea
vueltas las dos de España
a París, esta aldea°,
os sentaré a mi costa
frente a una eximia° y principal langosta
rociada° con champaña.

15 rotisserie spit **17** banishment **22** gluttony **23** salted meat **23** yucca (also called manioc) **24** manioc, edible tubular root **27** fasts **29** okra **30** slime found in okra **34** (poetic) ivory-like **39** native to America **43** stew with tubular roots and spices **44** yam **45** sweet potato **47** mashed plantain with garlic and oil **50** praised by people in mountains **52** the end **62** from Mallorca **69** village, hamlet **71** most excellent **72** basted

Comprensión

B Contesta las preguntas basándote en lo que leíste.

1. ¿Cómo se llama la yuca en Brasil?
2. ¿Con qué se compara el maíz en el poema?
3. ¿De dónde vendrá el quimbombó? Según el contexto, ¿cómo es?
4. ¿Cómo describe el autor el arroz con pollo?
5. ¿Qué quiere decir el autor con "prima hermana" al referirse a "la famosa paella valenciana"?
6. ¿Crees que el autor está en su país natal? ¿Cómo lo sabes?

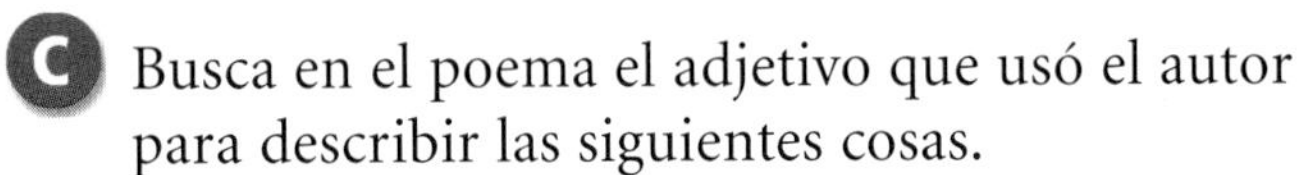

C Busca en el poema el adjetivo que usó el autor para describir las siguientes cosas.

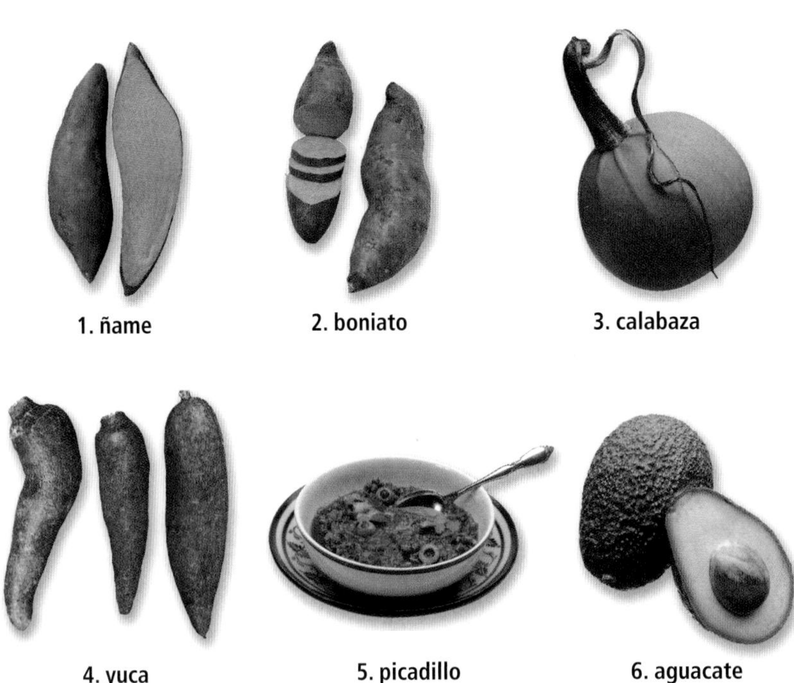

1. ñame
2. boniato
3. calabaza
4. yuca
5. picadillo
6. aguacate

Después de leer

D ¿Cuántas palabras nuevas aprendiste? ¿Cuántos significados adivinaste según el contexto? Recuerda verificar el significado de las palabras en el diccionario. Es recomendable escribir las palabras nuevas en un cuaderno con sus significados.

Taller del escritor

ESTRATEGIA

para escribir There are many types of rhyme you can use when you write a poem. For this activity you will use four-line verses. You can make lines 1 and 2 rhyme, then rhyme lines 3 and 4. You can also make line 1 rhyme with line 4 and line 2 rhyme with line 3, or alternate patterns between verses. Experiment with rhyme and see what works best.

Tu comida favorita

Vas a describir tu comida favorita en un poema. Puedes usar metáforas y otras figuras retóricas, como el símil o la hipérbole, para describir tu comida favorita. Por ejemplo, dile al lector cómo es tu comida favorita y compárala con otros objetos u otras comidas para crear una imagen.

1 Antes de escribir

Escoge la(s) comida(s) favorita(s) que quieras describir en tu poema. Después de escoger la comida que quieras describir, puedes generar varias listas de palabras relacionadas y escoger las palabras que riman de estas listas. Decide cómo quieres que rime tu poema y empieza a escribir.

2 Escribir un borrador

Empareja las palabras que riman de tus listas de palabras. Usa estas palabras para escribir los versos de tu poema. Puedes cambiar el patrón *(pattern)* de rima en cada verso.

3 Revisar

Lee tu borrador por lo menos dos veces y decide si te gusta cómo suena tu poema. Si es necesario, puedes ajustar la rima un poco. Revisa tu poema para ver si tiene errores de ortografía y puntuación.

4 Publicar

Con un(a) compañero(a), túrnense para leer sus poemas en voz alta. Hazle preguntas a tu compañero(a) acerca de su comida favorita y compárala con tu comida favorita. Puedes compartir tu poema con tus compañeros de clase para ver si otros escribieron acerca de la misma comida.

Prepárate para el examen

1 **Vocabulario 1**
- asking about the latest news
- reacting to news

pp. 140–145

2 **Gramática 1**
- present progressive
- present perfect indicative
- present perfect subjunctive

pp. 146–151

3 **Vocabulario 2**
- commenting on food
- explaining and giving excuses

pp. 154–159

1 Escucha los diálogos y escoge la foto que corresponde a cada uno.

A

B

C

2 Completa las oraciones con la forma correcta del verbo.

1. Raúl ______ (estar) ______ (organizar) la reunión del club deportivo.
2. El amigo de Raúl ______ (seguir) ______ (trabajar) en el programa.
3. Raúl ya ______ (haber) ______ (reservar) un salón para la reunión.
4. Todos ______ (andar) ______ (decir) que mucha gente irá a la reunión.
5. Yo ______ (estar) ______ (pensar) en no asistir a la reunión.
6. Es bueno que mucha gente ______ (haber) ______ (decir) que quería ir.

3 Lee las oraciones y escoge la frase del cuadro que mejor completa cada oración.

se le fue la mano	**les falta algo**	**se me acabó**
se me olvidó	**chuparse los dedos**	

1. Marisol hizo un bizcocho de chocolate pero __1__ con el azúcar y quedó muy dulce.
2. A los camarones __2__ pero no sabemos qué les falta.
3. La sopa no tiene sabor porque __3__ ponerle limón.
4. Las papas fritas están para __4__. ¡Qué ricas!
5. El arroz no sabe a nada porque __5__ la mantequilla.

Visit Holt Online
go.hrw.com
KEYWORD: EXP3 CH4
Chapter Self-test

4 Completa las oraciones con la forma correcta del verbo.

Anoche yo ___1___ (estar) ___2___ (trabajar) en mi proyecto final cuando ___3___ (llamar) mi amigo Rodrigo. Rodrigo ___4___ (hablar) por media hora sin parar y ___5___ (olvidar) terminar mi proyecto. Luego, me ___6___ (dar) cuenta de la hora que era y ___7___ (empezar) a trabajar. La computadora ___8___ (estar) ___9___ (grabar) mi archivo cuando se fue la luz. Le dije al profesor que ___10___ (perder) el archivo.

4 Gramática 2
- preterite
- **se** + indirect object pronouns
- past progressive

pp. 160–165

5 Contesta las preguntas.

1. Nombra un país latinoamericano donde se come el dulce de leche.
2. ¿Qué es una fruta bomba?
3. ¿Qué es el ceviche y cómo se prepara?
4. ¿Dónde se produce la mayor parte del azúcar?

5 Cultura
- **Comparaciones** **pp. 152–153**
- **Lectura cultural** **pp. 168–169**
- **Notas culturales** **pp. 143, 149, 151, 157, 161**

Repaso

6 Escucha la conversación y escribe los cinco platos que se mencionan en una lista.

7 Mira los dibujos y describe lo que pasó.

Gramática 1

- present progressive
  pp. 146–147
- present perfect indicative
  pp. 148–149
- present perfect subjunctive
  pp. 150–151

Gramática 2

- preterite
  pp. 160–161
- **se** + indirect object pronouns
  pp. 162–163
- past progressive
  pp. 164–165

Repaso de Gramática 1

The present progressive is used to describe actions that are in progress at the present time. It is most often used with **estar + present participle** but can also be used with **andar** and **seguir.**

Carmen **está leyendo** un libro.	*Carmen is reading a book.*
Yo **sigo jugando** al fútbol.	*I'm still playing soccer.*

The present perfect indicative is used to say what has or hasn't happened in a period of time up to the present or to talk about something that happened very recently.

No **he hablado** con Ana.	*I haven't spoken with Ana.*

An **object pronoun** always goes before the form of **haber** in the present perfect.

El entrenador **nos ha puesto** a correr todos los días.	*The coach has made us run every day.*

Use the **present perfect subjunctive** to express an emotion, judgement, doubt, or hope about something that has happened. It is formed with the subjunctive of **haber + past participle.**

Me alegra que los Tigres **hayan ganado** el partido.	*I'm glad that the Tigers have won the game.*

Repaso de Gramática 2

The **preterite** is used to show that actions happened at specific points in the past. Some phrases (**al + infinitive, en cuanto**) mark the beginning of an event. Verbs like **conocer, saber, (no) querer** have different uses in the preterite.

Use se + **indirect object pronoun + verb** to talk about unintentional events. The **indirect object pronoun** refers to the person the event happened to. The **verb** agrees with the object(s) involved, and is always in the third person singular or plural.

Se me quedaron los libros en casa.	*I left my books at home.*

The past progressive describes past actions in progress. It is formed with the imperfect of **estar** + the present participle of the main verb. The **preterite** is used with the past progressive to describe an interrupting or completed event within that setting.

Paulina **estaba durmiendo** cuando **sonó** el teléfono.	*Paulina was sleeping when the telephone rang.*

Repaso de Vocabulario 1

Asking about the latest news

el (anillo de) compromiso	*engagement (ring)*
casarse (con)	*to marry*
comprometerse	*to get engaged*
la cuñada	*sister-in-law*
el cuñado	*brother-in-law*
dar a luz	*to give birth*
divorciado(a)(s)	*divorced*
divorciarse (de)	*to divorce*
el divorcio	*divorce*
estar casado(a)(s)	*to be married*
Fíjate que se ha casado.	*Get this: he got married.*
el funeral	*funeral*
graduarse (de)	*to graduate (from)*
la hermanastra	*stepsister*
el hermanastro	*stepbrother*
la madrastra	*stepmother*
la medio hermana	*half sister*
el medio hermano	*half brother*
nacer	*to be born*
el padrastro	*stepfather*
Pues, sigue trabajando...	*Well, he's still working . . .*
¿Qué anda haciendo...?	*What's . . . up to?*
¿Qué me cuentas de...?	*What can you tell me about . . . ?*
¿Qué sabes de...?	*What do you know about . . . ?*
la reunión familiar	*family reunion*
Según tengo entendido, ...	*From what I understand, . . .*
separado(a)	*separated*
separarse (de)	*to separate*
la suegra	*mother-in-law*
el suegro	*father-in-law*

Reacting to news

Me has dejado boquiabierto(a).	*You've left me speechless.*
¡No me digas!	*You don't say!*
¡No me lo puedo creer!	*I can't believe it!*
Qué pena que se hayan...	*What a shame that they have . . .*
¡Qué sorpresa que se hayan...!	*What a surprise that they have . . . !*

Repaso de Vocabulario 2

Commenting on food

el aguacate	*avocado*
el apio	*celery*
el bizcocho de chocolate	*chocolate cake*
el calabacín	*zucchini*
el camarón, los camarones	*shrimp*
la cereza	*cherry*
los chícharos	*peas*
el coliflor	*cauliflower*
la crema (agria)	*(sour) cream*
el dulce de coco	*coconut candy*
Está para chuparse los dedos.	*It's good enough to lick your fingers.*
Está pasada la leche.	*The milk has gone bad.*
los frijoles	*beans*
Al (A la)... le falta sabor, pero no sé qué le falta.	*The . . . lacks flavor, but I don't know what's missing.*
la langosta	*lobster*
la lima	*lime*
el limón	*lemon*
las pasas	*raisins*
el pavo (con relleno)	*turkey (with stuffing)*
el pepino	*cucumber*
el pollo frito	*fried chicken*
el puerco asado	*roast pork*
¡Qué asco!	*That's disgusting!*
Sabe delicioso(a).	*It tastes delicious.*
Se me hace la boca agua.	*It makes my mouth water.*
la salchicha	*sausage*
la sandía	*watermelon*
la toronja	*grapefruit*
el yogur	*yogurt*

Explaining and giving excuses

Es que se me acabó...	*It's just that I ran out of . . .*
Se me fue la mano con...	*I got carried away with . . .*
Es que se me olvidó ponerle...	*It's just that I forgot to add . . .*
El/La... no sabe a nada.	*The . . . doesn't taste like anything.*
El/La... está salado(a)/picante.	*The . . . is salty/spicy.*
El/La... está seco(a)/no está muy dulce.	*The . . . is dry/isn't very sweet.*

Repaso

Integración

capítulos 1–4

1 Explica cómo prepararías estos platos y los ingredientes que usarías.

1.

2.

3.

4.

2 Esto es parte de un ensayo que Martín escribió acerca de su familia para la clase de español. Lee su ensayo y contesta **cierto** o **falso** a las siguientes preguntas.

Tengo dos hermanastros. El mayor, Luis, estudia en la universidad y no vive en casa. Carlos es de mi edad; de hecho, él nació dos días antes que yo. Vamos al mismo colegio y tomamos una clase de geografía juntos. Es mi hermanastro pero también es mi mejor amigo. Cuando tengo problemas, me da consejos y siempre puedo confiar en él. Es más, somos fanáticos de los deportes y jugamos al fútbol los sábados. Nos encanta jugar a los videojuegos también. A veces nos peleamos como todos los hermanos, pero por lo general lo pasamos muy bien.

1. Luis trabaja en la universidad como profesor.
2. Martín nació dos días después de Carlos.
3. Martín y Carlos van a la misma clase de geometría.
4. Martín y Carlos son hermanastros.
5. Martín siente que se puede confiar en Carlos.
6. A Martín y a Carlos les gusta jugar al fútbol y a los videojuegos.
7. Martín y Carlos se la pasan peleando.

Visit Holt Online
go.hrw.com
KEYWORD: EXP3 CH4
Cumulative Self-test

Integración

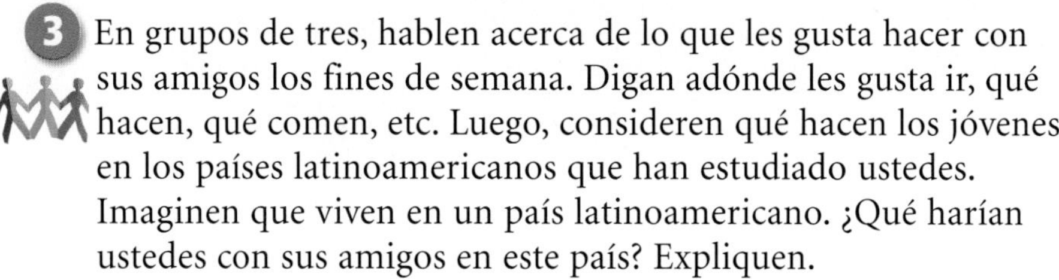

3  En grupos de tres, hablen acerca de lo que les gusta hacer con sus amigos los fines de semana. Digan adónde les gusta ir, qué hacen, qué comen, etc. Luego, consideren qué hacen los jóvenes en los países latinoamericanos que han estudiado ustedes. Imaginen que viven en un país latinoamericano. ¿Qué harían ustedes con sus amigos en este país? Expliquen.

4 Observa la pintura y escribe por lo menos ocho oraciones sobre lo que ves. En tus oraciones debes contestar las siguientes preguntas: ¿Dónde está la familia?, ¿Qué crees que hacen?, ¿Qué te sugiere el título de esta obra?

Baile en la playa, 2003 by Julio Marcano, 45" × 35.5", acrylic on canvas. © Julio Marcano/Courtesy of Galería Fosil Arte

Baile en la playa **de Julio Marcano**

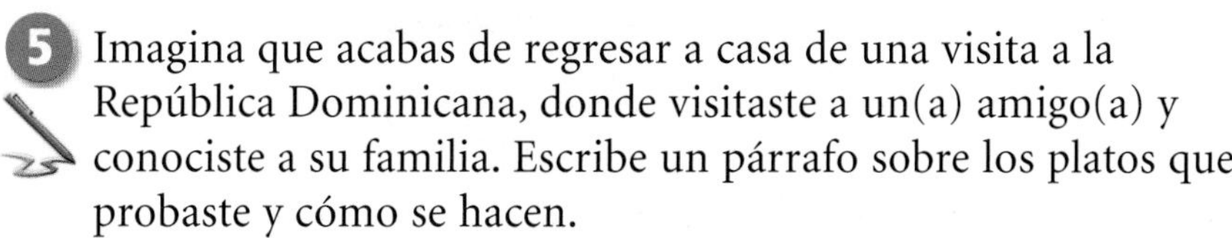

5 Imagina que acabas de regresar a casa de una visita a la República Dominicana, donde visitaste a un(a) amigo(a) y conociste a su familia. Escribe un párrafo sobre los platos que probaste y cómo se hacen.

6

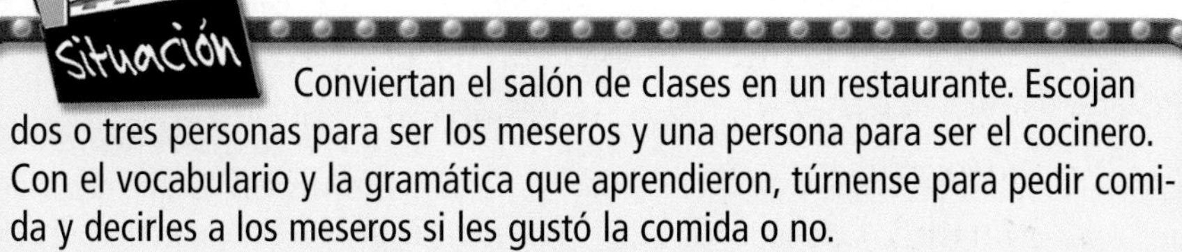

Situación Conviertan el salón de clases en un restaurante. Escojan dos o tres personas para ser los meseros y una persona para ser el cocinero. Con el vocabulario y la gramática que aprendieron, túrnense para pedir comida y decirles a los meseros si les gustó la comida o no.

▲ **Las montañas Chisos,** en el Parque Nacional Big Bend en Texas, son la única cordillera que se encuentra en su totalidad dentro de un parque nacional en Estados Unidos.

Geocultura
El Suroeste
y el Norte de México

◀ **Ellen Ochoa** (1958–) de California es doctora en ingeniería eléctrica y fue la primera mujer latina que llegó a ser astronauta y a navegar en el espacio.

CALIFORNIA
ARIZONA
Gran Cañón
San Diego
Tijuana
Tucson
Desierto de Sonora
SONOR

Almanaque

Área del suroeste
Partes de California, Arizona, Utah, Nevada, Nuevo México, Texas y el norte de México

Idiomas principales
inglés, español

Industrias importantes
agricultura, tecnología, turismo, recursos naturales

¿Sabías que...?

Promesas de ciudades doradas trajeron al explorador español Francisco Vásquez de Coronado al territorio del suroeste en 1540. Coronado nunca encontró ni oro ni plata. Esto resultó en que los españoles abandonaran la región por casi cuarenta años. En 1583 el español Antonio de Espejo tomó posesión del territorio de los hopi en nombre de Felipe II, el rey de España.

◀ **La Fiesta Internacional de Globos** en Albuquerque, Nuevo México, atrae a aficionados de todo el mundo cada octubre.

▼ **Eloy Rodríguez** (1947–), un tejano de herencia mexicana, es un investigador científico reconocido por haber inventado un campo de estudios completamente nuevo, la zoofarmacognosía. Investiga la manera en que las plantas y los animales se curan cuando no están saludables.

▲ **El río Grande** nace en las montañas de Colorado, pasa por Nuevo México, Texas y México y desemboca en el Golfo de México. Trece millones de personas viven en la cuenca del río y dependen de sus aguas.

◄ Científicos de todo el mundo trabajaron en el **Laboratorio Nacional de Los Álamos** en Nuevo México para crear la primera bomba nuclear del mundo.

► El **desierto de Sonora** tiene una extensión de 310.800 kilómetros cuadrados, desde Sonora, México, hasta Arizona y el sur de California. El cactus Saguaro, una especie única en este desierto, puede llegar hasta 50 pies de altura y alberga muchos animales desérticos. Tarda 75 años en echar su primer brazo.

▼ Miles de personas cruzan **la frontera** entre Estados Unidos y México cada día, algunos para trabajar y otros para hacer turismo. Tijuana, México, con San Diego, California, y Juárez, México, con El Paso, Texas, son las zonas metropolitanas más grandes en la frontera de México y Estados Unidos.

La historia del Suroeste y del Norte de México

ÉPOCA PRECOLOMBINA — 1500 — 1750 — 1800

Época precolombina

Los grupos indígenas de la región de Santa Fé y Taos vivían en estructuras de adobe, o *pueblos*. **El Pueblo de Taos** ha cambiado poco desde la fecha en que lo descubrieron los españoles en 1540. **Investiga cómo viven los habitantes del Pueblo de Taos hoy. ¿En qué se diferencia su vida a la de sus antepasados?**

1532–1536

Álvar Núñez Cabeza de Vaca fue uno de los primeros exploradores europeos de la región de Texas. Vivió varios años entre los grupos indígenas de esta región y describió sus experiencias en un libro. En este cuadro, saca la punta de una flecha del pecho de un indígena. **¿Crees que la opinión de Cabeza de Vaca acerca de los indígenas cambió después de vivir entre ellos? ¿Por qué?**

1769

Durante los siglos XVIII y XIX los españoles construyeron misiones y presidios en el suroeste. **La Misión de San Diego de Alcalá** fue establecida en 1769 en San Diego, California. **¿Has visitado una misión o un presidio fundado por los españoles? ¿Cómo era?**

1810–1821

Con el **Grito de Dolores**, *¡Viva México!*, el padre **Miguel Hidalgo** montó la primera rebelión contra los españoles en la madrugada del 16 de septiembre de 1810. México ganó su independencia de España en 1821. Hoy día se celebra **el día de la independencia en México** con una representación del Grito de Dolores, actuado por el presidente de la república desde su balcón del palacio nacional. **¿Has visto una representación pública de un evento histórico? ¿Qué representaba?**

¿Sabías que...?

Con el tratado de Guadalupe Hidalgo en 1848 cerca de 77.000 mexicanos se convirtieron en estadounidenses de la noche a la mañana.

Visit Holt Online
go.hrw.com
KEYWORD: EXP3 CH5
Photo Tour

1850 1900 1950 2000

© North Wind Picture Archives

1846–1848

En 1846 las tropas estadounidenses llegaron al río Bravo del Norte para defender su nuevo estado de Texas. México todavía disputaba la frontera con Texas resultando en la **Guerra entre Estados Unidos y México**. En 1848 México se rindió y firmó el **tratado de Guadalupe Hidalgo,** cediendo los territorios de California, Nuevo México, Arizona y partes de Colorado, Nevada y Utah a Estados Unidos. **Investiga en la biblioteca o en Internet si hubo otros tratados en que Estados Unidos ganó territorio de otro país. Describe uno.**

1909

Gerónimo, de la nación Apache, fue el último líder indígena en rendirse al gobierno estadounidense después de enfrentarse contra una tropa de más de 5000 hombres en 1886. Murió prisionero de guerra, después de 23 años de encarcelación. **Investiga en Internet qué le pasó a la nación Apache de Gerónimo.**

1962–presente

César Chávez (1927–1993) y **Dolores Huerta** (1930–) fundaron la Asociación Nacional de Campesinos (más tarde conocida como Los Campesinos Unidos) en 1962. Promovieron la identidad chicana para llamar a acción a otros grupos de hispanohablantes. **¿Qué significa *chicano* para ti, hoy día?**

1836–1845

En marzo de 1836 las tropas mexicanas del general Santa Anna derrotaron completamente a los rebeldes tejanos en **la batalla del Álamo**. Un mes después de la derrota, los tejanos sorprendieron a las tropas de Santa Anna en **San Jacinto** y ganaron la batalla. Con esta victoria la República de Texas logró su independencia de México. En 1845 Texas fue anexado a Estados Unidos. **Investiga qué ventajas ganó Texas uniéndose con Estados Unidos.**

El arte
del Suroeste y del Norte de México

ÉPOCA PRECOLOMBINA — 1800 — 1850

1.500 A.C.–700 D.C.
Estas figuras de Galisteo, Nuevo México, fueron pintadas hace miles de años por los Anasazi, uno de **los primeros grupos indígenas de la región.** Figuras como éstas se encuentran en las piedras y los cañones del suroeste. **¿En qué se diferencian estas figuras de las imágenes encontradas en Altamira, España?**

1797
Los españoles dejaron sus huellas en la arquitectura del suroeste. **La Misión San Xavier del Bac,** construida en 1797 en Tucson, Arizona, es un ejemplo del estilo barroco del siglo XVIII. **Compara el estilo de esta misión con otras misiones que has visto.**

Siglos XVIII–XIX
La palabra *adobe* se refiere a ladrillos de arcilla secados al sol o a estructuras construidas de este material. **La arquitectura de adobe** del suroeste y del norte de México es una síntesis de formas indígenas y españolas y de métodos de construcción usados durante el período colonial. **¿Por qué crees que utilizan el adobe en la arquitectura del suroeste?**

1887–1986
En 1929 la pintora **Georgia O'Keeffe** viajó a Taos, Nuevo México, y quedó enamorada de la región. O'Keeffe continuó pintando en el suroeste, revelando las bellezas de la región. **Describe a Georgia O'Keeffe en esta foto y busca una de sus obras en la biblioteca o en Internet.**

¿Sabías que...?

Se puede llevar casi todo un año para tejer una gran alfombra tradicional návajo.

Visit Holt Online
go.hrw.com
KEYWORD: EXP3 CH5
Photo Tour

1900 — 1950 — 2000

1970

Desde 1970, el muralista **David Tineo** contribuye sus talentos a la comunidad de Tucson, Arizona. El mural *Para los niños,* como muchas de sus obras, fue pintado con la colaboración de jóvenes de la comunidad. **¿Hay murales en tu ciudad? ¿Cuentan una historia o representan algo simbólico?**

1986

Sandía fue pintado en 1986 por **Carmen Lomas Garza** (1948–). El arte narrativo de Lomas Garza refleja la niñez de la artista en Kingsville, Texas, con su familia mexicoamericana. Garza retrata los recuerdos alegres de la vida cotidiana. **¿Qué significa arte narrativo? ¿Puedes dar un ejemplo de lo narrativo en este cuadro?**

1998

Mario Torero, de San Diego, California, es un activista y artista que realiza murales, cuadros y esculturas, como *Voladores,* que reflejan el espíritu mexicoamericano contemporáneo. El arte de Torero tiene influencia del surrealismo. **¿Qué efecto crees que puede tener el arte en revitalizar un barrio?**

Presente

Hoy día los **artistas návajos del suroeste** tejen alfombras tradicionales con las mismas técnicas de sus antepasados. La artista convierte la lana en hilo que usará para tejer una preciosa alfombra. **¿En qué se diferencian las alfombras tradicionales de las que son hechas a máquina?**

Capítulo 5

El arte y la música

OBJETIVOS

In this chapter you will learn to

- ask for and give opinions
- introduce and change a topic of conversation
- make suggestions and recommendations
- turn down an invitation

And you will use

- comparisons of equality and superlatives
- passive voice
- subjunctive with hopes and wishes
- past perfect

¿Qué ves en la foto?

- **¿Qué están mirando estos chicos?**
- **¿Qué ves en la obra de arte?**
- **¿Qué te parece la ropa que lleva la gente en el mural?**

Un mural en el Mercado Mayapán, El Paso, Texas

Objetivos
Asking for and giving opinions, introducing and changing a topic of conversation

Vocabulario en acción 1

Las artes plásticas y la arquitectura

Vamos a conocer la arquitectura y las artes del Suroeste de Estados Unidos y del norte de México.

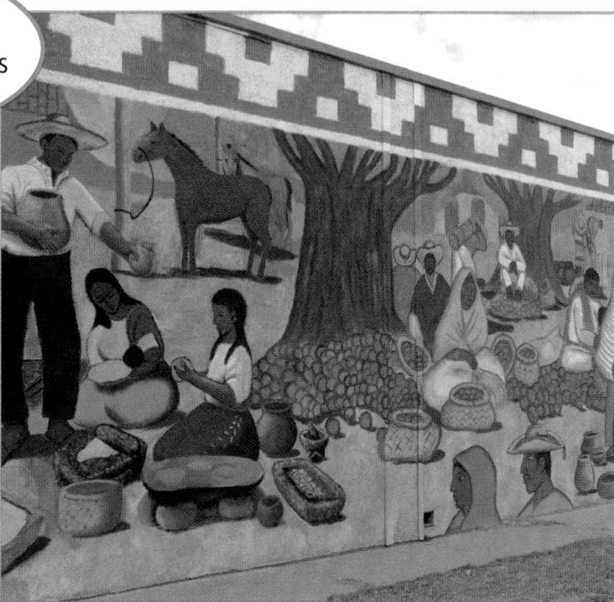

A mí me **llaman la atención** los murales. Algunos son muy **modernos** e **imaginativos.**

La Ciudad de México es **impresionante.** Hay una mezcla de **arquitectura antigua** y **contemporánea.**

Hay **galerías** y museos de arte con pinturas típicas del Suroeste, pinturas **realistas** y otras de estilo **clásico.**

Visit Holt Online
go.hrw.com
KEYWORD: EXP3 CH5
Vocabulario 1 practice

Cuando hay **una exposición** de pintura, me gusta ir a ver las obras. Me fascinan **las acuarelas.**

Me gusta **la escultura.** Para poder **esculpir,** hay que aprender a usar las herramientas necesarias, pero sólo un artista puede crear una obra **maravillosa.**

A mi hermano le gusta mucho **la fotografía.** Tomó una foto de **la estatua** fuera del museo.

Más vocabulario...

la cinematografía	*cinematography*
el dibujo	*drawing*
original	*original*
el puente	*bridge*
tallar en madera	*to carve wood*
la torre	*tower*

¡Exprésate!

To ask for an opinion	To respond
Este retrato fue pintado por... ¿Qué te parece? *This portrait was painted by . . . What do you think of it?*	**A decir verdad, me parece...** *To tell the truth, it strikes me as . . .*
¿Cuál de estas pinturas te gusta más, la de... o la de...? *Which of these paintings do you like better, the one of (by) . . . or the one of (by) . . . ?*	**En realidad, admiro...** *Actually, I admire . . .*
¿Qué opinas de...? *What do you think of . . . ?*	**Lo/La encuentro muy...** *I find it to be very . . .*

Interactive TUTOR

Online
Vocabulario y gramática, pp. 49–51

▶ **Vocabulario adicional** — Las artes y la arquitectura, p. R17

1 Críticos de arte

Escuchemos Escucha las conversaciones e identifica la obra que describen.

A

B

C

D

E

F

Una escultura de piedra en el Museo de Antropología, México

2 Definiremos el arte

Leamos Escoge la palabra del cuadro que va con cada definición.

el museo	el tallado en madera	la fotografía
el puente	la escultura	la torre

1. Una obra de arte que se puede hacer con piedra.
2. Una construcción que se usa para cruzar un río o una carretera.
3. Un edificio de varios pisos o un monumento.
4. Un lugar donde puedes ver varias obras de arte reunidas.
5. Una obra de arte hecha de madera.
6. Una forma de arte que requiere el uso de una cámara.

3 Una no es del grupo

Leamos Lee cada serie de tres palabras. Indica la palabra que no se relaciona lógicamente con las otras dos y explica por qué.

1. antiguo | contemporáneo | moderno
2. tallar en madera | esculpir | puente
3. torre | puente | clásico
4. escultura | estatua | dibujo
5. galería | exposición | arquitectura
6. fotografía | cinematografía | clásico

4 ¿Cuál es tu opinión?

Leamos/Escribamos Escribe una respuesta a cada comentario según la información entre paréntesis. Sigue el modelo.

MODELO —Este retrato es maravilloso, ¿no crees? (no estás de acuerdo)
—A decir verdad, lo encuentro poco original.

1. ¿Qué te parece la última novela de Carlos Fuentes? Yo la encuentro muy imaginativa. (no estás de acuerdo)
2. ¿Qué opinas de esta pintura realista? Es muy original, ¿no? (estás de acuerdo)
3. Me dejan frío las exposiciones de arte. (no estás de acuerdo)
4. El arte moderno es imaginativo, ¿no crees? (estás de acuerdo)
5. Esta torre es impresionante. Es toda una obra de arte. (estás de acuerdo)
6. La fotografía no es nada interesante. (no estás de acuerdo)

La influencia española en la arquitectura del norte de México es evidente. En el siglo XVII los españoles construyeron casas y algunas iglesias de adobe, el cual era muy abundante en el clima árido del norte de México. En la ciudad de Guanajuato, México, todavía se pueden apreciar varias iglesias construidas de adobe. ¿Hay estructuras de adobe donde tú vives?

5 Mi arte preferido

Escribamos/Hablemos Da tu opinión sobre las siguientes cosas utilizando las expresiones de **Exprésate.**

1. tu música preferida
2. tu novela favorita
3. una galería de arte
4. un edificio que te gusta mucho
5. tu canción preferida
6. un(a) artista a quien admiras mucho

Comunicación

6 Comentemos el arte

Hablemos Mira las siguientes obras de arte y arquitectura con un(a) compañero(a). Túrnense para compartir sus opiniones de las obras. Usen las expresiones de **Exprésate** en sus oraciones.

una pirámide maya

una pintura abstracta

una escultura azteca

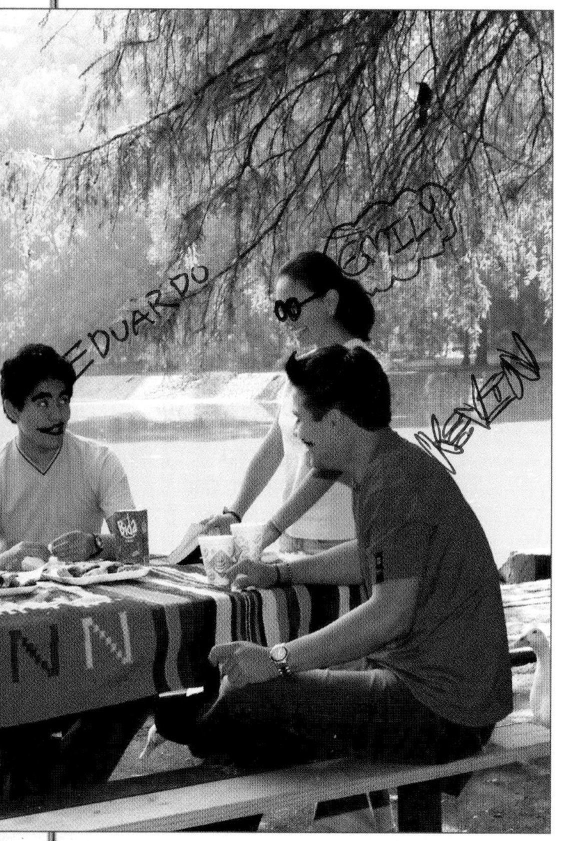

El viaje de Kevin y Emily a la Ciudad de México

EDUARDO ¡Hola, Kevin! ¡Hola, Emily! ¿Cómo están? ¿Qué les parece la Ciudad de México hasta ahora?

KEVIN ¡Es una ciudad impresionante! Tiene muchas cosas que me llaman la atención. Hay ruinas antiguas y arquitectura moderna en la misma ciudad.

EMILY Sí, es una mezcla de lo clásico con lo contemporáneo. Aquí hay edificios que me hacen pensar que estoy en otra época y hay otros que son de lo más contemporáneo.

EDUARDO ¡Qué bien! Y hablando de arquitectura antigua, ¿qué opinan del Templo Mayor y de la catedral en el Zócalo?

EMILY Son edificios de verdad maravillosos.

KEVIN ¡Y el Palacio Nacional es gigantesco!

EDUARDO Cambiando de tema, muchachos, ¿qué más han visto de la ciudad?

EMILY Fuimos al Palacio de Bellas Artes y vimos una exposición de la cinematografía mexicana, además de muchas esculturas, dibujos y pinturas en acuarela.

KEVIN Luego, visitamos el Ángel de la Independencia. Me parece la estatua más bella de la ciudad. ¡La encontré fascinante!

EDUARDO Estoy de acuerdo. A propósito, ¿no pasaron por el Museo de Antropología? Está cerca del bosque de Chapultepec. Si quieren, los llevo.

KEVIN Sí, gracias, Eduardo.

EMILY De acuerdo, ¡vámonos!

¡Exprésate!

To introduce and change a topic of conversation

Interactive TUTOR

Eso me hace pensar en... *That makes me think about . . .*	**Cambiando de tema, ¿qué me dices de...?** *Changing the subject, what do you have to say about . . . ?*
A propósito, ¿qué has oído de el/la...? *By the way, what have you heard about the . . . ?*	**Hablando de arte, ¿qué me cuentas de...?** *Speaking of art, what can you tell me about . . . ?*

Online
Vocabulario y gramática, pp. 49–51

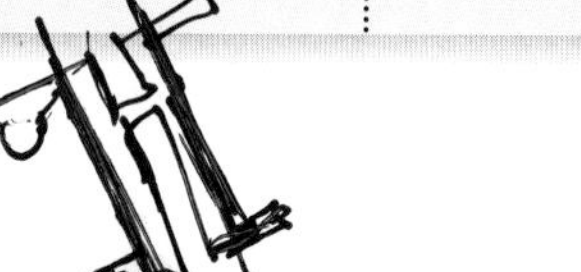

7 ¿Quién lo dijo?

Leamos Lee cada oración y decide si la dijo **Eduardo, Kevin** o **Emily.**

1. Me alegra que estén disfrutando la Ciudad de México.
2. ¡Me fascinó la estatua del Ángel de la Independencia!
3. Les recomiendo el Museo de Antropología.
4. El Palacio Nacional es el edificio más grande que hemos visto.
5. Algunos edificios me hacen pensar que estoy en otra época.
6. A mí me encantaron las exposiciones del Palacio de Bellas Artes.

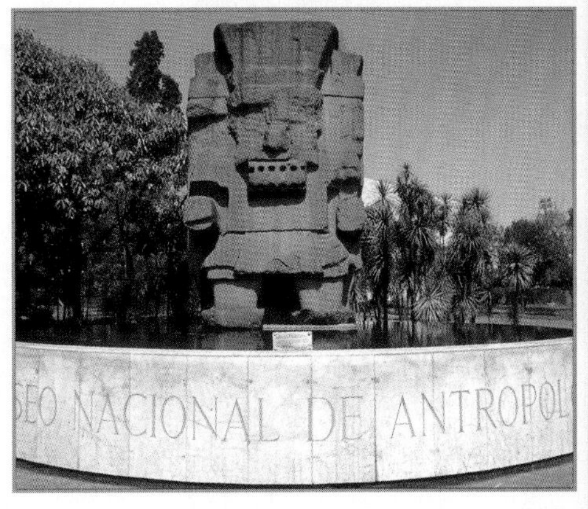

La entrada del Museo Nacional de Antropología en la Ciudad de México

8 Hablando de arte

Escuchemos Escucha mientras Natalia y Octavio hablan de artistas y sus obras e indica cuántas veces cambian de tema.

9 Novedades de la exposición

Leamos/Escribamos Completa la conversación con las palabras de **Exprésate.**

CARMEN Oye, Saúl, ¿qué te __1__ la exposición de ayer? Estuvo buenísima, ¿verdad?

SAÚL Sí, los cuadros realistas me gustaron mucho. ¿Te gustaron?

CARMEN La verdad, los __2__ muy aburridos. Lo que me llamó la atención fue la escultura zapoteca.

SAÚL __3__ de escultura, ¿qué __4__ de las esculturas modernas que vimos?

CARMEN En realidad, me impresionaron mucho.

SAÚL A __5__, ¿qué me __6__ de la próxima exposición?

CARMEN Tengo entendido que es una exposición de fotografía.

Comunicación

10 Hablemos de otra cosa

Hablemos Estás hablando con unos compañeros de clase acerca de la pintura y terminan hablando de la clase de arte. Dramaticen una conversación que abarque *(includes)* los siguientes temas. Usen las expresiones de **Exprésate** para cambiar de tema.

1. la pintura
2. varios tipos de pintura
3. la nueva galería de arte
4. la clase de arte

Objetivos
Comparatives of equality and superlatives, passive se, passive voice with ser

Repaso Comparisons of equality and superlatives

1 Use **tan** + **adjective** + **como** to compare people and things. The adjective you use must agree in gender and number with the person or thing you compare.

Esta estatua es **tan bonita como** la otra.

Estos dibujos son **tan antiguos como** los que vimos ayer.

Esta torre no es **tan alta como** la de Morelia.

2 In the second part of your comparison, you can use an **article** + **adjective** unit or a **pronoun** to avoid repetition.

Este retrato es tan antiguo como **aquél.**

Las películas de acción no son tan divertidas como **las cómicas.**

3 There are two kinds of superlatives. One kind uses **el/la/los/las** + **más/menos** + **adjective** + **de** to mean *the most or the least.*

La torre Eiffel es **la más alta de** todas las que he visto.
The Eiffel tower is the tallest of all the ones I've seen.

Los dibujos en este museo son **los menos creativos del** mundo.
The drawings in this museum are the least creative in the world.

Adding **-ísimo** / **a** / **os** / **as** to the end of the adjective forms a superlative that intensifies the meaning of the adjective.

La exposición de arte contemporáneo es **buenísima.**
The contemporary art exhibition is great (very good).

Los bloques de piedra de este edificio son **grandísimos.**
The stone blocks in this building are huge (very big).

Online
Vocabulario y gramática, pp. 52–54 | Actividades, pp. 41–43

¿Te acuerdas?

To demonstrate which object is being spoken about, use demonstrative adjectives.

¿No te gustó **esa** exposición?

Me encantó **aquella** pintura de la rosa.

To talk about "this one" or "that one", use demonstrative pronouns.

¿Prefieres esta pintura o **ésa**?

Me gusta más **ésta.**

11 ¿Cuál te gusta?

Escuchemos Escucha las siguientes conversaciones. Indica si la opinión que da la persona es **positiva** o **negativa.**

Visit Holt Online
go.hrw.com
KEYWORD: EXP3 CH5
Gramática 1 practice

12 Grandísimas en comparación

Leamos/Escribamos Completa las oraciones con las dos formas del superlativo o con el adjetivo.

1. Los jardines de Chapultepec son _____. Son los jardines más _____ _____ México. (grande)
2. La Torre Sears en Chicago es _____. Es la torre más _____ _____ Estados Unidos. (alto)
3. Fernando Botero es un pintor muy _____. Es tal vez el pintor más _____ _____ Colombia. (conocido)
4. En mi opinión, las esculturas antiguas son _____. Para mí, son las más _____ _____ todas. (extraño)
5. La Gran Muralla China es muy _____. Es la muralla más _____ _____ mundo. (largo)
6. Las comedias de Shakespeare son _____. Para mí son las más _____ _____ todas las obras de teatro. (divertido)

13 ¿Cómo lo ves?

Escribamos Escribe por lo menos dos oraciones con tu opinión sobre lo que ves en las fotos. Usa las dos formas del superlativo. Sigue el modelo.

MODELO **Este puente es larguísimo.**
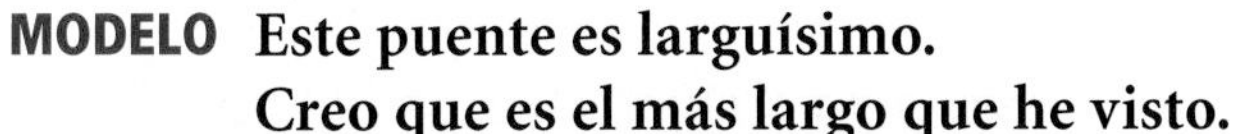
Creo que es el más largo que he visto.

1

2

3

4
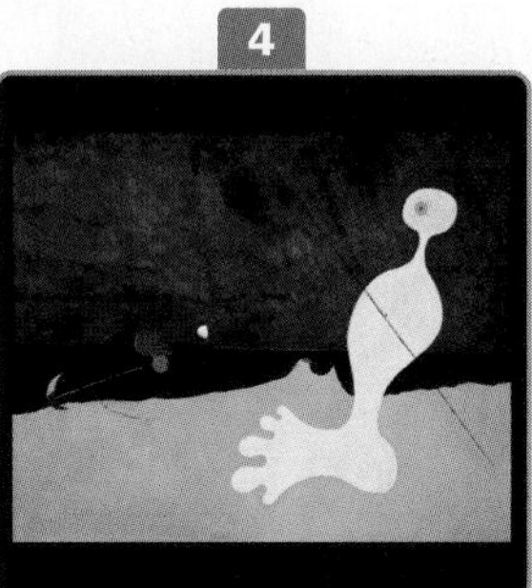

Comunicación

14 ¡Me parece buenísima idea!

Hablemos Dramaticen tú y un(a) compañero(a) una conversación en la que decidan qué hacer un fin de semana. Sugieran por lo menos tres ideas antes de llegar a un acuerdo y usen el superlativo. Sigan el modelo. *¿Se te olvidó?* **Nosotros** commands, p. 60

MODELO **—¿Por qué no vemos la nueva película?**
—Ay, no. Pasar tres horas sentado en el cine me parece la cosa más aburrida del mundo. Hagamos una fiesta, mejor.

Repaso Passive se

1 The **passive voice** is used to state that something *is done or has been done to someone or something.* The person or thing causing the action, known as the agent, is not mentioned.

> **Se encontró** la pintura robada.
> *The stolen painting was found.*
>
> **Se vendieron** muchos boletos.
> *Many tickets were sold.*

In contrast, the **active voice** takes the agent(s) into consideration even though the agent is not always clearly identified.

> **Encontraron** los artefactos robados.
> *(They) found the stolen artifacts.*
>
> **Vendieron** muchos boletos.
> *(They) sold many tickets.*

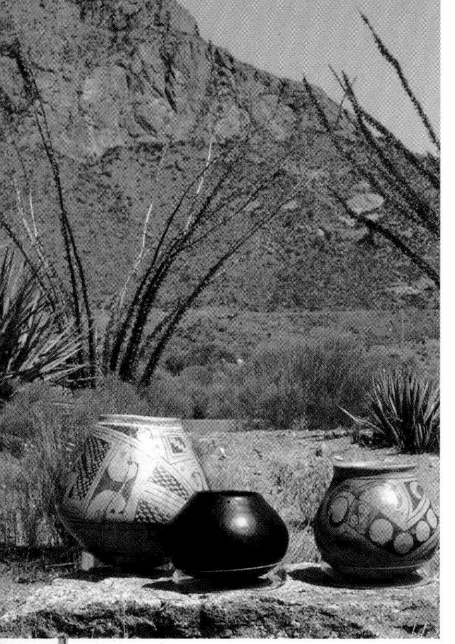

Encontraron artefactos que parecían ser creados por el mismo desierto.

2 You can express the passive voice with the pronoun **se** plus a verb in the third person singular or plural (**se pasiva**). The verb agrees in number with the **recipient** of the action.

> *agrees*
> **Se presenta un concierto** gratuito en el parque este domingo.
> *A free concert is being shown at the park this Sunday.*
>
> *agrees*
> **Se ofrecen clases** de pintura y baile en el Centro de Bellas Artes.
> *Painting and dance classes are being offered at the Centro de Bellas Artes.*

3 Unlike **se pasiva, se impersonal** is always used with a verb in the third person singular. Like **se pasiva, se impersonal** constructions do not mention the agent. The agent is often translated as an anonymous *one, you,* or *people.*

> **Se camina** mucho en esta ciudad.
> *One walks a lot in this city.*

Online
Vocabulario y gramática, pp. 52–54 | Actividades, pp. 41–43

¿Quién lo hizo?

Escuchemos Escucha las oraciones. Para cada una indica **a**) si se menciona el agente o **b**) si no se menciona.

16 ¿Qué se hace en tu colegio?

Leamos/Escribamos Lee las siguientes oraciones acerca del colegio de Mónica. Escribe **cierto** si lo que dice la oración es cierto en tu colegio. Si no, escribe **falso** y corrige la oración.

1. En mi colegio, se ofrecen clases de arte y música.
2. Todos los años se presenta una exposición de arte estudiantil en mi colegio.
3. En mi colegio se enseñan español, francés y ruso.
4. En la orquesta estudiantil se toca música clásica, jazz y rock.
5. El himno del colegio se toca todos los días por la mañana.
6. En mi colegio, se ofrece una clase de fotografía.
7. Todos los años se hace una excursión al museo de arte.
8. Se han pintado murales por los pasillos y en la cafetería.

17 Donde yo vivo

Escribamos/Hablemos Completa cada oración usando una frase con **se impersonal** y los verbos entre paréntesis.

MODELO **En mi casa... (comer, ver)**
En mi casa se come a las seis y media.
Se ve televisión casi todas las noches.

1. En la clase de escultura... (esculpir, observar)
2. En la clase de español... (leer, practicar)
3. En los partidos de fútbol... (gritar, correr)
4. En mi restaurante favorito... (preparar, pagar)
5. En el museo de arte... (ver, presentar)
6. En el centro comercial... (comprar, gastar)

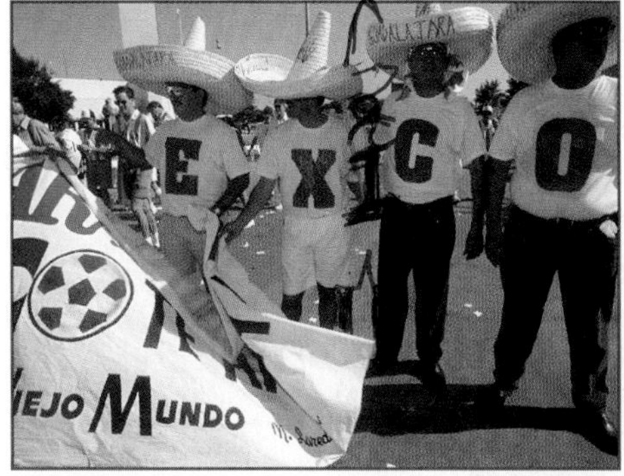

Aficionados mexicanos asisten a un partido de la Copa Mundial en Dallas, Texas.

Comunicación

18 ¿Cómo es en tu país?

Hablemos En parejas, dramaticen una conversación entre un estudiante de Estados Unidos y un estudiante de intercambio de otro país. Túrnense para hacer por lo menos tres preguntas al estudiante de intercambio acerca de su país. Sigan el modelo.

MODELO **—En tu país, ¿se comen las mismas cosas que aquí?**
—No, para nada. En mi país se comen cosas distintas.

comida	ropa	deportes	música
clases	pasatiempos	costumbres	televisión

¡Te acuerdas?

The past participle of **-ar** verbs is formed by dropping the **-ar** and adding **-ado**, and the past participle of **-er** and **-ir** verbs is formed by dropping the **-er** or **-ir** and adding **-ido**.

habl**ar** → habl**ado**
com**er** → com**ido**
serv**ir** → serv**ido**

See p. 148 for irregular past participles.

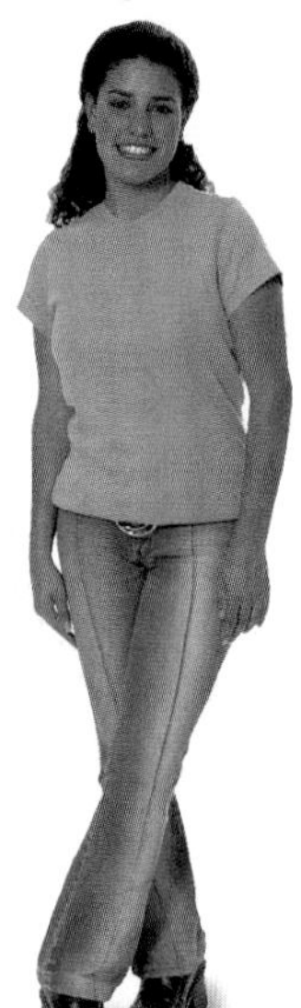

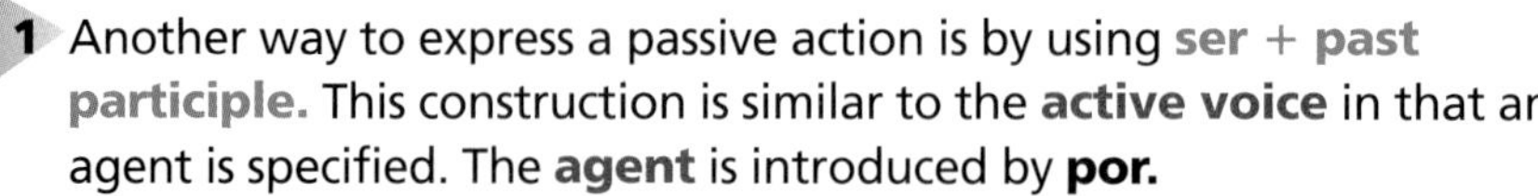

Passive voice with ser

1 Another way to express a passive action is by using **ser + past participle.** This construction is similar to the **active voice** in that an agent is specified. The **agent** is introduced by **por.**

Diego Rivera pintó el mural.	El mural **fue pintado por Diego Rivera.**
Diego Rivera painted the mural.	*The mural was painted by Diego Rivera.*

2 Sentences with **ser + past participle** are formed by combining the recipient of the action + **ser + participle + por + agent.** The past participle must agree in number and gender with the recipient.

agrees

El mural **fue pintado por Diego Rivera.**

agrees

Los murales **fueron pintados por Diego Rivera.**

agrees

Una escultura **será presentada por mi profesor de arte.**

agrees

Varias esculturas **serán presentadas por los estudiantes.**

Online
Vocabulario y gramática, pp. 52–54 | Actividades, pp. 41–43

19 El Museo de Arte de El Paso

Escuchemos/Leamos Escucha el pasaje acerca del Museo de Arte de El Paso. Luego, lee las oraciones que siguen y contesta **cierto** o **falso** basándote en lo que escuchaste. Si una oración es falsa, corrige la oración con la información correcta.

1. El museo fue abierto en 1947.
2. El Museo de Arte de El Paso originalmente fue nombrado Museo Internacional de El Paso.
3. El museo fue convertido en *(turned into)* una institución pública en los años 50.
4. Las galerías adicionales fueron construidas en el año 1998.
5. El museo fue mudado a una casa renovada en el distrito de artes culturales.
6. El museo es visitado por miles de personas cada año.

20 Hecho por...

Escribamos Combina las frases para formar oraciones en voz pasiva. Sigue el modelo.

MODELO **el cuadro del museo/pintar/un artista conocido**
El cuadro del museo fue pintado por un artista conocido.

1. la sinfonía/tocar/la orquesta juvenil
2. la obra de teatro/escribir/el club de drama
3. la torre de vidrio/diseñar/un arquitecto japonés
4. la ciudad de Machu Picchu/construir/los incas
5. el mural/pintar/unos artistas mexicanos
6. la estatua/esculpir/mis amigos

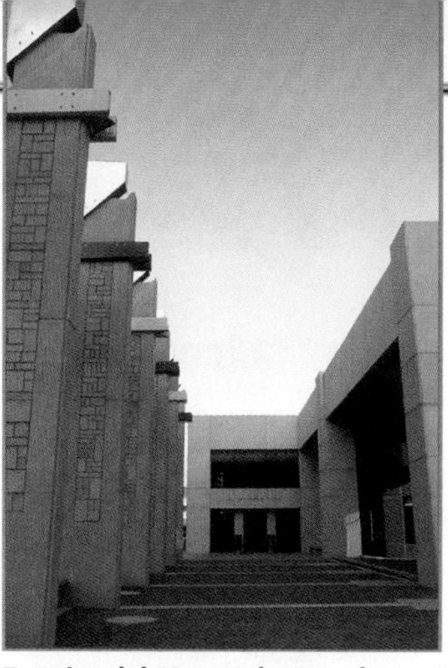

Exterior del Museo de Arte de El Paso

Gramática 1

21 ¡De vacaciones!

Leamos/Escribamos Cambia cada oración de voz activa a voz pasiva. *¿Se te olvidó?* Past participle, p. 148

MODELO **Un arquitecto famoso diseñó el museo.**
El museo fue diseñado por un arquitecto famoso.

1. Los turistas visitaron el museo de arte contemporáneo.
2. El guía describió los dibujos más famosos.
3. El museo compró los cuadros hace cinco años.
4. El museo construyó una sala de exposición para las esculturas.
5. El guía llevó a los turistas a la torre del castillo.
6. Mi hermano sacó una foto fabulosa de la torre del castillo.
7. Alguien diseñó el castillo hace más de seiscientos años.
8. Un terremoto dañó una muralla del castillo hace veinte años.

Comunicación

22 Los gustos del arte

Hablemos En grupos de tres, piensen en su canción, obra de teatro, novela y obra de arte favorita. Luego, túrnense para mencionar algo de su obra favorita. Sus compañeros(as) tienen que adivinarla *(guess it)*. Usen **ser + participio pasado** en sus oraciones. Sigan el modelo.

canción favorita
obra de teatro favorita
novela favorita
obra de arte favorita

MODELO **canción favorita**
—Mi canción favorita es contemporánea. Fue escrita por el grupo El Gran Silencio.
—¿Es "Dormir soñando"?

Cultura

VideoCultura

Comparaciones

Interactive TUTOR

De la conquista a 1930 de Diego Rivera

Lo hermoso, a todos da gozo

En los pueblos y ciudades de España y América Latina, siempre hay algún edificio antiguo o moderno que gusta a sus habitantes y a los visitantes. Algunas ciudades son monumentales. Tienen rascacielos, parlamentos, iglesias, palacios, museos, plazas o esculturas que atraen a muchos turistas a ver su arte y su arquitectura. Esto da trabajo a muchas personas que hacen de guías turísticos. Imagina que tú eres guía de tu ciudad o región. ¿Qué edificios son los sobresalientes? ¿Cómo es su arquitectura?

Mario
Ciudad de México, México

¿Qué me puedes decir sobre el arte o la arquitectura de México?

México ha sido siempre un país muy rico en artistas plásticos y arquitectos, donde el mundo ha encontrado inspiración.

¿Quiénes son algunos artistas o arquitectos conocidos de México?

Pues, de los más famosos, tenemos Frida Kahlo, Diego Rivera, arquitectos como Barragán, Arazúa.

De ellos, ¿a quién prefieres y por qué?

Uno de mis artistas preferidos es Diego Rivera, no sólo por su trabajo artístico sino también social.

¿Cómo es su arte?

Su arte tiene mucho que ver con los movimientos sociales que han pasado aquí en México, desde los aztecas hasta la conquista, la revolución industrial, la expropiación de petróleo, los movimientos sindicalistas, etcétera.

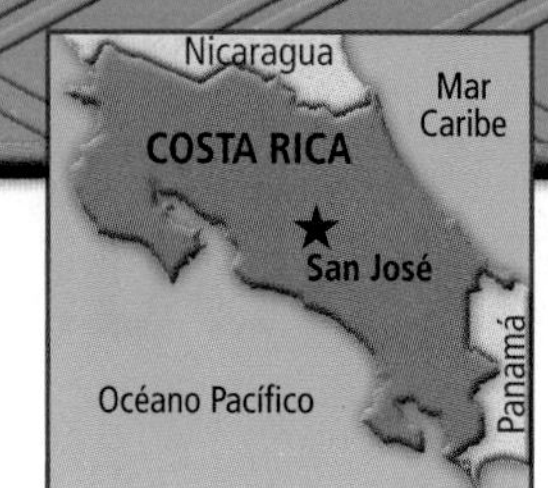

Visit Holt Online
go.hrw.com
KEYWORD: EXP3 CH5
Online Edition

Cultura

Loriana

San José, Costa Rica

¿Qué me cuentas del arte o de la arquitectura de Costa Rica?

Bueno, tenemos muchos tipos. En ellos podemos destacar la arquitectura más antigua como el Teatro Nacional, el Melico Salazar o las casas antiguas del Barrio Amón, que son más que todo coloniales. Y para casas más modernas podemos mencionar lo que es el edificio de Arquitectos Ingenieros de Costa Rica.

¿Quiénes son algunos artistas o arquitectos conocidos de esta región?

Podemos mencionar a Jamie Rouillo, a Franz Beer, a Víctor Cañas, y también podemos mencionar a Bruno Estagno.

¿De ellos, a quién prefieres?

De ellos, me gusta Víctor Cañas.

¿Cómo es su arte?

Es un arte modernista. Es una nueva onda que se está usando en el país, que trata más que todo usar materiales como el aluminio y el concreto expuesto.

Para comprender

1. ¿Quiénes son dos artistas que menciona Mario?
2. ¿Cómo es el arte de Diego Rivera?
3. ¿Quiénes son dos artistas costarricenses?
4. ¿Cómo es el arte de Víctor Cañas?
5. El arte que le gusta a Mario tiene un tema social mientras el que le gusta a Loriana tiene un tema modernista. ¿Qué puede indicar cada preferencia sobre los gustos o personalidades de ellos?

Para pensar y hablar

¿Cómo pueden afectar los eventos políticos o culturales el arte de una comunidad? ¿En tu comunidad, la gente usa el arte como medio de expresión? Da unos ejemplos.

Comunidad y oficio

El mundo de las bellas artes

El arte y la música existen en casi todas las sociedades del mundo. No hace falta ser un experto en arte para apreciar el talento del artista o para disfrutar de un cuadro o una canción. Puedes usar Internet para buscar un museo, un teatro o un centro cultural en tu estado que tenga obras de un artista español o latinoamericano. ¿Por qué no vas a ver las obras? Puedes preguntarle al director del museo sobre la importancia de las obras de los artistas hispanos en tu comunidad. Si ningún museo te queda cerca, busca uno que tenga obras en Internet. Puedes hacer tus propias investigaciones sobre el aporte cultural de las obras de artistas hispanos a la comunidad.

El Palacio de Bellas Artes en la Ciudad de México contiene murales de artistas famosos.

Objetivos
Making suggestions and recommendations, turning down an invitation

La música y las artes dramáticas

La música y **las artes dramáticas** son **formidables.** Vamos a aprender un poco más de las expresiones **artísticas.**

Me encantan **las obras de teatro**, sobre todo **las comedias** porque son muy **entretenidas** y **creativas.**

Requiere mucho talento escribir una canción. Hay que escribir **la letra** y encontrar **el ritmo** adecuado además de **crear una melodía** bonita.

el ballet	*ballet*
de buen/mal gusto	*in good/bad taste*
estridente	*shrill*
incomprensible	*incomprehensible*
pésimo(a)	*terrible*
la reseña	*(critical) review*
superficial	*superficial*
la tragedia	*tragedy*

Visit Holt Online
go.hrw.com
KEYWORD: EXP3 CH5
Vocabulario 2 practice

Ésta es una clase de **drama.** Durante **una función** los actores **desempeñan sus papeles** para **el público.**

Es relajante escuchar **la orquesta** cuando toca una canción **hermosa** y **melodiosa.**

Los actores ensayan en **el escenario** antes de **presentar** la obra.

También se puede decir...

In some Spanish-speaking countries, people say **la danza** instead of **el baile.**

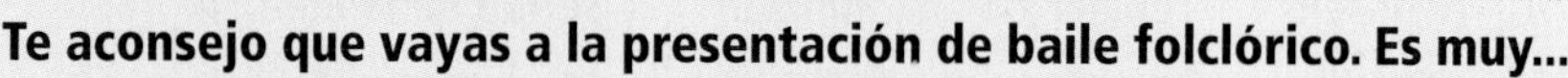

¡Exprésate!

To make suggestions and recommendations

Interactive TUTOR

Te aconsejo que vayas a la presentación de baile folclórico. Es muy...
I recommend that you go to the folk dance performance. It's very . . .

No te olvides de ir al ensayo de la banda.
Don't forget to go to band practice.

Es mejor que veas la ópera. Es formidable.
It's better for you to see the opera. It's great.

Sería buena idea ir al concierto de la sinfónica.
It would be a good idea to go to the symphony.

Online
Vocabulario y gramática, pp. 55–57

23 ¡Estuvo muy entretenido!

Escuchemos Escucha los comentarios, escoge la foto que corresponde al evento e indica si a la persona **le gustó** o **no le gustó.**

24 Tus gustos

Hablemos Da un ejemplo, según tu opinión, de las siguientes cosas.

1. un programa de mal gusto
2. una canción incomprensible
3. una comedia muy entretenida
4. un(a) cantante pésimo(a)
5. una persona muy creativa
6. una novela dramática

25 El crítico lo dice todo

Leamos/Escribamos Completa la reseña con las palabras del cuadro.

aconsejo	concierto	función	sería buena idea
comedia	entretenida	es mejor	te olvides

Si quieres ver una obra de teatro, te ___1___ que vayas a ver "El chisme silencioso", una nueva ___2___ en el Teatro Nacional. Créeme, ¡te vas a morir de la risa! Pero si quieres conseguir un boleto para la ___3___, no ___4___ de llamar al teatro por lo menos un día antes. A quienes no les guste el teatro, ___5___ que vean la presentación de baile contemporáneo en el Centro de Cultura. Además de ser muy ___6___, su valor artístico es impresionante. Finalmente, ___7___ que los aficionados a la música clásica fueran al ___8___ de la sinfónica este sábado.

26 ¿Qué le dices?

Leamos/Hablemos Lee las oraciones y decide qué decirle a tu amigo(a) en esas situaciones. Usa las frases del cuadro.

Es mejor que...	Te aconsejo que...
No te olvides de...	Sería buena idea

MODELO **Tu amigo(a) no sabe qué museo visitar.**
Te aconsejo que vayas al museo de arte contemporáneo.

1. Un(a) amigo(a) no sabe qué película ir a ver este fin de semana.
2. Quieres recomendarle un buen libro a tu amigo(a).
3. Un(a) amigo(a) piensa ir a un concierto que ya viste y que estuvo pésimo.
4. Tu amigo(a) quiere ver una presentación de baile pero no sabe adónde ir.
5. Escuchaste una canción muy buena y quieres recomendarle el CD a tu amigo(a).
6. Quieres recordarle a tu amigo(a) que vaya a la clase de teatro.

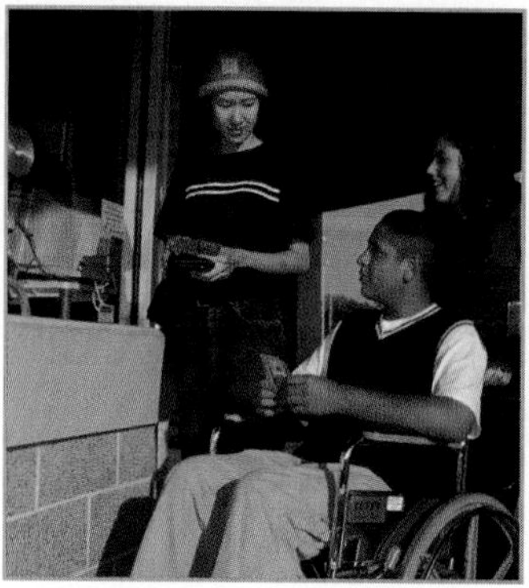

Unos amigos compran boletos para el cine.

27 En tus palabras

Escribamos Escribe una reseña de ocho o diez oraciones acerca de un evento artístico muy bueno o de uno pésimo que hayas visto este año. Usa las palabras del cuadro en tu reseña.

de buen/mal gusto	Sería buena idea...	estridente
Te aconsejo que...	el escenario	impresionante
pésimo	Es mejor que...	entretenido

Comunicación

28 Una buena recomendación

Hablemos Con un(a) compañero(a), dramaticen una conversación entre un estudiante de intercambio y otro estudiante que vive en tu ciudad. El primer estudiante quiere saber qué actividades culturales debe ver durante su año de intercambio. El segundo estudiante le da consejos y opiniones sobre varias actividades.

MODELO **—¿Puedes recomendarme un museo por aquí?**
—Claro. Te aconsejo que vayas a...

Cada quien tiene su gusto

SOFÍA Oigan, ¿no quieren ir a ver el estreno de "Invasores del universo II" este viernes?

ROQUE No, el viernes no puedo. Tengo otro compromiso.

SOFÍA ¿Y tú, Celeste? ¿Qué dices?

CELESTE A decir verdad, no quiero ver esa película. Ramón me dijo que la primera parte estuvo pésima. ¿Por qué no vamos al teatro el sábado? Dicen que presentan una obra entretenida. ¿Les interesa ir a verla?

ROQUE ¿No será "El baile de los elefantes"? Ya la he visto y la obra estuvo padrísima. Es una comedia y el público no dejó de reírse. A mí me gustaría ir a verla de nuevo. ¿A qué hora empieza la función?

SOFÍA No sé, pero el sábado no puedo. Además, el título me da la impresión de que es una obra de muy mal gusto. Tengo otra idea. ¿Qué hacen el domingo? ¿Me acompañan al Museo Metropolitano? Hay una exposición de arte.

ROQUE Pues, fíjate que sería buena idea. No es tan divertido como el teatro, pero sí, iré contigo. ¿Y tú, Celeste?

CELESTE A mí me parece buena idea. Vámonos al museo el domingo entonces.

¡Exprésate!

To invite someone to do something	To turn down an invitation (Interactive TUTOR)
¿Quieres ir a ver...? *Do you want to go see . . . ?*	**Gracias por invitarme, pero ya lo/la he visto.** *Thanks for inviting me, but I've already seen it.*
¿Te interesa ir a...? *Are you interested in going to . . . ?*	**Lo siento, pero ya tengo otros planes/otro compromiso.** *I'm sorry, but I already have other plans/another engagement.*
¿Me acompañas a...? *Do you want to come to . . . with me?*	**Gracias, pero tengo mucho que hacer. La próxima vez iré.** *Thanks, but I have a lot to do. I'll go next time.*
¿Por qué no vamos a...? *Why don't we go to . . . ?*	**Hoy no, gracias. ¿Por qué no lo dejamos para la próxima semana?** *Not today, thanks. Why don't we wait and do it next week?*

Online Vocabulario y gramática, pp. 55–57

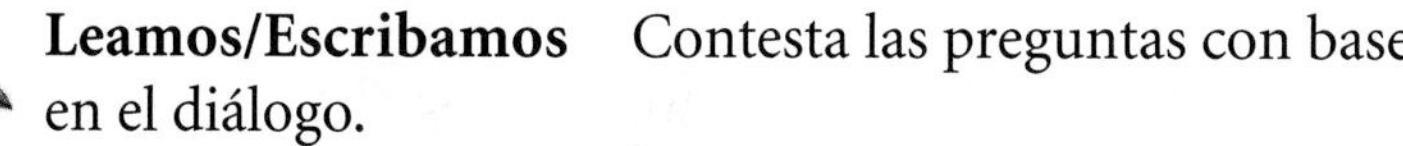

29 ¿Cómo fue?

Leamos/Escribamos Contesta las preguntas con base en el diálogo.

1. ¿De qué hablan los tres amigos?
2. ¿Por qué Roque no puede ver la película?
3. ¿Qué sugiere Celeste?
4. ¿Qué opina Roque de la obra que menciona Celeste?
5. ¿Por qué no puede ir Sofía al teatro?
6. ¿A dónde quiere ir Sofía el domingo?

30 Me gustaría pero...

Escuchemos Escucha las conversaciones e indica si la persona **acepta** o **no acepta** la invitación.

31 Te invito...

Hablemos/Escribamos Escribe una oración para invitar a la persona al evento indicado.

1. tu mamá/un museo de arte
2. tu amigo(a)/una exposición de arte
3. tu novio(a)/una obra de teatro
4. tus compañeros de clase/una película
5. tu primo(a)/un concierto
6. tus abuelos/un restaurante

La música más popular del norte de México es la música norteña. La música norteña tiene una larga tradición en México. Tiene sus orígenes en las polkas de Europa y refleja la influencia alemana en el uso del acordeón. Algunos grupos norteños exitosos son Pesado, Los Tigres del Norte, y Los Tucanes de Tijuana, entre otros. Otros géneros populares en el norte de México incluyen banda, grupero y cumbia.

Comunicación

32 Tengo muchas cosas que hacer

Leamos/Hablemos Tu amigo(a) te invita a salir, pero tienes mucho que hacer. Consulta tu agenda y responde a las invitaciones, hasta llegar a un acuerdo. Usa las expresiones de **Exprésate.**

21 lunes	22 martes	23 miércoles	24 jueves	25 viernes	26 sábado	27 domingo
• clase de pintura 4:00	• cine con Ruth 6:00	• examen de inglés 10:00 a.m.	• almuerzo con Juan Luis 1:30	• tarea con Sonia 4:00	• cena con la familia 5:00	• teatro con abuela 4:30
• ensayo de coro 6:00	• estudiar para el examen de inglés 8:30	• clase de pintura 4:00	• ensayo de coro 4:30	• ensayo de coro 5:00	• trabajar en la galería 6:00–8:00	• limpiar mi cuarto 6:30
• estudiar para el examen de inglés 7:30		• museo con Gabriel 6:00	• trabajar en la galería 6:00–8:00	• concierto de coro 7:00	• cine con mis amigos 8:30	• hacer tarea de ciencias 8:00

Objetivos

Subjunctive with hopes and wishes, past perfect

Repaso Subjunctive with hopes and wishes

1 The **subjunctive** is used in sentences that express **wishes, suggestions,** or **recommendations.** Some phrases used in this kind of sentence, and followed by the subjunctive, are: **aconsejar que, es buena idea que, es mejor que, esperar que, querer que, recomendar que,** and **sugerir que.**

> **Quieren que** los **acompañes** al baile el sábado.
> *They want you to go with them to the dance on Saturday.*
>
> Les **recomiendo que** no **vean** esa película.
> *I recommend that you don't see that movie.*
>
> Adriana dice que **es mejor que vayamos** al concierto.
> *Adriana says it's better that we go to the concert.*

2 The subjunctive is used when the main clause expresses a hope or wish for another person or group of people, there is a change in subject between the main and subordinate clauses, and the clauses are joined by **que.**

> main clause / subordinate clause
> **¿Quieres que** Pedro **compre** los boletos?
> *Do you want Pedro to buy the tickets?*
>
> main clause / subordinate clause
> Me **sugieren que tome** clases de fotografía.
> *They suggest I take photography classes.*

3 When there is no change of subject between the main and subordinate clause in a sentence expressing a **wish, suggestion,** or **recommendation,** omit **que** and use the **infinitive.**

> Yo **quiero tomar** un curso de arte.

Online
Vocabulario y gramática, pp. 58–60 | Actividades, pp. 45–47

En inglés

In Spanish, you always use a conjugated verb in the subjunctive.

> El profesor quiere que lo **hagas** ahora.

In English, you often use an infinitive to express the same idea.

> The professor wants you **to do** it now.

Sometimes in English you also use a conjugated verb.

> The teacher hopes that everyone **arrives** on time.

33 Consejos lógicos

Escuchemos Escucha las conversaciones y decide si la segunda persona da consejos lógicos o no. Indica **sí** o **no.**

Visit Holt Online
go.hrw.com
KEYWORD: EXP3 CH5
Gramática 2 practice

34 ¿Qué quieren hacer?

Escribamos Un grupo de amigos está tratando de planear una actividad para este fin de semana. Combina las frases para escribir las ideas de cada uno.

1. Enrique/querer/que todos/ir a un concierto
2. Yo/preferir/que nosotros/ver una película
3. Sara/esperar/que Luis/sugerir no ir a un partido de fútbol
4. Fernando/recomendar/que los chicos/practicar ciclismo
5. Tú/aconsejarnos/que todos/hacer algo juntos
6. El profesor/sugerir/que yo/estudiar este fin de semana

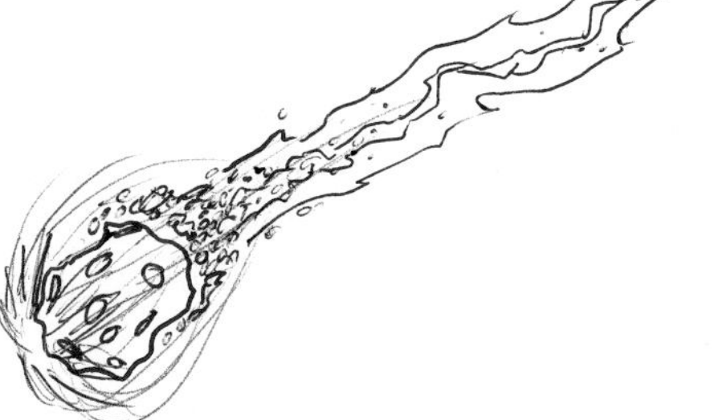

35 Querida Paquita...

Leamos/Escribamos Imagina que eres "Querida Paquita" y responde a cada carta con uno o dos consejos y recomendaciones.

¿Se te olvidó? Subjunctive mood, p. 18

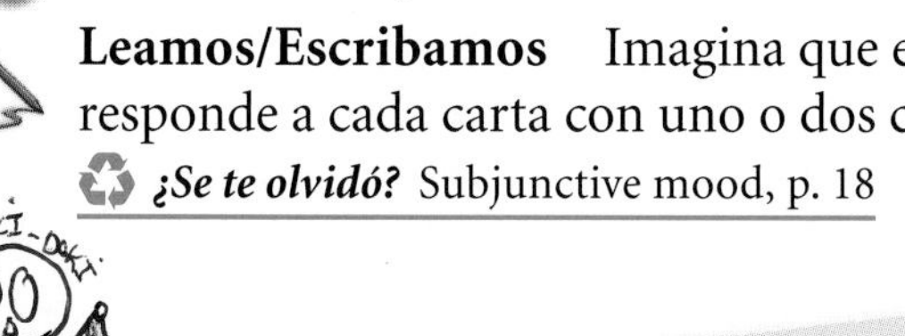

Querida Paquita:

Tengo un problema. Me encantan las artes, especialmente el baile. Mis amigas me dicen que bailo muy bien y quiero tomar clases de baile, pero mis padres no pueden pagármelas. ¿Qué debo hacer?

Inés

Querida Paquita:

Me interesa mucho estar en el coro de mi colegio, pero me da miedo hacer una audición frente a tantas personas. Creo que canto mejor en grupos. ¿Qué me aconsejas?

David

Comunicación

36 ¿Qué hago?

Hablemos Dramaticen una escena entre dos amigos o amigas. Tú quieres salir con un(a) chico(a), y sabes que a él (ella) le gusta el arte y la cinematografía, pero no sabes adónde ir. Pídele consejos a tu amigo(a). Tu amigo(a) debe responder con algunas recomendaciones.

MODELO **—Oye, Tomás, ¿crees que debo llevar a Sonia al cine?**
—Pues, te sugiero que vayan al museo. Hay una nueva exposición allí que es bellísima.

More on subjunctive with hopes and wishes

1 You know that the **subjunctive** is used in sentences that express a **wish, suggestion,** or **recommendation** for another person or group of people. Some other expressions often used with the subjunctive include:

Propongo que **hagamos** las dos cosas.
I propose we do both things.

Es importante que **aprendamos** cómo esculpir.
It's important that we learn how to sculpt.

Me **pide** que **saque** las fotos.
He asks that I take the pictures.

Nos **dicen** que **compremos** los boletos.
They tell us to buy the tickets.

Necesito que **me ayudes.**
I need you to help me.

Ojalá (que) **sea** buena la obra.
Let's hope the play is good.

Hace falta que **practiques** más.
You have to practice more.

Es necesario que **llegues** a tiempo al museo.
It is necessary that you arrive at the museum on time.

2 Remember that when there is no change in subject between the main and subordinate clause in a sentence expressing a **wish, suggestion,** or **recommendation,** omit **que** and use the infinitive.

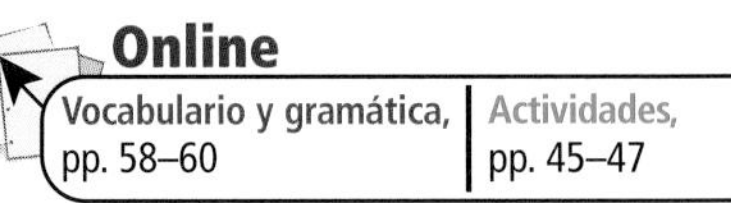
Online
Vocabulario y gramática, pp. 58–60 | Actividades, pp. 45–47

Frida Kahlo es una de las artistas más conocidas de México. Lo popular, lo religioso y los símbolos mexicanos son parte del estilo de sus obras. Ella se casó con el famoso pintor Diego Rivera en 1929. Fue Diego quien le sugirió a Frida que usara ropa tradicional mexicana. Ella siguió su consejo y por eso se conoce por sus vestidos largos de colores brillantes (al estilo tradicional mexicano) y sus joyas exóticas.

Photo by Nickolas Murray © Nicolas Murray Photo Archives/Courtesy George Eastman House

37 ¿Estás de acuerdo?

Leamos/Escribamos Lee las oraciones e indica si **estás de acuerdo** o **no** con cada una. Si no estás de acuerdo, cambia la oración.

1. Si te gusta el arte, te propongo que veas televisión todos los días.
2. Para tener éxito en la clase de arte, es importante que seas muy creativo.
3. Antes de graduarse, es necesario que cada estudiante sepa hablar otro idioma.
4. Hace falta que el público esté callado durante la ópera.
5. Es necesario que la música de la orquesta sea siempre melodiosa.
6. Te recomiendo que vayas al teatro si te gustan los dramas.

38 El ensayo

Leamos/Escribamos Completa el diálogo con la forma correcta de los verbos entre paréntesis.

PAULINA Quiero (participar) __1__ en la orquesta, pero mis amigos me dicen que no lo (hacer) __2__.

PROFESORA Es importante que tú misma (tomar) __3__ la decisión; no es bueno que tus amigos (decidir) __4__ por ti.

PAULINA Espero que ellos no me (puedan) __5__ covencer, porque me encanta la música. Creo que sólo desean (pasar) __6__ más tiempo conmigo.

PROFESORA Ya veo. Los profesores y yo esperamos (empezar) __7__ los ensayos pronto, y hace falta que tú (practicar) __8__.

39 Oraciones revueltas

Escribamos Forma seis oraciones con una palabra o frase de cada columna. Usa el subjuntivo.

los artistas	querer	el público
el público	proponer	los alumnos
el director del museo	necesitar	nosotros
la profesora de arte	recomendar	el colegio
yo	preferir	yo
mis amigos	decir	los críticos

Comunicación

40 Una entrevista de trabajo

Hablemos Con un(a) compañero(a), dramaticen la conversación entre dos amigos. Uno le explica lo que pasó en la entrevista y el otro le da consejos para mejorar la próxima entrevista.

Gramática 2

Past perfect

1 To express a sequence of events in the past, use the **past perfect (pluscuamperfecto)** for the event that happens first, and the **preterite** or **imperfect** for the event that happened later.

3:00 →	3:45 →	6:45 →	7:00
estábamos en casa	salimos de casa	Luis llegó al cine	llegamos al cine

Luis nos **llamó** a las cuatro, pero ya **habíamos salido.**
Luis called us at four, but we had already left.

Llegamos al teatro a las siete. Luis ya **había llegado.**
We got to the theater at seven. Luis had already arrived.

2 The past perfect is formed by combining the **imperfect of haber** with the **past participle** of the main verb.

había	**habíamos**		
habías	**habíais**	+	**past participle**
había	**habían**		

3 The past perfect is frequently used with **cuando, ya, aún no,** or **todavía no.**

Cuando **llegué** al museo, **aún no había encontrado** a Luis.
When I arrived at the museum, I still hadn't found Luis.

Entró tarde pero **todavía no había empezado** la obra.
He went in late but the play had not yet started.

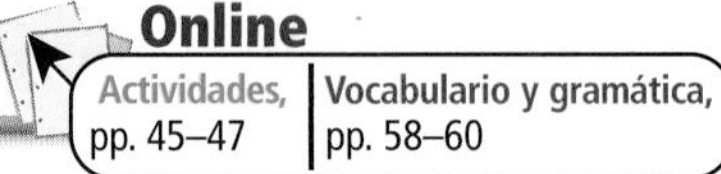
Online
Actividades, pp. 45–47 | Vocabulario y gramática, pp. 58–60

¡Te acuerdas?

The following verbs have irregular past participles:

abrir: **abierto**
decir: **dicho**
describir: **descrito**
descubrir: **descubierto**
escribir: **escrito**
freír: **frito**
hacer: **hecho**
morir: **muerto**
poner: **puesto**
resolver: **resuelto**
romper: **roto**
satisfacer: **satisfecho**
ver: **visto**
volver: **vuelto**

41 ¿Qué pasó primero?

Escuchemos Escucha las oraciones que siguen y di cuál de las dos acciones ocurrió primero, basándote en lo que oyes.

1. llegar al teatro/empezar la obra
2. pedir refrescos Raúl/ver a Raúl
3. buscar los asientos/apagarse las luces
4. encontrar el asiento/salir al escenario los actores
5. sentarme/empezar la música
6. terminar la segunda escena/dormirse Raúl
7. salir/terminar la obra
8. llegar al carro/empezar a salir la gente

42 Preparaciones

Escribamos Explica lo que había pasado antes del comienzo de la feria de arte del colegio. Escribe oraciones con el pluscuamperfecto. Sigue el modelo.

MODELO **yo/mandar invitaciones a todos los padres**
Yo había mandado invitaciones a todos los padres.

1. la profesora de arte/colgar las obras en el gimnasio
2. los estudiantes de arte/ponerles títulos a todas las obras
3. el director del colegio/escribir un anuncio para el periódico
4. varios alumnos/mover las esculturas a la cafetería
5. unos chicos creativos/hacer carteles para anunciar la feria
6. la orquesta/preparar una canción especial

43 Mal planeado

Hablemos Mira los dibujos y describe las escenas utilizando el pluscuamperfecto. *¿Se te olvidó?* Preterite, p. 160

MODELO **Cuando llegamos al cine para comprar las entradas, ya había cerrado.**

1.

2.

3.

4.

Comunicación

44 Hablemos del pasado

Hablemos Entrevista a un(a) compañero(a) de clase usando la siguiente información para formular tus preguntas.

MODELO **10 años/tomar clases de piano**
—¿Ya habías tomado clases de piano cuando tenías 10 años?

1. 5 años/leer un libro entero
2. 10 años/aprender a dibujar
3. 15 años/visitar un museo
4. 5 años/sacar una foto
5. 10 años/ver una película en el cine
6. 15 años/ver una obra de teatro

Novela en video

Clara perspectiva

Episodio 5

ESTRATEGIA

Getting confirmation As a story unfolds, it is important to decide whether the deductions and the connections you have made are correct. This allows you to move forward in the story. Take your list of deductions from **Episodio 3** and your connections from **Episodio 4**, and place a check mark by the ones that are confirmed in this episode. If they are not confirmed, decide whether they might still turn out to be true, or whether you think you can discard them.

En la oficina del señor Ortega

Sr. Ortega Espero que no tengan nada que hacer esta tarde. Se abre al público una exposición de artistas chilenos en el Museo de Artes Visuales. Es la exposición más esperada del año.

Clara No, Señor Ortega, por mi parte, estoy a su disposición.

Octavio Yo también.

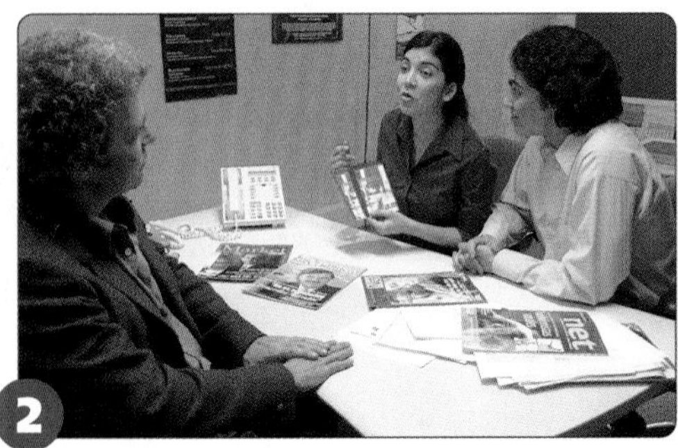

Clara La compañía *MaderaCorp* es el patrocinador de la exposición. Un porcentaje de las ganancias se va a donar al grupo *EcoChile,* el grupo ecologista de mayor influencia en Chile.

Sr. Ortega Aunque interesante, Clara, eso no tiene importancia para nuestro artículo. El artículo se va a concentrar en la reacción del público a la exposición. ¿Qué dice la gente sobre el arte moderno de Chile? ¿Es realista, o imaginativo?; ¿es artístico, o incomprensible?; ¿es de buen gusto, o pésimo? Éstas son las preguntas que queremos hacerle al público.

En el Museo de Artes Visuales

Visit Holt Online
go.hrw.com
KEYWORD: EXP3 CH5
Online Edition

Muy buenas noches. Yo soy Domingo Reyes Rodríguez, presidente de la empresa *MaderaCorp.* Hoy nos da mucho gusto presentar la exposición "El arte del Chile de hoy" a ustedes, los aficionados del arte. Es para nosotros un motivo de harto orgullo poder patrocinar esta exposición que es de gran importancia para nosotros los chilenos. Muchas gracias por asistir…

En un bosque de Chile

El profesor Luna trabaja en los bosques de Pirque, cerca de Santiago.

¿COMPRENDES?

1. ¿Adónde tienen que ir Clara y Octavio para su nueva tarea? ¿De qué se tratan las entrevistas?
2. ¿A quién ve Clara?
3. ¿Quién da un discurso? ¿Sobre qué? ¿Quién va a recibir alguna parte de las ganancias de la exposición?
4. ¿Quién mencionó al señor Reyes en el Episodio 4?
5. ¿Quiénes interrumpen la exposición? ¿Qué confirman sus acciones?
6. ¿Qué les parece raro a Octavio y a Clara?

Próximo episodio

Clara lee más en el periódico sobre el problema entre MaderaCorp y los ecologistas. ¿Quién crees que está al centro del debate?

PÁGINAS 256–257

Lectura cultural

Los murales de Diego Rivera son conocidos a nivel internacional.

Diego Rivera

Diego Rivera, considerado el pintor mexicano más importante del siglo XX, tuvo una profunda influencia en el mundo artístico internacional. Rivera nació en Guanajuato, México en 1886. Empezó a estudiar pintura desde joven y en 1907 se fue a Europa. Vivió mucho tiempo en París, donde estudió las obras de artistas importantes como Cézanne, Gauguin, Renoir, y Matisse. Estaba buscando una nueva forma de pintar, una manera de expresar sus complejas ideas y a la vez hacerlas llegar al público. No fue hasta que vio los frescos de Italia que encontró lo que buscaba. Con una visión del futuro, regresó a México.

Diego Rivera

Los frescos

Los frescos son pinturas en murales hechas sobre yeso. Rivera creyó que el tamaño de los frescos era el lienzo perfecto para comunicar sus ideas sobre la historia y el futuro. Hizo su primer mural, "La Creación", en 1922, para el anfiteatro Simón Bolívar de la Escuela Nacional Preparatoria. Allí conoció a Frida Kahlo, con quién se casó el 21 de agosto de 1929. Rivera estaba particularmente interesado en la tecnología y el progreso y trató mucho el tema de los trabajadores de los años treinta y sus luchas contra la industria y la sociedad. Mucha gente de Estados Unidos estaba fascinada con el arte de Rivera, por lo que recibió el encargo de hacer grandes murales en San Francisco, en el Instituto de Arte de Detroit y en el Rockefeller Center de Nueva York. Este último mural fue muy criticado por la figura de Lenin que Rivera había pintado en él, y fue destruido por el Rockefeller Center. Luego, Rivera lo reprodujo en el Palacio de Bellas Artes de México.

Los últimos años

En sus últimas pinturas, Rivera desarrolló un estilo indigenista y social de gran atractivo popular. Por esa época empezó su proyecto más ambicioso, un mural épico sobre la historia de México, para el Palacio Nacional. Pero Rivera murió el 25 de noviembre de 1957, antes de terminar su gran proyecto.

Visit Holt Online
go.hrw.com
KEYWORD: EXP3 CH5
Online Edition

El estudio de Diego Rivera en México

El proyecto del Mural de Diego Rivera
Una de las obras más importantes de Diego Rivera es el mural en el City College de San Francisco, California. Es una visión inspirada en la unidad panamericana con su síntesis de arte, religión, historia, política y tecnología del continente americano. El Proyecto del Mural de Diego Rivera tiene el propósito de acercar de nuevo al público a esta obra de arte que es tan válida hoy como lo fue en 1940 cuando miles de personas fueron a ver su inauguración. Entre otras cosas, los organizadores del proyecto quieren lograr tener un guía bilingüe que presente el mural al público, un folleto informativo y una presentación en multimedia que explique los temas, los personajes y el contenido histórico del mural.

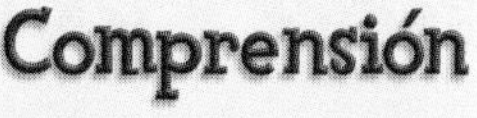

Comprensión

A Los hechos Basándote en lo que leíste, contesta las preguntas.

1. ¿De dónde es Diego Rivera?
2. ¿Por qué es famoso?
3. ¿Cuándo vivió?
4. ¿Qué tipo de pinturas hizo?
5. ¿Adónde viajó para buscar su nueva forma de pintar? ¿Dónde la encontró?
6. ¿Qué temas toca Rivera en sus pinturas?

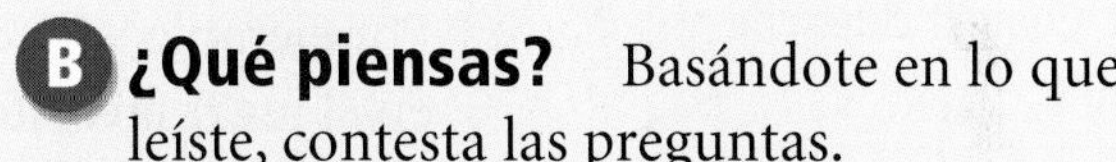

B ¿Qué piensas? Basándote en lo que leíste, contesta las preguntas.

1. ¿Crees que Rivera tenía miedo de expresar sus ideas políticas?
2. ¿Por qué fue destruido el mural de Rivera en el Rockefeller Center de Nueva York?
3. ¿En qué otras partes de Estados Unidos se encuentran murales de Rivera?
4. ¿Qué es el Proyecto del Mural de Diego Rivera?
5. ¿Qué quieren lograr los organizadores de este proyecto?

Actividad

Los murales Escribe un párrafo sobre un mural que hayas visto. ¿Cómo es? ¿En qué te hace pensar y cómo te hace sentir? Comparte tu párrafo con la clase.

Leamos y escribamos

ESTRATEGIA

para leer Drawing inferences about a poem or a story is useful when you don't understand every word. You can read the title of the work or the first paragraph and make an inference of what the work might be about. Context clues can also help.

Antes de leer

A Luis Palés Matos nació en Puerto Rico en 1898. En sus obras, trata los temas de la gente de origen africano en Cuba y en Puerto Rico. Utiliza el habla local combinada con palabras inventadas para captar la musicalidad y el ritmo típicos de los africanos.

Lee el verso del poema: "El cerdo en el fango gruñe..." Es probable que no conozcas todas las palabras en este verso pero al usar las que sí conoces, puedes adivinar el significado de las palabras desconocidas. Por ejemplo, si conoces "cerdo" y no conoces "fango" puedes pensar en el lugar favorito de un cerdo, el lodo *(mud)*, que es otra manera de decir "fango". Usa este método mientras lees el poema como ayuda con las palabras que no conoces.

Danza negra

de Luis Palés Matos

Calabó y bambú.
Bambú y calabó.
El Gran Cocoroco° dice: tu–cu–tú.
La Gran Cocoroca dice: to–co–tó.
Es el sol de hierro que arde en Tombuctú°.
Es la danza negra de Fernando Póo°.

3 chief of some African tribes **5** city in the Republic of Mali **6** island in the Gulf of Guinea

El cerdo° en el fango° gruñe: pru–pru–prú.
El sapo° en la charca° sueña: cro–cro–cró.
Calabó y bambú
Bambú y calabó.
Rompen los junjunes° en furiosa ú.
Los gongos° trepidan° con profunda ó.
Es la raza negra que ondulando va
en el ritmo gordo del mariyandá°.
Llegan los botucos° a la fiesta ya.
Danza que te danza la negra se da.

Calabó y bambú.
Bambú y calabó.
El Gran Cocoroco dice: tu–cu–tú.
La Gran Cocoroca dice: to–co–tó.

Pasan tierras rojas, islas de betún°:
Haití, Martinica, Congo, Camerún,
las papiamentosas° antillas° del ron°
y las patualesas° islas del volcán,
que en el grave son
del canto se dan.

Calabó y bambú.
Bambú y calabó.
Es el sol de hierro que arde en Tombuctú.
Es la danza negra de Fernando Póo.
El alma africana que vibrando está
en el ritmo gordo del mariyandá.

Calabó y bambú.
Bambú y calabó.
El Gran Cocoroco dice: tu–cu–tú.
La Gran Cocoroca dice: to–co–tó.

7 pig **7** mud **8** toad **8** puddle **11** violin-type musical instrument used by some African tribes **12** percussion instruments **12** shake, vibrate **14** dance of Africans in Puerto Rico **15** chiefs of the black tribes of Fernando Póo **21** pine tar, pitch **23** full of gibberish, slang **23** Antilles (West Indies) **23** rum **24** speaking **patualés**, a French dialect of the French Antilles

Comprensión

B Basándote en lo que leíste, determina si cada oración es **cierta** o **falsa.**

1. Este poema trata de una tribu africana del Congo.
2. El cerdo y el sapo están bailando.
3. La danza negra es de Fernando Póo.
4. El mariyandá es un baile de Puerto Rico.
5. Las tierras rojas que menciona el autor están en Estados Unidos.
6. Es el alma africana que vibra en esta danza.

C Contesta las preguntas.

1. ¿Cuáles son los sonidos o las letras que aparecen con más frecuencia en este poema?
2. ¿Quiénes son el Gran Cocoroco y la Gran Cocoroca?
3. ¿Tiene ritmo este poema?
4. ¿Crees que hay influencia africana en Haití y Martinica? ¿Por qué?
5. ¿Te parece interesante que un hombre que no es de origen africano escriba poesía africana? Explica.

D Después de leer

¿Te gustaría aprender un baile como la "Danza negra"? Imagina que vas a crear la música para este poema. ¿Qué instrumentos musicales vas a usar? ¿Qué opinas del ritmo del poema? ¿Te gustaría cambiar algo?

Taller del escritor

ESTRATEGIA

para escribir It's best to have a plan before you begin writing. Your plan will be different depending on what you're writing. You should always include things such as a list of ideas for your theme, a list of words or phrases you can use, and an outline.

¡A escribir una canción!

¿Cómo se escribe una canción? Aquí tendrás la oportunidad de escribir tu propia canción. Puedes elegir el tema de tu canción, pero ten en cuenta que necesita rimar. Puedes buscar ideas en "Danza negra" para empezar.

1 Antes de escribir

Si no estás seguro(a) de cómo empezar tu canción, es mejor hacer una lluvia de ideas como ayuda. Piensa primero en el tema de tu canción y haz un plan de escritura. También es recomendable que hagas una lista de palabras que rimen porque tendrás que usar la rima en tu canción.

2 Escribir un borrador

Empieza a escribir tu canción sobre el tema que escogiste. Asegúrate de usar palabras que rimen para que tu canción llame la atención. Puedes usar un diccionario si necesitas buscar palabras que rimen.

3 Revisar

Revisa tu canción y corrige los errores de ortografía si los hay. Verifica la rima también para ver si la canción fluye como la imaginaste. ¿Crees que llamaría la atención de la gente?

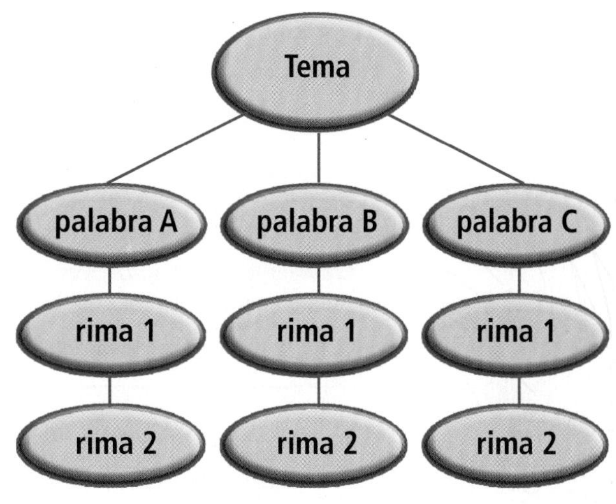

4 Publicar

Los voluntarios pueden cantar su canción en la clase. La clase decidirá quién escribió la canción más llamativa *(striking)*. Fíjate en la manera en que una canción llamativa utiliza la rima.

Prepárate para el examen

Repaso capítulo 5

1 Vocabulario 1
- asking for and giving opinions
- introducing and changing a topic of conversation

pp. 188–193

2 Gramática 1
- comparatives of equality and superlatives
- passive **se**
- passive voice with **ser**

pp. 194–199

3 Vocabulario 2
- making suggestions and recommendations
- turning down an invitation

pp. 202–207

1 Mira las fotos y lee las oraciones. Escoge la foto que corresponde a cada oración.

1 

2 

3 

_____ **1.** Pilar ensaya mucho para desempeñar su papel.
_____ **2.** Prefiero la pintura, pero Víctor admira las estatuas.
_____ **3.** Te aconsejo que no vayas al concierto. La música es muy estridente.

2 Cambia cada oración a otra forma de la voz pasiva.

1. Se aplaudió la obra.
2. Un templo fue descubierto durante la excavación.
3. Se mostraron unas acuarelas en la exposición.
4. Se esculpió esa estatua en 1972.
5. Todas las figuras de madera fueron vendidas.
6. Unas casas muy modernas fueron construidas.

3 Lee las oraciones y escoge la palabra del cuadro que mejor completa cada oración.

la comedia	el concierto de la sinfónica	creativo
de mal gusto	la letra	la orquesta

1. Te recomiendo que veas _____ porque estuvo divertida.
2. Enrique es muy _____. Sabe pintar, esculpir y cantar bien.
3. Lupe toca el violín en _____ del colegio.
4. Magda nos contó un chiste _____.
5. Cristóbal quería cantar pero se le olvidó _____ de la canción.
6. Siento haberme perdido _____. Me dijeron que fue hermoso.

Visit Holt Online
go.hrw.com
KEYWORD: EXP3 CH5
Chapter Self-test

Repaso

4 Completa las oraciones con el presente del subjuntivo o el pluscuamperfecto del verbo entre paréntesis.

1. Diego me sugirió ir al museo, pero yo ya _____ (hacer) otros planes.
2. Quiero que Esteban _____ (ir) conmigo al baile.
3. Llamé a Esteban a las seis, pero él ya _____ (irse) a las cinco.
4. Cristina me recomienda que _____ (invitar) a David.
5. Espero que él _____ (querer) ir.
6. Cuando hablé con él, todavía no _____ (terminar) la tarea.

4 Gramática 2
- subjunctive with hopes and wishes
- past perfect

pp. 208–213

5 Contesta las preguntas.

1. ¿Qué tipo de pintura hacía Diego Rivera?
2. ¿Qué temas trató Rivera en sus pinturas?
3. ¿Con quién se casó Rivera?
4. ¿Cuáles son los orígenes de la música norteña?
5. ¿Cómo se vestía Frida Kahlo?

5 Cultura
- Comparaciones pp. 200–201
- Lectura cultural pp. 216–217
- Notas culturales pp. 191, 207, 210

6 Escucha la conversación y escribe dos listas: una lista con dos cosas que se recomiendan y otra con dos cosas que no se recomiendan.

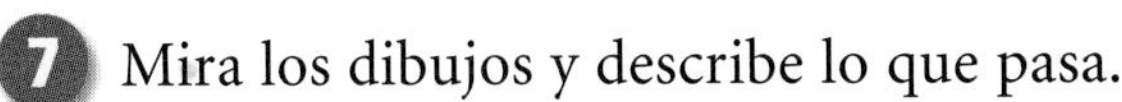

7 Mira los dibujos y describe lo que pasa.

Gramática 1

- comparisons of equality and superlatives
pp. 194–195

- passive **se**
pp. 196–197

- passive voice with **ser**
pp. 198–199

Gramática 2

- subjunctive with hopes and wishes
pp. 208–211

- past perfect
pp. 212–213

Repaso de Gramática 1

Use tan **+ adjective +** como to compare people or things. In the second part of your comparison, you can use an **article + adjective** unit or a **pronoun** to avoid repetition.

Esta pintura es **tan creativa como las de Goya.**

There are two kinds of superlatives: **el/la/los/las** + **más/menos** + **adjective** + de; **-ísimo/a/os/as** added to the end of the adjective.

Es **la más bella de** todas las pinturas. *(the most beautiful)*

Es una pintura **hermosísima.** *(very beautiful/lovely)*

The passive voice is used to state that something *is done or has been done to someone or something.*

You can express the passive voice with the pronoun se plus a verb in the third person singular or plural. The recipient of the action must agree in number with the verb.

Se construyeron dos edificios modernos.

The passive voice can also be formed with ser + past participle. Both **ser** and the participle must agree in number with the recipient of the action.

La ópera **fue escrita** en 1778.

Repaso de Gramática 2

Use the **subjunctive** when the main clause in a sentence expresses a wish, suggestion, or recommendation for another person or group of people, the subject changes between clauses, and the clauses are joined by **que.**

Dámaso **recomienda que practiquemos** todos los días.

When there is no change in subject between the main and subordinate clause in a sentence, omit **que** and use the **infinitive.**

Yo **quiero cantar** en el coro.

The past perfect (pluscuamperfecto) is used to express a sequence of events in the past. Use the past perfect for the event that happens first. It's formed by using the **imperfect of haber** with the **past participle** of the main verb.

El público quería más, pero la banda **se había ido** del teatro.

The past perfect is frequently used with words such as **cuando, ya, aún no,** or **todavía no.**

Repaso de Vocabulario 1

Asking for and giving opinions

A decir verdad, me parece...	To tell the truth, it strikes me as . . .
la acuarela	watercolor
antiguo(a)	antique
la arquitectura	architecture
las artes plásticas	plastic arts (sculpture, painting, architecture)
la cinematografía	cinematography
clásico(a)	classic
contemporáneo(a)	contemporary
¿Cuál de estas pinturas te gusta más, la de... o la de...?	Which of these paintings do you like better, the one of (by) . . . or the one of (by) . . . ?
el dibujo	drawing
esculpir	to sculpt
la escultura	sculpture
la estatua	statue
Este retrato fue pintado por...	This portrait was painted by . . .
la exposición	exhibit
la fotografía	photography
la galería	gallery
imaginativo(a)	imaginative
impresionante	impressive
llamar la atención	to attract one's attention
Lo/La encuentro muy...	I find it to be very . . .
maravilloso(a)	marvelous
moderno(a)	modern
original	original
el puente	bridge
¿Qué opinas de...?	What do you think of . . . ?
¿Qué te parece?	What do you think of it?
En realidad, admiro...	Actually, I admire . . .
realista	realistic
la talla en madera	wood carving
la torre	tower

Introducing and changing a topic of conversation . . . . .See p. 192.

Repaso de Vocabulario 2

Making suggestions and recommendations

las artes dramáticas	dramatic arts
artístico(a)	artistic
el ballet	ballet
la comedia	comedy or play
crear	to create
creativo(a)	creative
de buen/mal gusto	in good/bad taste
desempeñar (el papel de...)	to play (the role of . . .)
el drama	drama
entretenido(a)	entertaining
Es mejor que veas la ópera. Es formidable.	It's better for you to see the opera. It's great.
el escenario	stage/scenery
estridente	shrill
formidable	great, tremendous
la función	performance
hermoso(a)	beautiful
incomprensible	incomprehensible
la letra	lyrics
la melodía	melody
melodioso(a)	melodic
No te olvides de ir al ensayo de la banda.	Don't forget to go to band practice.
la obra (de teatro)	play
la orquesta	orchestra
pésimo(a)	terrible
presentar	to present
el público	audience
la reseña	(critical) review
el ritmo	rhythm
Sería buena idea ir al concierto de la sinfónica.	It would be a good idea to go to the symphony.
superficial	superficial
Te aconsejo que vayas a la presentación de baile folclórico. Es muy...	I recommend that you go to the folk dance performance. It's very . . .
la tragedia	tragedy

Inviting someone to do something and turning down an invitation . . . . .See p. 206.

Repaso

Integración

capítulos 1–5

1 Escucha las conversaciones y escoge la foto que corresponde.

A

B

C

D

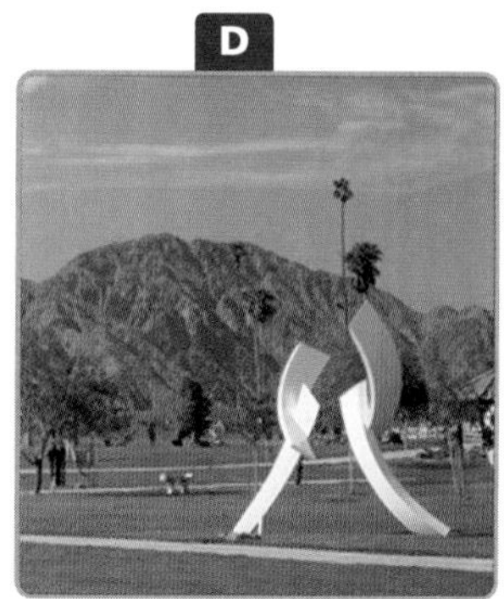

2 Elisa escribió esta reseña de un concierto de la sinfónica de su colegio. Léela y contesta las preguntas.

Anoche fui con mi mamá a un concierto de la sinfónica. Cuando llegamos, el teatro estaba lleno y casi no había asientos. Mucha gente se quedó fuera del teatro. La orquesta interpretó algunas obras de Brahms, Mozart y Beethoven. Todas fueron interpretadas dramáticamente y el director de la orquesta estuvo formidable. Es un famoso compositor de fama internacional. El público disfrutó mucho de todas las obras y aplaudió largo rato al final de cada una. Tanto mi mamá como yo quedamos muy impresionadas. Les aconsejo que no se pierdan ese concierto y que vayan temprano.

1. ¿A Elisa le gustó o no el concierto de la sinfónica?
2. ¿Qué música tocó la orquesta?
3. ¿Cómo fue la interpretación de la orquesta?
4. ¿Cuál fue la reacción del público?
5. ¿Cuál fue la reacción de Elisa y su mamá?
6. ¿Cuál es el consejo de Elisa?

3 En grupos de tres, hablen de la última exposición de arte, el último concierto, la última película o la última obra de teatro que vieron. Usen sus descripciones para hacer recomendaciones a sus compañeros.

Visit Holt Online
go.hrw.com
KEYWORD: EXP3 CH5
Cumulative Self-test

4 Observa la pintura y escribe por lo menos ocho oraciones con tus reacciones. ¿Qué opinas de la obra? ¿Qué ves en la escena? ¿Qué pasa o qué va a pasar?

Panel 1 de *Unidad panamericana* de Diego Rivera

5 Imagina que eres director(a) de un colegio de arte. Escribe un anuncio para tu colegio en el que expliques los cursos que se ofrecen, las destrezas que se aprenden, y menciona algunos graduados famosos. ¡Sé creativo(a) y exagera si quieres!

6 **Situación** Conviertan la clase en una oficina de periódico, y hagan una mini-guía de ocio. La guía debe incluir reseñas de películas, museos, restaurantes y otros eventos o centros culturales de tu comunidad, y recomendaciones para cada noche de la próxima semana.

Capítulo 6

¡Ponte al día!

OBJETIVOS

In this chapter you will learn to

- express certainty
- express doubt and disbelief
- ask about information and explain where you found it
- talk about what you know and don't know

And you will use

- indicative after expressions of certainty
- subjunctive after expressions of doubt and disbelief
- **haber**
- indefinite expressions
- gender of nouns
- indicative in compound sentences

¿Qué ves en la foto?

- **¿Qué están haciendo estos chicos?**
- **¿Sobre qué asunto está informando la chica?**
- **¿Es importante ver las noticias? ¿Por qué?**

Noticiero estudiantil en El Paso

Objetivos

Expressing certainty, expressing doubt and disbelief

Vocabulario en acción 1

Los medios electrónicos

Me gusta **estar al tanto** de las noticias. Siempre leo el periódico y veo **los noticieros** en la televisión.

Leo a menudo **las noticias en línea.** Estoy convencida de que los que navegamos mucho por Internet **estamos bien informados.**

Este **reportero** nunca está bien informado. No **trata los temas muy a fondo.** El año pasado, por ejemplo, **investigó la crisis ambiental** y **el reportaje** que hizo fue muy superficial. **Pasó por alto** muchos detalles importantes.

En cambio, **la locutora** del **canal** 13 es mi favorita. Sus reportajes son **detallados** e **informativos.** Siempre presenta las noticias **de modo** muy **imparcial,** sobre todo los asuntos **controvertidos.** Por eso **me inspira confianza.**

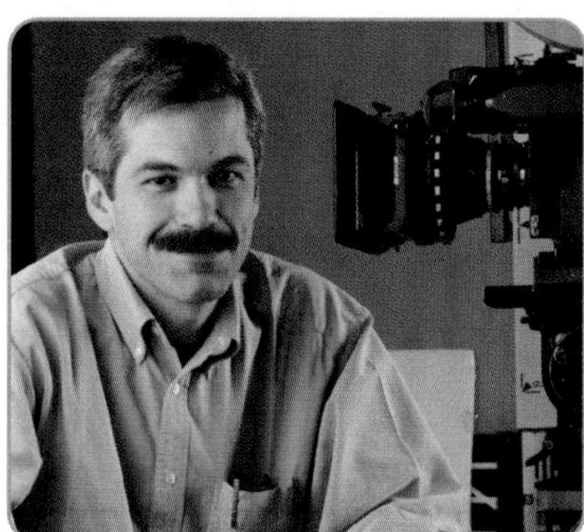

Este señor **reseña** las últimas películas. Es evidente que sabe muchísimo de cinematografía.

También se puede decir...

You may also hear the phrase **estar actualizado** for **estar al tanto.**

Visit Holt Online
go.hrw.com
KEYWORD: EXP3 CH6
Vocabulario 1 practice

Mis programas preferidos son **los concursos** y **las telenovelas,** aunque también me interesan los programas **educativos** como los **documentales.**

Me encanta escuchar **la radio.** En mi **emisora** favorita ponen música pop en español y **alguna que otra** canción en inglés.

Más vocabulario...

estar mal informado(a)	*to be poorly informed*
informar	*to report*
parcial	*biased*
(poco) fiable	*(un)trustworthy*

¡Exprésate!

To express certainty

Interactive TUTOR

Estoy convencido(a) de que...
I'm convinced that . . .

Estoy seguro(a) (de) que...
I'm positive that . . .

Es evidente que...
It's evident that . . .

Varios documentales sobre la naturaleza investigan crisis ambientales como la falta de agua.

1 Estamos al tanto

Leamos Completa las oraciones con la(s) palabra(s) correcta(s).

1. En mis clases ═══ diferentes temas por medio de Internet y los periódicos.
   a. investigamos **b.** nos consideramos
2. Es muy importante ═══ de lo que está pasando en el mundo.
   a. pasar por alto **b.** estar al tanto
3. Para saber algo sobre la política, mi profesor sugiere que veamos ═══.
   a. las telenovelas **b.** los noticieros
4. Voy a escuchar la radio esta noche porque mi ═══ favorita va a transmitir un programa sobre la situación económica.
   a. emisora **b.** telenovela
5. El locutor de este programa es muy justo; siempre explica los dos lados de cualquier tema de modo ═══.
   a. imparcial **b.** parcial
6. Algunos locutores solamente explican un lado del tema por lo que me parecen ═══.
   a. imparciales **b.** poco fiables

2 ¿Qué programa sugieres?

Leamos/Hablemos Lee lo que a los miembros de la familia Montoya les gusta ver en la televisión y decide qué puede ver cada persona.

CANAL 5 **¡Tenemos algo para todos!**

4 p.m.	Dibujos animados: "El rey león"
5 p.m.	Concurso: "A millón"
6 p.m.	Béisbol en vivo: Los Rangers contra los Yankees
7 p.m.	Reportaje especial: "La crisis económica"
8 p.m.	Documental: "Animales de la selva tropical"
9 p.m.	Telenovela: "El sueño del amor"
10 p.m.	Noticiero: "Noticias internacionales"

1. Ernesto está loco por los deportes.
2. A la mamá le interesan las últimas noticias económicas.
3. A Inés le gustan los programas románticos.
4. Pepe tiene solamente siete años.
5. Al señor Montoya le fascina la naturaleza.
6. A Alejandra le gusta estar al tanto de las noticias de todo el mundo.
7. A la abuela le encantan los programas en los cuales se puede ganar dinero.

3 ¿Positivo o negativo?

Escuchemos Escucha los comentarios y determina si cada uno es **positivo** o **negativo.**

4 ¿Es cierto?

Leamos/Escribamos Lee las oraciones. Si en tu opinión una oración es falsa, corrígela.

1. Me encantan las telenovelas.
2. De vez en cuando veo concursos en la televisión.
3. Mi emisora favorita pone música en español.
4. Creo que hay demasiados programas violentos en la tele.
5. Antes de ver una película, me gusta leer las reseñas sobre ella.
6. Creo que estoy bien informado(a) de lo que pasa en el mundo.
7. No me gusta hablar de temas controvertidos.

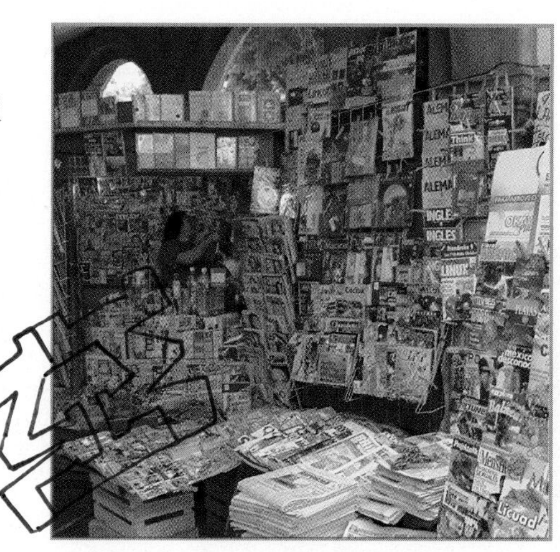

En un quiosco mexicano se puede comprar periódicos de la ciudad y revistas populares.

5 En mi experiencia...

Escribamos Usa una palabra o expresión de cada columna para escribir por lo menos cinco oraciones sobre tus experiencias con los medios de comunicación.

MODELO El periódico de mi ciudad reseña las últimas películas.

El periódico de mi ciudad	informar	temas superficiales
Mi emisora favorita	estar al tanto	las noticias
Las noticias en línea	reseñar	la crisis ambiental
Los reporteros del canal 5	investigar	los asuntos controvertidos
Una revista popular	tratar a fondo	las últimas películas

Comunicación

6 ¿Estás bien informado(a)?

Escribamos/Hablemos En grupos pequeños, túrnense para averiguar qué medios de comunicación utilizan sus compañeros, con qué frecuencia y por qué los prefieren. Usen las expresiones del cuadro y de **Exprésate** para hacer y contestar cinco preguntas.

> ¿Con qué frecuencia lees...?
> En tu opinión, ¿son parciales o imparciales...?
> ¿Qué tipo de programas...?
> ¿Te consideras...?
> ¿Te interesan...?

Vocabulario 1

¡Un concierto a todo dar!

SEBASTIÁN Hola, Carolina. ¿Estás leyendo las noticias en línea?

CAROLINA Claro, me gusta estar bien informada. Oye, ¿has leído sobre el concierto de rock de esta noche?

SEBASTIÁN Sí, me imagino que va a haber poca gente.

CAROLINA ¿Poca gente? Según Guillermo Torres, el reportero que reseña películas y conciertos, va a haber miles de personas.

SEBASTIÁN ¡Qué va! No creo que eso sea verdad. Nadie va a ver un grupo como "Los de abajo". ¡Son pésimos! Estoy convencido de que Guillermo Torres es poco fiable en sus opiniones sobre los conciertos. Sólo un aburrido iría a ese concierto.

CAROLINA Pues, él no exagera, Sebastián. Ya se vendieron todos los boletos.

SEBASTIÁN ¿Y cómo lo sabes?

CAROLINA ¡Porque esta "aburrida" compró el último!

¡Exprésate!

To express doubt and disbelief

Interactive TUTOR

Dudo que estés bien informado(a) sobre.../que sepas...
I doubt that you're well informed about. . ./that you know. . .

Parece mentira que haya.../que digan...
It's hard to believe that there are. . ./that they say. . .

No creo que los periodistas/los noticieros sean...
I don't think that journalists/newcasts are. . .

No estoy seguro(a) (de) que tengas razón sobre...
I'm not sure that you're right about. . .

Online
Vocabulario y gramática, pp. 61–63

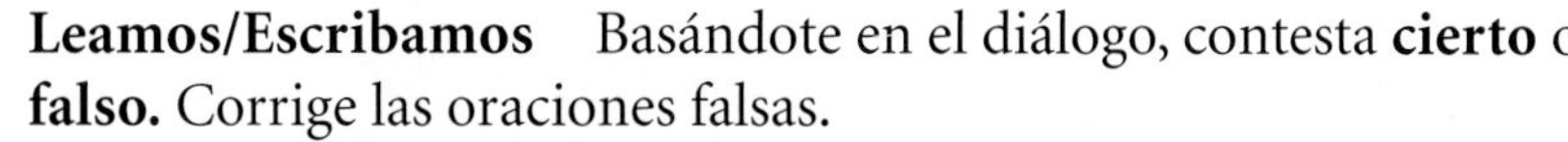

7 ¿Quién está al tanto?

Leamos/Escribamos Basándote en el diálogo, contesta **cierto** o **falso.** Corrige las oraciones falsas.

1. Carolina no está al tanto de las noticias.
2. Ella cree que las noticias en línea no son informativas.
3. Sebastián está loco por el grupo "Los de abajo".
4. Él cree que Guillermo Torres está al tanto de la música.
5. Sebastián duda que tanta gente vaya al concierto.
6. Carolina está segura de que ya se vendieron todos los boletos.

8 ¿Qué dirías?

Leamos/Hablemos Usa las expresiones de **Exprésate** de las páginas 231 y 234 para responder a las siguientes situaciones.

MODELO **Tu amigo(a) nunca gana en los concursos que hacen las emisoras.**
—Estoy seguro(a) de que vas a ganar la próxima vez.

1. Tu hermano(a) te acaba de decir que el presidente va a visitar tu colegio.
2. Un(a) amigo(a) te pregunta si el reportero sabe mucho de un tema pero tú no conoces al reportero.
3. Tu papá no cree que se pueda ver el partido de básquetbol en la televisión pero tú viste las noticias y sabes que van a televisar el partido en vivo.
4. Te sorprende que un locutor haya presentado un tema controvertido de modo imparcial.
5. El reportero del canal 8 dice que va a nevar hoy pero hace sol y la temperatura está muy alta.
6. Un(a) amigo(a) dice que las noticias del canal cinco son las más informativas y tú estás de acuerdo.

Los primeros programas en español transmitidos en Estados Unidos fueron producidos fuera del país (la mayoría venían de México) y comprados por compañías estadounidenses para usarlos en sus canales en español. Ahora, muchas empresas están invirtiendo dinero en desarrollar sus propias producciones en español, o por lo menos están intentando incorporar programas en español a su programación. ¿Qué programas en español conoces?

Comunicación

9 ¿Es cierta la noticia?

Escribamos/Hablemos Piensa en dos eventos de tu vida que sucedieron de verdad y dos inventados. En parejas, túrnense para compartir sus noticias, reaccionar a las noticias y decidir si de verdad sucedieron.

MODELO **—Este año voy a China con mis padres.**
—Dudo mucho que vayas a China. ¿Lo dices en serio?
—Sí, es verdad. Vamos a visitar a mis abuelos.

Objetivos
Indicative and subjunctive after expressions of certainty, doubt and disbelief, haber

Interactive TUTOR

Indicative after expressions of certainty

1 **Expressions of certainty (expresiones de certeza)** are followed by a verb in the **indicative mood.** Expressions of certainty indicate that in the speaker's mind, the event described is a fact.

No cabe duda que José **está** bien informado.

2 Some common expressions of certainty include:

claro que	**estar seguro(a) (de) que**
es cierto que	**me/te/le/nos/les parece que**
es evidente que	**no cabe duda (de) que**
es obvio que	**por supuesto que**
está claro que	**sin duda alguna**
estar convencido(a) de que	**todo el mundo sabe que**

3 Remember to use the **subjunctive** when the first clause in a sentence expresses negation or denial.

No es verdad que esa reportera **sea** imparcial.

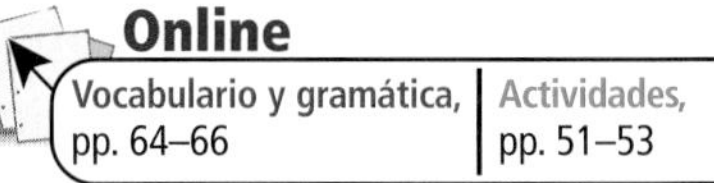

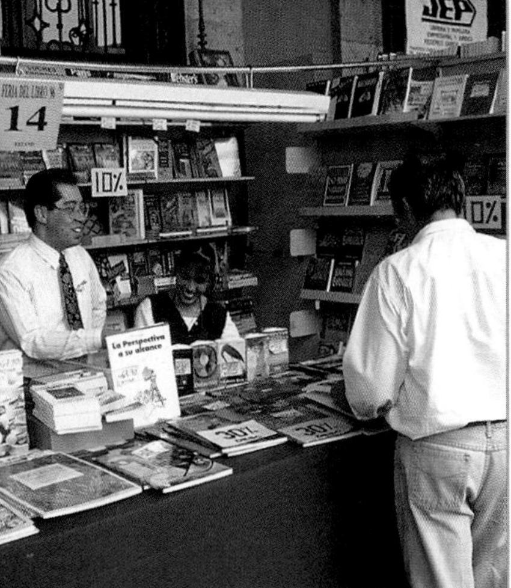

En una tienda de libros en Guadalajara, México

10 ¿Está seguro(a)?

Escuchemos Escucha las conversaciones y determina si la segunda persona **a**) está segura de lo que dice o **b**) no está segura de lo que dice.

11 Por supuesto

Escribamos Contesta las siguientes preguntas usando una expresión de certeza.

MODELO **¿Ha cambiado la tecnología nuestras vidas?**
No cabe duda de que ha cambiado nuestras vidas.

1. ¿Navega más por Internet ahora la gente?
2. ¿Tienen muchas universidades sus propios sitios Web?
3. ¿Pueden los estudiantes investigar en Internet?
4. ¿Hay sitios de Internet con contenido no apropiado para niños?
5. ¿Saben muchos jóvenes crear páginas Web hoy en día?

Visit Holt Online
go.hrw.com
KEYWORD: EXP3 CH6
Gramática 1 practice

Gramática 1

12 ¿Qué diría el autor?

Leamos Lee el artículo y decide si el doctor Centerwall estaría de acuerdo con los siguientes comentarios.

Claves para ver mejor la televisión

El doctor Brandon Centerwall de la Escuela de Salud Pública de Seattle ha afirmado que "ver la televisión a menudo no debería ser dañino si los niños aprenden a interpretar lo que ven". Según él, restringir el acceso a ciertos programas es una solución eficaz pero pasajera *(temporary)*. "Lo más importante es enseñar al televidente desde pequeño a controlar la televisión. Esto significa explicar a los niños cómo funciona la tecnología audiovisual, quién diseña los programas, cómo se miden las audiencias y qué significa cada pieza del lenguaje televisivo".

1. No cabe la menor duda de que ver televisión les hace daño a los niños.
2. Estoy convencido de que los adultos deben controlar el acceso de los niños a ciertos programas.
3. Es evidente que restringir el acceso a la televisión es una solución permanente.
4. Está claro que debemos enseñarles a los niños cómo interpretar lo que ven en la televisión.
5. Sin duda alguna, los niños deben saber cómo funciona la tecnología audiovisual.
6. Me parece que no hace falta entender qué significa cada pieza del lenguaje televisivo.

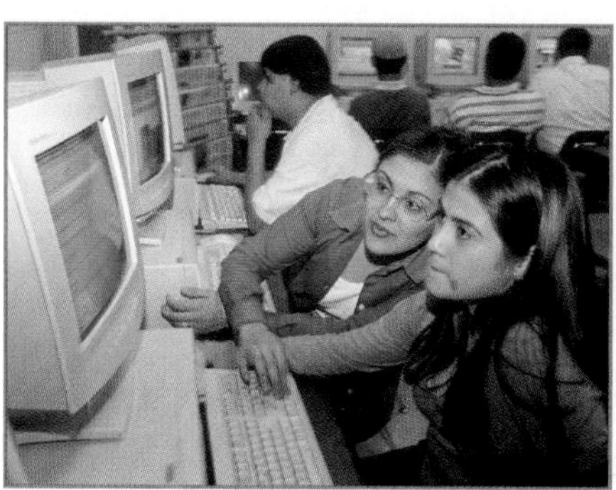

Esta joven trabaja con una amiga en un "laboratorio migrante" en el colegio López de Brownsville, Texas.

Comunicación

13 Sin duda

Escribamos/Hablemos Prepara una oración que exprese tu opinión sobre cada uno de estos temas: los profesores, las clases, la tarea, la comida en la cafetería y los equipos deportivos. En parejas, túrnense para compartir sus opiniones y afirmar o contradecir *(contradict)* las de su compañero(a). ***¿Se te olvidó?*** Subjunctive with negation or denial, pp. 108–109

MODELO **—Nunca como en la cafetería. Es obvio que la comida es mala.**
—¡Sin duda alguna! Todo el mundo sabe que es horrible.
(—No, no es cierto que sea mala. A mí me gusta mucho.)

Subjunctive after expressions of doubt and disbelief

¿Te acuerdas?

To form the **present perfect subjunctive,** use the subjunctive forms of **haber** followed by the past participle of the main verb.

haya	**hayamos**	+ **past participle**
hayas	**hayáis**	
haya	**hayan**	

Parece mentira que Tina **haya comprado** esa revista.

No es cierto que los vendedores **hayan bajado** los precios.

1 When an **expression of doubt or disbelief (duda o incredulidad)** is used in the main clause of a sentence, the **subjunctive mood** is used in the dependent clause.

Dudo que mi prima **esté** al tanto.

2 The **present subjunctive** and **present perfect subjunctive** can both be used with expressions of doubt and disbelief.

Parece mentira que no **tengan** acceso a Internet en todos los colegios.

Es increíble que hayan publicado ese artículo tan parcial en el periódico.

3 Some common expressions of doubt and disbelief include:

dudar que	**no es cierto que**
es dudoso que	**no estar seguro(a) (de) que**
es increíble que	**no está claro que**
es imposible que	**no (poder) creer que**
no pensar que	**parece mentira que**

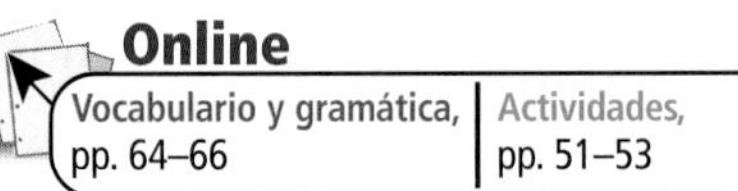
Online
Vocabulario y gramática, pp. 64–66 | Actividades, pp. 51–53

14 ¿Están de acuerdo?

Escuchemos Escucha las conversaciones e indica si la segunda persona **a)** está de acuerdo o **b)** no está de acuerdo con lo que dice la primera persona.

15 ¡No lo creo!

Escribamos Mariel no cree en nada de lo que lee en el periódico sobre los políticos *(politicians)*. Forma oraciones completas para expresar lo que opina Mariel.

1. No puedo creer/el presidente/reseñar películas para ganar dinero
2. Es increíble/la senadora/participar en los concursos de televisión
3. Parece mentira/la esposa del presidente/ver telenovelas todo el día
4. Dudo/los políticos/tomar tres meses de vacaciones al año
5. No creo/el vicepresidente/ser miembro de un equipo de fútbol americano
6. Es imposible/la secretaria del presidente/haber robado un banco

16 ¿Podría ser?

Leamos/Hablemos Estás leyendo los titulares *(headlines)* de un periódico sensacionalista *(tabloid)*. Usa las expresiones de duda o incredulidad y el presente perfecto del subjuntivo para dar tu opinión sobre cada uno.

¿Se te olvidó? Present perfect subjunctive, p. 150

MODELO **Encuentran una nave espacial en España**
No es cierto que hayan encontrado una nave espacial en España.

CRONICA DE MADRID
EL PP PARTE COMO FAVORITO EN LAS ENCUESTAS, AUNQUE LA ABSTENCIÓN SERÁ DETERMINANTE
Los candidatos se juegan su futuro
Construimos Sueños. Para Todos
AROCASA

Un artículo de política en *Crónica de Madrid,* un periódico de Madrid

1. **Dos leones se escapan del zoológico y se esconden en un banco**
2. Niño de diez años gana el maratón de Boston
3. **Bebé recién nacido aprende a leer y hablar**
4. **Vendedor de carros inventa un carro que puede volar**
5. Dos hombres dicen que llevan cinco años viviendo en la Luna
6. **Perro camina desde Utah hasta Ohio en busca de su dueño**

17 ¡Increíble!

Escribamos/Hablemos En parejas, preparen cinco titulares absurdos. Luego cambien de pareja y túrnense para leer sus titulares y dar su opinión usando expresiones de duda o incertidumbre.

MODELO **—Un chico de catorce años se gradúa en medicina de la universidad.**
—Es imposible que un chico de catorce años se haya graduado en medicina.

Uses of haber

1 The impersonal form of **haber** is always used in the third person singular. The present tense form is **hay** *(there is, there are).*

Creo que **hay** tiempo para ver la tele.

Hay muchas revistas en la mesa.

2 The impersonal form of **haber** in the preterite tense is **hubo.** The impersonal form of **haber** in the imperfect tense is **había.** Both forms mean *there was* or *there were.*

Hubo un documental en la tele anoche.

Ayer **hubo** dos reuniones.

Todos los días **había** un reportaje especial sobre la crisis.

Había dos periodistas en la sala cuando entré.

3 The impersonal form of **haber** in the present subjunctive is **haya.**

Dudo que **haya** un periódico aquí.
I doubt there is a newspaper here.

No creo que **haya** telenovelas buenas.
I don't believe there are good soap operas.

4 The future tense form **habrá** can be used to say or to predict what there will be, or to wonder or make a conjecture about what there is.

En el futuro **habrá** menos concursos en la tele.

Online
Vocabulario y gramática, pp. 64–66 | Actividades, pp. 51–53

¡Te acuerdas?

The **preterite** tense is used to show that actions in the past had a specific beginning or end.

Hubo un reportaje ayer sobre el robo.

The **imperfect** tense is used to express habitual or ongoing actions in the past or to describe the setting in the past.

Cuando era niño, **había** concursos en la tele todas las noches.

18 ¿Qué hay?

Escuchemos Escucha mientras Débora describe lo que hay en su colegio. Escribe una lista de las cosas que **hay** en su colegio y otra de las cosas que **no hay.**

19 ¿Cierto o falso?

Leamos Lee cada oración y decide si es **cierta** o **falsa** para ti.

1. Este fin de semana habrá un baile en nuestro colegio.
2. El mes pasado hubo un huracán en mi estado.
3. Es dudoso que haya una fiesta en la clase de español mañana.
4. El año pasado había un examen de física todos los viernes.
5. Hay un parque muy bonito en el centro de mi ciudad.
6. Hubo un incendio en el banco de mi ciudad el verano pasado.

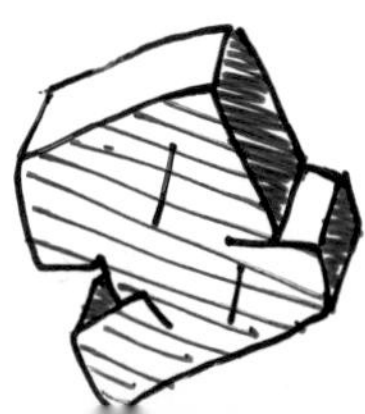

20 ¿Qué hubo?

Escribamos Combina las frases para escribir una oración con **hubo.**

MODELO **huracán/Golfo de México/el 2002**
Hubo un huracán en el Golfo de México en el 2002.

1. varios terremotos/suroeste de los Estados Unidos/1999
2. documental sobre México/canal cinco/anoche
3. descubrimiento importante/norte de México/el año pasado
4. carrera *(race)* de caballos/Chihuahua/el verano pasado
5. muchos tornados/Oklahoma/el 2001
6. festival/Reynosa/la semana pasada

21 Los colegios: antes y ahora

Leamos/Escribamos Guillermo está comparando los colegios que hay ahora en su ciudad con los de hace diez años. Usa la información de la tabla para escribir cinco oraciones que comparen los colegios. *¿Se te olvidó?* Time constructions, pp. 32–33

MODELO **Ahora hay seis colegios bilingües. Hace 10 años, sólo había uno.**

Colegios	Ahora	Hace 10 años
...bilingües	6	1
1. ...con acceso a Internet	8	2
2. ...que ofrecen clases por Internet	4	1
3. ...con salas de computadoras	10	3
4. ...que ofrecen clases de español	10	5
5. ...con programas de intercambio	7	2

En 1983, un profesor de la Universidad de Nuevo México descubrió que con una radio de onda corta *(shortwave)* se podía escuchar los noticieros de emisoras de Latinoamérica. En esa época, no existían los medios de comunicación que tenemos ahora. El profesor sabía que tener acceso a estos noticieros sería muy útil para la gente que estudiaba Latinoamérica. Ahora gracias a Internet existen varios boletines de noticias en línea sobre Latinoamérica, que se conocen como *The Latin America Data Base.*

22 ¡Noticias!

Hablemos/Escribamos En grupos de tres, decidan qué noticias publicar en el periódico del colegio. Comenten lo que pasó, lo que está pasando y lo que va a pasar en el colegio, usando el verbo **haber.** Después, escojan las tres noticias más importantes y escriban una oración para resumir cada una.

MODELO **—Hay una competencia de atletismo esta tarde.**
—Anoche hubo una reunión del club de español.

Cultura

VideoCultura

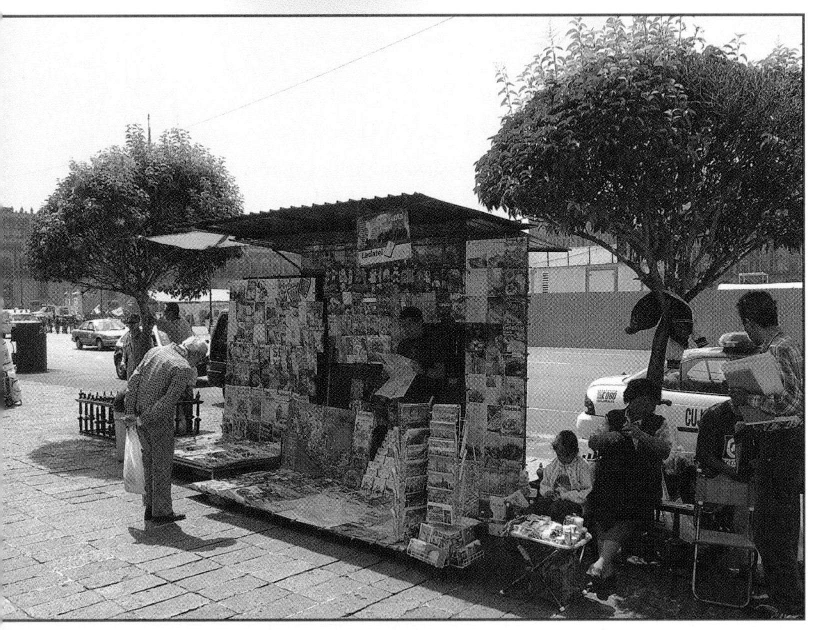

Los quioscos ofrecen medios de comunicación tradicionales, como las revistas y los periódicos, para informar al público.

A la cama no te irás sin saber una cosa más

Hoy en día, la radio y la televisión llegan hasta el último rincón de América Latina. Las grandes ciudades tienen una gran oferta de medios de comunicación, como televisión por cable y por satélite, que sin embargo son servicios algo caros. Los noticieros incluyen noticias del país, y también bastantes noticias internacionales. También cada vez más, la gente se informa por medio de Internet. ¿Ves tú los noticieros de la televisión? ¿Te gustaría poder ver canales de otros países por televisión? ¿Has visto las páginas Web de algún periódico extranjero?

Sumitsuki

El Paso, Texas

Vamos a hablar sobre los medios de comunicación de El Paso, Texas. ¿Estás bien informada sobre los eventos de tu país?

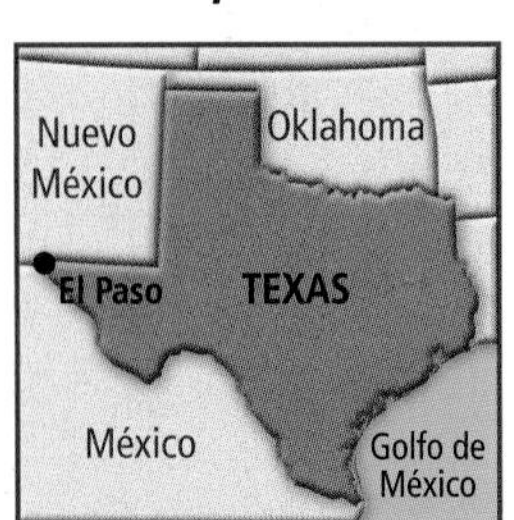

Sí, estoy muy bien informada.

¿Cómo te pones al tanto?

Yo veo las noticias, escucho el radio, y leo el periódico.

¿Cuántas veces por semana ves las noticias?

Cinco veces.

Octavio
Santiago, Chile

¿Tú crees que las imágenes violentas en la televisión, el cine o las noticias nos afectan de modo negativo y por qué?

Yo creo que si nos afectan, deberían no afectarnos, pero la mentalidad de los hombres, parece que no está preparada para recibir imágenes tan fuertes. Yo creo que el ejemplo claro está en los niños. Cuando un niño ve [a] dos hombres peleando, van con su amigo y lo repiten, lo recrean. Yo creo que todos tenemos algo de niño y todo lo hacemos recreándolo.

¿Tú crees que es verdad que los periodistas siempre tratan de dar informes de un modo imparcial? ¿Por qué sí or por qué no?

No, yo creo que es imposible que un periodista tenga una visión imparcial por muy profesional que sea, porque es humano y siente y se apasiona y tal como siente y se apasiona, se apasiona con ciertos temas. Es imposible que una persona que crea esto diga imparcialmente lo contrario.

Para comprender

1. ¿Qué hace Sumitsuki para estar al tanto de las noticias?
2. ¿Con qué frecuencia ve Sumitsuki las noticias?
3. Según Octavio, ¿cómo reaccionan los niños y adultos después de ver imágenes violentas en la televisión?
4. ¿Por qué no cree Octavio que los periodistas traten siempre los temas de un modo imparcial?

Para pensar y hablar

En tu opinión, ¿hay una relación entre la violencia y los medios de comunicación y de entretenimiento? ¿Crees que las imágenes que se ven en la televisión, el cine o los periódicos deben ser controladas por la comunidad o el gobierno? ¿Por qué sí o por qué no?

Comunidad y oficio

Los medios de comunicación en español

En este país, hay varias emisoras que ofrecen programación en español. Haz una investigación sobre una emisora de radio o de televisión en tu comunidad o en otra parte del país que tenga programación en español. Habla con alguien que trabaje allí y pregúntale la importancia de ofrecer esos servicios a los hispanohablantes de la zona y sobre cómo escogen la programación. También investiga la demanda de programación en español en tu comunidad.

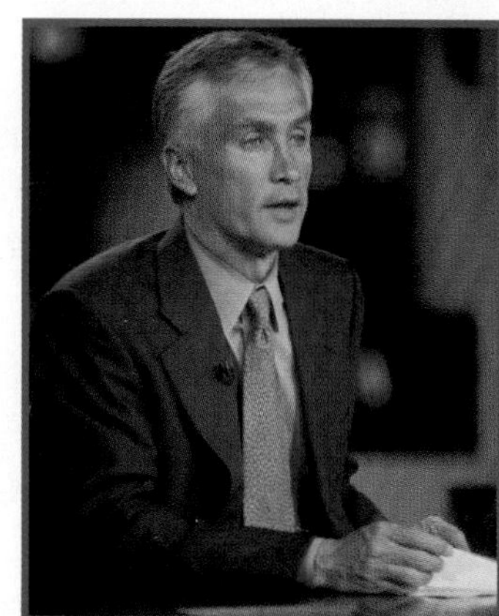

Jorge Ramos es un locutor de noticias en Univisión.

Objetivos
Explaining where you found information, talking about what you know and don't know

Vocabulario en acción 2

Los medios de comunicación impresos

En mi casa recibimos el periódico todos los días y **nos suscribimos a** varias revistas. Nuestro periódico tiene noticias con **enfoque local, nacional** y **mundial.**

A mi hermanito le encantan **las tiras cómicas.**

Si sólo tengo quince minutos leo **la primera plana** y si no tengo ni eso, no leo **los artículos,** ¡sólo leo **los titulares!**

La sección deportiva es quizás mi favorita. ¿Qué sección te gusta más a ti?

Mi mamá siempre lee primero **la sección financiera** para saber cómo van nuestras inversiones y si hemos perdido dinero o no.

Mi hermana siempre lee **los editoriales** y las cartas al editor porque le gusta saber qué **opina** la gente y **los periodistas** sobre asuntos políticos.

Más vocabulario...

los anuncios clasificados	*classified ads*
la censura	*censorship*
el comentario	*commentary*
la prensa	*the press*
la sección financiera	*finance section*

Visit Holt Online
go.hrw.com
KEYWORD: EXP3 CH6
Vocabulario 2 practice

Vocabulario 2

ACENTOS
El Piano
Vístete de Otoño

A mi hermanita le gusta leer **la sección de moda** para saber de los nuevos estilos de ropa.

Homenaje culinario al aceite de oliva

A mi mamá también le gusta leer **la sección de cocina** para ver las recetas y para tener más ideas sobre qué platos servir cuando tenemos invitados.

Mi papá lee **la sección de ocio** para enterarse de las exposiciones de arte, los conciertos y las películas. Le gusta cuando **entrevistan** a algún artista o director de cine.

OBITUARIOS / 107

GLORIA GOROSTOLA CASTAÑER
"MADRINA"

VICTOR BAERGA MARTI
(1932 - 2003)

VÍCTOR BAERGA MARTÍ

Víctor Baerga Martí

DR. JUSTO HERNÁNDEZ MORA

Mi abuela lee **los obituarios** para saber de los funerales.

A ella también le gusta **la sección de sociedad** para saber quién se casó y quiénes asistieron a las fiestas de gala.

También se puede decir...

In some Spanish-speaking countries, you will see **las defunciones** instead of **los obituarios** in the newspaper. You will also notice that the names of newspaper sections vary from country to country.

¡Exprésate!

To ask about information	To explain where you found it
¿Cómo supiste el resultado? *How did you find out the score?*	**Lo leí en la sección deportiva.** *I read it in the sports section.*
¿Cómo te enteraste de...? *How did you find out about . . . ?*	**Estaba en primera plana.** *It was on the front page.*

Interactive TUTOR

Online
Vocabulario y gramática, pp. 67–69

▶ Vocabulario adicional — En las noticias, p. R17

El equipo mexicano celebra un gol durante la Copa Mundial.

23 ¿Cómo lo supiste?

Escuchemos Escucha las conversaciones. Indica si cada persona supo la noticia a través de **a**) el periódico, **b**) la televisión o **c**) otra persona.

24 ¿Dónde lo leíste?

Leamos/Hablemos ¿En qué sección del periódico puedes leer algo sobre los siguientes temas?

1. las noticias mundiales más importantes
2. la crisis económica en Argentina
3. la última moda francesa e italiana
4. una reseña de una película mexicana
5. una receta para una cena típica tex-mex
6. el resultado de un partido de fútbol
7. la boda de una vecina
8. las opiniones de los editores sobre las elecciones

25 Las noticias del día

Leamos/Escribamos Completa el diálogo con las palabras del cuadro.

suscribí	deportiva	enfoque local	supiste
titular	ocio	editoriales	anuncios clasificados

PAPÁ Oye, hijo, pásame la sección __1__. Quiero saber el resultado del partido de fútbol de anoche.

FELIPE Ganó Cruz Azul, 5 a 2.

PAPÁ ¿Cómo __2__ el resultado?

FELIPE Lo leí en las noticias en línea. Ahora estaba leyendo los __3__ para saber la opinión de un comentarista sobre las peleas en los partidos de fútbol.

PAPÁ Cambiando de tema, ¿has leído el artículo sobre el incendio en el cine del centro? El __4__ estaba en la primera plana, pero todavía no he leído el artículo en el __5__ para saber los detalles.

FELIPE Ahora entiendo por qué no había anunciado ninguna película en el cine del centro en la sección de __6__.

PAPÁ Bueno, Felipe, tengo que salir y me voy a llevar el periódico. Te dejo los __7__ para que busques un apartamento. ¡Ya llevas dos meses aquí!

FELIPE Gracias, Papá. Me __8__ a un boletín en Internet y me mandan una lista de apartamentos todos los días.

26 ¿Qué leen?

Escribamos Escribe una oración para explicar qué sección del periódico leen tus parientes y amigos, con qué frecuencia y por qué.

MODELO **Mi papá lee sólo la primera plana porque tiene prisa en las mañanas.**

EL NORTE

Va militar a Seguridad

la primera plana

1

Triunfos normales de Toluca y América

DEPORTES

¡Chivas en el cielo!

Están en el liderato general al vencer a San Luis: 2-0

En el Jalisco

¡Sorpresa! Coulthard dejó sin pódium a

2

OPINION

La tragedia de la devaluación oficial del peso

3

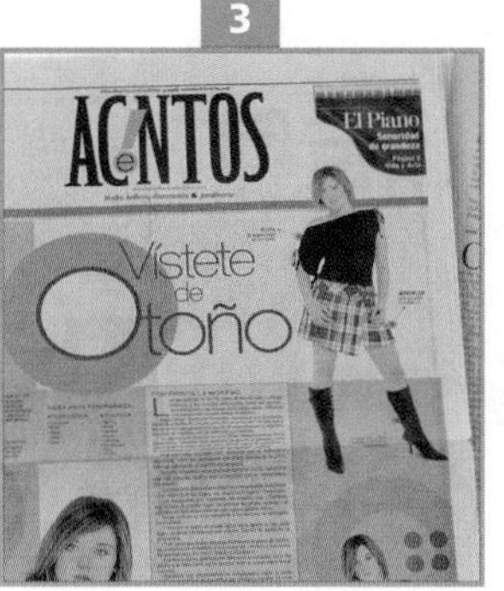
ACENTOS

Vístete de Otoño

4

5

NEGOCIOS

6

Bruselas con 'B' de Brel

Once días en Jamaica, 967 euros

7

GLORIA GOROSTOLA CASTAÑER

VICTOR BAERGA MARTI

VÍCTOR BAERGA MARTÍ

Víctor Baerga Martí

DR. JUSTO HERNÁNDEZ MORA

8

Homenaje culinario al aceite de oliva

Comunicación

27 El periódico del colegio

Hablemos Uds. son reporteros del periódico de su colegio. En grupos de tres, escojan las secciones y los temas que quieran incluir en el periódico esta semana. Cada persona será responsable de sugerir ideas y titulares para los artículos de dos secciones. Luego, los grupos se turnarán para presentar sus ideas a la clase.

MODELO **—Necesitamos hacer una sección deportiva esta semana, porque hay un partido de básquetbol muy importante.**

—¡Sí! ¿Y te enteraste del viaje que van a hacer los estudiantes de francés? Debemos incluir un artículo sobre eso en la primera plana.

Hay que estar al tanto de todo

Miguel Últimamente no he tenido mucho tiempo para leer el periódico.

Carmen Pobre de ti, porque la profesora de ciencias sociales quiere que estemos al tanto de las noticias. Es más, pasado mañana tenemos un examen sobre las noticias de esta semana.

Miguel ¡Se me había olvidado! Oye, ¿me ayudas a estudiar? Sólo pude leer una que otra sección del periódico esta semana.

Carmen Cómo no. ¿Ya supiste que se casa la hija del presidente?

Miguel No tenía la menor idea que se casaba, nunca leo la sección de sociedad.

Carmen ¡Pero esa noticia estaba en primera plana!

Miguel No sé cómo me la perdí. Y espero que la profesora no nos pregunte sobre asuntos financieros porque yo no sé ni jota de economía.

Carmen Bueno, yo entiendo poco de economía pero sé que hubo problemas financieros. ¿Ya te enteraste de quién ganó las elecciones en Guatemala?

Miguel Que yo sepa, empataron, ¿no?

Carmen No, empataron el partido de béisbol. En las elecciones ganó una mujer. Ay, Miguel, ¡me tienes desesperada!

¡Exprésate!

To talk about what you know and don't know

Entiendo algo de..., pero nada de...
I understand a little about . . ., but nothing about . . .

No tengo la menor idea si...
I don't have the slightest idea if . . .

Que yo sepa, (no) hay...
That I know of, there's (no) . . .

¿Qué sé yo de...? No entiendo ni jota de...
What do I know about . . .? I don't understand a thing about . . .

Online
Vocabulario y gramática, pp. 67–69

28 ¿Quién lo diría?

Leamos Basándote en el diálogo, decide quién diría las siguientes oraciones, **Miguel** o **Carmen.**

1. No tengo la menor idea de lo que está pasando en el mundo.
2. ¿Qué sé yo de economía?
3. Estoy al tanto de las elecciones en Guatemala.
4. Supe de los problemas financieros porque leí la sección financiera.
5. No me enteré de la boda de la hija del presidente.
6. Leí todas las secciones del periódico esta semana.

29 Una entrevista

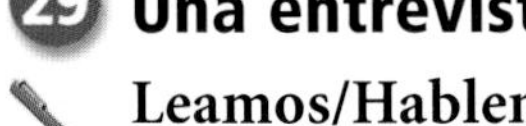

Leamos/Hablemos Eres el (la) presidente(a) de la clase y un(a) compañero(a) te está entrevistando para el periódico del colegio. Usa las expresiones de **Exprésate** para responder a sus preguntas.

MODELO **—¿Qué sabes de la crisis económica en los colegios?**
—Sé algo del problema, pero no conozco muchos detalles.

1. La directora dijo que necesitamos comprar nuevas computadoras para todas las clases. ¿Qué nos cuentas de eso?
2. ¿Hay planes de ofrecer clases durante el verano?
3. Algunos estudiantes piensan establecer una emisora estudiantil. ¿Qué nos puedes decir sobre eso?
4. Los profesores discutieron la censura de ciertos sitios de Internet en las computadoras del colegio. ¿Es verdad?
5. El club de español quiere empezar un programa de intercambio con un colegio de otro país. ¿Sabes qué país eligieron y cómo lo van a hacer?

Una emisora estudiantil en la Universidad de Veracruz, México

Comunicación

30 Un concurso

Hablemos Imaginen que participan en un concurso de conocimientos generales. En grupos pequeños, túrnense para hacerles preguntas a sus compañeros. Un(a) participante elige un tema del cuadro, y el (la) locutor(a) le hace una pregunta sobre el tema. Los participantes deben usar las expresiones de **Exprésate** para contestarlas.

deportes
ciencias
programas de televisión
artes
palabras en español
actores famosos

MODELO **—¿Quién ganó la última Copa Mundial?**
—No sé. Yo no entiendo ni jota de deportes.

Objetivos
Indefinite expressions, gender of nouns, indicative in compound sentences

Gramática en acción 2

Repaso Indefinite expressions

1 Indefinite words can be used in **affirmative** or **negative** expressions. You will often see **no** paired with a negative expression.

AFFIRMATIVE		NEGATIVE	
algo	*some*	**nada**	*nothing, not . . . anything*
alguien	*someone*	**nadie**	*no one, not . . . anyone*
algún, alguna	*some, any*	**ningún, ninguna**	*none, (not . . .) any*
alguno(a), algunos(as)	*some, any*	**ninguno(a), ningunos(as)**	*none, (not . . .) any*
también	*also*	**tampoco**	*not . . . either*
siempre	*always*	**nunca, jamás**	*never*
o	*or*	**ni**	*nor*

2 The words **o** *(or)* and **ni** *(nor)* can be used in pairs to express *either . . . or* and *neither . . . nor.*

O me pasas esa sección **o** me voy.

Esta locutora **no** es **ni** fiable **ni** imparcial.

3 Indefinite adjectives and pronouns must agree with the nouns they modify or represent. When a negative word precedes the verb, **no** is left out. **Alguno** and **ninguno** shorten to **algún** and **ningún** before a masculine singular noun.

¿Tienes **algunas** ideas?

No tengo **ninguna** idea.

¿**No** sabe **nadie** la respuesta?

Ningún estudiante sabe la respuesta.

Online
Vocabulario y gramática, pp. 70–72 | Actividades, pp. 55–57

En inglés

In English, only one negative word is used in negative expressions.

I **don't** know **anything** about politics.
Nobody wants to read **any** articles.

In Spanish, double negatives are often used in negative expressions.

No sé **nada** de política.
Nadie quiere leer **ningún** artículo.

31 ¿Afirma o niega?

Escuchemos Escucha las conversaciones e indica si la segunda persona **afirma** *(affirms)* o **niega** *(denies)* lo que dice la primera persona.

Visit Holt Online
go.hrw.com
KEYWORD: EXP3 CH6
Gramática 2 practice

Gramática 2

32 ¿Hay algo para mí?

Leamos/Hablemos Usa las palabras de **Gramática** para contestar las preguntas.

Recetas mexicanas: enchiladas, arroz con leche, chiles rellenos	**Sección de cocina**
Jugador de tenis gana dos campeonatos	**Sección de deportes**
Cantantes famosos asisten a fiesta en la ciudad de Nueva York	**Sección de sociedad**
Opiniones: la crisis ambiental, los viajes del presidente	**Editoriales**
Miles de mujeres italianas compran nuevo estilo de zapatos	**Sección de moda**
Cine y teatro	**Sección de ocio**

1. ¿Hay algún artículo aquí que te interese? ¿Cuál es?
2. ¿Hay algún artículo sobre la moda? ¿Cómo se llama?
3. ¿Puedes encontrar algún artículo sobre deportes?
4. ¿Hay algún artículo sobre gente famosa?
5. ¿Alguien escribió algún editorial sobre la crisis política?
6. ¿Hay alguna receta que te apetezca?

Comunicación

33 ¿Sabes algo?

Hablemos Haz una pregunta sobre cada tema del cuadro para averiguar cuánto saben tus compañeros del tema. En parejas, túrnense para hacer las preguntas y contestarlas.

MODELO **—¿Sabes algo de...?**
—Pues, la verdad es que no sé nada de...
(—Claro que sí. Entiendo que...)

el medio ambiente	las playas de Baja California
la moda en Francia	la arquitectura en México
la música rock	los escritores de Nuevo México

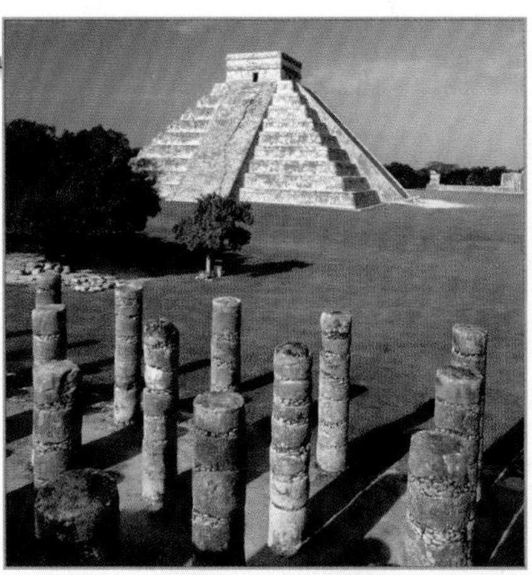

El Templo de Kukulcán es un ejemplo de la arquitectura maya en México.

Gender of nouns

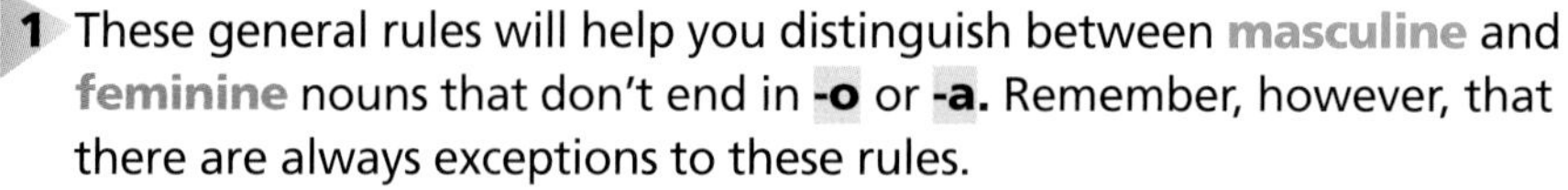

interactive TUTOR

1 These general rules will help you distinguish between **masculine** and **feminine** nouns that don't end in **-o** or **-a.** Remember, however, that there are always exceptions to these rules.

- Nouns ending in **-dad, -ión, -z, -is, -ie,** and **-umbre** are typically **feminine.**

  la verdad, la nación, la voz, la crisis, la serie, la costumbre

- Nouns ending in **-aje, -al, -és, -ín,** and **-ma,** are typically **masculine.**

  el paisaje, el corral, el inglés, el boletín, el problema

- Compound nouns are usually **masculine.**

  el lavaplatos   **el abrelatas**   **el tocadiscos**

- Nouns ending in **-l, -n,** and **-r,** can be **masculine** or **feminine.**

  el árbol   **el plan**   **el sur**

  la piel   **la razón**   **la labor**

2 Many nouns referring to people have **masculine** and **feminine** forms. The article changes depending on the gender of the person, but the form of the noun does not change.

el/la estudiante   **el/la periodista**   **el/la testigo**

el/la gerente   **el/la artista**   **el/la modelo**

3 The article used can change the meaning of some nouns.

la radio	*radio as a medium*	**el radio**	*radio apparatus, radius, radium*
la cura	*cure*	**el cura**	*priest*
la capital	*government capital*	**el capital**	*money*
la mañana	*morning*	**el mañana**	*future*
la orden	*command*	**el orden**	*order, organization*

4 **Feminine** nouns beginning with a stressed **a-** or **-ha** take **el** in the singular. In these cases, the article does not indicate the gender of the noun.

el arte, las artes   **el hacha, las hachas**   **el ala, las alas**

Online
Vocabulario y gramática, pp. 70–72 | Actividades, pp. 55–57

Nota cultural

Algunos concursos populares en español son *El gran juego de la oca,* basado en un juego de mesa, y *Dando y dando.* Varios canales están adaptando programas en inglés de Estados Unidos y creando nuevas versiones en español. Por ejemplo, Univisión tiene su propia versión del concurso *Who Wants to Be a Millionaire?* que se llama *A millón.* Televisa adaptó el concurso *Family Feud* para crear su programa *Cien mexicanos dijeron.* ¿Qué concursos en español puedes ver en tu comunidad? ¿En qué se parecen a los concursos en inglés?

34 ¿Cuál es?

Escuchemos Escucha las oraciones y escribe la palabra que se define en cada oración.

35 ¿Con o sin artículos?

Leamos Completa las oraciones con los artículos correctos.

1. Esta mañana en (el/la) capital se anunció que dos científicos han descubierto (el/la) cura para el cáncer.
2. El gobierno de (el/la) comunidad creó (un/una) plan para mantener (el/la) orden durante (el/la) festival.
3. (El/La) presidente de (el/la) organización dice que va a visitar los estados que están en (el/la) sur del país.
4. Los estudiantes le mandan (un/una) mensaje (al/a la) artista Juan Gómez para darle las gracias por su visita.
5. (El/La) plan que propone el candidato no soluciona (el/la) problema.
6. El congreso de (la/el) nación se preocupa por (el/la) crisis ambiental.
7. (El/La) periodista Ignacio Rey escribió un artículo sobre (el/la) testigo Mónica López.

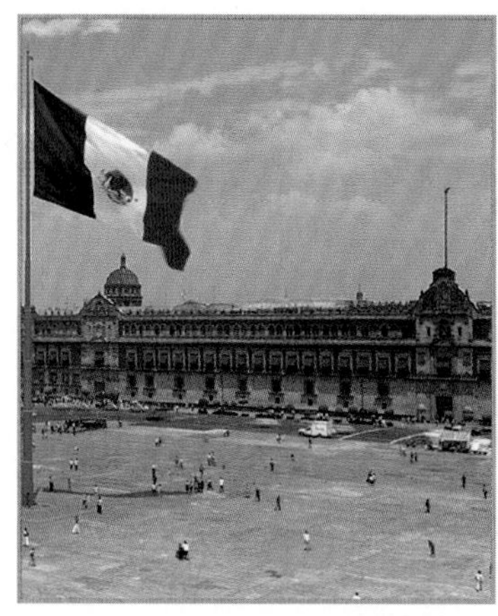

El congreso mexicano se reúne en el Palacio Nacional, México.

Gramática 2

36 Defínelo

Leamos/Escribamos Lee las definiciones y escribe la palabra que corresponda a cada definición con su artículo correcto.

1. Un territorio que tiene un solo gobierno.
2. Una persona que va al colegio y toma clases.
3. Otra palabra para decir "trabajo".
4. De esta planta que crece en el bosque obtenemos la madera.
5. Esta palabra describe un problema muy grande o serio.
6. Algo que se puede usar para escuchar discos.

Comunicación

37 Un boletín

Escribamos/Hablemos En parejas, preparen un boletín de noticias para el colegio usando las palabras del cuadro.

MODELO **El presidente de Chile hablará del tema «¿Qué será el mañana?» en la ceremonia de graduación. Mañana habrá una serie de presentaciones sobre nuevos programas de estudio.**

presidente	verdad	graduación	serie
problema	crisis	mañana	acción
artistas	arte	plan	radio

Repaso Indicative in compound sentences

1 As you know, compound sentences have two parts or clauses: a main clause **(cláusula principal)** and a subordinate clause **(cláusula subordinada).** A subordinate clause often begins with **que.**

main clause — subordinate clause

Me parece | que el periódico de nuestra ciudad es malo.

2 If the main clause indicates *doubt, denial, disbelief,* or *uncertainty,* among others, the verb in the subordinate clause is in the **subjunctive mood.**

main clause — subordinate clause

Ignacio no cree | que ese locutor **sea** fiable.

3 If the main clause indicates *certainty* or *truth* in the speaker's mind, the verb in the subordinate clause is in the **indicative mood.**

main clause — subordinate clause

Cristina dice | que Nora **tiene** la sección de moda.

4 Verbs typically followed by the indicative in the subordinate clause are: **decir, informar, anunciar, afirmar, contar, enterarse.**

La reportera **informó** que el comité **iba** a reunirse hoy.

Todos **afirman** que el periodista **sabe** mucho.

5 Verbs like **decir** and **pedir** are followed by the **subjunctive** in the subordinate clause when they mean *to order* or *to ask (someone to do something).*

Mis padres me **piden** que **escuche** el reportaje.

Online
Vocabulario y gramática, pp. 70–72 | Actividades, pp. 55–57

¿Te acuerdas?

Decir is often used in the **preterite** to report what someone said.

Agustín **dijo** que el documental fue muy educativo.

38 La crisis económica

Leamos Completa el párrafo con la forma correcta de los verbos.

Hoy el gobierno anunció que la crisis económica __1__ (siga/sigue) siendo grave. Según dijo un experto, es probable que los precios __2__ (suban/suben). El presidente dice que la crisis __3__ (va/vaya) a durar poco tiempo, especialmente si todos mantenemos la calma. Los economistas afirman que __4__ (sea/es) muy importante estar bien informado en este momento. Dicen que __5__ (escuchemos/escuchamos) los noticieros todos los días. Hoy los locutores informaron también que los bancos __6__ (están/estén) cerrados, pero no creen que __7__ (cierren/cierran) mañana.

39 ¿Hecho o posibilidad?

Escuchemos Escucha los comentarios del locutor. Indica si el locutor está comentando **a)** un hecho o **b)** una posibilidad.

¿Se te olvidó? Subjunctive with negation or denial, pp. 108–109

40 ¿Subjuntivo o indicativo?

Escribamos Usa una palabra o expresión de cada columna para escribir seis oraciones. Según el verbo, la segunda parte de la oración puede estar en el subjuntivo o el indicativo.

MODELO **El reportero informó que los problemas en los colegios son graves.**

el (la) profesor(a)	decir que	yo
el (la) presidente	anunciar que	los estudiantes
mis padres	esperar que	el gobernador
el (la) reportero(a)	informar que	mis amigos
mi amigo(a)	contar que	el gobierno
el (la) director(a)	pedir que	el problema

Comunicación

41 ¿Te enteraste?

Hablemos En parejas, dramaticen un diálogo basándose en los dibujos. Usen las expresiones de **Gramática** para reportar las noticias.

¿Se te olvidó? *To react to news, p. 144*

Gramática 2

Novela en video

Clara perspectiva

Episodio 6

ESTRATEGIA

Analyzing viewpoints Every story has two sides. The two sides in this story are the ecologists' and the corporation's. In order to better understand the conflict between these two groups, analyze their viewpoints. Based on what you know so far about the land in **Magallanes,** list three things the ecologists might want for the property, and three things that the corporation might want. Argue both sides. After you watch the episode, compare your lists and your arguments with what Clara learns from the newspaper article.

En la casa de los de la Rosa

Clara Buenos días, papá. ¿Me prestas las noticias locales, por favor? Quiero saber si aparece algo sobre la exposición de artistas de ayer.
Papá Está bien, hija, toma. Yo sólo quiero la sección deportiva.

1

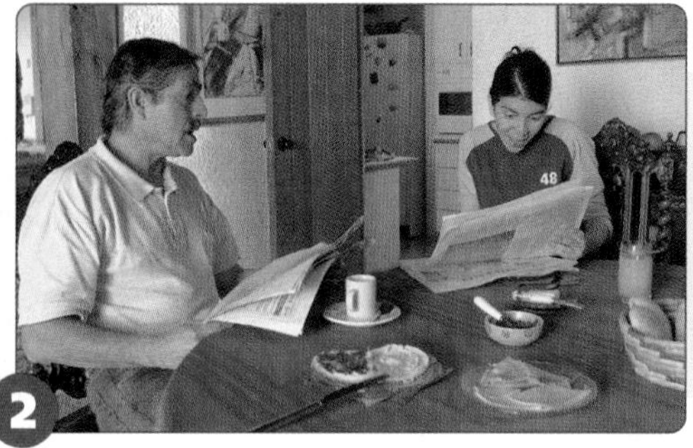
2

Clara ¡Mira! ¡El reportaje sobre la exposición está en la primera plana!
Papá Sí, hija, ya veo. ¿Qué dice?
Clara Ayer en la exposición de artistas chilenos en el Museo de Artes Visuales, el debate entre la empresa maderera *MaderaCorp* y un grupo de ecologistas culminó en un intercambio dramático entre el presidente de la empresa y dos ecologistas.

Clara La empresa maderera *MaderaCorp* quiere comprar 250 mil hectáreas de bosque nativo en la región de Magallanes. Según *MaderaCorp,* el proyecto estimularía la economía de la región generando empleos y otras actividades económicas.
Papá No cabe duda que la gente en esa región está a favor de mayores empleos… ¿cuál es el problema?

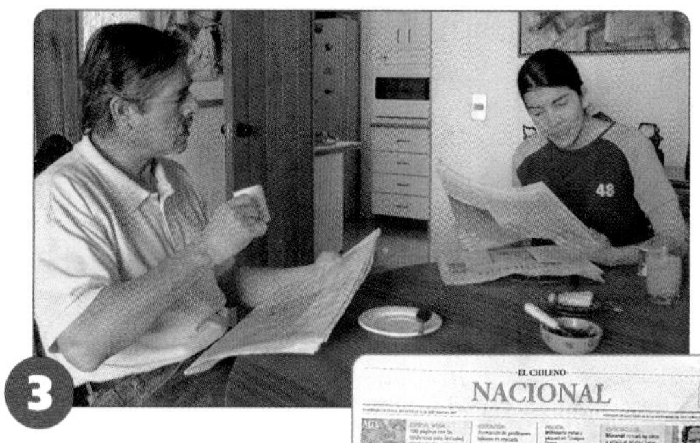
3

EL CHILENO
NACIONAL
Ecologistas protestan contra Empresarios
Listo proyecto que amplía reparaciones

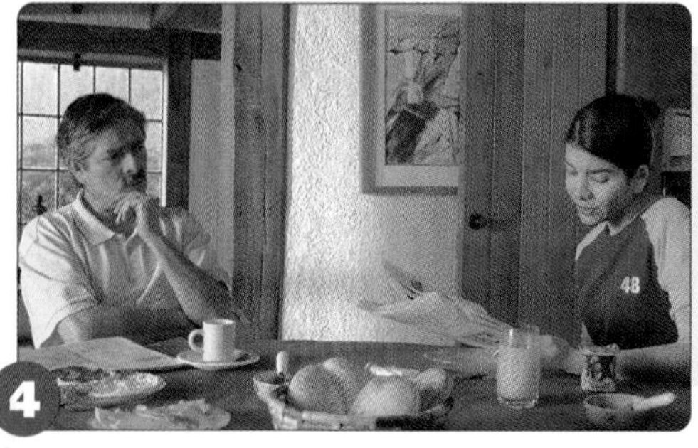
4

Clara Los ecologistas afirmaron que con el desarrollo del ecoturismo en la región se podrían obtener mayores utilidades en el uso del bosque.
Papá No estoy seguro que los ecologistas tengan la razón. Estoy convencido que es posible combinar la ecología con los negocios, ¿no crees, Clara?

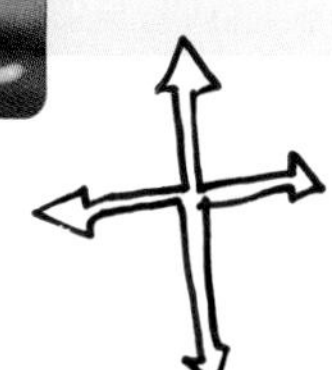

Visit Holt Online
go.hrw.com
KEYWORD: EXP3 CH6
Online Edition

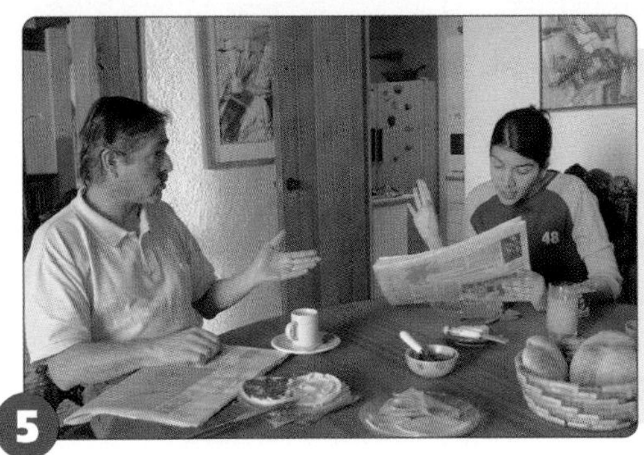

Clara Armando Luna, profesor de estudios ambientales en la Pontificia Universidad Católica de Chile, es el encargado de realizar estudios de impacto ambiental.

Papá ¿Ése es tu profesor, no? Uy, no quisiera estar en sus zapatos. Está en una situación muy difícil. Sus estudios de impacto ambiental podrían afectar a muchas personas.

En los bosques de Pirque

Profesor Luna ¿Quién habla?

Clara Clara de la Rosa, Profesor.

Profesor Luna ¿Qué pasa, Clara? No es un momento oportuno para hablar de tus estudios…

Clara No, Profesor…

Profesor Luna Clara, ¿recuerdas esa recomendación que me pediste? Ve a mi oficina e imprime todos los archivos bajo el título "Recomendaciones". Imprímelos, ¿me entiendes? No trates de copiarlos, imprímelos. Pídele la contraseña a Mercedes. Ella te la dará si le dices el apellido de soltera de mi madre: Contreras.

Ecologista 1 Termine la conversación, Profesor Luna. Tenemos que hablar.

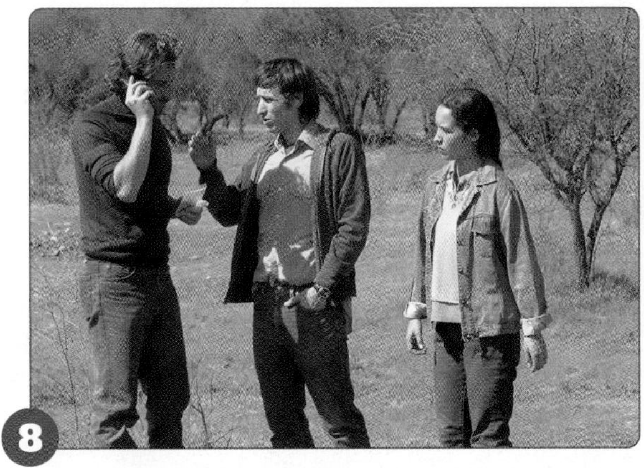

¿COMPRENDES?

1. ¿Qué le pide Clara a su padre? ¿Qué encuentra ella ahí?
2. Según el artículo, ¿qué quiere la empresa *MaderaCorp?* ¿Qué quieren los ecologistas?
3. ¿Quién está en el centro del debate? ¿Por qué?
4. ¿Qué información del artículo te ayuda a analizar el punto de vista de los ecologistas? ¿y el de la empresa *MaderaCorp?*
5. ¿Qué le pide el profesor a Clara? ¿Qué le dice que no haga?
6. ¿Qué tiene que saber ella para poder abrir los archivos? ¿Qué es?

Próximo episodio

Clara va a la oficina del profesor Luna para imprimir los archivos. ¿Crees que le va a resultar fácil hacerlo? ¿Por qué sí o por qué no?

PÁGINAS 304–305

Lectura informativa

Recuperar la tierra

Este editorial lo escribió María José Atiénzar en el periódico El Sol de Texas. *En el artículo, la autora comenta algunos problemas con las leyes que hay sobre el medio ambiente.*

"Nunca en la historia de la humanidad se ha hecho tanto, en tan corto tiempo, para destruir el maravilloso ecosistema que nos brinda sustento[1]". Con estas palabras, Kofi Annan, Secretario General de la Organización de las Naciones Unidas (ONU), comunica que las acciones destructivas sobre el medio ambiente van a afectar las generaciones futuras de modo que puede tomar miles de años corregir.

Kofi Annan pronuncia un discurso en la ONU.

Hay muchos desafíos pendientes: la preservación de la capa de ozono, la lucha contra la desertificación, la protección de la diversidad biológica, la escasez[2] de agua y tantos otros.

El barco *Prestige*, que cargaba millones de barriles de petróleo, se hundió en la costa de Galicia en noviembre del 2002.

En el Protocolo de Kioto se ha tratado de regular algunos de esos temas. La dificultad está en que algunos de los países que cometen muchas de las ofensas ambientales no han firmado[3] el acuerdo.

Otro de los "agujeros"[4] del Protocolo de Kioto es la exclusión de las emisiones ocasionadas por el transporte aéreo y marítimo. La aviación representa el 4% de las

1. sustains us 2. shortage 3. signed 4. loopholes

Docenas de soldados españoles llevaron cubos de petróleo crudo durante la limpieza. Duró varios meses y limpiaron cientos de millas de la costa de España y Francia.

emisiones de gases de invernadero[5]. En el mar, el accidente del barco *Prestige*[6] en la costa de Galicia es un ejemplo del peligro y daño irrecuperable de estas áreas. Por eso, el transporte aéreo y marítimo deberían estar incluidos.

Hacen falta mayores esfuerzos y voluntad para tomar acciones concretas. Son necesarios más control, la educación ambiental, la participación de las comunidades locales y la aplicación de tecnologías sostenibles.

5. greenhouse gases
6. The boat, carrying millions of barrels of oil, sank in November of 2002.

Comprensión

A ¿Sí o no?

1. La ONU no está preocupada por la situación del medio ambiente.
2. Todos los países del mundo firmaron el Protocolo de Kioto.
3. Las acciones de un país afectan el clima o el ecosistema de otros países.
4. La aviación es responsable, en parte, de las emisiones de gases dañinos.
5. La autora del editorial piensa que el Protocolo de Kioto es muy completo y protege el medio ambiente.

B ¿Qué aprendiste?

1. Nombra tres problemas ambientales que tenemos, según el artículo.
2. ¿Cuál es el propósito del Protocolo de Kioto?
3. ¿Qué es necesario hacer para mejorar el medio ambiente?

C Tu opinión ¿Cuál de los problemas del medio ambiente solucionarías primero? ¿Por qué? ¿Cómo lo harías?

Actividad

Investigación Con un(a) compañero(a), investiguen un desastre que haya afectado el medio ambiente, como el accidente del barco *Prestige* que se menciona en el artículo. Resuman qué pasó, y hablen de las leyes que aprobarían *(you would pass)* para que no vuelva a suceder.

Leamos y escribamos

ESTRATEGIA

para leer When you read a story like the *Popol Vuh,* it's important to know the order in which the events happened. The best way to follow and understand a story is to make a list of events in chronological order. This will help you keep track of events from the beginning to the end of the story.

Antes de leer

A El *Popol Vuh* es el libro sagrado maya que explica la creación del mundo y el desarrollo de la naturaleza y de los seres humanos. La selección que vas a leer trata de los hermanos Xbalamqué y Junajpú, que con la ayuda de la naturaleza y de poderes sobrehumanos, logran vencer el mal. Los hermanos llamaron la atención de los Señores del Infierno *(hell)* con su juego de pelota *(ball)* y por eso tuvieron que someterse a desafíos *(challenges)* imposibles. Mientras lees, escribe en orden cronológico los desafíos que enfrentaron los hermanos y las otras cosas que hicieron los Señores para hacerles daño, y cuáles fueron los resultados.

del Popol Vuh

Los muchachos dijeron a los Señores del Infierno, los Ajawab de Xibalbá:

—A los dos primeros no los saludamos porque son muñecos[1] hechos de madera y trapos[2], pero a vosotros sí: Jun Camé, y Wukub Camé, Xiquiripat y Cuchumaquic, Ajalpuj y Ajalk'aná, Ajalmez y Ajaltok'ob, Chamiabac y Chamiajolom, Quicxic y Patán, Quicré y Quicrixcac[3]. Y tú, Jolomán, que estás sentado en un banco.

Nada gustaron de esto[4] los Ajawab y los invitaron a sentarse.

—Eso no, dijeron los muchachos, ese asiento es piedra que está quemando; no nos sentamos en ella.

—Ea, pues, dijeron los Señores, vayan a descansar a la posada[5].

Por orden de los Señores fueron conducidos[6] a la Casa Oscura, donde les llevaron dos ocotes[7] y dos cigarros y les advirtieron[8] que, ardiendo[9] toda la noche, los habían de devolver[10] enteros por la mañana. Ellos tomaron dos plumas[11] de la cola de la guacamaya y las pusieron en el ocote y en las puntas de los cigarros pusieron dos luciérnagas[12]. Así estuvieron haciendo como[13] que ardían toda la noche.

Los señores quedaron muy admirados de ver los cigarros y los ocotes enteros e invitaron a los muchachos a jugar a la pelota. Primero jugaron con una cabeza de puma y después con la pelota de hule[14] de Junajpú e Xbalamqué.

Otra noche los metieron[15] en la Casa del Fuego, pero éste no les hizo daño alguno sino salieron muy hermosos por la mañana.

1 figures, dolls 2 rags, cloth 3 *names of the lords of hell* 4 didn't like that at all 5 guest house 6 were taken/led 7 sliver of ocote pine 8 warned, advised 9 (keeping them) burning 10 they were to return them 11 feathers 12 glow worms, fireflies 13 pretending 14 rubber ball 15 put them

A la noche siguiente llevaron a los muchachos a la Casa de los Murciélagos[16], donde había infinidad de ellos.

Junajpú e Xbalamqué se metieron dentro de sus cerbatanas a dormir, y aunque los murciélagos revoloteaban a su alrededor, no pudieron morderlos[17]. Junajpú quiso ver si ya había amanecido[18] y al sacar[19] la cabeza para certificarlo se la cortó[20] Camazotz, el Murciélago, quedando[21] sólo el cuerpo.

Los murciélagos fueron a poner la cabeza de Junajpú al atrio donde se jugaba a la pelota.

Xbalamqué llamó al pizote[22], al puerco y a todos los grandes y pequeños animales, para que lo ayudaran a remendar[23] a Junajpú y todos acudieron[24].

A lo último vino Coc, la Tortuga, balanceándose y dando vueltas a un lado y otro para caminar. Tomóla Xbalamqué[25] y labró de ella[26] la cabeza de Junajpú, la cual salió perfecta después de hacerle boca y ojos.

Esto fue hecho con mucha sabiduría[27] porque así lo dispuso Uc'ux Caj, el Corazón del Cielo.

Al terminar la cabeza se la pusieron al cuerpo de Junajpú y éste pudo hablar.

Puesta la cabeza de Junajpú en el atrio, los Señores fueron a celebrar el vencimiento[28] de los muchachos y se pusieron a jugar a la pelota.

Xbalamqué rebatió fuertemente la pelota que fue a caer junto a un tomatal[29] donde estaba un conejo, aconsejado por Xbalamqué, que salió corriendo y los Señores detrás de él creyendo que era la pelota.

Quedó solo todo el atrio e Xbalamqué tomó la cabeza de Junajpú y se la puso al cuerpo cambiándola por la cabeza de tortuga, la que colocó[30] en su lugar en el atrio.

Los Señores estaban admirados de ver el prodigo[31] que sucedía con Junajpú.

16 bats 17 bite them 18 if the sun had come up 19 upon sticking out 20 (the bat) cut it off 21 leaving behind 22 coati, a raccoon-like animal 23 to fix, to mend 24 came to help 25 Xbalamqué took her 26 made out of her 27 wisdom 28 defeat 29 tomato patch 30 put 31 *prodigio* wonder, miracle

Junajpú e Xbalamqué pasaron por todos estos castigos[32] y en ninguno de ellos murieron, hasta que por fin los Ajawab de Xibalbá, los Señores del Infierno, hicieron una gran hoguera[33] en un hoyo[34] y llamaron a Junajpú y a Xbalamqué. Estos se pusieron uno frente al otro y, extendiendo los brazos, se dejaron ir sobre el fuego[35].

Molieron[36] sus huesos y hechos polvo[37] los arrojaron a[38] la corriente del río; pero el agua no se los llevó sino que, yéndose al fondo[39], se convirtieron en dos hermosos muchachos.

---

32 hardships, punishments 33 bonfire 34 hole, pit 35 fire 36 They ground 37 (having been made into) dust 38 hurled them into 39 sinking to the bottom

Comprensión

B **De comienzo a fin** Coloca los hechos en orden cronológico.

1. ____ **a.** Xbalamqué le hizo una cabeza a Junajpú.
2. ____ **b.** Los Señores de Xibalbá pensaron que un conejo era la pelota.
3. ____ **c.** Xbalamqué les pidió ayuda a los animales.
4. ____ **d.** Un murciélago le cortó la cabeza a Junajpú.
5. ____ **e.** Junajpú sacó la cabeza de Junajpú del atrio y se la puso al cuerpo.
6. ____ **f.** Xbalamqué y Junajpú pasaron la noche en la Casa Oscura.

C **Y así sucedió** Indica si cada oración es **cierta** o **falsa.** Corrige las falsas.

1. Los Señores de Xibalbá querían castigar a los muchachos Junajpú e Xbalamqué.
2. Los Señores eran poco fiables.
3. Los muchachos pudieron descansar en las posadas.
4. Junajpú usó la cabeza del conejo para hablar.
5. El conejo ayudó a engañar *(trick)* a los Señores.
6. Los murciélagos ayudaron a los muchachos.
7. Los muchachos murieron en el juego de pelota.

Después de leer

D ¿Qué aprendiste de esta historia? ¿Por qué crees que los mayas escribieron una historia de dos muchachos que juegan a la pelota?

Visit Holt Online
go.hrw.com
KEYWORD: EXP3 CH6
Online Edition

Interactive TUTOR

Taller del escritor

ESTRATEGIA

para escribir When writing a story of various chapters or parts, it's important to keep track of the chronological ordering of your story. If you include events that are out of place or repeated, you can confuse the reader. It's best to brainstorm a chain of events for your story first and then decide which way to order them.

Una historia con fluidez

¿Cómo se puede escribir una historia larga como el *Popol Vuh* y recordar el orden de los sucesos? Imagínate que eres historiador(a) y quieres escribir una historia de tu pueblo o ciudad. ¿Qué incluirías en tu historia y cómo la escribirías en un orden fácil de seguir?

1 Antes de escribir

Antes de empezar tu historia, hay que pensar en lo que quieres incluir. Primero piensa en los eventos más importantes que quieres mencionar. Después pon esos eventos en orden y organízalos en un plan de escritura para que tu historia fluya *(flows)*.

2 Escribir un borrador

Empieza a escribir tu historia con la lista que hiciste. Asegúrate de incluir los eventos en orden cronológico.

3 Revisar

Revisa tu borrador y corrige errores de gramática y ortografía, si los hay. Lee tu borrador para verificar que los eventos de la historia están en orden. Si es necesario, puedes cambiar el orden.

Historia de la ciudad

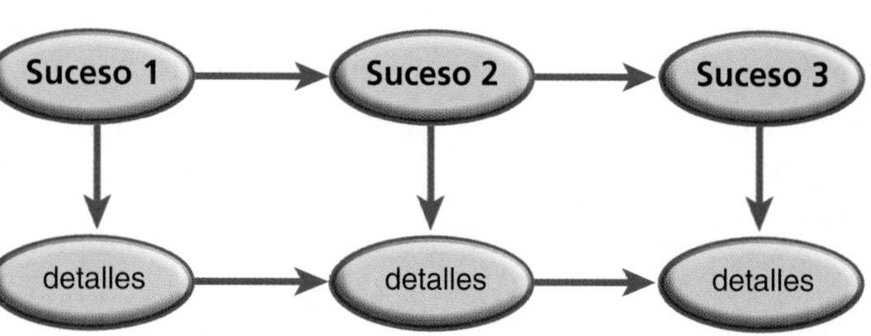

4 Publicar

Comparte tu historia con un(a) compañero(a) para que la lea. Determina si la historia de tu compañero(a) tiene todos los elementos en el orden correcto. Él o ella puede hacerte sugerencias para mejorar tu trabajo si es necesario. Pueden compartir sus historias con la clase para aprender la historia de los pueblos o ciudades de otros compañeros.

Prepárate para el examen

1 Vocabulario 1
- expressing certainty
- expressing doubt and disbelief

pp. 230–235

1 Escucha las conversaciones y escoge la foto que corresponde a cada una.

A

B

C

D

E

F
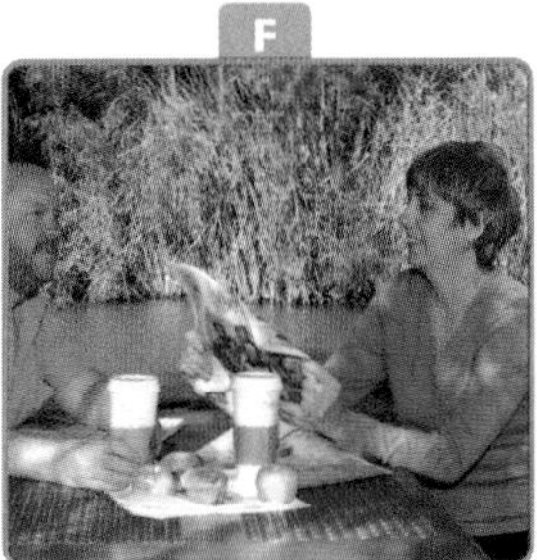

2 Gramática 1
- indicative after expressions of certainty
- subjunctive after expressions of doubt and disbelief
- uses of **haber**

pp. 236–241

2 Escribe oraciones con **haber.**

MODELO **la semana pasada/un concierto en el colegio**
La semana pasada hubo un concierto en el colegio.

1. no creo que/haber/un partido de fútbol esta noche
2. ayer/haber/un reportaje sobre las elecciones
3. ya no/haber/periódicos cuando llegué
4. hoy en la tarde/haber/un documental en el canal seis
5. no es posible que/haber/tantos exámenes hoy
6. dudo que/haber/programas educativos en la televisión

3 Vocabulario 2
- asking about information and explaining where you found it
- talking about what you know and don't know

pp. 244–249

3 Indica la sección del periódico que busca cada persona.

1. Miguelito quiere divertirse con los cuentos sobre sus personajes favoritos.
2. La señora Ortiz quiere encontrar una receta para la cena.
3. Gustavo quiere saber cómo va la economía.
4. Mariana quiere información sobre sus actores favoritos.
5. Paulina está buscando una lista de películas.
6. El señor Flores quiere comprar una computadora usada.

4 Completa las oraciones con la palabra correcta.

1. Escuchamos (el/la) radio para mantenernos informados sobre la crisis.
2. Un reportero dijo que el presidente (vaya/va) a viajar.
3. Vi un documental sobre (el/la) paisaje del desierto.
4. Quiero leer (algún/ningún) artículo de la sección de sociedad.
5. Esta emisora afirma que la princesa se (casa/case).
6. Leemos todas las noticias en (el/la) boletín del colegio.

5 Contesta las preguntas.

1. ¿Quién es Kofi Annan?
2. Explica un problema que tiene el Protocolo de Kioto.
3. ¿Qué debemos hacer para proteger el medio ambiente?
4. ¿De dónde venían los primeros programas en español?
5. ¿Qué es el *Latin America Data Base?*

6 Escucha las conversaciones y determina si las personas se enteraron de las noticias que mencionan por **a**) la radio, **b**) la televisión o **c**) el periódico.

7 Mira los dibujos y describe lo que ves.

Visit Holt Online
go.hrw.com
KEYWORD: EXP3 CH6
Chapter Self-test

4 Gramática 2
- indefinite expressions
- gender of nouns
- indicative in compound sentences

pp. 250–255

5 Cultura
- Comparaciones **pp. 242–243**
- Lectura informativa **pp. 258–259**
- Notas culturales **pp. 235, 241, 252**

Gramática 1

- indicative after expressions of certainty **pp. 236–237**
- subjunctive after expressions of doubt and disbelief **pp. 238–239**
- uses of **haber** **pp. 240–241**

Repaso de Gramática 1

Expressions of certainty are followed by a verb in the **indicative mood.**

Me parece que hoy **va** a llover.

Other expressions of certainty are: **claro que, creo que, es cierto que, estoy convencido(a) de que, es obvio que, es evidente que,** etc.

When an **expression of doubt or disbelief** is used in a sentence, the **subjunctive mood** is used in the dependent clause.

No creo que llueva hoy.

The **present perfect subjunctive** can also be used with these expressions.

No creo que **hayan hecho** un gran trabajo.

The impersonal forms of **haber** in the present, preterite, imperfect, present subjunctive, and future are: **hay, hubo, había, haya, habrá.**

Gramática 2

- indefinite expressions **pp. 250–251**
- gender of nouns **pp. 252–253**
- indicative in compound sentences **pp. 254–255**

Repaso de Gramática 2

There are **affirmative** and **negative** forms of indefinite expressions.

No sé **nada** de política, pero hay **alguien** que te puede ayudar.

Indefinite adjectives and pronouns agree in gender and number with nouns.

Tienen **algunas** idea**s** para solucionar el problema.

Nouns that refer to people can be **masculine** or **feminine.**

el/la testigo   **el/la** modelo

Some nouns have a different meaning depending on the article used.

la orden *command*   **el orden** *order, organization*

Use the article **el** with the singular of feminine nouns beginning with a stressed **a-** or **ha-**.

el águila   **las** águilas

A subordinate clause often begins with **que.**

Use the **subjunctive** when the main clause expresses uncertainty, denial, or doubt, and the **indicative** when it indicates certainty or truth in the speaker's mind.

No creo que **sea** muy informativo el programa.

Daniel dice que el programa **es** bastante completo.

Repaso de Vocabulario 1

To express certainty

alguno(a) que otro(a) (cosa)	*the occasional (thing)*
el canal	*channel*
el concurso	*game show*
considerarse	*to consider oneself*
controvertido(a)	*controversial*
la crisis ambiental/ económica/política	*environmental/economic/ political crisis*
detallado(a)	*detailed*
el documental	*documentary*
de modo...	*in a . . . way*
educativo(a)	*educational*
la emisora	*radio/TV station*
Es evidente que...	*It's evident that . . .*
estar al tanto	*to be up-to-date*
estar bien/mal informado(a)	*to be well/poorly informed*
Estoy convencido(a) de que...	*I'm convinced that . . .*
Estoy seguro(a) (de) que...	*I'm positive that . . .*
(poco) fiable	*(un)trustworthy*
imparcial	*unbiased, objective*
informar	*to inform*
informativo(a)	*informative*
inspirarle confianza	*to inspire trust in*
investigar	*to research*
el (la) locutor(a)	*announcer, newscaster*
las noticias (en línea)	*news (online)*
el noticiero	*newscast*
parcial	*biased*
pasar por alto	*to overlook*
la radio	*radio (as a medium)*
el reportaje	*news report*
el (la) reportero(a)	*reporter*
reseñar	*to review, critique*
la telenovela	*soap opera*
tratar un tema a fondo	*to cover a topic in depth*

To express doubt and disbelief

Dudo que estés bien informado(a) sobre.../que sepas...	*I doubt that you're well informed about . . ./that you know . . .*
No creo que los periodistas/ los noticieros sean...	*I don't think that journalists/ newscasts are . . .*
No estoy seguro(a) (de) que tengas razón sobre...	*I'm not sure that you're right about . . .*
Parece mentira que haya.../ que digan...	*It's hard to believe that there are . . ./that they say . . .*

Repaso de Vocabulario 2

To explain where you found information

los anuncios clasificados	*classified ads*
el artículo	*article*
la censura	*censorship*
el comentario	*commentary*
¿Cómo supiste el resultado?	*How did you find out the score?*
¿Cómo te enteraste de...?	*How did you find out about . . .?*
los editoriales	*editorial section*
el enfoque local/nacional/ mundial	*local/national/world perspective*
entrevistar	*to interview*
Estaba en primera plana.	*It was on the front page.*
Lo leí en la sección deportiva.	*I read it in the sports section.*
los obituarios	*obituaries*
opinar	*to think, to be of the opinion*
el (la) periodista	*journalist*
la prensa	*the press*
la primera plana	*front page*
la sección de cocina	*cooking section*
la sección deportiva	*sports section*
la sección financiera	*financial section*
la sección de moda	*fashion section*
la sección de ocio	*entertainment section*
la sección de sociedad	*society section*
suscribirse a	*to subscribe to*
las tiras cómicas	*comic strips*
los titulares	*headlines*

To talk about what you know and don't know

Entiendo algo de..., pero nada de...	*I understand a little about . . ., but nothing about . . .*
¿Qué sé yo de...? No entiendo ni jota de...	*What do I know about . . .? I don't understand a thing about . . .*
No tengo la menor idea si...	*I don't have the slightest idea if . . .*
Que yo sepa, (no) hay...	*That I know of, there's (no) . . .*

Repaso

Integración

capítulos 1–6

1 Escucha las noticias e indica a qué persona se refiere cada una.

A

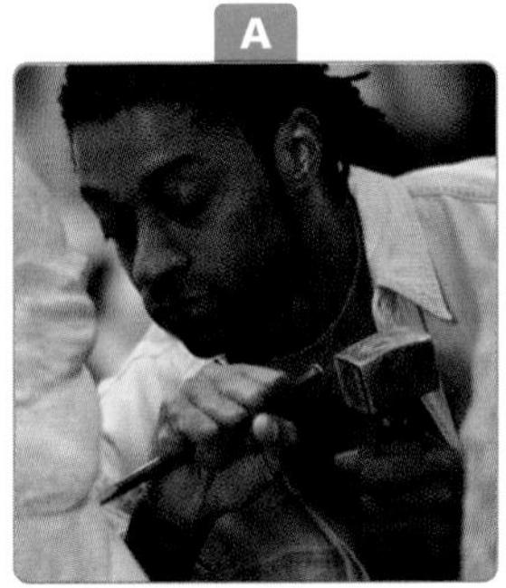

B

C

D

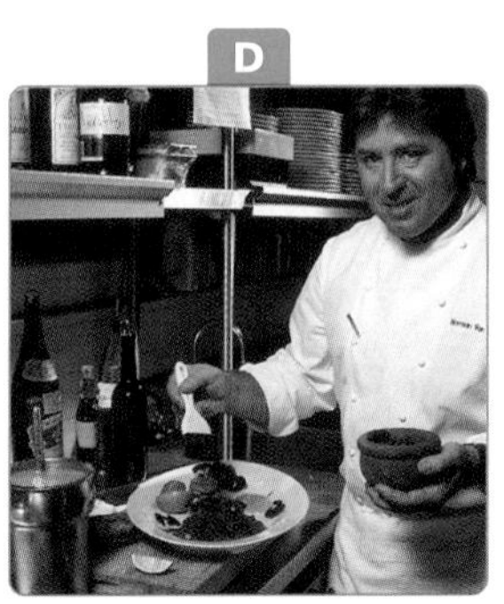

2 Ésta es parte de un editorial que una periodista escribió sobre los equipos de deportes en los colegios. Lee el artículo y decide si la periodista **a**) estaría de acuerdo con los siguientes comentarios o **b**) si no estaría de acuerdo.

Muchos directores han decidido que no quieren tener equipos deportivos en sus colegios porque creen que los estudiantes sacan malas notas a causa de los deportes. Personalmente, estoy muy decepcionada con su actitud hacia los deportes. Parece mentira que puedan tener una impresión tan equivocada. Los equipos deportivos son como el grupo de teatro y la banda. ¡El colegio no sería lo mismo sin estos grupos! Son pasatiempos importantes para los estudiantes y son una fuente de orgullo para ellos. Estoy convencida de que los estudiantes necesitan tiempo para descansar y pasarlo bien y tienen que hacer ejercicio. No creo que vayan a resolver el problema así.

1. No creo que sea importante tener equipos deportivos en los colegios.
2. Estoy segura de que los deportes no son la causa de las malas notas.
3. Me choca la actitud de los directores hacia los deportes.
4. Estoy convencida de que los ensayos de banda no valen la pena.
5. A mi parecer, los colegios deben ofrecer actividades para los estudiantes.

Visit Holt Online
go.hrw.com
KEYWORD: EXP3 CH6
Cumulative Self-test

3 En grupos de tres, reseñen una película que hayan visto. Túrnense para responder a lo que dicen sus compañeros sobre los actores, la música, el tema, los acontecimientos y los detalles importantes de la película.

MODELO **—No creo que el actor principal sea muy bueno.**
—¡Al contrario! Estoy seguro de que él va a ganar muchos premios.

4 Describe lo que ves en esta parte del Códice Mendoza e imagina que tienes que leer el mensaje. Escribe ocho oraciones explicando qué crees que significa.

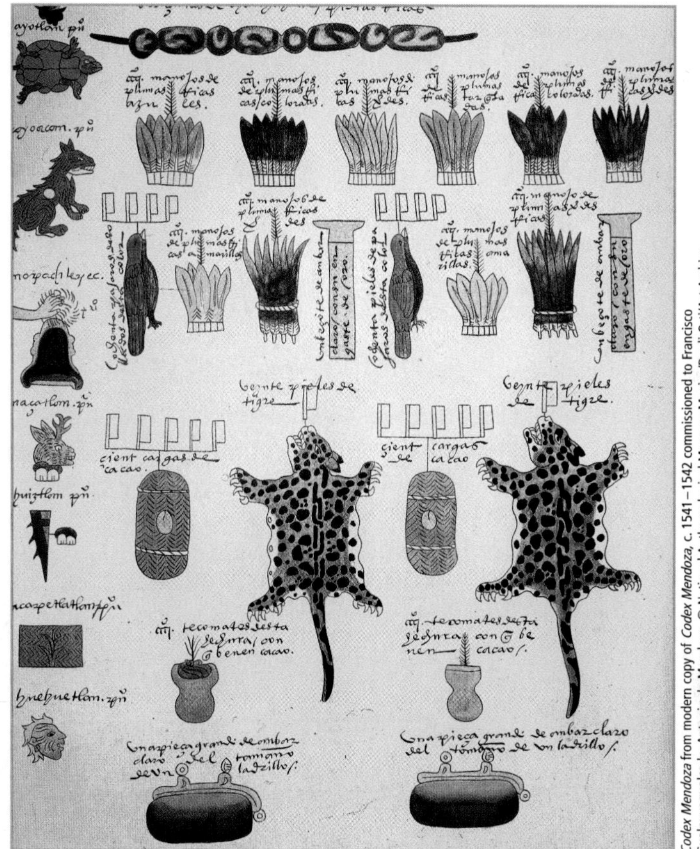

Del *Códice Mendocino,* parte II (registro de tributos)

5 Tienes que escribir un editorial para el periódico de tu colegio explicando tu opinión sobre la comida en la cafetería. Describe las comidas que a los estudiantes les gustaría comer y por qué.

6 **Situación**

En grupos de cuatro, preparen un noticiero. Cada estudiante preparará uno de los siguientes elementos:

1. el enfoque local
2. una reseña de arte
3. un reportaje sobre el medio ambiente
4. las noticias mundiales

Cada grupo tendrá diez minutos para presentar el noticiero a la clase.

GeoVisión

▲ **El Huascarán** es la montaña más alta de Perú, midiendo 6.768 metros de altura. En 1975 el Parque Nacional Huascarán se fundó para proteger las especies indígenas de la región. 2

Geocultura

Los Andes

Ecuador, Perú y Bolivia

QUITO ★
5
ECUADOR
PERÚ
Los Andes
2
LIMA ★
OCÉANO PACÍFICO

► **El Lago Titicaca,** a 3.810 metros sobre el nivel del mar, es el lago navegable más alto del mundo. Hay más de 40 islas en el lago, cada cual con sus propias costumbres. 1

Almanaque

Países, poblaciones y capitales de los Andes centrales

Ecuador, 13.549.000 (Quito)
Perú, 27.949.639 (Lima)
Bolivia, 9.069.000 (Sucre, oficial), (La Paz, sede del gobierno)

Idiomas principales

español, quechua, aymara

Industrias importantes

agricultura, productos de madera, alimentos procesados, metales, textiles

¿Sabías que...?

La Cordillera de los Andes, con picos que alcanzan alturas hasta cerca de 7.000 metros, se estrecha por unos 8.000 kilómetros desde el punto más sureño de Sudamérica hasta la costa del Mar Caribe en el extremo norte del continente.

► **Los trajes folklóricos** del altiplano peruano tienen sus raíces en tradiciones españolas e incaicas.

▲ **Machu Picchu,** escondido del mundo hasta 1911, hoy atrae a miles de turistas a Perú. Probablemente la ciudad fue construida alrededor del año 1450 y abandonada unos 100 años después. ❸

▲ **El Cañón del Colca** en Perú es el cañón más profundo del mundo, con 3.182 metros de profundidad. En la Cruz del Cóndor los visitantes pueden observar el ave volador más grande del mundo, el cóndor. ❹

► **La papa y el maíz** son las comidas principales en el altiplano andino. Los españoles llevaron los dos productos a Europa en el siglo XVI. Hoy día se comen papas en todo el mundo.

▲ **La Paz** es la ciudad andina de origen aymara más importante y es la sede del gobierno nacional de Bolivia. A una altura de 3.610 metros es la sede de gobierno más alta del mundo.

► **El Cinturón de Fuego del Pacífico** es una línea de volcanes que se extiende por la costa occidental de Sudamérica y por las costas orientales de Asia. El volcán Cotopaxi en Ecuador es el volcán activo más alto del mundo. ❺

La historia de los Andes—Ecuador, Perú y Bolivia

1500 | 1550 | 1800

Siglo XIII–1532

Cuzco, la capital del Imperio Inca se estableció en el siglo XIII. El imperio se extendió desde el sur de Colombia hasta el norte de Chile. Atahualpa, el último emperador Inca, cayó en manos de los españoles en 1532. **¿Cuál era la capital del Imperio Inca?**

1569–1821

Durante la época colonial los españoles instituyeron el sistema de *la encomienda,* en el cual los indígenas tenían que trabajar los campos para los españoles. **¿Conoces sistemas similares que se usaban en otras partes del mundo?**

1532–1533

Francisco Pizarro marchó a Cajamarca, Perú, con menos de 200 soldados para tender una emboscada a los incas. Después de capturar al emperador Atahualpa, los españoles pidieron 24 toneladas de oro y plata por su rescate. Pizarro traicionó a los incas y mató a Atahualpa en la plaza principal en 1533. **¿Cómo crees que Pizarro consiguió conquistar un imperio con sólo 200 hombres?**

1821

El venezolano **Simón Bolívar** y el argentino **José de San Martín** encabezaron la lucha por la independencia en Sudamérica. En 1822 se encontraron en Guayaquil, Ecuador, y anunciaron la formación de la Gran Colombia, que incluía Ecuador, Venezuela y Colombia. **¿De dónde eran Simón Bolívar y José de San Martín?**

¿Sabías que...?

Los incas se comunicaban por medio de mensajeros, o *chasquis,* que corrían unos 2.400 kilómetros por la carretera imperial que se extendía desde Quito, Ecuador, a Cuzco, Perú, en sólo cinco días.

Visit Holt Online
go.hrw.com
KEYWORD: EXP3 CH7
Photo Tour

1850 1900 1950 2000

1879–1883

La Guerra del Pacífico entre Chile, Perú y Bolivia empezó en 1879 para tomar posesión de la provincia de Tarapacá, en el terreno del desierto de Atacama, que contenía valiosos minerales. En la **Batalla de Iquique,** Perú perdió su nave más moderna, la *Independencia,* cediendo control de la costa a Chile, que ganó la guerra en 1883. **¿Qué quería ganar Chile en la guerra?**

1979

En 1979 **Ecuador** fue el primer país latinoamericano en volver a la democracia verdadera después de muchos años de dictaduras militares y civiles. **Jaime Roldós** (1940–1981) fue el primer líder elegido por el voto popular después de la dictadura. **Investiga qué otros países latinoamericanos tenían una dictadura.**

1998

Perú y Ecuador se levantaron en armas tres veces sobre territorio disputado en sus fronteras (1941, 1981 y 1995). En 1998 el presidente ecuatoriano, Jamil Mahuad, y el presidente peruano, Alberto Fujimori, firmaron **el tratado de paz final,** estableciendo fronteras definitivas entre los dos países por primera vez en medio siglo. **En el mundo de hoy en día, ¿dónde hay territorios disputados?**

El arte de los Andes—Ecuador, Perú y Bolivia

ÉPOCA PRECOLOMBINA | 1500 | 1800 | 1850

Época precolombina

La cultura Chimú reinó en partes de Perú hasta su conquista por los incas en 1476. Los chimú trabajaron el oro, la plata y el cobre empleando técnicas muy avanzadas, más tarde adoptadas por los incas. **Investiga para qué los chimú usaban este cuchillo.**

1534

La construcción de la Iglesia de San Francisco en Quito, Ecuador, comenzó en 1534, pocos días después de la fundación de la ciudad. La fachada es una reproducción arquitectónica del palacio de El Escorial de España. **En Internet o en la biblioteca busca una foto de El Escorial y compáralo con la Iglesia de San Francisco.**

Siglo XVII–XVIII

Para decorar las iglesias y catedrales los **pintores indígenas** pintaron cuadros en la tradición europea del arte barroco. Desarrollaron un estilo propio añadiendo símbolos, seres e imágenes indígenas. Este cuadro, *Piscis,* de la **Escuela Cuzqueña,** pintado por Diego Quispe Tito, se encuentra en la Catedral de Cuzco. **¿Qué otro cuadro de la Escuela Cuzqueña conoces?**

1888–1956

José Sabogal (1888–1956) es uno de los pintores más reconocidos de Perú y uno de los fundadores del **estilo indigenista,** arte que tiene como meta hacer resaltar al indígena. Su obra *La Santusa* (1932) ejemplifica el estilo indigenista. **¿Qué es el arte indigenista?**

¿Sabías que...?

Oswaldo Guayasamín siempre se metía en problemas con las maestras del colegio por las caricaturas que dibujaba.

Visit Holt Online
go.hrw.com
KEYWORD: EXP3 CH7
Photo Tour

1900 — 1950 — 2000

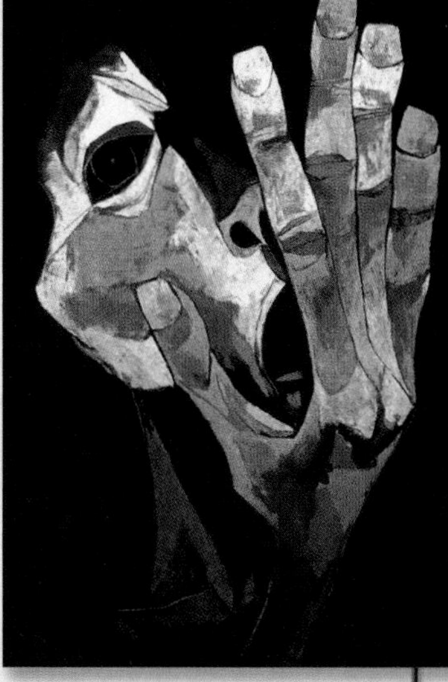

Siglo XX

Oswaldo Guayasamín (1919–1999), de Ecuador, es reconocido como uno de los artistas más importantes de Sudamérica. Su colección *La edad de la ira* refleja el dolor, la miseria y la injusticia sufrida por la humanidad en el siglo XX. El cuadro *El Grito* (1983) es muestra de esta etapa artística. **Inventa otro título para esta obra.**

1975

Miguel Andrango fundó la Escuela de Tejidos de Tahuantinsuyo en Otavalo, Ecuador, con el propósito de conservar las tradiciones textiles de la región. El artista viaja por todo el mundo dando clases, demostrando su técnica y asistiendo a festivales. **¿Hay un juego, un cuento, una canción o una artesanía que tus padres te hayan enseñado y que tú pienses continuar?**

2003

La antigua Estación de Desamparados, en Lima, Perú, se usa hoy como museo de arte. La cerámica *Tinaja con cara 2 niveles* y el tallado en madera *Shipibos en madera* del artista Pablo Yuimachi están expuestas en una exhibición especial. Las dos piezas se basan en diseños indígenas. **Al visitar un museo de arte, ¿qué tipo de arte esperas ver?**

2000

Juan de la Cruz Machicado es un pintor peruano que se dedicó a pintar su ciudad adoptiva, Cuzco. Estudió arte en la Escuela Regional de Arte «Diego Quispe Tito» en Cuzco. Esta obra, óleo sobre lienzo, se llama *Familia cuzqueña en San Blas.* **En este cuadro, ¿qué te parece típico de la vida en Cuzco?**

Capítulo 7

Mis aspiraciones

OBJETIVOS

In this chapter you will learn to
- talk about challenges
- talk about accomplishments
- talk about future plans
- express cause and effect

And you will use
- preterite and imperfect of stative verbs
- grammatical reflexives
- **lo** and **lo que**
- subjunctive after adverbial conjunctions
- subjunctive with future actions
- indicative with habitual or past actions

¿Qué ves en la foto?

- **¿Quiénes son estas personas?**
- **¿De dónde vienen o adónde van?**
- **¿Cómo crees que se siente el estudiante en el centro? ¿Por qué?**

Visit Holt Online
go.hrw.com
KEYWORD: EXP3 CH7
Online Edition

Un graduado de la Universidad Nacional San Antonio Abad del Cusco, Perú

Objetivos
Talking about challenges, talking about accomplishments

Vocabulario en acción 1

Los desafíos

En Perú existen muchos **grupos étnicos.** Cada grupo tiene su propio **modo de ser** y cada uno hace su **aporte** a la sociedad. Todos **contribuyen** con sus ideas, experiencias, **costumbres** y talentos a la rica y variada cultura de Perú.

Cuando llegaron a este país, el sueño de mis abuelos era abrir un restaurante, y por fin lo **alcanzaron.** Mi **herencia** es **un orgullo** para mí, y con el restaurante podemos **mantener** algunas de **las tradiciones** de nuestro país de **origen.**

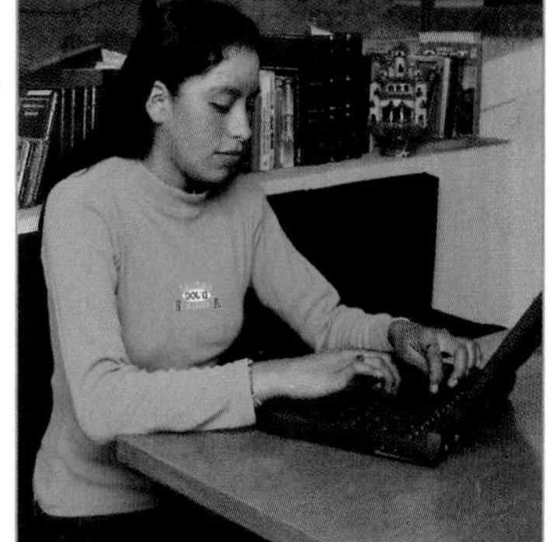

Soy de ascendencia quechua. Mis **antepasados** vivían en los Andes pero mis padres vinieron a la ciudad cuando yo era pequeña. **Estoy muy agradecida por** todos **los sacrificios** que hicieron al dejar su hogar y quiero **aprovechar** las oportunidades que tengo aquí.

Más vocabulario...

apoyar	*to support*
el apoyo	*support*
el compromiso	*commitment, obligation*
las raíces	*roots*
tener éxito	*to be successful*

Visit Holt Online
go.hrw.com
KEYWORD: EXP3 CH7
Vocabulario 1 practice

Me crié en un pueblo de los Andes. Cuando tenía doce años, mi padre tuvo que buscar trabajo en la ciudad y nos mudamos a Lima. Fue difícil **asimilar el estilo de vida** de la ciudad y a veces sentía que no **encajaba en** ningún grupo. Pero ahora tengo nuevos amigos en la universidad y siento que **pertenezco al** grupo.

Vivo en un pueblo de los Andes y hablo quechua. Cuando venía a la ciudad para vender mis productos, era difícil al principio **expresarme** en español. A veces la gente **discrimina** a los diferentes grupos étnicos porque no los entiende.

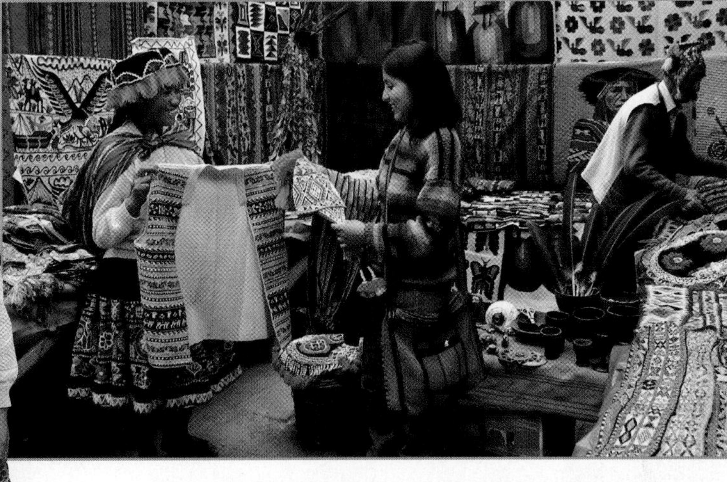

También se puede decir...

You may hear some Spanish speakers use **el reto** for **el desafío.**

¡Exprésate!

To talk about challenges

Interactive TUTOR

Había muchos desafíos en... *There were many challenges in . . .*	**Poco a poco se adaptaron a...** *Little by little they adapted to . . .*
Mis... enfrentaron obstáculos cuando... *My . . . faced obstacles when . . .*	**Tuvimos que hacer un gran esfuerzo para...** *We had to make a big effort to . . .*
Nos costó trabajo acostumbrarnos a... *It took a lot of work for us to get used to . . .*	

Online
Vocabulario y gramática, pp. 73–75

1 ¿Desafío o éxito?

Escuchemos Escucha los comentarios y decide si la persona está hablando de **a)** un desafío o **b)** un éxito.

2 Grupos de palabras

Leamos/Hablemos Determina qué palabra o frase no pertenece al grupo. Explica por qué no pertenece.

MODELO **discriminar acostumbrarse asimilar**
***Discriminar* no pertenece porque *acostumbrarse* y *asimilar* describen cómo una persona se adapta a un lugar.**

1.	el desafío	el origen	las raíces
2.	alcanzar metas	tener éxito	criarse en
3.	el aporte	contribuir	discriminar
4.	la ascendencia	el sacrificio	los antepasados
5.	el estilo de vida	el modo de ser	el grupo étnico
6.	encajar en	estar agradecido por	pertenecer a

3 ¿Qué alcanzaron?

Leamos/Escribamos Lee los comentarios y contesta las preguntas.

Javier Bravo
Soy de ascendencia peruana. Estoy muy orgulloso de mi herencia cultural y me gusta compartir las tradiciones y costumbres de mi familia. Estoy muy agradecido por los sacrificios de mis padres y quiero hacer un aporte a la sociedad también. Por eso encontré trabajo como profesor.

Susana Vera
Para mí, fue un gran desafío cambiar de colegio en el último año. No conocía a nadie y sentía que no encajaba en ningún grupo. Hablé con el consejero del colegio y él me ayudó mucho. Por ejemplo, me animó a inscribirme en el club de teatro porque me encanta el drama. Ahora siento que pertenezco a un grupo.

1. ¿De dónde son los antepasados de Javier?
2. ¿Cómo se siente Javier acerca de su herencia cultural?
3. ¿Qué hace Javier para contribuir a la sociedad?
4. ¿Por qué fue difícil para Susana adaptarse al nuevo colegio?
5. ¿Quién ayudó a Susana? ¿Qué hizo?
6. ¿Cómo se siente Susana ahora? ¿Por qué?

4 Consejos

Escribamos Escribe una carta de 5 a 7 oraciones para responderle a una de las personas de la Actividad 3. En la carta puedes ofrecer consejos o comparar la experiencia de la persona con tus experiencias propias. Usa las expresiones del cuadro.

enfrentar obstáculos	me costó trabajo	poco a poco
hacer un gran esfuerzo	con el tiempo	acostumbrarse
superar	alcanzar mis metas	gracias al apoyo de

5 Poco a poco...

Escribamos Cuenta la historia de esta familia usando las palabras de **Vocabulario** y las expresiones de **Exprésate.**

1. 2. 3. 4.

6 ¿Qué opinas?

Hablemos Indica si estás de acuerdo o no con las siguientes oraciones. Compara tus opiniones con las de tus compañeros. Usa las palabras de **Vocabulario.**

1. En nuestro país, la gente discrimina a los diferentes grupos étnicos.
2. Para tener éxito en nuestra sociedad, hay que ser rico.
3. Todas las personas que viven en Estados Unidos deben saber expresarse en inglés.
4. Los padres siempre deben apoyar a sus hijos y hacer sacrificios por ellos.
5. Es responsabilidad de los hijos adultos mantener a sus padres.
6. Es difícil ser amigo(a) de alguien que no es de mi grupo étnico.

Logros y sacrificios

Querida Mayta:

¡Qué bueno que vengas a vivir a Cuzco! Me preguntas por qué vine y cómo logré tener éxito aquí. Pues, te contaré mi historia.

En mi pueblo natal, había desafíos. Era difícil encontrar empleo y no había muchas oportunidades para mis hermanos y para mí. Por eso, mis padres decidieron mudarse (*move*) a Cuzco, pero no fue fácil. Nos costó trabajo adaptarnos. Cuando llegué aquí, no sabía expresarme en español porque en mi pueblo se hablaba solamente quechua. Mi papá no tenía empleo y mi mamá no estaba acostumbrada a un pequeño apartamento.

Pero poco a poco nos adaptamos al nuevo hogar. Mi papá alcanzó su sueño de trabajar como profesor y mi mamá encontró trabajo en un restaurante. Con el tiempo, pude aprender español y saqué buenas notas en la universidad. Me acuerdo de aquel día en que logré graduarme. Estoy muy agradecido por el apoyo de mis padres y de mis profesores.

Ahora trabajo como abogado. Mi familia ha hecho muchos sacrificios, pero hemos podido superar todos los obstáculos. Estoy seguro de que tú también podrás asimilar el estilo de vida aquí. Tienes que hacer un gran esfuerzo y te apoyaré en todo.

Con cariño,

Felipe

¡Exprésate!

To talk about accomplishments

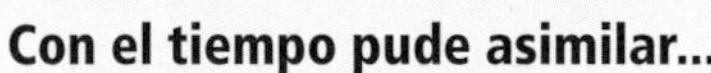

Interactive TUTOR

Con el tiempo pude asimilar...
With time I was able to assimilate . . .

Gracias al apoyo de..., he podido superar...
Thanks to the support of . . . , I have been able to overcome . . .

Nos esforzamos en...
We made a big effort at . . .

Por fin, logré...
Finally, I managed to . . .

Trabajo duro... y por eso...
I work hard . . . and for that reason . . .

Online
Vocabulario y gramática, pp. 73–75

7 ¿Qué pasó primero?

Leamos Coloca los eventos de la vida de Felipe en orden lógico.

1. Felipe logra graduarse de la universidad.
2. Felipe trabaja como abogado.
3. La familia de Felipe enfrenta dificultades en su pueblo natal.
4. El papá de Felipe logra encontrar trabajo como maestro.
5. Felipe no sabe expresarse en español.
6. La familia se muda a una casa más grande.
7. La familia de Felipe se muda a Cuzco.

La iglesia de la Compañía de Jesús en la Plaza Mayor de Cuzco es conocida por su bella fachada colonial.

8 Me costó trabajo...

Escribamos Escoge cinco temas del cuadro y escribe una o dos oraciones para describir los desafíos de cada uno. Puedes hablar de tu experiencia propia o puedes imaginar los desafíos que una persona enfrentaría en cada situación.

MODELO **Al principio fue muy difícil para mí nadar con el equipo de natación de mi colegio. Me costó trabajo...**

nadar con el equipo de natación
hacer una pintura en la clase de arte
sacar fotos para el anuario *(yearbook)*
resolver un problema con un(a) amigo(a)
sacar una A en la clase de matemáticas
participar en una obra de teatro
empezar un club de español
ser presidente de la clase

Comunicación

9 Lo que hemos logrado

Hablemos En parejas, preparen un discurso *(speech)* corto sobre los desafíos que los estudiantes y su colegio han enfrentado, y sus éxitos. Las parejas se turnarán para presentar sus discursos a la clase.

MODELO **Este año, hemos tenido que superar varios obstáculos. Por ejemplo, hubo una gran tormenta en septiembre que...**

Objetivos
Preterite and imperfect of stative verbs, grammatical reflexives, lo and lo que

Gramática en acción 1

Interactive TUTOR

Preterite and imperfect of stative verbs

1 **Stative verbs** express *situations* or *states of being* rather than actions. The **imperfect** is typically used to describe past situations or states. When the **preterite** is used, the change *into* or *out of* a state resembles an action and can require a different translation in English. The **preterite** is also used to express *the duration* of past situations or states.

	IMPERFECT	PRETERITE
estar	*was (for an unspecified period of time)*	*was (for a specified period of time)*
ser	*was (for an unspecified period of time)*	*was (sums up a situation or event that ended)*
tener	*had*	*got*
tener que	*had to (but did not necessarily do it)*	*had to (and did)*

Quería visitar a mi tía, pero no **estaba.**
I wanted to visit my aunt, but she wasn't there.

Estuve en Bolivia durante dos semanas.
I was in Bolivia for two weeks.

Mis padres **eran** muy trabajadores.
My parents were very hardworking.

Su apoyo **fue** muy importante.
Their support was very important.

Ya **tenía** la noticia.
I already had (knew) the news.

Tuve la noticia de mis tíos.
I got the news from my uncles.

Yo **tenía que** hacer la tarea pero lo dejé para mañana.
I had to do my homework but I left it for tomorrow.

Como **tuve que** hacer la tarea, no salí.
Since I had to do homework, I didn't go out.

Online
Vocabulario y gramática, pp. 76–78 | Actividades, pp. 61–63

¡Te acuerdas?

The verbs **conocer, saber, querer** and **poder** have different uses in the **preterite** and **imperfect** tenses.

Conocí al cantante.
I met the singer.

Conocía al cantante.
I knew the singer.

Supe la respuesta.
I found out the answer.

Sabía la respuesta.
I knew the answer.

Pepe no **quiso** ensayar.
Pepe refused to practice.

Pepe no **quería** ensayar.
Pepe didn't want to go to practice.

Pude lograr mi sueño.
I was able to achieve my dream.

Sabía que **podía** lograrlo.
I knew I could achieve it.

10 ¿Una reacción?

Escuchemos Escucha lo que dice cada persona y determina si habla de **a**) cómo se sentía cuando ocurrió algo o **b**) su reacción ante algo que ocurrió.

Visit Holt Online
go.hrw.com
KEYWORD: EXP3 CH7
Gramática 1 practice

Gramática 1

11 El sueño de Eduardo

Leamos/Escribamos Completa el párrafo con las formas correctas de los verbos en paréntesis.

Eduardo quería ser periodista. Así que se mudó a Lima. No (sabía/supo) ___1___ si allí (podía/pudo) ___2___ encontrar trabajo en un periódico o no. Primero consiguió trabajo repartiendo periódicos. Cuando (tenía/tuvo) ___3___ tiempo, escribía. Una noche, (conocía/conoció) ___4___ al director del periódico en una fiesta y le dio uno de sus escritos. Al día siguiente, (tenía/tuvo) ___5___ noticias del director. Le ofreció trabajo como periodista. Por fin Eduardo (podía/pudo) ___6___ realizar su sueño.

12 ¿Qué pasó?

Escribamos Completa las oraciones. Usa el pretérito o el imperfecto. *¿Se te olvidó?* Preterite and imperfect, pp. 160–161

1. Mis antepasados (tener que)...
2. Enfrenté muchos obstáculos cuando (estar)...
3. Mis papás (querer) alcanzar...
4. Cuando yo era niño(a), (conocer) a...
5. Mi mamá (estar)... cuando (saber)...
6. Mi mejor amigo(a) (poder)...

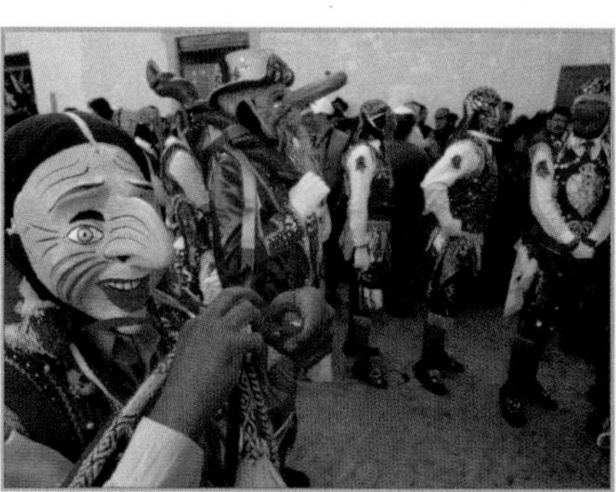

Estos bailadores con máscaras celebran el festival de la Virgen del Carmen en Paucartambo, Perú.

Comunicación

13 ¿Qué no quiso hacer?

Hablemos En parejas, hagan una historia de lo que ven en los dibujos. Usen las formas correctas de los verbos **tener (que), estar, poder, saber** y **querer** en su historia.

a.

b.

c.

Grammatical reflexives

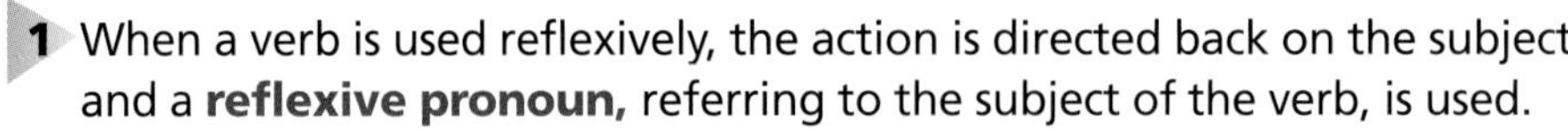

1 When a verb is used reflexively, the action is directed back on the subject and a **reflexive pronoun,** referring to the subject of the verb, is used.

Yo **me** peiné.	*I combed (my hair).*
Tú **te** bañaste.	*You bathed (yourself).*
Él **se** lavó los dientes.	*He brushed his teeth.*

2 Some verbs, known as grammatical reflexives, take a reflexive pronoun, but their action is not directed back on the subject: **criarse, expresarse, graduarse, preocuparse, casarse, comunicarse, acostumbrarse, esforzarse, quedarse, mudarse** *(to move),* **enojarse** *(to get angry),* **quejarse** *(to complain),* **burlarse** *(to make fun of).*

3 These verbs often express a process or change in state.

Nos criamos en el campo.	*We grew up in the country.*
Me comunico con mis padres por teléfono.	*I communicate with my parents by telephone.*
¿**Te casaste** con Raúl?	*Did you marry Raúl?*

Online
Vocabulario y gramática, pp. 76–78 | Actividades, pp. 61–63

Nota cultural

Muchas palabras de los idiomas indígenas se han incorporado al español de la gente de los Andes. Tanto es así que mucha gente lo llama el español andino. Por ejemplo, las palabras **choclo** *(corn),* **soroche** *(altitude sickness),* **guagua** *(baby)* y **porotos** *(beans)* vienen del quechua. El idioma aymara ha prestado algunas palabras al español también, como **aguayo** *(multicolored cloth; mainly used in Bolivia)* y **yapa** *(a small amount given in addition).*

14 ¿Cierto o falso?

Escuchemos Escucha las oraciones y determina si cada una es **cierta** o **falsa.**

15 La vida en la ciudad

Leamos/Escribamos Completa el párrafo con las formas correctas de los verbos en paréntesis. Usa el pretérito o el imperfecto.

Yo __1__ (criarse) en el campo, pero mi familia __2__ (mudarse) a la ciudad cuando yo tenía doce años. Hablábamos aymara en mi pueblo, y mi mamá no __3__ (expresarse) bien en español. Mis hermanos y yo __4__ (comunicarse) sin problema porque habíamos estudiado español en el colegio. Con dificultad nosotros __5__ (acostumbrarse) al estilo de vida. Yo __6__ (preocuparse) por todo. No me __7__ (gustar) el ruido de los carros. Pero poco a poco, nostros __8__ (asimilar) el modo de ser de la gente de la cuidad. Yo __9__ (graduarse) de la universidad hace poco, mi hermano mayor ahora es arquitecto, y mi hermano menor __10__ (casarse) el mes pasado.

16 Cómo cambian las cosas...

Escribamos Usa una palabra o expresión de cada columna para escribir seis oraciones.

MODELO **Mi abuelo se comunicaba bien en español.**

Mis antepasados	quejarse	las costumbres
Mis amigos y yo	enojarse	el modo de ser
Tú	burlarse	la gente que discrimina
Los inmigrantes	graduarse	el estilo de vida
Yo	comunicarse	la universidad
Mi familia	acostumbrarse	las tradiciones
Mi abuelo	preocuparse	en inglés/en español

17 Descríbelo

Escribamos Describe en una oración lo que pasa en cada foto. Usa el verbo indicado.

1. Raúl/graduarse

2. Cintia/criarse

3. Leo/mudarse

4. Ricardo y Yolanda/casarse

Comunicación

18 El futuro

Hablemos Imagina que estás veinte años en el futuro. En parejas, túrnense para explicar lo que lograron durante esos años y los obstáculos que superaron. Hablen también de lo que hicieron sus familias y sus amigos. Usen algunos de los verbos del cuadro.

criarse	expresarse	graduarse	preocuparse	casarse
comunicarse	acostumbrarse	enojarse	mudarse	quedarse

Lo and lo que

1 The expression **lo** + **adjective** is used to express an abstract idea *(the . . . thing).*

Lo bueno es que tuvimos éxito.
The good thing is that we were successful.

Lo malo es que gastamos mucho dinero.
The bad thing is that we spent a lot of money.

2 The expression **lo que** + **verb** is also used to express an idea *(the thing that, what),* such as what was said or done, that will be defined in the same sentence.

Ahora, **lo que** **necesitamos** hacer es entrenar.
Now what we need to do is train.

Hablemos de **lo que** me **contaste** ayer.
Let's talk about what you told me yesterday.

Lo que me **dijo** Ana fue increíble.
What Ana told me was incredible.

Eso no es **lo que** **hicimos** la vez pasada.
That is not what we did the last time.

Online
Vocabulario y gramática, pp. 76–78 | Actividades, pp. 61–63

19 Lo que pasa...

Leamos Decide qué oración corresponde a cada foto.

1

2

3

4
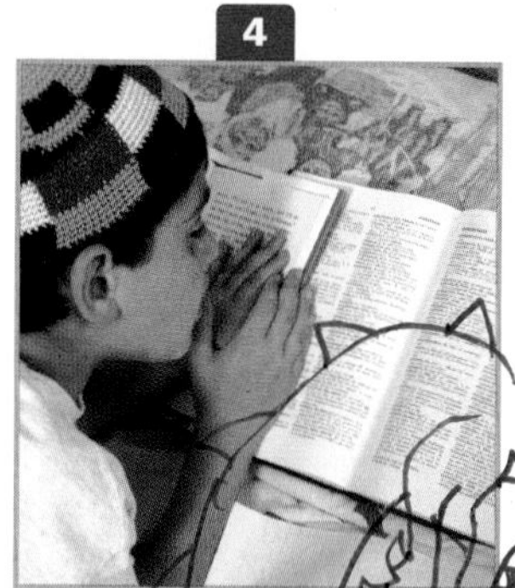

1. Lo que le cuesta trabajo a Antonio es recordar las palabras en español.
2. Lo bueno del trabajo de Pedro es que puede comer allí mismo.
3. Lo que tiene que aprender Gustavo es cómo usar este programa.
4. Lo malo es que no hay viento hoy.

20 Dos opiniones

Escuchemos/Leamos Escucha la conversación entre Alberto y Fátima sobre las dificultades de mudarse a otro país e indica cuál de los dos estaría de acuerdo con las siguientes ideas: **Alberto, Fátima** o **ambos.**

1. Lo difícil es mantener las tradiciones de la familia.
2. Lo más importante es asimilar el estilo de vida de la gente de este país.
3. Lo que nunca olvidaré son los sacrificios de mis papás.
4. Lo malo es que muchas personas pierden sus costumbres y no están orgullosas de su herencia cultural.
5. Lo que no entiendo es por qué la gente discrimina a los grupos étnicos.
6. Debemos estar agradecidos por lo que hicieron nuestros papás.

Otavalo es un pueblo del altiplano andino de Ecuador. Es famoso por su mercado de artesanías donde se venden suéteres de lana, sombreros típicos, hamacas, tapices *(tapestries)* y bolsas. Aunque tienen un negocio de mucho éxito, los otavaleños todavía mantienen su identidad y sus costumbres. Muchos otavaleños todavía hablan el quechua y usan ropa tradicional. Están muy orgullosos de haber creado su mercado sin la ayuda de organizaciones y negocios comercializados.

21 El mercado en Otavalo

Leamos/Escribamos Completa cada oración con **lo** o **lo que.**

1. ═══ venden los otavaleños son artesanías hechas a mano.
2. Los artistas quieren ganarse la vida con ═══ pueden hacer ellos mismos.
3. ═══ impresionante es que cada artículo es diferente.
4. ═══ noto es que todo el mundo contribuye algo al negocio.
5. Ellos dicen que ═══ importante es aprovechar las oportunidades que tienen.
6. Me parece increíble ═══ han logrado en este mercado.

22 Lo que lograste

Escribamos Escribe seis oraciones sobre los obstáculos que has enfrentado. Usa **lo** o **lo que** en cada oración. Puedes usar las expresiones del cuadro.

lo bueno...	lo malo...	lo más difícil...
lo que me costó trabajo...	lo que alcancé...	lo que logré...

Comunicación

23 Lo bueno y lo malo

Hablemos/Escribamos En parejas, comenten lo bueno y lo malo de mudarse a otro país. Hagan una lista para compartirla con la clase.

Cultura

VideoCultura

La Universidad Católica Boliviana, La Paz, Bolivia

El que persevera, triunfa

En los países hispanos hay por lo general menos universidades que en Estados Unidos. Existen grandes universidades a nivel regional con miles de alumnos, y también algunas universidades privadas, tanto grandes como pequeñas. Sin embargo, no existen las pequeñas escuelas profesionales del tipo *community college,* y la educación para adultos no está tan desarrollada. Eso sí, muchas veces ir a la universidad pública no es muy caro. ¿Cómo se compara este sistema con el sistema americano de universidades?

Dana

Lima, Perú

¿En qué año del colegio estás?

Ya terminé el colegio el año pasado.

¿Tienes planes para el próximo año?

Sí, quisiera estudiar en la Universidad de Lima.

¿A qué te piensas dedicar algún día?

Quisiera estudiar comunicaciones y ser una cineasta.

Y para el futuro inmediato, ¿qué te gustaría hacer?

Me gustaría viajar a Estados Unidos y así poder aprender más inglés.

Visit Holt Online
go.hrw.com
KEYWORD: EXP3 CH7
Online Edition

Matías
Santiago, Chile

¿En qué nivel estás en el colegio?
Ya egresé del colegio.

¿Tienes planes para el próximo año?
Sí, quizás estudiar. Aún no lo sé, no lo tengo muy claro.

¿Piensas asistir a la universidad?
Sí, me gustaría entrar a la Universidad de Chile... sería lo adecuado.

¿A qué te piensas dedicar algún día?
Pintor sería una de las cosas que me gustaría ser.

Y para el futuro inmediato, ¿qué te gustaría hacer?
Aún no lo sé pero me gustaría quizás viajar, estudiar, algo por el estilo.

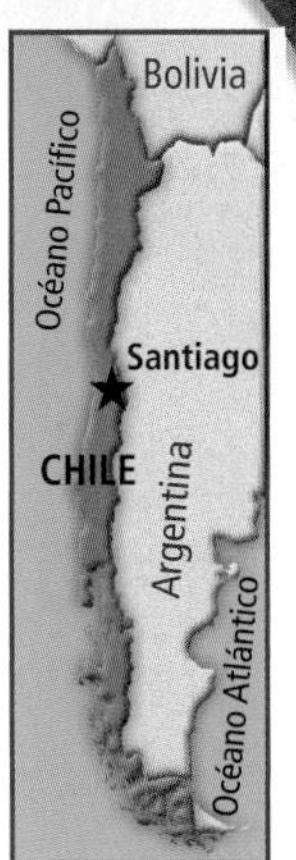

Para comprender

1. ¿Qué quiere hacer Dana el año que viene? ¿A qué piensa dedicarse en el futuro?
2. ¿Por qué le gustaría viajar a Estados Unidos?
3. ¿A qué universidad le gustaría entrar a Matías? ¿A qué piensa dedicarse?
4. ¿Qué quiere hacer Matías para el futuro inmediato?
5. ¿Te parece que Dana y Matías tienen muy claros sus planes para el futuro? ¿Por qué?

Para pensar y hablar

En tu opinión, ¿por qué puede ser difícil seguir adelante con tus sueños y realizar las cosas que piensas hacer? ¿Qué es lo difícil de decidir lo que quieres hacer en el futuro?

Comunidad y oficio

Los hispanos en Estados Unidos

La presencia de la comunidad hispana en este país empezó hace más de quinientos años con los primeros españoles que pasaron por el sur de lo que hoy es Estados Unidos. Ahora los hispanos son uno de los grupos minoritarios de mayor crecimiento en nuestro país. El censo del 2000 indicó que 35.3 millones de latinos viven en Estados Unidos. Los hispanos han contribuido como astronautas, diputados, científicos, músicos, profesores, escritores y atletas. Busca un hispano que haya sido importante en tu comunidad o estado. Comparte tus resultados con los de la clase para poder hablar sobre el impacto de los hispanos hasta el presente.

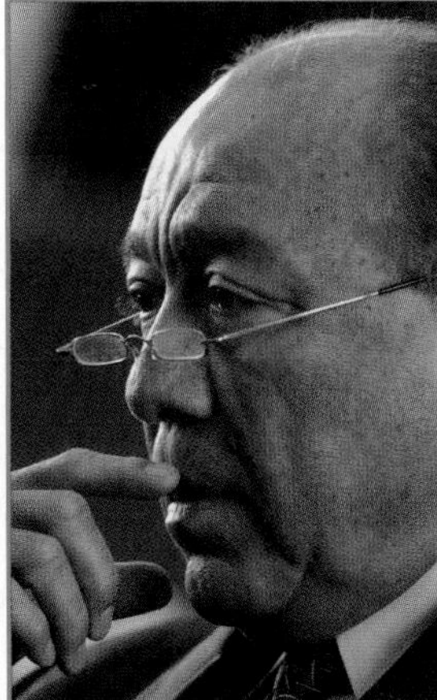

Juan "Chuy" Hinojosa, Senador de Texas

Objetivos
Talking about future plans, expressing cause and effect

Vocabulario en acción 2

Las aspiraciones

Tenemos que **tomar la iniciativa** para poder **realizar** nuestros sueños.

Más vocabulario...

enfocarse en	*to focus on*
triunfar	*to triumph*

Visit Holt Online
go.hrw.com
KEYWORD: EXP3 CH7
Vocabulario 2 practice

Nos empeñamos en trabajar duro en nuestro negocio y **nos esforzamos por** realizar nuestras **aspiraciones.**

Sueño con ir a la universidad y **llegar a ser** profesora cuando sea mayor.

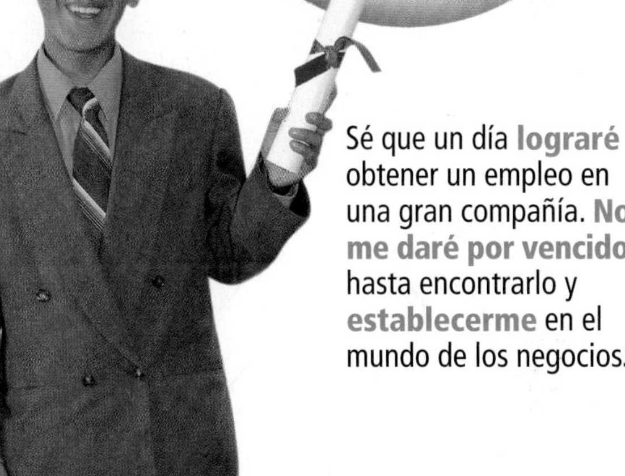

Sé que un día **lograré** obtener un empleo en una gran compañía. **No me daré por vencido** hasta encontrarlo y **establecerme** en el mundo de los negocios.

¡Exprésate!

To talk about future plans

Interactive TUTOR

Antes de que empiecen las clases, quiero... *Before classes start, I want to . . .*	**Voy a... con la idea de...** *I'm going to . . . with the intention of . . .*
Cuando sea mayor, me gustaría... *When I'm older, I'd like to . . .*	**Tan pronto como... pienso...** *As soon as . . . I plan on . . .*
En cuanto cumpla los... años, voy a... *As soon as I turn . . . years old, I'm going to . . .*	**Tengo la intención de...** *I intend to . . .*

Online
Vocabulario y gramática, pp. 79–81

24 Metas y aspiraciones

Escuchemos Escucha los siguientes comentarios y escoge la foto que corresponde a cada uno.

A

B

C

D

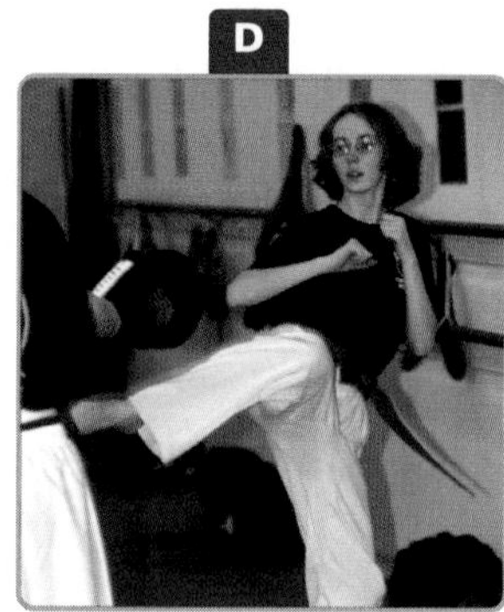

25 Lo que queremos hacer

Leamos/Escribamos Completa las siguientes oraciones con las palabras del cuadro.

aspiraciones	empeñarnos	seguir adelante
luchar por	se enfoca	oportunidad

1. Mis amigos tienen muchas _____ de ir a la universidad.
2. Ellos tienen que _____ alcanzar su objetivo.
3. Paula _____ mucho en sus estudios porque quiere ser abogada.
4. Joaquín tiene la _____ de trabajar en otro país porque habla dos idiomas.
5. Para poder alcanzar nuestros sueños, tenemos que _____ en el trabajo.
6. Cuando enfrentamos un obstáculo, tenemos que _____ y superarlo.

26 Un discurso

Escribamos Gustavo no puede terminar las oraciones de su discurso *(speech)*. Ayúdalo a terminarlas con las palabras de **Vocabulario** y **Exprésate.**

1. Nadie puede darse por vencido antes de realizar un sueño porque...
2. Hay que tener muchas aspiraciones en la vida porque...
3. Para lograr una meta, hay que...
4. Es bueno tener la oportunidad de...
5. A veces no es fácil acostumbrarse a algo nuevo porque...
6. Hay que luchar por nuestros objetivos porque...

27 Un lugar nuevo

Leamos/Escribamos Eduardo le envió un correo electrónico a su amigo en el que le cuenta sus experiencias en un nuevo lugar. Completa su mensaje con las palabras del cuadro.

des por vencido	establecerme	acostumbrarme	realizar
seguir adelante	esforzarme	llegar a ser	la oportunidad

Hola amigo:

Te escribo desde mi nueva casa. Cuando llegué aquí, pensé que no tendría __1__ de participar en un club de ciclismo, pero fíjate que el nuevo colegio tiene uno. Quiero __2__ en el club y un día, __3__ una parte importante del equipo. Ya sabes que no me es fácil __4__ al nuevo colegio pero el club me ayudará a __5__. Voy a __6__ mucho por __7__ mis metas este año. Según lo que me cuentas, tú también tienes muchas aspiraciones. Bueno amigo, no te __8__. ¡Buena suerte!

–Eduardo

28 ¿Serán sus metas?

Escribamos Usa una palabra o expresión de cada columna para escribir seis oraciones. Usa el futuro.

mis amigos	acostumbrarse	los problemas del país
yo	llegar a ser	mujer/hombre de negocios
tú	registrarse para	votar
el presidente	tomar la iniciativa	sacar buenas notas
los profesores	enfocarse en	ver televisión

Comunicación

29 ¡Hablen de sus planes!

Hablemos Con un(a) compañero(a), dramaticen una conversación en la que hablen de sus planes para el futuro. Pueden hablar de sus planes reales o pueden inventar algo. Sean creativos y usen las palabras de **Vocabulario** y las expresiones de **Exprésate.**

MODELO **—En cuanto me gradúe de la universidad...**
—¿Ah, sí? Pues, yo tengo la intención de...

Una entrevista con Felipe

ALEJANDRA Hola, Felipe. Gracias por venir. Me llamo Alejandra. Soy reportera del periódico de nuestro colegio y me gustaría hacerte algunas preguntas acerca de tus experiencias en la ciudad. ¿Qué me puedes decir?

FELIPE Bueno, mi familia vino a la ciudad porque mis padres tenían aspiraciones de montar *(set up)* un negocio. Por lo tanto se establecieron aquí para realizar su sueño.

ALEJANDRA ¿Tuvieron Uds. problemas en acostumbrarse a otro estilo de vida?

FELIPE Bueno, sí. Imagínate, la vida en el campo es distinta a la de la ciudad; por consiguiente, tuvimos problemas en ajustarnos. Pero seguimos adelante, y todo lo que hemos logrado se debe al trabajo de toda la familia.

ALEJANDRA ¿Y qué planes tienes ahora que te vas a graduar del colegio?

FELIPE Tengo la intención de estudiar administración de empresas. En cuanto termine la carrera, voy a trabajar tiempo completo en el negocio familiar. ¡Quiero que el negocio llegue a ser muy próspero!

ALEJANDRA Muy bien, veo que tienes todo planeado para el futuro.

¡Exprésate!

To express cause and effect

Interactive TUTOR

Hablamos del tema; por consiguiente... *We discussed the issue; consequently, . . .*	**No estudié, así que...** *I didn't study, so . . .*
Mi éxito en... se debe a... *My success in . . . is due to . . .*	**Soy bilingüe; por lo tanto, tengo muchas oportunidades...** *I'm bilingual; therefore, I have many opportunities . . .*

Online
Vocabulario y gramática, pp. 79–81

30 ¿Así lo dijo?

Leamos Lee las siguientes oraciones y, basándote en el diálogo, contesta **cierto** o **falso.**

1. Alejandra trabaja para una revista de negocios.
2. Los papás de Felipe montaron un negocio en la ciudad.
3. La familia de Felipe se acostumbró a la ciudad sin problemas.
4. La vida en el campo es diferente a la vida en la ciudad.
5. La familia de Felipe ha trabajado mucho para lograr sus objetivos.
6. Felipe no quiere estudiar en la universidad.
7. Felipe va a trabajar a tiempo completo en el negocio familiar en el futuro.
8. Felipe piensa que a lo mejor el negocio no tendrá éxito.

En las riberas del Lago Titicaca, el lago navegable más alto del mundo, se pueden encontrar varios artefactos de los antepasados de la población andina. Cerca de la ciudad de Puno, por ejemplo, hay pinturas antiguas en las cuevas y puntas de lanza *(spearheads)* en el suelo. Los Uros son un grupo de 40 islas en el lago formadas por totora *(large reeds)*. A los indígenas que habitan las islas también se les llama uros; su cultura es una de las más antiguas del continente.

31 Consejos para todos

Leamos/Escribamos Lee las siguientes oraciones de personas que hablan de sus aspiraciones. Para cada una, escribe un consejo.

MODELO **Me gustaría ser doctor cuando sea grande.**
Lo puedes lograr si trabajas muy duro.

1. Tengo la intención de montar un negocio.
2. Mi mayor aspiración es ser pintor.
3. No sé cómo lograr mi objetivo de jugar al béisbol profesional.
4. Me gustaría ir a la universidad y estudiar geografía.
5. Quiero acostumbrarme a vivir en esta ciudad pero no es fácil.
6. Mi meta es establecerme en mi nuevo país tan pronto como pueda.

32 Una cosa resulta de la otra

Hablemos En grupos de tres o cuatro, dramaticen una conversación en la que hablen de algo que pasó a consecuencia de otro evento como, por ejemplo, tener reuniones de un club, aprobar un examen, ganar un trofeo y presentar una obra de teatro. Mencionen por lo menos cuatro consecuencias en su conversación y usen las frases de **Exprésate.**

MODELO **—Conseguimos un salón para el club de español, por lo tanto podemos tener reuniones cada semana.**
—¡Excelente! Así que podemos reunirnos mañana.

Objetivos

Subjunctive after adverbial conjunctions and with future actions, indicative with habitual or past actions

Gramática en acción 2

Subjunctive after adverbial conjunctions

1 The **subjunctive** is always used following these expressions, called **adverbial conjunctions: a menos (de) que** *(unless),* **antes de que** *(before),* **con tal (de) que** *(provided that),* **en caso de que** *(in case),* **para que** *(in order),* and **sin que** *(without).*

A menos de que Juan me **haya llamado** no iré al cine.
Unless Juan has called I won't go to the movies.

Ayudo a mis padres en la casa **sin que** me **pidan** ayuda.
I help my parents around the house without them asking for help.

Llegaremos temprano al cine **antes de que se acaben** las entradas.
We'll get to the movies early before the tickets run out.

Tomás, estudia **para que puedas** aprobar el examen.
Tomás, study so that you can pass the exam.

En caso de que no me **hayan escuchado,** les repito la información.
In case you haven't heard me, I will repeat the information.

Van a la reunión **con tal de que puedan** participar.
They're going to the meeting provided that they can participate.

Online Vocabulario y gramática, pp. 82–84 | Actividades, pp. 65–67

Las ruinas de Machu Picchu quedan cerca de Cuzco. Aquí se ven desde el sendero Inca.

33 Una encuesta

Leamos Los compañeros del colegio prepararon una encuesta. Lee los comentarios de la encuesta y contesta **cierto** o **falso** según tu situación.

1. Me esfuerzo más cada día para que mi trabajo salga bien.
2. Siempre ayudo a mis padres con tal de que me paguen.
3. No me daré por vencido a menos de que sea muy difícil realizar mis sueños.
4. Trato de ayudar a mis amigos sin que me lo pidan.
5. Hay que tomar la iniciativa antes de que alguien más lo haga.
6. En caso de que no me gradúe, siempre puedo trabajar para mis padres.

Visit Holt Online
go.hrw.com
KEYWORD: EXP3 CH7
Gramática 2 practice

34 Todo tiene propósito

Leamos/Escribamos Completa el párrafo con la forma correcta del presente del subjuntivo. *¿Se te olvidó?* Present subjunctive, pp. 59–60

Hay que practicar mucho para que el equipo __1__ (ganar) el partido. Queremos ganarlo sin que nos __2__ (costar) demasiado esfuerzo. Raúl va a hablar con el entrenador antes de que __3__ (empezar) las clases, con tal de que __4__ (tener) tiempo. Quedó en ver al entrenador a las ocho a menos que los dos __5__ (llegar) tarde. Yo también pasaré por la oficina del entrenador a las diez en caso de que no __6__ (estar) allí antes.

35 Una entrevista

Leamos/Hablemos Jorge está en una entrevista para la universidad. Completa sus oraciones.

1. Quiero tomar más clases de español para que...
2. Me gustaría estudiar en el extranjero a menos de que...
3. Tengo la intención de participar en los deportes sin que...
4. Deseo conocer al entrenador de tenis antes de que...
5. Voy a traer mi propia computadora con tal de que...
6. Quiero llegar a ser médico para que...
7. Tengo mi solicitud aquí en caso de que...
8. ¿Puedo dar un paseo por el campus antes de que...?

Comunicación

36 Por si acaso

Hablemos En parejas, túrnense para describir lo que dirían las personas de los dibujos. Usen las expresiones de **Exprésate.** ¿Cuántas expresiones pueden usar para cada dibujo?

MODELO **Vamos a casa antes de que empiece a llover.**

Gramática 2

Subjunctive with future actions

1 The following **adverbial conjunctions** express time. Adverbial conjunctions join a dependent clause and an independent clause in the same sentence.

cuando	*when*	**hasta que**	*until*
después de que	*after*	**tan pronto como**	*as soon as*
en cuanto	*as soon as*		

2 Use the **subjunctive** with conjunctions that express time when the verb refers to an action that hasn't happened yet.

Voy a comprar un carro **en cuanto** **tenga** el dinero.
I'm going to buy a car as soon as I have the money.

Después de que Rosa **salga** de clases, iremos al parque.
After Rosa gets out of class, we'll go to the park.

Voy a esperar **hasta que** **lleguen** mis amigos.
I'm going to wait until my friends get here.

Tan pronto como Luis **termine** su tarea irá a su clase de natación.
As soon as Luis finishes his homework he'll go to his swimming class.

Vamos a salir con ellos **cuando** **pasen** por nosotros.
We're going to go out with them when they come for us.

3 The indicative can also be used with conjunctions of time when talking about habitual or past actions. You will see examples of this in the next grammar section.

Online
Vocabulario y gramática, pp. 82–84 | Actividades, pp. 65–67

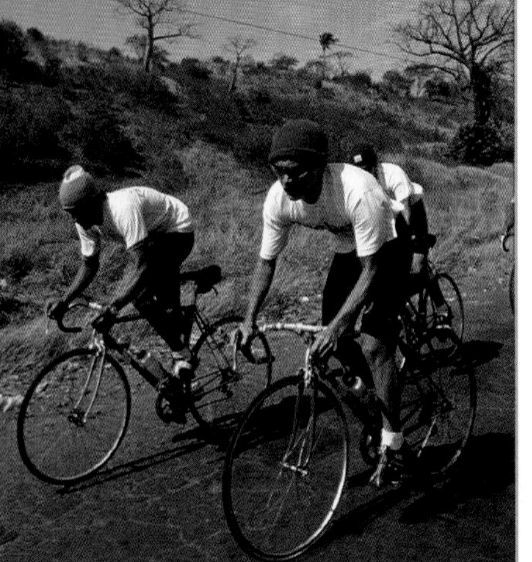

Estos ciclistas entrenan para una carrera cerca de Portoviejo, Ecuador.

37 El verano en Ecuador

Leamos/Escribamos Completa cada oración con las formas correctas de los verbos en paréntesis.

1. Voy a buscar trabajo en cuanto ______ (terminar) las clases.
2. Vamos a viajar a Portoviejo después de que mi hermano ______ (graduarse).
3. Tan pronto como los estudiantes ______ (irse), vamos a descansar.
4. Cuando ______ (llegar) mi amiga de Ecuador, practicaré español con ella.
5. No podemos pasear por Portoviejo hasta que Mario nos ______ (traer) el mapa.
6. ¿Celia va a cuidar a tus animales cuando ______ (salir) de viaje?

38 Una fiesta

Escuchemos/Leamos Determina si cada oración es **cierta** o **falsa,** basándote en la conversación entre Pati y Leo. Corrige las oraciones falsas.

1. Pati quiere hacer la fiesta antes de que se gradúen.
2. Muchos estudiantes salen de viaje tan pronto como terminan las clases.
3. Los papás de Leo se van de vacaciones en cuanto empiecen los exámenes.
4. Pati va a mandar un correo electrónico en cuanto llegue al colegio.
5. Leo va a hacer la lista de compras después de que sepa cuántas personas vendrán.

39 Cuando sea mayor...

Escribamos Describe en dos oraciones lo que las personas de los dibujos quieren hacer. Usa las expresiones de **Gramática.**

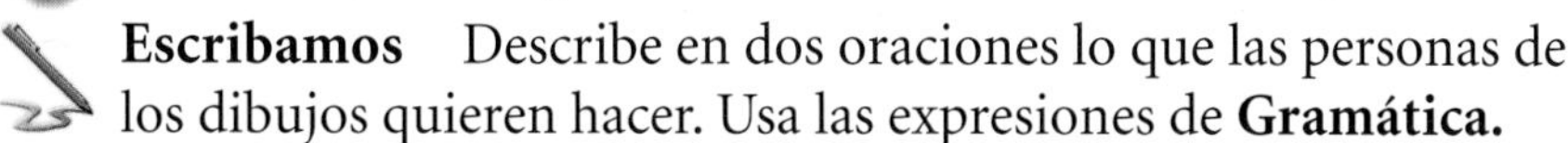

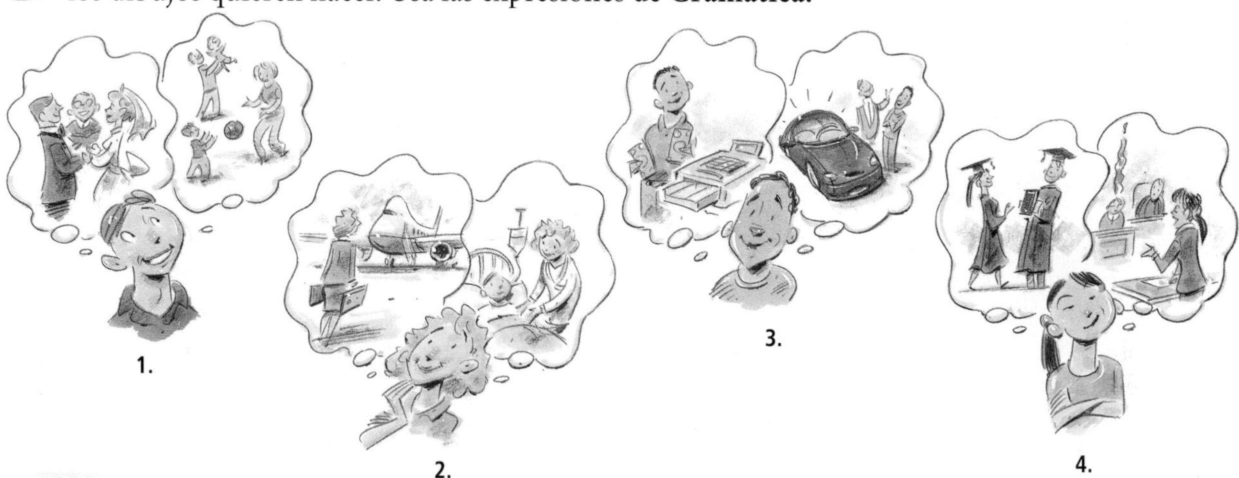

1. 2. 3. 4.

Comunicación

40 Hay mucho que hacer

Hablemos Imagina que acabas de llegar a este país y tienes muchos planes. En parejas, túrnense para entrevistarse sobre sus planes. Usen expresiones como las del cuadro.

¿Cuándo vas a...?	¿En qué momento irás...?
¿Qué planes tienes para...?	Pienso... antes de que...
Empezaré a trabajar en cuanto...	Después de que... voy a...
Me gustaría... tan pronto como...	No haré... hasta que...

Indicative with habitual or past actions

Interactive TUTOR

1 Use the **indicative** with **en cuanto, cuando, después de que, hasta que,** and **tan pronto como** when the verb refers to a habitual action.

Cuando visitábamos a mis parientes siempre hablaba con mis primos.
When we'd visit my relatives I'd always talk to my cousins.

Tan pronto como termino un examen me gusta escuchar música.
As soon as I finish an exam I like to listen to music.

2 The **indicative** is also used when describing completed actions in the past.

En cuanto llegamos a la clase, empezó el examen.
As soon as we arrived in class, the exam started.

No me interesaba la historia **hasta que fui** a Perú.
I wasn't interested in history until I went to Peru.

Después de que Alicia me **contó** lo que pasó, me sentí mejor.
After Alicia told me what happened, I felt better.

3 Compare the use of the **indicative** to the **subjunctive** with **adverbial conjunctions of time.**

completed in the past
Tan pronto como llegué todo el mundo se fue.

hasn't happened yet
Tan pronto como llegue vamos a preparar la cena.

Online
Vocabulario y gramática, p. 82–84 | Actividades, p. 65–67

Nota cultural

Los Andes, las montañas que atraviesan toda América del Sur, son el hogar de los incas, famosos por sus logros en la agricultura, la arquitectura y la ingeniería. Los incas construyeron un sistema de carreteras que va desde Quito, Ecuador, hasta Cuzco, Perú. Lo hicieron tan bien que parte de ellas todavía se usan hoy.

41 ¿Pasado o futuro?

Escuchemos Escucha los comentarios y determina si cada acción es **a)** del pasado, **b)** del futuro o **c)** habitual.

42 El viaje de Miguel

Leamos/Escribamos Completa el párrafo con las formas correctas de los verbos en paréntesis.

Estaba muy animado cuando __1__ (llegar) a Ecuador. Tan pronto como __2__ (bajar) del avión, busqué un restaurante. En el restaurante pensé: "Después de que nosotros __3__ (terminar) de comer, buscaré un mapa. Quiero ir a Otavalo, pero antes de que nosotros __4__ (ir), aprovecharé para visitar los museos de Quito". Luego tomé un autobús a Otavalo. En cuanto __5__ (ver) las artesanías, quise comprar algo. Caminé por todo el mercado hasta que __6__ (encontrar) un suéter de lana para mi mamá.

43 Un intercambio en Lima

Leamos/Escribamos Lee estas oraciones de una conversación entre un profesor de español y un estudiante de intercambio. Complétalas con las formas correctas de los verbos en paréntesis.

1. Cuando tú ═══ (llegar) a Lima, ¿fuiste a la casa de un estudiante peruano?
2. ¿Viviste con una familia peruana hasta que ═══ (terminar) el viaje?
3. Hablábamos solamente en español después de que ═══ (salir) de Estados Unidos.
4. No sabíamos cuántas clases íbamos a tomar hasta que ═══ (hablar) con la directora.
5. Iremos a los museos tan pronto como ═══ (tener) un mapa.
6. Después de que yo ═══ (descansar) un poco, tuvimos tiempo para conocer la ciudad.
7. Siempre traigo regalos para mi familia cuando ═══ (volver) a casa.
8. Tendrás muchas experiencias para contarles a tus niños cuando ═══ (ser) mayor.

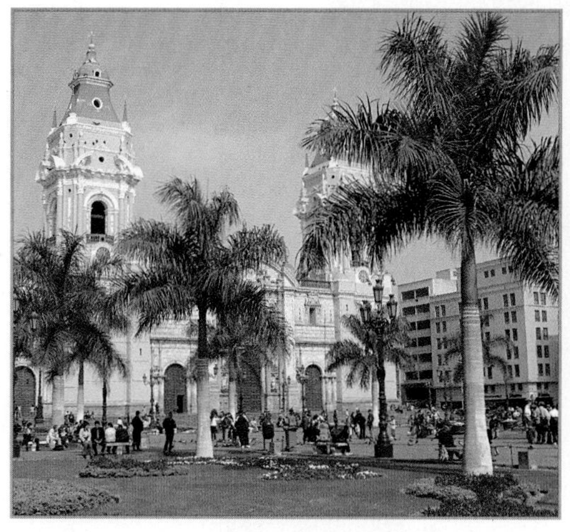

Hay que conocer las hermosas plazas de Lima, Perú.

Gramática 2

Comunicación

44 Prepárate para la entrevista

Hablemos En parejas, dramaticen la siguiente situación. Un(a) amigo(a) tiene su primera entrevista de trabajo, y tú le das consejos. Explica qué sueles hacer para una entrevista y qué crees que tu amigo(a) debe hacer. Pueden usar las frases del cuadro.

MODELO **—Siempre me pongo ropa formal cuando voy a una entrevista.**

—Debes llegar al lugar diez minutos antes de que comience la entrevista.

Tan pronto como tú...
Después de que ustedes...
Antes de que (irse), siempre...
No digas nada sobre...hasta que el jefe (la jefa)...
Suelo tomar la iniciativa antes de que...

Novela en video

Clara perspectiva

Episodio 7

ESTRATEGIA

Separating the essential from the non-essential A story often provides essential information as well as non-essential information. In **Episodio 8**, Clara must convince Mercedes, Professor Luna's secretary, to let her have access to his computer. What essential information does Clara have to use to persuade her? What essential information does Mercedes give Clara in her mission? What non-essential information does she give Clara? Write down the essential and the non-essential information that Mercedes gives Clara. Does the list give you any clues into Mercedes's character?

1

En los bosques de Pirque

Ecologista 2 Profesor, si nos hace el favor.
Profesor Luna Parece que no tengo otra opción.
Ecologista 1 No lo tome a mal, profesor, sólo queremos hablar un rato con usted.

En la oficina del profesor Luna

Clara Buenos días, Mercedes.
Mercedes Buenos días. No hay clases y el profesor Luna no se encuentra ahora.
Clara Ya sé, Mercedes, pero…

2

3

Clara Mercedes, por favor, ¡es urgente! Necesito imprimir unos archivos del profesor Luna. Hablé con él hoy en la mañana. Por alguna razón, me pidió que imprimiera todos los archivos en su computadora bajo el título "Recomendaciones". No tenemos mucho tiempo. Parecía urgente hacerlo inmediatamente.
Mercedes No, el profesor Luna no permite que cualquier estudiante entre a su oficina a usar su computadora.

4

Clara No entiendo por qué el profesor quería que imprimiera los archivos en vez de copiarlos. No tengo mucho tiempo. Quizás no estaba pensando bien. Voy a copiarlos.

Mercedes ¡No! Si haces una copia de los archivos, ¡se autodestruyen! No sé cómo copiarlos sin que se autodestruyan. Hay mucha gente que está interesada en copiar los trabajos del profesor. Por eso el profesor creó un sistema tan complicado.

Mercedes ¿Sabías que no soy chilena? Soy de ascendencia ecuatoriana... Me crié en Quito. En mi país, había muchos problemas económicos. Por eso mis padres decidieron mudarse a Santiago. Al principio, nos costó trabajo adaptarnos. Todo aquí era distinto, la forma de ser, el estilo de vida, las tradiciones, las costumbres... Pero poco a poco nos fuimos acostumbrando y nos adaptamos a nuestro nuevo hogar. Hubo algunos obstáculos, pero nada que no pudiéramos superar... sólo tuvimos que hacer el esfuerzo.

Mercedes Estoy tan agradecida de la bienvenida que nos dieron los chilenos. No sentimos ninguna discriminación. Todos en mi familia, mis padres, mis hermanos, mis hermanas y yo tomamos la iniciativa de truinfar en nuestro nuevo país. Fue un desafío. Aprovechamos todas las oportunidades que se nos dieron. Yo, por ejemplo, tomé clases en inglés. Y ahora, soy bilingüe. Por lo tanto, tengo más oportunidades en el trabajo.

¿COMPRENDES?

1. ¿Qué quieren los ecologistas? ¿Quiere irse con ellos el profesor Luna? ¿Cómo lo sabes?
2. ¿Qué le dice Clara a Mercedes que tiene que hacer?
3. Al principio, ¿cree Mercedes a Clara? ¿Qué le convence?
4. ¿Es Mercedes chilena? ¿De dónde es? ¿Es esencial esta información? ¿Cómo lo sabes?
5. Mientras imprimen los documentos, ¿qué historia le cuenta Mercedes a Clara? Escribe una breve descripción de su historia. ¿Es esencial esta información? ¿Cómo lo sabes?

Próximo episodio
Clara sigue con su investigación mientras Octavio tiene que defender su ausencia en la revista. ¿Y dónde crees que está el profesor?

PÁGINAS 346–347

Lectura informativa

Los grupos étnicos de Perú

Varios grupos étnicos viven en Perú. El grupo más grande son los indígenas (45%), luego los mestizos (37%), los de ascendencia europea (15%) y los africanos, japoneses y chinos (3%). El español y el quechua son los idiomas oficiales del país. Aproximadamente el 75% de los peruanos hablan español. Y además del quechua, hablado por casi 25% de los peruanos, el aymara es otro idioma indígena hablado en Perú con más de 200.000 hablantes. Se hablan más de 103 idiomas indígenas en Perú, pero solamente se hablan entre pequeños grupos étnicos del altiplano y las amazonas.

Los quechuas

Hoy en día hay más de 60 grupos distintos de indígenas peruanos. El grupo más grande son los quechuas, que son descendientes de los incas. Los incas no hablaban el idioma quechua originalmente; lo adoptaron al establecerse en la región. Los quechuas se refieren a sí mismos con la palabra *runa* (la gente). En América del Sur, hay más de 10 millones de quechuas en siete países, y el quechua es el idioma amerindio más hablado del mundo. Hay varias palabras en inglés y en español que vienen del quechua, como *cóndor, puma* y *lima* (la legumbre).

El aporte de los japoneses

La emigración de los japoneses a Perú empezó el 3 de abril de 1899 cuando un grupo de 790 japoneses llegó a Perú para trabajar en los campos de caña de azúcar. Luego el número de inmigrantes creció a

Esta mujer japonés-peruana prepara brochetas de pollo, Lima, Perú.

Una mujer afro-hispana vende vegetales locales en un mercado al aire libre.

Estas estudiantes mestizas asisten a la Universidad de San Marcos, la más grande de Perú.

casi 20.000, y hoy en día hay alrededor de 100.000 habitantes de origen japonés en el país. Aunque vinieron para trabajar en la agricultura, la mayoría de los inmigrantes abandonaron el cultivo de la caña de azúcar y se mudaron a las ciudades. Poco a poco, los japoneses se integraron a la sociedad peruana, y en 1990 los peruanos eligieron al primer presidente de origen japonés, Alberto Fujimori.

Comprensión

A ¡Defínelo! Indica la palabra que va con la definición correcta.

1. aymara **3.** quechua **5.** altiplano
2. Fujimori **4.** mestizos

- **a.** la región donde se habla la mayoría de los idiomas indígenas
- **b.** el primer presidente de origen japonés en Perú
- **c.** un idioma indígena con más de 200,000 hablantes que no es un idioma oficial de Perú
- **d.** el segundo grupo étnico más grande de Perú
- **e.** uno de los idiomas oficiales de Perú

B Datos de Perú Basándote en lo que leíste, contesta las preguntas.

1. ¿Cuántos idiomas se hablan en Perú? ¿Cuáles son los idiomas oficiales del país?
2. ¿Cuál es el grupo étnico más grande de Perú?
3. ¿Por qué emigraron los japoneses a Perú?
4. ¿Cuántos habitantes de origen japonés viven actualmente en Perú?

Actividad

Otra cultura ¿Has vivido en o viajado a un país donde hayas tenido que adaptarte a la cultura? ¿Conoces a otras personas que hayan tenido que adaptarse a otra cultura? Escribe un párrafo sobre tu experiencia o la experiencia de alguien que conozcas.

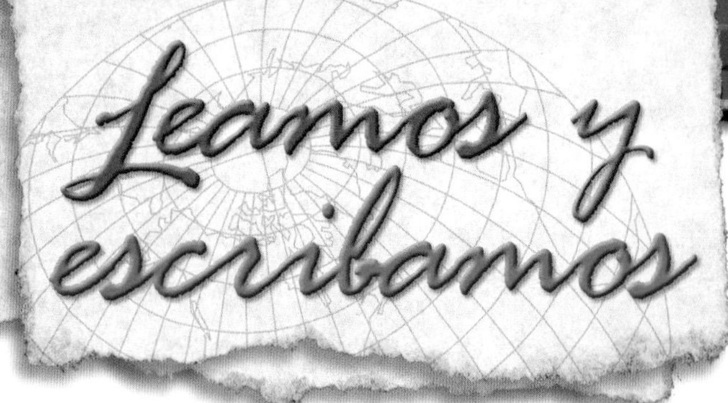

ESTRATEGIA

para leer When you read a poem or a short story, sometimes you might have to make inferences. This means that you will be able to make an informed guess or an interpretation of what you think the author is trying to say using the information from the reading. Some authors intentionally leave their writing open to these types of interpretations.

Antes de leer

A El poema que vas a leer, "Oda al presente" *(Ode to the present)* es de Pablo Neruda. Neruda nació en Chile en 1904 y su nombre legal era Ricardo Neftalí Reyes Basoalto. En 1946 adoptó Pablo Neruda como su nombre legal. Además de ser escritor, también fue funcionario público y diplomático. Fue elegido al senado de Chile en 1945 y en 1970 fue embajador de Chile en París. Neruda ganó el Premio Nobel de literatura en 1971. El poeta murió en Chile el 23 de septiembre de 1973. Antes de leer el poema entero, lee las primeras diez líneas, y trata de adivinar de qué va a hablar. ¿Cómo será el poema?

Oda al presente

de Pablo Neruda

Este
presente
liso°
como una tabla,
fresco°,
esta hora,
este día
limpio
como una copa nueva
—del pasado
no hay una
telaraña°—,
tocamos
con los dedos
el presente,
cortamos
su medida,
dirigimos°
su brote°,

3 smooth **5** fresh **12** cobweb **18** we direct **19** bloom

está viviente,
vivo,
nada tiene
de ayer irremediable°,
de pasado perdido,
es nuestra
criatura,
está creciendo
en este
momento, está llevando
arena, está comiendo
en nuestras manos,
cógelo°,
que no resbale,
que no se pierda en sueños
ni palabras,
agárralo,
sujétalo
y ordénalo
hasta que te obedezca,
hazlo camino,
campana,
máquina,
beso, libro,
caricia°,
corta su deliciosa
fragrancia de madera
y de ella
hazte una silla,
trenza°
su respaldo°,
pruébala,
o bien
escalera!

Si,
escalera,
sube
en el presente,
peldaño°
tras peldaño,
firmes
los pies en la madera
del presente,
hacia arriba,
hacia arriba,
no muy alto,
tan sólo
hasta que puedas
reparar
las goteras°
del techo,
no muy alto,
no te vayas al cielo,
alcanza
las manzanas,
no las nubes,
ésas
déjalas
ir por el cielo, irse
hacia el pasado.
Tú
eres
tu presente,
tu manzana:
tómala
de tu árbol,
levántala
en tu
mano,
brilla
como una estrella,
tócala,
híncale el diente° y ándate
silbando° en el camino.

23 without remedy **32** grab it **44** caress **49** braid, weave **50** back (chair) **58** step (of staircase) **69** leaks **92** sink your teeth into it **93** whistling

Comprensión

B **¿Entendiste?** Contesta las siguientes preguntas basándote en el poema.

1. ¿Cómo es el presente, según el poema?
2. ¿Con qué se compara el presente?
3. Según el poema, ¿qué debemos hacer con el presente?
4. ¿Hasta qué punto se debe subir la escalera del verso 53? ¿Por qué?
5. ¿Qué son las nubes del verso 75? ¿Qué debemos hacer con ellas?
6. Al final del poema, ¿qué hay que hacer con el presente?

C **¿Qué significará?** Lee los siguientes fragmentos del poema y escribe con tus propias palabras lo que cada fragmento significa para ti.

1. «liso como una tabla, fresco, esta hora, este día»
2. «tocamos con los dedos el presente, cortamos su medida»
3. «es nuestra criatura, está creciendo en este momento»
4. «escalera, sube en el presente, peldaño tras peldaño»
5. «no te vayas al cielo, alcanza las manzanas, no las nubes»
6. «tu presente, tu manzana: tómala de tu árbol»

D **Encontremos la palabra** Lee las palabras de la lista a la izquierda. Para cada palabra, indica qué expresión se usa en el poema para referirse a esa palabra.

1. manzana	**a.** perdido
2. fragancia de madera	**b.** liso
3. ayer	**c.** brilla como una estrella
4. tabla	**d.** irremediable
5. este día	**e.** deliciosa
6. pasado	**f.** limpio como copa nueva

Después de leer

E Al leer este poema, ¿qué inferencias hiciste sobre los términos usados por el poeta? ¿Qué significa este poema para ti? ¿Piensas que el narrador tiene una actitud positiva hacia el presente? ¿Cómo lo sabes? ¿Estás de acuerdo con el narrador cuando dice que el pasado está perdido? Explica.

Taller del escritor

ESTRATEGIA

para escribir In order to have readers make correct inferences about what they read, the author must be careful about what he or she reveals. The author has to lead the readers in the right direction in order for them to understand the intended meaning, without saying too much. Readers may also get confused if too much information is left out of the text.

Un escrito que haga pensar

¿Cómo se puede escribir algo que lleve al lector a hacer las inferencias correctas? Piensa en algo que puedas describir sin mencionar su nombre. Piensa en lo que puedes expresar y en cómo puedes comparar el objeto con otras cosas para que el lector entienda lo que quieres decir.

1 Antes de escribir

Escoge lo que quieres describir y genera una lista de palabras que puedes usar para describir el objeto, sin mencionar su nombre. Piensa también en cómo puedes comparar el objeto con otras cosas.

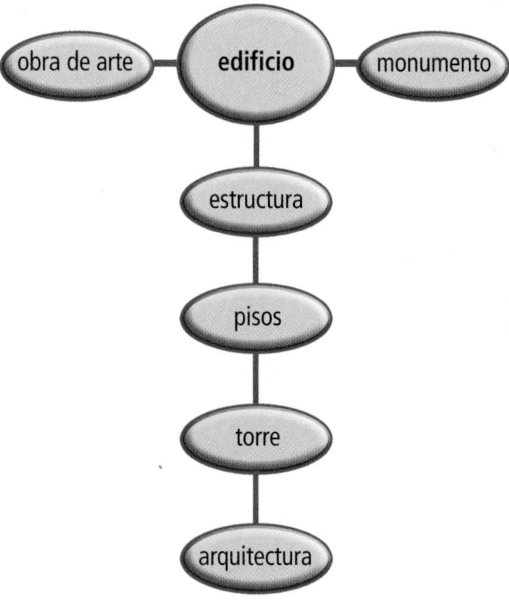

2 Escribir un borrador

Escribe dos párrafos en los que describas lo que escogiste. Usa la lista que generaste para seleccionar las palabras que vas a usar en tu escrito. Recuerda incluir sólo la información precisa para que el lector llegue a la conclusión debida, sin confundirse.

3 Revisar

Revisa tu borrador y corrige los errores de gramática y ortografía si los hay. Lee tu borrador para verificar que el lector pueda hacer las inferencias necesarias y adivinar lo que describes.

4 Publicar

Intercambia tu escrito con un(a) compañero(a). Lee el escrito de tu compañero(a) y trata de averiguar lo que describe en su escrito. Puedes compartir tu escrito con otros compañeros para ver cuántos hacen las inferencias correctas.

Prepárate para el examen

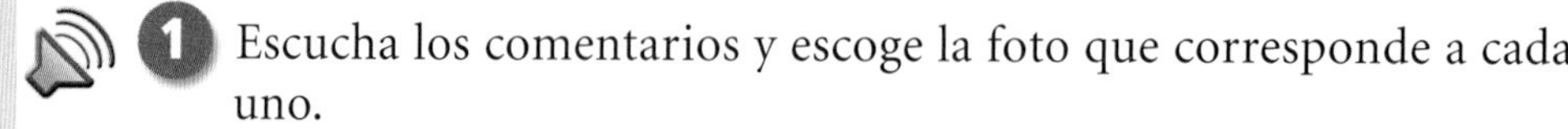

1 Escucha los comentarios y escoge la foto que corresponde a cada uno.

A

B

C

D

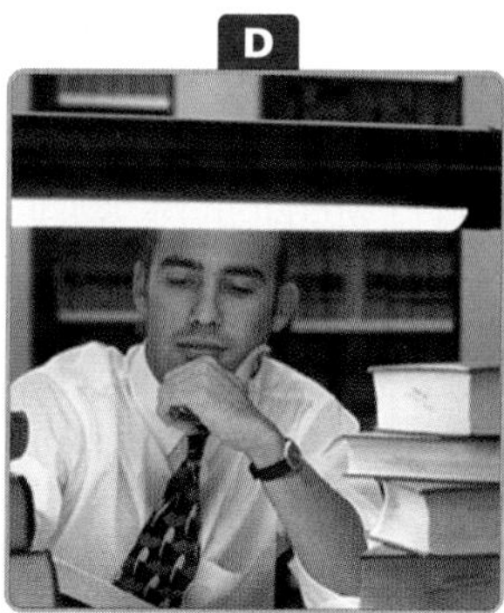

1 Vocabulario 1
- talking about challenges
- talking about accomplishments

pp. 278–283

2 Gramática 1
- preterite and imperfect of stative verbs
- grammatical reflexives
- **lo** and **lo que**

pp. 284–289

3 Vocabulario 2
- talking about future plans
- expressing cause and effect

pp. 292–297

2 Completa el diálogo con las formas correctas de los verbos.

RITA Oye, Carlos, ayer yo ___1___ (tenía/tuve) la oportunidad de leer una carta de Rosa.

CARLOS Ay, hace tiempo que no hablo con ella. ___2___ (Lo que/Lo) primero que voy a hacer es llamarla cuando llegue a casa. Por cierto, ¿qué te cuenta?

RITA Dice que fue difícil mudarse a otro país, pues ya sabes que ___3___ (crió/se crió) aquí. ___4___ (Lo/Lo que) más trabajo le costó fue acostumbrarse al estilo de vida.

CARLOS Escuché que ella trató de obtener un puesto político pero no ___5___ (podía/pudo). ¿Qué va a hacer?

RITA Pues, ella no se dará por vencida hasta que logre ___6___ (lo/lo que) quiere.

3 Lee las oraciones y escoge la palabra o la frase del cuadro que mejor completa cada oración.

sueña con	**tan pronto como**	**luchar por**
llegar a ser	**aspiraciones**	**acostumbrarme**

1. Para mí, fue muy difícil ____ a un nuevo país.
2. Creo que es muy importante ____ alcanzar nuestras metas.
3. Mi hermano ____ ir a la universidad.
4. Yo quiero ____ una actriz famosa.
5. Tenemos muchas ____ y nos esforzamos por alcanzarlas.
6. ____ me gradúe, voy a buscar trabajo en Hollywood.

4 Completa las oraciones con las formas correctas del verbo.

1. El entrenador siempre habla con el equipo antes de que (nosotros) _____ (empezar) a jugar.
2. ¡Hoy nadie quiere salir de aquí hasta que ellos nos _____ (haber) dado el trofeo!
3. El año pasado todos se pusieron tristes cuando otro equipo lo _____ (recibir).
4. Siempre como en cuanto _____ (terminar) un partido.
5. Después de que (nosotros) _____ (comer) hoy, nos acostaremos.

5 Contesta las preguntas.

1. ¿Quién es Alberto Fujimori?
2. ¿Cuál es el grupo étnico más grande de Perú?
3. ¿En qué se diferencian los otavaleños de otros artesanos?
4. ¿Cómo es el estilo de vida del pueblo de los Uros?

6 Escucha mientras Fernando y Dora hablan de sus aspiraciones. Luego, escribe dos cosas que cada persona quiere hacer y cuándo quiere hacerlo.

7 Mira los dibujos. Indica cuál es la meta de Lisa y explica cómo la logra.

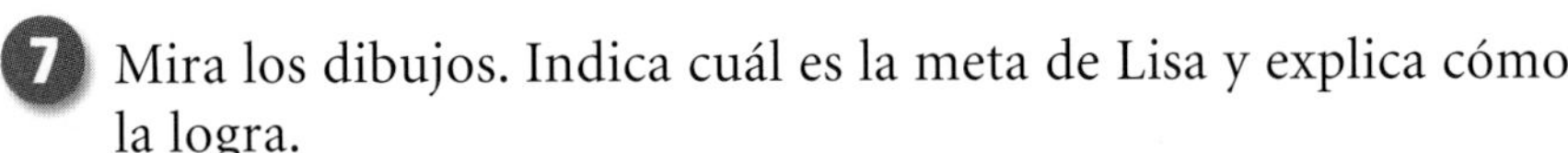

a.

b.

c.

d.

Visit Holt Online
go.hrw.com
KEYWORD: EXP3 CH7
Chapter Self-test

4 Gramática 2
- subjunctive after adverbial conjunctions
- subjunctive with future actions
- indicative with habitual or past actions

pp. 298–303

5 Cultura
- **Comparaciones** **pp. 290–291**
- **Lectura informativa** **pp. 306–307**
- **Notas culturales** **pp. 286, 289, 297, 302**

Repaso

Gramática 1

- verbs that change meaning in preterite and imperfect
  pp. 284–285
- grammatical reflexives
  pp. 286–287
- **lo** and **lo que**
  pp. 288–289

Repaso de Gramática 1

Estar, tener (que), and **ser** are stative verbs that have different uses in the **imperfect** and the **preterite** tenses.

Yo **tenía** que ir a clase.	*I had to go to class.*
Ayer **tuvimos** una reunión.	*We had (held) a meeting yesterday.*

Some verbs that take a reflexive pronoun, but their action is not directed back on the subject are: **criarse, expresarse, graduarse, preocuparse, casarse comunicarse, acostumbrarse, esforzarse, mudarse, enojarse, quejarse, burlarse, quedarse.**

These verbs express a process, or a change in state.

Me crié en otro país.

Mi primo **se casó** el verano pasado.

Lo + **adjective** expresses an abstract idea *(the . . . thing).*

Tenemos que ver **lo bueno** de la situación.

Lo malo es que no tenemos otra idea.

Lo que + **verb** is also to express an abstract idea *(the thing that, what).*

Lo que más me preocupa es el examen de geografía.

Gramática 2

- subjunctive after adverbial conjunctions
  pp. 298–299
- subjunctive with future actions
  pp. 300–301

- indicative with habitual or past actions
  pp. 302–303

Repaso de Gramática 2

Always use the **subjunctive** after these **adverbial conjunctions: a menos (de) que, antes de que, con tal (de) que, en caso de que, para que,** and **sin que.**

Julio quiere viajar a Europa **sin que le cueste** mucho dinero.

Verónica no viene con nosotros **a menos que** la **hayas invitado.**

Tenemos que leer el capítulo seis **antes de que empiece** la clase.

These conjunctions express time: **en cuanto, hasta que, cuando, tan pronto como,** and **después de que.**

The **subjunctive** is used with these conjunctions when it refers to an action that hasn't happened yet.

En cuanto termine la película te llamaré. *(future)*

Use the **indicative** with conjunctions of time when referring to habitual or past actions.

Cuando voy a la playa me gusta tomar el sol. *(habitual)*

Tan pronto como llegaron, empezó la función. *(past)*

Repaso de Vocabulario 1

Talking about challenges

alcanzar	*to reach*
los antepasados	*ancestors*
el aporte	*contribution*
apoyar	*to support*
el apoyo	*support*
aprovechar	*to take advantage of*
asimilar	*to assimilate*
el compromiso	*commitment, obligation*
contribuir	*to contribute*
las costumbres	*customs*
criarse (en)	*to grow up (in)*
discriminar	*to discriminate*
encajar (en)	*to fit in*
el estilo de vida	*lifestyle*
estar agradecido(a) por	*to be thankful for*
expresarse	*to express (yourself)*
el grupo étnico	*ethnic group*
Había muchos desafíos en...	*There were many challenges in . . .*
la herencia	*heritage*
mantener	*to maintain*
Mis... enfrentaron obstáculos cuando...	*My . . . faced obstacles when . . .*
el modo de ser	*a way of being*
Nos costó trabajo acostumbrarnos a...	*It took a lot of work for us to get used to . . .*
el orgullo	*pride*
el origen	*origin*
pertenecer a	*to belong to*
Poco a poco se adaptaron a...	*Little by little they adapted to . . .*
las raíces	*roots*
el sacrificio	*sacrifice*
ser de ascendencia	*to be of* (nationality) *descent*
la tradición	*tradition*
tener éxito	*to be successful*
Tuvimos que hacer un gran esfuerzo para...	*We had to make a big effort to . . .*

Talking about accomplishments

Con el tiempo pude asimilar...	*With time I was able to assimilate . . .*
Gracias al apoyo de..., he podido superar...	*Thanks to the support of . . . I have been able to overcome . . .*
Por fin, logré...	*Finally, I managed to . . .*
Nos esforzamos en...	*We made a big effort at . . .*
Trabajo duro... y por eso...	*I work hard... and for that reason . . .*

Repaso de Vocabulario 2

Talking about future plans

acostumbrarse	*to get accustomed to*
Antes de que empiecen las clases, quiero...	*Before classes start, I want to . . .*
las aspiraciones	*aspirations*
Cuando sea mayor, me gustaría...	*When I'm older, I'd like to . . .*
(no) darse por vencido(a)	*to (not) give up*
empeñarse en	*to insist on, be determined to*
En cuanto cumpla los... años, voy a...	*As soon as I turn . . . years old, I'm going to . . .*
enfocarse en	*to focus on*
esforzarse (ue) por	*to make an effort to*
establecerse	*to get established*
llegar a ser	*to become*
lograr	*to achieve, to manage (to do something)*
luchar por	*to fight for*
la meta	*goal*
el objetivo	*objective*
realizar (un sueño)	*to fulfill (a dream)*
seguir adelante	*to move forward*
soñar (ue) con	*to dream of*
Tan pronto como... pienso...	*As soon as . . . I plan on . . .*
Tengo la intención de...	*I intend to . . .*
tomar la iniciativa	*to take the initiative*
triunfar	*to triumph*
Voy a... con la idea de...	*I'm going to . . . with the intention of . . .*

Expressing cause and effect

Hablamos del tema; por consiguiente...	*We discussed the issue; consequently . . .*
Mi éxito en... se debe a...	*My success in . . . is due to . . .*
No estudié, así que...	*I didn't study, so . . .*
Soy bilingüe; por lo tanto, tengo muchas oportunidades...	*I'm bilingual; therefore, I have many opportunities . . .*

Integración

capítulos 1–7

1 Mira las fotos, escucha las descripciones e indica a qué persona se refiere cada una.

A

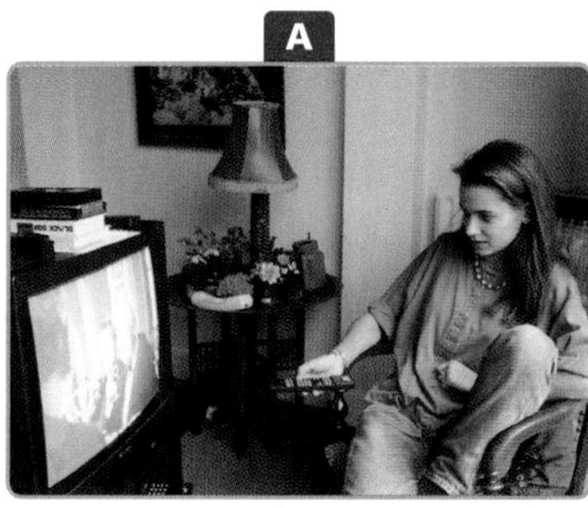

B

C

D

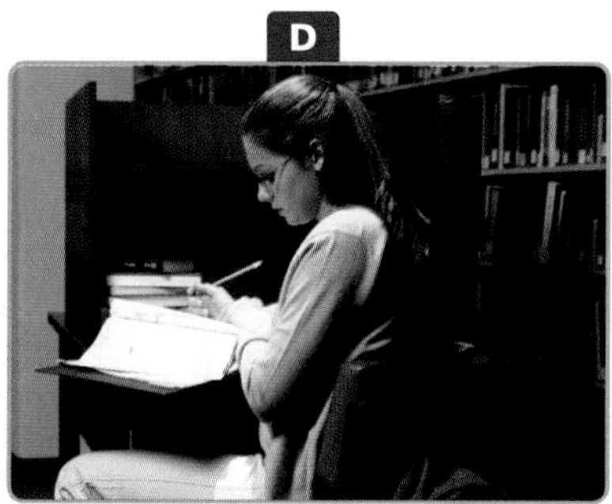

2 El profesor ha dejado instrucciones para el día del examen. Pon en orden los pasos que tus compañeros de clase y tú deben seguir.

> No empiecen el examen hasta que hayan leído todo el cuento. Lean las preguntas antes de leer el cuento para que sepan en qué detalles enfocarse. Cuando hayan terminado de leer el cuento y contestar las preguntas, escriban un resumen corto. En cuanto terminen el resumen, entreguen la primera parte del examen y el asistente les dará el tema para el ensayo. Después de que hagan un esquema, escriban el ensayo. Cuando lo hayan revisado, pueden entregar la segunda parte del examen.

a. escribir el ensayo
b. leer las preguntas
c. leer el cuento
d. escribir un resumen
e. escribir un esquema
f. contestar las preguntas
g. revisar el ensayo
h. entregar la primera parte del examen

Visit Holt Online
go.hrw.com
KEYWORD: EXP3 CH7
Cumulative Self-test

3 En grupos de tres, hablen de dos éxitos de los que estén orgullosos(as) y de dos cosas que no hayan podido lograr. Expliquen la causa y el efecto de cada cosa.

MODELO **Hice un gran esfuerzo para aprender español. Por consiguiente, me aceptaron para el programa de intercambio.**

4 Describe lo que ves en esta pintura. Imagina que eres uno de los personajes que aparecen en la escena y escribe seis oraciones sobre tu herencia, las tradiciones o costumbres y tus aspiraciones en este momento.

Benito's Village **de Benito Huillcahuaman**

Benito's Village, 10" x 13" by Peruvian artist Benito Huillcahuaman. Benito Huillcahuaman/Daniel Lahoda Fine Arts.

5 Acabas de graduarte de la universidad. Tu prima comienza el colegio este año y sueña con ir a la misma universidad. Escríbele una carta dándole consejos sobre lo que debe hacer para lograr su sueño. Si quieres, puedes usar algunas de las frases del cuadro.

yo que tú	**en tu lugar**	**tomar la iniciativa**
luchar por	**aprovechar**	**los objetivos**
tomar apuntes	**aprobar**	**sugiero que**

6

Situación Imaginen que son capitanes del equipo de béisbol de su colegio. En parejas, piensen en las metas del equipo este año y cómo van a lograr estas metas. Luego, presenten las ideas a la clase.

Capítulo 8

¿A qué te dedicas?

OBJETIVOS

In this chapter you will learn to

- say what you can and cannot do
- talk about what you do and do not understand
- write a formal letter
- talk about your plans

And you will use

- verbs with indirect object pronouns
- verbs that express "to become"
- uses of **se**
- conditional
- past subjunctive with hypothetical statements
- more past subjunctive

¿Qué ves en la foto?

- ¿Quiénes son esas personas?
- ¿Qué hacen?
- ¿Cómo ayuda este trabajo a la comunidad?

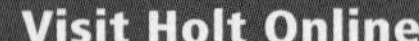

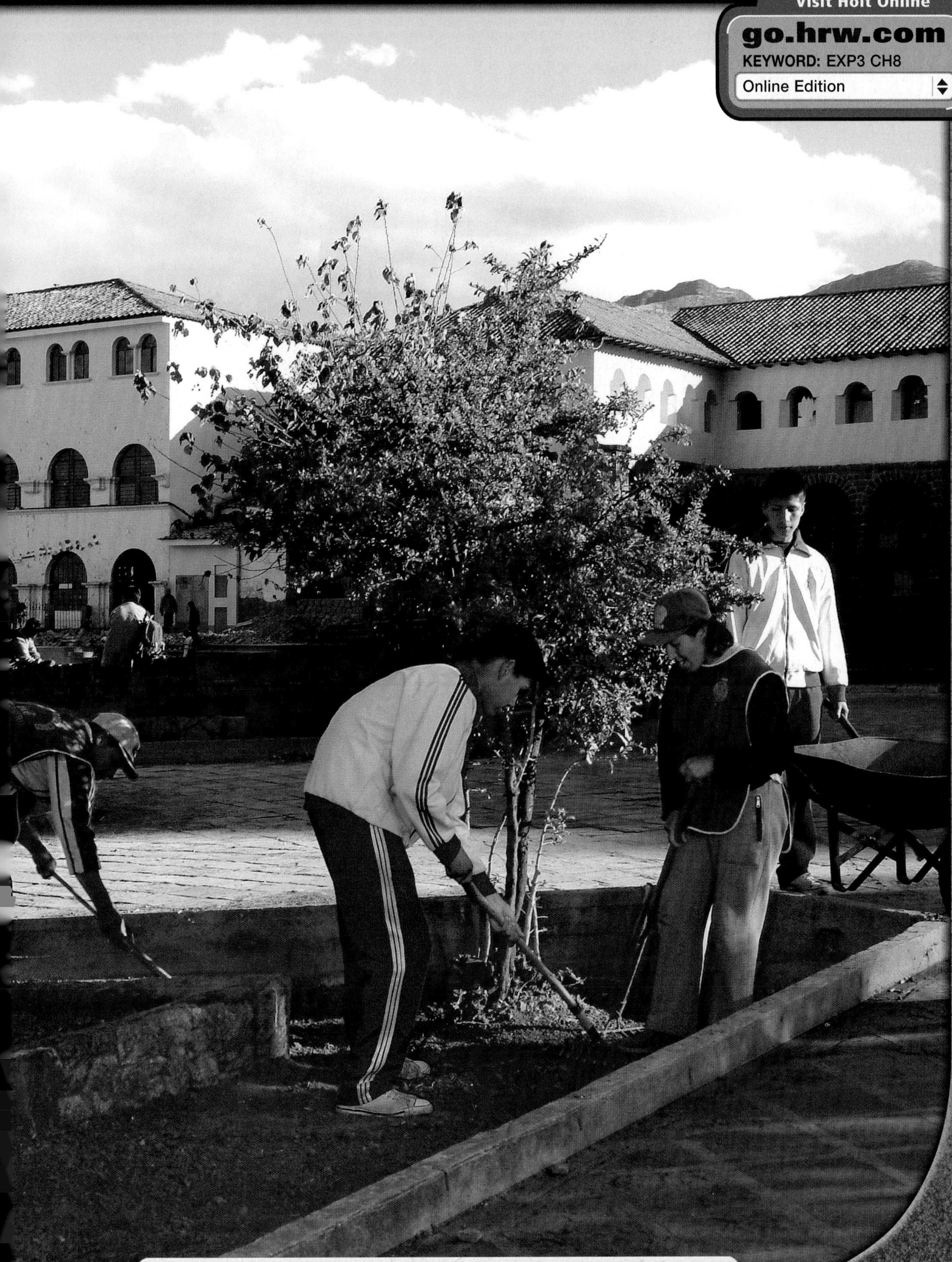

Visit Holt Online
go.hrw.com
KEYWORD: EXP3 CH8
Online Edition

Un grupo de estudiantes siembran árboles en la Plaza San Francisco, Cuzco, Perú.

Objetivos
Saying what you can and cannot do, talking about what you do and do not understand

Vocabulario en acción 1

¡Manos a la obra!

Tengo **talento** para diseñar páginas Web. Me encanta **utilizar** los programas de diseño y entiendo las nuevas **tecnologías** fácilmente.

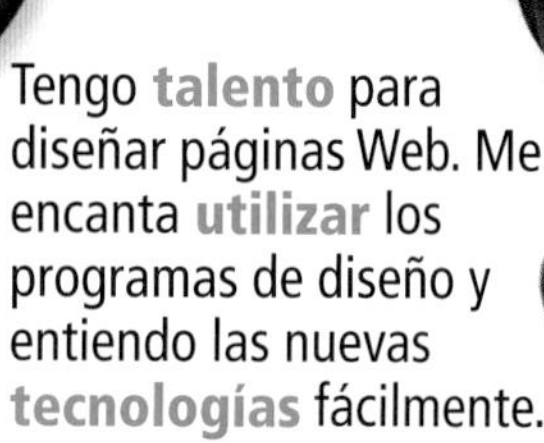

Yo **me decidiría a** trabajar con mi padre **en un santiamén.** Es un **hombre de negocios** que trabaja para una compañía internacional.

Quiero hacerme médica para ayudar a **mejorar** la calidad de vida de la gente. Con **los adelantos** de la medicina, podría curar a personas.

Me gusta trabajar como **voluntario.** Quiero ayudar a **cambiar** la vida de las personas. **Trataré de** unirme a algún grupo voluntario **inmediatamente** después de graduarme, porque quiero empezar a trabajar **enseguida.**

Más vocabulario...

la agenda electrónica	*electronic planner*
el (la) auxiliar administrativo(a)/ médico(a)/de laboratorio	*administrative/medical/ laboratory assistant*
el contestador automático	*answering machine*
la fotocopiadora	*photocopier*
la mujer de negocios	*businesswoman*
sembrar	*to plant*

Visit Holt Online
go.hrw.com
KEYWORD: EXP3 CH8
Vocabulario 1 practice

Creo que en el futuro, tendremos **robots** muy **competentes** que nos **facilitarán** todo en **la vida diaria.** Eso será una gran **ventaja.**

Pero **a la vez** habrá **desventajas. Hoy en día** somos muy activos, pero los robots pueden hacernos perezosos. Esto **empeorará** nuestra salud.

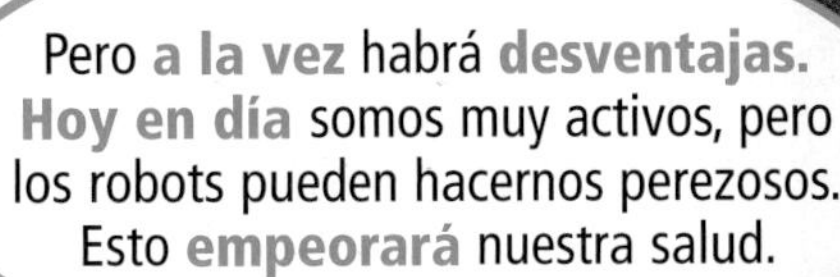

También se puede decir...

Some Spanish speakers might use **la vida cotidiana** for **la vida diaria** or **los avances** for **los adelantos.**

¡Exprésate!

To say what you can and cannot do

Interactive TUTOR

Está fuera de/a mi alcance. *It's outside/within my reach.*	**Soy capaz de (hacer)...** *I'm capable of (doing) . . .*
Eso me resulta fácil/bastante difícil. *That's easy/pretty difficult for me.*	**Lo puedo hacer.** *I can do it.*
No me es nada difícil. *It's not hard for me at all.*	**Me cuesta trabajo (hacer)...** *It takes a lot of work for me (to do) . . .*

Online
Vocabulario y gramática, pp. 85–87

▶ **Vocabulario adicional** — La tecnología, p. R18

1 Gracias a la tecnología...

Escuchemos Escucha los siguientes comentarios y determina a qué adelanto tecnológico se refiere cada uno.

1. **a.** el robot **b.** la agenda electrónica **c.** el teléfono celular
2. **a.** el contestador automático **b.** la fotocopiadora **c.** el robot
3. **a.** la agenda electrónica **b.** el teléfono celular **c.** la fotocopiadora
4. **a.** la fotocopiadora **b.** el robot **c.** el teléfono celular

Un grupo de voluntarios ayuda a mantener limpia la ciudad de Buenos Aires, Argentina.

2 El club de voluntarios

Leamos Lee lo que dice la presidenta del club de voluntarios y completa su discurso con las palabras del cuadro.

sembrar	talentos	mejorar	alcance	tratar de	decidirse	a la vez

Muchas gracias por __1__ a ser miembros de nuestro club. Todos pueden contribuir con sus ideas y sus __2__ especiales. Esta semana, queremos __3__ cómo se ve nuestra comunidad. Vamos a __4__ árboles en las aceras y en los parques. __5__ que sembramos, vamos a poner basureros en estos lugares. Tenemos que __6__ ayudar a mantener limpia la ciudad. Es un poco difícil, pero está a nuestro __7__.

3 El mundo de los negocios

Leamos Basándote en lo que dice Teresa, indica si cada una de las siguientes oraciones es **cierta** o **falsa.**

Me llamo Teresa y soy la auxiliar administrativa de un hombre de negocios. No me es nada difícil hacer tres cosas a la vez, y cuando mi jefe pide algo se lo hago en un santiamén. Pero sueño con hacerme una mujer de negocios y sé que está a mi alcance. Sólo me falta tomar unas clases en la universidad por la noche. Estoy segura de que en cuanto me gradúe, encontraré trabajo enseguida porque tengo mucha experiencia y mi jefe me dará una recomendación muy buena. Además, con mi conocimiento de la tecnología, creo que sería capaz de empezar mi propio negocio algún día.

1. Teresa hace trabajo voluntario en un hospital.
2. Cuando su jefe le pide algo, ella siempre se lo hace inmediatamente.
3. Teresa no puede hacer más de una cosa a la vez.
4. A Teresa le resulta difícil usar las nuevas tecnologías.
5. Ella cree que no está a su alcance ser mujer de negocios.
6. Teresa es una mujer muy competente.

4 Ventajas y desventajas

Escribamos/Hablemos Describe las ventajas y las desventajas de los adelantos tecnológicos según las fotos.

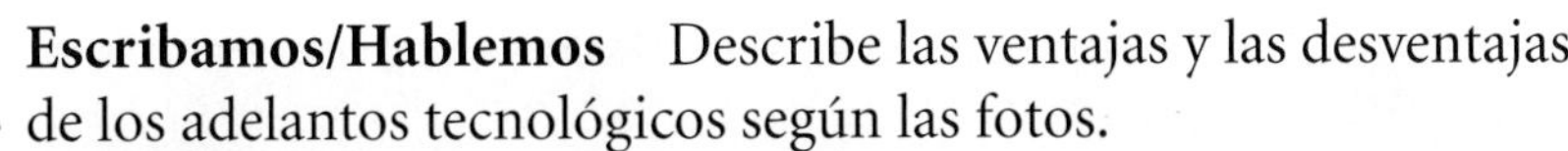

1

2

3

4
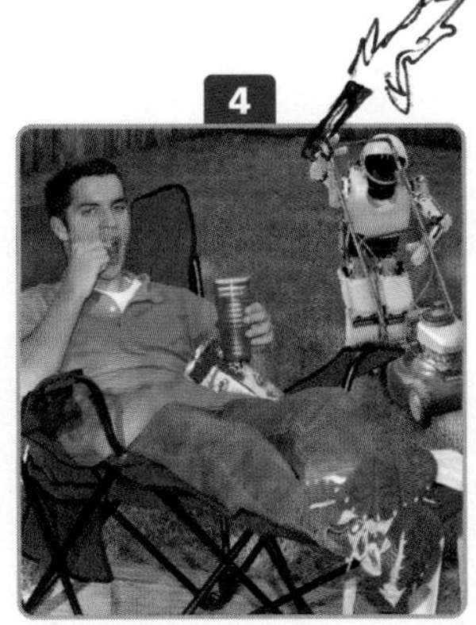

5 ¿Puedes hacerlo?

Leamos/Escribamos Usa las expresiones de **Exprésate** para decir si puedes hacer cada actividad o no.

MODELO **diseñar páginas Web**
Soy capaz de diseñar páginas Web.

1. ser hombre (mujer) de negocios
2. usar las nuevas tecnologías
3. organizar las citas en una agenda electrónica
4. utilizar un contestador automático
5. hacer dos cosas a la vez
6. trabajar como auxiliar médico(a)

Comunicación

6 ¿Está a tu alcance?

Hablemos En grupos pequeños, hablen de sus puntos de vista sobre estos temas. ¿Creen que serán capaces de hacer estas cosas en el futuro? ¿Por qué?

MODELO **—En el futuro no podremos trabajar sin la computadora.**
—Pues no estoy de acuerdo. Yo no necesito la computadora.

1. trabajar sin la computadora
2. vivir sin teléfono celular
3. usar un robot en la vida diaria
4. hacer trabajo voluntario
5. trabajar para un negocio internacional
6. mejorar la calidad de vida de la gente

¡No entiendo!

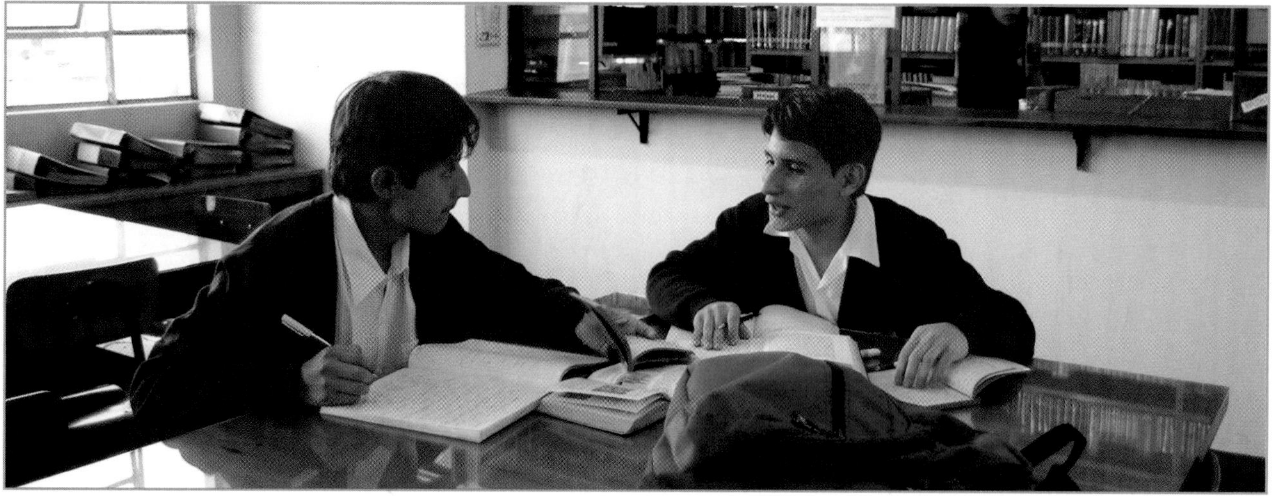

MARTÍN Eres capaz de hacer esta tarea, Ricardo. Sólo tienes que concentrarte y lo captarás enseguida.

RICARDO Trato de entenderla una y otra vez, pero no me cabe en la cabeza.

MARTÍN No te preocupes; esto sí está a tu alcance. Mira, vuelve a la primera página y estudia los ejemplos.

RICARDO A ver... creo que puedo hacer estos problemas... ¡Sí! Pues, el primer paso no me resultó tan difícil.

MARTÍN ¿Está más claro ahora?

RICARDO Un poco, pero sí me cuesta trabajo. Me parece que tú tienes ventaja, porque tu hermano mayor ya tomó este curso.

MARTÍN Sí, tengo sus apuntes, pero me resulta casi imposible leer lo que escribió porque tiene muy mala letra.

RICARDO Ya veo. Mira, ahora que lo dices, hay algo en mi tarea que se me escapa.

MARTÍN ¿Qué es?

RICARDO Mi propia letra. ¡No logro entenderla!

¡Exprésate!

To talk about what you do and do not understand

Interactive TUTOR

Hay algo que se me escapa. *There's something that I can't quite grasp.*	**No me cabe en la cabeza.** *I can't understand it.*
No logro entender... *I can't seem to understand . . .*	**¡Vaya! Por fin capto la idea.** *Aha! I finally get the idea.*
¡Ya caigo! Está más claro ahora. *I get it! It's clearer now.*	

Online
Vocabulario y gramática, pp. 85–87

7 ¿Lograste entenderlo?

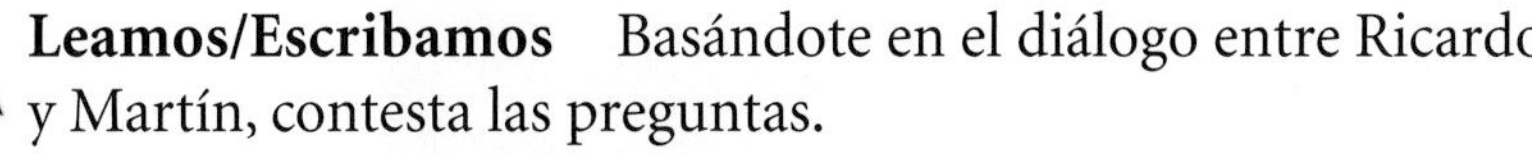

Leamos/Escribamos Basándote en el diálogo entre Ricardo y Martín, contesta las preguntas.

1. ¿Cuál es la opinión de Ricardo sobre su habilidad para hacer la tarea?
2. ¿Qué le sugiere Martín a Ricardo para que logre entender la tarea?
3. Aunque el primer paso no le resultó tan difícil, ¿qué dice Ricardo del trabajo?
4. ¿Por qué cree Ricardo que Martín tiene ventaja?
5. ¿Crees que a Martín le resulta fácil hacer la tarea? ¿Por qué?
6. ¿Qué se le escapa a Ricardo al final?

8 El mundo tecnológico

Leamos/Escribamos Completa las oraciones usando las palabras del cuadro.

caigo	logro	alcance	cabe	ventajas	captó

1. No ═══ entender las nuevas tecnologías.
2. Las nuevas tecnologías tienen muchas ═══.
3. Me han enseñado a usar la computadora pero no me ═══ en la cabeza.
4. Aprender a usar las nuevas tecnologías está al ═══ de todos.
5. Le expliqué a una amiga cómo mandar un correo electrónico y al fin ═══ la idea.
6. ¡Ya ═══! No sabía que había que hacerlo así.

Una planta hidroeléctrica cerca de Baños, Ecuador

Comunicación

9 ¡No me cuesta nada!

Hablemos En parejas, comenten los siguientes temas. Túrnense para explicar si es algo que saben hacer bien o algo que les cuesta trabajo. Usen las expresiones de **Exprésate.**

MODELO **—No logro entender los nuevos programas de computación.**
—A mí me pasa lo mismo. Siempre hay algo que se me escapa.

1. las matemáticas
2. las ciencias
3. la tecnología
4. los deportes
5. los idiomas
6. el teatro
7. la música y el arte
8. trabajar y ser estudiante a la vez

Objetivos
Verbs with indirect object pronouns, verbs that express "to become," uses of **se**

Gramática en acción 1

Repaso Verbs with indirect object pronouns

1 An **indirect object pronoun** is used with some verbs to indicate *to whom* or *for whom* an action occurs. The verbs below are often used with indirect object pronouns.

¿**Te molesta** hacer dos cosas a la vez?
Does it bother you to do two things at once?

Me resulta fácil usar este programa.
It is easy for me to use this program.

No **me cabe** en la cabeza.
I can't get it into my head.

¿**Le pusiste** tu número en su agenda electrónica?
Did you put your number in his electronic planner?

A Sara no **le es** fácil la geografía.
Geography is not easy for Sara.

A ellos **les cuesta** trabajo hacer la tarea.
It takes a lot of work for them to do the homework.

2 The **indirect object pronoun** indicates *to whom* or *for whom* the action occurs. The **verb** must agree with the subject.

for whom — *agrees with subject*

¿A Uds. **les resultó** fácil el examen?

3 If the subject is an **infinitive,** the verb must be in the third person singular.

agrees with subject

Me cuesta trabajo **entender** este cuento.

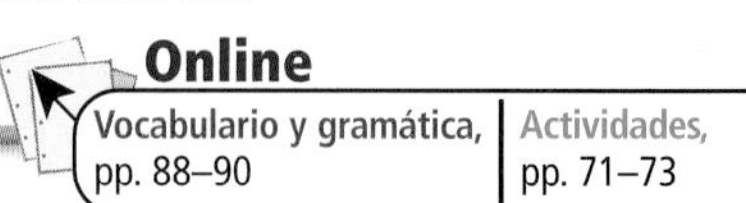

Online
Vocabulario y gramática, pp. 88–90 | Actividades, pp. 71–73

¿Te acuerdas?

The direct object pronouns **me, te, lo, la, nos, os, los, las** stand for people or things that directly receive the action of the verb. Verbs like **gustar** and **molestar** do not take a direct object pronoun but rather an indirect object pronoun that stands for the person experiencing the action.

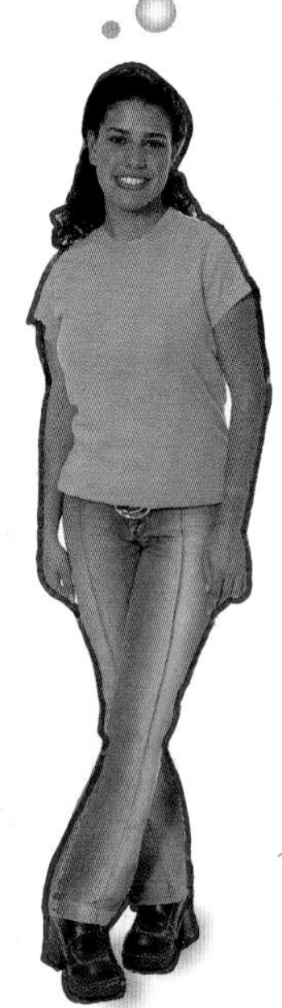

10 La tecnología

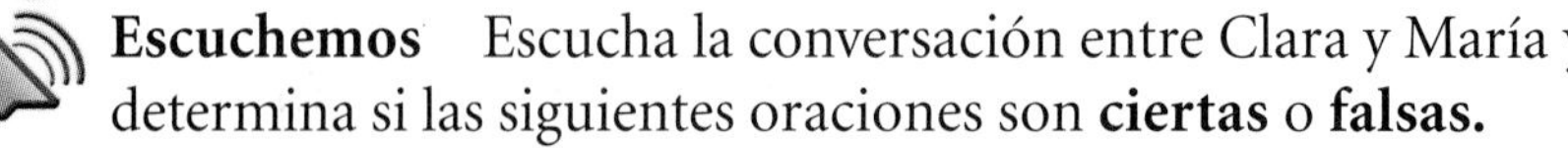

Escuchemos Escucha la conversación entre Clara y María y determina si las siguientes oraciones son **ciertas** o **falsas.**

1. Clara dice que no le gusta la agenda de María.
2. A María le resulta difícil usar su agenda electrónica.
3. Gabriela tampoco sabe usar su agenda electrónica.
4. Todo le salió bien a Gabriela cuando usó su agenda electrónica.
5. Clara entiende por qué sus amigas no logran entender la tecnología.
6. Clara no sabe usar su teléfono celular.

Visit Holt Online
go.hrw.com
KEYWORD: EXP3 CH8
Gramática 1 practice

11 En el trabajo

Leamos/Escribamos Completa las oraciones con la palabra correcta en paréntesis.

1. A Samuel ____ (le/les) facilita mucho el trabajo de Martín, su auxiliar administrativo.
2. Me ____ (llamo/llama) la atención el talento de Martín.
3. A Samuel ____ (se/le) es imposible trabajar sin él.
4. A todos los hombres y las mujeres de negocios aquí, ____ (le/les) resulta difícil hacer más de una cosa a la vez.
5. A Samuel y a Martín no les ____ (importan/importa) trabajar hasta muy tarde.
6. A nosotros ____ (nos/les) cuesta trabajo entender cómo ellos logran hacer tantas cosas.
7. Pero nos ____ (gusta/gustan) observarlos.
8. Queremos dar____ (les/nos) las gracias por su ayuda.

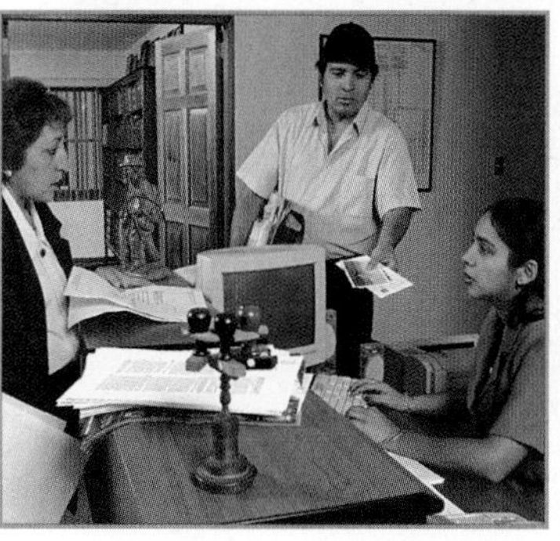

La auxiliar administrativa sabe hacer más de una cosa a la vez y facilitarles el trabajo a los demás.

12 ¡A escribir!

Escribamos/Hablemos Combina las frases de las columnas para escribir seis oraciones. Usa los pronombres del complemento indirecto correctos.

A mí	gustar	usar las nuevas tecnologías
A mis padres	caber en la cabeza	usar una agenda electrónica
A mi abuelo	resultar fácil/difícil	tratar de hacer dos cosas a la vez
A ti	ser complicado	utilizar la nueva computadora
A mis amigos y a mí	costar trabajo	programar el contestador automático
A mi jefe	salir mal	cambiar su auxiliar por un robot

Comunicación

13 La tecnología cambia la vida

Hablemos En parejas, hablen de cómo cambiarían sus vidas en la casa o en el colegio con los siguientes adelantos tecnológicos. ***¿Se te olvidó?*** Conditional, pp. 120–121

MODELO **acceso a la tarea por Internet**

—Nos sería más fácil hacer la tarea por Internet.

—Estoy de acuerdo. Me molesta llevar los libros a casa.

1. un programa tecnológico interactivo para ayudar en las tareas
2. un robot para hacer los quehaceres
3. computadoras con acceso a Internet en todos los salones de clase
4. una agenda electrónica que habla

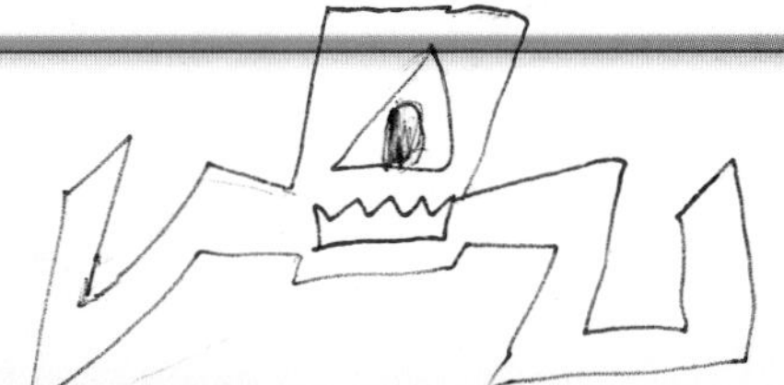

Verbs that express "to become"

1 You can use the verbs **hacerse, volverse, ponerse, convertirse en, quedarse,** and **llegar a ser** to convey a change in state (*to get* or *to become).* The preterite is often used to talk about a particular change or reaction in the past.

2 **Hacerse** + **adjective** or **noun** describes *a change where a personal effort is involved.*

Juan **se hizo abogado.**
Juan became a lawyer.

3 **Ponerse** + **adjective** describes *a sudden physical or mental change.*

Ana **se puso triste** cuando no pudo ir al concierto.
Ana became sad when she couldn't go to the concert.

4 **Volverse** + **adjective** can describe a more gradual change.

Me estoy volviendo loca con esta computadora.
I'm going crazy with this computer.

5 **Convertirse en** + **noun** expresses *to change into or to turn into.*

La tienda familiar **se convirtió en** un **almacén** grande.
The family store turned into a big department store.

6 Use **quedarse** + **adjective** in some idiomatic expressions and with certain adjectives such as **ciego(a), sordo(a),** and **calvo(a)** to express *to be left, to wind up* a certain way.

Me quedé boquiabierta.
I was left speechless.

7 Use **llegar a ser** + **adjective** or **noun** to express *to become or to get to be after a series of events or after a long time.*

Por fin **llegaron a ser** buenas **amigas.**
They finally got to be good friends.

Era pobre, pero **llegó a ser rico.**
He was poor but he became rich.

La Universidad Nacional de San Marcos en Perú

Online
Vocabulario y gramática, pp. 88–90 | Actividades, pp. 71–73

14 Los mejores planes

Escuchemos Algunos estudiantes regresan a Cuzco, donde hicieron un programa de intercambio. Escucha cada comentario y determina si la persona **a**) ha cambiado o **b**) no ha cambiado.

15 ¿Cómo cambiaron?

Leamos Completa cada oración con la forma correcta del verbo.

1. Ellos ═══ furiosos por la mala noticia.
   a. se pusieron **b.** se volvieron **c.** se hicieron
2. El señor ═══ terco con el paso de los años.
   a. se convirtió en **b.** se hizo **c.** se volvió
3. Carlos y Memo ═══ ricos con su negocio por Internet.
   a. se convirtieron **b.** se hicieron **c.** se pusieron
4. Su hermano ═══ feliz cuando le cuentas un chiste.
   a. se vuelve **b.** se hace **c.** se pone
5. Este niño ═══ un problema.
   a. se ha convertido en **b.** se ha puesto **c.** se ha hecho

El precio de acceso a Internet ha bajado mucho en Perú en los últimos años. El gobierno peruano está tratando de mejorar el sistema de telecomunicaciones y crear un ambiente favorable para el desarrollo del comercio electrónico.

16 Antes y después

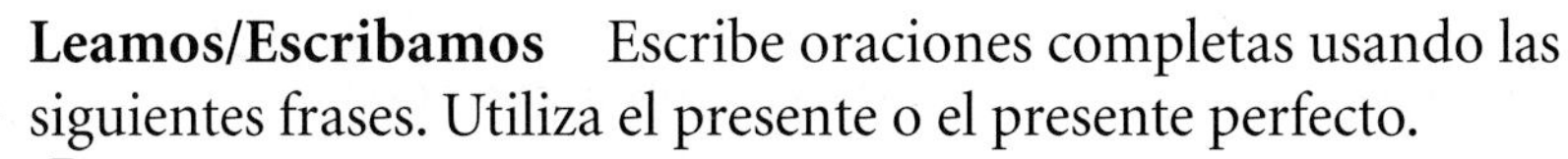

Leamos/Escribamos Escribe oraciones completas usando las siguientes frases. Utiliza el presente o el presente perfecto.

¿Se te olvidó? Present perfect, pp. 148–149

1. yo/volverse/muy estudiosa porque ahora tengo clases por Internet
2. mi abuela/hacerse/mujer de negocios y vende cosas por Internet
3. mi papá/llegar a ser/muy competente con las nuevas tecnologías
4. mis hermanos/volverse/locos por los juegos de computadora
5. la tecnología/convertirse en/el centro de nuestra vida diaria

Comunicación

17 ¿Qué le pasó a Guillermo?

Hablemos En parejas, cuenten lo que le pasó a Guillermo en los siguientes dibujos. Usen los verbos de **Gramática.**

Repaso Uses of se

The pronoun **se** has many uses.

1 It is used with verbs that are used reflexively **(acción reflexiva).**

Caterina **se** compró un contestador automático.

2 It can indicate unintentional events **(acto no intencional).**

Se me olvidó la reunión.

3 It replaces **le** or **les** before the direct object pronouns **lo, los, la,** and **las.**

reemplaza le o les

—¿**Le** dijiste que no fuera? —**Se** lo dije mil veces.

4 It is used in impersonal sentences **(acción impersonal).**

Se dice que ha habido muchos adelantos en la medicina.

5 It is used to express the passive voice **(acción pasiva).**

Se oyeron muchas opiniones sobre las ventajas del programa.

6 It is used with certain "process" verbs to show a change in status or in physical or emotional state **(un cambio).**

Carmela **se** graduó de la universidad.

Manolo **se** hizo hombre de negocios.

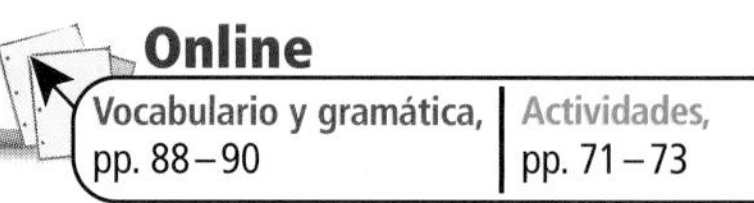

Online
Vocabulario y gramática, pp. 88–90 | Actividades, pp. 71–73

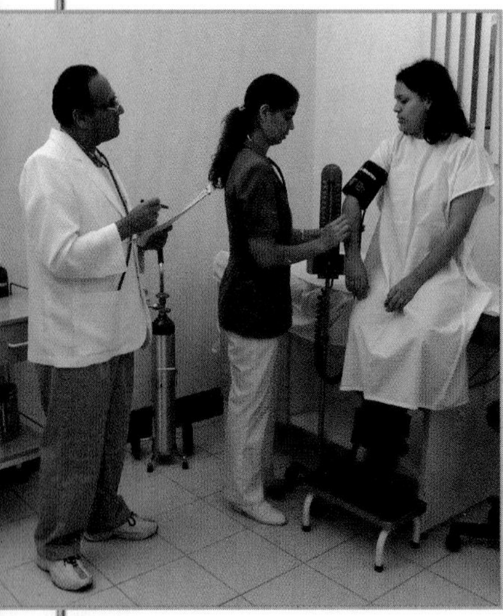

Un doctor y una enfermera atienden a una paciente en Perú.

18 ¿Por qué se usa?

Leamos Lee las siguientes oraciones y determina qué indica el **se: a**) una acción reflexiva, **b**) un acto no intencional, **c**) una sustitución para *le* o *les,* **d**) una acción impersonal, **e**) una acción pasiva o **f**) un cambio.

1. Miguel se puso furioso cuando supo la noticia.
2. Se cancelaron las clases a causa de la nieve.
3. Francisco se baña dos veces al día.
4. Se lo mandé por correo ayer.
5. Se cree que la situación ha mejorado.
6. Se me rompió el vaso.
7. Pamela se acostumbró a la vida diaria después de unas semanas.

19 Oraciones con "se"

Leamos/Escribamos Vuelve a escribir estas oraciones con **se.**

1. Todos dicen que la compañía tiene una crisis económica.
2. En esta compañía, la gente generalmente empieza a trabajar a las nueve.
3. Me olvidé de ir a la reunión.
4. Las fotocopias fueron encontradas en la sala de conferencias.
5. Marisol llegó a ser directora de la empresa.
6. Le di la información a la jefa ayer.

20 ¿Qué pasa?

Hablemos Mira las fotos y usa una oración con **se** para explicar qué pasa.

21 Se dice que...

Hablemos En parejas, hablen sobre la tecnología. Comenten los siguientes temas, tratando de usar oraciones con **se.**

1. ¿Qué dice la gente sobre la tecnología?
2. ¿Cómo reacciona la gente cuando la tecnología no funciona bien?
3. ¿Has tenido algún problema con tu computadora alguna vez?

Gramática 1

Cultura

VideoCultura

Comparaciones

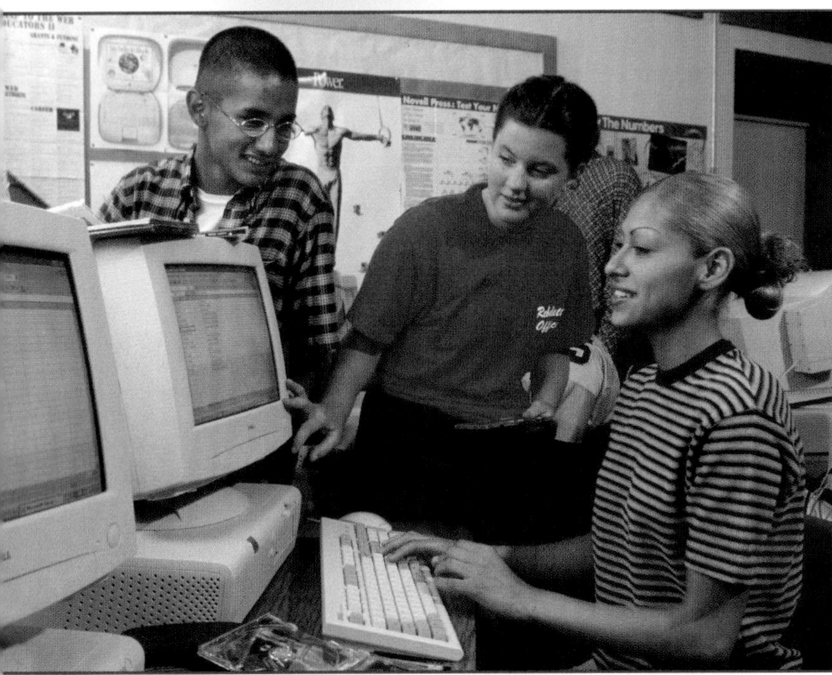

Unos jóvenes navegan por Internet en San José, Costa Rica.

Vale más una imagen que mil palabras

El acceso de los ciudadanos a la tecnología moderna es uno de los retos que tienen los países hispanos. En general, es caro comprar una computadora, pero a los jóvenes les interesa mucho la tecnología. En algunos países como Perú, México y muchos otros, hay muchos cibercafés, donde se puede alquilar computadoras para Internet, y también para videojuegos, y resulta bastante barato. También, mucha gente usa el teléfono móvil. ¿Crees que la tecnología será más importante aún en el futuro? ¿Cómo cambiará nuestra vida, y la de otros países?

Omar
Cuzco, Perú

Vamos a hablar sobre la tecnología. ¿A qué tipo de tecnología tienes acceso?

Tengo acceso a la telefonía celular, a la televisión por cable y al Internet.

¿Te resulta fácil usar una computadora?

Me resulta fácil usar el Internet porque los sistemas cada vez son más amigables.

¿Cuáles son las ventajas y desventajas de depender tanto de la tecnología?

La principal ventaja de la tecnología es de que me permite acceder a mucha información, conocer otros idiomas por ejemplo, así como muchas personas. Como desventaja, es de que a veces existe mucha saturación en mensajes publicitarios.

¿Crees que la tecnología te facilita la vida?

La tecnología me ayuda bastante porque me mantiene comunicado en cualquier momento y lugar, así puedo comunicarme con mis amigos y mis clientes.

Visit Holt Online
go.hrw.com
KEYWORD: EXP3 CH8
Online Edition

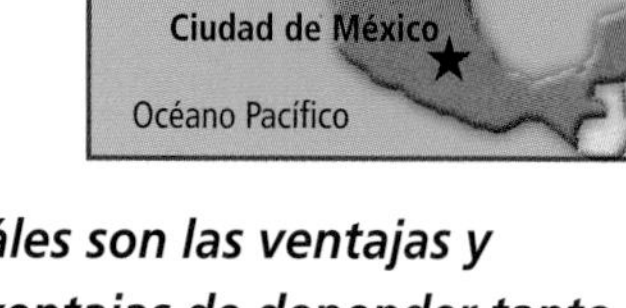

Ulises
Ciudad de México, México

Vamos a hablar sobre la tecnología. ¿A qué tipo de tecnología tienes acceso?

A celular, a Internet, a mi mini-Palm, juegos de video.

¿Te resulta fácil usar tu celular?

Sí, muy sencillo. Bueno, últimamente, es... ya, de moda.

¿Cuáles son las ventajas y desventajas de depender tanto de la tecnología?

Bueno, las ventajas es que te ahorra tiempo, distancias y, por eso es muy práctico. Y desventajas, que estás un poco más flojo porque dependes mucho de eso y tú, como persona, ya no haces muchas cosas.

¿Crees que la tecnología te facilita la vida?

Sí, me facilita mucho porque ahorita últimamente, sin un celular o sin computadora, sería todavía mandar cartitas y ya no podría chatear. Entonces sí sería muy difícil.

Cultura

Para comprender

1. ¿Qué tecnología usa Omar?
2. ¿Cómo la tecnología le facilita la vida a Omar?
3. ¿Qué dice Ulises sobre su celular y su uso?
4. Según Ulises, ¿cómo sería el no tener acceso al celular o a la computadora?
5. ¿Cómo se comparan Omar y Ulises en su uso de la tecnología? ¿Son parecidos o diferentes?

Para pensar y hablar

¿Cuál es la tecnología más imprescindible *(indispensable)* para ti? ¿Te puedes imaginar la vida sin ella? ¿Cómo sería? ¿Cuáles son las ventajas y desventajas de vivir con esta tecnología?

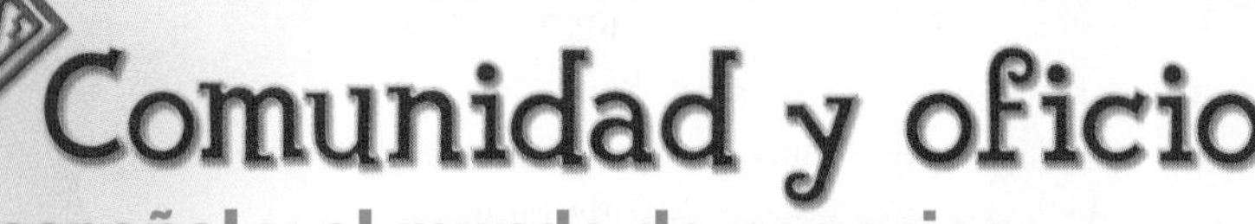

Comunidad y oficio

El español y el mundo de negocios

Hoy en día es una gran ventaja hablar más de un idioma a la hora de buscar trabajo. Las personas bilingües tienen amplias oportunidades de avanzar en sus trabajos. Son cada vez más numerosas las empresas que hacen negocios en Latinoamérica o que hacen campañas de publicidad y mercadeo dirigidas a la población hispanohablante en Estados Unidos. Busca una empresa o una agencia de publicidad en tu comunidad que tenga necesidad de personal bilingüe en su negocio. Habla con el (la) representante de la empresa y pregúntale por qué es importante tener empleados bilingües y la ventaja que eso le da a la empresa.

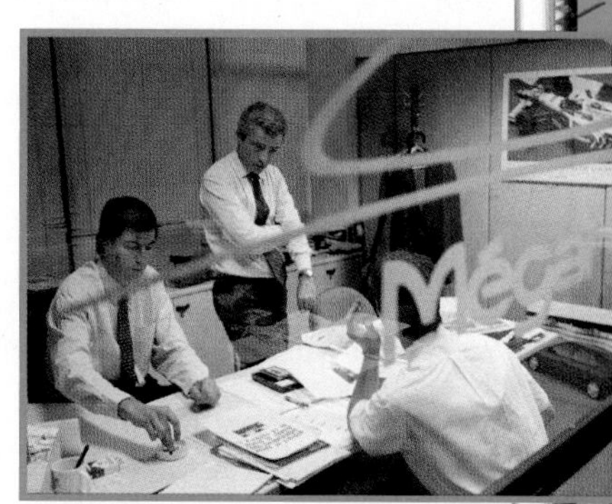

En las oficinas de Renault, en Buenos Aires, Argentina

Objetivos
Writing a formal letter, talking about your plans

Vocabulario en acción 2

¿A qué se dedican tus padres?

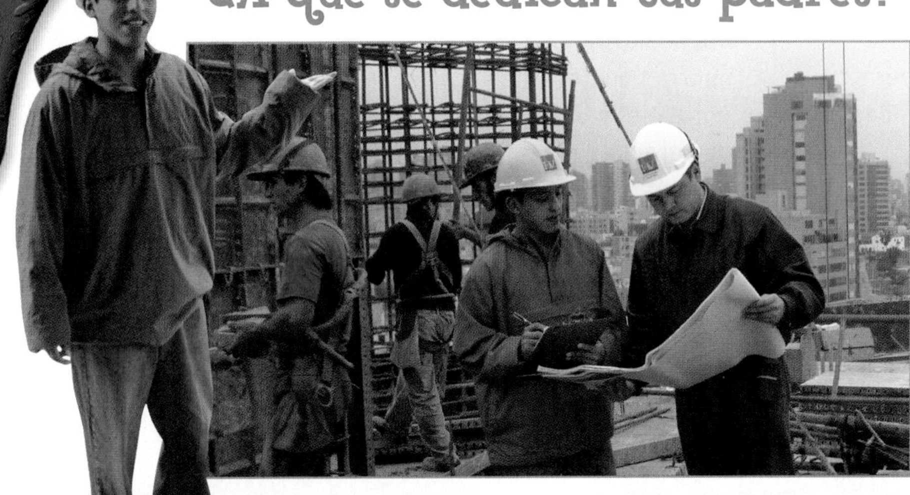

Mi papá **supervisa** edificios en construcción. Su trabajo es comprobar que **el ambiente de trabajo** sea seguro para todos los trabajadores. Es un trabajo que **requiere** mucha responsabilidad.

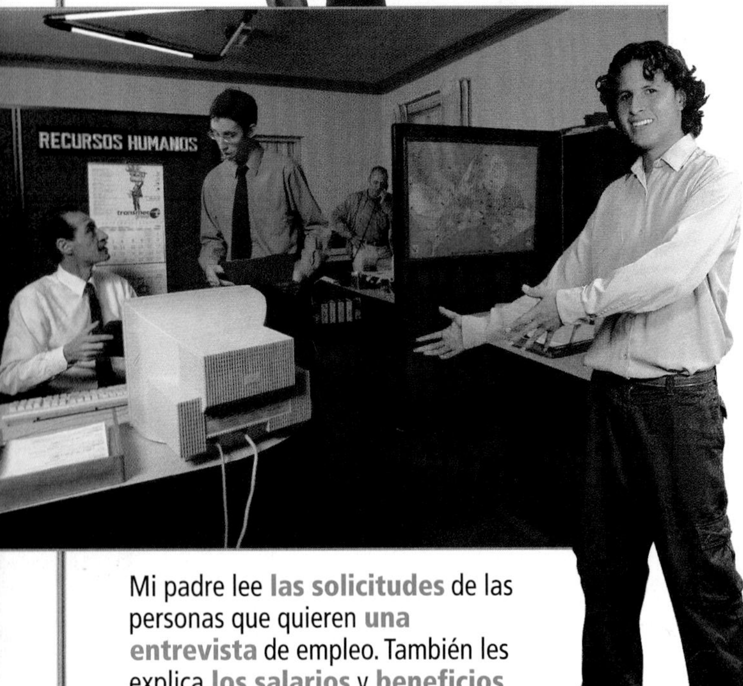

Mi padre lee **las solicitudes** de las personas que quieren **una entrevista** de empleo. También les explica **los salarios** y **beneficios** que ofrece **la empresa,** como **el seguro** médico.

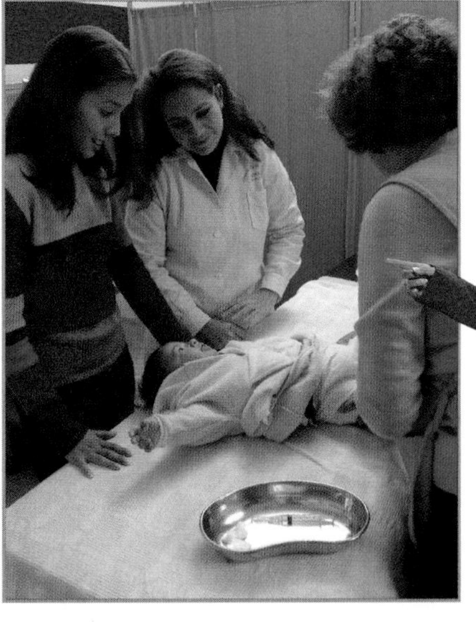

A mi madre le gusta **donar tiempo a una causa.** Actualmente está encargada de **dirigir** a todos los voluntarios de esta clínica. Le encantan sus **compañeros de trabajo.**

Más vocabulario...

el empleo a tiempo completo	*full-time job*
el jefe	*boss*

También se puede decir...

In some Spanish-speaking countries, you may hear **el sueldo** instead of **el salario** and **las prestaciones** instead of **los beneficios.**

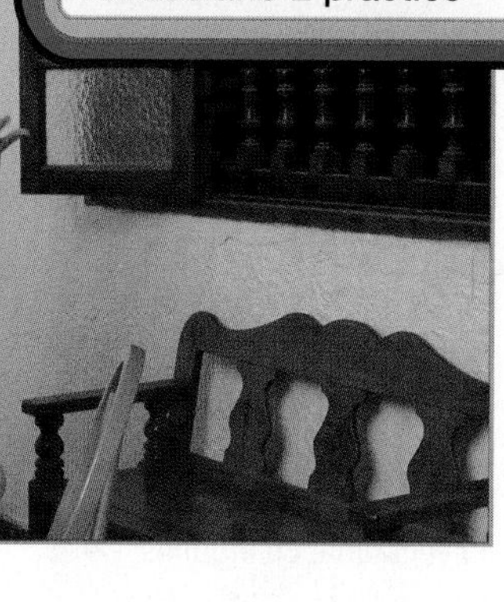

Hace un mes, mi papá decidió cambiar de **carrera.** Ahora está tomando clases para **conseguir** otro título académico y también tiene **un empleo a medio tiempo** en un restaurante. Cuando termine sus estudios, va a poder **actualizar** su **currículum vitae.**

Mi mamá tiene **el puesto** más alto de su compañía: ¡es **la jefa!** Ella **solicita** las opiniones de todos sus empleados antes de tomar decisiones.

Mi papá es **gerente** de nuestro almacén familiar. Él habla con todos **los empleados** y les explica **los requisitos** y **el horario** de trabajo.

¡Exprésate!

To write a formal letter

Interactive TUTOR

Muy estimado(a) Sr./Sra./Srta.: *Dear Sir/Madam/Miss:*	**Reciba un cordial saludo,** *Kind regards,*
Por medio de la presente... *The purpose of this letter is . . .*	**Muy atentamente,** *Most sincerely,*
Le/Les adjunto un(a)... *I'm enclosing a . . .*	

Online
Vocabulario y gramática, pp. 91–93

En partes de Latinoamérica, la **licenciatura** es el título que se recibe al graduarse de la universidad. Para recibir la licenciatura, el estudiante tiene que aprobar un examen sobre todo lo que ha estudiado durante su carrera universitaria. En algunas universidades latinoamericanas, el estudiante tiene que hacer una tesis además de presentar el examen. A una persona que se ha graduado de la universidad y que ha cumplido con los requisitos, se le llama **licenciado(a).**

22 La entrevista

Escuchemos/Escribamos Escucha la entrevista y determina si cada oración es **cierta** o **falsa.** Corrige las oraciones falsas.

1. El señor Maldonado es el jefe de la empresa.
2. El señor Maldonado ha visto el currículum de la señorita Garza.
3. La señorita Garza ha solicitado empleo en un restaurante.
4. Si ella consigue el puesto, recibirá seguro médico enseguida.
5. La señorita Garza ha dirigido grandes proyectos.
6. La empresa tiene sólo un puesto vacante y es a medio tiempo.

23 Anuncios clasificados

Leamos/Hablemos Lee estos anuncios de trabajo y decide si el candidato **a)** cumple con los requisitos o **b)** no cumple con los requisitos. Si no cumple, explica por qué.

CANDIDATOS	ANUNCIOS
1. Soy un estudiante recién graduado de la universidad y busco trabajo como auxiliar administrativo en una empresa internacional. Tengo títulos en tecnología y francés.	Empresa comercial busca empleado para contestar el teléfono y actualizar el sistema de computadoras. Requisitos: que sepa otro idioma y que tenga título en computación.
2. Soy ingeniera y quiero cambiar de carrera. Solicito trabajo como profesora de ciencias o de matemáticas a cualquier nivel. Título universitario.	Colegio busca profesor(a) de química para estudiantes del tercer año. Requisitos: tres años de experiencia como profesor(a).
3. Soy carpintero y quiero donar tiempo a una causa. Deseo usar mi talento para mejorar nuestra comunidad. Puedo trabajar por las noches. No requiero salario ni beneficios.	Oficina de trabajo social busca voluntario para construir residencias. Requisitos: que sepa construir y que desee mejorar la vida de personas sin hogar.
4. Soy artista y solicito trabajo a medio tiempo. Doy clases de pintura a adultos por las tardes y busco trabajo por las mañanas.	Museo de arte busca a alguien que pueda presentar exposiciones de arte de las 4 hasta las 6 de la tarde. Requisitos: que conozca la pintura.
5. Tengo 10 años de experiencia supervisando oficinas de empresas grandes. Solicito un trabajo de cuarenta horas a la semana con beneficios.	Banco busca gerente de oficina para trabajar a tiempo completo en oficina central. Vacaciones y seguro médico. Requisitos: más de cinco años de experiencia como supervisor.

24 Una carta de solicitud

Leamos/Escribamos Completa la siguiente carta de solicitud con las palabras del cuadro.

adjunto	estimada	carrera	medio	empresa
entrevista	conseguir	gerente	saludo	capaz

Muy __1__ Sra. Casas:

Por __2__ de la presente, quisiera solicitar el puesto a medio tiempo como auxiliar del gerente de diseño. Actualmente estoy estudiando la __3__ de diseño gráfico en la universidad. Me gustaría __4__ un empleo relacionado con el diseño. He leído su página Web y estoy muy impresionado con los servicios que ofrece su __5__. Soy __6__ de hacer muchas tareas a la vez y sin duda podría facilitarle el trabajo al __7__.

Le __8__ mi currículum vitae con esta carta. Puedo reunirme con Ud. para una __9__ a la hora que le sea conveniente.

Reciba un cordial __10__ de,

Pablo Duque

25 Mi trabajo ideal

Leamos/Escribamos Completa las oraciones para describir tu trabajo ideal. *¿Se te olvidó?* Subjunctive with unknown or nonexistent, pp. 72–73

1. Busco un ambiente de trabajo que sea...
2. Me gustaría conseguir un puesto de...
3. Yo donaría tiempo a una causa como...
4. Es muy importante tener compañeros de trabajo que...
5. Prefiero un jefe (una jefa) que...
6. Requiero una empresa que ofrezca beneficios como...
7. Quiero un salario mínimo de...
8. En mi carrera, quiero dirigir...

Los futuros dueños de esta casa colaboran con Hábitat para la Humanidad en su construcción en Tacna, Perú.

Comunicación

26 Solicito el puesto

Hablemos En parejas, escojan uno de los anuncios de trabajo de la Actividad 23. Dramaticen una entrevista entre la persona que solicita el puesto y el (la) gerente. Luego presenten la entrevista a la clase.

MODELO **—Veo que acabas de graduarte de la universidad.**
—Sí, y estoy muy interesado en el puesto de gerente de oficina que vi en su anuncio de trabajo.

Una solicitud de trabajo

Estimado Sr. Prieto:

Me dirijo a Uds. para solicitar un puesto en su compañía. Entiendo que su empresa tiene una vacante en el departamento de seguros. Tengo mucha experiencia en este campo, porque llevo cinco años en un puesto similar. He asistido a varias reuniones y conferencias para actualizar mis conocimientos y creo cumplir con los requisitos que Uds. buscan.

Adjunto a esta carta encontrará mi solicitud de trabajo y el currículum vitae. Les agradecería que se comunicaran conmigo sobre las posibilidades de empleo en su empresa.

Muy atentamente,
Federico Villarreal

Estimado Sr. Villarreal:

Acusamos recibo de su atenta carta, y tengo el gusto de invitarlo a una entrevista el jueves próximo, 24 de marzo, a las 4:00 de la tarde. Después de la entrevista, que durará unos 30 minutos, me he permitido organizar una breve reunión con nuestro departamento de beneficios, para que Ud. tenga la oportunidad de informarse sobre el sueldo y los beneficios. Le ruego que traiga consigo una carta de recomendación de su jefe actual. Agradeciéndole el interés en nuestra empresa,

Reciba un cordial saludo de,

Alberto Prieto

¡Exprésate!

To ask about someone's plans	To talk about your plans
¿Qué te gustaría hacer? *What would you like to do?*	**Me gustaría ser un(a)...** *I would like to be a . . .*
	Me interesaría estudiar para ser un(a)... *I would be interested in studying to be a . . .*
	Siempre he querido ser un(a)... *I have always wanted to be a . . .*
Si tuvieras la oportunidad, ¿adónde irías? *If you had the chance, where would you go?*	**Si pudiera, iría a... a estudiar...** *If I could, I would go to . . . to study . . .*

Interactive TUTOR

Online
Vocabulario y gramática, pp. 91–93

27 La carta de Federico

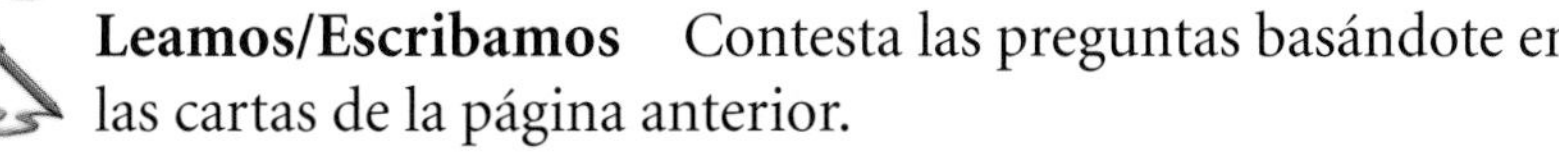

Leamos/Escribamos Contesta las preguntas basándote en las cartas de la página anterior.

1. ¿Cuál es el puesto que Federico solicita?
2. ¿Cómo ha actualizado sus conocimientos?
3. ¿Cumple él con los requisitos que busca la empresa?
4. ¿Qué manda Federico con la carta?
5. ¿Qué información le van a dar a Federico después de la entrevista?
6. ¿Quién tiene que escribirle una carta de recomendación a Federico?

28 Me gustaría...

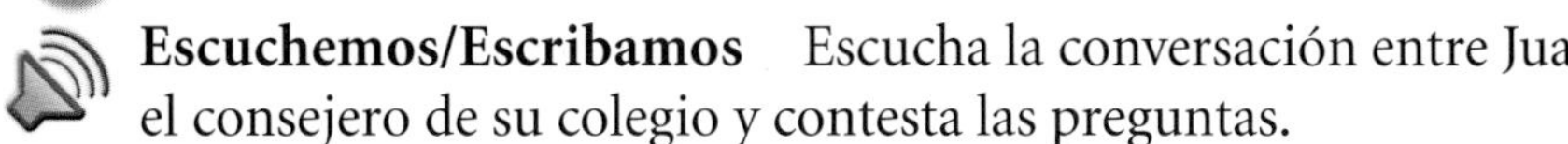

Escuchemos/Escribamos Escucha la conversación entre Juana y el consejero de su colegio y contesta las preguntas.

1. ¿Cuál es el problema de Juana?
2. ¿Qué le interesaría estudiar a Juana?
3. Si pudiera estudiar en otro país, ¿adónde iría?
4. ¿Cuál es la desventaja de una carrera como profesora, según Juana?
5. ¿Cuál es la ventaja de ser profesora, según el consejero?

29 La carrera ideal

Hablemos ¿Qué diría cada una de estas personas sobre sus planes para el futuro? Usa las expresiones de **Exprésate.**

1.

2.

3.

Comunicación

30 Mis planes para el futuro

Hablemos En parejas, túrnense para entrevistar a su compañero(a) sobre qué carrera le gustaría seguir en el futuro.

Objetivos
Conditional, past subjunctive

Gramática en acción 2

Repaso Conditional

1 As you know, the **conditional** is used to tell what *would happen* or what someone *would do* in a given set of circumstances and to say what someone *would* or *would not like.*

Yo **conseguiría** un trabajo.

Me **gustaría** trabajar en un hospital.

2 The regular **conditional** endings, added to the infinitive form of **-ar, -er,** and **-ir** verbs, are:

yo	dirigir**ía**	nosotros(as)	dirigir**íamos**
tú	dirigir**ías**	vosotros(as)	dirigir**íais**
Ud., él, ella	dirigir**ía**	Uds., ellos, ellas	dirigir**ían**

3 The **conditional** is also used with the preterite of **decir** to express what someone said he or she *would or would not do.*

Dijeron que **vendrían** a visitarme.
They said that they would come to visit me.

4 The **conditional** can also be used to express the *probability* that something happened in the past.

Serían las nueve cuando llegaron.
It was probably nine when they arrived.

Online
Vocabulario y gramática, pp. 94–96 | Actividades, pp. 75–77

¿Te acuerdas?

Verbs that have irregular stems in the future tense also have irregular stems in the conditional.

caber: **cabr-**	querer: **querr-**
decir: **dir-**	saber: **sabr-**
haber: **habr-**	salir: **saldr-**
hacer: **har-**	tener: **tendr-**
poder: **podr-**	valer: **valdr-**
poner: **pondr-**	venir: **vendr-**

31 ¿Estás preparada?

Escuchemos Escucha la conversación entre Marcela y su mamá. Para las siguientes actividades indica si Marcela dijo que **a**) ya lo hizo o **b**) lo haría.

1. leer la página Web
2. escribir una lista de preguntas
3. poner una copia del currículum en la carpeta
4. actualizar el currículum
5. llamar a sus referencias
6. planchar el vestido

Visit Holt Online
go.hrw.com
KEYWORD: EXP3 CH8
Gramática 2 practice

32 El ambiente de trabajo

Leamos/Escribamos Completa el diálogo con la forma correcta de los verbos en paréntesis usando el condicional.

NICOLÁS No me gusta el ambiente de trabajo aquí. ___1___ (Tratar) de cambiarlo, pero no sé qué hacer.

ANDRÉS La primera cosa que yo ___2___ (hacer) es hablar con los compañeros. ¿Cuál es el problema?

NICOLÁS Es que todo el mundo se queja de los beneficios. Todos dicen que ___3___ (pedir) más días de vacaciones, pero le tienen miedo al jefe.

ANDRÉS ¿El único problema es el de las vacaciones? ¿___4___ (Poder) hablar con el jefe tú solo?

NICOLÁS Bueno, también nos ___5___ (gustar) pedir seguro médico.

ANDRÉS Yo que tú, ___6___ (hablar) con el jefe inmediatamente para resolver estos problemas.

33 ¿Qué dijeron que harían?

Escribamos Imagina que todas estas personas dijeron lo que harían durante el verano. Usa los verbos del cuadro y la lista de personas para escribir seis oraciones usando el condicional.

MODELO **Mi mejor amigo...**
Mi mejor amigo dijo que viajaría a España.

viajar	visitar	comprar	salir
trabajar	conseguir	dirigir	ir a

1. Mis compañeros de clase...
2. Mi profesor(a) de español...
3. Los vecinos...
4. El director del colegio...
5. Mi familia...
6. Mis amigos y yo...

Nota cultural

Tradicionalmente en Latinoamérica y España, las horas de trabajo han sido desde las nueve de la mañana hasta las dos, y otra vez desde las cuatro o cinco hasta las ocho. Entre las dos y las cuatro, la gente volvía a casa para comer con la familia y dormir la "siesta". Pero hoy en día esta tradición está cambiando. Ahora muchos empleados en estos países tienen un horario parecido al horario típico de trabajo en Estados Unidos.

Comunicación

34 Mis sueños

Hablemos Explícale a tu compañero(a) qué harías si pudieras realizar tus sueños. Recuerda lo que dice tu compañero(a) para poder contárselo luego a la clase. *¿Se te olvidó?* Contrary-to-fact situations, pp. 122–123

MODELO **—Si yo pudiera, trabajaría en una empresa internacional.**
—¿Sí? Pues yo trabajaría en un hospital.

Past subjunctive with hypothetical statements

1 You have learned some expressions with **pudiera(s), tuviera(s),** and **fuera(s).** These verbs are in the **past subjunctive.**

Si yo **tuviera** la oportunidad, iría a España.

Si **pudieras,** ¿estudiarías periodismo?

Si yo **fuera** el jefe, contrataría a más personas.

2 The **past subjunctive** is formed by removing the **-on** from the third person plural form of the preterite and adding the following endings. Note that an accent is added to the **nosotros** form of the verb. Any irregularities in the third person plural preterite are also reflected in the past subjunctive forms.

pedir → pidier~~on~~ → pidier-

yo	pidier**a**	nosotros(as)	pidiér**amos**
tú	pidier**as**	vosotros(as)	pidier**ais**
Ud., él, ella	pidier**a**	Uds., ellos, ellas	pidier**an**

3 The **past subjunctive** is used after **si** *(if)* in hypothetical sentences *(oraciones hipotéticas)* that are contrary to fact or unlikely to happen. The **conditional** is used in the other clause.

Si yo **pudiera, trabajaría** en un banco.
If I could, I would work in a bank.

Viajaríamos a México si **tuviéramos** más tiempo.
We would travel to Mexico if we had more time.

Online
Vocabulario y gramática, pp. 94–96 | Actividades, pp. 75–77

¿Te acuerdas?

Verbs having a stem that ends in a vowel have a spelling change in the preterite.

leer → le**y**eron
oir → o**y**eron
creer → cre**y**eron
traer → tra**j**eron
construir → constru**y**eron

35 El mundo de los negocios

Leamos/Escribamos Completa las siguientes oraciones con los verbos correctos del cuadro.

cumpliera	hablara	hicieras	supiéramos	tuviera	mandaran

1. Si yo ____ mejor el español, buscaría un trabajo en Ecuador.
2. Sara y Benito conseguirían más entrevistas si ____ más cartas de solicitud.
3. El gerente entrevistaría a esta mujer si ____ con los requisitos.
4. Si ____ mejor tu trabajo, el jefe te ofrecería un salario mejor.
5. Si Felipe ____ más tiempo, donaría un poco a una causa.
6. Nosotros trataríamos de escribir un artículo si ____ algo del tema.

36 Si pudiera...

Hablemos Usa el pasado del subjuntivo y el condicional para decir lo que están pensando las siguientes personas.

MODELO **Si tuviera tiempo, jugaría al tenis todos los días.**

yo/tener tiempo/jugar

1. Ana/poder/viajar

2. tú/tener dinero/comprar

3. nosotros/estar en forma/competir

4. mis amigos/vivir en el campo/tener

37 En la oficina...

Leamos/Escribamos Cambia cada oración para formar una oración hipotética.

MODELO **Si consigo el trabajo, voy a trabajar muy duro.**
Si consiguiera el trabajo, trabajaría muy duro.

1. Si donas tiempo a una causa, vas a mejorar nuestra comunidad.
2. Va a facilitar el proceso si Teresa supervisa a los empleados.
3. Si Uds. cambian el horario, voy a poder trabajar a tiempo completo.
4. Vamos a comprar nuevas computadoras si podemos conseguir el dinero.
5. Si me dan el puesto de gerente, voy a ser responsable de los beneficios.
6. Si los compañeros de trabajo toman una actitud negativa, va a empeorar el ambiente de trabajo.

Comunicación

38 Mi propio negocio

Hablemos En parejas, túrnense para comentar cómo sería su negocio si tuvieran la oportunidad de abrir una oficina.

MODELO **—Si pudiera elegir a los empleados, les daría todos los puestos a mis amigos.**
—Yo también, y si tuviera el dinero les daría nuevas computadoras.

More past subjunctive

1 When the verb in the main clause of a sentence requiring the subjunctive is in a **past tense,** the **past subjunctive** is used in the subordinate clause.

past tense requires past subjunctive

Mis padres **preferían** que **estudiara** medicina.
My parents preferred that I study medicine.

past tense requires past subjunctive

Yo **insistí** en que Rita **fuera** conmigo a la entrevista.
I insisted that Rita go with me to the interview.

Online
Vocabulario y gramática, pp. 94–96 | Actividades, pp. 75–77

¿Te acuerdas?

Expressions that require the subjunctive include:

1. Expressions of doubt or disbelief
   Ellos dudaron que Adán **consiguiera** un puesto.
2. Expressions of emotion
   A mamá le alegró que la **ayudáramos** en la casa.
3. Expressions of will or wish
   Yo esperaba que mis amigos **llegaran** a tiempo.
4. Impersonal expressions
   Era importante que **donaras** tiempo a una causa.
5. Expressions with certain adverbial clauses
   Íbamos a salir para que **pudieras** dormir.

39 ¿Cuándo ocurrió?

Leamos Lee las oraciones y decide si describen algo del **pasado** o del **presente.**

1. Quiero encontrar un puesto de trabajo antes de que empiecen las vacaciones.
2. Le pedí a Felipe que le entregara mi currículum al jefe.
3. Él dudaba que yo consiguiera un puesto en su compañía.
4. No creo que él tenga razón.
5. Le hice muchos cambios al currículum para que el jefe se impresionara.
6. Espero que me llame hoy para una entrevista.

40 Un día de trabajo

Leamos/Escribamos Adela está contándole a su amiga lo que pasó en el trabajo ayer. Completa sus oraciones con la forma correcta del verbo en paréntesis. *¿Se te olvidó?* Preterite, pp. 160–161

1. Era muy importante que nosotros ____ (tener) un buen artículo para la revista.
2. El jefe quería que nosotros ____ (preparar) una foto para la primera plana.
3. Yo esperaba que los compañeros de trabajo ____ (escoger) mi foto.
4. Miguel dudaba que a los editores les ____ (gustar) mi idea.
5. ¡A todos les sorprendió que el jefe ____ (decidir) usarla!
6. Mis compañeros de trabajo estuvieron muy felices de que yo ____ (poder) dirigir el proyecto.

41 Roberto solicita un puesto de trabajo

Leamos/Escribamos Usa las siguientes frases para escribir oraciones completas en el pasado.

1. Yo/dudar que/Roberto/conseguir el trabajo
2. Roberto/estar cansado de que/yo/no apoyarle
3. Los jefes/requerir que/los empleados/tener experiencia
4. Mis papás y yo/preferir que/Roberto/solicitar otro puesto
5. Tú/no creer que/nosotros/tener razón
6. Yo/querer que/alguien/aconsejarle a Roberto
7. Todos/estar sorprendidos de que/el jefe/darle el puesto a Roberto

Zona comercial Las Amazonas de Quito, Ecuador

42 El primer empleo

Leamos/Hablemos Alejandra actualmente trabaja para un periódico importante. Lee la página del diario que Alejandra escribió cuando se graduó de la universidad y luego cuenta en el pasado lo que le pasó cuando buscaba trabajo.

MODELO **Alejandra tenía una entrevista de trabajo con el periódico. Necesitaba que su profesor de periodismo le ayudara a actualizar su currículum vitae.**

> El miércoles tengo una entrevista de trabajo en el periódico. Necesito que mi profesor de periodismo me ayude a actualizar mi currículum vitae. Dudo que me ofrezcan un puesto a tiempo completo, porque no tengo experiencia. Pero espero que por lo menos me den algo a medio tiempo. Es importante que trabaje por lo menos veinte horas a la semana. Mis padres insisten en que solicite un puesto en varios lugares.

Comunicación

43 Mi juventud

Hablemos En parejas, túrnense para contarle a su compañero(a) algunas cosas sobre su juventud. Usen las expresiones del cuadro.

Cuando era joven esperaba que...
Estaba muy feliz de que...
Mi familia no pensaba que...
Era muy importante que...
(No) me gustaba que...
Mis padres preferían que...

Novela en video

Clara perspectiva

Episodio 8

ESTRATEGIA

Evaluating choices Clara has had to make a lot of tough choices in her quest to help her professor. Go back and write down all the choices she has made thus far. As you go through **Episodio 8,** add in the choices she makes here. Then decide which choices were smart, which ones were foolish, and which ones were dangerous. Where would you have made a different choice? Why? Do Clara's choices tell you something about her?

En la oficina del señor Ortega

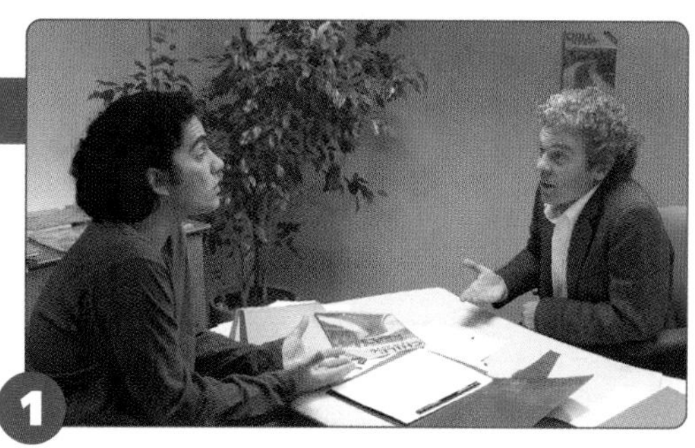

1

Sr. Ortega Señor Medina, ¿me puede explicar qué sucede con su colega? ¿No se da cuenta que tiene responsabilidades? ¿que este empleo no es un voluntariado? ¿que tiene que cumplir con sus obligaciones?

Octavio Por favor, señor Ortega, tiene que haber un problema muy serio... Clara no es la clase de persona que evita sus responsabilidades.

2

Sr. Ortega Este trabajo tiene muchas obligaciones, y la más importante es que uno tiene que presentarse todos los días, sin falta. Clara nunca se hará periodista si no toma sus responsabilidades en serio. Como su jefe, es mi responsabilidad supervisarla. Soy capaz de despedirla. Clara nunca va a tener una carrera en periodismo si no aparece en un santiamén.

Octavio Si yo pudiera, la traería aquí en seguida, Señor Ortega.

En un quiosco de Santiago

3

El profesor Armando Luna, profesor de estudios ambientales en la Universidad Pontificia Católica de Chile, no se ha visto en dos días. Su auto fue encontrado abandonado cerca del pueblo de Pirque y por eso, algunos están convencidos que ha sido secuestrado. Todo el mundo sabe que el profesor está programado para presentar una serie de estudios de impacto ambiental al Congreso la semana que viene. Al centro de los estudios está el proyecto controvertido de la empresa maderera *MaderaCorp.*

4

Graciela, ayúdame. El profesor Luna ha desaparecido. ¿Qué hago? Tengo las grabaciones y soy testigo de las conversaciones entre el profesor y los guardaespaldas de *MaderaCorp.* Tengo todos los documentos que el profesor me pidió que imprimiera.

Tienes que presentarte a las autoridades. No hay otra opción.

Visit Holt Online
go.hrw.com
KEYWORD: EXP3 CH8
Online Edition

5

En una bodega

Profesor Luna La propuesta de la empresa *MaderaCorp* no es tan mala, tenemos que llegar a un acuerdo.

Ecologista 2 No se puede negociar con el enemigo. Nada de lo que ellos hagan puede ser ventajoso para el bosque, ni para la gente que vive en los alrededores.

6

Hombre 1 Profesor Luna. Espero que ahora esté feliz de vernos.

Profesor Luna No, en realidad no. ¿Qué quieren?

Hombre 2 Lo de siempre. El estudio de impacto ambiental.

Ecologista 1 No hay por qué dárselo a ustedes. Nosotros somos los jefes aquí.

7

Profesor Luna Tenemos que tener una reunión entre ustedes y el presidente de *MaderaCorp.*

Hombre 1 Esperen, voy a contactarlo... Sí, en sus oficinas... dentro de dos horas. Estaremos allí.

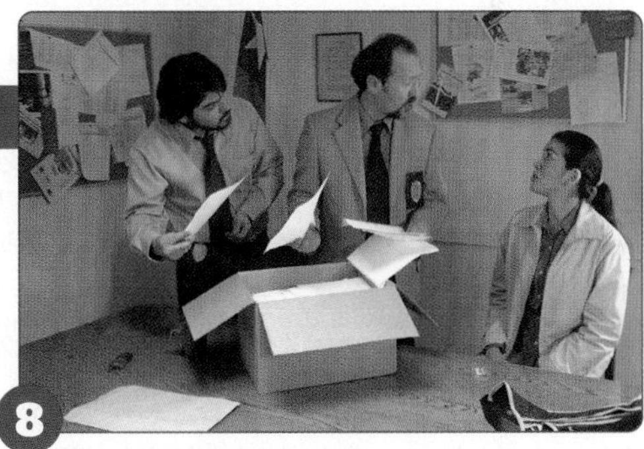

8

En la comisaría

Detective ¿Qué es esto?

Clara Son documentos. El profesor Luna me pidió que los imprimiera.

Sargento ¿Usted habló con el profesor Luna? ¿Usted sabe algo de su desaparición?

¿COMPRENDES?

1. ¿Qué piensa el señor Ortega sobre la ausencia de Clara? ¿Qué piensa Octavio?
2. ¿De qué se da cuenta Clara al escuchar el reportaje de la radio?
3. ¿Qué cree Graciela que debe hacer Clara? ¿Está de acuerdo Clara?
4. ¿Qué decide hacer Clara con la información que tiene? ¿Es buena decisión? ¿Por qué sí o por qué no?
5. ¿Qué quiere el profesor Luna? ¿Están de acuerdo los ecologistas?
6. ¿Adónde van a tener que ir los ecologistas y el profesor con los hombres? ¿Es buena decisión? ¿Por qué sí o por qué no?

Próximo episodio

Una reunión importante ocurre en las oficinas de MaderaCorp. ¿Crees que puede resolver Clara el misterio de la desaparición del profesor?

PÁGINAS 394–395

Lectura cultural

El trabajo en Latinoamérica

El ambiente de trabajo es diferente en Latinoamérica. El uso de títulos, la manera de vestir y los beneficios son algunas de las diferencias más marcadas.

El ambiente de trabajo

En muchos países de Latinoamérica, el ambiente de trabajo es más formal que en Estados Unidos. Los empleados no tratan al jefe o a la jefa de *tú,* sino de *Ud.* Además, mucha gente usa títulos como *doctor(a)* o *licenciado(a),* o simplemente un título de respeto como Sr. Vázquez, don Antonio o doña Cecilia. La manera de vestir para ir al trabajo también suele ser más conservadora. Las empresas estadounidenses que hacen negocios en Latinoamérica tienen que seguir estas normas culturales para tener éxito.

Las oficinas de noche en Quito, Ecuador

Un grupo de políticos participa en una reunión formal.

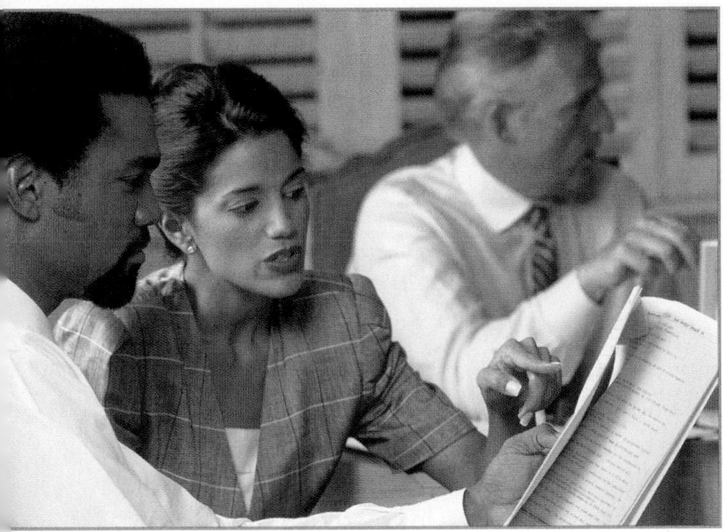
Una mujer de negocios trabaja con un compañero.

Las vacaciones

Las empresas de España y Latinoamérica suelen ofrecer más días de vacaciones que las empresas estadounidenses. Además, cuando un día festivo cae durante la semana, todo el mundo aprovecha para tomar vacaciones los otros días entre el día festivo y el fin de semana. Estas vacaciones se llaman el "puente festivo". Pero esta tradición, igual que la famosa "siesta", está desapareciendo poco a poco mientras las empresas tratan de competir con las industrias internacionales.

Los beneficios

En algunos países de Latinoamérica, a las mujeres se les da más tiempo de licencia de maternidad que en Estados Unidos. En Chile, por ejemplo, las mujeres reciben 18 semanas pagadas por el estado, seis semanas antes de dar a luz y doce semanas después. En Estados Unidos, los empleados del gobierno federal y de empresas grandes reciben 12 semanas de licencia de maternidad.

Comprensión

A ¿Cierto o falso? Contesta **cierto** o **falso.**

1. El ambiente de trabajo de los países latinoamericanos suele ser muy informal.
2. Los empleados de una empresa latinoamericana tratarían a su jefe de *tú.*
3. Es común escuchar a una persona usar el título "licenciado" cuando está hablando con su jefe o con un(a) compañero(a) de trabajo.
4. En Chile, las empresas ofrecen dieciocho semanas de licencia de maternidad.
5. En Estados Unidos, no existe una política nacional sobre la licencia de maternidad.

B ¿Comprendiste? Contesta las preguntas.

1. ¿Cómo suelen vestir los empleados para ir al trabajo en Latinoamérica?
2. ¿Cómo pueden las empresas estadounidenses tener más éxito en Latinoamérica?
3. ¿Qué es el "puente festivo"? ¿Te parece buena idea?
4. ¿Qué está pasando con las tradiciones de la siesta y el puente festivo?

Actividad

Comparaciones ¿Cuál es tu opinión sobre el ambiente de trabajo y los beneficios en Latinoamérica? Si pudieras trabajar en un país de Latinoamérica, ¿lo harías? ¿Qué país escogerías? ¿Qué otras diferencias crees que encontrarías?

Leamos y escribamos

ESTRATEGIA

para leer It's often important to ask yourself what motivated the author to write the story you're going to read. As you read, think of some reasons why the author wrote the story. You may want to find out more about Jiménez's experiences growing up. This will help you better understand an autobiographical work such as this one.

Antes de leer

A La historia que vas a leer es verdadera. Es de *Senderos fronterizos,* una novela de Francisco Jiménez en la que cuenta sus experiencias como hijo de inmigrantes mexicanos en California. La historia se narra desde la perspectiva del autor y nos cuenta los sacrificios que hizo la familia Jiménez y los problemas que enfrentó en Estados Unidos. Antes de leer, piensa en algunos temas que posiblemente encontrarás en esta lectura y en lo que le llevó al autor a escribir sobre su vida. Si tuvieras que narrar tu vida, ¿qué sucesos incluirías?

de Senderos fronterizos

Como era de costumbre, al final del día escolar, Roberto y yo nos encontramos en el estacionamiento y nos dirigimos hacia Main Street Elementary School. Íbamos en el carro por Broadway, pasando al lado de estudiantes que llenaban las aceras[1] como vistosas hormigas en un desfile. Cuando dábamos la vuelta en la esquina hacia Main Street, Roberto dio un giro cerrado[2] y se estacionó junto a una camioneta[3] vieja y amarilla que tenía en sus costados un letrero que decía *Santa María Window Cleaners.* — Yo he visto antes a ese tipo, — dijo Roberto, señalando a un hombre que recién terminaba de lavar las ventanas exteriores de *Kress,* la tienda de cinco y diez centavos. El hombre metió el enjugador de goma[4] y el paño en el bolsillo posterior de su pantalón, recogió el balde[5] y la escoba y se dirigió hacia la camioneta.

—Hola — dijo mi hermano nerviosamente, mientras el hombre cargaba su equipo en la parte trasera de la camioneta —. Mi nombre es Roberto.

—Yo me llamo Mike Nevel — dijo el hombre con una voz ronca[6] y profunda.

1 sidewalks 2 *giro...* tight turn 3 pick-up truck 4 squeegee 5 bucket 6 hoarse

—Quisiera saber si... ¿no necesita usted algún ayudante?
—preguntó Roberto.

—¿Quieres decir que si yo quiero contratar[7] a alguien?

—Sí —respondió Roberto.

—Podría darle trabajo a un ayudante de tiempo parcial. ¿Tienes alguna experiencia?

—Oh, no es para mí —contestó Roberto—. Es para mi papá. Él necesita un empleo.

—¿Ha hecho alguna vez trabajo de limpieza?

—No, pero él es un buen trabajador.

—Bueno, tendría que verlo y conversar con él.

—Él no habla inglés —dije yo. —Sólo español.

—No me sirve. En este negocio necesito a alguien que sepa hablar inglés y que tenga experiencia. ¿No quieres ser tú?

—Mi hermano ya tiene un empleo —dije—. Yo tengo experiencia. He estado ayudándole a él a limpiar Main Street Elementary School.

—Tú estás muy pequeño, —dijo él, mirándome de arriba abajo y riéndose maliciosamente. Se volteó hacia Roberto y continuó: —Así que tienes experiencia en Main Street Elementary School...

—Soy conserje[8] de tiempo parcial ahí —dijo Roberto.

—¿Y los fines de semana? ¿Trabajas ahí los fines de semana?

—No, sólo de lunes a viernes.

—¿Qué te parecería trabajar para mí los fines de semana? Te pagaría un dólar y veinticinco centavos la hora.

—Bien —respondió Roberto inmediatamente.

—¿Y yo qué? —pregunté—. Yo puedo trabajar con él.

—Puedes ayudarle si quieres, pero a ti no puedo pagarte. Cuando vio nuestras expresiones de abatimiento[9], agregó rápidamente. —Muy bien, si él da buen resultado yo le pagaré. Pero sólo si da buen resultado.

—No hay duda. Lo logré —dije lleno de confianza.

Durante las siguientes cuatro semanas, Roberto y yo trabajamos con Mike Nevel, limpiando oficinas y lavando ventanas. El primer día, Mike trabajó muy de cerca con nosotros, mostrándonos qué cosa íbamos a limpiar y observando cómo trabajábamos. Eventualmente, Mike Nevel dejó que Roberto y yo hiciéramos el trabajo sin su ayuda.

7 to hire **8** janitor **9** discouragement

Cada sábado y domingo, mi hermano y yo íbamos en carro a la casa de Mike Nevel en West Donovan para recoger las llaves de la camioneta.

Un sábado por la noche, cuando llegamos a devolver[10] la camioneta, Mike Nevel nos invitó a entrar a su casa. Nos presentó a su esposa. Roberto y yo nos sentamos en un sofá grande frente a Mike, quien se sentó en una silla reclinable[11].

—¿Cómo van las cosas? —preguntó Mike.

—Bien —respondimos nosotros al mismo tiempo. Roberto se metió la mano en la bolsa y sacó un aro[12] lleno de llaves y se las entregó a Mike.

—No, guárdetelas tú —dijo Mike—. Tengo un juego extra. Roberto y yo nos miramos mutuamente y sonreíamos. Mike me dijo: —Me estoy poniendo demasiado viejo y estoy cansado de trabajar por las noches durante la semana. ¿Qué tal te parecería sustituirme?

—¡Seguro que sí! —respondí emocionado.

—Limpiarás unos cuantos de los lugares que tú y Roberto han estado limpiando los fines de semana.

Roberto y yo le dimos las gracias y regresamos a casa emocionados. "Papá va a estar orgulloso de nosotros", pensé.

10 return 11 recliner 12 key ring

Comprensión

B **¿Antes o después?** Pon las siguientes oraciones en orden cronológico.

- **a.** Roberto y Francisco empezaron a trabajar con Mike Nevel.
- **b.** Mike Nevel contrató a Roberto y a Francisco para ayudarle.
- **c.** Roberto le preguntó al señor de la camioneta si necesitaba un ayudante.
- **d.** Mike Nevel le preguntó a Francisco si quería sustituirlo.
- **e.** Francisco vio a su hermano en el estacionamiento.
- **f.** Mike Nevel invitó a Roberto y a Francisco a entrar en su casa.

C **Los sucesos son claros** Contesta las preguntas.

1. ¿Dónde trabajan Francisco y Roberto?
2. ¿A quién conocieron Francisco y Roberto en el estacionamiento?
3. ¿Quién está buscando trabajo en la familia Jiménez?
4. ¿Qué tipo de empleado está buscando Mike Nevel?
5. ¿Por qué dice Mike Nevel que no le va a pagar a Francisco?
6. ¿Cómo reaccionó Francisco cuando Mike Nevel le preguntó si quería sustituirlo?

Después de leer

D Al leer esta historia, ¿qué aprendiste sobre la vida de Francisco? ¿Cómo era su vida? ¿Por qué tuvo que trabajar de niño? ¿Por qué crees que el autor decidió contar la historia de su familia? ¿Crees que hay otras familias que hayan tenido la misma experiencia en Estados Unidos?

Taller del escritor

ESTRATEGIA

para escribir A good way to bring your stories to life is by using dialogue. Natural-sounding dialogues make the characters you create seem more realistic to the reader. Dialogues can be used in a real-life story and tell what actual people said, or they can be used in fiction to help develop a character.

Personajes con vida propia

Los personajes *(characters)* en un cuento como *Senderos fronterizos* se desarrollan a través del diálogo. Imagina que tú y tu mejor amigo acaban de conocerse por primera vez. Escribe un diálogo entre ustedes dos de por lo menos diez líneas. Usa el diálogo que escribiste para darle al lector una idea de cómo son.

1 Antes de escribir

Piensa en los personajes que quieres incluir en tu diálogo. ¿Cómo son? Haz una lista de características para cada personaje y después piensa en lo que podrían decir para que el lector sepa cómo son. Por ejemplo, si un personaje es terco y el otro es creído, eso se puede reflejar en su conversación.

2 Escribir un borrador

Ahora que tienes definidos los personajes y lo que podrían decir para expresar sus características, puedes empezar con tu borrador. Usa la lista que hiciste como guía mientras escribes.

3 Revisar

Revisa tu borrador y corrige los errores de gramática y ortografía, si los hay. Lee tu borrador para verificar que lo que los personajes dicen refleje cómo son. Si no se reflejan las personalidades en el diálogo, decide qué cambios hacer para que los personajes sean más vivos.

4 Publicar

Intercambia tu diálogo con un(a) compañero(a). Lee el diálogo de tu compañero(a) y escribe una lista de las características de los personajes. Tu compañero(a) hará lo mismo y te entregará su lista. Compara esta lista con la que hiciste antes de escribir tu diálogo para ver si tu compañero(a) identificó las mismas características.

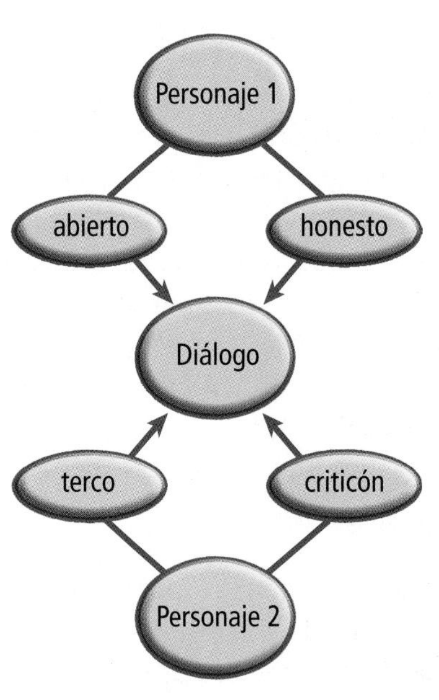

Preparate para el examen

Repaso capítulo 8

Interactive TUTOR

1 Vocabulario 1
- saying what you can and cannot do
- talking about what you do and do not understand

pp. 320–325

2 Gramática 1
- verbs with indirect object pronouns
- verbs that express "to become"
- uses of **se**

pp. 326–331

3 Vocabulario 2
- writing a formal letter
- talking about your plans

pp. 334–339

1 El jefe le pide varias cosas a su auxiliar. Escucha los comentarios y escoge la foto que corresponde a lo que debe usar el auxiliar para cumplir cada tarea.

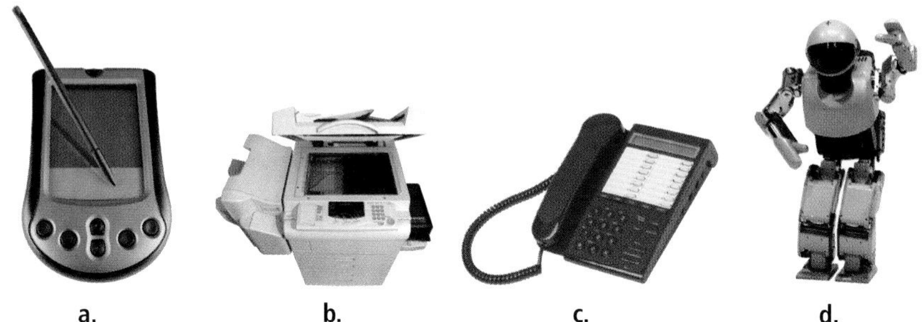

a. b. c. d.

2 Completa el párrafo con la palabra correcta en paréntesis.

Ana quería cambiar de trabajo. Era una mujer muy competente, pero __1__ (le/se) resultaba difícil trabajar en una oficina con tantos adelantos tecnológicos. __2__ (Le/Se) era fácil crear diseños para los anuncios, pero no entendía cómo implementar estos diseños en la computadora. Trató de hacerlo mil veces y cada vez que __3__ (le/se) salía mal, __4__ (le/se) frustraba más. Así que decidió que __5__ (le/se) haría pintora. Después de varios años, llegó a ser famosa. Era su propia jefa, y __6__ (le/se) levantaba cada día a la hora que quería. Estaba feliz.

3 Varias personas están comentando sobre sus trabajos. Completa las oraciones con la palabra correcta del cuadro.

solicitud	beneficios	medio	puesto	donar	superviso

1. Estoy buscando empleo a ___ tiempo porque tomo clases por las mañanas.
2. Prefiero un ___ en una oficina grande.
3. Trabajo como voluntario porque me gusta ___ tiempo a los niños enfermos.
4. En mi empresa tengo ___ como seguro médico y vacaciones.
5. Soy el jefe y ___ a los empleados.
6. No tengo trabajo, pero voy a mandar unas cartas de ___.

4 Completa el párrafo con las formas correctas de los verbos.

Yo les pedí a mis papás que me ___1___ (pagar) un curso de francés. Pero mis papás querían que ___2___ (estudiar) español. Si pudiera, ___3___ (aprender) los dos idiomas. Pero mis profesores me sugirieron que me ___4___ (enfocar) en el español ahora. ___5___ (Ir) a España si ___6___ (tener) el dinero, porque así podría trabajar en una empresa donde se hablara solamente español. Pero por ahora, buscaré trabajo aquí.

5 Contesta las preguntas.

1. ¿Cómo se llama el título que se recibe en Latinoamérica cuando uno se gradúa de la universidad?
2. ¿Cómo es el horario de trabajo en Latinoamérica y en España?
3. ¿Qué efecto tiene el bajo precio de acceso a Internet en Perú?
4. ¿Por qué están desapareciendo las tradiciones de la siesta y el puente festivo?

6 Escucha la entrevista con Rosalía Bogantes. Basándote en la conversación, escribe en cinco oraciones lo que le gustaría hacer en la empresa y las ventajas que tiene.

7 Basándote en los dibujos, describe lo que pasa.

a.

b.

c.

d.

Visit Holt Online
go.hrw.com
KEYWORD: EXP3 CH8
Chapter Self-test

4 Gramática 2
- conditional
- past subjunctive with hypothetical statements
- more past subjunctive

pp. 340–345

5 Cultura
- Comparaciones **pp. 332–333**
- Lectura cultural **pp. 348–349**
- Notas culturales **pp. 329, 336, 341**

Gramática 1

- verbs with indirect object pronouns **pp. 326–327**
- verbs that express "to become" **pp. 328–329**
- uses of **se** **pp. 330–331**

Repaso de Gramática 1

An indirect object pronoun is used with some verbs to indicate *to whom* or *for whom* an action occurs.

¿**Te** **resulta** difícil usar esta agenda?

A Toni **le** **cuesta** trabajo entender el problema.

The verbs **hacerse, volverse, ponerse, convertirse en, quedarse,** and **llegar a ser** can be used to express a change in state *(to get, to become)*. See page 328 for rules on when to use which verb.

A form of the pronoun se is used:

- with verbs that are used reflexively: **Se** lavó los dientes.
- to indicate unintentional events: ¿**Se** te perdió el libro?
- to replace **le** or **les** when they appear together with the direct object **lo, los, la,** and **las: Se** lo presté ayer.
- in impersonal sentences: **Se** dice que hubo un robo.
- to express the passive voice: **Se** hizo tarde.
- with certain "process" verbs: **Se** mudó a la ciudad.
- with verbs that express "to become": **Se** hizo abogado.

Gramática 2

- conditional **pp. 340–341**
- past subjunctive with hypothetical statements **pp. 342–343**
- more past subjunctive **pp. 344–345**

Repaso de Gramática 2

The conditional is used to tell what *would happen* or what someone *would do*. It is also used to express what someone *would* or *would not like*, or the probability that something happened in the past.

Pablo **trabajaría** en un colegio.

Me **gustaría** ir de viaje.

Serían las ocho cuando llamó mi mamá.

The conditional endings, which are added to the infinitive, are: **-ía, -ías, -ía, -íamos, -íais, -ían.**

The past subjunctive is used after **si** *(if)* in hypothetical sentences that are contrary to fact or unlikely to happen. The conditional is used in the other clause.

Si **fuera** rico, **compraría** un carro.

The past subjunctive endings, added to the third person plural form of the preterite after removing the **-on,** are: **-a, -as, -a, -amos, -ais, -an.**

When the verb in the main clause of a sentence that requires the subjunctive is in a **past tense**, the past subjunctive is used in the subordinate clause.

Yo **temía** que él **se enojara.**

Repaso de Vocabulario 1

Saying what you can and cannot do

a la vez	*at the same time*
los adelantos	*advances*
la agenda electrónica	*electronic planner*
el (la) auxiliar administrativo(a)/ médico(a)/de laboratorio	*administrative/ medical/laboratory assistant*
cambiar	*to change*
competente	*competent*
el contestador automático	*answering machine*
decidirse a + *infinitive*	*to decide to*
la desventaja	*disadvantage*
empeorar	*to become worse*
enseguida	*right away*
en un santiamén	*instantly*
Eso me resulta fácil/bastante difícil.	*That's easy/pretty difficult for me.*
Está fuera de/a mi alcance.	*It's outside/within my reach.*
facilitar	*to facilitate*
la fotocopiadora	*photocopier*
el hombre/la mujer de negocios	*businessman/businesswoman*
hoy (en) día	*these days*
inmediatamente	*immediately*
Lo puedo hacer.	*I can do it.*
Me cuesta trabajo (hacer)...	*It takes a lot of work for me (to do) . . .*
mejorar	*to improve*
No me es nada difícil.	*It's not hard for me at all.*
el robot	*robot*
sembrar	*to plant*
Soy capaz de (hacer)...	*I am capable of (doing) . . .*
tratar de + *infinitive*	*to try to*
el talento	*talent*
la tecnología	*technology*
utilizar	*to utilize*
la ventaja	*advantage*
la vida diaria	*daily life*
el (la) voluntario(a)	*volunteer*

Talking about what you do and do not understand

Está más claro ahora.	*It's clearer now.*
¡Ya caigo!	*I get it!*
Hay algo que se me escapa.	*There's something I can't quite grasp.*
No logro entender...	*I can't seem to understand . . .*
No me cabe en la cabeza.	*I can't understand it.*
¡Vaya! Por fin capto la idea.	*Aha! I finally get the idea.*

Repaso de Vocabulario 2

Writing a formal letter

actualizar	*to update*
el ambiente de trabajo	*work environment*
los beneficios	*benefits*
la carrera	*career*
los compañeros de trabajo	*colleagues*
conseguir	*to obtain*
el currículum (vitae)	*resume*
dirigir	*to direct*
donar tiempo a una causa	*to donate time to a cause*
el (la) empleado(a)	*employee*
el empleo a tiempo completo/medio tiempo	*full-time/part-time job*
la empresa	*company*
la entrevista	*interview*
Muy estimado(a) Sr./Sra./Srta.:	*Dear Sir/Madam/Miss:*
el (la) gerente	*manager*
el horario	*schedule*
el jefe, la jefa	*boss*
Le/Les adjunto un(a)...	*I'm enclosing a . . .*
Muy atentamente,	*Most sincerely,*
Por medio de la presente...	*The purpose of this letter is . . .*
el puesto (de trabajo)	*position (for work)*
Reciba un cordial saludo,	*Kind regards,*
requerir	*to require*
los requisitos	*requirements*
el salario	*salary*
el seguro (médico)	*(medical) insurance*
solicitar	*to apply, to ask for*
la solicitud	*application*
supervisar	*to supervise*

Talking about your plans

Me gustaría ser un(a)...	*I would like to be a . . .*
Me interesaría estudiar para ser un(a)...	*I would be interested in studying to be a . . .*
¿Qué te gustaría hacer?	*What would you like to do?*
Si pudiera, iría a... a estudiar....	*If I could, I would go to . . . to study . . .*
Si tuvieras la oportunidad, ¿adónde irías?	*If you had the chance, where would you go?*
Siempre he querido ser un(a)...	*I have always wanted to be a . . .*

Integración

capítulos 1–8

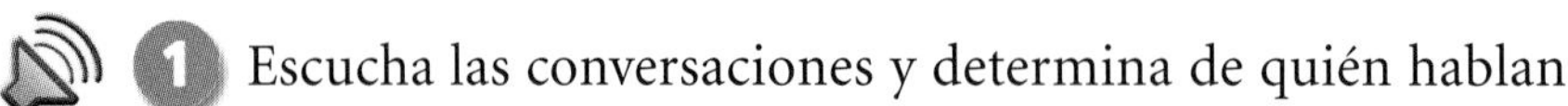

1 Escucha las conversaciones y determina de quién hablan.

A

B

C

D

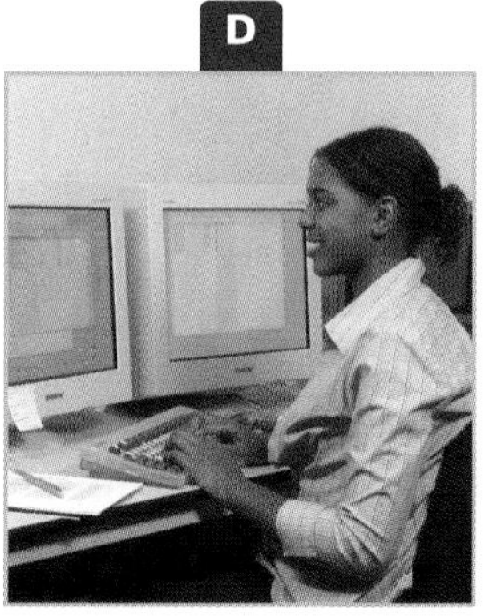

2 Mónica Corrales le mandó una carta de solicitud a un colegio y recibió esta respuesta. Lee la respuesta y contesta las preguntas.

COLEGIO CENTRAL

Estimada Srta. Corrales:

Muchas gracias por su carta de solicitud. Desafortunadamente, Ud. no cumple con los requisitos para el puesto de directora del departamento de español. Buscamos a alguien con por lo menos cinco años de experiencia y que además haya vivido en un país hispanohablante.

De todos modos, nos gustaría invitarla a una entrevista para hablar del puesto de auxiliar de dirección. El puesto es a medio tiempo y consiste en dar clases de conversación a los estudiantes dos veces a la semana. Además, tendría la oportunidad de dirigir el programa de intercambio que tenemos en Ecuador.

Es evidente que Ud. conoce muy bien el idioma y me parece que sería una auxiliar excelente.

Reciba un cordial saludo de,
Manolo Pérez
Director

1. ¿Cuál es el puesto que solicitó Mónica?
2. ¿Cuáles son los requisitos del puesto? ¿Cumple Mónica con los requisitos?
3. ¿Al director le interesa hablar con Mónica?
4. ¿Cuál es el puesto que el director le menciona a Mónica?
5. ¿Crees que el director le daría este puesto a Mónica si a ella le interesara? ¿Por qué?

Visit Holt Online
go.hrw.com
KEYWORD: EXP3 CH8
Cumulative Self-test

3 En grupos de cuatro, hablen de su futuro. ¿Qué carrera les interesaría? ¿Dónde les gustaría vivir? ¿Cómo sería su familia? ¿Qué pasatiempos tendrían? Si pudieran vivir en otro país, ¿dónde vivirían? Luego, cada estudiante explicará a la clase los sueños de un miembro del grupo.

4 Observa la pintura llamada "A woman at a fruit stall, Mollendo, Peru" de A.S. Forrest y escribe por lo menos ocho oraciones que describan lo que ves. En tus oraciones debes contestar las siguientes preguntas: ¿Cómo es la vida diaria de esta persona? ¿Afecta la tecnología su vida? Si pudieras hablar con ella, ¿qué le preguntarías?

A woman at a fruit stall, Mollendo, Peru **de A. S. Forrest**

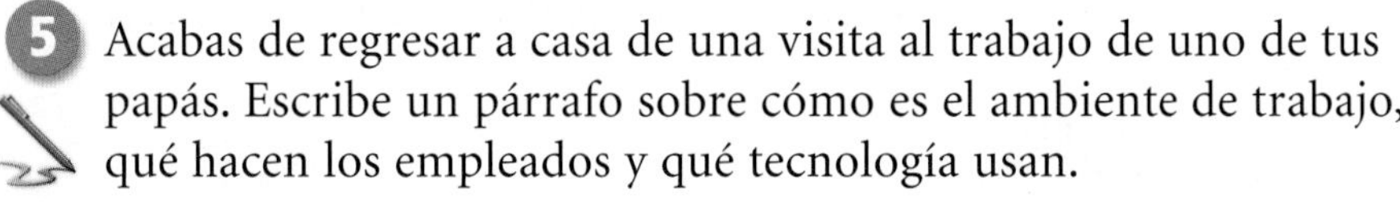

5 Acabas de regresar a casa de una visita al trabajo de uno de tus papás. Escribe un párrafo sobre cómo es el ambiente de trabajo, qué hacen los empleados y qué tecnología usan.

6

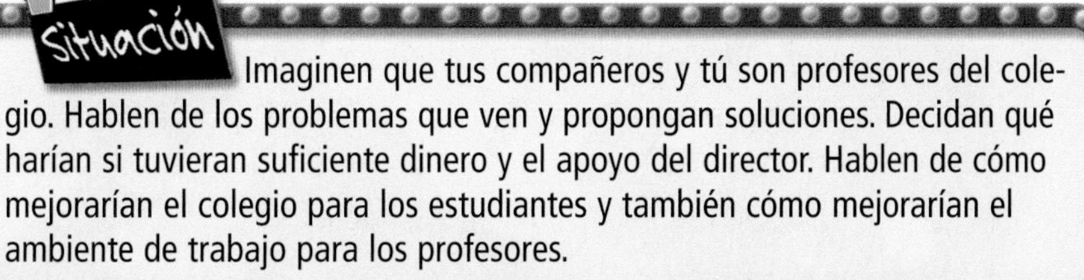

Situación Imaginen que tus compañeros y tú son profesores del colegio. Hablen de los problemas que ven y propongan soluciones. Decidan qué harían si tuvieran suficiente dinero y el apoyo del director. Hablen de cómo mejorarían el colegio para los estudiantes y también cómo mejorarían el ambiente de trabajo para los profesores.

▲ **El desierto de Atacama,** en el norte de Chile, es conocido como uno de los lugares más secos del mundo. Hay partes en las que nunca ha llovido. Artefactos arqueológicos, preservados por el clima árido, prueban que el desierto sostuvo varias civilizaciones durante miles de años. Actualmente es poblado por los trabajadores de las minas de plata, oro, hierro y cobre. ❸

Geocultura
El Cono Sur

► **Con cerca de 6.000 kilómetros de costa,** ningún lugar de Chile está lejos del mar. Gracias a las muchas especies de peces en la costa y a los criadores de salmón, Chile es uno de los mayores exportadores de pescado en el mundo. Valparaíso es uno de los mayores puertos de Chile. ❷

Almanaque

Países, poblaciones y capitales del Cono Sur
- Chile, 15.116.435 (Santiago)
- Argentina, 36.223.947 (Buenos Aires)
- Uruguay, 3.163.763 (Montevideo)
- Paraguay, 5.206.201 (Asunción)

Idioma principal
- español

Industrias importantes
- agricultura, ganadería, pesca, minería

¿Sabías que...?

Chile es tan largo de norte a sur que si fuera parte de Norteamérica, se extendería desde el sur de Alaska hasta el sur de México.

▼ **Músicos de la tuna universitaria de la Universidad de Concepción,** en Concepción, Chile, cantan y tocan la pandera, la guitarra y el laúd durante uno de sus viajes por su país. La tradición de tunas universitarias remonta hasta el siglo XIII. ❶

▲ La mayoría de **la población del Cono Sur** se halla en las grandes ciudades. En Buenos Aires, la capital de Argentina, reside más del 30% de la población del país. Con avenidas anchas, monumentos históricos, museos y parques, Buenos Aires es una ciudad moderna y cosmopolita.

► Los científicos argentinos **Bernardo Alberto Houssay** y **Luis Federico Leloir** recibieron un premio Nobel. Houssay ganó el premio de Fisiología y Medicina en 1947. Leloir en 1970 fue el ganador del premio Nobel de Química.

► **Montevideo,** la capital de Uruguay, está ubicado en la embocadura del Río de la Plata. El viaje en barca de Buenos Aires a Montevideo tarda cerca de tres horas.

▼ **El Gran Chaco** es una gran llanura que cubre el 60% de Paraguay, partes del norte de Argentina y áreas de Brasil y Bolivia. Los veranos son muy calientes pero después de las lluvias las llanuras se convierten en un paraíso para los pájaros. 4

▼ **El cerro Aconcagua,** en la cordillera de los Andes en Argentina, es la montaña más alta de las Américas. Mide 6.960 metros y constituye un desafío aún para los alpinistas más expertos. 5

La historia del Cono Sur

1450 | 1500 | 1800 | 1850

Siglo XV

Los araucanos, o mapuches, organizados en clanes familiares descentralizados, poblaron gran parte de Chile antes de la llegada de los incas y, más tarde, los españoles. Pararon la conquista de los incas y resistieron la dominación hispánica hasta 1883. **¿Cómo crees que la organización descentralizada ayudó resistir la colonización?**

1541

En 1541 el conquistador **Pedro de Valdivia** fundó la ciudad de Santiago. Doce años después Valdivia cayó muerto en la guerra contra los araucanos. Chile, por su falta de grandes vetas de oro o plata, fue de poco interés para el gobierno español. **¿Crees que era una ventaja o una desventaja al desarrollo de Chile, el no tener riquezas de oro o plata? ¿Por qué?**

1813–1818

Chile ya había declarado su independencia, cuando en 1813 el virrey de Perú invadió a Chile para recuperar la colonia para España. En 1814, el líder revolucionario de Chile, **Bernardo O'Higgins,** huyó a Argentina para juntarse con **José de San Martín,** hoy conocido como el libertador de Chile, Argentina y Perú. O'Higgins y San Martín cruzaron los Andes a Chile en 1817 y ayudaron a lograr la independencia de Chile en 1818. **¿O'Higgins y San Martín se parecen a algunos líderes de la historia estadounidense?**

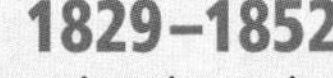

1829–1852

En Argentina la lucha por el poder en las provincias dominó la política durante el siglo XIX. Los caudillos, poderosos terratenientes, controlaban regiones enteras llamadas republiquetas. En 1829 el **caudillo** más famoso, **Juan Manuel de Rosas,** fue elegido gobernador de Buenos Aires y en 1835 logró el control del resto del país. La dictadura de Rosas duró hasta 1852. **¿Por qué crees que tenían los caudillos tanto poder?**

¿Sabías que...?

El Cono Sur, especialmente sus capitales cosmopolitas, se considera la parte más europea de Sudamérica debido a la extensa inmigración de italianos, españoles, alemanes y otros europeos durante los siglos XIX y XX.

Visit Holt Online
go.hrw.com
KEYWORD: EXP3 CH9
Photo Tour

1900 | 1950 | 2000

1946–1974

En Argentina **Juan Perón** triunfó en las elecciones presidenciales de 1946, 1951 y 1973. Su doctrina del «Justicialismo» concedió beneficios sociales a la clase obrera y marcó el curso de la industrialización argentina. Perón se casó con Eva Duarte, conocida como **Evita,** una actriz, quien se hizo famosa por ser la voz del público en muchos asuntos sociales. **Investiga qué es lo que hizo Evita por el pueblo argentino.**

1982

En 1982, el dictador argentino Leopoldo Galtieri montó una campaña para apoderarse de las **Islas Malvinas,** que habían pertenecido a Gran Bretaña desde 1833. **La guerra entre Argentina y Gran Bretaña** sólo duró 74 días y ocasionó el fin del gobierno militar en Argentina. Argentina volvió a celebrar elecciones democráticas en 1983. **Investiga a qué país pertenecen hoy las Islas Malvinas.**

1973–1985

En Uruguay, después de años de prosperidad gracias a la exportación de lana y carne, **una crisis económica** causó que un gobierno militar asumiera el poder en 1973. En 1985 un gobierno civil regresó. **Investiga qué otros países del mundo hispano tuvieron una dictadura militar en el siglo XX.**

1973–1990

En 1973 las fuerzas militares chilenas atacaron el Palacio de la Moneda en Santiago para derrocar al presidente **Salvador Allende.** Allende murió en el asalto y el **General Augusto Pinochet** tomó el poder. Su dictadura duró hasta 1990, cuando cedió la presidencia. **Investiga quién es el presidente de Chile hoy.**

El arte del Cono Sur

ÉPOCA PRECOLOMBINA | 1500 | 1800 | 1850

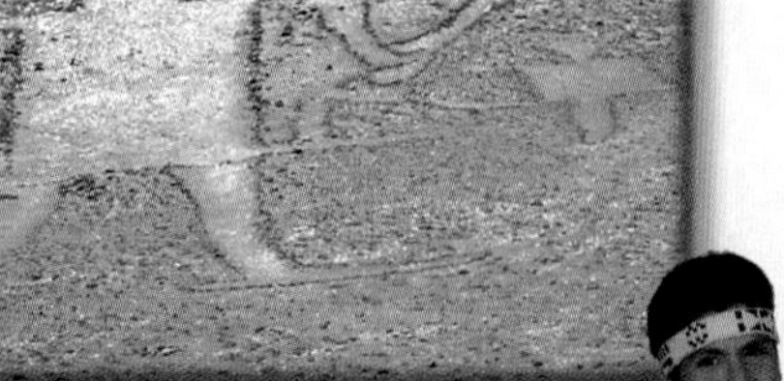

1000–1400

Los geoglifos del Cerro Unitas, al norte de la ciudad de Iquique, Chile, son un conjunto de 21 figuras hechas mediante la acumulación de piedras y el raspado del terreno. *El Gigante de Atacama* mide 86 metros de altura y fue elaborado entre los años 1000 y 1400 d.C. **¿Cómo fueron creados los geoglifos del Cerro Unitas?**

1858

La Catedral Basílica de Salta, Argentina, se construyó en 1858. La fachada es de estilo italiano clásico con columnas y arcos. **Busca la ciudad de Salta en un mapa de Argentina.**

Siglo XVI–presente

Apropiándose de las técnicas traídas por los españoles, **la cultura mapuche** comenzó a desarrollar su fina artesanía de plata en el siglo XVI. Los mapuches continúan elaborando y luciendo orgullosamente sus joyas. **¿Has visto joyas indígenas donde vives tú? ¿De qué material son?**

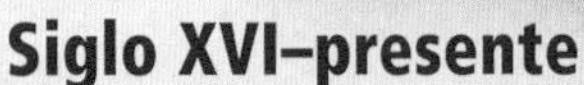

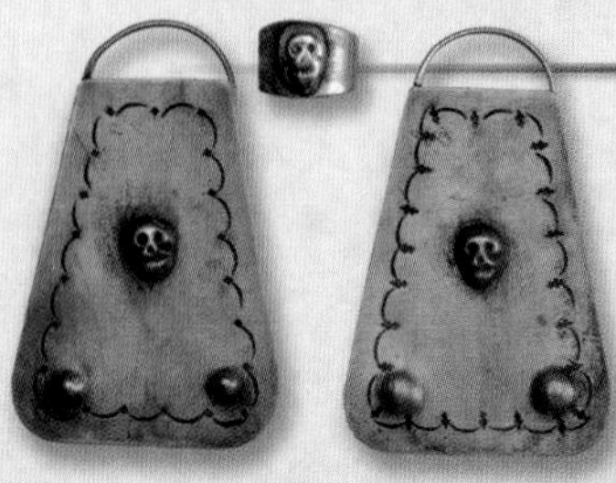

1865

Uno de los primeros artistas de Argentina fue el soldado **Cándido López** (1840–1902), quien participó en la guerra de Paraguay (1864–1870). A pesar de perder su brazo derecho en la guerra, López aprendió a pintar con su brazo izquierdo y dejó una representación visual de más de 50 óleos de escenas de guerra. **¿Por qué crees que López pintó imágenes de la guerra?**

¿Sabías que...?

Pedro Lira organizó clases especiales de anatomía para que los artistas entendieran mejor el cuerpo humano.

Visit Holt Online
go.hrw.com
KEYWORD: EXP3 CH9
Photo Tour

1900 | 1950 | 2000

1902

Pedro Lira (1845–1912) es considerado el primer gran maestro del arte chileno. Se dedicó exclusivamente al arte, organizando exposiciones y fundando la Unión Artística en 1884. Su cuadro *El niño enfermo* (1902) pertenece a la etapa naturalista del pintor. **¿Por qué crees que el estilo de este cuadro se llama «naturalismo»?**

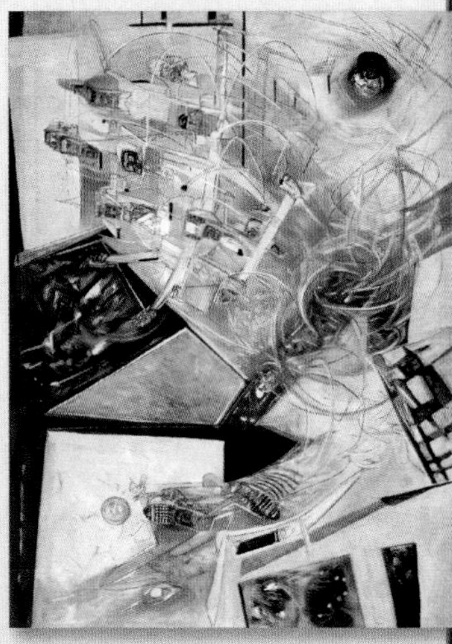

Siglo XX

Uno de los artistas predominantes del movimiento surrealista, **Roberto Matta** (1911–2002), contribuyó mucho al desarrollo del arte universal contemporáneo. **Investiga de qué país es Matta.**

1995

Carlos Federico Reyes, (nacido en 1909) artista paraguayo, recrea en sus retratos de estilo naïf escenas de su niñez en las campiñas de Bejarano, Asunción. Un ejemplo es *La Primera Comunión.* **¿Qué crees que significa «estilo naïf»?**

1968

El pintor chileno **Mario Toral** (1934–) es conocido por su estilo abstracto. Su obra *Torre de Babel II* (1968) muestra formas abstractas y colores vivos. Se encuentra en el Museo Nacional de Bellas Artes de Santiago, Chile. **En tu opinión, ¿qué significa «abstracto» en la pintura?**

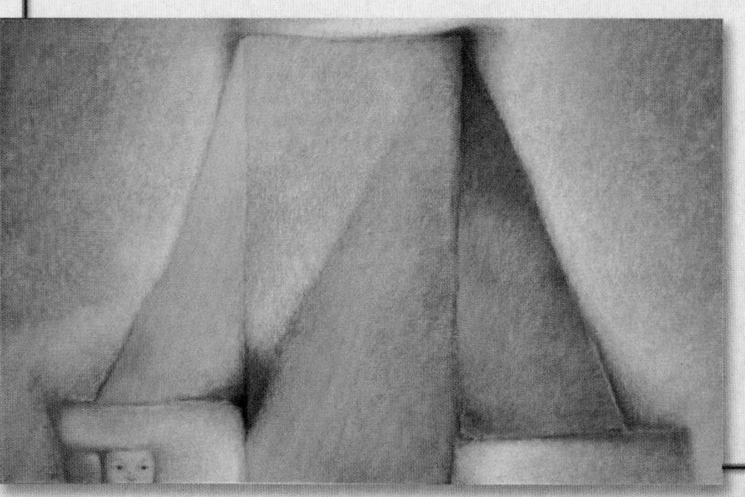

Capítulo 9

Huellas del pasado

OBJETIVOS

In this chapter you will learn to

- set the scene for a story
- continue and end a story
- talk about your hopes and wishes
- express regret and gratitude

And you will use

- preterite and imperfect
- **por** and **para**
- subjunctive
- sequence of tenses

¿Qué ves en la foto?

- **¿Quiénes son estas personas?**
- **¿Qué tipo de ropa usan?**
- **¿Qué crees que hacen?**

Fiesta de la Chilenidad, Parque Intercomunal, Santiago, Chile

Objetivos
Setting the scene for a story, continuing and ending a story

Vocabulario en acción 1

Las leyendas

Las civilizaciones del presente y del pasado tienen sus **leyendas** y **mitos** para contar sus historias o para explicar algún fenómeno. En Latinoamérica hay tradiciones de las culturas indígenas, africanas y europeas. Aquí en Chile hay tradiciones y leyendas de los mapuches, también conocidos como los araucanos, y de la cultura europea, sobre todo la española.

Los aztecas en México, los incas en los Andes y los mapuches en Chile tenían **dioses** y **diosas.** Estas civilizaciones construyeron **templos** dedicados a sus dioses. **Aunque** estas civilizaciones **han desaparecido,** sus construcciones y mitos todavía existen.

Más vocabulario...

ahora bien	*well, nevertheless*
castigar	*to punish*
el castigo	*punishment*
la creación	*creation*
traicionar	*to betray*
el (la) traidor(a)	*traitor*

Visit Holt Online
go.hrw.com
KEYWORD: EXP3 CH9
Vocabulario 1 Practice

Vocabulario 1

Los cuentos de hadas vienen de Europa y en ellos los personajes a menudo **se enamoran**. En general, estos cuentos ocurren en lugares **encantados.** Muchas veces hay un personaje **desconocido** y **misterioso** o **un fantasma.**

Los hechos de los mitos pueden ser muy variados, al igual que sus personajes. En muchos mitos hay **un sabio** que aconseja a los demás, o **un hechicero** con **poderes mágicos.**

En muchas leyendas, **el rey** vive en **un palacio** que comparte con su esposa, **la reina,** y sus hijos, **el príncipe** y **la princesa.**

También se puede decir...

Some Spanish speakers use **el acontecimiento** or **el suceso** instead of **el hecho.**

¡Exprésate!

To set the scene for a story

Interactive TUTOR

Érase una vez, en un lugar muy lejano... *Once upon a time, in a faraway place, there was . . .*	**Hace muchos años,...** *Many years ago, . . .*
Según nos dicen, el malvado... *From what we've been told, the villain . . .*	**Se cuenta que de pronto...** *The story goes that all of a sudden . . .*

Online
Vocabulario y gramática, pp. 97–99

1 ¿Quién es?

Escuchemos Escucha las descripciones de los personajes y determina de quién están hablando.

1. **a.** el dios **b.** el príncipe
2. **a.** el sabio **b.** la reina
3. **a.** el traidor **b.** el hechicero
4. **a.** el rey **b.** el traidor
5. **a.** el fantasma **b.** la reina
6. **a.** el dios **b.** el malvado

Antes de la llegada de los europeos, existían en Argentina dos grupos principales de indígenas. En la parte noroeste, cerca de Bolivia y los Andes, vivían los diaguitas, y al sureste vivían los guaraníes. Los dos grupos desarrollaron el cultivo del maíz y se les recuerda porque tuvieron éxito en evitar la expansión del imperio inca en el resto de Argentina.

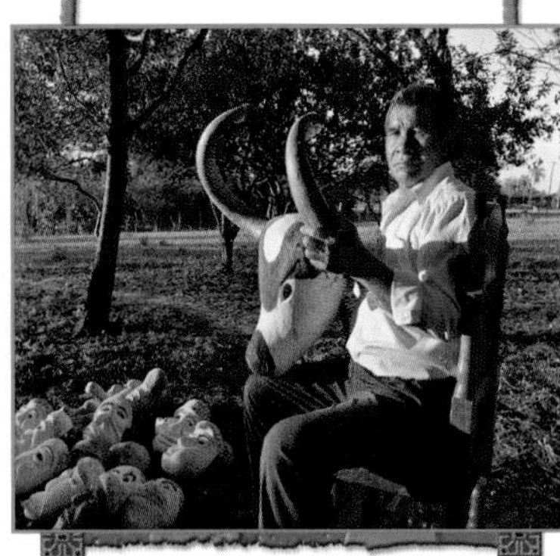

2 El príncipe y la reina

Leamos/Escribamos Completa el párrafo con las palabras del cuadro.

príncipe	desapareció	poderes	aunque
desconocido	se enamorara	castigo	ahora bien
malvado	palacio		

Hace muchos años vivía una reina en un enorme __1__. Ella les había dicho a sus hijos que no quería que nadie entrara. Pero el __2__ desobedeció a su madre e invitó a un hombre __3__ al palacio. Lo dejó entrar porque este hombre, a quien nadie había visto nunca, le dijo que usaría sus __4__ mágicos para que la mujer más bonita del mundo __5__ de él. Pero realmente era un __6__ que quería apoderarse del palacio. Entró y de pronto __7__. ¡El príncipe no sabía dónde estaba! __8__, como la reina era muy inteligente, se dio cuenta de lo que estaba pasando y atrapó al malvado. __9__ no quiso castigar a su hijo, al malvado le dio un duro __10__. Según nos dicen, lo convirtió en una serpiente.

3 Mi cuento de hadas

Escribamos Completa las oraciones para crear tu propio cuento de hadas.

1. Érase una vez, en un lugar muy lejano...
2. Se cuenta que el príncipe se enamoró de...
3. De pronto un hechicero convirtió a la mujer en...
4. El sabio tenía una varita mágica *(magic wand)* que...
5. El príncipe castigó a...
6. Según la leyenda, el príncipe llegó a ser...
7. Ahora bien, la mujer...
8. Según nos dicen, al final...

4 Leyendas de Argentina y Chile

Leamos/Escribamos Lee los resúmenes de las leyendas y contesta las preguntas.

Según una leyenda chilena, los mapuches creían que sus antepasados vivían en el cielo. Cada estrella era uno de sus abuelos. Éstos vivían protegidos por los dioses el Sol y la Luna. Los llamaban Padre y Madre.

En un mito argentino, se cuenta que hubo un tiempo en que las hojas de los árboles eran siempre verdes. Pero Kamshout encontró un bosque mágico donde las hojas cambiaban de color en el otoño. Como nadie creyó su historia, él se convirtió en loro y volvió a su tierra para teñir las hojas. Desde entonces las hojas cambian de color cada otoño.

Los selknam de la Tierra del Fuego estaban divididos en varios grupos. El hijo del jefe de un grupo se enamoró de una joven de ojos negros, pero el papá de ella era enemigo del jefe. Según nos dicen, un hechicero los descubrió y para castigarlos convirtió a la joven en una planta peligrosa para que el joven no pudiera tocarla.

1. ¿Quiénes eran los dioses de los mapuches?
2. ¿De dónde viene el mito sobre Kamshout?
3. ¿Por qué era mágico el bosque que descubrió Kamshout?
4. ¿De quién se enamoró el joven selknam?
5. ¿Cuál fue el castigo de los jóvenes enamorados?
6. ¿Quién castigó a la joven?

Comunicación

5 Mis leyendas favoritas

Hablemos En parejas, túrnense para resumir una leyenda o un cuento de hadas conocido, para ver si su compañero(a) puede adivinar cuál es. Cada persona debe resumir dos leyendas o cuentos.

MODELO **—Érase una vez una princesa hermosa que...**

La mujer con poderes mágicos

DON PABLO ¿Quieren escuchar una leyenda de mi pueblo?

TODOS ¡Sí!

DON PABLO Se cuenta que esta leyenda está basada en hechos reales. ¡No se vayan a asustar!

FABIOLA ¡Cuéntenos!

DON PABLO Bueno, hace mucho tiempo, en mi pueblo, vivía una mujer con muchos poderes misteriosos para curar a la gente. Según nos dicen, era una mujer que parecía una diosa; no les miento, era como en un cuento de hadas. Bueno, hace muchos años vino esa mujer desconocida a mi pueblo. Y tan pronto como llegó, todos comenzaron a hablar mal de ella. Algunos dijeron que era una hechicera y que seguramente los castigaría con sus poderes. De hecho, resultó que era muy sabia y podía curar las enfermedades. Se cuenta que una vez salvó a un niño de la muerte. Pero con los cuentos de la gente chismosa, la mujer se ofendió y se fue. A partir de entonces, mucha gente del pueblo empezó a enfermarse. A causa de esto, muchos se asustaron y abandonaron el pueblo. Al final, los del pueblo se dieron cuenta de la importancia de tratar bien a la gente; porque si no, se puede recibir un castigo. Y ésa, muchachos, es la leyenda de mi pueblo.

¡Exprésate!

To continue and end a story

Interactive TUTOR

Hace tiempo, vino un desconocido... *Some time ago, a stranger came . . .*	**Al final, nos dimos cuenta de...** *In the end, we realized . . .*
Tan pronto como llegó... *As soon as he/she arrived . . .*	**A partir de entonces, vivieron siempre felices.** *From then on, they lived happily ever after.*
A causa de esto... *Because of this . . .*	

Online
Vocabulario y gramática, pp. 97–99

6 ¿Qué pasó primero?

Leamos Basándote en la leyenda de Don Pablo, pon los hechos en el orden correcto.

a. La mujer salvó a un niño de la muerte.

b. La gente empezó a enfermarse.

c. La mujer desconocida llegó al pueblo.

d. Todos se dieron cuenta de la importancia de tratar bien a la gente.

e. La gente comenzó a hablar mal de la mujer.

f. La mujer se fue del pueblo.

7 Haz el cuento

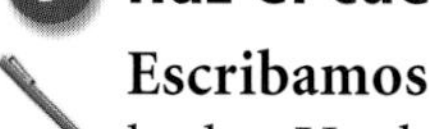

Escribamos Basándote en los dibujos, escribe un cuento de hadas. Usa las expresiones del cuadro.

Había una vez...	Se cuenta que...	Tan pronto como...
A causa de esto...	A partir de entonces...	Al final, nos dimos cuenta de...

Comunicación

8 Un cuento del grupo

Hablemos En grupos pequeños, inventen un cuento de hadas. La primera persona dice la primera oración y empieza la segunda. La segunda persona termina la oración y empieza otra. Sigan así hasta terminar el cuento. Usen las expresiones de **Exprésate.** Luego, un miembro del grupo tratará de resumir el cuento para la clase.

MODELO —**Érase una vez, en un lugar muy lejano, un rey que vivía en un enorme castillo. Según nos dicen...**

—**...el rey tenía dos hijos. El príncipe mayor...**

Objetivos
Review of preterite and imperfect, review of por and para

1. When telling a story, the **imperfect** is used to describe the setting or the background of the story.

   Una vez, **había** un rey con poderes mágicos.

   Se cuenta que **estaba** nublado aquel día.

2. The **preterite** is used to show that an event or situation in the story had a specific beginning or end.

   A causa de esto el rey **castigó** al malvado.

   A partir de entonces, nunca **volvió** al castillo.

3. The **preterite** and the **imperfect** often occur in the same sentence. The **imperfect** describes what was going on and the **preterite** indicates completed actions within that setting. The same occurs with the **past progressive (pasado progresivo)** and the **preterite.**

   Había mucha gente en el palacio cuando **habló** el rey.

   La reina **estaba** en el campo cuando el hechicero la **traicionó.**

   Estaba leyendo un cuento de hadas cuando **se fue** la luz.

Online
Vocabulario y gramática, pp. 100–102 | Actividades, pp. 81–83

9 Un pájaro misterioso

Leamos Completa las oraciones con las formas correctas de los verbos en paréntesis.

1. Hace mucho tiempo vivía un joven que (tuvo/tenía) poderes mágicos.
2. Un día el joven (estaba/estuvo) caminando por el bosque cuando (veía/vio) un pájaro.
3. El pájaro (era/fue) muy colorido y misterioso.
4. De pronto, el pájaro le (decía/dijo) al joven que una princesa se había perdido cerca del lago.
5. (Estaba/Estuvo) oscuro cuando el joven (llegó/llegaba) al lago.
6. El joven (se enamoraba/se enamoró) de la princesa enseguida.
7. Los enamorados (se casaron/se casaban) poco después.
8. A partir de entonces, (fueron/iban) todos los días al bosque a hablar con el pájaro.

El colibrí cometa es uno de los pájaros más pequeños de América del Sur. Vive en Chile, Argentina y Bolivia.

Visit Holt Online
go.hrw.com
KEYWORD: EXP3 CH9
Gramática 1 Practice

10 Iasá y Tupá

Leamos/Escribamos Completa el párrafo con el imperfecto o el pretérito de los verbos en paréntesis.

> Hace mucho tiempo __1__ (vivir) Iasá, una joven tan bonita que todos los que la __2__ (ver) __3__ (enamorarse) de ella. Pero Iasá solamente __4__ (amar) a Tupá, el hijo de un dios muy poderoso. Un día un malvado __5__ (decidir) hablar con la mamá de Iasá mientras ella __6__ (estar) en el campo. El malvado __7__ (convencer) a la mamá de que él debía casarse con su hija. Cuando Iasá __8__ (saber) la decisión de su mamá, ella __9__ (empezar) a llorar sin parar. A partir de entonces, no __10__ (querer) hablar con nadie.

11 La boda

Escribamos Combina los fragmentos para escribir una oración. Usa las formas correctas del pretérito y del imperfecto o del pasado progresivo. *¿Se te olvidó?* Past progressive, pp. 164–165

MODELO **el príncipe/tener veinte años/enamorarse de una princesa**
El príncipe tenía veinte años cuando se enamoró de una princesa.

1. el príncipe/ver a la princesa por primera vez/ella/estar bailando en una fiesta
2. los invitados/estar saliendo/el príncipe/hablar con ella
3. las estrellas/brillar en el cielo/el príncipe/pedir la mano de la princesa
4. el príncipe/esperar de rodillas/la princesa/dar su respuesta
5. el rey/estar en el palacio/la reina/darle la noticia
6. hacer buen tiempo/los enamorados/casarse

12 ¡Cuéntame!

Hablemos En grupos de cuatro, escriban un cuento de hadas moderno. Usen el imperfecto para describir la escena y el pretérito para narrar lo que pasó. Cada miembro del grupo debe contribuir con tres oraciones. Luego, lean el cuento a la clase.

Repaso Preterite and imperfect contrasted

The **preterite** and the **imperfect** are both used to talk about the past.

1 The **preterite** is used:

- to show that an event or situation had a clear beginning or end

  La niña **vio** un fantasma y **empezó** a llorar.

- to give special meanings to verbs like **saber** and **conocer** that usually refer to mental states without a particular beginning or end

  La reina **supo** la noticia ayer.

2 The **imperfect** is used:

- to describe habitual, ongoing past actions

  Los aztecas siempre **iban** al templo.

- to describe mental or physical states in the past without expressing their beginning or end

  La princesa **era** alta y morena.

- to indicate time or age in the past

  Eran las diez y media.

  El príncipe **tenía** ocho años.

Online
Vocabulario y gramática, pp. 100–102 | Actividades, pp. 81–83

¿Te acuerdas?

The verbs **saber, querer, conocer, tener, poder,** and **estar** all have special meanings in the **preterite.**

Nunca **supimos** lo que pasó.
We never found out what happened.

La princesa no **quiso** casarse con el malvado.
The princess refused to marry the villain.

13 La vida de la princesa

Leamos/Escribamos Completa las oraciones con las formas correctas de los verbos en paréntesis.

1. De niña, la princesa ____ (fue/era) muy tímida.
2. Cuando ella ____ (tuvo/tenía) cinco años, ____ (empezó/empezaba) a estudiar con el sabio.
3. Cuando la princesa ____ (conoció/conocía) al sabio, ella supo que él la ayudaría.
4. El sabio le ____ (enseñó/enseñaba) a ser valiente y la ____ (ayudó/ayudaba) a ser fuerte.
5. Un día ella quiso buscar al malvado y lo ____ (hizo/hacía) sin miedo.
6. ____ (Fueron/Eran) las diez de la noche cuando ella ____ (regresó/regresaba) al palacio.
7. Su mamá se ____ (puso/ponía) muy feliz cuando ella ____ (llegó/llegaba).
8. A partir de entonces la princesa siempre ____ (enfrentó/enfrentaba) sus retos.

14 Las pirámides

Leamos/Escribamos Completa el párrafo con la forma correcta del verbo en paréntesis.

Hace mucho tiempo __1__ (haber) varias civilizaciones indígenas en México. Todos los grupos __2__ (tener) varios dioses. Los miembros de uno de los grupos __3__ (decidir) crear un lugar especial en la ciudad de Teotihuacán para honrar a sus dioses. Así que les __4__ (construir) algunos templos. Este grupo __5__ (saber) mucho sobre la arquitectura y por eso __6__ (hacer) los templos dentro de unas pirámides muy fuertes.

15 El Sol y la Luna

Escuchemos Escucha el mito y contesta las preguntas.

1. ¿Cómo eran el Sol y la Luna? ¿Cómo era su relación?
2. ¿Qué pasó que hizo cambiar su amistad?
3. ¿De qué tenía miedo la Luna?
4. ¿Qué le pidió al Sol?
5. ¿Por qué no le servía el vestido?
6. ¿Qué decidió el Sol al final de la historia?

Durante los equinoccios, el reflejo del Sol en esta pirámide de Chichén-Itzá produce una sombra de serpiente en las escaleras.

Comunicación

16 ¿Qué hizo el hechicero?

Hablemos En parejas, hagan un cuento basándose en los dibujos. Usen el pretérito y el imperfecto.

a.

b.

c.

Repaso Por and para

1 **Por** can be used to express

- *through* or *by:* — El sabio pasó **por** el bosque.
- by, by means of: — Mandaron los libros **por** avión.
- a period of time: — La princesa durmió **por** cien años.
- a time of day: — El rey desapareció **por** la mañana.
- in exchange for: — Le pagó en oro **por** el secreto.
- *per*: — Tenemos que leer un cuento **por** día.
- the agent of action, *by*: — Fue construido **por** los aztecas.

2 **Para** can be used to express

- purpose or intention: — Vino **para** buscar al rey.
- a recipient: — El templo es **para** el dios del sol.
- destination: — Salieron **para** un lugar lejano.
- employment: — El malvado trabaja **para** el hechicero.
- a deadline: — La tarea es **para** mañana.
- an opinion: — **Para** mí, la leyenda es muy interesante.

Online
Vocabulario y gramática, pp. 100–102 | Actividades, pp. 81–83

¿Te acuerdas?

Por is also used in idiomatic expressions such as:

por ahora *for now*
por cierto *by the way*
por consiguiente *consequently*
por favor *please*
por fin *finally*
por lo tanto *as a result*
por supuesto *of course*
por todas partes *everywhere*

Para is also used in idiomatic expressions such as:

para nada *not at all*
para siempre *forever*

17 Un nuevo libro

Leamos Completa las oraciones con **por** o **para.**

1. Diego compró un libro de mitos y leyendas ___ su hija, Ángela.
2. Sólo pagó cinco dólares ___ el libro porque estaba en oferta.
3. Ángela quería el libro ___ saber más sobre sus leyendas favoritas.
4. A ella le fascinaba el libro porque tenía dos dibujos ___ página.
5. Ángela miró los dibujos de los templos ___ mucho tiempo.
6. Diego le explicó que estos templos fueron construidos ___ los mayas.
7. El libro dice que también construyeron palacios ___ los reyes.
8. Ángela quería escuchar los cuentos ___ aprender más sobre los mayas.
9. ___ Ángela, lo más interesante fue la descripción de los dioses.
10. Ella quería leer más, pero Diego dijo que dejarían un poco ___ el día siguiente.

18 Vamos al parque

Leamos Completa el diálogo con **por** o **para.**

CLARA Hice comida __1__ el picnic. ¿Puedes llevar bebidas, __2__ favor?

IGNACIO __3__ supuesto. ¿Tal vez unos refrescos?

CLARA Ay, no. No me gustan __4__ nada.

IGNACIO Pero no quiero pagar $5 __5__ un jugo natural.

CLARA __6__ cierto, ¿a qué hora vamos a salir __7__ la Patagonia?

IGNACIO Pasaré __8__ ti a las once.

CLARA Estaremos esperándote __9__ mucho tiempo si vienes a las once. ¿Por qué no vienes más temprano?

IGNACIO Es que tengo que trabajar __10__ la mañana.

El Parque Nacional Iguazú de Argentina es un lugar espectacular. Se llama Iguazú por las famosas cataratas que están en la frontera entre Argentina y Brasil. La palabra **iguazú** significa *great waters* en guaraní. Hay varias leyendas de los guaraníes sobre una serpiente monstruosa que vivía en las cataratas del Iguazú.

19 Preparaciones para el viaje

Leamos/Escribamos Estás planeando un viaje con tu familia a las cataratas del Iguazú. Pregunta quién puede hacer cada tarea, reemplazando las frases subrayadas con **por** o **para.**

MODELO **pasar a recoger los boletos**
¿Quién puede pasar por los boletos?

1. llenar los papeles que necesitamos entregar mañana
2. comprarle un regalo a nuestro guía
3. comprar un boleto que cuesta menos de $500
4. tener que tejer una alfombra cada día
5. pasar a buscar a Elena el día del viaje
6. averiguar el costo de acampar en el parque durante una semana

Comunicación

20 Un intercambio

Hablemos En parejas, dramaticen una conversación entre un(a) profesor(a) de español y un(a) estudiante de intercambio de otro país. Usen las preguntas del cuadro.

¿Por qué querías hacer un intercambio?
Para ti, ¿qué significa hacer amigos de otro país?
¿Por cuánto tiempo vas a estar en el país?
¿Qué consejos tienes para otros estudiantes de intercambio?
¿Qué piensas hacer para conocer mejor este país?

Cultura

VideoCultura

Entre los pescadores chilenos hay muchas leyendas de las que pueden originar nombres y símbolos para sus botes.

Ahora que tenemos tiempo, cuéntame un cuento

En muchas partes de Hispanoamérica hay leyendas de los pueblos indígenas (incas, aztecas, mayas) que explican el origen de la vida y del hombre. También hay leyendas que se refieren a elementos naturales, como montañas, ríos, valles, la luna o el sol. Y muchos cuentos populares hablan de animales y les dan características humanas, como la astucia (el zorro) o la valentía (el puma). También se pueden referir a personajes de la historia, como bandidos o exploradores, o imaginarios, como fantasmas. ¿Sabes tú de alguna leyenda de tu región? ¿algún "cuento de viejas" al que no le hayas hecho nunca caso?

Héctor
Santiago, Chile

Vamos a hablar sobre las leyendas de Chile. ¿Te sabes una leyenda de aquí?

Sí, claro. Ésta es la leyenda, es una leyenda del sur de Chile, de la isla de Chiloé. Habla sobre una mujer, mitad pez, mitad hembra, la Pincoya. Dice la leyenda que esta mujer, cuando se encuentra mirando hacia el mar, la pesca estará buena. Pero en cambio, cuando se encuentra mirando hacia la tierra, quiere decir que la pesca estará mala, incluso peligrosa, para las embarcaciones y para los pescadores.

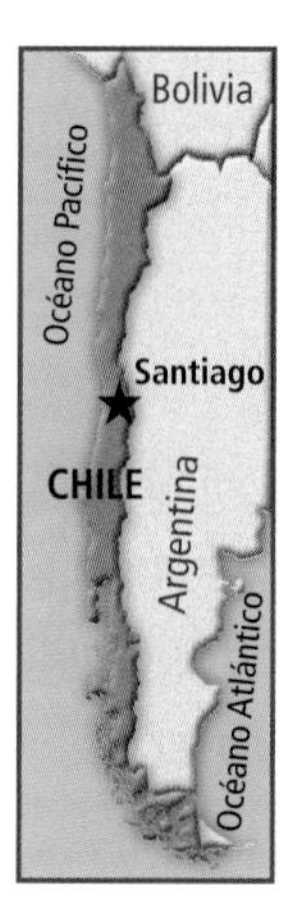

Visit Holt Online
go.hrw.com
KEYWORD: EXP3 CH9
Online Edition

Miguel
Lima, Perú

¿Te sabes alguna leyenda de aquí?
Sí, me sé una, la de Manco Cápac y Mama Ocllo.

¿Nos la puedes contar?
Sí. Cuenta la historia que hace mucho tiempo, el dios sol y la diosa luna mandaron [a] dos hijos, los cuales iban a formar un imperio. Ellos se llamaban Manco Cápac y Mama Ocllo. Ellos poseían una barra de oro, la cual donde se hundiese, ahí iban a formar [el] imperio incaico. Viajaron mucho, mucho tiempo en unas nubes. Cierto día, la barra de oro se hundió en una inmensa roca. Y ahí supieron que era el lugar indicado. Formaron el imperio incaico, el cual lo llamaron Cuzco, el ombligo del mundo. Es la historia del imperio incaico.

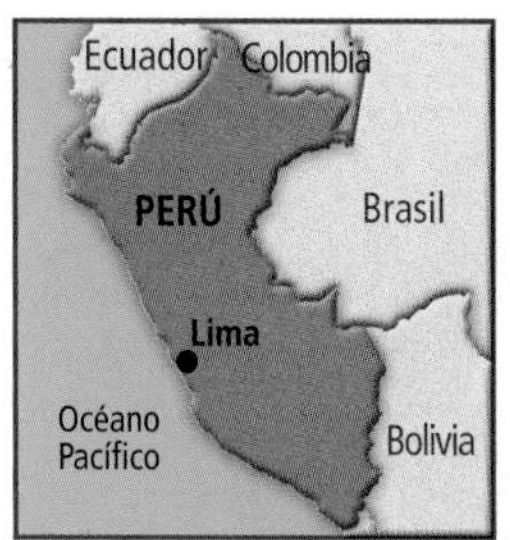

Para comprender

1. ¿Dónde se encuentra y cómo se llama la isla donde se originó la leyenda que cuenta Héctor? ¿Quién es la Pincoya?
2. ¿Qué dice la leyenda que pasará si la Pincoya se encuentra mirando hacia el mar?
3. ¿De qué imperio habla la leyenda de Perú? ¿Quiénes enviaron a sus hijos y qué les mandaron hacer?
4. ¿Quiénes son Manco Cápac y Mama Ocllo?
5. ¿Cómo supieron los hijos que era el lugar que buscaban? ¿Cómo llamaron el lugar?

Para pensar y hablar

¿Por qué son importantes las leyendas? ¿Qué crees que enseñan estas dos leyendas? ¿Qué otras lecciones puede enseñar una leyenda?

Comunidad y oficio

Los exploradores dejan sus nombres en América

Cuando los exploradores españoles llegaron a América del Sur, les dieron nombres a diferentes ciudades, países y regiones. Por ejemplo, el pueblo de Amarillo, Texas, fue nombrado por el color de la tierra cerca de un río del área. ¿Hay alguna ciudad en tu región que tenga un nombre español? Si no, ¿a qué regiones en Estados Unidos les pusieron nombres los exploradores españoles? Busca un pueblo o ciudad en Estados Unidos con un nombre español e investiga cómo recibió su nombre.

Hernando de Soto, explorador español

Cultura

Objetivos
Talking about your hopes and wishes, expressing regret and gratitude

Vocabulario en acción 2

Los eventos históricos

Los eventos históricos son parte de lo que somos hoy en día. Vamos a ver algunos.

Hace más de quinientos años, llegaron **los exploradores** españoles a América y establecieron **un imperio.**

Después de trescientos años de un gobierno colonial, Argentina, como todos los países de Latinoamérica, decidió luchar por **la independencia** y **declaró la guerra** para **liberar** el país. En las guerras, siempre hay **víctimas.**

Más vocabulario...

la bandera	*flag*
cobarde	*cowardly*
la heroína	*heroine*
honrar	*to honor*
lamentar	*to regret*
la mujer soldado	*female soldier*
sufrir	*to suffer*
vencer	*to defeat*

Visit Holt Online
go.hrw.com
KEYWORD: EXP3 CH9
Vocabulario 2 Practice

Estos **valientes soldados** esperaban ver **la derrota** de sus **enemigos** en **la batalla.** Fueron al **campo de batalla** para luchar por su **libertad.**

Después de **la victoria** de **las tropas** argentinas contra los españoles, el gran libertador José de San Martín **acordó la paz** con España. Todo el país **se regocijó** y a San Martín lo declararon **un héroe.**

Claro, hubo problemas después de la independencia. Algunos países latinoamericanos tuvieron **dictadores** que no respetaban **la justicia.** A veces fueron removidos del poder por **una revolución.**

También se puede decir...

In some Spanish-speaking countries you will hear **el pabellón nacional** instead of **la bandera.**

¡Exprésate!

To talk about your hopes and wishes

Interactive TUTOR

El sueño de mi vida es vencer a...
My life-long dream is to overcome (defeat)...

Es de esperar que...
Hopefully...

Ojalá que los países aún en guerra lleguen a un acuerdo.
I hope that warring countries can reach an agreement.

Tenía muchas esperanzas de...
I had many hopes of...

Online
Vocabulario y gramática, pp. 103–105

▶ **Vocabulario adicional** — Eventos históricos, p. R19

21 Los eventos importantes

Escuchemos Escucha las conversaciones y escoge la foto que corresponde a cada una.

A

B

C

D

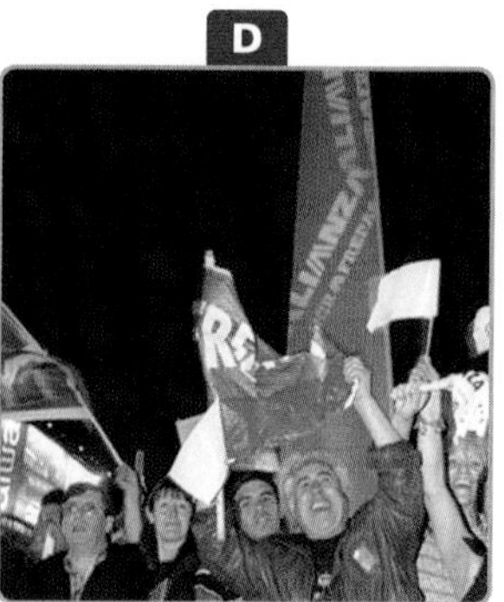

22 La palabra definida

Leamos/Hablemos Lee las definiciones y escoge la palabra del cuadro que corresponde a cada una.

los exploradores	valiente	la libertad
acordar la paz	el imperio	la bandera

1. Es rectangular y tiene símbolos que representan una nación.
2. Cuando una persona tiene derecho a hacer o a decir lo que quiere.
3. Lo contrario de cobarde.
4. Un territorio extenso gobernado por un rey o un emperador.
5. Las personas que viajan a lugares desconocidos.
6. Una manera de terminar una guerra entre dos naciones.

23 Los héroes

Leamos Completa las oraciones con la palabra correcta.

1. Fuimos al monumento para ______ (honrar/liberar) a los que participaron en la batalla.
2. Lamentablemente hubo muchas ______ (banderas/víctimas) en la guerra.
3. Todos los años, ______ (conmemoramos/nos regocijamos) las fechas importantes de nuestra historia.
4. También recordamos a los ______ (héroes/dictadores) de nuestro país.
5. Los héroes son personas muy ______ (valientes/cobardes).
6. Nuestra ______ (libertad/revolución) se la debemos a los soldados que lucharon por nosotros.

24 Algo de historia

Escribamos Usa las frases para escribir oraciones completas sobre los eventos históricos. Sigue el modelo.

MODELO **los soldados/llevar/la bandera a la batalla.**
Los soldados llevaron la bandera a la batalla.

1. los exploradores/llegar/América en 1492
2. los países de Latinoamérica/comenzar/la guerra de la independencia
3. los españoles/vencer/los incas
4. San Martín/ser/héroe de la guerra de independencia
5. la gente/regocijarse de/la victoria
6. los líderes/conmemorar/la fecha de la batalla
7. los soldados/luchar/por la libertad
8. los ciudadanos/honrar/la heroína

Esta estatua conmemora a José de San Martín, el libertador de Argentina, Chile y Perú.

25 Eventos históricos

Escribamos/Hablemos Usa una palabra o expresión de cada columna para escribir seis oraciones sobre los eventos históricos. Sé creativo.

MODELO **Los exploradores descubrieron una isla muy grande y en ella establecieron su imperio.**

los soldados	acordarse (ue)	la victoria
el héroe/la heroína	descubrir	la batalla
el dictador	vencer	las víctimas
el enemigo	honrar	la paz
los exploradores	liberar	el imperio
la gente	declarar la guerra	la independencia

Comunicación

26 Hablando de la historia

Hablemos Con un(a) compañero(a), hagan un diálogo sobre algunos eventos históricos que conozcan. Usen las expresiones de **Exprésate** y las palabras de **Vocabulario.** Sigan el modelo.

MODELO **—Lamento que hubiera tantas víctimas en la Segunda Guerra Mundial.**
—Ojalá que no haya otra guerra igual en el futuro.

▶ Vocabulario adicional — Eventos históricos, p. R19

Un editorial sobre la guerra

La cara fea de la guerra

A través de la historia de la civilización humana, ha habido guerras. Cuando un país está en guerra con otro, alguna gente sólo quiere ver su cara bonita, o sea la victoria. Pero la guerra no es nada bonita, en realidad es una de las peores pesadillas que podamos sufrir. En pocas palabras: es lamentable que los líderes mundiales piensen a veces que no tienen otra opción. Ojalá que no sea así siempre. Hay varias razones o pretextos para mandar tropas al campo de batalla; puede ser para defender la patria, para lograr la derrota de un dictador, por la independencia o por la justicia. Las víctimas civiles son la cara fea de la guerra y es lógico que la gente se regocije cuando por fin se acuerda la paz. Luego, la gente conmemora el fin de la guerra y honra a los soldados que perdieron sus vidas en el conflicto. Generaciones de valientes del mundo entero se han sacrificado en defensa de sus países, pero ojalá que un día podamos lograr la paz sin sacrificar ni una sola vida.

¡Exprésate!

To express regret and gratitude

Se arrepiente de que...
He/she regrets that . . .

Es lamentable que...
It's too bad that . . .

Les agradecieron a...
They thanked . . .

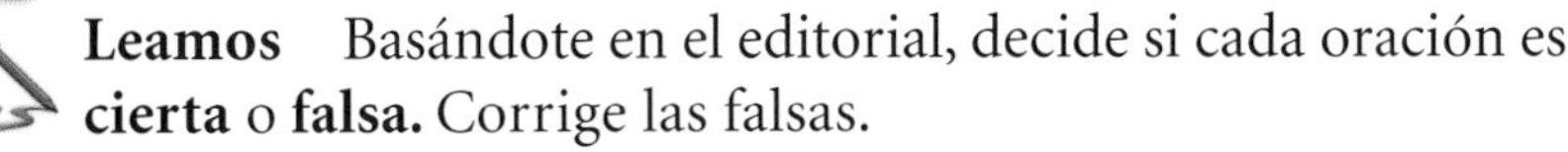

27 ¿Qué opina la autora?

Leamos Basándote en el editorial, decide si cada oración es **cierta** o **falsa.** Corrige las falsas.

1. Ha habido muchas guerras en el pasado.
2. La gente sólo quiere ver los aspectos positivos de la guerra.
3. La periodista piensa que la guerra es una pesadilla.
4. Los líderes mundiales piensan que la guerra no es necesaria.
5. Una razón para mandar tropas a la guerra es defender la patria.
6. No hay víctimas civiles en la guerra.
7. La gente se regocija cuando se acuerda la paz.
8. La periodista piensa que no se puede lograr la paz sin la guerra.

28 Los eventos en imágenes

Escribamos Mira las imágenes y escribe una oración sobre qué está ocurriendo. Usa las palabras de **Vocabulario** y las expresiones de **Exprésate** en tus oraciones.

1

2

3

4
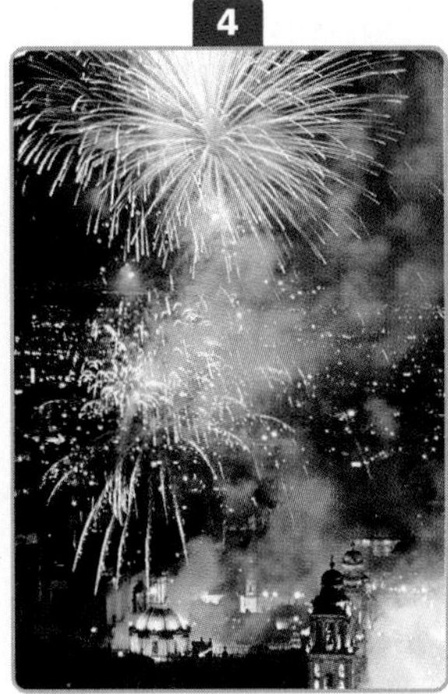

Comunicación

29 A crear una nación

Hablemos En grupos de tres, preparen una historia de un país ficticio. Por ejemplo, pueden hablar del descubrimiento de este país por exploradores y todo lo que pasó después. Usen las palabras de **Vocabulario** en su historia y ¡sean creativos!

¿Se te olvidó? Preterite and imperfect in storytelling, pp. 374–375

MODELO —**Verdelandia fue descubierto por los exploradores de otro país. La gente de Verdelandia tenía muchas esperanzas de...**

Objetivos
Uses of subjunctive, sequence of tenses

Gramática en acción 2

Repaso Uses of subjunctive

1 You've used verbs in both the **indicative mood** and the **subjunctive mood,** and you've learned that the **subjunctive mood** is used in the clause after **que:**

- with expressions of hope, wish, or recommendation

  Te sugiero que no **creas** ni una palabra de sus cuentos.

- with expressions of feelings, emotions, or judgment

  Me sorprende que no **conozcas** esa leyenda.

- with descriptions of people, places, or things that are not personally known to the speaker (unknown) or that do not exist according to the speaker (nonexistent)

  No hay guerra que no **tenga** víctimas.

- with expressions of doubt or denial

  Los exploradores **dudan que** la zona **sea** segura para entrar.

2 Use the **subjunctive** after certain adverbial conjunctions such as **a menos (de) que, antes de que, con tal (de) que, en caso de que,** and **para que;** also with **en cuanto, cuando, después de que,** and **tan pronto como** when they indicate future events.

Tenemos que ser valientes **cuando empiece** la batalla.

Online
Vocabulario y gramática, pp. 106–108 | Actividades, pp. 85–87

¿Te acuerdas?

Impersonal expressions (formed with **ser** + *adjective* + **que**) take the subjunctive when they convey feelings or emotions **(es lamentable que),** judgment **(es importante que),** doubt or denial **(es imposible que).** When the impersonal expression conveys facts or something that the speaker considers to be true, the indicative is used.

Es importante que acuerden la paz.

Es cierto que fue un héroe.

30 El discurso

Leamos Completa las oraciones con el verbo correcto.

1. Quiero decirles que (tengo/tenga) muy buenas noticias.
2. Liberaron a los soldados después de que (vencimos/venzamos) al enemigo.
3. Cuando (llega/llegue) una ocasión como ésta, hay que celebrar.
4. Es dudoso que pronto (se resuelven/se resuelvan) los problemas.
5. Por eso es importante que (nos esforzamos/nos esforcemos) siempre para mejorar la vida.
6. Y sobre todo, ojalá que (podemos/podamos) conseguir la paz.

Visit Holt Online
go.hrw.com
KEYWORD: EXP3 CH9
Gramática 2 Practice

31 Batalla de opiniones

Leamos/Escribamos Completa el diálogo con la forma correcta de los verbos en paréntesis.

— No me gusta este videojuego. Quiero que mi personaje __1__ (ser) malo, pero sólo juega como héroe.

— Pues yo prefiero que mi personaje __2__ (luchar) por la justicia, así que debemos cambiar.

— Tu soldado no __3__ (poder) lograr la victoria a menos que __4__ (haber) un traidor entre mis tropas.

— Estás equivocado. No vamos a terminar el juego hasta que el héroe __5__ (sufrir) la derrota a manos del malvado.

— Es triste que tú siempre __6__ (perder) cuando juegas conmigo.

— Sé que casi siempre ganas cuando juegas conmigo, pero dudo que __7__ (ganar) esta vez.

32 Una batalla

Leamos/Escribamos Mariel está leyendo una historia sobre una batalla. Completa sus reacciones basándote en los dibujos.

1. Estoy triste porque...
2. Un soldado cobarde teme que...
3. Van a liberar a los soldados tan pronto como...
4. Todos se regocijaron después de que...

Comunicación

33 En el futuro...

Hablemos En parejas, expresen sus opiniones sobre algún problema en su colegio o en su comunidad. Hablen de lo que ha ocurrido en el pasado y lo que esperan que ocurra en el futuro.

MODELO **—Cuando llegué aquí, no había ningún club de español.**
—Espero que ahora podamos empezar un club.

Sequence of tenses

1 The phrase **sequence of tenses** describes the agreement between the verb in the **main clause (cláusula principal)** and the verb in the **subordinate clause (cláusula subordinada).** The verb tense in the **subordinate clause** is determined by the verb tense in the **main clause.**

Ana dice que quiere ir.	**Ana dijo que quería ir.**
Ana dice que irá.	**Ana dijo que iría.**
Ana dice que ya ha ido.	**Ana dijo que ya había ido.**
Ana dice que vayas tú.	**Ana dijo que fueras tú.**
Ana irá en cuanto llegues.	**Ana iba a ir en cuanto llegaras.**
Ana duda que haya ido.	**Ana dudaba que hubiera ido.**

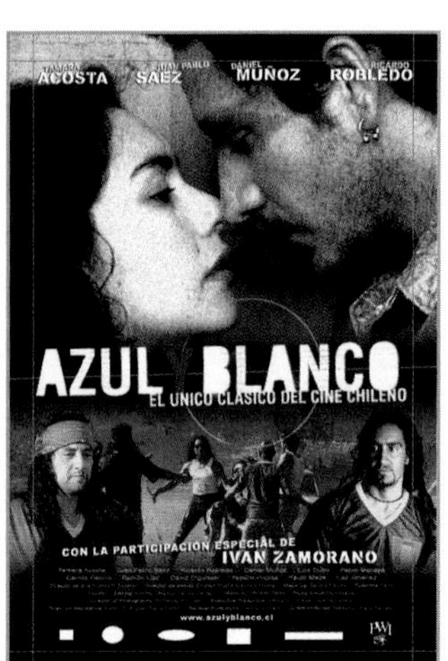

Este póster de Chile anuncia una película clásica del cine chileno.

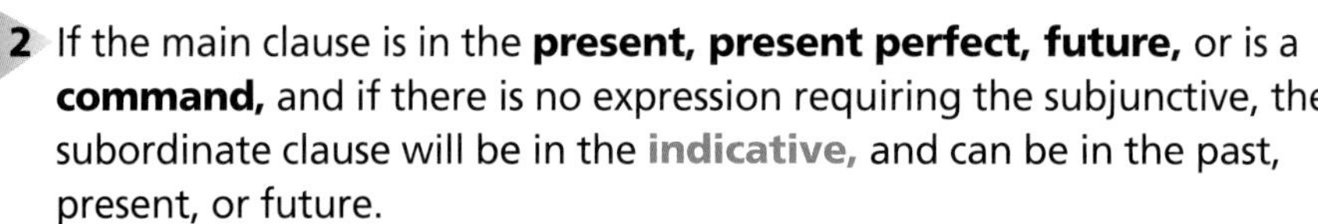

2 If the main clause is in the **present, present perfect, future,** or is a **command,** and if there is no expression requiring the subjunctive, the subordinate clause will be in the **indicative,** and can be in the past, present, or future.

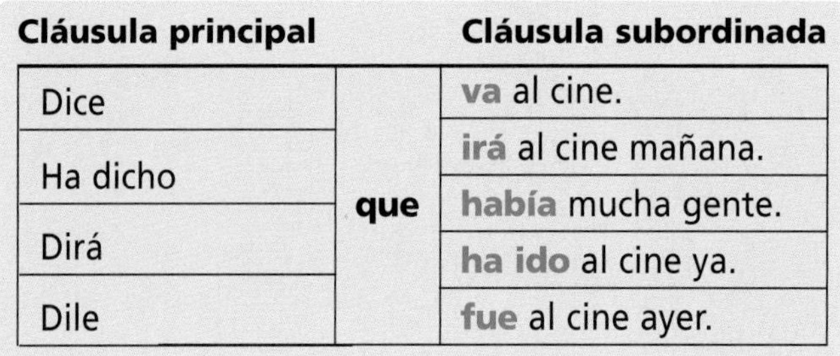

Cláusula principal		Cláusula subordinada
Dice		**va** al cine.
Ha dicho		**irá** al cine mañana.
	que	**había** mucha gente.
Dirá		**ha ido** al cine ya.
Dile		**fue** al cine ayer.

3 If the main clause is in the **present, present perfect, future,** or is a **command,** the subordinate clause may also be in the **subjunctive.**

Cláusula principal		Cláusula subordinada
Quiere		
Diles	**que**	vayan ellos también
Les he dicho		

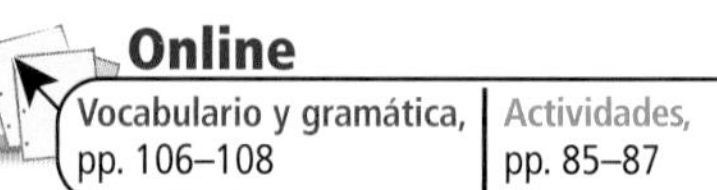

Online
Vocabulario y gramática, pp. 106–108 | Actividades, pp. 85–87

34 ¿Pasado, presente o futuro?

Escuchemos Escucha los comentarios y decide si la cláusula subordinada está en el **pasado, presente** o **futuro.**

35 La heroína

Leamos Completa las oraciones con el verbo correcto.

1. La mujer soldado cree que la guerra no (va/vaya) a terminar nunca.
2. Le sorprenderá que (ha/haya) terminado ya.
3. Los líderes dijeron que (acordaron/acordarán) la paz ayer.
4. Dile a la mujer soldado que (venga/viene) al palacio.
5. Es cierto que ella (fue/sea) muy valiente.
6. Será importante que la (honramos/honremos) como heroína.

36 Tiempos de valor

Leamos/Escribamos Completa el párrafo con las formas correctas de los verbos en paréntesis.

El soldado sube la montaña. Dice que __1__ (colocar) una bandera chilena en la cima *(top)* esta tarde. Quiere que todo el mundo __2__ (recordar) a las víctimas de la guerra. Sabe que el dictador __3__ (escaparse) anoche. Todo el mundo espera que no __4__ (regresar). El soldado piensa que la guerra __5__ (ser) necesaria a veces, pero lamenta que tantas personas __6__ (sufrir).

37 Mis opiniones sobre la historia

Leamos/Escribamos Completa las oraciones basándote en lo que has aprendido sobre los exploradores.

1. He aprendido que los exploradores...
2. Mis profesores dicen que Pizarro...
3. No he estudiado ningún imperio que...
4. Me sorprende que muchos grupos indígenas...
5. Nunca he dudado que los exploradores...
6. Cristóbal Colón es recordado porque...
7. Nos han enseñado que en el Nuevo Mundo...
8. Mañana nos dirán que otras civilizaciones...

La bandera chilena fue izada *(raised)* por primera vez en público el 12 de febrero de 1818, durante la proclamación de la Independencia del país. Diseñada por el militar español Antonio Arcos, la bandera tiene los colores rojo, azul y blanco que representan la sangre derramada *(spilled)* durante la guerra de independencia, el color del cielo chileno y las puntas nevadas de la cordillera de los Andes. Se dice que la estrella de cinco puntas simboliza los poderes del Estado, que sirve de guía en el camino al progreso y que honra la valentía de los mapuches.

Comunicación

38 Mis sueños para mi país

Hablemos Imagina que tú y tu compañero(a) son políticos importantes. Túrnense para explicar lo que quieren para su país ahora y lo que les dirán a sus hijos sobre su país.

MODELO **—Quiero que dejemos de tener guerras.**
—Les diré que nuestro país ha logrado mucho.

More on sequence of tenses

1 As you know, **sequence of tenses** describes the agreement between the verb in the **main clause (cláusula principal)** and the verb in the **subordinate clause (cláusula subordinada).** The verb tense in the **subordinate clause** is determined by the verb in the **main clause.**

Sé que quieres ir. **Sabía que querías ir.**

2 If the **main clause** is in the **preterite, imperfect, past perfect,** or **conditional,** and if there is no expression requiring the subjunctive, the **indicative** will be used in the **subordinate clause**, and generally in the past.

Cláusula principal		Cláusula subordinada
Dijo	que	**fue** al cine.
Decía		**iba** al cine mañana.
Había dicho		**iría** al día siguiente.
Diría		**había ido** a pie.

3 In some cases, if the main clause is in the past and contains an expression requiring the subjunctive, the subordinate clause will be in the **past subjunctive.**

Cláusula principal		Cláusula subordinada
Quería	**que**	**fuéramos** al cine hoy.

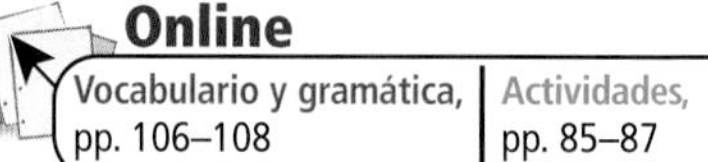

Online

Vocabulario y gramática, pp. 106–108 | Actividades, pp. 85–87

La derrota del gobierno de Salvador Allende en Chile ocurrió en 1973 cuando el dictador Augusto Pinochet tomó el poder. Pinochet gobernó el país hasta 1990 pero por fin pasó el poder a Patricio Aylwin Azócar (abajo), el presidente que había sido elegido por el pueblo. Desde entonces, Chile ha mantenido un gobierno democrático.

39 Un nuevo mundo

Leamos Completa cada oración con el verbo correcto.

1. Cristóbal Colón decidió que (buscaría/buscara) una nueva ruta a las Indias.
2. Él ya le había pedido al rey de Portugal que (pagó/pagara) su viaje.
3. El rey no creía que (fuera/fue) una buena idea.
4. Pero la reina Isabel de Castilla dijo que le (ayudaría/ayudó) con el viaje si le diera más información sobre sus exploraciones.
5. Sería bueno que todos(fuimos/fuéramos) a ver el monumento a Colón en Barcelona.
6. Mi papá me enseñó fotos del monumento para que (pudiera/pueda) reconocerlo.
7. Me dijo que él (fuera/fue) solamente una vez a Barcelona.

40 Una lección de historia

Leamos/Escribamos Completa las oraciones con la forma correcta del verbo en paréntesis. *¿Se te olvidó?* Past subjunctive, pp. 342–343

1. El profesor de historia sugirió que nosotros ____ (estudiar) la revolución para el examen.
2. También nos había pedido que ____ (entrevistar) a alguien de esa época.
3. El profesor me recomendó que ____ (visitar) un campo de batalla.
4. A mí me interesó mucho lo que mi abuelo me ____ (contar) de la revolución.
5. Él siempre decía que la revolución ____ (ser) importante para nuestro país.
6. Me sorprendió que mi abuelo ____ (recordar) todos los detalles como si fuera ayer.

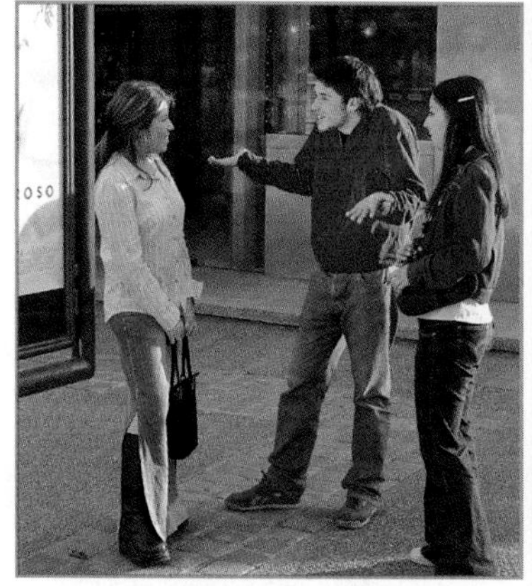

Jóvenes chilenos hablan de las películas que han visto.

41 Del presente al pasado

Leamos/Escribamos Vuelve a escribir cada oración en el pasado y reemplaza el verbo subrayado con el verbo en paréntesis.

MODELO **Ellos piensan que la película es buena. (pensaron)**
Ellos pensaron que la película era buena.

1. Marisa prefiere que vayamos a una película de fantasía. (prefería)
2. Blanca dice que ya la ha visto. (dijo)
3. Creo que ha salido la nueva película. (Creía)
4. El profesor ha pedido que veamos esta película. (había pedido)
5. Me extraña que Blanca la quiera ver. (extrañó)
6. Marisa nos recomienda que hagamos otra actividad. (había recomendado)

Comunicación

42 Un cuento de encuentros

Hablemos Con un(a) compañero(a), cuenten una historia sobre lo que pasa. Primero, cuéntenla en el presente y luego vuelvan a contarla en el pasado.

Novela en video

Clara perspectiva

Episodio 9

ESTRATEGIA

Predicting As you near the end of a story, you naturally start making predictions about what is going to happen. Based on what you know, make a prediction about the following people regarding each of their situations: 1) Clara and her job at ***Chile en la Mira;*** 2) Clara and her search for the professor; 3) the professor and his environmental studies; 4) the professor and his safety; 5) the president of ***MaderaCorp*** and his bid to buy the land in **Magallanes**; 6) the ecologists and their attempt to stop ***MaderaCorp.***

En la oficina del señor Ortega

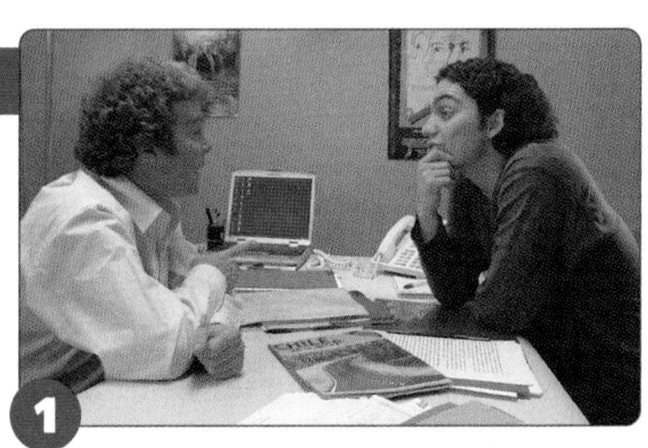

1

Sr. Ortega Señor Medina, como su colega todavía no se ha presentado, usted va a estar a cargo de una investigación que necesitamos hacer para un artículo sobre la Isla de Pascua. Hay muchos mitos y leyendas asociados con la isla.

Octavio Sí, Rapa Nui.

Sr. Ortega Sí, es su nombre polinésico.

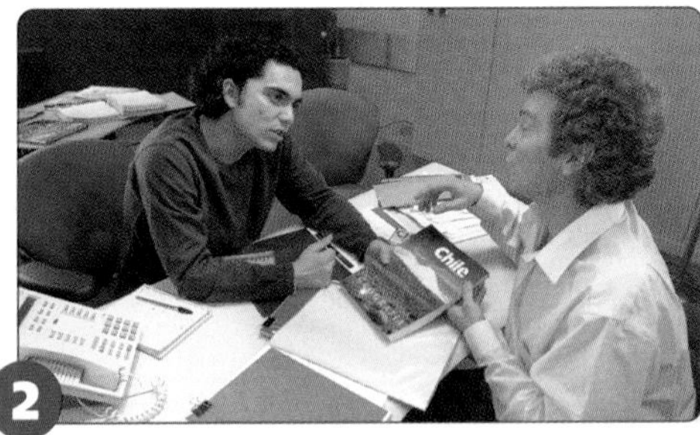

2

Octavio ¿De qué se trata el artículo?

Sr. Ortega Queremos explicar la historia de la isla y cómo llegó a ser gobernada por Chile. Según tengo entendido, los primeros habitantes llegaron a la isla entre los años 400–600 después de Cristo.

Octavio ¿Y se sabe de dónde eran?

Sr. Ortega Hay muchas teorías—la más aceptada es que vinieron de Polinesia. Pero también hay los que creen que es posible que hayan venido de Perú.

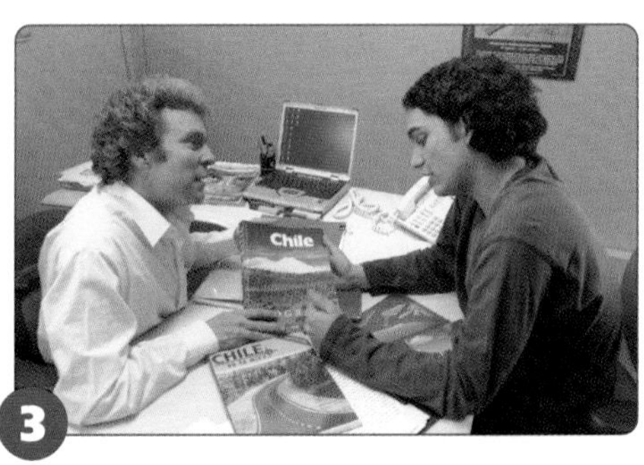

3

Octavio Muy bien. Pero el enfoque se debe quedar ¿sobre qué?

Sr. Ortega La Isla de Pascua tiene una historia larga y llena de tragedia, de guerras civiles, de explotación de las tierras, de culturas intentando sobrevivir. También hay una leyenda muy interesante sobre los hombres pájaros.

Octavio Y los gigantescos monumentos, los moais, ¿vamos a escribir algo sobre el misterio de su existencia?

Sr. Ortega Sí, los moais. Se cuenta que los moais representaban a los dioses sagrados. Lo que no se sabe es cómo pudieron las enormes esculturas llegar a situarse en donde hoy se encuentran.

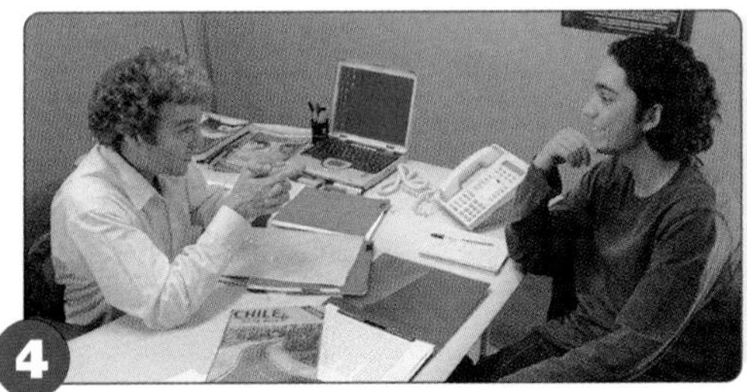

4

Sr. Ortega Quiero que leas todo lo que puedas, libros, artículos y también lo que puedas encontrar en Internet. Queremos resolver el misterio de la Isla de Pascua, aquí en las páginas de *Chile en la Mira*.

Octavio Sí, Señor Ortega. Manos a la obra.

Sr. Ortega Y si te encuentras con la señorita de la Rosa, por favor, mándale mis saludos.

5

En *MaderaCorp*

Profesor Luna Señor Reyes, si examina la propuesta de los ecologistas, verá que contiene ideas que no serían difíciles de implementar.

Señor Reyes Bueno, tendré que pensarlo. Y claro es imprescindible que consulte con los inversionistas.

Ecologista 2 ¿Qué te dije? Nunca van a aceptar nuestras condiciones.

Ecologista 1 Tranquila, Sarita, déjalo leer primero.

Visit Holt Online
go.hrw.com
KEYWORD: EXP3 CH9
Online Edition

En la comisaría

Clara Al final, me di cuenta que los documentos que imprimí eran los estudios de impacto ambiental que el profesor Luna iba a presentar.

Sargento Pero, ¿por qué quería que usted los imprimiera?

Clara No sé. Quizás pensaba que alguien los iba a destruir. Y quería tener una copia antes de que eso pasara.

6

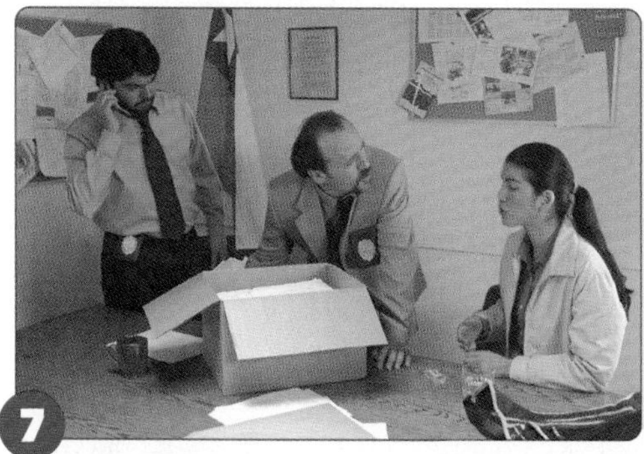

7

Sargento ¿El profesor estará recibiendo dinero?

Clara No, imposible. Nunca trataría de abusar de su posición.

Sargento No podemos especular. Tenemos que encontrarlo.

Detective ¿Por dónde empezarmos?

Clara En las oficinas de *MaderaCorp*. Es lógico, ¿no?

Sargento Muy bien. Vamos.

Detective Un auto… Sí… Y dos carabineros. No sabemos qué vamos a encontrar.

En *MaderaCorp*

Clara ¡Profesor Luna! ¡Está bien!

Profesor Luna ¡Clara! ¿Qué estás haciendo acá?

Sargento Profesor Luna, ¿no ha visto las noticias? Pensábamos que estaba secuestrado.

Profesor Luna Por Dios. Estaba tan involucrado en la situación, que olvidé llamar a Mercedes.

Señor Reyes Bienvenidos. Pasen. Estamos a punto de resolver nuestras diferencias.

8

¿COMPRENDES?

1. ¿Qué cosas sobre la historia de Rapa Nui tiene que investigar Octavio? ¿Dónde tiene que buscar?
2. ¿Qué leyenda le interesa al señor Ortega? ¿Qué cosas misteriosas le interesan a Octavio?
3. ¿Está enojado el Señor Ortega con Clara? ¿Qué puedes predecir sobre el futuro de Clara en *Chile en la Mira?*
4. ¿Dónde deciden empezar a buscar al profesor? ¿Es lógico empezar ahí? ¿Por qué sí o por qué no?
5. ¿Está interesado el presidente de *MaderaCorp* en la propuesta de los ecologistas? ¿A quiénes tiene que consultar? ¿Qué puedes predecir sobre el acuerdo entre los ecologistas y MaderaCorp?

Próximo episodio

¿Sobre qué crees que se va a tratar el próximo artículo de Clara y Octavio? ¿Por qué crees eso?

PÁGINAS 436–437

Lectura informativa

Un territorio con historia

La historia de las Islas Malvinas

Las Islas Malvinas, ubicadas en el océano Atlántico al este de la costa de Argentina, tienen una larga historia colonial. Aunque las Islas Malvinas están cerca de Argentina, son gobernadas por Inglaterra. Algunos historiadores creen que las islas fueron descubiertas por el español Esteban Gómez en 1520. Otros afirman que el explorador John Davis las descubrió en 1592. Las islas han sido ocupadas por España, Francia, Inglaterra y Argentina en diferentes momentos de su historia.

Las Islas Malvinas están al este de la costa de Argentina.

las

Países europeos reclaman las islas

España fue el primer país en reclamar las Malvinas para su imperio, poco después de su descubrimiento. En 1764 llegaron los franceses y ocuparon una parte de las islas donde establecieron un puerto. Ellos le dieron el nombre de *Malouines* a las islas. Poco después los españoles tomaron control de las islas y convirtieron el nombre francés en *Malvinas*. En 1765 llegó una expedición inglesa a las islas y nombró *Falkland Islands,* que hoy es el nombre reconocido por el gobierno de Inglaterra. España sacó a los ingleses en 1770 y mantuvo control sobre las islas hasta que Argentina consiguió su independencia en 1816.

Visit Holt Online
go.hrw.com
KEYWORD: EXP3 CH9
Online Edition

Hoy en día Inglaterra gobierna las Islas Malvinas.

El debate de las Malvinas sigue

La nueva nación de Argentina dio permiso a Luis Vernet en 1828 para establecer una colonia y mandó a cien gauchos e indígenas para desarrollar la cría de ganado[1]. En 1833, el gobierno de Inglaterra expulsó[2] a las autoridades argentinas y tomó el control de las islas. En 1982, más de cien años después, el gobierno de Argentina tomó las islas por la fuerza y las ocupó durante 10 semanas. Los ingleses enviaron sus tropas y expulsaron a los argentinos de las islas en una guerra sangrienta[3]. El debate sobre quién debe gobernar las Islas Malvinas sigue hoy en día. Los gobiernos de Argentina e Inglaterra han establecido relaciones diplomáticas de nuevo y las dos naciones quieren llegar a un acuerdo. Sin embargo, los dos países se mantienen firmes en sus posiciones en cuanto a las Islas Malvinas. El gobierno de Gran Bretaña no quiere retirarse[4] de las islas y Argentina afirma que tiene soberanía[5] sobre las Malvinas. ■

1 livestock 2 expelled 3 bloody 4 withdraw 5 sovereignty

Comprensión

A Detalles de la historia Indica si cada oración es **cierta** o **falsa.** Corrige las oraciones falsas.

1. Cristóbal Colón descubrió las Islas Malvinas en 1500.
2. Los franceses dieron el nombre *Malouines* a estas islas.
3. Los ingleses llegaron a las islas en 1765 y las llamaron "Islas Malvinas".
4. El gobierno de Inglaterra expulsó a las autoridades argentinas y tomó las islas en 1833.
5. Hoy en día las Islas Malvinas son gobernadas por Argentina.

B ¿Comprendiste? Contesta las preguntas.

1. ¿Dónde están las Islas Malvinas?
2. ¿Cuántos países han ocupado las islas?
3. ¿Qué hizo el gobierno de Argentina para desarrollar la cría de ganado en las islas?
4. ¿Durante cuánto tiempo ocuparon las islas las tropas argentinas?
5. ¿Cuál es la posición de Inglaterra y de Argentina en cuanto a las Malvinas?

Actividad

Tu opinión ¿Cuál es tu opinión sobre la historia de las Islas Malvinas? Si fueras diplomático (*diplomat*), ¿qué sugerirías para resolver el conflicto?

Leamos y escribamos

ESTRATEGIA

para leer In order to understand a text, it's best to try and determine the main idea first. To do this, focus on the first sentence in each paragraph as you read. Don't worry about unknown words the first time you read the text. Take notes on information you find in each paragraph. When finished, look over your notes and determine the main idea.

Antes de leer

El Caleuche es una leyenda chilena que trata de un barco fantasma que navega los mares entre las islas de la costa chilena. Los marineros le tienen mucho miedo al barco fantasma porque piensan que si lo ven, morirán en circunstancias misteriosas. Antes de leer esta leyenda, prepara una hoja de papel con el título de la leyenda. Escribe *Párrafo 1* en la hoja. Deja un espacio para cada párrafo hasta el 24. Mientras lees, vas a llenar los espacios con los detalles de la leyenda, para así determinar la idea principal.

EL CALEUCHE

Adaptación de Carlos Ducci Claro

No era un pueblo, no podía serlo, se trataba sólo de un pequeño número de casas agrupadas a la orilla del mar, como si quisieran protegerse del clima tormentoso, de la lluvia constante y de las acechanzas[1] que pudieran venir de la tierra o del mar.

En la pieza[2] grande de la casa de don Pedro se habían reunido casi todos los hombres del caserío. El tema de su charla era la próxima faena[3]. Saldrían a pescar de anochecida y sería una tarea larga y de riesgo; pensaban llegar lejos, quizá hasta la isla Chulín, en busca de jurel, róbalo y corvina[4].

Deseaban salir porque la pesca sería buena. Durante la noche anterior estaban seguros de haber visto a la bella Pincoya[5] que, saliendo de las aguas con su maravilloso traje de algas, había bailado frenéticamente en la playa mirando hacia el mar. Todo esto presagiaba una pesca abundante y los hombres estaban contentos.

No todos saldrían, porque, como siempre, don Segundo, el hombre mayor, se quedaría en tierra.

Uno de los jóvenes le preguntó: "Usted, don Segundo, ¿por qué no se embarca[6]? Usted conoce más que cualquiera las variaciones del tiempo, el ritmo de las mareas[7], los cambios del viento y, sin embargo, permanece siempre en tierra sin adentrarse en el mar". Se hizo un silencio, todos miraron al joven, extrañados de su insolencia, y el mismo joven abismado de su osadía[8], inclinó silencioso la cabeza sin explicarse por qué se había atrevido a preguntar.

1 ambushes 2 room 3 task (in this case, a fishing expedition) 4 *jurel*... saurel, sea bass, and corbina (types of fish)
5 A mythical mermaid 6 go aboard 7 tides 8 *abismado*... absorbed in his boldness

Visit Holt Online
go.hrw.com
KEYWORD: EXP3 CH9
Online Edition

Leamos y escribamos

Don Segundo, sin embargo, parecía perdido en un ensueño[9] y contestó automáticamente: "Porque yo he visto el Caleuche".

Dicho esto pareció salir de su ensueño y, ante la mirada interrogante de todos exclamó: "Algún día les contestaré".

Meses después estaban todos reunidos en la misma pieza. Era de noche, y nadie había podido salir a pescar, llovía en forma feroz, como si toda el agua del mundo cayera sobre aquella casa, el viento huracanado parecía arrancar las tejuelas[10] del techo y las paredes y el mar no eran un ruido lejano y armonioso, sino un bramido[11] sordo y amenazador.

Don Segundo habló de improviso y dijo: "Ahora les contaré...". Su relato contenido durante muchos años cobró una realidad mágica para los que le escuchaban curiosos y atemorizados[12].

Hace mucho tiempo había salido navegando desde Ancud con el propósito de llegar hasta Quellón. No se trataba de una embarcación pequeña, sino de una lancha grande de alto bordo[13] y sin embargo fácil de conducir, con dos velas[14] que permitían aprovechar al máximo un viento favorable. Era una lancha buena para el mar y que había desafiado con éxito muchas tempestades[15].

La tripulaban[16] cinco hombres, además de don Segundo, y el capitán era un chilote recio[17], bajo y musculoso, que conocía todas las islas y canales del archipiélago, y de quien se decía que había navegado hasta los estrechos del sur y había cruzado el Paso del Indio y el Canal Messier.

La segunda noche de navegación se desató la tempestad. "Peor que la de ahora", dijo don Segundo. Era una noche negra en que el cielo y el mar se confundían, en que el viento huracanado levantaba el mar y en que los marineros aterrorizados usaban los remos para tratar de dirigir la lancha y embestir[18] de frente a las olas enfurecidas.

Habían perdido la noción del tiempo y empapados y rendidos encomendaban[19] su alma, seguros de morir.

No obstante, la tormenta pareció calmarse y divisaron[20] a lo lejos una luz que avanzaba sobre las aguas. Fue acercándose y la luz se transformó en un barco, un hermoso y gran velero[21], curiosamente iluminado, del que salían cantos y

---

9 daydream **10** shingles **11** howling **12** terrified **13** *lancha*...large vessel **14** sails **15** storms **16** *La*... It was manned by **17** big, strong Chilean **18** attack **19** *empapados*... drenched and exhausted, they entrusted **20** they saw **21** sailing vessel voces. Irradiaba una extraña luminosidad en medio de la noche, lo que permitía que se destacaran[22] su casco[23] y velas oscuras. Si no fuera por su velamen[24], si no fuera por los cantos, habríase dicho un inmenso monstruo marino.

Al verlo acercarse los marinos gritaron alborozados[25], pues, no obstante lo irreal de su presencia, parecía un refugio tangible frente a la cierta y constante amenaza del mar.

El capitán no participó de esa alegría. Lo vieron y mortalmente pálido exclamó: "¡¡No es la salvación, es el Caleuche!! Nuestros huesos, como los de todos los que lo han visto, estarán esta noche en el fondo del mar".

El Caleuche ya estaba casi encima de la lancha cuando repentinamente desapareció. Se fue la luz y volvió la densa sombra en que se confundían el cielo y el agua.

Al mismo tiempo, volvió la tempestad, tal vez con más fuerza, y la fatiga de los hombres les impidió dirigir la lancha en el embravecido mar, hasta que una ola gigantesca la volcó[26]. Algo debió golpearlo, porque su último recuerdo fue la gran ola negra en la oscuridad de la noche.

Despertó arrojado en una playa en que gentes bondadosas y extrañas trataban de reanimarlo. Dijo que había naufragado[27] y contó todo respecto del viaje y la tempestad, menos las circunstancias del naufragio y la visión del Caleuche. De sus compañeros no se supo más, y ésta es la primera vez en que la totalidad de la historia salía de sus labios.

---

22 highlighted **23** hull **24** ship sails **25** with joy **26** *la*... overturned it **27** shipwrecked

Comprensión

B **El terror del Caleuche** Lee las siguientes oraciones y decide si cada una es **cierta** o **falsa.**

1. Los protagonistas en la leyenda son pescadores.
2. Don Segundo es un hombre joven y no sabe pescar.
3. Don Segundo tiene mucho miedo de salir al mar.
4. Un joven le pregunta a don Segundo por qué no quiere embarcarse.
5. Don Segundo dice que el Caleuche es un monstruo.
6. El Caleuche no deja que los hombres lo vean.

C **¿Existe el barco fantasma?** Basándote en lo que leíste, contesta las preguntas.

1. ¿De qué hablaban los pescadores en la casa de don Pedro?
2. ¿Qué le pregunta el joven a don Segundo?
3. ¿Por qué no va don Segundo a pescar con sus compañeros?
4. ¿Cuántas personas tripulaban la lancha en que iba don Segundo?
5. ¿Qué pasó después de que desapareció el Caleuche?
6. ¿Quién encontró a don Segundo? ¿Qué les pasó a sus compañeros?

Después de leer

D ¿Qué significa el Caleuche para don Segundo? ¿Has escuchado alguna vez una leyenda parecida a ésta? ¿Hay alguna leyenda famosa en la región donde vives?

Taller del escritor

ESTRATEGIA

para escribir Legends can be a way to explain a natural event like the eruption of a volcano, or to tell the story of a person who may have done extraordinary things during his or her lifetime. Think of something mysterious and write a legend about it. You can write about a person or you can write about something fictitious. Make use of detailed descriptions in your legend.

Una buena descripción

Una manera de dar vida propia a tus escritos es incluir buenas descripciones. Para hacer una descripción completa, hay que considerar varios elementos que den vida al objeto. Por ejemplo, si describes un árbol, tienes que tomar en cuenta su color, su tamaño, etc. Al describir algo, decide qué puede ayudar al lector a tener una imagen viva y precisa del objeto que describes.

1 Antes de escribir

Genera una lista de objetos que quieres describir. De esta lista, escoge dos o tres objetos que te interesen y haz una lista de sus características. Puedes incluir el tamaño del objeto, su color, su olor, etc. Luego, escoge el objeto que quieres describir.

2 Escribir un borrador

Empieza a escribir tu borrador con la lista que hiciste. Puedes separar las características en párrafos. Por ejemplo, puedes describir las características físicas en el primer párrafo y otras características en el segundo párrafo. No nombres el objeto que describas en tu borrador.

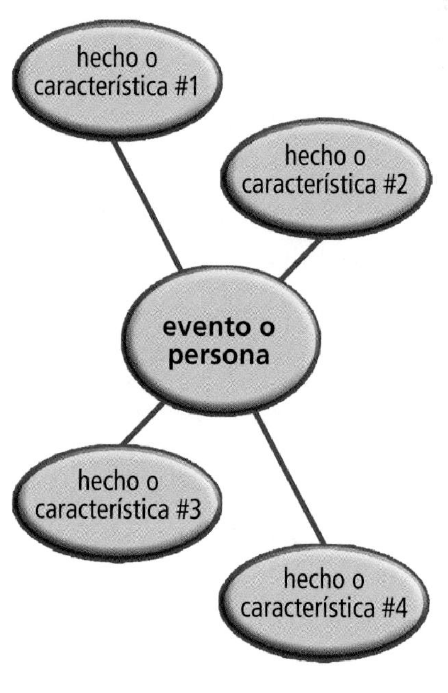

3 Revisar

Revisa tu borrador y corrige los errores de gramática y ortografía, si los hay. Lee tu borrador para verificar que tu descripción da una imagen del objeto. Si no queda clara tu descripción, considera otras características que te puedan ayudar a completar la imagen.

4 Publicar

Intercambia tu descripción con la de un(a) compañero(a). Después de leer su descripción, trata de adivinar el objeto que él/ella describe. Luego, pueden juntar todas las descripciones de la clase y adivinar los objetos descritos.

Prepárate para el examen

Repaso capítulo 9

1 Mira los dibujos y usa palabras de **Vocabulario** para describir cada uno.

1

2

3

4

2 Completa el párrafo con la forma correcta del verbo en paréntesis.

Ivania __1__ (tener) once años cuando __2__ (conocer) al hechicero. __3__ (Ser) las tres de la tarde, y ella __4__ (tener) que estar en la casa a las tres y media. Ella __5__ (estar) caminando muy rápido cuando de pronto __6__ (aparecer) un hombre muy gracioso. __7__ (Llevar) un sombrero negro. Ivania __8__ (asustarse) y él también. Él le __9__ (preguntar) una dirección y __10__ (irse) corriendo. Pero se le __11__ (caer) su varita mágica. Ivania la guardó __12__ (por/para) regalársela a su mejor amiga.

3 Completa cada oración con las formas correctas de las palabras del cuadro.

conmemorar	bandera	dictador	imperio	regocijarse	cobarde

1. Las tropas vencieron al enemigo y los soldados ═══ en la calle.
2. Este traidor es un ═══ que le tiene miedo a todo.
3. Cada año nosotros ═══ la fecha en que ganamos la libertad.
4. El ═══ gobernó sin justicia y nos quitó nuestra libertad.
5. La ═══ es un símbolo importante de cualquier país.
6. Los incas tenían un gran ═══.

1 Vocabulario 1
- setting the scene for a story
- continuing and ending a story

pp. 368–373

2 Gramática 1
- preterite and imperfect
- **por** and **para**

pp. 374–379

3 Vocabulario 2
- talking about your hopes and wishes
- expressing regret and gratitude

pp. 382–387

Visit Holt Online
go.hrw.com
KEYWORD: EXP3 CH9
Chapter Self-test

4 Completa las oraciones con la forma correcta del verbo.

1. La profesora dijo que nosotros ____ (ir) a estudiar las civilizaciones precolombinas.
2. Me gusta que nosotros ____ (tener) la oportunidad de aprender más sobre ellas.
3. Es curioso que los expertos no ____ (saber) qué les pasó a varias civilizaciones antiguas.
4. Parece mentira que el imperio inca ____ (haber) desaparecido.
5. Era imposible que los incas ____ (continuar) su imperio.
6. Laura me dijo que ____ (haber) un documental anoche sobre este tema.

4 Gramática 2
- uses of subjunctive
- sequence of tenses

pp. 388–393

5 Contesta las preguntas.

1. ¿Dónde están las Islas Malvinas?
2. ¿Qué país gobierna las Islas Malvinas?
3. ¿Quién fue el dictador de Chile desde 1973 hasta 1990?
4. ¿Dónde están las cataratas del Iguazú?

5 Cultura
- Comparaciones pp. 380–381
- Lectura informativa pp. 396–397
- Notas culturales pp. 370, 379, 391, 392

6 Escucha los fragmentos de varios cuentos de hadas y determina si se refieren **al presente, al pasado** o **al futuro.**

7 Mira los dibujos y escribe un cuento.

a.

b.

c.

d.

Gramática 1
- preterite and imperfect
  pp. 374–375
- preterite and imperfect contrasted
  pp. 376–377
- **por** and **para**
  pp. 378–379

Gramática 2
- uses of subjunctive
  pp. 388–389
- sequence of tenses
  pp. 390–393

Repaso de Gramática 1

In storytelling, the imperfect is used to describe the setting or background of a story and the preterite is used to express the events that occurred at specific moments in the story's plot. For specific uses of the imperfect and the preterite, see page 374.

Hacía sol cuando **apareció** el sabio.

The preterite is used to refer to completed past actions with a clear beginning or end. It is also used to give special meanings to certain verbs. For more information on contrasting the imperfect and the preterite, see page 376.

El rey **salió** del palacio.

The imperfect is used to describe habitual, ongoing past actions, to describe ongoing past mental or physical states, to indicate time in the past, and to indicate age in the past.

La princesa siempre **caminaba** por el jardín.

For specific uses of **por** and **para,** see page 378.

Repaso de Gramática 2

The subjunctive mood is used with expressions of:

hope, wish, recommendation:	Ojalá que se **enamoren.**
feelings, emotions or judgment:	Me entristece que no pueda **trabajar.**
unknown or nonexistent peoples, places, or things:	Busco un soldado que **sea** valiente.
doubt or denial:	Dudo que **construyan** el templo.

It is also used with certain adverbial conjunctions: **a menos (de) que, antes de que, con tal (de) que, en caso de que, para que, en cuanto, cuando, después de que, tan pronto como,** when they refer to the future.

The phrase **sequence of tenses** describes the agreement between the verb in the main clause and the verb in the subordinate clause. For more information on sequence of tenses, see page 390.

For specific uses of sequence of tenses, see page 392.

Repaso de Vocabulario 1

Setting the scene for a story

ahora bien	*well, nevertheless*
aunque	*although*
castigar	*to punish*
el castigo	*punishment*
la creación	*creation*
el cuento (de hadas)	*(fairy) tale*
desaparecer	*to disappear*
desconocido(a)	*unknown*
el (la) dios(a)	*god/goddess*
enamorarse	*to fall in love*
encantado(a)	*enchanted*
Érase una vez, en un lugar muy lejano...	*Once upon a time, in a faraway place, there was . . .*
el fantasma	*ghost*
Hace muchos años,...	*Many years ago, . . .*
el (la) hechicero(a)	*wizard*
el hecho	*fact, event, deed*
la leyenda	*legend*
mágico(a)	*magic*
misterioso(a)	*mysterious*
el mito	*myth*
el palacio	*palace*
los poderes	*powers*
la princesa	*princess*
el príncipe	*prince*
la reina	*queen*
el rey	*king*
el (la) sabio(a)	*wise man, wise woman*
Se cuenta que de pronto...	*The story goes that all of a sudden . . .*
Según nos dicen, el malvado...	*From what we've been told, the villain . . .*
el templo	*temple*
traicionar	*to betray*
el (la) traidor(a)	*traitor*

Continuing and ending a story

A causa de esto...	*Because of this . . .*
Al final, nos dimos cuenta de...	*In the end, we realized . . .*
A partir de entonces, vivieron siempre felices.	*From then on, they lived happily ever after.*
Hace tiempo vino un desconocido...	*Some time ago, a stranger came . . .*
Tan pronto como llegó...	*As soon as . . . he/she arrived . . .*

Repaso de Vocabulario 2

Talking about your hopes and wishes

acordar (ue) la paz	*to make peace*
la bandera	*flag*
la batalla	*battle*
el campo de batalla	*battlefield*
cobarde	*cowardly*
declarar la guerra	*to declare war*
la derrota	*defeat*
el dictador	*dictator*
El sueño de mi vida es vencer a...	*My life-long dream is to overcome (defeat) . . .*
Es de esperar que...	*Hopefully . . .*
el (la) enemigo(a)	*enemy*
los exploradores	*explorers*
el héroe, la heroína	*hero, heroine*
honrar	*to honor*
el imperio	*empire*
la independencia	*independence*
la justicia	*justice*
lamentar	*to lament*
liberar	*to liberate*
la libertad	*liberty*
la mujer soldado	*female soldier*
Ojalá que los países aún en guerra lleguen a un acuerdo.	*I hope that warring countries can reach an agreement.*
regocijarse	*to rejoice*
la revolución	*revolution*
el soldado	*soldier*
sufrir	*to suffer*
Tenía muchas esperanzas de...	*I had many hopes of . . .*
las tropas	*troops*
valiente	*brave*
vencer	*to defeat*
la víctima	*victim*
la victoria	*victory*

Expressing regret and gratitude

Es lamentable que...	*It's too bad that . . .*
Les agradecieron a...	*They thanked . . .*
Se arrepiente de que...	*He/She regrets that . . .*

Integración

capítulos 1–9

1 Explica lo que haría cada persona si pudiera.

1

2

3

4
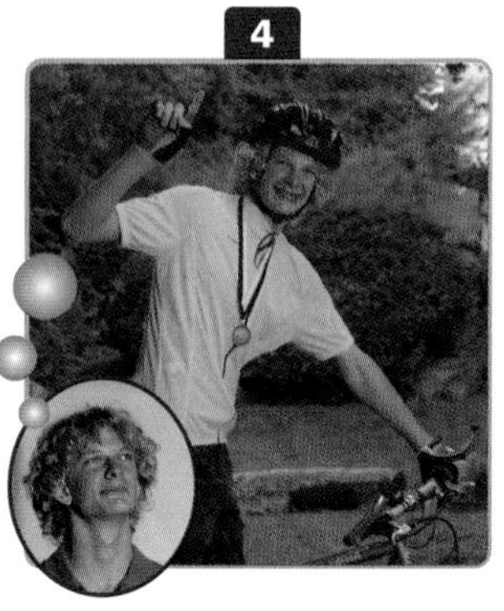

2 Lee el comentario de Celia sobre lo que aprendió en la clase de historia. Luego contesta **cierto** o **falso** a las siguientes preguntas.

Me fascina la leyenda de Quetzalcóatl. Aunque algunas partes de la leyenda están basadas en hechos reales, otros son mitos. Se dice que Quetzalcóatl era un hombre alto, rubio y blanco. Según nos dicen, después de su muerte, se convirtió en dios para muchos grupos indígenas. Ellos creían que él iba a regresar a México un día como rey. Un día un hombre alto y rubio llegó a México con sus soldados, y todos los indígenas pensaron que él era Quetzalcóatl. Pero no era cierto. ¡Era el explorador Hernán Cortés! Es lamentable que Cortés les mintiera a los indígenas, pero eso fue lo que hizo. La historia es muy interesante. Si yo pudiera, viajaría a México para ver las ruinas del templo dedicado a Quetzalcóatl. Este año no puedo ir pero en cuanto tenga el dinero, iré.

1. Ninguna parte de la leyenda de Quetzalcóatl está basada en hechos reales.
2. Se dice que Quetzalcóatl era un hombre rubio.
3. Quetzalcóatl regresó a México con sus soldados.
4. Cortés era un hombre honesto y les dijo la verdad a los indígenas.
5. Hay un templo dedicado a Quetzalcóatl en Tenochtitlán.
6. Celia va a viajar a Tenochtitlán este año.

Visit Holt Online
go.hrw.com
KEYWORD: EXP3 CH9
Cumulative Self-test

Integración

3 En grupos de tres, inventen una leyenda sobre un hecho que pasó en tu pueblo hace mucho tiempo. Imaginen que un reportero ha llegado para investigar el asunto. Cada persona en el grupo contará una parte de la leyenda y lo que espera que encuentre el reportero.

MODELO —**Se dice que un dios escondió un tesoro en el lago.**
—**¡Espero que el reportero encuentre el tesoro!**

4 Mira la pintura "La revista de Rancagua" de Juan Manuel Blanes y describe lo que ves. Comenta el contraste entre los soldados y las otras personas.

La revista de Rancagua de Juan Manuel Blanes

Soldiers at Attention from the work *José de San Martin Reviewing His Troops at Rancagua*, 1820 (detail) by Juan Manuel Blanes. Location: Museo Histórico Nacional de Buenos Aires. ©Museo Histórico Nacional de Buenos Aires/Dagli Orti/Art Archive

5 Acabas de regresar de un viaje a un templo antiguo en México. Escribe una carta a un(a) amigo(a) para contarle algo interesante que te pasó en el viaje. Describe la escena y los acontecimientos en detalle.

6 Situación

Tú y un(a) amigo(a) van a ver una obra de teatro sobre un mito. A tu amigo(a) no le gustan los mitos y tiene muchas ideas negativas sobre cómo será la obra. Tú no estás de acuerdo y expresas tus ideas positivas.

MODELO —**Dudo que los actores sean buenos. Ojalá que sea una obra corta.**
—**¡Qué va! Estoy segura que son buenos...**

Capítulo 10

El mundo en que vivimos

OBJETIVOS

In this chapter you will learn to
- talk about past events
- express and support a point of view
- make predictions and give warnings
- express assumptions

And you will use
- present and past progressive
- **haber**
- expressions of time
- future tense
- subjunctive with doubt, denial, and feelings
- subjunctive and indicative with adverbial clauses

¿Qué ves en la foto?

- **¿Qué están haciendo estas personas?**
- **¿Cómo son los edificios que ves en la plaza?**
- **¿Qué más ves en la plaza?**

En la Plaza de Los Dos Congresos, Buenos Aires, Argentina

Objetivos
Talking about past events, expressing and supporting a point of view

Vocabulario en acción 1

Del pasado al presente

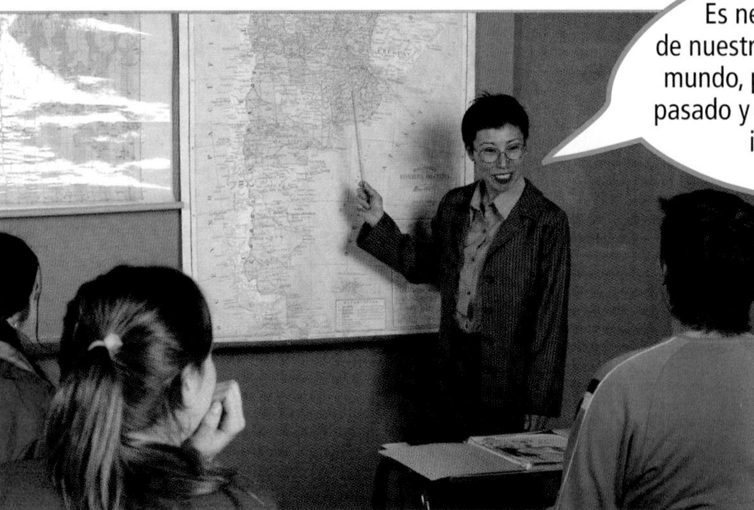
Es necesario estudiar la historia de nuestro país, así como la del resto del mundo, para saber lo que sucedió en el pasado y cómo estos **acontecimientos** influyen en el presente.

Los exploradores **descubrieron** los restos de esta **nave hundida,** que se perdió en el mar hace años.

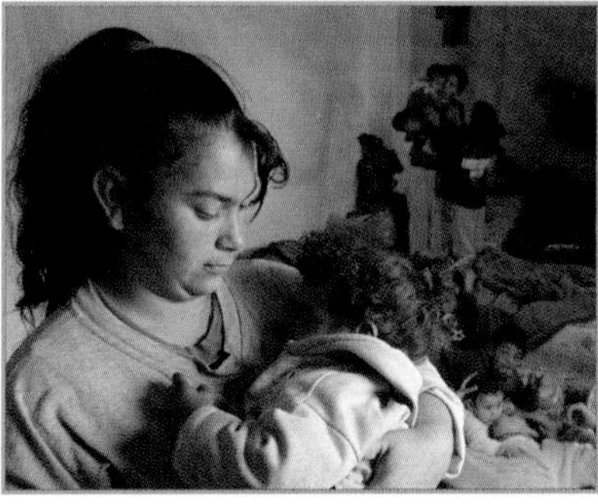
El gobierno demuestra **compasión** al recibir a **los refugiados** en tiempos difíciles.

Las manifestaciones de las madres de la Plaza de Mayo son muy **conmovedoras.** La gente se reúne allí para mostrar su **solidaridad** con las madres de hijos desaparecidos y para recordar los acontecimientos **trágicos** de la «guerra sucia».

La Copa Mundial es un **campeonato** de fútbol muy importante. En 1994 alguien amenazó con hacer **estallar una bomba** durante los partidos. **La cooperación** entre diferentes autoridades es necesaria para garantizar la seguridad en estos eventos.

Visit Holt Online
go.hrw.com
KEYWORD: EXP3 CH10
Vocabulario 1 practice

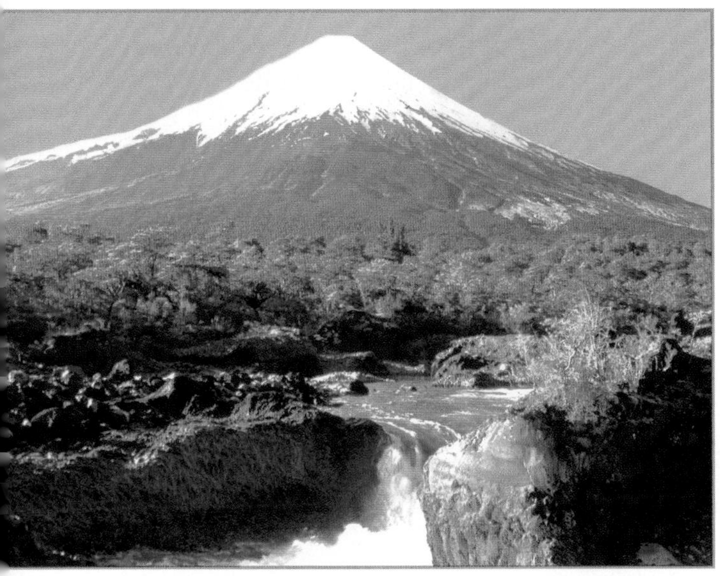

Un desastre natural, como **la erupción** de un volcán, puede ser **aterrador** y causar mucha **destrucción.** La erupción de un volcán causa **pánico** entre la población.

No sabía que iban a **estrenar** la nueva película sobre la Plaza de Mayo esta semana. Mis amigos fueron al **estreno** anoche.

El descubrimiento de momias antiguas en el desierto de Atacama, Chile fue una experiencia **emocionante** para los arqueólogos, ya que las momias son unas de las más antiguas del **planeta.**

Más vocabulario...

el accidente	*accident*
las elecciones	*elections*
espantoso(a)	*terrible, frightening*
la indiferencia	*indifference*
los inmigrantes	*immigrants*
el invento	*invention*

¡Exprésate!

To ask about a past event	To respond
¿Te acuerdas (de) cuando sucedió...? *Do you remember when . . . happened?*	**Lo recuerdo como si fuera ayer./** **No, no me acuerdo para nada.** *I remember it like it was yesterday./* *No, I don't remember at all.*
¿Dónde estabas y qué hacías cuando...? *Where were you and what were you doing when . . . ?*	**Estaba en casa cuando...** *I was at home when . . .*

Interactive TUTOR

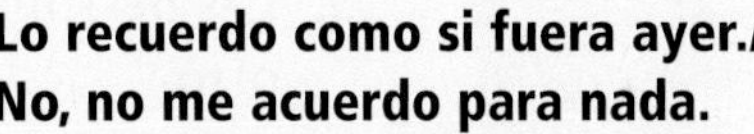

Online
Vocabulario y gramática, pp. 109–111

1 Las noticias del día

Escuchemos Escucha el noticiero y escoge la palabra que corresponde a cada noticia.

a. el pánico
b. el invento
c. las manifestaciones
d. el estreno
e. un accidente
f. la indiferencia

2 Acontecimientos históricos

Leamos Indica qué oración corresponde a cada foto.

A

B

C

D
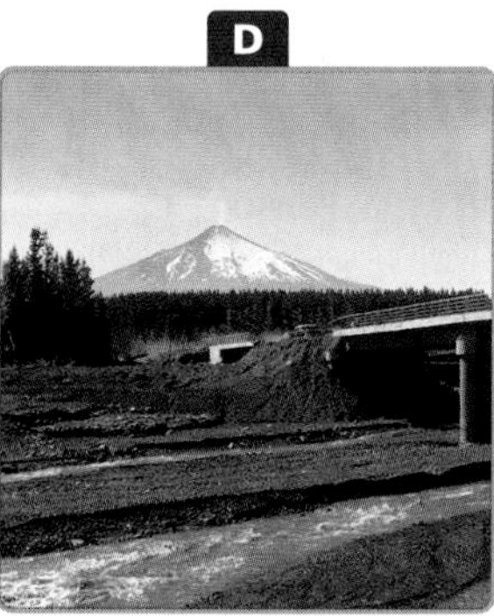

1. Los arqueólogos celebran el descubrimiento de artefactos *(artifacts)* en Argentina.
2. La erupción del volcán Villarica en Chile en 1971 causó mucha destrucción.
3. Argentina celebra su victoria en el campeonato de fútbol de 1978.
4. El descubrimiento de la nave hundida fue un momento emocionante.

Raúl Pateras de Pescara, un inventor argentino, pone a prueba su helicóptero en 1924.

3 Definiciones

Leamos/Hablemos Decide qué palabra de **Vocabulario** corresponde a cada definición.

1. Un producto que no existía antes.
2. Las personas que buscan un lugar seguro.
3. Las personas que se van de su país y se establecen en otro.
4. El sentimiento de pena o lástima por alguien que sufre.
5. Un suceso involuntario que causa daño.
6. Una ruina o pérdida grande.
7. El proceso de votar por la persona que va a ocupar un puesto importante.
8. Presentar por primera vez.

4 Hablando del pasado

Leamos/Escribamos Completa la conversación con las palabras del cuadro.

sucedió	aterradora	trágico
estalló	solidaridad	pánico

—¿Te acuerdas cuando ___1___ una bomba en los Juegos Olímpicos?

—Sí, lo recuerdo. Fue una explosión ___2___ y estaba muy asustado.

—¿Dónde estabas cuando ___3___?

—Estaba entrando al estadio cuando sentí algo como un terremoto y todo el mundo sintió ___4___.

—Fue ___5___, pero me impresionó la ___6___ entre todos los países que se apoyaron para que continuaran los Juegos.

La década de los 90 fue marcada por crisis económicas en México, Asia y Brasil. Argentina fue también afectada por estos sucesos; los precios de los productos argentinos subieron, los productos de exportación bajaron, y a finales de los años 90, comenzó una crisis económica en Argentina. En 2001, las imágenes en la televisión eran escenas de caos y pánico en las ciudades de Argentina. El desempleo alcanzó niveles de más del 20%.

5 Me acuerdo...

Leamos/Escribamos Completa las oraciones según tus experiencias. Da tantos detalles como puedas.

1. Fui al estreno de...
2. En las últimas elecciones...
3. Me acuerdo cuando sucedió...
4. Un acontecimiento trágico del año pasado fue...
5. Fue emocionante el descubrimiento de...
6. Muchos refugiados vinieron a Estados Unidos porque...

Comunicación

6 ¿Dónde estabas cuando...?

Hablemos Con un(a) compañero(a), hablen de las cosas emocionantes que han pasado en el colegio este año. Túrnense para preguntarle a su compañero(a) si recuerda el acontecimiento y dónde estaba cuando sucedió. Usen las palabras de **Vocabulario** y las expresiones de **Exprésate.**

MODELO —**¿Te acuerdas cuando nuestro equipo de básquetbol ganó el campeonato?**

—**Lo recuerdo como si fuera ayer. ¡Qué emocionante!**

Memorias de un acontecimiento trágico

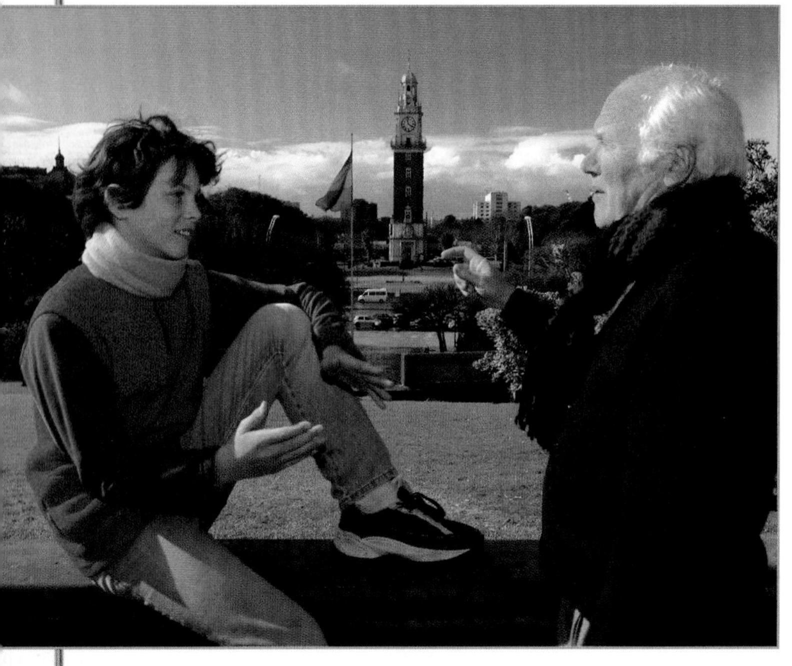

JOSÉ Abuelo, ¿te acuerdas cuando sucedió el accidente en la mina de cobre?

ABUELO Sí, lo recuerdo como si fuera ayer, a pesar de que han pasado muchos años. Fue algo aterrador que creó pánico entre los mineros, desesperados por salir.

JOSÉ ¿Dónde estabas cuando supiste lo del desastre?

ABUELO Precisamente estaba muy cerca trabajando en mi jardín cuando oí un ruido espantoso. Todos corrimos hacia la mina para ayudar. Fue conmovedor ver la solidaridad de la gente ante aquel trágico evento.

JOSÉ ¿Es cierto que la muerte de muchos mineros pudo evitarse?

ABUELO Quizás tengas razón, pero ten en cuenta que en aquella época no teníamos el equipo de rescate que existe actualmente.

JOSÉ Aunque estoy de acuerdo, yo creo que pasó porque no había las medidas de seguridad necesarias.

ABUELO Claro, por eso creo que vale la pena analizar las causas que provocan este tipo de accidente para evitar que ocurran en el futuro.

¡Exprésate!

To express and support a point of view

Interactive TUTOR

Me parece que... *It seems to me that . . .*	**Aunque estoy de acuerdo..., creo que...** *Although I agree . . . , I think that . . .*
Creo que vale la pena acordarse de... *I think it's worth remembering . . .*	**Lo que noto es que...** *What I notice is that . . .*
Ten en cuenta que... *Keep in mind that . . .*	**A pesar de que hubo..., por otro lado...** *Although there was/were . . . , on the other hand . . .*

Online
Vocabulario y gramática, pp. 109–111

7 ¿Cierto o falso?

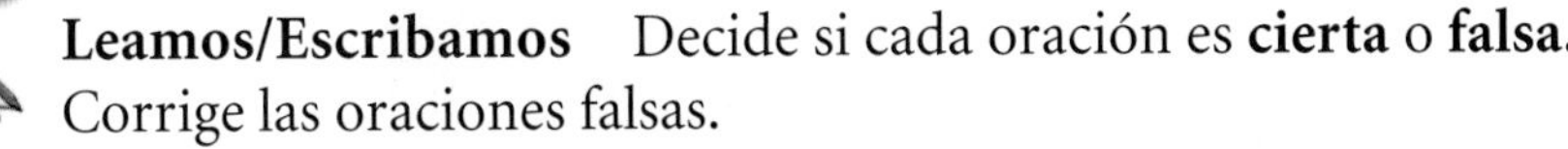

Leamos/Escribamos Decide si cada oración es **cierta** o **falsa.** Corrige las oraciones falsas.

1. El abuelo no se acuerda del accidente en la mina de cobre.
2. Los mineros reaccionaron con indiferencia.
3. El abuelo estaba en la mina cuando ocurrió el derrumbe.
4. En aquella época no teníamos el mismo equipo de rescate que existe hoy en día.
5. El abuelo piensa que vale la pena analizar las causas de este tipo de accidente.

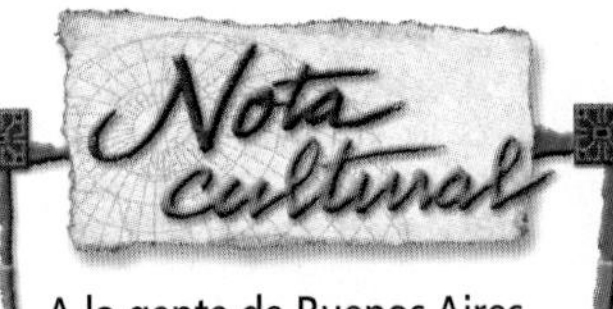

Nota cultural

A la gente de Buenos Aires se les conoce como *porteños.* Esta ciudad es la puerta principal de Argentina y uno de los puertos más importantes del mundo. Está ubicado en la orilla sur del estuario del Río de la Plata donde éste llega al océano Atlántico.

8 Del pasado al presente

Escuchemos/Leamos Bárbara y Alejo están hablando de la vida moderna. Escucha su conversación y determina quién estará de acuerdo con las siguientes ideas: **Bárbara, Alejo** o **ambos**.

1. Creo que la vida moderna es muy complicada.
2. Creo que ahora hay más solidaridad entre los países.
3. Me parece que los países no pueden ser independientes ahora.
4. Lo que noto es que hay muchas guerras hoy en día.
5. Vale la pena acordarse de los acontecimientos que muestran solidaridad entre los países.
6. La vida era mejor cuando había menos tecnología.
7. Aunque había menos tecnología en el pasado, también había conflictos.
8. Los adelantos van a crear un mundo más unido.

Comunicación

9 ¿Qué opinas?

Hablemos En grupos, hablen de sus puntos de vista sobre los siguientes temas. Expresen y apoyen sus opiniones usando las expresiones de **Exprésate.**

1. El campeonato mundial de golf es el evento deportivo más emocionante de todos.
2. Las manifestaciones políticas deberían ser ilegales.
3. El teléfono celular es el mejor invento del siglo XX.
4. Parece mentira que no descubrieran el *Titanic* hasta 1985.
5. No vale la pena ir al estreno de una película. Es mejor verla en video.

Objetivos
Present and past progressive, haber, expressions of time

Interactive TUTOR

Repaso Present and past progressive

1 As you know, the **progressive tenses** indicate an action in progress.

2 To indicate actions occurring right now, use the present progressive. This is formed with the **present tense of estar, andar,** or **seguir** + **present participle.**

> **Estoy viendo** el noticiero.
> *I am watching the news.*
>
> José **anda haciendo** entrevistas.
> *José is (going around) doing interviews.*
>
> **Seguimos trabajando.**
> *We continue working.*

3 To indicate actions that were in progress in the past, use the past progressive. This is formed with **imperfect tense of estar, andar,** or **seguir** + **present participle.**

> **Estaba viendo** el noticiero.
> *I was watching the news.*
>
> José **andaba haciendo** entrevistas.
> *José was (going around) doing interviews.*
>
> Victoria **seguía llegando** tarde aunque al jefe no le gustaba.
> *Victoria kept coming in late even though the boss didn't like it.*

4 The past progressive is often used to tell what was happening in the past when an interrupting event occurred.

> **Estaba viendo** el noticiero cuando me enteré del accidente.
> *I was watching the news when I found out about the accident.*

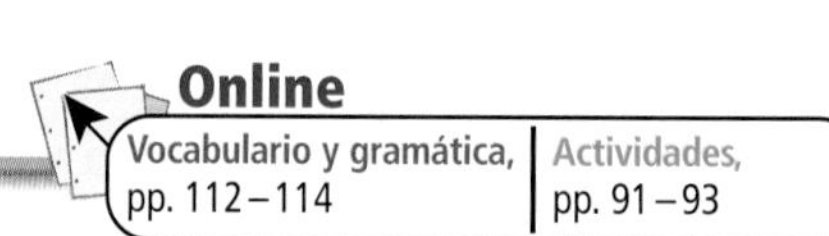

¿Te acuerdas?

The present participle is formed by dropping the ending and adding **-ando** for **-ar** verbs and **-iendo** for **-er** and **-ir** verbs.

estren**ar** → estren**ando**

hac**er** → hac**iendo**

ocurr**ir** → ocurr**iendo**

10 ¿Cuándo pasó?

Escuchemos Escucha las siguientes conversaciones y di si se habla de algo que **a**) estaba ocurriendo en el pasado o **b**) está ocurriendo ahora.

1. ver el estreno
2. trabajar con los refugiados
3. celebrar en la Plaza de Mayo
4. prepararse para las elecciones
5. leer el artículo
6. cuidar al hermano

Visit Holt Online
go.hrw.com
KEYWORD: EXP3 CH10
Gramática 1 practice

Gramática 1

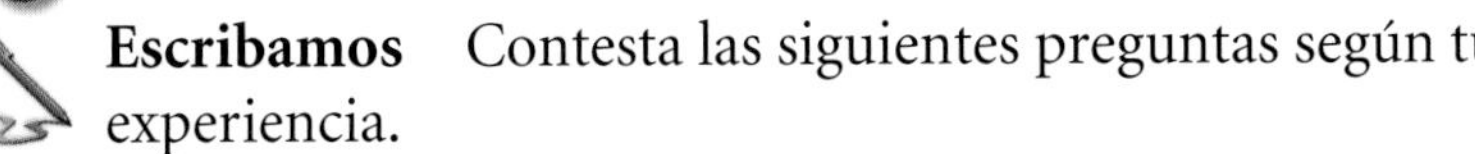

11 Queremos ayudar

Escribamos Contesta las siguientes preguntas según tu experiencia.

1. ¿Qué anda haciendo tu mejor amigo(a)?
2. ¿Qué estaba diciendo tu profesor(a) cuando entraste hoy?
3. ¿Sigues practicando los deportes que practicabas de niño(a)?
4. ¿Qué estaban desayunando todos en tu casa cuando te levantaste?
5. ¿Qué estás estudiando este año?

12 ¿Qué estabas haciendo?

Escribamos/Hablemos Mira las fotos y explica qué estaban haciendo todos cuando ocurrió el terremoto.

1. Carmen y Lola

2. Sebastián

3. Susana y yo

4. Melisa

Comunicación

13 ¿Qué estaba haciendo cuando...?

Hablemos Ana siempre se pierde los acontecimientos emocionantes, como los desfiles *(parades)*. Mira los dibujos y, con un(a) compañero(a), cuenta lo que estaba haciendo Ana cuando sucedieron las cosas hoy y lo que está haciendo ahora.

¿Se te olvidó? Preterite and imperfect contrasted, pp. 376–377

Esta mañana

Esta tarde

Ahora

Repaso Haber

1 As you know, the verb **haber** in the third-person singular indicates existence or non-existence of something.

No **hubo** víctimas en el terremoto.

Creo que **habrá** otro terremoto muy pronto.

Los científicos negaron que **hubiera** señales del terremoto.

2 To express the present perfect indicative or subjunctive, use the present indicative or present subjunctive forms of **haber** + **past participle.** To express past perfect indicative or subjunctive, use the imperfect or past subjunctive forms of **haber** and **past participle.** To express future or conditional perfect, use the future or conditional forms of **haber** + **past participle.**

present perfect indicative	**He** hecho muchos sacrificios.
past perfect indicative	Mis papás **habían** hecho muchos sacrificios en el pasado.
present perfect subjunctive	Me alegro de que **hayan** ganado el campeonato.
future perfect	**Habré** hecho muchos sacrificios cuando llegue a su edad.
conditional perfect	**Habríamos** ido al estreno, pero se vendieron las entradas.

Online
Vocabulario y gramática, pp. 112–114 | Actividades, pp. 91–93

Nota cultural

Chile enfrenta la amenaza constante de desastres naturales como terremotos, erupción de volcanes y maremotos *(tidal waves).* El terremoto más grande del siglo veinte ocurrió en Chile en 1960, con una magnitud de 9.5 en la escala de Richter. El terremoto causó maremotos que llegaron hasta Japón y las Filipinas. Causó también desprendimientos de tierras *(landslides)* en los Andes que dieron origen a un lago.

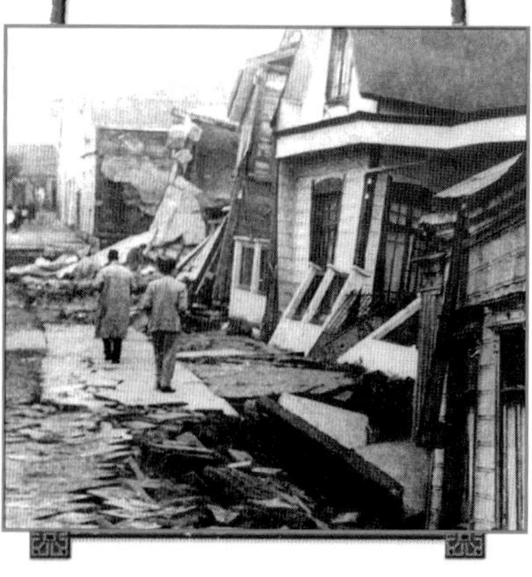

14 Una excursión

Leamos/Escribamos Completa el diálogo con la forma correcta de **haber.**

—¿Supiste que ___1___ un accidente ayer en las montañas de Patagonia?

—Sí, es terrible. Desafortunadamente, creo que ___2___ más accidentes. A veces la gente hace senderismo sin el equipo necesario.

—Me sorprende que no ___3___ guías aquí ahora para ayudar a la gente.

—Usualmente ___4___ muchos guías pero parece que ayer no ___5___ nadie cuando empezaron la excursión.

—Dudo que no ___6___ nadie. Eso nunca pasa.

—Pues, José, no ___7___ nadie aquí ahora. Así que pasa a veces.

15 Las playas más bonitas

Leamos/Escribamos Completa las oraciones con la forma correcta de **haber** y el verbo entre paréntesis.

1. En dos horas, mis amigos ═══ (llegar) a Las Grutas.
2. Yo ═══ (ir) con ellos pero tengo que trabajar.
3. Yo nunca ═══ (poder) ir a esas playas.
4. Tomás me dijo que él nunca ═══ (ver) una arena tan blanca hasta que llegó a Las Grutas.
5. Me alegra que ellos ═══ (tomar) sus vacaciones.
6. Este verano ═══ (ser) muy difícil para mí.

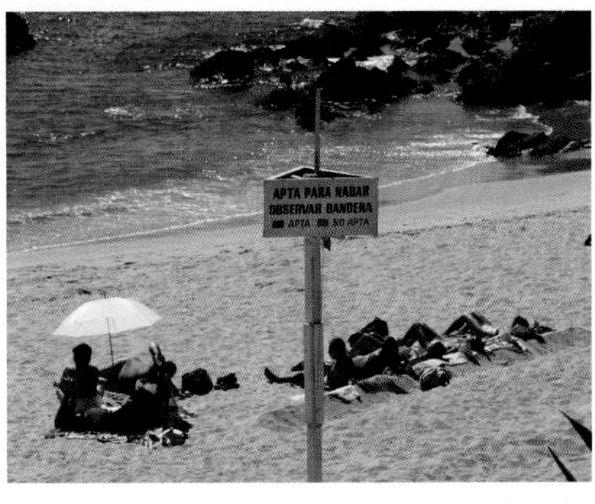

Las playas bonitas de Viña del Mar, Chile

16 Con el tiempo

Hablemos/Escribamos Imagina que estamos en junio. Escribe cinco oraciones sobre cuántos estrenos ha habido hasta ahora y cuántos habrá el resto del año.

MODELO En marzo hubo seis estrenos.

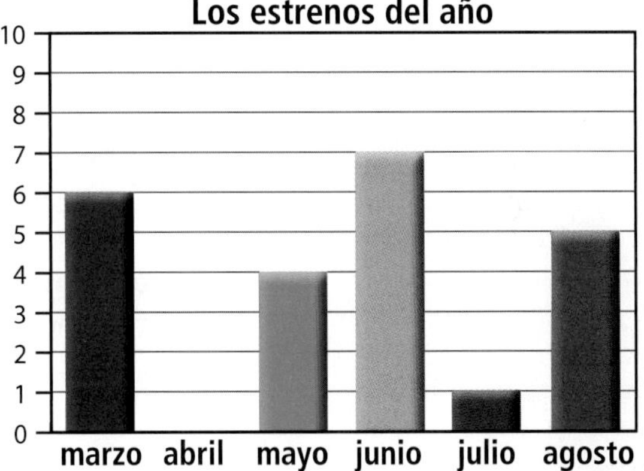

17 En el colegio

Hablemos/Escribamos Completa las oraciones.

¿Se te olvidó? Present perfect, pp. 148–149

1. Cuando empecé a asistir a este colegio, yo ya había...
2. El día que me gradúe, habrá...
3. En el club de teatro hubo...
4. Este año, mis amigos y yo hemos...
5. En mi colegio, hay mucha...
6. No estoy de acuerdo con que haya...

Comunicación

18 El futuro

Hablemos Habla con un(a) compañero(a) de cómo ha cambiado tu comunidad en los últimos diez años. ¿Qué había antes que no hay ahora? ¿Qué cosas hay ahora? Comenten sobre cómo creen que habrá cambiado para el año 2040.

Repaso Expressions of time

1 The construction **hace** + **amount of time** + **que** is used to tell *for how long* an action has been going on.

Hace tres meses que vivimos en este país.
We have been living in this country for three months.

2 The construction **hace** + **amount of time** + (**que** +) verb in the **past tense** is used to tell *how long ago* something happened.

Hace diez años, **vivía** en Chile.
Ten years ago, I lived in Chile.

Hace dos meses que **vine** a Chile.
I came to Chile two months ago.

3 The phrase **desde que** followed by a verb in the past tense expresses *(ever) since* and is used with a main clause to say how things are or have been from that point on.

Desde que ocurrió el accidente, somos más cuidadosos.
Since the accident happened, we are more careful.

4 **Ordinal numbers** can be used with **vez** to explain how many times something has occurred.

Es la **tercera** vez que hemos ganado el campeonato.
This is the third time we've won the championship.

Online
Vocabulario y gramática, pp. 112–114 | Actividades, pp. 91–93

¿Te acuerdas?

The **ordinal numbers** from one to ten are:

primero(a)	**sexto(a)**
segundo(a)	**séptimo(a)**
tercero(a)	**octavo(a)**
cuarto(a)	**noveno(a)**
quinto(a)	**décimo(a)**

19 Dos opiniones

Escuchemos/Leamos Escucha la conversación entre David y Nora y contesta las preguntas.

1. ¿Cuánto tiempo hace que el nuevo presidente está gobernando?
2. ¿Desde cuándo hay muy poca cooperación entre los políticos?
3. ¿Cuándo sucedió un acontecimiento trágico en la capital?
4. ¿Cuántas veces ha salido el presidente en la televisión?
5. ¿Cuánto tiempo hace que David vive en este país?

La Plaza de Mayo, frente a La Casa Rosada

20 Las elecciones

Leamos/Escribamos Completa las oraciones con **hace** o **desde.**

—¿Te acuerdas de las últimas elecciones?
—Claro. __1__ tres años que tenemos un alcalde que me gusta.
—__2__ que ganó las elecciones, nuestra vida ha mejorado.
—Pero __3__ poco tiempo, descubrieron que él había mentido.
—__4__ que salió la noticia, todos creen que no es fiable.
—Y con razón. __5__ que lo supe, ya no confío en él.

21 ¿Cuántas veces?

Leamos/Escribamos Usa las frases y números ordinales para formar oraciones completas.

MODELO **nueve veces/suceder un accidente en esta carretera**
Es la novena vez que sucede un accidente en esta carretera.

1. tres veces/nosotros/ganar el campeonato
2. cinco veces/yo/ver un estreno en este teatro
3. seis veces/tú/escribirle una carta al presidente
4. diez veces/los arqueólogos/descubrir algo tan antiguo
5. una vez/mis amigos/ver la erupción de un volcán
6. ocho veces/los refugiados/tratar de regresar a su país

22 Antes y ahora

Escribamos Escribe seis oraciones para explicar cuánto tiempo hace que se hicieron cambios en este barrio.

MODELO **Hace cinco años no había árboles.**

Comunicación

23 Acontecimientos del pasado

Hablemos Con un(a) compañero(a), comenta los siguientes acontecimientos. Para cada uno, digan cuánto tiempo hace que pasó.

1. las últimas elecciones presidenciales
2. el estreno de tu película favorita
3. el campeonato mundial de tu deporte preferido
4. el descubrimiento de algo increíble
5. el lanzamiento de un invento tecnológico

Cultura

VideoCultura

El ataque en La Moneda, el palacio presidencial en Santiago, Chile, 11 de septiembre de 1973

Al mal tiempo, buena cara

Algunos eventos quedan grabados para siempre en la memoria de la gente. A veces es la fuerza destructora de la naturaleza: huracanes, terremotos, tornados, inundaciones, incendios. Otra vez es, por desgracia, la acción violenta del hombre: atentados, guerras, asesinatos. Pero en general, la gente reacciona a estos acontecimientos uniéndose más con sus vecinos, y estrechando relaciones con sus amigos y conocidos. ¿Recuerdas tú algún evento trágico en tu ciudad o región? ¿Cuál fue el efecto inmediato? ¿Cómo reaccionó la gente a largo plazo?

Laura
Santiago, Chile

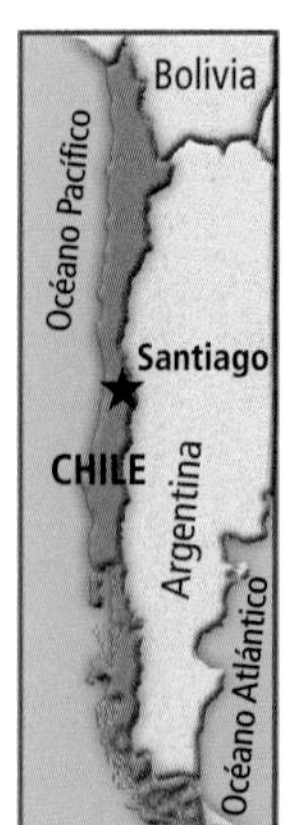

¿Hay un evento grabado en tu memoria?

Sí, el 11 de septiembre del 73, el golpe militar.

¿Dónde estabas y qué estabas haciendo cuando pasó?

Yo vivía al frente del colegio donde estudiaba. Entonces se empezaba a sentir como mucho ruido, mucha gente que hablaba, algo que estaba pasando extraño. Y cuando nos dejaron ir, los compañeros nos fuimos a mi casa. Entonces era una situación entre juego, cosas dramáticas.

Para ti, ¿cuál fue el momento más conmovedor?

Bueno después, llegó una tía con mis primos. Estaba muy afectada porque habían tomado su esposo, o sea mi tío. Lo habían tomado prisionero y no sabía qué hacer, no sabía si estaba vivo. Entonces fue como también tomar la opción de protegerla a ella, de dejarla en la casa como de asumir lo que estaba sucediendo con mi familia.

¿Crees que vale la pena recordar los eventos del pasado?

Creo que darle vueltas es un poco insano. Hay [que] sanar estos acontecimientos, sobre todo si han sido dolorosos o si han marcado tu vida en tu futuro.

Visit Holt Online
go.hrw.com
KEYWORD: EXP3 CH10
Online Edition

Héctor
El Paso, Texas

¿Hay un evento grabado en tu memoria?

Sí, hay muchos eventos que recordar, pero uno en específico tendría que ser el ataque terrorista del 11 de septiembre de 2001.

¿Dónde estabas y qué estabas haciendo cuando te enteraste?

Recuerdo que estaba en la clase, acababa de entrar en las clases, y los estudiantes me empezaron a comentar y los maestros prendieron el televisor.

Para ti, ¿cuál fue el momento más conmovedor?

Tendría que ser cuando las personas se estaban tirando de las torres gemelas. Fue algo muy trágico.

¿Crees que vale la pena recordar los eventos trágicos del pasado?

En este caso, sí. Muchas personas fallecieron y es bueno recordar a las personas.

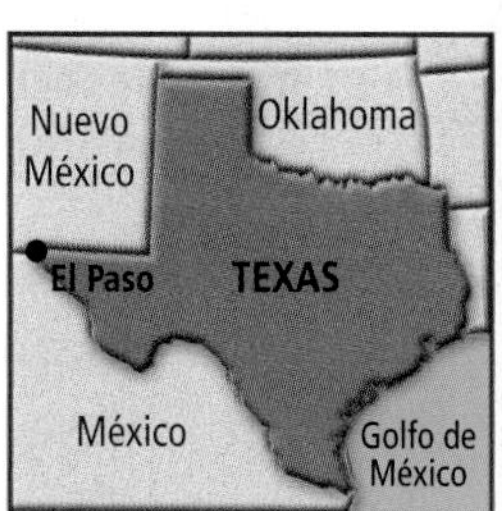

Para comprender

1. ¿Qué paso el 11 de septiembre de 1973 en Chile? ¿Cómo lo describe Laura?
2. ¿En dónde estaba Laura cuandó sucedió? ¿Qué le pasó a su tío aquel día?
3. ¿De qué evento habla Héctor?
4. ¿Dónde estaba él cuando supo del evento? ¿Cómo describe el evento?
5. ¿Cómo respondieron los dos a la última pregunta? ¿Estás de acuerdo con las respuestas? ¿Por qué sí o por qué no? ¿Cómo responderías tú a la pregunta?

Para pensar y hablar

Suceden tragedias por todo el mundo: guerras, desastres naturales, atentados, muertes inesperadas. ¿Crees que puede surgir algo bueno en la reacción de la gente ante sucesos trágicos? Explica.

Comunidad y oficio

Los pesticidas en Latinoamérica

¿Cómo nos afecta el uso de pesticidas en Latinoamérica? Estados Unidos importa miles de millones de dólares de frutas y verduras cada año, la mayoría de Latinoamérica. La próxima vez que vayas al supermercado, toma nota de dónde vienen las frutas y verduras que compras. Haz una investigación sobre una fruta o una verdura cultivada en Latinoamérica, como los plátanos de Honduras o Ecuador, o los aguacates de Chile o México. ¿Cómo se cultivan estos productos y qué tipos de pesticidas se usan?

Plátanos y bananas importados de Latinoamérica

Objetivos
Making predictions and giving warnings, expressing assumptions

Vocabulario en acción 2

Del presente al futuro

Tenemos que dejar de **desperdiciar** nuestros recursos. Muchas veces, tiramos cosas al **basurero** que podemos **reciclar.**

Es cada vez más importante usar **los recursos naturales** con inteligencia. Algunos recursos como los bosques son **renovables** pero otros, como **los combustibles,** son **no renovables.**

Visit Holt Online
go.hrw.com
KEYWORD: EXP3 CH10
Vocabulario 2 practice

Vocabulario 2

Más vocabulario...

el carro eléctrico/híbrido	*electric/hybrid car*
cometer (un crimen, un error)	*to commit (a crime), to make (a mistake)*
contaminado(a)	*contaminated, polluted*
innovador(a)	*innovative*
la ley (en contra/a favor de)	*law (against/in favor of)*
los programas (de)	*programs (for)*

Hay que **sembrar** productos **de cultivo biológico** en vez de usar **pesticidas,** que causan **la contaminación** del agua.

La calidad del aire es un tema importante. **La energía solar** es una **alternativa a las fuentes de energía** tradicionales, y es posible que **la fusión nuclear** lo sea algún día.

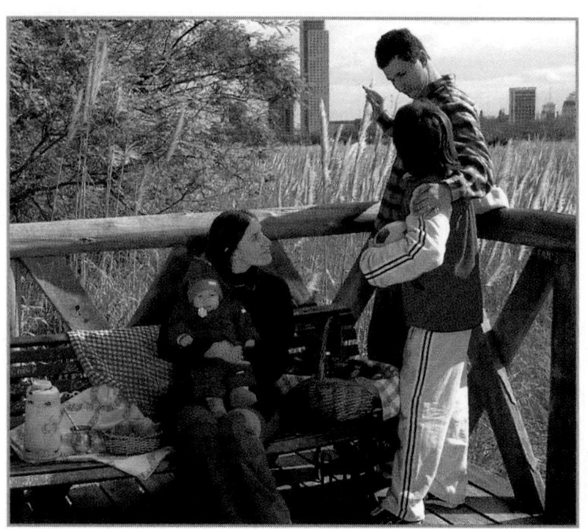

Hay mucho que podemos hacer hoy para que nuestros hijos **crezcan** saludables y para protegerlos contra **las enfermedades.**

También se puede decir...

Throughout the Spanish-speaking world, you may hear **el coche, el auto, el automóvil,** or **la máquina** used instead of **el carro.**

¡Exprésate!

To make predictions and give warnings

Interactive TUTOR

A que no va a bajar la tasa de... *I bet that the rate of . . . won't go down.*	**Es muy posible que el tráfico aumente con...** *It's quite possible that traffic will increase with . . .*
Calculo que van a implementar... *I predict that they are going to implement . . .*	**Te apuesto que...** *I bet you that . . .*
Ya verás que van a promover... *You'll see that they're going to promote . . .*	**Se advierte que...** *They advise that . . .*

Online
Vocabulario y gramática, pp. 115–117

▶ **Vocabulario adicional** — El medio ambiente, p. R19

24 ¿Qué pasa en el mundo?

Escuchemos/Leamos Lee los siguientes titulares antes de escuchar los comentarios. Luego escoge el titular que corresponde a cada comentario.

a. La energía solar: una alternativa para conservar energía
b. Se desarrollan programas contra la drogadicción
c. Los trabajadores se quejan del tráfico
d. Los productos orgánicos son más saludables
e. La contaminación del agua causa problemas
f. Aumenta la tasa de desempleo

25 ¿Cómo protegemos el medio ambiente?

Leamos Completa las oraciones con una palabra del cuadro.

innovador	**desperdiciar**	**sembrar**	**conservar**
fusión	**promover**	**híbrido**	**combustible**

1. Tenemos que ____ el medio ambiente para futuras generaciones.
2. No debemos ____ recursos naturales como el agua.
3. La ____ nuclear produce energía y es un recurso renovable.
4. El carro ____ combina elementos del carro tradicional y del carro eléctrico.
5. Si los sistemas actuales no funcionan, necesitamos un programa ____ para bajar los niveles de contaminación.
6. El petróleo es un ____ que puede empeorar la calidad del aire.
7. Debemos ____ los árboles para proteger los bosques del planeta.
8. Es muy importante ____ programas de reciclaje.

26 Tu opinión del medio ambiente

Leamos/Escribamos Lee las oraciones y decide si estás de acuerdo o no. Si no estás de acuerdo, escribe otra oración con tu opinión.

1. Mucha gente piensa que los carros eléctricos contaminan el aire.
2. Todo el mundo debe reciclar porque esto ayuda a conservar los recursos naturales.
3. Las leyes contra la contaminación del medio ambiente no son necesarias.
4. No hay que buscar fuentes de energía alternativas porque el petróleo abunda.
5. Los productos orgánicos se cultivan sin pesticidas.
6. Todos los recursos naturales son renovables y no hace falta protegerlos.

Argentina tiene muchos recursos naturales. La mayoría de su riqueza natural se encuentra en la zona de las Pampas, donde la tierra es buena para cultivar granos y cereales. Sus recursos minerales incluyen depósitos de petróleo y de gas natural y, en cantidades más pequeñas, aluminio, cobre, hierro, oro, plata, plomo, uranio, zinc y mica. El nombre Argentina viene del latín *argentum,* que significa *plata,* porque el explorador Sebastian Cabot recibió regalos de plata de la gente indígena.

27 ¿Cuáles son los problemas?

Escribamos/Hablemos Describe los problemas que ves en cada dibujo y sus posibles consecuencias.

A

B

C

D

28 Mis predicciones

Leamos/Escribamos Haz una predicción o una advertencia *(warning)* para el futuro sobre los siguientes temas. Usa las expresiones de **Exprésate.**

MODELO **Ya verás que los carros eléctricos serán muy importantes en el futuro.**

1. los productos orgánicos
2. las alternativas a los combustibles
3. la contaminación del aire
4. el hambre
5. la energía solar
6. las leyes contra los pesticidas
7. el crimen

Es muy posible que el aumento de tráfico empeore la contaminación de aire en Santiago, Chile.

Comunicación

29 ¿Qué pasará?

Hablemos En parejas, hablen de por lo menos tres problemas que afectan a su comunidad. Hagan predicciones sobre lo que pasará en el futuro si no se resuelven esos problemas, y digan lo que harían Uds. para resolverlos.

MODELO **—Se advierte que habrá problemas con la calidad del aire.**
—Tenemos que ayudar a conservar la calidad del aire.

▶ **Vocabulario adicional — El medio ambiente,** p. R19

El club de ecología

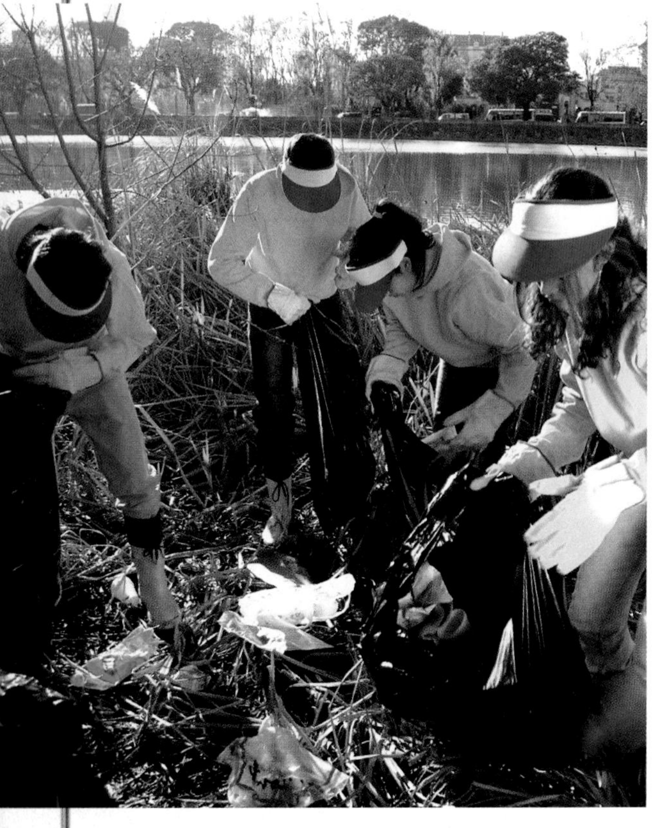

RAÚL ¡Hola, Diana! Como presidenta del club de ecología de nuestro colegio, seguro que nos puedes hablar sobre cómo conservar nuestros recursos naturales y proteger el medio ambiente.

DIANA Claro que sí, Raúl, con mucho gusto.

RAÚL Bueno, con tantos automóviles y fábricas que usan combustibles, ¿qué podemos hacer para mejorar la calidad del aire?

DIANA Podríamos utilizar alternativas a los combustibles, por ejemplo la energía solar y la fusión nuclear.

RAÚL Diana, háblame un poco sobre el programa de reciclaje que promueves en nuestro colegio.

DIANA Pues, noté que los estudiantes tiran muchas cosas a la basura que se pueden reciclar, y por eso me dediqué a desarrollar este programa. Hemos logrado bajar la tasa de desperdicios no sólo en el colegio sino en todo el vecindario.

RAÚL Y ahora cambiando de tema, ¿tú crees que el comer frutas y verduras de cultivo biológico puede ayudar a combatir la contaminación?

DIANA ¡Claro! Todo producto de cultivo biológico beneficia al medio ambiente porque no se usan pesticidas ni otros productos químicos en el cultivo de las frutas y verduras.

RAÚL ¿Cómo ves el futuro de nuestra comunidad en cuanto a la ecología?

DIANA Bueno, Raúl, es de suponer que el futuro será mejor que el presente. Así que, me imagino que para el año 2020 veremos mucho menos desperdicio, contaminación y enfermedades. En cuanto a la contaminación del aire, creo que nos va a ayudar mucho el carro eléctrico. Ya verás que van a promover este tipo de carro en el futuro. ¡A que sí se hará!

¡Exprésate!

To express assumptions

Interactive TUTOR

Es de suponer que... *I suppose that . . .*	**Supongo que sí.** *I suppose so.*
Me imagino que para el año... habrá... *I imagine that by the year . . . there will be . . .*	**A lo mejor habrá...** *Maybe there will be . . .*

Online
Vocabulario y gramática, pp. 115–117

30 La entrevista

Leamos Basándote en la entrevista, decide si Diana **a**) estaría de acuerdo o **b**) no estaría de acuerdo con los siguientes comentarios.

1. Prefiero la fusión nuclear a la energía solar.
2. El programa de reciclaje ha ayudado a bajar la tasa de desperdicios.
3. Los productos orgánicos no benefician al medio ambiente.
4. A lo mejor en el futuro veamos menos desperdicio.
5. Es de suponer que el carro eléctrico ayudará a bajar el nivel de contaminación.

Una entrevista fuera del palacio de La Moneda en Santiago, Chile

31 ¿Qué crees?

Escribamos Usa una palabra o expresión de cada columna para formar seis oraciones sobre lo que puede pasar en el futuro.

Es posible que	aumentar	los recursos renovables
Me imagino que	bajar	el tráfico en las ciudades
Es de suponer que	sembrar	programas innovadores de reciclaje
A lo mejor	promover	árboles en las ciudades y en los bosques
Ya verás que	reciclar	los recursos naturales

32 En veinte años

Leamos/Escribamos En veinte años, ¿cómo será el mundo? Contesta las preguntas. Usa las expresiones de **Exprésate.**

1. ¿Habrá leyes contra el uso de productos no orgánicos?
2. ¿El gobierno promoverá el uso de la energía solar?
3. ¿Qué pasará con la tasa de desempleo?
4. ¿Bajará la cantidad de recursos naturales?
5. ¿Habrá tanto crimen como hoy en día?

Comunicación

33 El club de ecología

Hablemos Imagina que tus compañeros y tú van a empezar un club de ecología en su colegio. ¿Qué tipo de programas implementarán? ¿Cómo ayudarán a mejorar la comunidad? Usen las palabras de **Vocabulario** y las expresiones de **Exprésate.** Luego presenten sus ideas a la clase.

► **Vocabulario adicional — El medio ambiente,** p. R19

Objetivos
Future tense, subjunctive with doubt, denial, and feelings, subjunctive and indicative with adverbial clauses

Gramática en acción 2

Repaso Future tense

1 You have learned that **ir a** + **infinitive** is used to express future actions.

Voy a reciclar estas botellas.
I am going to recycle these bottles.

Vamos a promover el programa de reciclaje.
We are going to promote the recycling program.

2 As you already know, the **future tense** is also used to talk about future events.

Reciclaré estas botellas.
I will recycle these bottles.

Promoveremos el programa de reciclaje.
We will promote the recycling program.

3 You have also learned that the **future tense** is used to express probability of something happening or being true.

— ¿Qué es eso? — **Será** el nuevo centro de reciclaje, supongo.

4 The **future** endings are added to the infinitive form of regular verbs:

yo	conservar**é**	nosotros	conservar**emos**
tú	conservar**ás**	vosotros	conservar**éis**
Ud., él, ella	conservar**á**	Uds., ellos, ellas	conservar**án**

Online
Vocabulario y gramática, pp. 118–120 | Actividades, pp. 95–97

¿Te acuerdas?

These verbs are irregular in the future:

decir: **dir-**
haber: **habr-**
hacer: **har-**
poder: **podr-**
poner: **pondr-**
querer: **querr-**
saber: **sabr-**
salir: **saldr-**
tener: **tendr-**
valer: **valdr-**
venir: **vendr-**

34 Nuestra comunidad

Escuchemos/Leamos Escucha la conversación y di si cada acontecimiento o situación **a**) ya pasó o **b**) pasará en el futuro.

1. bajar la tasa de desempleo
2. desarrollar programas para combatir la drogadicción
3. poner más camas en los refugios
4. haber menos gente con hambre en la ciudad
5. haber menos crimen
6. venir el presidente

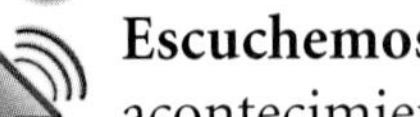

Visit Holt Online
go.hrw.com
KEYWORD: EXP3 CH10
Gramática 2 practice

35 ¿Qué van a hacer?

Escribamos Forma oraciones para decir lo que harán las siguientes personas en el futuro.

1. Yo/hacer un esfuerzo para reciclar
2. Mis compañeros/estudiar las fuentes de energía alternativas
3. Mis papás/comprar un carro híbrido
4. Tú/comer más productos orgánicos
5. Mis amigos y yo/poner basureros en el parque
6. El gobierno/promover el uso de recursos renovables

36 ¿Qué pasará?

Hablemos Mira las fotos y di lo que estas personas harán para conservar el medio ambiente.

1

2

3

4
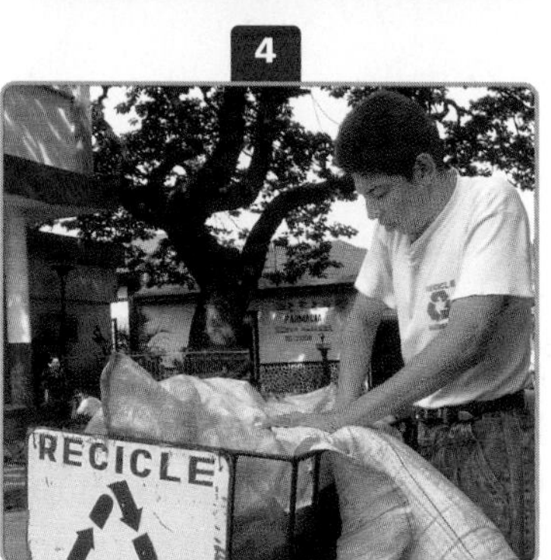

Nota cultural

Aunque Argentina tiene los típicos problemas ambientales de una economía industrial, como la deforestación, la degradación del suelo *(soil)* y la contaminación del agua y del aire, sigue siendo un líder mundial en establecer controles voluntarios sobre los gases que causan el efecto invernadero *(greenhouse effect).*

Comunicación

37 Crearemos un programa

Hablemos Un(a) compañero(a) y tú van a desarrollar un programa de actividades para combatir los problemas de la drogadicción y el crimen. ¿Cómo será su programa? ¿Qué tipo de actividades tendrán? Comenten sus ideas y luego los grupos se turnarán para explicar a la clase qué van a hacer.

Repaso Subjunctive with doubt, denial, and feelings

1 As you know, main clauses containing expressions of **doubt, denial,** or **feelings** require the **subjunctive** in the subordinate clause.

Dudo que el río **esté** contaminado.

No es cierto que la tasa de desempleo **haya** aumentado.

Me alegra que recicles.

2 Expressions of **doubt** and **denial** you have learned include:

dudar que	**no estar seguro(a) que**
no creer que	**no es verdad que**
no es cierto que	**negar que**
no estar de acuerdo que	**parece mentira que**

3 Expressions of **feelings** you have learned include:

es triste que	**me (te, le...) gusta que**
es una lástima que	**me (te, le...) molesta que**
me (te, le...) alegra que	**me (te, le...) preocupa que**
me (te, le...) frustra que	**me (te, le...) sorprende que**

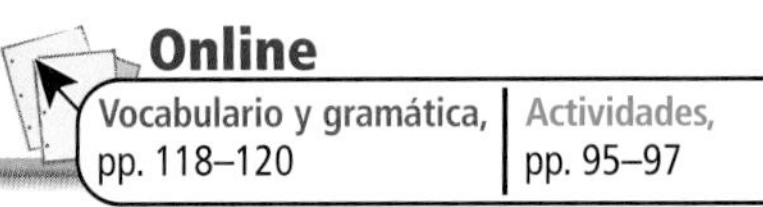
Online
Vocabulario y gramática, pp. 118–120 | Actividades, pp. 95–97

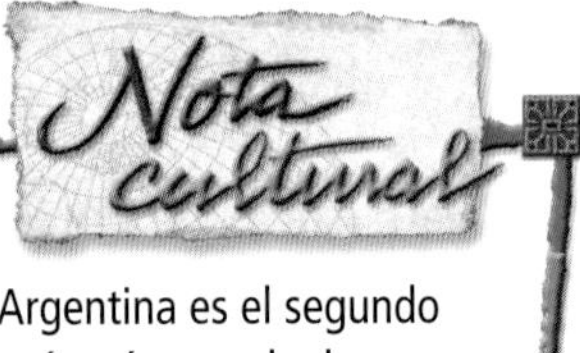

Argentina es el segundo país más grande de América del Sur, después de Brasil. La capital, Buenos Aires, es el centro económico y cultural del país. Se conoce como "la París de América del Sur" por sus anchos bulevares, grandes parques y edificios adornados en estilos barroco, rococó y neoclásico. La calle principal, la Avenida 9 de julio, se nombró en honor a la fecha en 1816 cuando Argentina declaró su independencia de España. Es una de las calles más anchas del mundo.

38 Cada persona puede ayudar

Leamos/Escribamos Completa el diálogo con el presente del indicativo o del subjuntivo de los verbos en paréntesis.

—Me preocupa que la gente __1__ (tirar) productos reciclables a la basura.

—Tienes razón, es una lástima que la gente en esta ciudad no __2__ (reciclar) más pero, ¿qué podemos hacer?

—Hay mucho que se puede hacer. Me sorprende que no __3__ (haber) nadie preocupado por desarrollar un programa de reciclaje.

—Pues, dudo que alguien lo __4__ (hacer) pronto.

—Estoy de acuerdo. Con tantos problemas, no creo que el gobierno __5__ (enfocarse) en esto ahora.

—Pero al menos tú siempre __6__ (reciclar) y compras productos orgánicos.

—Bueno, es cierto que ambas cosas __7__ (ayudar).

39 ¿Cómo te hace sentir?

Escribamos Mira las fotos y escribe una oración con tu opinión sobre lo que ves.

1

2

3

4

5

6

40 No estoy de acuerdo

Leamos/Escribamos Responde a cada comentario con una frase de duda o negación.

1. Nadie está a favor de la energía solar y los carros híbridos.
2. No es necesario conservar los recursos naturales.
3. El tráfico ayuda a combatir la contaminación.
4. Vamos a dejar de reciclar en el futuro.
5. Aumentará el uso de combustibles en los próximos años.
6. El hambre no es un problema en el mundo.

Comunicación

41 El futuro del planeta

Hablemos Con un(a) compañero(a), comenten lo que han escuchado sobre el medio ambiente y el futuro del planeta. Hablen de las predicciones en las que no creen y en las que sí creen. Luego, hablen de los problemas del medio ambiente que les afectan más y cómo les hacen sentir.

Repaso Subjunctive and indicative with adverbial clauses

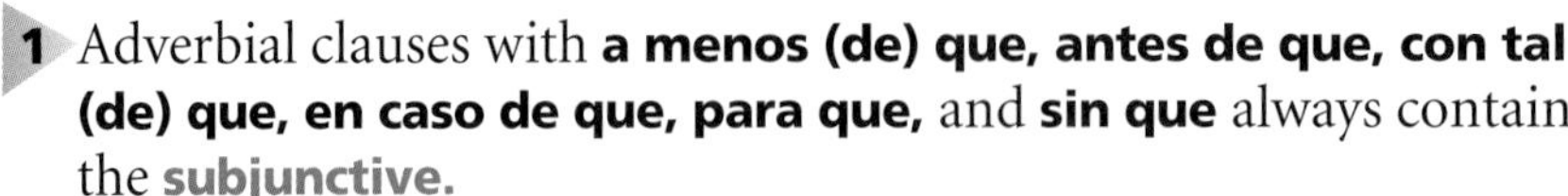

1 Adverbial clauses with **a menos (de) que, antes de que, con tal (de) que, en caso de que, para que,** and **sin que** always contain the **subjunctive.**

followed by subjunctive

Iré en carro **a menos (de) que haya** tráfico.

followed by subjunctive

Tengo que sembrar las flores **antes de que llueva.**

followed by subjunctive

Desarrollaré el programa **con tal de que** tú lo **implementes.**

Un carro eléctrico en un estacionamiento

2 Adverbial clauses with **cuando, en cuanto, después de que, hasta que,** and **tan pronto como** contain the **subjunctive** when they refer to a future action. These clauses are followed by the **indicative** when they refer to a past action, or an action that occurs habitually or on a regular basis.

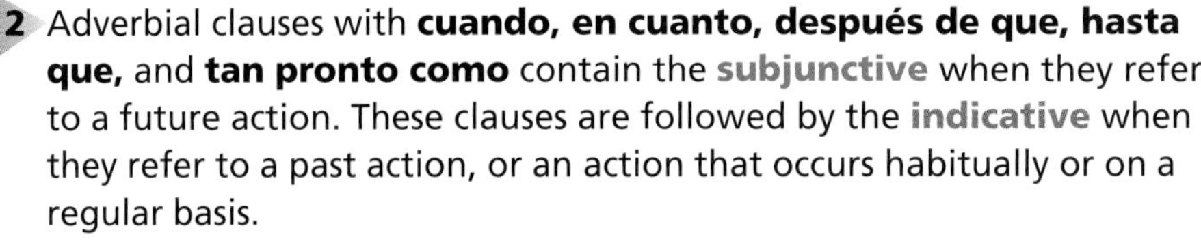

future action	past or habitual action
Compraré un carro cuando **tenga** el dinero. *I'll buy a car when I have the money.*	Compré un carro cuando **tuve** el dinero. *I bought a car when I got the money.*
Voy a leer el periódico en cuanto **tengo** tiempo. *I'm going to read the paper as soon as I have time.*	Leo el periódico en cuanto **tengo** tiempo. *I read the paper as soon as I have time.*
Reciclaré esta botella después de que **termine** de usarla. *I will recycle this bottle after I finish using it.*	Reciclo las botellas después de que **termino** de usarlas. *I recycle the bottles after I finish using them.*
La calidad del aire no mejorará hasta que **dejemos** de contaminar el aire. *Air quality won't improve until we stop polluting the air.*	La calidad del aire no mejoró hasta que **dejamos** de contaminar el aire. *Air quality didn't improve until we stopped polluting the air.*

Online
Vocabulario y gramática, pp. 118–120 | Actividades, pp. 95–97

42 ¿Cierta o falsa?

Escuchemos/Leamos Escucha la conversación entre Sara y Pedro y decide si cada oración es **cierta** o **falsa.**

1. Pedro ya votó por Laura Rodríguez.
2. Laura Rodríguez implementó un programa de reciclaje.
3. Ella no va a promover las fuentes de energía alternativas hasta que tenga más información.
4. Los científicos todavía no han terminado su estudio sobre las fuentes de energía alternativas.
5. Sara va a decidir antes de que vea el debate.
6. Pedro dijo que no le interesa ver el debate.

43 Los pesticidas

Leamos/Escribamos Completa el párrafo con las formas correctas de los verbos.

Mi abuelo vive en Chile. Él nació antes de que los agricultores ___1___ (empezar) a usar pesticidas. Empezaron a usarlos para que los cultivos de frutas ___2___ (ser) más productivos. Sin embargo, leí que muchas mujeres chilenas sufrieron de enfermedades después de que ___3___ (recoger) la cosecha. Por eso hay personas que sólo comen productos biológicos con tal de que no se ___4___ (usar) pesticidas en los cultivos. De hecho, el gobierno de Canadá está trabajando con el de Chile para desarrollar nuevas técnicas de cultivo, pero los agricultores no adoptarán esas técnicas hasta que ___5___ (aprender) a implementarlas. Ya veremos que bajará el uso de pesticidas tan pronto como los chilenos ___6___ (tener) alternativas.

En junio de 2003, Chile y Estados Unidos firmaron un tratado de libre comercio. Chile es el primer país latinoamericano que se ha hecho socio comercial de Estados Unidos. Estados Unidos reconoció que Chile tiene una de las economías más liberales y competitivas de Latinoamérica y el acuerdo fue una señal del éxito económico del país.

44 Mis planes para el futuro

Hablemos Con un(a) compañero(a), hablen sobre lo que ustedes han hecho para mejorar el medio ambiente, y lo que planean hacer en el futuro. Usen las expresiones de **Gramática** y **Vocabulario.**

MODELO —**Yo reciclo todo para que no haya tanta contaminación.**

—**Todos tenemos que hacerlo antes de que le hagamos más daño al medio ambiente.**

Gramática 2

Novela en video

Clara perspectiva

Episodio 10

DVD VIDEO

ESTRATEGIA

Putting the pieces together In the finale, all the pieces of the puzzle are put together. Pretend you are Octavio or Clara and must write a magazine article about what happened to Professor Luna. If you need to, go back to each episode and write down all the pertinent details of his story. Make sure you tie together all the events and that you draw a conclusion about Professor Luna's role in preserving of the forests of **Magallanes**. Feel free to add or change the details in your article after you have watched the finale. Try to write a factual report that fairly describes the viewpoints of all sides.

En la oficina del profesor Luna

1

Clara ¡Profesor! ¡Explíquenos todo en detalle, desde el principio!

Octavio Sí. Quizás podamos escribir un artículo para la revista.

Profesor Luna Todo empezó cuando el Congreso me contrató para hacer unos estudios de impacto ambiental. Sólo tenía que averiguar si los bosques nativos de la región de Magallanes podrían soportar el desarrollo que quería intentar la empresa *MaderaCorp.*

Un día, un hombre vino a la universidad y me pidió que le diera una copia de los estudios. Claro que le dije que no.

2

3

Luego, dos personas, un hombre y una mujer, se me presentaron y me dieron un documento. No sabía quiénes eran, ni qué querían. Cuando por fin pude leer el documento que me habían entregado, me di cuenta que eran ecologistas tratando de preservar el bosque.

La situación se complicó. El primer hombre volvió con otro hombre. Me dijeron que iban a conseguir los estudios antes de que los finalizara, con o sin mi cooperación.

4

5

Luego, se me hizo claro que había varias personas tratando de infiltrar mi computadora para conseguir esos mismos estudios. Querían saber los resultados antes de que se los presentara al Congreso. Con esa información podrían tratar de influir en el voto o alterar los datos.

Visit Holt Online
go.hrw.com
KEYWORD: EXP3 CH10
Online Edition

6 **Clara** Cuando vi el artículo, supe que usted estaba en peligro. Fue cuando lo llamé y me pidió que fuera a su oficina e imprimiera todos los documentos bajo el título "Recomendaciones". Luego fui a las autoridades.

7 **Profesor Luna** Sí, y yo estaba con los ecologistas y *MaderaCorp* tratando de llegar a un acuerdo.

8

En *Chile en la Mira*

Octavio Espero que le vaya a gustar el artículo al señor Ortega. Nunca he trabajado tan duro. El medio ambiente me interesa mucho más que el crimen, la drogadicción, el desempleo y la fusión nuclear.

Clara Yo creo que para el año 2030 viviremos en una Tierra que utiliza todos sus elementos sin abusar de ellos.

9

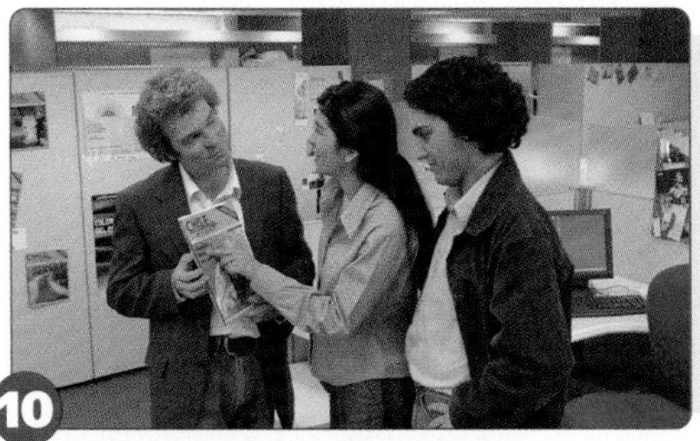

10

Sr. Ortega Han hecho un trabajo admirable.

Clara Gracias, Señor Ortega.

Sr. Ortega No se relaje tanto, Señorita de la Rosa, usted tiene mucho que compensar todavía.

Octavio Pero, Señor Ortega, ¿no cree que lo que hizo Clara fue muy valiente?

Sr. Ortega Vamos a hablar de eso otro día. Ahora tengo sus nuevas tareas.

¿COMPRENDES?

1. ¿Cómo empezó todo, según el profesor Luna?
2. ¿Quiénes vinieron a ver al profesor Luna? ¿cuántas personas en total? ¿Cómo se complicó la situación?
3. ¿Qué hizo Clara a un momento oportuno? ¿Por qué fue oportuno?
4. ¿Con quiénes estaba el profesor cuando Clara imprimía los documentos? Entonces, ¿qué pasó?
5. ¿Cuál fue el acuerdo que resolvió el problema?
6. ¿Está feliz el señor Ortega al ver a Clara? ¿Cree él que fue valiente lo que hizo Clara? ¿Qué crees tú?

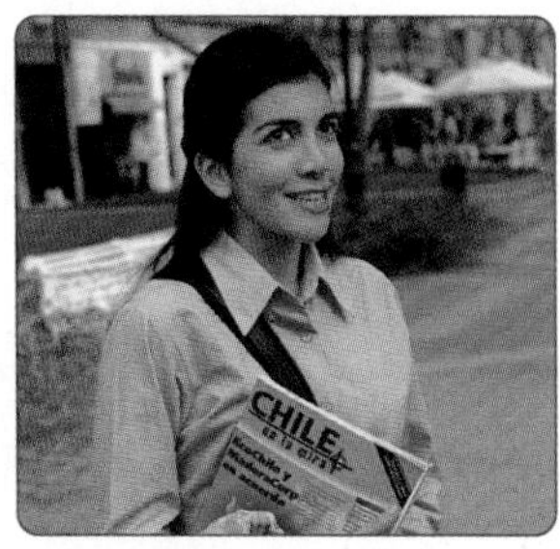

Episodio final
¿Te sorprendió el final? ¿Por qué sí o por qué no?

Lectura informativa

Chile y el medio ambiente

Un tema importante para CORFO hoy en día es el medio ambiente.

CORFO

La Corporación de Fomento de la Producción (CORFO) fue creada en 1939 en Chile para mejorar la actividad productiva nacional. Un propósito[1] de la organización es generar más empleos y oportunidades para la modernización productiva. Una manera de lograr su meta es a través de la innovación y el desarrollo tecnológico. Hoy en día, un tema importante en sus proyectos es el medio ambiente.

El reciclaje

Como resultado de un acuerdo mediado por CORFO en 2002, empezó un esfuerzo nacional para aumentar el reciclaje y disminuir la cantidad de basura producida en Chile. Los ministerios de economía, salud y educación y la Comisión Nacional del Medio Ambiente (CONAMA) apoyaron el acuerdo, que es parte del programa de producción más limpia[2] de CORFO. La meta del programa es incorporar tecnologías más limpias a los procesos de producción para que haya menos basura.

Buscan métodos para usar energía solar del desierto

Chile paga el precio por sus productos exportados

¿Quién se hace cargo de la basura de Santiago?

La energía solar

En abril de 2003, un grupo de empresarios[3] chilenos, apoyados por CORFO, asistieron a una conferencia en Alemania sobre nuevas tecnologías para aprovechar[4] fuentes renovables de energía. Algunos de ellos creen que en el futuro cercano, se podrían utilizar paneles solares para "cosechar" la energía del sol en el desierto de Atacama en el norte de Chile. Creen que esta energía, que no se usa en el norte, se podría utilizar en el sur del país.

Los pesticidas

En la década de los noventa, con el aumento de los productos cultivados en Chile para la exportación, en especial las frutas,

1 purpose 2 cleaner production 3 businessmen 4 to utilize

Visit Holt Online
go.hrw.com
KEYWORD: EXP3 CH10
Online Edition

Paneles solares en el desierto

aumentó el uso de los pesticidas. Con la presión[5] de exportar grandes cantidades de uvas, manzanas, peras, kiwis, melocotones y ciruelas, Chile usaba pesticidas muy tóxicos y peligrosos que ya eran ilegales en otros países. CORFO está trabajando para establecer acuerdos de producción limpia con la agroindustria para que usen pesticidas que no dañen el medio ambiente.

La colaboración con otros países
El grupo CONAMA ha desarrollado una colaboración[6] con varios grupos prestigiosos de Estados Unidos como la Universidad de Harvard, la Universidad de California, el Departamento de la Gestión de Calidad del Aire del Sur de California y el Instituto Tecnológico de Massachusetts. Con el apoyo de estos grupos, Chile espera educar y capacitar[7] a profesionales ligados[8] a temas ambientales como la calidad del aire. Otro objetivo de esta cooperación es el establecimiento de un grupo que ayudará al gobierno chileno a implementar los proyectos y acuerdos de cooperación ambiental asociados al Tratado de Libre Comercio[9] con Estados Unidos y la alianza con la Unión Europea.

5 pressure 6 working relationship, collaboration
7 to train 8 connected to 9 Free Trade Agreement

Comprensión

A ¿Comprendiste? Contesta las preguntas.

1. ¿Cómo quiere CORFO mejorar la actividad productiva nacional?
2. ¿Cuál es el programa de producción más limpio?
3. ¿Qué creen algunos empresarios chilenos que se puede "cosechar" en el desierto?
4. Menciona uno de los productos principales exportados por Chile.
5. ¿Cuál fue el resultado de la presión de tener que cultivar grandes cantidades de productos para la exportación?

B ¿Cómo protegen el medio ambiente? Decide si cada oración es **cierta** o **falsa.** Corrige las oraciones falsas.

1. El reciclaje reducirá la cantidad de basura.
2. La Comisión Nacional del Medio Ambiente no está de acuerdo con el programa de producción más limpio.
3. Los chilenos asistieron a una conferencia sobre la energía solar.
4. CORFO quiere ayudar a la agroindustria a usar pesticidas que no hagan daño.

Actividad

Tu opinión Con un(a) compañero(a), comenten sus respuestas a las siguientes preguntas: ¿Estás de acuerdo con los programas de CORFO? ¿Qué otros temas son importantes para proteger el medio ambiente? ¿Tenemos organizaciones parecidas en este país? ¿Crees que la protección del medio ambiente es un tema global?

Leamos y escribamos

ESTRATEGIA

para leer Sometimes authors play with language in order to convey the way certain characters speak and to give readers a better picture of the character and the setting. Though this poem is in Spanish, the author sometimes modified the spelling of words to convey the typical speech of the gauchos in mid-1800s Argentina. If you come across words that you don't recognize, try to think of words that are spelled similarly.

Antes de leer

A El poema *El gaucho Martín Fierro* fue escrito por José Hernández, un escritor argentino, en 1872. Martín Fierro es un gaucho que vive feliz con su familia hasta que las autoridades lo mandan a la frontera. Cuando llega a su casa, su rancho está en ruinas y su familia ha desaparecido. Mientras lees el poema, busca las palabras que el autor ha modificado para darnos una idea de cómo hablaban los gauchos. Haz una lista con estas palabras y busca sus significados.

Cantor y gaucho

de *El Gaucho Martín Fierro*
por José Hernández

Aquí me pongo a cantar
al compás° de la vigüela°,
que el hombre que lo desvela°
una pena extrordinaria,
como la ave solitaria
con el cantar se consuela.

Pido a los santos del Cielo
que ayuden mi pensamiento;
les pido en este momento
que voy a cantar mi historia
me refresquen la memoria
y aclaren mi entendimiento.

Vengan santos milagrosos,
vengan todos en mi ayuda,
que la lengua se me añuda°
y se me turba la vista°;
pido a mi Dios que me asista
en una ocasión tan ruda.

Yo he visto muchos
cantores, con famas
bien obtenidas, y que
después de adquiridas
no las quieren sustentar°:
parece que sin largar
se cansaron en partidas.

Mas° ande otro criollo pasa
Martín Fierro ha de pasar:
nada lo hace recular°
ni los fantasmas lo espantan;
y dende° que todos cantan
yo también quiero cantar.

2 to the rhythm of **2** type of guitar with six strings **3** keep awake **15** gets tied in knots
16 I can't see clearly **22** to support **25** but **27** to go back **29** *desde*

Cantando me he de morir,
cantando me han de enterrar,
y cantando he de llegar
al pie del Eterno padre:
dende el vientre° de mi madre
vine a este mundo a cantar.

Que no se trabe mi lengua
ni me falte la palabra:
el cantar mi gloria labra°
y poniéndome a cantar,
cantando me han de encontrar
aunque la tierra se abra.

Me siento en el plan de un bajo
a cantar un argumento;
como si soplara el viento
hago tiritar° los pastos°.
Con oros, copas y bastos°
juega allí mi pensamiento.

Yo no soy cantor letrao°,
mas si me pongo a cantar
no tengo cuándo acabar
y me envejezco cantando:
las coplas me van brotando°
como agua de manantial°.

Con la guitarra en la mano
ni las moscas se me arriman°,
naides° me pone el pie encima,
y cuando el pecho se entona°,
hago gemir° a la prima
y llorar a la bordona°.

Yo soy toro en mi rodeo
y torazo en rodeo ajeno;
siempre me tuve por güeno°
y si me quieren probar,
salgan otros a cantar y
veremos quién es menos.

No me hago al lao de la güeya°
aunque vengan degollando°,
con los blandos yo soy blando
y soy duro con los duros,
y ninguno en un apuro
me ha visto andar tutubiando°.

En el peligro, ¡qué Cristos!
el corazón se me enancha°,
pues toda la tierra es cancha°,
y de esto naides se asombre:
el que se tiene por hombre
donde quiera hace pata ancha.

Soy gaucho, y entiendaló°
como mi lengua lo esplica°:
para mí la tierra es chica
y pudiera ser mayor;
ni la víbora° me pica
ni quema mi frente el sol.

Nací como nace el peje°
en el fondo de la mar;
naides me puede quitar
aquello que Dios me dió:
lo que al mundo truje° yo
del mundo lo he de llevar.

Mi gloria es vivir tan libre
como el pájaro del cielo;
no hago nido en este suelo
ande hay tanto que sufrir,
y naides me ha de seguir
cuando yo remuento el vuelo°.

---

35 womb **39** builds **46** shiver, shake **46** pastures **47** *oros,...* playing cards **49** learned **53** gushing forth **54** spring **56** come close **57** *nadie* **58** gets in tune **59** to wail **60** 6th guitar string **63** *bueno* **67** *huella* **68** to cut someone's throat **72** to shy away from **74** to enlarge **75** playing field, court **79** *entiéndalo* **80** *explica* **83** snake **85** fish **89** *traje* **96** when I begin to soar

Yo no tengo en el amor
quien me venga con querellas°;
como esas aves tan bellas
que saltan de rama en rama,
yo hago en el trébol mi cama,
y me cubren las estrellas.

Y sepan cuantos escuchan
de mis penas el relato,
que nunca peleo ni mato
sino por necesidá°,
y que a tanta alversidá°
sólo me arrojó el mal trato°.

Y atiendan la relación
que hace un gaucho perseguido,
que padre y marido ha sido
empeñoso y diligente,
y sin embargo la gente
lo tiene por un bandido.

98 complaints **106** *necesidad* **107** *adversidad* **108** *me arrojó...* treated me badly

Comprensión

B **Canciones de gauchos** Contesta las preguntas.

1. ¿Cómo se siente Martín Fierro al principio del poema?
2. ¿Qué hace para consolarse?
3. ¿Con qué compara su creación poética en la novena estrofa *(stanza)*?
4. ¿Qué es la gloria para el gaucho, según Martín Fierro?
5. ¿Qué quiere decir con "no hago nido"?
6. ¿Cree Martín Fierro que la gente tiene una impresión equivocada de los gauchos? Explica.

C **Los poemas del campo** El autor usa metáforas en sus descripciones. Completa las siguientes metáforas según las descripciones del autor.

toro	**manta**	**agua**	**ave**	**soplara**

1. El hombre se consuela con su música como un _____ solitaria.
2. Las coplas salen de su boca como _____ de manantial.
3. Las estrellas son la _____ del gaucho.
4. Hace tiritar los pastos como si _____ el viento.
5. Él es _____ en su rodeo.

Después de leer

D El autor usa un dialecto rural para describir mejor al personaje del gaucho. ¿Cómo es el gaucho? ¿Qué tipo de personaje es? ¿Cómo es su vida? ¿Con quién se podría comparar en el folclor de Estados Unidos? Describe la imagen que te dio el poema.

Taller del escritor

ESTRATEGIA

para escribir An excellent way to create images in the minds of your readers is to use rhetorical devices such as metaphors and similes. These techniques are especially useful in poetry, which uses fewer words to convey ideas.

Un personaje folclórico

Vas a describir a un personaje folclórico de tu país, como un famoso vaquero *(cowboy)* del oeste. Tienes que inventar al personaje y escribir un poema corto, al estilo del poema *Martín Fierro*. Escribe el poema desde el punto de vista del personaje que vas a inventar.

1 Antes de escribir

Escoge a tu personaje y piensa en sus características. ¿Cómo se llama? ¿Qué tipo de persona es? ¿Qué hace? ¿Cómo se siente? Haz una lista de palabras para describir al personaje.

2 Escribir un borrador

Repasa tu lista. Piensa en las características más importantes de tu personaje y con qué se puede comparar. Por ejemplo, si le gusta pelear, ¿es como un soldado? Si es independiente y fuerte, ¿es como un caballo salvaje? Haz una lista de cosas con las cuales se puede comparar al personaje o sus acciones. Usa la lista para escribir versos con metáforas o símiles.

3 Revisar

Lee tu borrador y decide si las metáforas expresan las imágenes que quieres comunicar a tus lectores. Si es necesario, añade versos entre las metáforas para completar las ideas. Revisa tu poema para ver si contiene errores de ortografía y puntuación.

4 Publicar

Con un(a) compañero(a), túrnense para leer sus poemas en voz alta. Descríbanse las imágenes que les vienen a la mente al escuchar los poemas. ¿Son las imágenes que tenía en su mente el escritor? Trabajen juntos y piensen en otras metáforas que expresen mejor las ideas que querían comunicar.

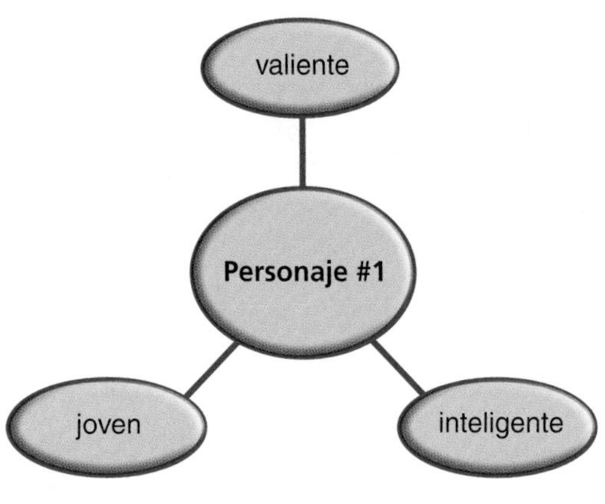

Prepárate para el examen

Repaso capítulo 10

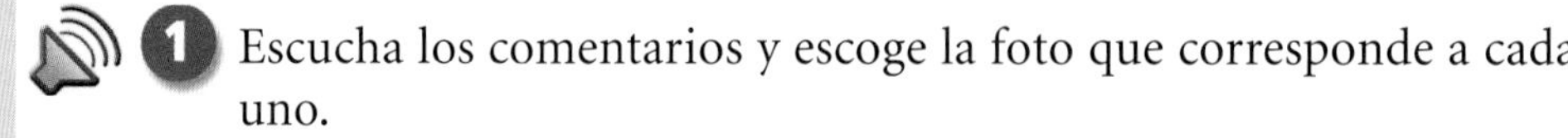

1 Escucha los comentarios y escoge la foto que corresponde a cada uno.

A

B

C

D

1 Vocabulario 1
- talking about past events
- expressing and supporting a point of view

pp. 410–415

2 Completa el párrafo con las palabras del cuadro.

había	hay	estaba	hasta que
hace	primera	desde que	protestando

La Plaza de Mayo de Buenos Aires se construyó ___1___ más de tres siglos. En el pasado ___2___ muchos mercados en la plaza, pero hoy en día no ___3___ ni uno. En 1977, las madres de hijos desaparecidos que estaban ___4___ en silencio se reunieron en la plaza por ___5___ vez. La Plaza se ha convertido en un símbolo de justicia ___6___ ellas empezaron a hacer sus manifestaciones allí. Por ejemplo, en 2001 mucha gente ___7___ en La Plaza gritándole al presidente que renunciara. La gente no pensaba irse ___8___ lo hiciera.

2 Gramática 1
- present and past progressive
- **haber**
- expressions of time

pp. 416–421

3 Empareja cada palabra con la definición correcta.

1. desperdiciar
2. biolólico
3. implementar
4. leyes
5. reciclar
6. innovador

a. cultivado de forma natural
b. algo nuevo
c. las reglas del gobierno
d. gastar, no usar bien
e. poner a funcionar
f. usar otra vez

3 Vocabulario 2
- making predictions and giving warnings
- expressing assumptions

pp. 424–429

4 Completa las oraciones con las formas correctas de los verbos.

1. Se están promoviendo fuentes de energía renovables para que la gente no ___ (desperdiciar) los recursos naturales.
2. Calculo que ___ (venderse) más carros eléctricos en el futuro.
3. Dudo que el presidente ___ (haber) implementado el programa de reciclaje.
4. Nosotros siempre comprábamos productos biológicos a menos que no los ___ (encontrar) en el mercado.
5. Voy a buscar trabajo en cuanto la tasa de desempleo ___ (bajar).
6. Hay que controlar el nivel de contaminación antes de que nosotros ___ (destruir) el medio ambiente.

5 Contesta las preguntas.

1. ¿Por qué aumentó el uso de pesticidas en Chile?
2. ¿En qué parte de Chile quieren "cosechar" la energía solar?
3. ¿En qué parte de Argentina hay recursos naturales?
4. ¿Cuál ha sido el primer país latinoamericano en convertirse en socio comercial de Estados Unidos?

6 Escucha la conversación y haz una lista de los problemas que se mencionan.

7 Mira los dibujos y describe lo que ves.

a.

b.

c.

d.

Visit Holt Online
go.hrw.com
KEYWORD: EXP3 CH10
Chapter Self-test

4 Gramática 2
- future tense
- subjunctive with doubt, denial, and feelings
- subjunctive and indicative with adverbial clauses

pp. 430–435

5 Cultura
- **Comparaciones** **pp. 422–423**
- **Lectura informativa** **pp. 438–439**
- **Notas culturales** **pp. 413, 415, 418, 426, 431, 432, 435**

Gramática 1
- present and past progressive
  pp. 416–417
- haber
  pp. 418–419
- expressions of time
  pp. 420–421

Repaso de Gramática 1

The **progressive tenses** describe present and past actions in progress.

Marta **está desarrollando** un programa.

Haber in the third-person singular indicates existence. The construction **haber** + **past participle** is used to form the present and past perfect indicative or subjunctive tenses.

Hay mucho tráfico en la ciudad.

Útimamente, **hemos visto** más carros eléctricos.

For specific uses of **haber,** see page 418.

The construction **hace + amount of time + que** is used to tell *for how long* an action has been going on. The construction **hace + amount of time + past tense** is used to tell *how long ago* something happened. The phrase **desde que** is used to express *since.*

For more information on expressions of time, see page 420.

Gramática 2
- future tense
  pp. 430–431
- subjunctive with doubt, denial, and feelings
  pp. 432–433
- subjunctive and indicative with adverbial clauses
  pp. 434–435

Repaso de Gramática 2

Future actions can be expressed by using the construction **ir a + infinitive** or the **future tense.**

Voy a sembrar unas flores. Las flores **crecerán** rápido.

Main clauses containing expressions of **doubt, denial,** or **feelings** require the **subjunctive** in the subordinate clause.

Dudo que **podamos** comprar frutas biológicas aquí.

For uses of the **subjunctive** with expressions of **doubt, denial,** or **feelings,** see page 432.

Adverbial clauses with **a menos (de) que, antes de que, con tal (de) que, en caso de que, para que,** and **sin que** always contain the **subjunctive.**

No tomaremos el agua **en caso de que** el lago **esté** contaminado.

Adverbial clauses with **cuando, en cuanto, después de que, hasta que,** and **tan pronto como** contain the **subjunctive** when referring to a future action and the **indicative** when referring to a past action or an action that occurs habitually or on a regular basis.

Voy a leer el periódico en cuanto **llegue** a casa.

For uses of the **subjunctive** and **indicative** with adverbial clauses, see page 434.

Repaso de Vocabulario 1

Talking about past events

el accidente	*accident*
el acontecimiento	*event*
aterrador(a)	*terrifying*
la bomba	*bomb*
el campeonato	*championship*
la compasión	*compassion*
conmovedor(a)	*touching, moving*
la cooperación	*cooperation*
el desastre	*disaster*
el descubrimiento (de)	*discovery (of)*
descubrir	*to discover*
la destrucción	*destruction*
¿Dónde estabas y qué hacías cuando...?	*Where were you and what were you doing when . . . ?*
las elecciones	*elections*
emocionante	*exciting, moving*
la erupción (de un volcán)	*eruption (of a volcano)*
espantoso(a)	*terrible, frightening*
Estaba en casa cuando...	*I was at home when . . .*
estallar	*to explode*
estrenar (una película)	*to open/premiere (a movie)*
el estreno	*opening/premiere*
la indiferencia	*indifference*
los inmigrantes	*immigrants*
el invento	*invention*
Lo recuerdo como si fuera ayer./No, no me acuerdo para nada.	*I remember it like it was yesterday./No, I don't remember at all.*
las manifestaciones	*demonstrations*
la nave hundida	*sunken ship*
el pánico	*panic*
el planeta	*planet*
los refugiados	*refugees*
la solidaridad	*solidarity*
¿Te acuerdas de cuando sucedió...?	*Do you remember when . . . happened?*
trágico(a)	*tragic*

Expressing and supporting a point of view

A pesar de que hubo..., por otro lado...	*Although there was/were . . . , on the other hand . . .*
Aunque estoy de acuerdo..., creo que...	*Although I agree . . . , I think that . . .*
Creo que vale la pena acordarse de...	*I think it's worth remembering . . .*
Lo que noto es que...	*What I notice is that . . .*
Me parece que...	*It seems to me that . . .*
Ten en cuenta que...	*Keep in mind that . . .*

Repaso de Vocabulario 2

Making predictions and giving warnings

A que no va a bajar la tasa de...	*I bet that the rate of . . . won't go down.*
las alternativas (a)	*alternatives (to)*
el basurero	*garbage can*
biológico(a)	*organic*
Calculo que van a implementar...	*I predict that they are going to implement . . .*
la calidad del aire/agua	*quality of the air/water*
el carro eléctrico/híbrido	*electric/hybrid car*
los combustibles	*fuels*
cometer (un crimen, un error)	*to commit (a crime), to make (a mistake)*
conservar	*to conserve*
la contaminación	*contamination/pollution*
contaminado(a)	*contaminated/polluted*
crecer (zc)	*to grow*
el crimen	*crime*
de cultivo biológico	*organic (products)*
desarrollar	*to develop*
el desempleo	*unemployment*
desperdiciar	*to waste*
la drogadicción	*drug addiction*
la energía solar	*solar energy*
la enfermedad	*sickness, disease*
Es muy posible que el tráfico aumente con...	*It's quite possible that traffic will increase with . . .*
las fuentes de energía	*sources of energy*
la fusión nuclear	*nuclear fusion*
el futuro	*future*
el hambre	*hunger*
innovador(a)	*innovative*
la ley (en contra/a favor de)	*law (against/in favor of)*
el medio ambiente	*environment*
los pesticidas	*pesticides*
los programas (de)	*programs for*
reciclar	*to recycle*
los recursos naturales	*natural resources*
renovable/no renovable	*renewable/non-renewable*
Se advierte que...	*They advise that . . .*
sembrar	*to plant*
Te apuesto que...	*I bet you that . . .*
Ya verás que van a promover...	*You will see that they're going to promote . . .*

Expressing assumptions . . . . *See p. 428.*

Repaso

Integración

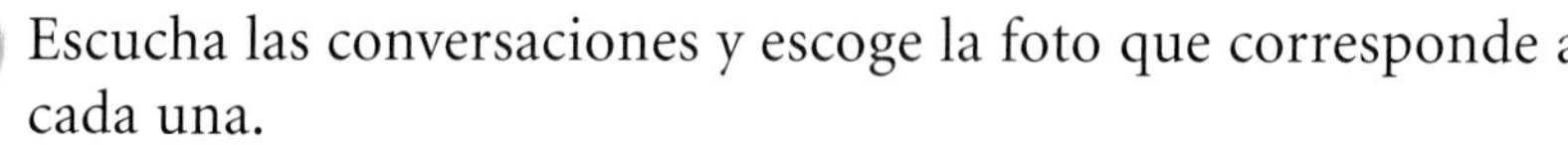

 **1** Escucha las conversaciones y escoge la foto que corresponde a cada una.

A

B

C

D

2 Lee el artículo que escribió Olga y decide si cada oración es **cierta** o **falsa**. Corrige las oraciones falsas.

El futuro del medio ambiente

¿Quieren Uds. vivir en un mundo sucio y contaminado? Pues, yo no. Nosotros podemos actuar hoy para conservar el medio ambiente para el futuro. Podemos ayudar a bajar el nivel de desperdicios aquí mismo en nuestro colegio. Y empezaremos con el desarrollo de un programa de reciclaje. Recomiendo que coloquemos cajas para el reciclaje al lado de los basureros. En vez de echar papeles, botellas de vidrio y de plástico y demás productos a la basura, podríamos reciclarlos, y ¡hasta ahorraríamos dinero para el colegio! Piénsenlo un poco, podremos ahorrar dinero y combatir la contaminación al mismo tiempo.

1. Olga piensa que el mundo no está contaminado.
2. Los estudiantes pueden ayudar a conservar el medio ambiente.
3. Ella propone el desarrollo de un programa de reciclaje.
4. No hay basureros en el colegio.
5. Todos los productos que se tiran a la basura se pueden reciclar.
6. El colegio podría ahorrar dinero con el programa de reciclaje.

Visit Holt Online
go.hrw.com
KEYWORD: EXP3 CH10
Cumulative Self-test

3 En grupos, piensen en algunos problemas del medio ambiente y para cada uno, digan cómo cambiará el medio ambiente en el futuro si todos empiezan a cuidarlo. ¿Qué harán Uds. para ayudar?

4 Mira la pintura y escribe por lo menos seis oraciones sobre lo que ves. ¿Qué inventos o avances tecnológicos ves en la pintura? ¿Qué crees que piensa la artista de ellos? Explica.

Mirando un paracaídas II **de Patricia Figueroa**

Mirando un paracaídas II, 1985 (Diptych) by Patricia Figueroa. Acrylic and pastel on paper, 160 × 240 cm.

5 Imagina que tienes que preparar un ensayo para los arqueólogos del futuro que explique cómo es el mundo hoy en día. Incluye algunos eventos históricos importantes y cómo han cambiado el mundo actual. También puedes incluir algunos avances tecnológicos y explicar cómo piensas que éstos cambiarán el mundo en el futuro.

6 **Situación** Conviertan el salón de clases en una exposición de nuevas tecnologías que ayuden a bajar los niveles de contaminación del medio ambiente. Uds. pueden trabajar en grupos para presentar sus ideas a la clase. Pueden elegir dos o tres personas para escoger las mejores ideas.

Páginas de referencia

El mundo

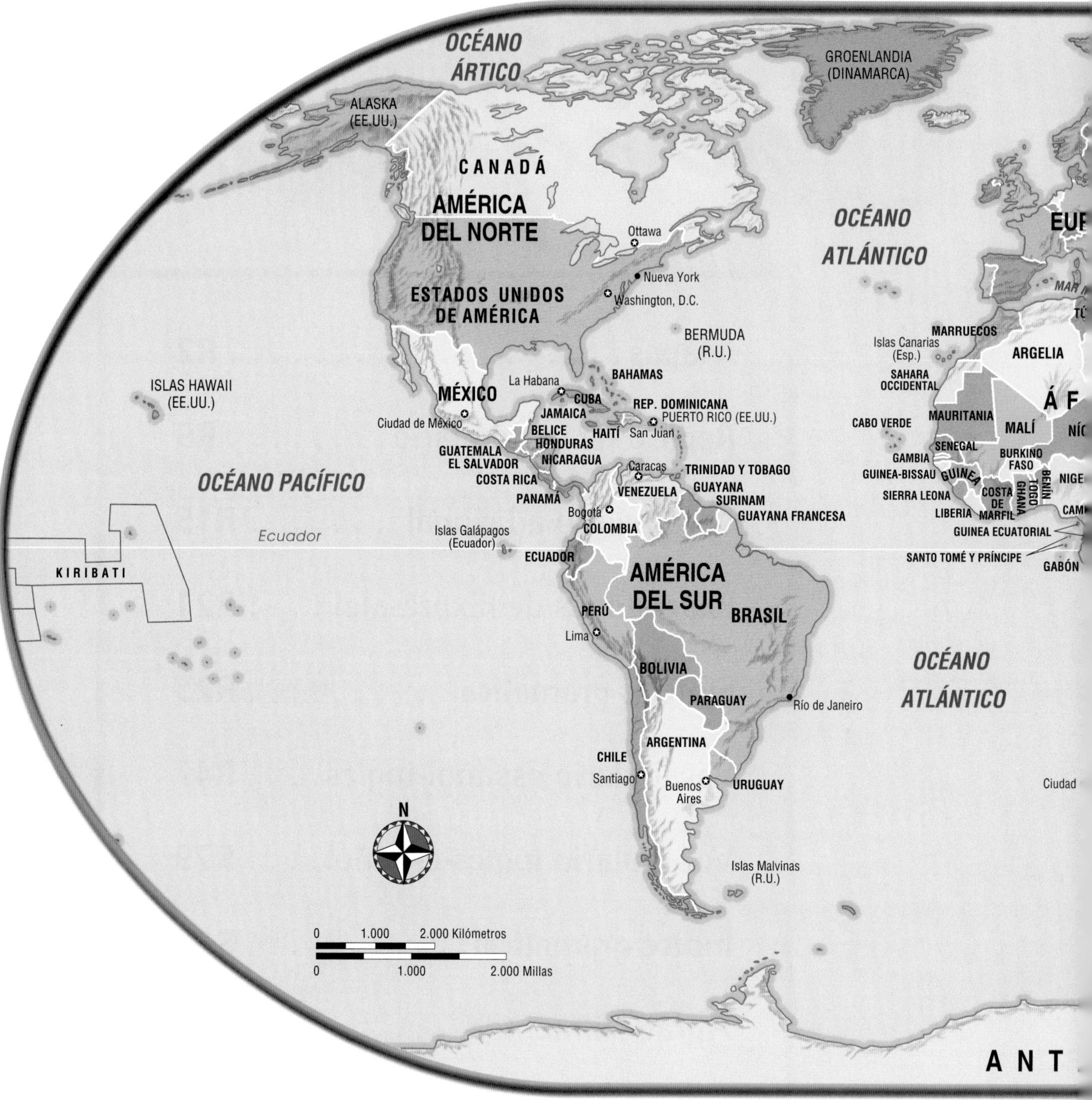
OCÉANO ÁRTICO
GROENLANDIA (DINAMARCA)
ALASKA (EE.UU.)
CANADÁ
AMÉRICA DEL NORTE
Ottawa
OCÉANO ATLÁNTICO
ESTADOS UNIDOS DE AMÉRICA
Nueva York
Washington, D.C.
BERMUDA (R.U.)
MARRUECOS
Islas Canarias (Esp.)
ARGELIA
SAHARA OCCIDENTAL
ISLAS HAWAII (EE.UU.)
BAHAMAS
La Habana
CUBA
MÉXICO
JAMAICA
REP. DOMINICANA
PUERTO RICO (EE.UU.)
Ciudad de México
BELICE
HAITÍ
San Juan
HONDURAS
CABO VERDE
MAURITANIA
MALÍ
GUATEMALA
EL SALVADOR
NICARAGUA
Caracas
TRINIDAD Y TOBAGO
SENEGAL
GAMBIA
BURKINO FASO
OCÉANO PACÍFICO
COSTA RICA
GUINEA-BISSAU
GUINEA
BENÍN
TOGO
GHANA
PANAMÁ
VENEZUELA
GUAYANA
SURINAM
GUAYANA FRANCESA
SIERRA LEONA
COSTA DE MARFIL
LIBERIA
Bogotá
COLOMBIA
Ecuador
Islas Galápagos (Ecuador)
GUINEA ECUATORIAL
SANTO TOMÉ Y PRÍNCIPE
GABÓN
KIRIBATI
ECUADOR
AMÉRICA DEL SUR
BRASIL
PERÚ
Lima
OCÉANO ATLÁNTICO
BOLIVIA
PARAGUAY
Río de Janeiro
ARGENTINA
CHILE
Santiago
Buenos Aires
URUGUAY
N
Islas Malvinas (R.U.)
0 1.000 2.000 Kilómetros
0 1.000 2.000 Millas

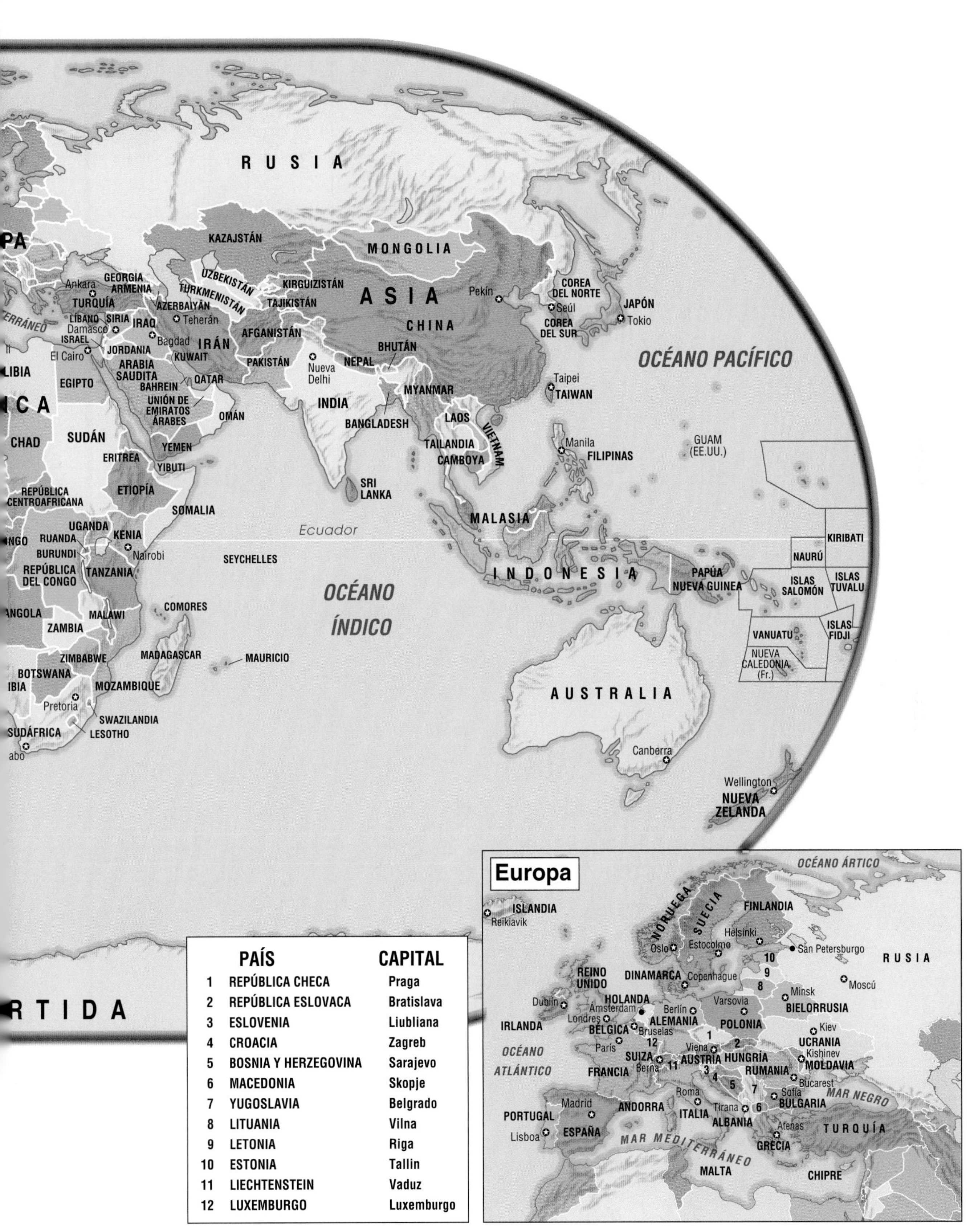

	PAÍS	CAPITAL
1	REPÚBLICA CHECA	Praga
2	REPÚBLICA ESLOVACA	Bratislava
3	ESLOVENIA	Liubliana
4	CROACIA	Zagreb
5	BOSNIA Y HERZEGOVINA	Sarajevo
6	MACEDONIA	Skopje
7	YUGOSLAVIA	Belgrado
8	LITUANIA	Vilna
9	LETONIA	Riga
10	ESTONIA	Tallin
11	LIECHTENSTEIN	Vaduz
12	LUXEMBURGO	Luxemburgo

La Península Ibérica

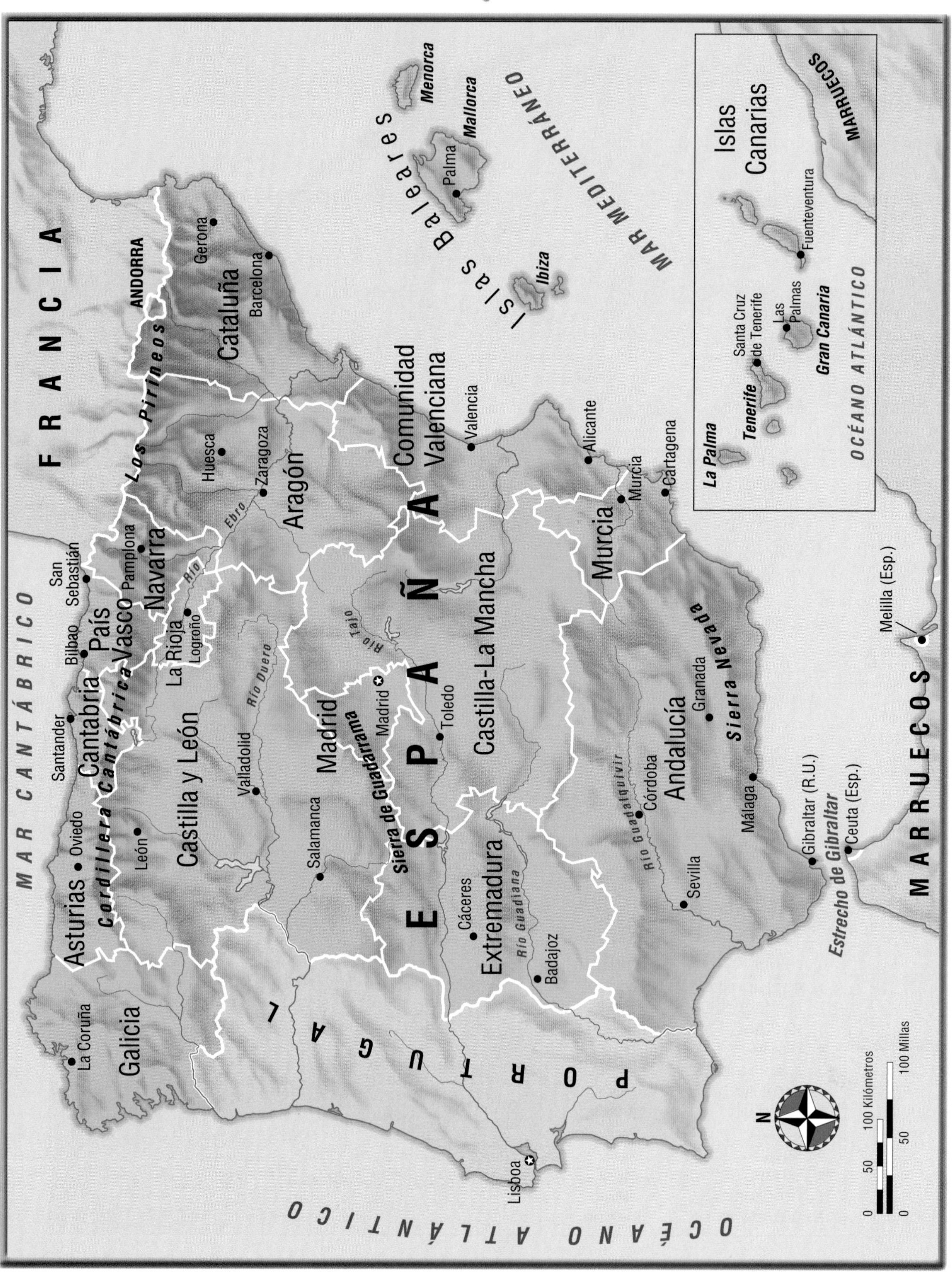

México

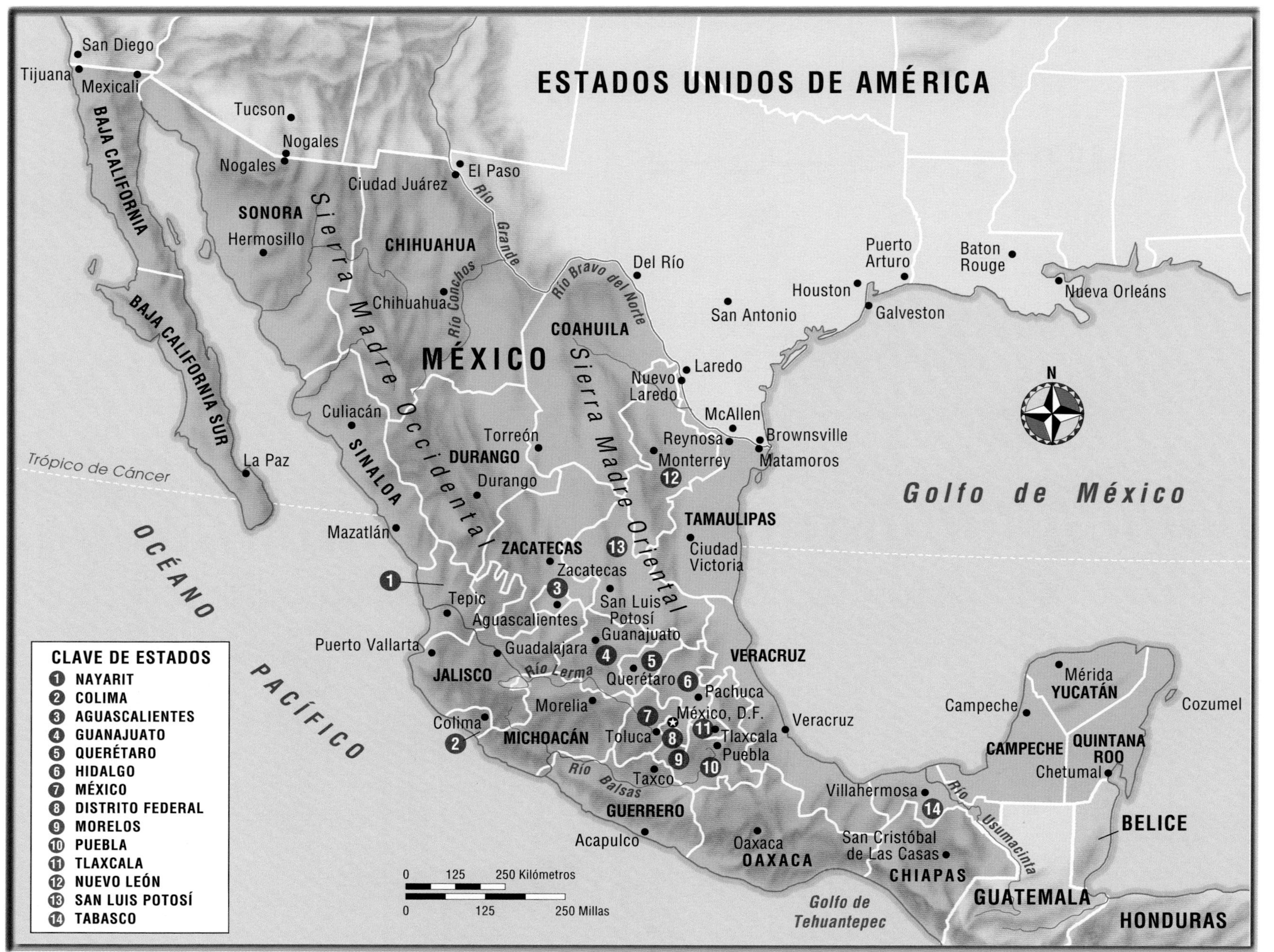

ESTADOS UNIDOS DE AMÉRICA
MÉXICO
Golfo de México
OCÉANO PACÍFICO
Golfo de Tehuantepec
BELICE
GUATEMALA
HONDURAS
Trópico de Cáncer
Sierra Madre Occidental
Sierra Madre Oriental
Río Grande
Río Bravo del Norte
Río Conchos
Río Lerma
Río Balsas
Río Usumacinta
BAJA CALIFORNIA
BAJA CALIFORNIA SUR
SONORA
CHIHUAHUA
COAHUILA
SINALOA
DURANGO
ZACATECAS
TAMAULIPAS
JALISCO
MICHOACÁN
GUERRERO
OAXACA
CHIAPAS
VERACRUZ
CAMPECHE
YUCATÁN
QUINTANA ROO
San Diego
Tijuana
Mexicali
Tucson
Nogales
Nogales
Hermosillo
La Paz
Ciudad Juárez
El Paso
Chihuahua
Culiacán
Mazatlán
Del Río
Laredo
Nuevo Laredo
Torreón
Durango
Monterrey
Reynosa
McAllen
Brownsville
Matamoros
San Antonio
Houston
Galveston
Puerto Arturo
Baton Rouge
Nueva Orleáns
Ciudad Victoria
Zacatecas
San Luis Potosí
Aguascalientes
Guanajuato
Querétaro
Tepic
Guadalajara
Puerto Vallarta
Colima
Morelia
Toluca
México, D.F.
Pachuca
Tlaxcala
Puebla
Taxco
Acapulco
Oaxaca
Veracruz
Villahermosa
San Cristóbal de Las Casas
Campeche
Mérida
Chetumal
Cozumel
N
0 125 250 Kilómetros
0 125 250 Millas
CLAVE DE ESTADOS
1 NAYARIT
2 COLIMA
3 AGUASCALIENTES
4 GUANAJUATO
5 QUERÉTARO
6 HIDALGO
7 MÉXICO
8 DISTRITO FEDERAL
9 MORELOS
10 PUEBLA
11 TLAXCALA
12 NUEVO LEÓN
13 SAN LUIS POTOSÍ
14 TABASCO

Estados Unidos de América

América Central y las Antillas

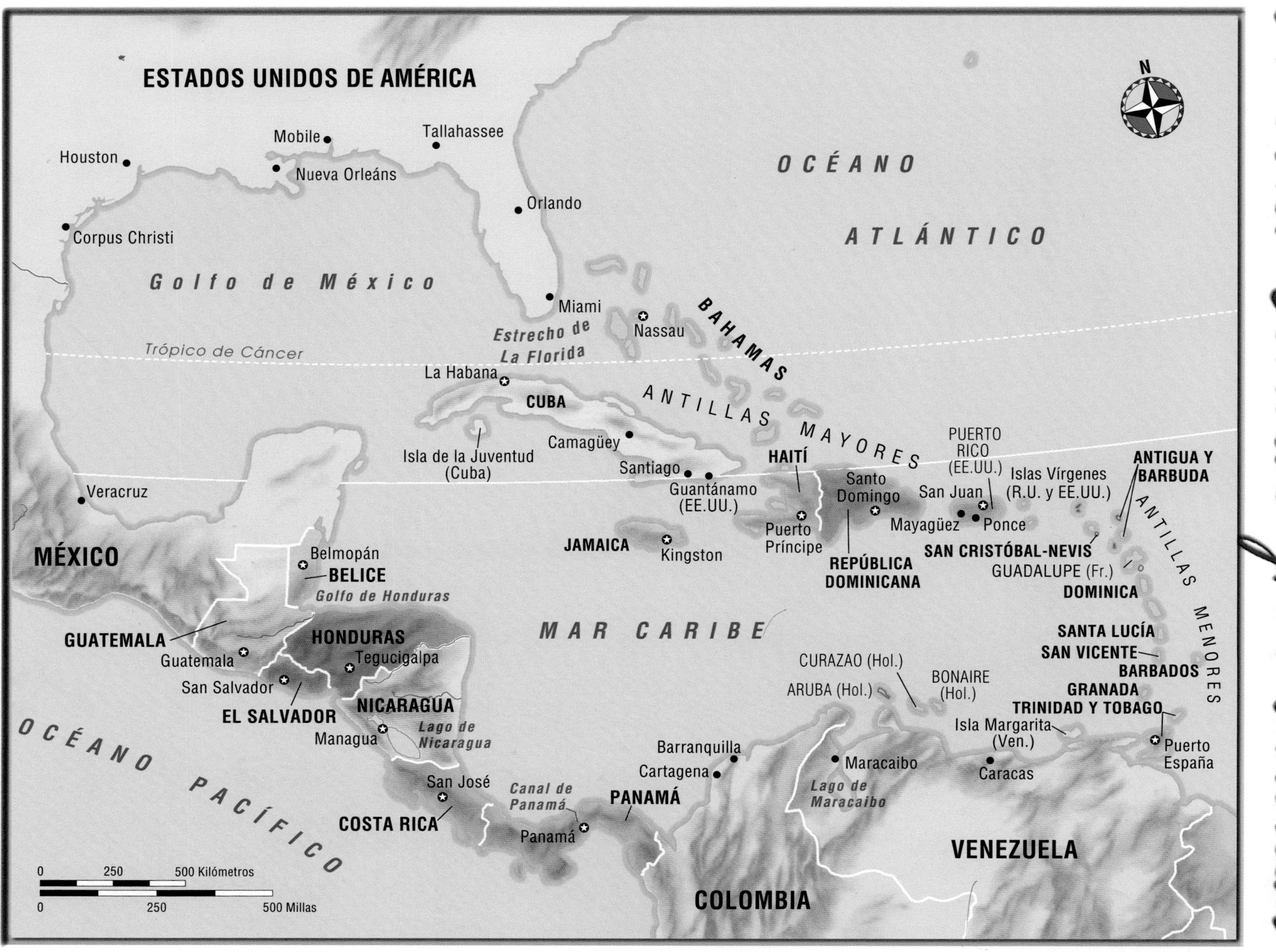

América del Sur

Repaso de vocabulario

This list includes words introduced in ***¡Exprésate!*** Level 2. If you can't find the words you need here, try the Spanish–English and English–Spanish vocabulary sections beginning on page R47.

Descripciones *(Descriptions)*

activo(a)	*active*
alto(a)	*tall*
amable	*friendly*
atlético(a)	*athletic*
aventurero(a)	*adventuresome*
bajo(a)	*short*
bondadoso(a)	*generous*
bonito(a)	*pretty*
callado(a)	*quiet*
cariñoso(a)	*affectionate*
chismoso(a)	*gossipy*
chistoso(a)	*funny*
cómico(a)	*funny*
consentido(a)	*spoiled*
conversador(a)	*talkative*
curioso(a)	*curious*
egoísta	*selfish*
estricto(a)	*strict*
extrovertido(a)	*outgoing*
impaciente	*impatient*
juguetón/juguetona	*playful*
moreno(a)	*dark-haired, dark-skinned*
obediente	*obedient*
paciente	*patient*
rubio(a)	*blond(e)*
serio(a)	*serious*
simpático(a)	*friendly*
solitario(a)	*solitary*

Los quehaceres *(Chores)*

barrer	*to sweep*
cortar el césped	*to mow the lawn*
darles de comer a los animales	*to feed the animals*
hacer diligencias	*to run errands*
limpiar el baño	*to clean the bathroom*
regar las plantas	*to water the plants*
sacar la basura	*to take out the trash*
sacudir los muebles	*to dust the furniture*

Actividades *(Activities)*

andar	*to walk*
coleccionar estampillas (monedas, pósters)	*to collect stamps (coins, posters)*
conocer el centro	*to get to know downtown*
conversar	*to talk, to have a conversation*
cortarse el pelo	*to get a haircut*
coser	*to sew*
crear un álbum	*to create an album, scrapbook*
crear/grabar CDs	*to burn CDs*
cuidar a una mascota	*to take care of a pet*
dar una vuelta	*to go for a walk*
diseñar páginas Web	*to design Web pages*
disfrutar de	*to enjoy*
hacer crucigramas	*to do crossword puzzles*
hacer diseño por computadora	*to do computer design*
hacer ejercicios aeróbicos	*to do aerobics*
intercambiar	*to exchange, to trade*
ir al zoológico	*to go to the zoo*
ir de compras al mercado	*to go shopping at the market*
jugar (ue) naipes	*to play cards*
llamarle la atención	*to interest*
participar	*to participate*
pasear en bote	*to go boating*
pasear	*to go for a walk*
practicar las artes marciales	*to do martial arts*
tejer	*to knit*
tocar la guitarra (el violín)	*to play the guitar (violin)*
tomar clases de...	*to take . . . lessons*
trabajar en mecánica	*to work on cars*
trotar	*to jog*
visitar un museo	*to visit a museum*

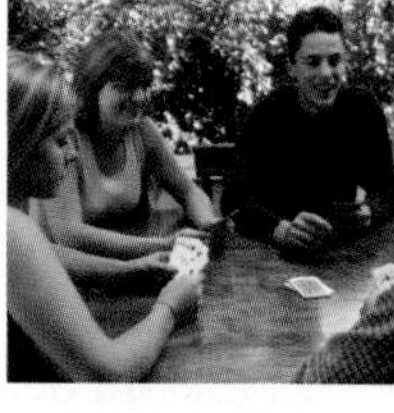

Los oficios *(Jobs)*

el (la) abogado(a)	*lawyer*
el (la) astronauta	*astronaut*
el (la) banquero(a) internacional	*international banker*
el (la) bombero(a)	*firefighter*
el (la) carpintero(a)	*carpenter*
el (la mujer) cartero	*mail carrier*
el (la) cocinero(a)	*cook*
el (la) comerciante	*merchant*
el (la) conductor(a)	*driver*
el (la) dentista	*dentist*
el (la) enfermero(a)	*nurse*
el (la) farmacéutico(a)	*pharmacist*
el (la) ingeniero(a)	*engineer*
el (la) mecánico	*mechanic*
el (la) médico(a)	*doctor*
el (la) peluquero(a)	*hairstylist*
el (la) periodista	*journalist*
el (la) policía	*police officer*
el (la) programador(a)	*programmer*
el (la) secretario(a)	*secretary*
el (la) trabajador(a) social	*social worker*

En la casa *(At home)*

la alfombra	*carpet, rug*
la bañera	*bathtub*
la cómoda	*chest of drawers, armoire*
el cuadro	*painting*
la ducha	*shower*
el estante	*bookcase*
la estufa	*stove*
el fregadero	*(kitchen) sink*
el inodoro	*toilet*
la lámpara	*lamp*
el lavabo	*(bathroom) sink*
la lavadora	*washing machine*
el lavaplatos	*dishwasher*
la mesita de noche	*bedside table*
la pared	*wall*
el piso	*floor*
la secadora	*dryer*
el sillón	*armchair*
el techo	*ceiling, roof*
el televisor	*TV set*

En el pueblo *(Around town)*

la acera	*sidewalk*
el acuario	*aquarium*
la avenida	*avenue*
la autopista	*freeway, highway*
el ayuntamiento	*town hall*
la banca	*park bench*
el banco	*bank*
la carnicería	*butcher shop*
la clínica	*clinic*
el café	*café*
la catedral	*cathedral*
la carretera	*road*
el cementerio	*cemetery*
el centro recreativo	*recreation center*
la comisaría	*police department*
el cruce	*intersection*
la cuadra	*(city) block*
la embajada	*embassy*
la esquina	*corner*
el estacionamiento	*parking lot*
la estación de autobuses	*bus station*
la estación de bomberos	*fire station*
la estación de tren	*train station*
la fábrica	*factory*
la floristería	*flower shop*
la frutería	*fruit shop*
la fuente	*fountain*
la heladería	*ice cream shop*
el hospital	*hospital*
el mercado	*market*
el monumento	*monument*
la mueblería	*furniture store*
la oficina	*office*
la panadería	*bakery*
la parada del metro	*subway stop*
la pastelería	*pastry shop*
la peluquería	*hair salon*
la pescadería	*fish market*
la plaza	*town square, plaza*
el puerto	*port*
el quiosco	*stand, kiosk*
la sala de emergencias	*emergency room*
seguir	*to keep going*
seguir adelante/derecho	*to go straight*
el semáforo	*traffic light*

el supermercado	*supermarket*
la tienda de comestibles	*grocery store*
la zona peatonal	*pedestrian zone*
la zona verde	*green belt, park*

Después del colegio *(After school)*

el (la) animador(a)	*cheerleader*
animar	*to cheer*
el atletismo	*track and field*
la banda escolar	*school band*
la competencia	*competition*
el debate	*debate*
empatar	*to tie a game*
el (la) entrenador(a)	*coach*
el equipo	*team*
la equitación	*horseback riding*
el esquí acuático	*water skiing*
el éxito	*success*
el fracaso	*failure*
ganar	*to win*
la gimnasia	*gymnastics*
el golf	*golf*
el (la) jugador(a)	*player*
la lucha libre	*wrestling*
montar a caballo	*to ride a horse*
la natación	*swimming*
la oratoria	*speech, public speaking*
el patinaje sobre hielo	*ice skating*
el patinaje en línea	*in-line skating*
perder (ie)	*to lose*
el puntaje	*score*
el trofeo	*trophy*

Reacciones *(Reactions)*

la alegría	*happiness*
gritar	*to shout*
llorar	*to cry*
la rabia	*anger*
reaccionar	*to react*
reírse (i, i)	*to laugh*
la tristeza	*sadness*
la vergüenza	*embarrassment*

El cuerpo *(The body)*

las cejas	*eyebrows*
el cerebro	*brain*
el codo	*elbow*
el corazón	*heart*
cortarse	*to cut oneself*
darse un golpe en...	*to bump one's . . .*
el dedo del pie	*toe*
enfermarse	*to get sick*
la enfermedad	*illness*
estar mal	*to be sick*
estar resfriado(a)	*to have a cold*
estornudar	*to sneeze*
hinchado(a)	*swollen*
el hueso	*bone*
los labios	*lips*
lastimarse	*to injure/hurt oneself*
la mejilla	*cheek*
la muñeca	*wrist*
el muslo	*thigh*
la oreja	*ear*
la piel	*skin*
los pulmones	*lungs*
quemarse	*to get a sunburn, to get burned*
resfriarse	*to catch a cold*
la rodilla	*knee*
romperse	*to break*
tener tos	*to have a cough*
tener un calambre	*to have a cramp*
el tobillo	*ankle*
torcerse (ue)	*to sprain*
la uña	*nail*

Por la mañana *(In the morning)*

acabar de	*to have just*
acordarse (ue) de	*to remember*
agarrar	*to get, to hold*
apagar la luz (las luces)	*to turn off the light(s)*
arreglarse	*to get ready, to get dressed*
cepillarse	*to brush*
cerrar (ie) la puerta con llave	*to lock the door*
la crema	*cream*
darle de comer al perro	*to feed the dog*
darse prisa	*to hurry*
ducharse	*to take a shower*
el impermeable	*raincoat*
irse	*to leave*

el lápiz labial	*lipstick*
los lentes de contacto	*contact lenses*
la llave	*key*
el paraguas	*umbrella*
peinarse	*to comb one's hair*
pintar	*to paint*
pintarse las uñas	*to paint one's nails*
ponerse	*to put something on*
recoger	*to pick up*
tardar	*to take long, to be late*
el teléfono celular	*cell phone*

De pequeño *(As a child)*

los animales de peluche	*stuffed animals*
columpiarse	*to swing (on a swing)*
compartir los juguetes	*to share toys*
los dibujos animados	*cartoons*
echar carreras	*to run races*
hacer travesuras	*to play tricks*
jugar a la casita	*to play house*
jugar a las damas	*to play checkers*
jugar al escondite	*to play hide and seek*
jugar con bloques	*to play with blocks*
jugar lleva	*to play tag*
las láminas	*sports cards*
las muñecas	*dolls*
sacar buenas/malas notas	*to get good/ bad grades*
saltar a la cuerda	*to jump rope*
trepar a los árboles	*to climb trees*

En el restaurante *(At the restaurant)*

el aceite de oliva	*olive oil*
el agua mineral	*mineral water*
aguado(a)	*watery, weak*
el ají	*chili pepper*
al gusto	*to one's taste*
la almendra	*almond*
añadir	*to add*
el azúcar	*sugar*
las bebidas	*drinks*
el bistec a la parrilla	*grilled steak*
el bistec encebollado	*steak with onions*
los bocadillos	*finger food*
el caldo de pollo	*chicken soup*
los carbohidratos	*carbohydrates*
la carne asada	*roast meat*
la cebolla	*onion*
las chuletas de cerdo con habichuelas	*pork chops with beans*
cocido(a)	*cooked*
la comida rápida	*fast food*
congelado(a)	*frozen*
crudo(a)	*raw*
cubrir	*to cover*
la cucharada	*tablespoon*
la cucharadita	*teaspoon*
dejar la propina	*to leave the tip*
derretido(a)	*melted*
derretir (i, i)	*to melt*
la dieta balanceada	*balanced diet*
echar	*to put in, to add*
la ensalada mixta	*mixed salad*
los entremeses	*appetizers*
las especias	*spices*
evitar	*to avoid*
el flan de vainilla	*vanilla flan*
freír (i, i)	*to fry*
las fresas con crema	*strawberries and cream*
frito(a)	*fried*
el gazpacho	*cold tomato soup*
hervir (ie, i)	*to boil*
hornear	*to bake*
los huevos revueltos	*scrambled eggs*
los ingredientes	*ingredients*
la lata de salsa de tomate	*can of tomato sauce*
la lechuga	*lettuce*
la mantequilla	*butter*
los mariscos	*seafood*
la mayonesa	*mayonnaise*
la mostaza	*mustard*
nutritivo(a)	*nutritious*
la pera	*pear*
picado(a)	*diced*
picar	*to dice*
la pimienta	*black pepper*
la piña	*pineapple*
el plátano	*plantain, banana*
el plato del día	*daily special*
el plato principal	*main dish*
el pollo asado con gandules	*roasted chicken with peas*
las proteínas	*proteins*
la receta	*recipe*

rico(a) — tasty, delicious
sabroso(a) — tasty
la sal — salt
la sopa de ajo (de fideos) — garlic (noodle) soup
el surtido de frutas frescas — assorted fresh fruit
la taza de medir — measuring cup
el té — tea
tostado(a) — toasted
el trozo — piece, chunk
los vegetales — vegetables
vegetariano(a) — vegetarian
el vinagre — vinegar
las vitaminas — vitamins

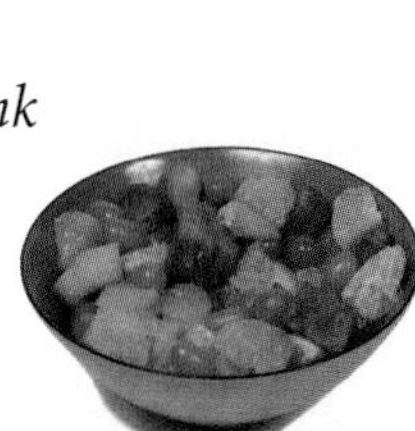

La ropa *(Clothing)*

ancho(a) — wide
apretado(a) — tight
la bufanda — scarf
el cinturón — belt
la corbata — tie
el espejo — mirror
estrecho(a) — narrow, tight
la etiqueta — price tag
la falda a media pierna — mid-length skirt
flojo(a) — baggy, loose
los guantes — gloves
hacer juego — to match, to go with
la minifalda — miniskirt
el probador — fitting room
probarse — to try on
el traje — suit
la venta de liquidación — clearance sale

En el mercado *(At the market)*

el acero — steel
los adornos — decorations, ornaments
los artículos de cuero — leather goods
el barro — clay
la cadena — chain
la cerámica — ceramic
la cesta — basket
el collar — necklace
el encaje — lace
estar bordado(a) — to be embroidered
la figura tallada — carved figure
el gran surtido — wide assortment
la hamaca — hammock
hecho(a) a mano — handmade
las joyas — jewelry
la madera — wood
el mantel — tablecloth
la máscara — mask
el oro — gold
la paja — straw
las pinturas — paintings
el plástico — plastic
la plata — silver
el plato hondo — bowl
el puesto de mercado — market stand
rebajar — to lower
los tejidos — woven cloth, textiles
la última oferta — last offer
el vidrio — glass

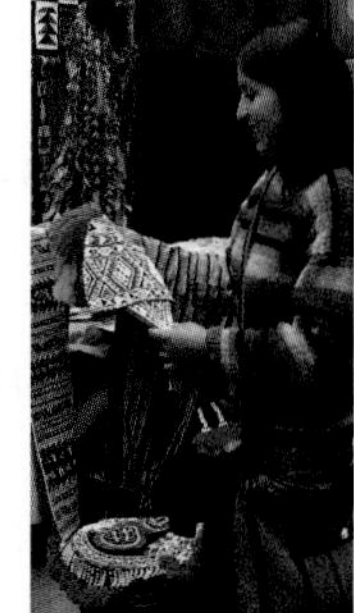

El mundo y el clima *(The world and the weather)*

árido(a) — arid, dry
el bosque — forest
la brisa — breeze
el clima — climate, weather
el desierto — desert
el granizo — hail
las hojas — leaves
húmedo(a) — humid
el huracán — hurricane
llover (a cántaros) — to rain (cats and dogs)
lloviznar — to drizzle
la montaña — mountain
la naturaleza — nature
nevar (ie) — to snow
la niebla — fog
la nieve — snow
la piedra — stone, rock
el relámpago — lightning
el río — river
seco(a) — dry
soleado(a) — sunny
la temperatura — temperature
el terremoto — earthquake
la tormenta — storm
el tornado — tornado
el trueno — thunder

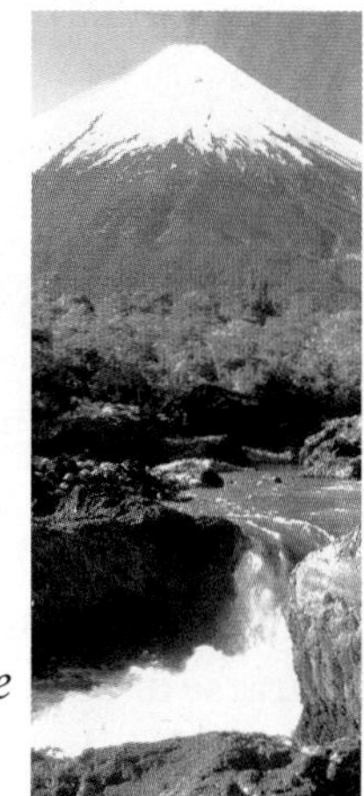

Durante el verano *(In the summer)*

las aguas termales	*hot springs*
la arena	*sand*
el balón de playa	*beachball*
bañarse en el mar	*to swim in the sea*
los binóculos	*binoculars*
bucear	*to scuba dive*
la caña de pescar	*fishing rod*
la catarata	*waterfall*
coleccionar caracoles	*to collect seashells*
la costa	*coast*
la crema protectora	*sunblock*
el desierto	*desert*
el ecoturismo	*ecotourism*
explorar cuevas	*to explore caves, to go spelunking*
explorar la selva	*to explore the jungle*
la fogata	*campfire*
las gafas de sol	*sunglasses*
hacer camping	*to go camping*
hacer senderismo	*to go hiking*
hacer un tour	*to take a guided tour*
hacer windsurf	*to windsurf*
la isla tropical	*tropical island*
el lago	*lake*
la linterna	*lantern, flashlight*
el mar	*sea*
la marea (baja/alta)	*(low/high) tide*
observar la naturaleza	*to nature watch*
la orilla del lago/ del río	*lakeshore/riverbank*

las olas	*waves*
remar	*to row*
la tienda de campaña	*tent*
tirarse al agua	*to dive in the water*
el viento	*wind*
volar con ala delta	*to go hang gliding*

De viaje *(Traveling)*

el albergue juvenil	*youth hostel*
los aseos	*public restrooms*
el billete	*bill, money*
la cabina telefónica	*phone booth*
el castillo	*castle*
los cheques de viajero	*travelers' checks*
comprar recuerdos	*to buy souvenirs*
el efectivo	*cash*
firmar	*to sign*
la guía turística	*guide book*
hacer una llamada por cobrar	*to make a collect call*
hacer una reservación	*to make a reservation*
hacerse amigo(a) de alguien	*to make friends with someone*
hospedarse en...	*to stay at . . .*
ir a cafés	*to go to cafés*
ir a un cibercafé	*to go to a cybercafé*
la oficina de turismo	*tourism office*

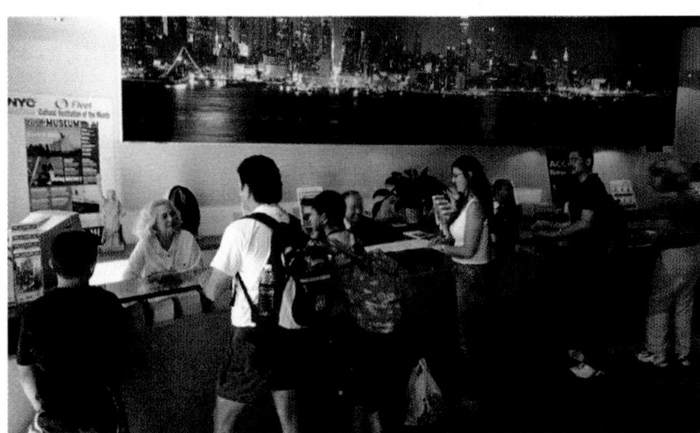

el parque nacional	*national park*
pedir información	*to ask for information*
la pensión	*boarding house, inn*
el plano de la ciudad	*city map*
quedarse con parientes	*to stay with relatives*
el (la) recepcionista	*receptionist*
recomendarle (a alguien)	*to recommend (to someone)*
el rollo de película	*roll of film*
saltar en paracaídas	*to go skydiving*
sugerirle (a alguien)	*to recommend (for someone)*
la tarjeta de crédito	*credit card*
el (la) taxista	*taxi driver*
tomar un taxi	*to take a taxi*
el (la) turista	*tourist*
el volcán	*volcano*

Vocabulario adicional

This list includes additional vocabulary that you may want to use to personalize activities. If you can't find the words you need here, try the Spanish–English and English–Spanish vocabulary sections beginning on page R47.

Los viajes

a tiempo	*on time*
el (la) aduanero(a)	*customs agent*
el andén	*(train) platform*
el asiento	*seat*
atrasado(a)	*delayed*
la azafata	*flight attendant*
la demora	*delay*
el equipaje	*luggage*
el folleto	*brochure, pamphlet*
hacer una parada	*to make a stop*
el huso horario	*time zone*
el pasillo	*aisle, hallway*
el recuerdo	*souvenir*
revelar	*to develop (film)*
el rollo (de película)	*roll (of film)*
tardar una hora/ dos días en...	*to take an hour/ two days to...*
la tarjeta postal	*postcard*
el viaje de ida y vuelta	*round-trip voyage*
el visado	*visa*

Los deportes

andar en patineta	*to skateboard*
el (la) árbitro	*umpire, referee*
el bate	*bat*
el (la) bateador(a)	*batter*
el billar	*pool, billiards*
el (la) boxeador(a)	*boxer*
boxear	*to box*
la cancha	*court*
la carrera de autos	*auto racing*
el casco	*helmet*
el cesto	*basket*
el deporte extremo	*extreme sport*
disparar el balón (al gol)	*to shoot/kick the ball (at the goal)*
el hoyo	*(golf) hole*
ir de cacería	*to go hunting*
ir en balsa en aguas blancas	*to go whitewater rafting*
el jonrón	*home run*
el kayac	*kayak*

lanzar/tirar	*to throw*
la liga	*league*
el (la) luchador(a)	*wrestler*
el maratón	*marathon*
el palo	*golf club*
la patineta	*skateboard*
la pelota	*ball*
la pista	*track, rink*
la plancha de nieve	*snowboard*
la plataforma, la tabla	*diving board*
el (la) portero(a)	*goalie*
la raqueta	*racket*
rebotar	*to bounce*
la red	*net*
el salto con cuerda elástica	*bungee jumping*
servir/sacar la pelota	*to serve the ball*
el surf sobre nieve	*snowboarding*
la telesilla	*chairlift*
el uniforme	*uniform*
el yoga	*yoga*
zambullirse	*to dive*

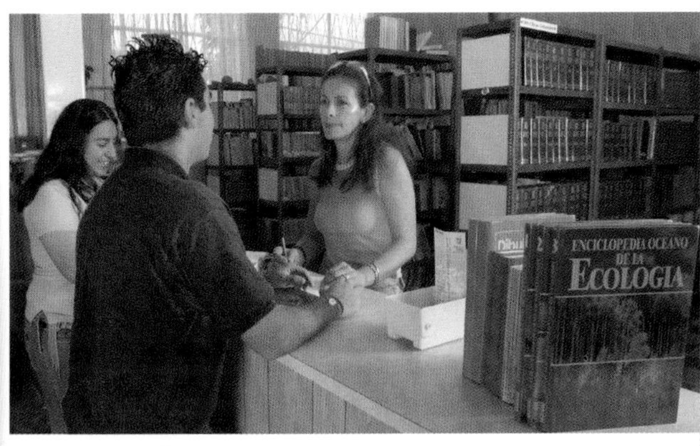

Los estudios

la administración de empresas	*business administration*
la anatomía	*anatomy*
la antropología	*anthropology*
el árabe	*Arabic*
el chino	*Chinese*
la ciencia del hogar	*home economics*
dominar una materia	*to master a subject*
el examen de sorpresa	*pop quiz*
el examen de ubicación	*placement test*
faltar (una clase)	*to miss (a class)*
la filosofía	*philosophy*
el globo terráqueo	*globe*
el griego	*Greek*
el hebreo	*Hebrew*
la hora de entrada	*(the time when) school begins*
la hora de salida	*(the time when) school ends*
el japonés	*Japanese*
el latín	*Latin*
presentar (un examen)	*to take (a test)*
el (la) profesor(a) suplente	*substitute teacher*
el proyecto	*project*
el ruso	*Russian*
el taller	*workshop*
la tesis	*thesis (paper)*
tomar lista	*to take attendance*
la trigonometría	*trigonometry*

La familia

la ahijada	*goddaughter*
el ahijado	*godson*
la bisabuela	*great grandmother*
el bisabuelo	*great grandfather*
la bisnieta	*great granddaughter*
el bisnieto	*great grandson*
la familia política	*in-laws*
la madrina	*godmother*
la tatarabuela	*great-great grandmother*
el tatarabuelo	*great-great grandfather*
la tataranieta	*great-great granddaughter*
el tataranieto	*great-great grandson*
la nuera	*daughter-in-law*
el padrino	*godfather*
el (la) primo(a) segundo(a)	*second cousin*
el yerno	*son-in-law*

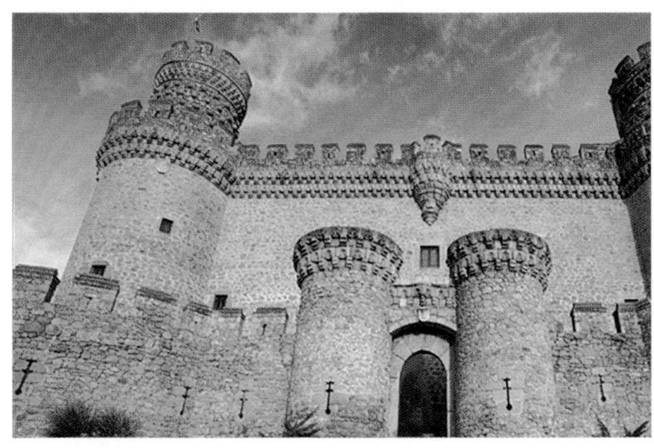

Las artes y la arquitectura

abstracto(a)	*abstract*
la arcilla	*clay*
el arco	*arch*
el atril	*easel*
el bosquejo	*sketch*
la cerámica	*ceramics*
el cianotipo	*blueprint*
el cincel	*chisel*
el enfoque	*focus*
garabatear	*to scribble, doodle*
gótico(a)	*Gothic*
impresionista	*impressionist*
el lienzo	*canvas*
el marco	*frame*
el mármol	*marble*
el martillo	*hammer*
montar (un cuadro)	*to hang (a picture)*
la naturaleza muerta	*still life*
la obra maestra	*masterpiece*
el óleo	*oil (paint)*
el paisaje	*landscape*
el pilar	*pillar*
el pincel	*paint brush*
raspar	*to scrape*
surrealista	*surreal*
tallar	*to carve*
el taller	*workshop*
el trasfondo	*background*
el yeso	*plaster*

En las noticias

el boletín	*bulletin*
la bolsa (de valores)	*stock market*
la cadena	*network*
el canal	*channel*
el (la) comentarista	*commentator*
el (la) corresponsal	*correspondent*
el (la) crítico(a)	*critic*
el debate	*debate*
el déficit	*deficit*
los derechos civiles	*civil rights*
la difamación	*libel*
el discurso	*speech*
en directo/en vivo	*live*
el ejemplar	*issue (of a newspaper/ magazine)*
el escándalo	*scandal*
la huelga	*(workers') strike*
el partido político	*political party*
la polémica	*controversy*
el pronóstico (de clima)	*(weather) forecast*
las relaciones internacionales	*international relations*

Empleos y carreras

el (la) agente de aduana	*customs agent*
el (la) agente de viajes	*travel agent*
el (la) agricultor(a)	*farmer*
el (la) albañil	*mason, bricklayer*
el ama de casa	*homemaker*
el (la) aprendiz	*apprentice*
el (la) camionero(a)	*truck driver*
el (la) chofer	*driver*
el (la) científico(a)	*scientist*

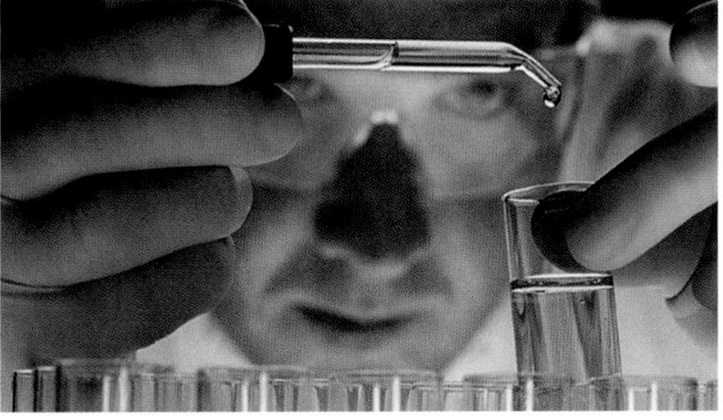

el (la) constructor(a)	*construction worker, builder*
el (la) contador(a)	*accountant*
el (la) corredor(a) de bolsa	*stockbroker*
la costurera	*seamstress*
el (la) dentista	*dentist*
el (la) economista	*economist*
el (la) electricista	*electrician*
el (la) físico	*physicist*
el (la) fisioterapeuta	*physical therapist*
el (la) intérprete	*interpreter*
el (la) investigador(a)	*researcher*
el (la) juez	*judge*
el (la) modista	*dressmaker, designer*
el (la) piloto(a)	*pilot*
el (la) plomero(a)	*plumber*
el (la) político	*politician*
el (la) repostero(a)	*baker*
el sastre, la sastra	*tailor*
el (la) senador(a)	*senator*
el (la) supervisor(a)	*supervisor*
el (la) técnico	*technician*
el (la) traductor(a)	*translator*
el (la) veterinario(a)	*veterinarian*

La tecnología

el archivo	*file*
arrastrar y soltar (ue)	*to drag and drop*
los audífonos	*headphones*
bajar/subir archivos	*to download/upload files*
las bocinas	*speakers*
la búsqueda	*search*
el canal de chat	*chat room*
charlar	*to chat*
la computadora portátil	*laptop computer*
la conexión de banda ancha	*broadband connection*
la contraseña, el código	*password*
la copia de respaldo	*backup*
el correo de voz	*voicemail*
el cursor	*cursor*
el DVD	*DVD*
el diskette	*floppy disk, diskette*
el doble pulso	*double click*
las gráficas	*graphics*
la guía	*prompt*
el ícono	*icon*
la ingeniería genética	*genetic engineering*
la inteligencia artificial	*artificial intelligence*
el menú de cortina	*pull-down menu*
la página inicial	*homepage*
el procesamiento de textos	*word processing*

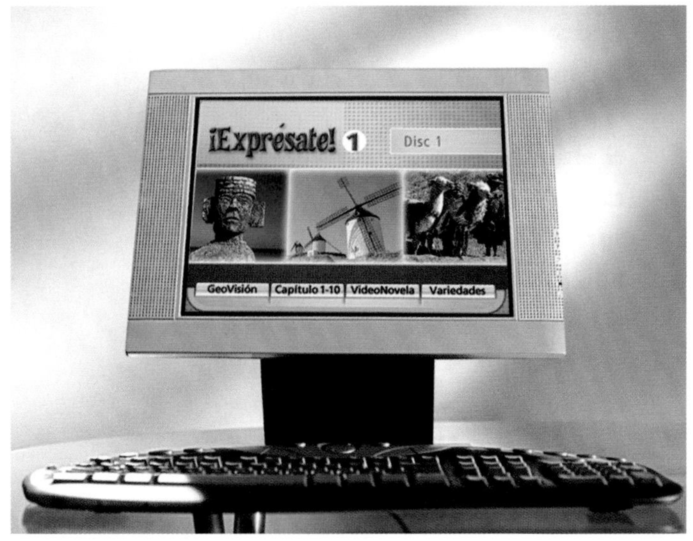

pulsar	*to click*
el puntero	*pointer*
el quemador (de CDs)	*(CD) burner*
el ratón	*mouse*
la realidad virtual	*virtual reality*
la robótica	*robotics*
la tecla de aceptación	*return/enter key*
la tecla de borrar	*delete key*
la tecla de mayúsculas	*shift key*
la ventana	*window*
el vínculo	*link*

Eventos históricos

a.C.	*antes de Cristo*
el asesinato	*assassination*
la civilización	*civilization*
d.C.	*después de Cristo*
los derechos civiles	*civil rights*
el desarrollo	*development*
el dominio	*rule, dominion*
la Edad Media	*Middle Ages*
el ejército	*army*
En la época de...	*In the time of...*
la esclavitud	*slavery*
los esclavos	*slaves*
la exploración	*exploration*
la fuerza aérea	*air force*
las fuerzas armadas	*armed forces*
el golpe de estado	*coup d'etat*
el (la) historiador(a)	*historian*
la inauguración	*inauguration*
la invasión	*invasion*
la invención	*invention (act of inventing)*
la liberación femenina	*women's liberation*
la marina	*navy*
el milenio	*millennium*
el nacimiento	*birth*
el reino	*kingdom*
el siglo	*century*
el Siglo de las Luces	*Age of Enlightenment*

El medio ambiente

la capa de ozono	*ozone layer*
los combustibles fósiles	*fossil fuels*
consumir	*to consume*
la deforestación	*deforestation*
deforestar	*to deforest*
el (la) ecólogo(a)	*ecologist*
el efecto invernadero	*greenhouse effect*
la erosión	*erosion*

extinto(a)	*extinct*
los fertilizantes orgánicos (químicos)	*organic (chemical) fertilizers*
industrializado(a)	*industrialized*
el insecticida	*insecticide*
malgastar los recursos naturales	*to waste natural resources*
minar	*to mine*
la superpoblación	*overpopulation*

Vocabulario adicional

Expresiones de ¡Exprésate!

Functions are probably best defined as the ways in which you use a language for particular purposes. When you find yourself in specific situations, such as in a restaurant, in a grocery store, or at school, you will want to communicate with those around you. In order to do that, you have to "function" in Spanish: you place an order, make a purchase, or talk about your class schedule.

Here is a list of the functions presented in this book and the Spanish expressions you'll need to communicate in a wide range of situations. Following each function is the chapter and page number where it is introduced.

Socializing

Inviting someone to do something
Ch. 2, p. 54
¿Te gustaría...? Yo te invito.
No, gracias. Iba a...
No vayamos... No aguanto...
Como quieras. Me da lo mismo.

Turning down an invitation
Ch. 5, p. 206
¿Quieres ir a ver...?
Gracias por invitarme, pero ya lo/la he visto.
¿Te interesa ir a...?
Lo siento, pero ya tengo otros planes/otro compromiso.
¿Me acompañas a...?
Gracias, pero tengo mucho que hacer. La próxima vez iré.
¿Por qué no vamos a...?
Hoy no, gracias. ¿Por qué no lo dejamos para la próxima semana?

Exchanging Information

Asking about someone's plans and talking about your own
Ch. 8, p. 338
¿Qué te gustaría hacer?
Me gustaría ser un(a)...
Me interesaría estudiar para ser un(a)...
Siempre he querido ser un(a)...
Si tuvieras la oportunidad, ¿adónde irías?
Si pudiera, iría a... a estudiar...

Setting the scene for a story
Ch. 9, p. 369
Érase una vez, en un lugar muy lejano...
Hace muchos años...
Según nos dicen, el malvado...
Se cuenta que de pronto...

Continuing and ending a story
Ch. 9, p. 372
Hace tiempo, vino un desconocido...
Tan pronto como llegó...
A causa de esto...
Al final, nos dimos cuenta de...
A partir de entonces, vivieron siempre felices.

Asking about a past event
Ch. 10, p. 411
¿Te acuerdas (de) cuando sucedió...?
Lo recuerdo como si fuera ayer./No, no me acuerdo para nada.
¿Dónde estabas y qué hacías cuando...?
Estaba en casa cuando...

Talking about the past
Ch. 1, p. 9
¿Qué hiciste el verano pasado?
Viajé a España.
¿Qué tal lo pasaste?
Lo pasé de película/de maravilla.
¿Adónde fuiste?
Fui a las montañas.
¿Qué te pareció...?
Lo encontré muy interesante.

Saying what you liked and used to do
Ch. 1, p. 12
De niño(a), me gustaba...
Cuando era joven, solía...
De pequeño, me lo pasaba bomba...
Cuando tenía diez años, me encantaba...
Siempre disfrutaba de...
Lo encontraba genial...

Talking about the future
Ch. 1, p. 26
¿Qué vas a hacer...?
Voy a estudiar...
¿Adónde piensas ir...?
Pienso ir...
¿Cómo vas a mantenerte en forma?
Voy a practicar...
¿Qué cambios vas a hacer?
De hoy en adelante participaré en...

Describing the ideal friend
Ch. 2, p. 65
¿Cómo debe ser un(a) buen(a) amigo(a)?
Un buen amigo debe apoyarme y... No debe...
¿Qué buscas en un(a) novio(a)?
Busco a alguien a quien le guste(n)... y que sepa algo de...

Getting the latest news
Ch. 4, p. 141
¿Qué sabes de...?
Pues, sigue trabajando...
¿Qué me cuentas de...?
Según tengo entendido,...
¿Qué anda haciendo...?
Fíjate que se ha casado.

Explaining and giving excuses
Ch. 4, p. 158
Se me fue la mano con...
Es que se me olvidó ponerle...
Es que se me acabó...

Introducing and changing a topic of conversation
Ch. 5, p. 192
Eso me hace pensar en...
A propósito, ¿qué has oído del/de la...?
Cambiando de tema, ¿qué me dices de...?
Hablando de arte, ¿qué me cuentas de...?

Asking about information and explaining where you found it
Ch. 6, p. 245
¿Cómo supiste el resultado?
Lo leí en la sección deportiva.
¿Cómo te enteraste de...?
Estaba en primera plana.

Talking about what you know and don't know
Ch. 6, p. 248
Entiendo algo de..., pero nada de...
No tengo la menor idea si...
Que yo sepa, (no) hay...
¿Qué sé yo de...? No entiendo ni jota de...

Talking about challenges
Ch. 7, p. 279
Había muchos desafíos en...
Mis... enfrentaron obstáculos cuando...
Nos costó trabajo acostumbrarnos a...
Poco a poco se adaptaron a...
Tuvimos que hacer un gran esfuerzo para...

Talking about accomplishments
Ch. 7, p. 282
Con el tiempo pude asimilar...
Gracias al apoyo de... he podido superar...
Nos esforzamos en...
Por fin... logró...
Trabajo duro... y por eso...

Talking about future plans
Ch. 7, p. 293
Antes de que empiecen las clases, quiero...
Cuando sea mayor, me gustaría...
En cuanto cumpla los... años, voy a...
Tan pronto como... pienso...
Tengo la intención de...
Voy a... con la idea de...

Expressing cause and effect
Ch. 7, p. 296
Hablamos del tema; por consiguiente...
Mi éxito en... se debe a...
No estudié, así que...
Soy bilingüe; por lo tanto, tengo muchas oportunidades...

Saying what you can and cannot do
Ch. 8, p. 321
Está fuera de/a mi alcance.
Eso me resulta fácil/bastante difícil.
No me es nada difícil.
Soy capaz de (hacer)…
Lo puedo hacer.
Me cuesta trabajo (hacer)…

Talking about what you do and do not understand
Ch. 8, p. 324
Hay algo que se me escapa.
No logro entender…
No me cabe en la cabeza.
¡Vaya! Por fin capto la idea.
¡Ya caigo! Está más claro ahora.

Writing a formal letter
Ch. 8, p. 335
Muy estimado(a) Sr./Sra./Srta.:
Por medio de la presente…
Le/Les adjunto un(a)…
Reciba un cordial saludo,
Muy atentamente,

Expressing Attitudes and Opinions

Expressing interest and displeasure
Ch. 2, p. 51
Soy un(a) gran aficionado(a) a… ¿Qué deporte te gusta a ti?
Pues, la verdad es que…
Eres muy bueno(a) para…, ¿verdad?
Sí, me la paso… Estoy loco(a) por…
Los/Las… me dejan frío(a).
¿Ah, sí? Pues, yo creo que son…

Complaining
Ch. 3, p. 99
Me choca la actitud de… hacia… ¡No aguanto más!
El (La) consejero(a) insiste en que tome… ¡No me gusta para nada!
¿Mañana vamos a tener otra prueba en…? ¡Esto es el colmo!

Expressing an opinion and disagreeing
Ch. 3, p. 102
A mi parecer, no hay igualdad entre…
¡Qué va! Eso no es cierto.
No me parece que sea justo.
¡Al contrario! No estoy de acuerdo.

Commenting on food
Ch. 4, pp. 155, 158
Está para chuparse los dedos.
Se me hace la boca agua.
Sabe delicioso(a).
Al (A la)… le falta sabor, pero no sé qué le falta.
Está pasada la leche.
¡Qué asco!
El/La… está salado(a)/picante.
El/La… no sabe a nada.
El/La… está seco(a)/no está muy dulce.

Describing art and giving opinions
Ch. 5, p. 189
Este retrato fue pintado por… ¿Qué te parece?
A decir verdad, me parece…
¿Cuál de estas pinturas te gusta más, la de… o la de…?
En realidad, admiro…
¿Qué opinas de…?
Lo/La encuentro muy…

Expressing certainty
Ch. 6, p. 231
Estoy convencido(a) de que…
Estoy seguro(a) (de) que…
Es evidente que…

Expressing doubt and disbelief
Ch. 6, p. 234
Dudo que estés bien informado(a) sobre…/que sepas…
No creo que los periodistas/los noticieros sean…
Parece mentira que haya…/que digan…
No estoy seguro(a) (de) que tengas razón sobre…

Talking about your hopes and wishes
Ch. 9, p. 383
Es de esperar que…
El sueño de mi vida es vencer a…
Ojalá que los países aún en guerra lleguen a un acuerdo.
Tenía muchas esperanzas de…

Expressing and supporting a point of view
Ch. 10, p. 414
Me parece que…
Creo que vale la pena acordarse de…
Ten en cuenta que…
Aunque estoy de acuerdo…, creo que…
Lo que noto es que…
A pesar de que hubo…, por otro lado…

Making predictions and giving warnings
Ch. 10, p. 425
A que no va a bajar la tasa de...
Calculo que van a implementar...
Ya verás que van a promover...
Es muy posible que el tráfico aumente con...
Te apuesto que...
Se advierte que...

Expressing assumptions
Ch. 10, p. 428
Es de suponer que...
Me imagino que para el año... habrá...
Supongo que sí.
A lo mejor habrá...

Expressing Feelings and Emotions

Expressing happiness and unhappiness
Ch. 2, p. 68
¿Qué te pasa? ¿Estás dolido(a)?
Sí, estoy decepcionado(a) porque...
Me dan ganas de llorar.
Te veo de buen humor.
Sí, estoy entusiasmado(a) porque...

Apologizing
Ch. 3, p. 116
Te juro que no lo volveré a hacer.
Perdóname. No sé en qué estaba pensando.
Créeme que fue sin querer.
No lo hice a propósito.
No quise hacerte daño.
No quise ofenderte.

Reacting to news
Ch. 4, p. 144
¡Qué sorpresa que se hayan...!
Qué pena que se hayan...
¡No me lo puedo creer!
¡No me digas!
Me has dejado boquiabierto(a).

Expressing regret and gratitude
Ch. 9, p. 386
Se arrepiente de que...
Es lamentable que...
Les agradecieron a...

Persuading

Asking for and giving advice
Ch. 1, p. 23
¿Qué consejos tienes?
Te aconsejo que...
¿Puedes darme algún consejo?
Hay que...
¿Qué debo hacer?
Debes...
¿Qué me recomiendas?
Te recomiendo que...

Making suggestions
Ch. 3, p. 113
No te olvides de...
¿Has pensado en...?
Sería una buena/mala idea romper con...
Sugiero que no hagas caso a los rumores.
No te conviene...
Date tiempo para pensarlo.

Making suggestions and recommendations
Ch. 5, p. 203
Te aconsejo que vayas a la presentación de baile folclórico. Es muy...
No te olvides de ir al ensayo de la banda.
Es mejor que veas la ópera. Es formidable.
Sería buena idea ir al concierto de la sinfónica.

Síntesis gramatical

NOUNS AND ARTICLES

Gender of Nouns

In Spanish, nouns (words that name a person, place, or thing) are grouped into two classes or genders: masculine and feminine. All nouns, both persons and things, fall into one of these groups. Nouns that end in **-o, -aje, -al, -és, -ín,** and **-ma,** as well as compound nouns, are typically masculine, although some nouns ending in **-o** are feminine **(la mano).** Nouns that end in **-a, -ad, -ión, -z, -is, -ie,** and **-umbre** are typically feminine, although there are exceptions **(el mapa, el lápiz).** Nouns ending in **-l, -n,** and **-r** can be masculine or feminine, and many nouns referring to people **(el/la cliente, el/la artista, el/la modelo)** have one form that is used with both masculine and feminine articles. Some nouns have different meanings depending on the article used **(el/la orden, el/la radio).**

Masculine Nouns		Feminine Nouns	
libro	paisaje	mesa	libertad
corral	inglés	situación	actriz
botiquín	problema	crisis	serie
		costumbre	

FORMATION OF PLURAL NOUNS

	Add **-s** to nouns that end in a vowel.		Add **-es** to nouns that end in a consonant.		With nouns that end in **-z**, the **-z** changes to a **-c.**	
SINGULAR	libro	casa	profesor	papel	vez	lápiz
PLURAL	libro**s**	casa**s**	profesor**es**	papel**es**	ve**ces**	lápi**ces**

Definite Articles

There are words that signal the gender of the noun. The *definite articles* are one such group. In English, there is one definite article: *the.* In Spanish, there are four: **el, la, los, las.**

SUMMARY OF DEFINITE ARTICLES

	Masculine	Feminine
SINGULAR	**el** chico	**la** chica
PLURAL	**los** chicos	**las** chicas

CONTRACTIONS

a + el → **al**
de + el → **del**

Indefinite Articles

Another group of words used with nouns are the *indefinite articles:* **un, una,** (*a* or *an*) and **unos, unas** (*some* or *a few*).

	Masculine	Feminine
SINGULAR	**un** chico	**una** chica
PLURAL	**unos** chicos	**unas** chicas

Pronouns

Subject Pronouns	Direct Object Pronouns	Indirect Object Pronouns	Objects of Prepositions	Reflexive Pronouns
yo	**me**	**me**	**mí**	**me**
tú	**te**	**te**	**ti**	**te**
usted, él, ella	**lo, la**	**le**	**usted, él, ella**	**se**
nosotros, nosotras	**nos**	**nos**	**nosotros, nosotras**	**nos**
vosotros, vosotras	**os**	**os**	**vosotros, vosotras**	**os**
ellos, ellas, ustedes	**los, las**	**les**	**ellos, ellas, ustedes**	**se**

Double Object Pronouns

When used together, the indirect object pronoun always comes before the direct object pronoun: **¿Me la puedes traer?**

Se replaces **le** and **les** before the direct object pronouns **lo, la, los,** and **las.**

Se lo di al director.

Demonstrative Pronouns

Demonstrative pronouns are used to say *this one, that one, these,* and *those.* They agree with the noun they stand for: **éste, éstos, ésta, éstas, ése, ésos, ésa, ésas, aquél, aquéllos, aquélla, aquéllas.**

Reflexive Pronouns

Reflexive pronouns indicate that the subject both performs and receives the action of the verb: **Carlos se levantó temprano.**

Here are some verbs used with reflexive pronouns:

acostarse	**bañarse**	**despertarse**	**lavarse**	**peinarse**
afeitarse	**cepillarse**	**ducharse**	**levantarse**	**pintarse**
arreglarse	**darse prisa**	**estirarse**	**maquillarse**	**secarse**

Some verbs take a reflexive pronoun but their action is not directed back on the subject. These include **criarse, expresarse, graduarse, preocuparse, casarse, comunicarse, acostumbrarse, esforzarse, mudarse, enojarse, quejarse, burlarse,** and **quedarse.**

The verbs **hacerse, volverse, ponerse, convertirse en, quedarse,** and **llegar a ser** can be used to imply a process *(to get, to become)* that results in a change in the subject's state or status.

Voy a volverme loca con tanto trabajo.

Sergio se pone furioso cuando la gente no llega a tiempo.

The Pronoun *se*

A form of the pronoun **se** is used:

1. with verbs that are used reflexively or reciprocally (**Pepe se lava la cara. Ellos se saludan.**)
2. to indicate unintentional events (**Se me rompió el vaso.**)
3. to replace **le** or **les** when they appear together with the direct objects **lo, los, la,** or **las** (**Yo le doy los libros a Juan. Yo se los doy.**)
4. in impersonal sentences (**Se vive bien en esa ciudad.**)
5. to express the passive voice (**El edificio se construyó en 1857.**)
6. with certain "process" verbs (**Adela se graduó de la universidad.**)
7. with verbs that mean "to become" (**Julia se hizo doctora.**)

Indefinite Pronouns

The indefinite pronoun **lo** can be used with an adjective to express the idea of the *(adjective) thing* or *that which is (adjective).*

Tenemos que ver lo bueno de la situación.

It can also be used with a verb to express the idea of *the thing that,* or *what.*

Lo que más me preocupa es el examen de geografía.

Indefinite Expressions

Indefinite pronouns can be used in affirmative or negative expressions depending on whether an affirmative or negative adverb is used. You will often see **no** paired with a negative expression.

Affirmative	Negative
algo	**nada**
alguien	**nadie**
algún, alguna	**ningún, ninguna**
alguno(a), algunos(as)	**ninguno(a), ningunos(as)**
también	**tampoco**
siempre	**nunca, jamás**
o (o...o)	**ni (ni...ni)**

The words **o...o** and **ni...ni** mean *either...or* and *neither...nor,* respectively. The indefinite expressions **alguno(a), algunos(as), ninguno(a), ningunos(as)** must agree with the nouns they modify or represent. When a negative word precedes the verb, **no** is left out:

No vino nadie.

Nadie vino.

Ordinal Numbers

Ordinal numbers are used to express ordered sequences. When used as adjectives, they agree in number and gender with the noun they modify. The ordinal numbers **primero** and **tercero** drop the final **o** before a singular, masculine noun. Ordinal numbers are seldom used after 10. Cardinal numbers are used instead: **Alfonso XIII, Alfonso Trece.**

1st	**primero/a**	**3rd**	**tercero/a**	**5th**	**quinto/a**	**7th**	**séptimo/a**	**9th**	**noveno/a**
2nd	**segundo/a**	**4th**	**cuarto/a**	**6th**	**sexto/a**	**8th**	**octavo/a**	**10th**	**décimo/a**

ADJECTIVES

Adjectives are words that describe nouns. The adjective must agree in gender (masculine or feminine) and number (singular or plural) with the noun it modifies. Adjectives that end in -**e** or a consonant only agree in number.

		Masculine	Feminine
Adjectives that end in **-o** or **-a**	**SINGULAR**	el chico alt**o**	la chica alt**a**
	PLURAL	los chicos alt**os**	las chicas alt**as**
Adjectives that end in **-e**	**SINGULAR**	el chico inteligent**e**	la chica inteligent**e**
	PLURAL	los chicos inteligent**es**	las chicas inteligent**es**
Adjectives that end in a consonant	**SINGULAR**	el examen difícil	la clase difícil
	PLURAL	los exámenes difícil**es**	las clases difícil**es**

Demonstrative Adjectives

Demonstrative adjectives are used to point out things with their relationship to the speaker. They correspond to the English demonstrative adjectives *this, that, these,* and *those.*

	Masculine	Feminine
SINGULAR	**este** chico	**esta** chica
PLURAL	**estos** chicos	**estas** chicas

	Masculine	Feminine
SINGULAR	**ese** chico	**esa** chica
PLURAL	**esos** chicos	**esas** chicas

	Masculine	Feminine
SINGULAR	**aquel** chico	**aquella** chica
PLURAL	**aquellos** chicos	**aquellas** chicas

Possessive Adjectives

These words also modify nouns and show ownership or relationship between people (*my* car, *his* book, *her* mother).

Singular		Plural	
Masculine	Feminine	Masculine	Feminine
mi libro	**mi** casa	**mis** libros	**mis** casas
tu libro	**tu** casa	**tus** libros	**tus** casas
su libro	**su** casa	**sus** libros	**sus** casas
nuestro libro	**nuestra** casa	**nuestros** libros	**nuestras** casas
vuestro libro	**vuestra** casa	**vuestros** libros	**vuestras** casas

Stressed Possessive Adjectives

Stressed possessive adjectives are used for emphasis and always follow the noun they modify: **Ellos son amigos míos.** Stressed possessive adjectives may be used as pronouns by using the definite article and the adjective and simply dropping the noun: **Tus zapatos son más caros que los míos.**

Singular		Plural	
Masculine	Feminine	Masculine	Feminine
mío	**mía**	**míos**	**mías**
tuyo	**tuya**	**tuyos**	**tuyas**
suyo	**suya**	**suyos**	**suyas**
nuestro	**nuestra**	**nuestros**	**nuestras**
vuestro	**vuestra**	**vuestros**	**vuestras**
suyo	**suya**	**suyos**	**suyas**

Comparisons

Comparisons are used to compare people or things. With comparisons of inequality, the same structure is used with adjectives, adverbs, or nouns. With comparisons of equality, **tan** is used with adjectives and adverbs, and **tanto/a/os/as** with nouns.

COMPARISONS OF INEQUALITY

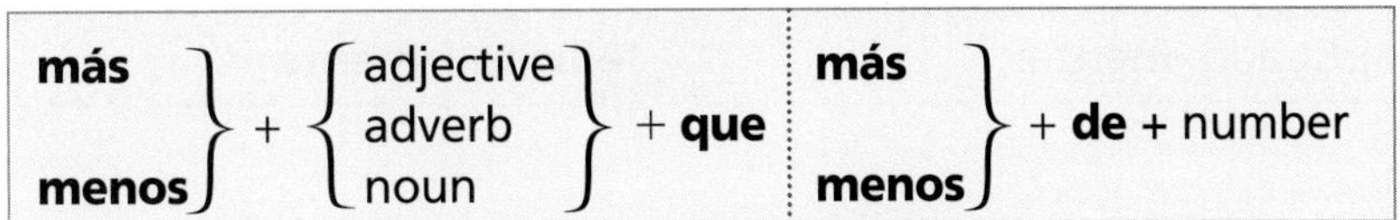

más / **menos** + adjective / adverb / noun + **que**	**más** / **menos** + **de** + number

COMPARISONS OF EQUALITY

tan + adjective or adverb + **como**
tanto/a/os/as + noun + **como**

These adjectives have irregular comparative forms.

bueno(a) *good*	malo(a) *bad*	joven *young*	viejo(a) *old*
mejor(es) *better*	**peor(es)** *worse*	**menor(es)** *younger*	**mayor(es)** *older*

Superlatives

To single something out as *the most* or *the least,* use **el/la/los/las** + (noun) + **más/menos** + adjective (+ **de**): **Es la película más divertida del año.**

The suffix **-ísimo** added to the stem of the adjective is a way to say *very* or *extremely* in Spanish: **grande: grandísimo, guapa: guapísima.**

Interrogative Words

¿Adónde?	**¿Cuándo?**	**¿De dónde?**	**¿Qué?**
¿Cómo?	**¿Cuánto?**	**¿Dónde?**	**¿Quién(es)?**
¿Cuál(es)?	**¿Cuánto(a)(s)?**	**¿Por qué?**	

Adverbs

Adverbs make the meaning of a verb, an adjective, or another adverb more definite. Adverbs do not show agreement.

siempre	*always*	**a veces**	*sometimes*
nunca	*never*	**muy**	*very*
todos los días	*every day*	**mucho**	*a lot*
casi nunca	*almost never*	**poco**	*a little*

Other adverbs can be formed by adding **-mente** to the feminine singular form of adjectives. This is the equivalent of adding *-ly* to an adjective in English.

Adjectives ending with an **-o** change **o** to **a** and add **-mente:**	**claro: claramente**
Adjectives ending with an **-a,** an **-e,** or with a consonant, just add **-mente:**	**general: generalmente** **horrible: horriblemente** **feliz: felizmente**

Prepositions

Prepositions are words or groups of words that show the relationship of a noun or pronoun to another word. These are common prepositions in Spanish, many of which are used with adverbs.

a	*to*	**delante de**	*in front of*	**entre**	*between*
al lado de	*next to*	**desde**	*from*	**hacia**	*toward*
antes de	*before*	**después de**	*after*	**hasta**	*until*
arriba de	*over, above*	**detrás de**	*behind*	**para**	*for, in order to*
con	*with*	**en**	*in, on*	**por**	*for, by*
de	*of, from*	**encima de**	*over, on top of*	**sin**	*without*
debajo de	*under*	**enfrente de**	*in front of, facing*		

Por vs. *Para*

Even though the English preposition *for* translates into Spanish as both **por** and **para,** they cannot be used interchangeably:

PARA	POR
Expresses purpose: **Estudio para aprender.**	Expresses *through* or *by:* **Caminamos por el parque.**
Indicates a recipient: **El regalo es para papá.**	Expresses mode of transportation: **Carlos fue por autobús.**
Indicates destination: **Salieron para Perú.**	Indicates a period of time: **Estudié por tres horas.**
Indicates employment: **Trabaja para el señor López.**	Expresses *in exchange for:* **Pagué $20.000 por mi carro.**
Indicates a deadline: **Completen la tarea para mañana.**	Expresses *per:* **La gasolina cuesta $1,45 por galón.**
Indicates a person's opinion: **Para mí, esa novela es excelente.**	Indicates the agent of an action: **Fue construido por los romanos.**

COMMON EXPRESSIONS

Expressions with *tener*

tener... años	*to be . . . years old*	**tener (mucha) prisa**	*to be in a (big) hurry*
tener (mucho) calor	*to be (very) hot*	**tener que...**	*to have to . . .*
tener ganas de...	*to feel like . . .*	**tener (la) razón**	*to be right*
tener (mucho) frío	*to be (very) cold*	**tener (mucha) sed**	*to be (very) thirsty*
tener (mucha) hambre	*to be (very) hungry*	**tener (mucho) sueño**	*to be (very) sleepy*
tener (mucho) miedo	*to be (very) afraid*	**tener (mucha) suerte**	*to be (very) lucky*

Weather Expressions

Hace muy buen tiempo.	*The weather is very nice.*
Hace mucho calor.	*It's very hot.*
Hace fresco.	*It's cool.*
Hace mucho frío.	*It's very cold.*
Hace muy mal tiempo.	*The weather is very bad.*
Hace mucho sol.	*It's very sunny.*
Hace mucho viento.	*It's very windy.*
But:	
Está lloviendo mucho.	*It's raining a lot.*
Hay mucha neblina.	*It's very foggy.*
Está nevando.	*It's snowing.*
Está nublado.	*It's overcast.*

Expressions of Time

To ask how long someone has been doing something, use:
¿Cuánto tiempo hace que + present tense?

To say how long someone has been doing something, use:
Hace + quantity of time + **que** + present tense.
Hace **seis meses** que **vivo en Los Ángeles.**
You can also use:
present tense + **desde hace** + quantity of time
Vivo en Los Ángeles desde hace **seis meses.**

VERBS

Verbs are the basic elements of a sentence. They tell us about the subject, the speaker's perception of an event or situation, and when the event or situation took place. Much of this information is found in the verb ending. For example, **llegarás** tells us that the subject is *you* (singular, familiar), that the action is *to arrive*, and that the speaker is referring to an action that will take place in the future.

Person, Number, Tense, and Mood

Spanish assigns an ending to each verb according to person, number, tense, and mood.

There are three PERSONS: first, second, and third. For each person, there are two NUMBERS: singular and plural.

Singular	Plural
yo **tú** **usted, él, ella**	**nosotros/as** **vosotros/as** **ustedes, ellos, ellas**

There are three basic TENSES:

past present future

Moods express a speaker's attitude toward or perception of an event or situation. The speaker may report (indicative); request or express doubt, disbelief, or denial (subjunctive); or give an order (imperative). The three MOODS are called:

indicative subjunctive imperative

There are other forms of the verbs that do not reflect the subject or the attitude of the speaker. One of the forms is the infinitive. Dictionaries list verbs as infinitives, which end in **-ar, -er**, or **-ir**. The other two forms, present and past participles, often appear in dictionaries as well.

Infinitive		Present Participle		Past Participle	
hablar **comer** **vivir**	*to speak* *to eat* *to live*	**hablando** **comiendo** **viviendo**	*speaking* *eating* *living*	**hablado** **comido** **vivido**	*spoken* *eaten* *lived*

INDICATIVE MOOD

Present Tense

The present tense is used for an action taking place in the present or in general.

Regular Verbs

To conjugate a regular verb, drop the **-ar, -er,** or **-ir** ending and add the endings in the following chart.

-ar	-er	-ir
habl**o**	com**o**	viv**o**
habl**as**	com**es**	viv**es**
habl**a**	com**e**	viv**e**
habl**amos**	com**emos**	viv**imos**
habl**áis**	com**éis**	viv**ís**
habl**an**	com**en**	viv**en**

Verbs with Irregular *yo* Forms

hacer		poner		saber		salir		traer	
hago	hacemos	**pongo**	ponemos	**sé**	sabemos	**salgo**	salimos	**traigo**	traemos
haces	hacéis	pones	ponéis	sabes	sabéis	sales	salís	traes	traéis
hace	hacen	pone	ponen	sabe	saben	sale	salen	trae	traen

tener		venir		ver		conocer	
tengo	tenemos	**vengo**	venimos	**veo**	vemos	**conozco**	conocemos
tienes	tenéis	vienes	venís	ves	veis	conoces	conocéis
tiene	tienen	viene	vienen	ve	ven	conoce	conocen

Progressive Tenses

If you want to show that an action is or was in progress, use the present or past progressive. To do this, use the present or the imperfect or preterite indicative of the auxiliary verb **estar** with the present participle of the main verb: **hablando, comiendo, viviendo.** The present or past progressive can also be formed with the auxiliary verbs **andar** and **seguir.**

Estábamos comiendo cuando llegó Tomás.

¿Sigues estudiando en México?

Maribel anda buscando trabajo.

Present Perfect

If the action has been completed, but still affects the present, use the present perfect. Form the present perfect by using the auxiliary form **haber** (**he, has, ha, hemos, habéis, han**) with the past participle of the main verb: **hablado, comido, vivido.**

Some verbs have irregular past participles:

abrir	**abierto**	freír	**frito**	poner	**puesto**	ver	**visto**
decir	**dicho**	hacer	**hecho**	revolver	**revuelto**	volver	**vuelto**
escribir	**escrito**	morir	**muerto**	romper	**roto**		

Pronouns are always placed before the form of **haber** in the present perfect.

El entrenador nos ha puesto a correr todos los días.

Past Perfect

The past perfect is used to talk about something that happened before a past action. It is formed by using the imperfect of the auxiliary verb **haber** with the past participle of the main verb. The past perfect is frequently used with words such as **cuando, ya, aún no,** or **todavía no.**

Imperfect

The imperfect is used for ongoing or habitual actions in the past. It also describes the way things were, what used to happen or was going on, and mental and physical states in the past including age, clock time, and the way people felt in general. Only the verbs **ir, ser,** and **ver** are irregular in the imperfect.

-ar	-er	-ir
habl**aba**	com**ía**	viv**ía**
habl**abas**	com**ías**	viv**ías**
habl**aba**	com**ía**	viv**ía**
habl**ábamos**	com**íamos**	viv**íamos**
habl**abais**	com**íais**	viv**íais**
habl**aban**	com**ían**	viv**ían**

ir	ser	ver
iba	**era**	**veía**
ibas	**eras**	**veías**
iba	**era**	**veía**
íbamos	**éramos**	**veíamos**
ibais	**erais**	**veíais**
iban	**eran**	**veían**

Preterite

The preterite is used to show that events began or were completed in the past and to view past actions as a completed whole. It also describes how a person reacted to a particular event.

-ar	-er	-ir
habl**é**	com**í**	viv**í**
habl**aste**	com**iste**	viv**iste**
habl**ó**	com**ió**	viv**ió**
habl**amos**	com**imos**	viv**imos**
habl**asteis**	com**isteis**	viv**isteis**
habl**aron**	com**ieron**	viv**ieron**

The preterite also gives special meaning to certain verbs:

Verb	Preterite	Imperfect
conocer	*met* *saw for the first time*	*knew (had familiarity with or knowledge of)*
estar	*was, were (for a specified period of time)*	*was, were (for an unspecified period of time)*
poder	*could (and did)*	*could (and may or may not have done)*
no poder	*couldn't (and didn't)*	*couldn't (was having trouble and may or may not have done)*
querer	*wanted (for the first time or for a specific length of time)* *tried (sought to, meant to)*	*already wanted (when something else happened)*
no querer	*refused, wouldn't*	*already didn't want (when something else happened)*
saber	*knew (for the first time)* *found out* *first realized*	*already knew (when something else happened)*
no saber	*didn't find out (until something happened)*	*was already unaware (when something else happened)* *didn't know (as a reaction to something)*
ser	*was (sums up a situation or event)*	*was (for an unspecified period of time)*
tener	*had or got (for the first time)*	*already had (when something else happened)*
tener que	*had to (and did)* *had to (as a reaction to something)*	*had to (on a regular basis), already had to (when something else happened)*

The following verbs are irregular in the preterite:

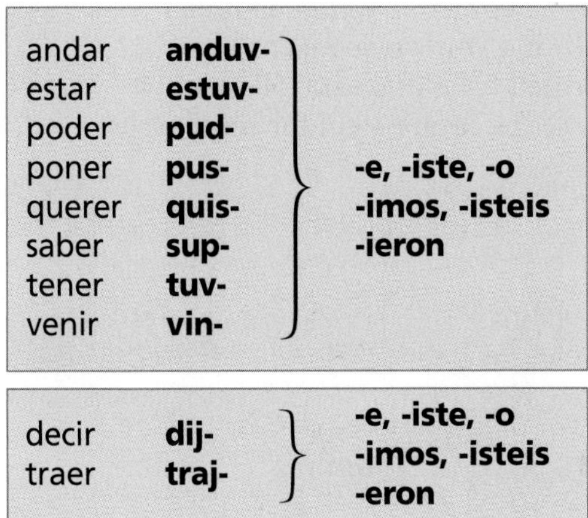

andar	**anduv-**	**-e, -iste, -o**
estar	**estuv-**	**-imos, -isteis**
poder	**pud-**	**-ieron**
poner	**pus-**	
querer	**quis-**	
saber	**sup-**	
tener	**tuv-**	
venir	**vin-**	

decir	**dij-**	**-e, -iste, -o**
traer	**traj-**	**-imos, -isteis**
		-eron

Dar, hacer, ser, and **ir** are also irregular in the preterite.

dar	hacer	ser/ir
di	**hice**	**fui**
diste	**hiciste**	**fuiste**
dio	**hizo**	**fue**
dimos	**hicimos**	**fuimos**
disteis	**hicisteis**	**fuisteis**
dieron	**hicieron**	**fueron**

Future

The future tense is used to describe what will take place. It can also be used to indicate probability about what's going on in the present. It is formed by adding the following endings to the future stem of the verb. The infinitive serves as the future stem for most verbs.

REGULAR		
-ar	**-er**	**-ir**
hablar**é**	comer**é**	vivir**é**
hablar**ás**	comer**ás**	vivir**ás**
hablar**á**	comer**á**	vivir**á**
hablar**emos**	comer**emos**	vivir**emos**
hablar**éis**	comer**éis**	vivir**éis**
hablar**án**	comer**án**	vivir**án**

Some verbs have irregular stems in the future tense:

haber	**habr-**	tener	**tendr-**
poder	**podr-**	valer	**valdr-**
querer	**querr-**	venir	**vendr-**
poner	**pondr-**	decir	**dir-**
salir	**saldr-**	hacer	**har-**

Future actions can also be expressed with **ir a** + infinitive: **Voy a hablar con mi jefa.** You can also use **ir a** + infinitive in the **imperfect** to say what someone was going to do: **Yo iba a salir pero estaba cansada.**

Conditional

The conditional is used to describe what *would happen* or what someone *would do* under certain circumstances. It is also used in expressions that tell what you *would like* or *not like,* and can be used to show probability about the past. It is formed by adding the following endings to the future stem of the verb. The infinitive serves as the future stem for most verbs.

REGULAR		
-ar	-er	-ir
hablar**ía**	comer**ía**	vivir**ía**
hablar**ías**	comer**ías**	vivir**ías**
hablar**ía**	comer**ía**	vivir**ía**
hablar**íamos**	comer**íamos**	vivir**íamos**
hablar**íais**	comer**íais**	vivir**íais**
hablar**ían**	comer**ían**	vivir**ían**

The same verbs have irregular stems in the conditional as in the future tense.

SUBJUNCTIVE MOOD

Uses of the Subjunctive

The subjunctive is used in some sentences that have a main clause and a subordinate clause. The main clause has a subject and a verb and can stand on its own as a complete thought, while the subordinate clause cannot stand on its own and depends upon the main clause to give it meaning. The subjunctive is used in the following cases when there is a change in subject between the main and subordinate clauses:

1. when the main clause expresses hope, will, or wish

   Yo quiero que Elena cante en el coro.
2. when the person or thing being referred to is unknown or nonexistent

   Busco un profesor que sepa inglés.
3. with expressions that convey feelings or emotions such as **me alegra que, temo que, es triste que.**

   Es triste que Paula esté enferma.
4. when the main clause expresses uncertainty, negation, or denial

   No es cierto que Roberto sea el hombre ideal.
5. when the main clause expresses a suggestion or recommendation

   Dámaso recomienda que practiquemos todos los días.
6. when the main clause expresses doubt or disbelief

   No creo que llueva hoy.

The subjunctive is also used after the adverbial conjunctions **a menos (de) que, antes de que, con tal (de) que, en caso de que, para que,** and **sin que.** It is used after the adverbial conjunctions **en cuanto, hasta que, cuando, tan pronto como,** and **después de que** only when the sentence refers to an action that has not happened yet. When the sentence refers to habitual actions or actions in the past, use the indicative.

En cuanto llego a casa siempre hago la tarea.

Juanito, en cuanto llegues a casa, haz tu tarea.

Tan pronto como llegaron a la playa empezó a llover.

Tan pronto como lleguen a la playa, llámenme.

A fixed expression that always takes the subjunctive is **Ojalá que.**

When there is no change in subject between the main and subordinate clauses, omit **que** and use the infinitive.

Yo quiero cantar en el coro.

When the main clause expresses certainty or something that the speaker believes to be true, use the indicative.

Me parece que Ángela tiene mucho trabajo.

Present Subjunctive

When the verb in the main clause of a sentence that requires the subjunctive is in the present or future, the present subjunctive is used in the subordinate clause. It is formed by adding the following endings to the first person singular form of the verb after removing **-o.**

-ar	-er	-ir
habl**e**	com**a**	viv**a**
habl**es**	com**as**	viv**as**
habl**e**	com**a**	viv**a**
habl**emos**	com**amos**	viv**amos**
habl**éis**	com**áis**	viv**áis**
habl**en**	com**an**	viv**an**

The following verbs are irregular in the subjunctive:

dar: dé, des, dé, demos, deis, den
estar: esté, estés, esté, estemos, estéis, estén
haber: haya, hayas, haya, hayamos, hayáis, hayan
ir: vaya, vayas, vaya, vayamos, vayáis, vayan
saber: sepa, sepas, sepa, sepamos, sepáis, sepan
ser: sea, seas, sea, seamos, seáis, sean

Present Perfect Subjunctive

Use the present perfect subjunctive to express an emotion, judgment, doubt, or hope about something that has happened. It is formed with the subjunctive of **haber** (**haya, hayas, haya, hayamos, hayáis, hayan**) and the past participle of the main verb.

Dudo que el avión haya llegado.

Es interesante que no hayan dicho nada.

Past Subjunctive

When the verb in the main clause of a sentence that requires the subjunctive is in the past or conditional, the past subjunctive is used in the subordinate clause. It is formed by adding the following endings to the third person plural preterite form of the verb after removing **-on.**

-ar	-er	-ir
hablar**a**	comier**a**	vivier**a**
hablar**as**	comier**as**	vivier**as**
hablar**a**	comier**a**	vivier**a**
hablár**amos**	comiér**amos**	viviér**amos**
hablar**ais**	comier**ais**	vivier**ais**
hablar**an**	comier**an**	vivier**an**

IMPERATIVE MOOD

The imperative is used to get people to do things. Its forms are also called *commands.*

	-ar		-er		-ir	
tú	habl**a**	(no habl**es**)	com**e**	(no com**as**)	viv**e**	(no viv**as**)
Ud.	habl**e**	(no habl**e**)	com**a**	(no com**a**)	viv**a**	(no viv**a**)
nosotros	habl**emos**	(no habl**emos**)	com**amos**	(no com**amos**)	viv**amos**	(no viv**amos**)
vosotros	habl**ad**	(no habl**éis**)	com**ed**	(no com**áis**)	viv**id**	(no viv**áis**)
Uds.	habl**en**	(no habl**en**)	com**an**	(no com**an**)	viv**an**	(no viv**an**)

Several verbs have irregular **tú** imperative forms:

decir	**di**	**no digas**
hacer	**haz**	**no hagas**
ir	**ve**	**no vayas**

poner	**pon**	**no pongas**
salir	**sal**	**no salgas**
ser	**sé**	**no seas**

tener	**ten**	**no tengas**
venir	**ven**	**no vengas**
dar	**dé**	**no des**

Negative **tú** and **vosotros(as)** commands are formed with the present subjunctive:

No compres ese carro. **No salgáis sin abrigo.**

Regular **nosotros** commands are also formed with the present subjunctive.

The verb **ir** has an irregular affirmative **nosotros** imperative form (**vamos**) and a regular negative form (**vayamos**).

Vamos a la playa.

No vayamos al cine.

Another way to get a group of people to do something is to use **vamos a** + infinitive:

¡Vamos a jugar!

Pronouns are always connected to affirmative commands. When attaching pronouns to an affirmative command, regular rules of accentuation may call for written accents over the stressed syllable. Pronouns always come right before the verb in negative commands.

¡Tráemelo! **No me lo traigas.**

MORE ABOUT VERBS

Stem-changing Verbs

Stem-changing verbs have a spelling change in the stem's stressed syllable.

THE -AR AND -ER STEM-CHANGING VERBS

Some verbs ending in **-ar** and **-er** change from **e** to **ie, u** to **ue,** and **o** to **ue.** These changes occur in all persons except the **nosotros** and **vosotros** forms.

Infinitive	Present Indicative	Imperative	Present Subjunctive
querer (ie) *(to want)*	qu**ie**ro qu**ie**res qu**ie**re queremos queréis qu**ie**ren	 qu**ie**re (no qu**ie**ras) qu**ie**ra (no qu**ie**ra) queramos (no queramos) quered (no queráis) qu**ie**ran (no qu**ie**ran)	qu**ie**ra qu**ie**ras qu**ie**ra queramos queráis qu**ie**ran
pensar (ie) *(to think)*	p**ie**nso p**ie**nsas p**ie**nsa pensamos pensáis p**ie**nsan	 p**ie**nsa (no p**ie**nses) p**ie**nse (no p**ie**nse) pensemos (no pensemos) pensad (no penséis) p**ie**nsen (no p**ie**nsen)	p**ie**nse p**ie**nses p**ie**nse pensemos penséis p**ie**nsen
probar (ue) *(to try)*	pr**ue**bo pr**ue**bas pr**ue**ba probamos probáis pr**ue**ban	 pr**ue**ba (no pr**ue**bes) pr**ue**be (no pr**ue**be) probemos (no probemos) probad (no probéis) pr**ue**ben (no pr**ue**ben)	pr**ue**be pr**ue**bes pr**ue**be probemos probéis pr**ue**ben
volver (ue) *(to return)*	v**ue**lvo v**ue**lves v**ue**lve volvemos volvéis v**ue**lven	 v**ue**lve (no v**ue**lvas) v**ue**lva (no v**ue**lva) volvamos (no volvamos) volved (no volváis) v**ue**lvan (no v**ue**lvan)	v**ue**lva v**ue**lvas v**ue**lva volvamos volváis v**ue**lvan

Verbs that follow the same pattern:

acordar(se)	**comenzar**	**doler**	**jugar**	**poder**
acostarse	**costar**	**empezar**	**llover**	**querer**
almorzar	**despertarse**	**encontrar**	**merendar**	**sentar**

THE -IR STEM-CHANGING VERBS

Stem-changing verbs ending in **-ir** may change from **e** to **ie,** from **e** to **i,** or from **o** to **ue** or **u.**

Such verbs also undergo a stem change in the preterite for the third persons singular and plural. The same stem change occurs in the **-ndo** form. For example: **pedir → pidió, pidieron, pidiendo; dormir → durmió, durmieron, durmiendo.**

Infinitive	Indicative		Imperative	Subjunctive	
	Present	Preterite		Present	Past
sentir (ie) (i) *(to feel)* **-ndo** FORM sintiendo	siento sientes siente sentimos sentís sienten	sentí sentiste sintió sentimos sentisteis sintieron	 siente (no sientas) sienta (no sienta) sintamos (no sintamos) sentid (no sintáis) sientan (no sientan)	sienta sientas sienta sintamos sintáis sientan	sintiera sintieras sintiera sintiéramos sintierais sintieran
dormir (ue) (u) *(to sleep)* **-ndo** FORM durmiendo	duermo duermes duerme dormimos dormís duermen	dormí dormiste durmió dormimos dormisteis durmieron	 duerme (no duermas) duerma (no duerma) durmamos (no durmamos) dormid (no durmáis) duerman (no duerman)	duerma duermas duerma durmamos durmáis duerman	durmiera durmieras durmiera durmiéramos durmierais durmieran

Other verbs that follow this pattern are **mentir, morir,** and **preferir.**

The verbs below are irregular in the same tenses as those above. The only difference is that they only have one change: **e** ⟶ **i.**

Infinitive	Indicative		Imperative	Subjunctive	
	Present	Preterite		Present	Past
pedir (i) *(to ask for, request)* **-ndo** FORM pidiendo	pido pides pide pedimos pedís piden	pedí pediste pidió pedimos pedisteis pidieron	 pide (no pidas) pida (no pida) pidamos (no pidamos) pedid (no pidáis) pidan (no pidan)	pida pidas pida pidamos pidáis pidan	pidiera pidieras pidiera pidiéramos pidierais pidieran

Other verbs that follow this pattern are **seguir, servir, vestirse, repetir,** and **reír.**

Gustar and Verbs Like It

Gustar, encantar, fascinar, fastidiar, interesar, faltar, and **tocar** are used to talk about things you like, love, dislike, are interested in, lack, or must do. The verb endings for **gustar** and verbs like it always agree with what is liked or disliked. The indirect object pronouns always precede the verb forms.

If one thing is liked:	If more than one thing is liked:
me, te, le, nos, os, les } **gusta**	**me, te, le, nos, os, les** } **gustan**

Saber and *Conocer*

For the English verb *to know*, there are two verbs in Spanish, **saber** and **conocer.** See page R34 for how they are used in the preterite.

Saber means *to know* something or *to know how to* do something.
¿Sabes que mañana no hay clase? *Do you know that there is no school tomorrow?*
¿Sabes chino? *Do you know Chinese?*
¿Sabes patinar? *Do you know how to skate?*

Conocer means *to be acquainted with* somebody or something:
¿Conoces a Alicia? *Do you know Alicia?*
¿Conoces Madrid? *Do you know Madrid?*
Conocer is followed by the personal **a** when it takes a person as an object.

The Verbs *Ser* and *Estar*

Both **ser** and **estar** mean *to be*, but they differ in their uses.

Use **ser:**

1. with nouns to identify and define the subject
   La mejor estudiante de la clase es Katia.
2. with **de** to indicate place of origin, ownership, or material
   Carmen es de Venezuela.
   Este libro es de mi abuela.
   La blusa es de algodón.
3. to describe identifying characteristics, such as physical and personality traits, nationality, religion, and profession
   Mi tío es profesor. Es simpático e inteligente.
4. to express the time, date, season, or where an event is taking place
   Hoy es sábado y la fiesta es a las ocho en casa de Ana.

Use **estar:**

1. to indicate location or position of the subject (except for events)
   Lima está en Perú.
2. to describe a condition that is subject to change
   Maricarmen está triste.
3. with the present participle (**-ndo** form) to describe an action in progress
   Mario está escribiendo un poema.
4. to convey the idea of *to look, to feel, to seem, to taste*
   Tu hermano está muy guapo hoy.
   La sopa está deliciosa.

Passive

The passive voice is used to say that something *is done* or *has been done* to someone or something. There are two ways to express the passive voice in Spanish. The first way you can form it is with the pronoun **se** plus a verb in the third person singular or plural. The recipient of the action must agree in number with the verb.

Se escribió la ópera en 1778.

The opera was written in 1778.

Se construyeron las torres en el siglo pasado.

The towers were built in the last century.

You can also form the passive voice with **ser** plus the past participle. Both **ser** and the participle must agree in gender and number with the recipient of the action.

La ópera fue escrita en 1778.

Las torres fueron construidas en el siglo pasado.

Haber

The verb **haber** is used in an impersonal form to mean *there is* or *there are.* It is always in the third person singular no matter how many items it refers to. The impersonal forms of **haber** are used in the present **(hay),** preterite **(hubo),** imperfect **(había),** and present subjunctive **(haya).**

Verbs with Spelling Changes

Some verbs have a spelling change in some tenses in order to maintain the sound of the final consonant of the stem. The most common ones are those with stems ending in the consonants **g** and **c.** Remember that **g** and **c** have a soft sound in front of **e** or **i**, but a hard sound in front of **a, o,** or **u.** In order to maintain the soft sound in front of **a, o,** or **u,** the letters **g** and **c** change to **j** and **z,** respectively. In order to maintain the hard sound of **g** or **c** in front of **e** and **i, u** is added to the **g** (**gu**) and the **c** changes to **qu.**

1. Verbs ending in -**gar** change from **g** to **gu** before **e** in the first person of the preterite, in all persons of the present subjunctive, and in some persons of the imperative. Some verbs that follow the same pattern are **llegar** and **jugar.**

   pagar *to pay*
   Preterite: pa**gu**é, pagaste, pagó, etc.
   Pres. Subj.: pa**gu**e, pa**gu**es, pa**gu**e, pa**gu**emos, pa**gu**éis, pa**gu**en
   Imperative: paga (no pa**gu**es), pa**gu**e, pa**gu**emos, pagad (no pa**gu**éis), pa**gu**en

2. Verbs ending in -**ger** change from **g** to **j** before **o** and **a** in the first person of the present indicative, in all the persons of the present subjunctive, and in some persons of the imperative. Some verbs that follow the same pattern are **recoger** and **escoger.**

   proteger *to protect*
   Pres. Ind.: prote**j**o, proteges, protege, etc.
   Pres. Subj.: prote**j**a, prote**j**as, prote**j**a, prote**j**amos, prote**j**áis, prote**j**an
   Imperative: protege (no prote**j**as), prote**j**a, prote**j**amos, proteged (no prote**j**áis), prote**j**an

3. Verbs ending in -**guir** change from **gu** to **g** before **o** and **a** in the first person of the present indicative, in all persons of the present subjunctive, and in some persons of the imperative.

   seguir *to follow*
   Pres. Ind.: si**g**o, sigues, sigue, etc.
   Pres. Subj.: si**g**a, si**g**as, si**g**a, si**g**amos, si**g**áis, si**g**an
   Imperative: sigue (no si**g**as), si**g**a, si**g**amos, seguid (no si**g**áis), si**g**an

4. Verbs ending in -**car** change from **c** to **qu** before **e** in the first person of the preterite, in all persons of the present subjunctive, and in some persons in the imperative. Some verbs that follow the same pattern are **buscar, practicar, sacar,** and **tocar.**

   explicar *to explain*
   Preterite: expli**qué**, explicaste, explicó, etc.
   Pres. Subj.: expli**que**, expli**ques**, expli**que**, expli**que**mos, expli**qué**is, expli**qu**en
   Imperative: explica (no expli**ques**), expli**que**, expli**que**mos, explicad (no expli**qué**is), expli**qu**en

5. Verbs that end in **-cer** or **-cir** and are preceded by a consonant change from **c** to **zc** before **o** and **a.** This change occurs in the first person of the present indicative and in all persons of the present subjunctive. Some verbs that follow the same pattern are **parecer, pertenecer,** and **producir.**

   conocer *to know, to be acquainted with*
   Pres. Ind.: cono**zc**o, conoces, conoce, etc.
   Pres. Subj.: cono**zc**a, cono**zc**as, cono**zc**a, cono**zc**amos, cono**zc**áis, cono**zc**an

6. Verbs ending in -**zar** change from **z** to **c** before **e** in the first person of the preterite and in all persons of the present subjunctive. Some verbs that follow the same pattern are **almorzar** and **empezar.**

   comenzar *to start*
   Preterite: comen**cé**, comenzaste, comenzó, etc.
   Pres. Subj.: comien**c**e, comien**c**es, comien**c**e, comen**c**emos, comen**cé**is, comien**c**en

7. Verbs ending in -**aer** or -**eer** change from the unstressed **i** to **y** between vowels in the preterite third persons singular and plural, in all persons of the past subjunctive, and in the -**ndo** form. Note the accent marks over **i** in the **tú, nosotros,** and **vosotros** forms in the preterite. Some verbs that follow the same pattern are **leer** and **caer.**

   creer *to believe*
   Preterite: creí, creíste, cre**y**ó, creímos, creísteis, cre**y**eron
   Past Subj.: cre**y**era, cre**y**eras, cre**y**era, cre**y**éramos, cre**y**erais, cre**y**eran
   -ndo form: cre**y**endo
   Past Part.: creído

8. Verbs ending in -**uir** (except -**guir** and -**quir**) change from the unstressed **i** to **y** between vowels.

   construir *to build*
   Pres. Part.: constru**y**endo
   Pres. Ind.: constru**y**o, constru**y**es, constru**y**e, construimos, construís, constru**y**en
   Preterite: construí, construiste, constru**y**ó, construimos, construisteis, constru**y**eron
   Pres. Subj.: constru**y**a, constru**y**as, constru**y**a, constru**y**amos, constru**y**ais, constru**y**an
   Past. Subj.: constru**y**era, constru**y**eras, constru**y**era, constru**y**éramos, constru**y**erais, constru**y**eran
   Imperative: constru**y**e (no constru**y**as), constru**y**a, constru**y**amos, construid (no constru**y**áis), constru**y**an

Irregular Verbs

These verbs have irregular forms in some tenses.

abrir *to open*
Past. Part.: abierto

dar *to give*
Pres. Ind.: doy, das, da, damos, dais, dan
Preterite: di, diste, dio, dimos, disteis, dieron

Imperative: da (no des), dé, demos, dad (no deis), den
Pres. Subj.: dé, des, dé, demos, deis, den
Past Subj.: diera, dieras, diera, diéramos, dierais, dieran

decir *to say, to tell*
Pres. Ind.: digo, dices, dice, decimos, decís, dicen
Preterite: dije, dijiste, dijo, dijimos, dijisteis, dijeron
Future: diré, dirás, dirá, diremos, diréis, dirán
Conditional: diría, dirías, diría, diríamos, diríais, dirían
Imperative: di (no digas), diga, digamos, decid (no digáis), digan
Pres. Subj.: diga, digas, diga, digamos, digáis, digan
Past Subj.: dijera, dijeras, dijera, dijéramos, dijerais, dijeran
Past Part.: dicho
-**ndo** Form: diciendo

escribir *to write*
Past Part.: escrito

estar *to be*
Pres. Ind.: estoy, estás, está, estamos, estáis, están
Preterite: estuve, estuviste, estuvo, estuvimos, estuvisteis, estuvieron
Imperative: está (no estés), esté, estemos, estad (no estéis), estén
Pres. Subj.: esté, estés, esté, estemos, estéis, estén
Past Subj.: estuviera, estuvieras, estuviera, estuviéramos, estuvierais, estuvieran

haber *to have*
Pres. Ind.: he, has, ha, hemos, habéis, han
Preterite: hube, hubiste, hubo, hubimos, hubisteis, hubieron
Future: habré, habrás, habrá, habremos, habréis, habrán
Conditional: habría, habrías, habría, habríamos, habríais, habrían
Pres. Subj.: haya, hayas, haya, hayamos, hayáis, hayan
Past Subj.: hubiera, hubieras, hubiera, hubiéramos, hubierais, hubieran

hacer *to do, to make*
Pres. Ind.: hago, haces, hace, hacemos, hacéis, hacen
Preterite: hice, hiciste, hizo, hicimos, hicisteis, hicieron
Future: haré, harás, hará, haremos, haréis, harán
Conditional: haría, harías, haría, haríamos, haríais, harían
Imperative: haz (no hagas), haga, hagamos, haced (no hagáis), hagan
Pres. Subj.: haga, hagas, haga, hagamos, hagáis, hagan
Past Part.: hecho

ir *to go*
Pres. Ind.: voy, vas, va, vamos, vais, van
Imp. Ind.: iba, ibas, iba, íbamos, ibais, iban
Preterite: fui, fuiste, fue, fuimos, fuisteis, fueron
Imperative: ve (no vayas), vaya, vamos, id (no vayáis), vayan
Pres. Subj.: vaya, vayas, vaya, vayamos, vayáis, vayan
Past Subj.: fuera, fueras, fuera, fuéramos, fuerais, fueran
-**ndo** Form: yendo

mantener *to maintain, to keep*
(See **tener** for pattern to follow.)

poder *to be able to, can*
Pres. Ind.: puedo, puedes, puede, podemos, podéis, pueden
Preterite: pude, pudiste, pudo, pudimos, pudisteis, pudieron
Future: podré, podrás, podrá, podremos, podréis, podrán

Conditional: podría, podrías, podría, podríamos, podríais, podrían
Pres. Subj.: pueda, puedas, pueda, podamos, podáis, puedan
Past Subj.: pudiera, pudieras, pudiera, pudiéramos, pudierais, pudieran

poner *to put, to set, to place*
Pres. Ind.: pongo, pones, pone, ponemos, ponéis, ponen
Preterite: puse, pusiste, puso, pusimos, pusisteis, pusieron
Future: pondré, pondrás, pondrá, pondremos, pondréis, pondrán
Conditional: pondría, pondrías, pondría, pondríamos, pondríais, pondrían
Imperative: pon (no pongas), ponga, pongamos, poned (no pongáis), pongan
Pres. Subj.: ponga, pongas, ponga, pongamos, pongáis, pongan
Past Part.: puesto

romper(se) *to break*
Past Part.: roto

saber *to know*
Pres. Ind.: sé, sabes, sabe, sabemos, sabéis, saben
Preterite: supe, supiste, supo, supimos, supisteis, supieron
Future: sabré, sabrás, sabrá, sabremos, sabréis, sabrán
Conditional: sabría, sabrías, sabría, sabríamos, sabríais, sabrían
Imperative: sabe (no sepas), sepa, sepamos, sabed (no sepáis), sepan
Pres. Subj.: sepa, sepas, sepa, sepamos, sepáis, sepan
Past Subj.: supiera, supieras, supiera, supiéramos, supierais, supieran

salir *to leave, to go out*
Pres. Ind.: salgo, sales, sale, salimos, salís, salen
Future: saldré, saldrás, saldrá, saldremos, saldréis, saldrán
Conditional: saldría, saldrías, saldría, saldríamos, saldríais, saldrían
Imperative: sal (no salgas), salga, salgamos, salid (no salgáis), salgan
Pres. Subj.: salga, salgas, salga, salgamos, salgáis, salgan

ser *to be*
Pres. Ind.: soy, eres, es, somos, sois, son
Imp. Ind.: era, eras, era, éramos, erais, eran
Preterite: fui, fuiste, fue, fuimos, fuisteis, fueron
Imperative: sé (no seas), sea, seamos, sed (no seáis), sean
Pres. Subj.: sea, seas, sea, seamos, seáis, sean
Past Subj.: fuera, fueras, fuera, fuéramos, fuerais, fueran

tener *to have*
Pres. Ind.: tengo, tienes, tiene, tenemos, tenéis, tienen
Preterite: tuve, tuviste, tuvo, tuvimos, tuvisteis, tuvieron
Future: tendré, tendrás, tendrá, tendremos, tendréis, tendrán
Conditional: tendría, tendrías, tendría, tendríamos, tendríais, tendrían
Imperative: ten (no tengas), tenga, tengamos, tened (no tengáis), tengan
Pres. Subj.: tenga, tengas, tenga, tengamos, tengáis, tengan
Past Subj.: tuviera, tuvieras, tuviera, tuviéramos, tuvierais, tuvieran

traer *to bring*
Pres. Ind.: traigo, traes, trae, traemos, traéis, traen
Preterite: traje, trajiste, trajo, trajimos, trajisteis, trajeron
Imperative: trae (no traigas), traiga, traigamos, traed (no traigáis), traigan
Pres. Subj.: traiga, traigas, traiga, traigamos, traigáis, traigan
Past Subj.: trajera, trajeras, trajera, trajéramos, trajerais, trajeran
Past Part.: traído
-ndo Form: trayendo

valer *to be worth*
Pres. Ind.: valgo, vales, vale, valemos, valéis, valen
Future: valdré, valdrás, valdrá, valdremos, valdréis, valdrán
Conditional: valdría, valdrías, valdría, valdríamos, valdríais, valdrían
Pres. Subj.: valga, valgas, valga, valgamos, valgáis, valgan

venir *to come*
Pres. Ind.: vengo, vienes, viene, venimos, venís, vienen
Preterite: vine, viniste, vino, vinimos, vinisteis, vinieron
Future: vendré, vendrás, vendrá, vendremos, vendréis, vendrán
Conditional: vendría, vendrías, vendría, vendríamos, vendríais, vendrían
Imperative: ven (no vengas), venga, vengamos, venid (no vengáis), vengan
Pres. Subj.: venga, vengas, venga, vengamos, vengáis, vengan
Past Subj.: viniera, vinieras, viniera, viniéramos, vinierais, vinieran
-**ndo** Form: viniendo

ver *to see*
Pres. Ind.: veo, ves, ve, vemos, veis, ven
Imp. Ind.: veía, veías, veía, veíamos, veíais, veían
Preterite: vi, viste, vio, vimos, visteis, vieron
Imperative: ve (no veas), vea, veamos, ved (no veáis), vean
Pres. Subj.: vea, veas, vea, veamos, veáis, vean
Past Subj.: viera, vieras, viera, viéramos, vierais, vieran
Past Part.: visto

Vocabulario español-inglés

This vocabulary includes almost all words in the textbook, both active (for production) and passive (for recognition only). An entry in **boldface** type indicates that the word or phrase is active. Active words and phrases are practiced in the chapter and are listed on the **Repaso de gramática** and **Repaso de vocabulario** pages at the end of each chapter. You are expected to know and be able to use active vocabulary.

All other words are for recognition only. These words are found in exercises, in optional and visual material, in **Geocultura, Comparaciones, Lectura cultural/informativa, Leamos y escribamos, Novela en video,** and **También se puede decir.** You can usually understand the meaning of these words and phrases from the context or you can look them up in this vocabulary index. Many words have more than one definition; the definitions given here correspond to the way the words are used in ***¡Exprésate!***

Nouns are listed with definite articles and plural forms when the plural forms aren't formed according to general rules. The number after each entry refers to the chapter where the word or phrase first appears or where it becomes an active vocabulary word. Active words and phrases from Level I are indicated by the Roman numeral I; active words and phrases from Level II are indicated by the Roman numeral II. This vocabulary index follows the rules of the **Real Academia,** with **ch** and **ll** in the same sequence as in the English alphabet.

Stem changes are indicated in parentheses after the verb: **poder (ue).**

a *to, on, at,* I; *for, from,* II; a cada rato *every so often,* II; a fin de cuentas *in the end,* II; **a la derecha (de)** *to the right (of),* II; **a la izquierda (de)** *to the left (of),* II; **a la parrilla** *grilled,* II; **a la (última) moda** *in the (latest) style,* I; **a la vuelta** *around the corner,* I; a manera *in the manner of,* II; **a menudo** *often,* I; a partir de *as of, starting on,* II; **¿A qué se dedica...?** *What does . . . do?,* II; a solas *alone,* II; **a tiempo** *on time,* I; **a todo dar** *great,* I; **a veces** *sometimes,* I; **llover a cántaros** *to rain cats and dogs,* I; a escondidas *hidden, secretly,* 4; **a todo dar** *great,* I; *flat-out,* 6; a menos (de) que *unless,* 7; **A mi parecer, no hay igualdad entre...** *The way I see it, there's no equality between . . .,* 3; a propósito *on purpose,* 4, **A decir verdad, me parece...** *To tell the truth, it strikes me as . . .,* 5; **A propósito, ¿qué has oído del/de la...?** *By the way, what have you heard about the...?,* 5; **a la vez** *at the same time,* 8; **A causa de esto...** *Because of this...,* 9; **A pesar de que hubo..., por otro lado...** *Although there was/were . . ., on the other hand . . .,* 10; **A que no va a bajar la tasa de...** *I bet that the rate of . . . won't go down.,* 10, **A lo mejor habrá** *Maybe there will be,* 10

abajo *below,* 1
abarcar *to include, to encompass,* II
abierto(a) *open,* II, 2
el abogado, la abogada *lawyer,* II
abogar *to advocate,* II
abordar *to board,* I
abrazar *to hug,* II
el abrazo *hug,* II; **Un abrazo de...** *A big hug from . . .,* II
el abrelatas *can opener,* 6
el abrigo *(over)coat,* I
abril *April,* I
abrir *to open,* I
absurdo(a) *absurd,* 6
la abuela *grandmother,* I
el abuelo *grandfather,* I
los abuelos *grandparents,* I
abundante *abundant,* 5, 9
aburrido(a) *bored, boring,* I
aburrir *to bore,* 2
aburrirse *to get bored,* II
acá *over here,* II; **¡Ven acá!** *Come over here!,* II
acabar *to end up,* 4
acabar de *to have just done something,* I
acampar *to camp,* I
el acceso *access,* 8
el accidente *accident,* 10
la acción *action;* **el Día de Acción de Gracias** *Thanksgiving Day,* I
el aceite *oil,* II; **el aceite de oliva** *olive oil,* II
la acera *sidewalk,* II
acerca de *about,* II
el acero *steel,* II
aclarar *to clarify,* II
acompañar *to accompany, to go with,* II
aconsejar *to advise,* II; **aconsejarle (a alguien) que...** *to advise someone to . . .,* II
el acontecimiento *event,* 10
acordarse (ue) de *to remember,* II; **¿Te acordaste de...?** *Did you remember to . . .?,* II
acordar (ue) la paz *to make peace,* 9
el acordeón *accordion,* 5
acostarse (ue) *to go to bed,* I
acostumbrarse *to get accustomed to doing something,* 7
la actitud *attitude,* II
activo(a) *active,* I
el acto *the act, action,* 4
el actor *actor,* II
los actores *actors,* 5
la actriz *actress,* II
actualizar *to update,* 8
actualmente *currently,* II
la acuarela *watercolor,* 5
el acuario *aquarium,* II
acuático(a) *aquatic,* II; **el esquí acuático** *water skiing,* II
el acueducto *aqueduct,* II

el acuerdo *agreement;* de acuerdo a *according to,* II; **Estoy de acuerdo.** *I agree.,* I
acuñar *to coin, to mint,* II
acusar *to accuse,* 3, acusar recibo de *to acknowledge receipt of* 8
adecuado(a) *adequate, appropriate,* II
adelante *forward,* II; **seguir adelante** *to go straight,* II
los adelantos *advances,* 8
adentrarse *to go deep into,* 9
adentro *inside,* II
además *besides,* I
adicionales *additional,* 5
Adiós. *Goodbye.,* I
adivinar *to guess,* II
adjunto *attached,* 8
admitir un error *to admit a mistake,* 3
la administración de empresas *business administration*
el (la) adolescente *adolescent,* 3
¿adónde? *where?,* I **¿Adónde fuiste?** *Where did you go?* 1
adornado(a) *decorated, adorned,* 10
los adornos *decorations, ornaments,* II
adquirir (ie, i) *to acquire,* II
la aduana *customs,* I
la advertencia *warning,* 10
aéreo(a) *aerial,* II
los aeróbicos *aerobics,* II
el aeropuerto *airport,* I
afectar *to affect, to have an effect on,* II
afeitarse *to shave,* I
los aficionados *fans,* II
la afirmación *affirmation,* 3
afirmar *to affirm, to announce,* 6
afortunadamente *luckily,* II
afuera *outside,* II
las afueras *suburbs,* I; *outskirts,* II
agarrar *to get, to hold,* II
la agenda electrónica *electronic planner,* 8
el agente, la agente *agent,* I
agosto *August,* I
agradecer (zc) *to thank,* II
agregar *to add,* 8
agrícola *agricultural,* II
el agricultor *farmer,* 10
la agroindustria *agriculture industry,* 10
el agua (f.) *water,* I; **el agua** (f.) **mineral** *mineral water,* II; el agua potable *drinking water,* II; **tirarse al agua** *to dive in the water,* II; el agua (f.) de manantial *spring water,* 10
el aguacate *avocado,* 4
aguado(a) *watery, weak,* II
aguantar *to stand, to tolerate,* 2
las aguas termales *hot springs,* II
agudo(a) *acute,* II
el águila (f.) *eagle,* II
¿Ah, sí? Pues, yo creo que son... *Really? Well, I think . . .,* 2
ahí *there,* I
ahora *now,* I
ahora bien *nevertheless, well,* 9
ahorrar *to save money,* I; ahorrar tiempo *to save time,* 8
el aire *air;* **al aire libre** *open-air, outdoor,* II
el ajedrez *chess,* I
ajeno(a) *belonging to other people,* 10
el ají *chili pepper,* II
al (a + el) *to, to the,* I; **¡Al contrario!** *on the contrary,* 2; **al final** *in the end,* II; **al gusto** *to (one's) taste,* II; **al lado de** *next to,* I; al vapor *steamed;* cocer al vapor *to steam,* II; al compás de *to the rhythm of,* 10; **¡Al contrario! No estoy de acuerdo.** *On the contrary! I disagree.,* 3; **Al (A la)... le falta sabor, pero no sé qué le falta.** *The . . . lacks flavor, but I don't know what's missing.,* 4; **Al final nos dimos cuenta de...** *In the end we realized . . .,* 9
el ala (f. las alas) *wing,* 6
el ala delta *hang-glider;* **volar (ue) con ala delta** *to go hang-gliding,* II
alabar *to praise,* 4
albergar *to put up,* II; *to shelter,* 5
el albergue juvenil *youth hostel,* II
el álbum *album, scrapbook,* II
la alcachofa *artichoke,* 2
el alcance *reach,* 3
alcanzar *to reach,* 7
la aldea *village,* 4
alegrar *to make happy,* 4
la alegría *happiness,* II; **Me dio (mucha) alegría.** *It made me (very) happy.,* II
la alergia *allergy,* 3 tener alergia a *to be allergic to,* 3
alérgico(a) *allergic,* 3
el alemán *German,* I
el alfabeto *alphabet,* I
la alfombra *carpet, rug,* II
el alga (f.) *alga, seaweed,* 9
el álgebra (f.) *algebra,* 3
algo *something, anything,* I; **¿Algo más?** *Anything else?,* II; **Es algo divertido.** *It's kind of fun.,* I
el algodón *cotton,* I; **de algodón** *made of cotton,* I
alguien *someone,* II; **hacerse amigo(a) de alguien** *to make friends,* II
algún, alguna *some,* 1
algún día *one day,* I
alguno(a) que otro(a) (cosa) *the occasional (thing),* 6
la alianza *alliance,* 10
alimenticio(a) *pertaining to food,* II
el alimento *food, nourishment,* II
aliviar *to relieve,* II
allá *there (general area),* II
allí *there (specific place),* I; de allí *from there,* II
el almacén *department store,* I
la almendra *almond,* II
almorzar (ue) *to have lunch,* I
el almuerzo *lunch,* I
Aló. *Hello. (telephone greeting),* I
alojar *to house,* II
alquilar *to rent,* I
alrededor de *around,* II
las alternativas (a) *alternatives (to),* 10
el altiplano *high plateau of the Andes,* 7
alto(a) *tall,* I
la altura *height,* II
alumbrar *to light up,* 4
amable *nice,* II
amablemente *nicely,* II
amar *to love*
amarillo(a) *yellow,* I
ambicioso(a) *ambitious,* 5
ambiental *environmental,* 10
el ambiente *environment,* 8, **el ambiente de trabajo** *work environment,* 8
amenazar *to threaten,* 10
americano(a) *American;* **el fútbol americano** *football,* I
amerindio *Amerindian,* 7
la amiga, el amigo *friend,* I
amigable *friendly,* 2
la amistad *friendship,* 2
el amor *love,* II; **de amor** *romance,* I
ampliar *to extend,* 3
amplio(a) *wide,* II; *spacious,* II
la analogía *analogy,* II
analizar *to analyze,* 2
anaranjado(a) *orange,* I
ancho(a) *wide,* II
los ancianos *elderly,* II
andar *to walk,* II; **No, ando planeando...** *No, I'm planning . . .,* II
el andén *sidewalk (Honduras),* II
andino(a) *of the Andes,* 7
el anfiteatro *amphitheater,* II
el anillo *ring,* I; **el (anillo de) compromiso** *engagement (ring),* 4
animado(a) *animated;* **los dibujos animados** *cartoons,* II
el animador, la animadora *cheerleader,* II
el animal *animal,* I; el animal de carga *pack animal,* II
los animales de peluche *stuffed animals,* II
animar *to cheer,* II; *to encourage,* 2
el aniversario *anniversary,* I
anoche *last night,* I
anotar *to jot down,* II
anteayer *day before yesterday,* I
los anteojos *glasses,* II
los antepasados *ancestors,* 7
anterior *previous,* II
antes de *before,* I; **Antes de que empiecen las clases quiero...** *Before classes start, I want to . . .,* 7

antiguo(a) *antique*, 5
antipático(a) *unfriendly*, I
antojarse *to take a fancy to something, to want something*, II
anunciar *to announce*, II
los anuncios clasificados *classified ads*, 6
añadir *to add*, I
el año *year;* **el Año Nuevo** *New Year's Day*, I; **el año pasado** *last year*, I; el año que viene *next year*, II; **Hace unos (muchos, cinco...) años** *A few (many, five . . .) years ago*, II; **los meses del año** *months of the year*, I; **todos los años** *every year*, II
apagar *to turn off*, II; *to put out*, II; **apagar incendios** *to put out fires*, II; **apagar la luz/las luces** *to turn off the light(s)*, II
aparecer *to appear*, II
aparentemente *apparently*, II
el apartamento *apartment*, I
aparte *separate;* en una hoja aparte *on a separate sheet of paper*, II
el apellido *last name*, II; el apellido de soltera, *maiden name*, 6
apetecer *to crave for*, 6
el apio *celery*, 4
aplaudir *to clap*, 5
aplicado(a) *applied, dedicated*, 4
apoderarse de *to seize*, II
el aporte *contribution*, 7
apoyar *to support*, 2, 7
el apoyo *support*, 7
aprender *to learn*, II
el aprendizaje *learning*, 3
apretado(a) *tight*, II
aprobar *to pass*, 3, *to approve*, 6
apropiado(a) *appropriate*, II
aprovechar *to profit from*, 7
aproximadamente *approximately*, II
apuntar *to aim, to jot down*, 2
los apuntes *notes*, II; tomar apuntes *to take notes*, II
el apuro *difficult situation, tight spot*, 10
aquél *that (farther away)* (dem. pron.), II
aquel *that (farther away)* (dem. adj.), II; **en aquel entonces** *back then*, II; *in those days*, II
aquella *that (farther away)*, II
aquellas, aquellos *those (farther away)*, II
aquí *(right) here*, II; **por aquí** *around here*, II; **¡Ven aquí!** *Come (right) here!*, II
la araña *spider*, II
arar *to plough*, II
el árbol *tree*, II; **trepar a los árboles** *to climb trees*, II
el archipiélago *archipelago*, 9
arder *to burn*, 5
arduo(a) *arduous, tireless*, 3
la arena *sand*, II
argentino(a) *Argentine*, II
árido(a) *arid, dry*, II
el arqueólogo *archaeologist*, 10
la arquitectura *architecture*, 5
la armonía *harmony*, II
armonioso(a) *harmonious*, 9
arrancar *to pull out, tear off*, 9
el arrecife *reef*, II
arreglar *to clean up*, I; *to fix*, II
arreglarse *to get ready, to dress up*, II
arriba *up*, II
arrimarse *to come close, approach*, 10
la arroba @, I
la arrogancia *arrogance*, 3
arrojado(a) *thrown overboard*, 9
el arroz *rice*, I
el arte (f. las artes) *art*, I
el artefacto *artifact*, 7
las artes dramáticas *dramatic arts*, 5
las artes marciales *martial arts*, II, 2
las artes plásticas *plastic arts (sculpture, painting, architecture)*, 5
la artesanía *crafts, artisanry*, II
el artesano *artisan, craftsman*, 7
el artículo *article*, 6; el artículo definido *definite article*, II
los artículos de cuero *leather goods*, II
artificial *artificial;* **los fuegos artificiales** *fireworks*, I
artístico(a) *artistic*, 5
el artista, la artista *artist*
las arvejas *peas*, 4
asado(a) *roasted*, II; **el lechón asado** *roast pork*, II; **el pollo asado** *roast chicken*, II; **la carne asada** *roast beef*, II; **el puerco asado** *roast pork*, 4
asar *to roast*, 2
la ascendencia *ancestry, descent*, II
el ascensor *elevator*, II
asegurar *to make sure*, 5
asentir *to agree*, 3
los aseos *public restrooms*, II
así fue que *so that's how*, II
así que *so*, II
asiático(a) *Asian*, 3
el asiento *seat*, II
asignar *to assign*, 3
asimilar *to assimilate*, 7
asimismo *likewise, also*, 6
asistir a *to attend*, I
el aspecto (físico) *(physical) appearance*, II; *side*, 9
las aspiraciones *aspirations*, 7
la aspiradora *vacuum cleaner*, II; **pasar la aspiradora** *to vacuum*, I;
aspirar *to aspire*, 3
la aspirina *aspirin*, II
el astronauta, la astronauta *astronaut*, II
la astucia *cleverness, astuteness*, 9
el asunto *issue, matter*, 6
asustar *to scare*, 2
atar *to tie*, 2
la atención *attention;* **llamarle la atención** *to be interested in*, II
atender *to assist*, II
atento(a) *helpful*, 2, *courteous*, 8
aterrador(a) *terrifying*, 10
el atleta *athlete*, II
atlético(a) *athletic*, I
el atletismo *track and field*, II, 2
la atracción *attraction;* la atracción turística *tourist attraction*, II; el parque de atracciones *amusement park*, II
atraer *to attract*, II
atrapar *to catch*, II, *to trap*, 6
atravesar(ie) *to go through*, II
atreverse *to dare*, II
atrevido(a) *daring*, 2
atrevimiento *dare*, 2
el atún *tuna*, I
la audición *audition*, 5
los audífonos *headphones*, I
el auditorio *auditorium*, I
aumentar *to increase*, II
aún *still, yet*, II
aunque *although*, 9; **Aunque estoy de acuerdo..., creo que...** *Although I agree. . ., I think that. . .*, 10
la ausencia *absence*
auténtico(a) *authentic*, 4
el auto *car*, 10
el autobús *bus*, I; **la estación de autobuses** *bus station*, II
automático(a) *automatic;* **el cajero automático** *automatic teller machine*, I
el automóvil *car*, 10
la autopista *freeway, highway*, II
la autoridad *authority*, 9
el autorretrato *self-portrait*, II
el (la) auxiliar administrativo(a)/ médico(a)/de laboratorio *administrative/medical/laboratory assistant*, 8
el auxilio *help, aid;* los primeros auxilios *first aid*, II
los avances *advances*, 8
avanzar *to advance*, 4
el ave (f.) *bird*, II
la avenida *avenue*, II
la aventura *adventure*, I
aventurero(a) *adventurous*, II
averiguar *to find out*, II
la aviación *aviation*, 6
el avión *airplane*, I; **el boleto de avión** *plane ticket*, I
¡Ay, no! *Oh, no!*, I
¡Ay, qué pesado! *Oh, what a drag!*, II
ayer *yesterday*, I
el aymara *indigenous language of the Andes*, 7, los aymaras *indigenous people of the Andes*, 7
la ayuda *help*, I; **gritar por ayuda** *to yell for help*, II
el (la) ayudante *helper*, 8
ayudar *to help*, I; *to assist*, II
ayudarse *to help each other*, II
el azúcar *sugar*, II
azul *blue*, I
el ayuntamiento *town hall*, II
azotar *to whip*, 2

la bahía *bay*, II
el (la) bailador(a) *dancer*, 7
bailar *to dance*, I
el baile *dance*, I
bajar *to walk down (a street)*, II; **bajar... hasta llegar a...** *to go down . . . until you get to . . .*, II
bajar de peso *to lose weight*, I
bajarse de... *to get off of . . .*, II
bajo(a) *short*, I; **la marea baja** *low tide*, II
balanceado(a) *balanced*, II; **llevar una dieta balanceada** *to eat a balanced diet*, II
el balazo *bullet*, 2
el balido *bleating*, 2
la ballena *whale*, II
el ballet *ballet*, 5
el balón de playa *beachball*, II
el bambú *bamboo*, 5
la banca *park bench*, II
el banco *bank*, II
la banda *band*, II; **la banda escolar** *school band*, II
el (la) bandido(a) *bandit*, 9
el (la) banquero(a) internacional *international banker*, II
bañarse *to bathe*, I; **bañarse en el mar** *to swim in the sea*, II
la bandera *flag*, 9
la bañera *bathtub*, II
el baño *bathroom, restroom*, I; **el traje de baño** *swimsuit*, I
barato(a) *inexpensive*, I
el barco *boat*, I
la barraca *barrack*, II
barrer *to sweep*, II
el barril *barrel*, 6
el barrio *neighborhood*, II
el barro *clay*, II
barroco(a) *Baroque*, II
la base *base; basis;* con base en *based on*, II
basarse en *to be based on*, II
el básquetbol *basketball*, I
bastante + adj. *quite + adj.*, I; **bastante pequeño** *quite small*, I
la basura *trash*, I; *garbage*, II
el basurero *garbage can*, 10
la batalla *battle*, 5, 9
el batido *milkshake*, I
batir *to beat*, II; *to mix, to whisk*, II
el bautizo *baptism*, II
bebé *baby*, **tener un bebé,** *to have a baby*, 4
beber *to drink*, I; **beber algo** *to drink something*, I
las bebidas *drinks*, II
la beca *scholarship*, II
el béisbol *baseball*, I
bellaco(a) *cunning*, 4
la belleza *beauty;* **el salón de belleza** *beauty parlor*, II
bello(a) *beautiful*, II
el benefactor *benefactor*, 3
beneficiado(a) *benefited*, 3
beneficiar *to benefit*, II
los beneficios *benefits*, 8
beneficioso(a) *beneficial*, II
besar *to kiss*, 3
la biblioteca *library*, I
la bicicleta *bike*, I; **montar en bicicleta** *to ride a bike*, I
bien *all right, fine*, I; *really*, I; **Espero que estés bien.** *I hope you're doing well.*, II; **Está bien.** *All right.*, I; **llevarse bien** *to get along well*, II; **Me caía muy bien.** *I really liked him/her.*, II; **Me fue muy bien.** *I did very well.*, II; **No te sienta bien.** *It doesn't look good on you.*, II; **Que te vaya bien.** *Hope things go well for you.*, I; **quedar bien** *to fit well*, I; **¡Te ves super bien!** *You look great!*, II; **¿Vamos bien para...?** *Are we going the right way to . . .?*, II
los bienes raíces *real estate*, II
bifurcar *to split in two*, 2
bilingüe: ser bilingüe *to be bilingual*, 7
el billete *bill, money*, II
la billetera *wallet*, I
los binóculos *binoculars*, II
la biología *biology*, I
biológico(a) *organic*, 10
la bisnieta *great-granddaughter*, II
el bistec *steak*, II; **el bistec a la parrilla** *grilled steak*, II; **el bistec encebollado** *steak with onions*, II
el bizcocho de chocolate *chocolate cake*, 4
blanco(a) *white*, I; **en blanco** *blank*, I
blando(a) *soft, weak*, 10
el bloque *block*, II; **jugar con bloques** *to play with blocks*, II
el bloqueador *sunblock*, II
la blusa *blouse*, I
la boca *mouth*, I
los bocadillos *finger food*, II
la boda *wedding*, I
el boletín *bulletin*, 6
el boleto de avión *plane ticket*, I
el boliche (jugar al boliche) *bowling (to bowl)*, 2
el bolígrafo *pen*, I
la bolsa *purse, bag*, I; *travel bag*, I
la bomba *bomb*, 10
el bombero, la bombera *firefighter*, II; **el camión de bomberos** *fire truck*, II; **la estación de bomberos** *fire station*, II
el bombón *bonbon*, 2
bondadoso(a) *generous*, 9
bonito(a) *pretty*, I
el borde *edge, border;* al borde *on the brink*, II
la bordona *sixth guitar string*, 10
el borrador *rough draft*, 3
el bosque *woods/forest*, II
las botas *boots*, I
el bote *boat*, II; **el bote de vela** *sailboat*, I; **pasear en bote** *to go boating*, II; **pasear en bote de vela** *to go out in a sailboat*, I
el botones *bellhop*, II
la brasa *hot coal*, 2
bravo(a) *brave, angry*, 2
el brazo *arm*, I
breve *short, brief*, II
brillante *bright*, II
brindar *to offer*, 6
la brisa *breeze*, II
la brocheta *skewer*, 7
el bróculi *broccoli*, I
la broma *joke*, 2
brotar *to bloom*, 10
bruto(a) *dumb*, II
bucear *to scuba dive*, II
buen *good*, I; **Hace buen tiempo.** *The weather is nice.*, I
buenísimo(a) *great*, II
bueno(a) *good*, I; **buena gente** *nice (person)*, II; **Bueno,...** *Well/ Okay, . . .*, II; **Es buena idea que...** *It's a good idea for . . . to . . .*, II; **Bueno.** *Hello. (telephone greeting)*, I; **sacar buenas notas** *to get good grades*, II
el buey *ox*, II
la bufanda *scarf*, II
el búho *owl*, II
el buitre *vulture*, II
burlarse *to make fun of*, 7
el burro *burro, mule*, 2
buscar *to look for*, I; **buscar un pasatiempo** *to find a hobby*, I
Busco a alguien a quien le guste(n)... y que sepa algo de... *I'm looking for someone who likes . . . and knows something about . . .*, 2
la búsqueda *search*, II

la caballeriza *horse stable*, 2
el caballo *horse*, II; **montar a caballo** *to ride a horse*, II
la cabellera *head of hair*, 6
caber *to fit*, II; **No me cabe en la cabeza.** *I can't understand it.*, 8
la cabeza *head*, I; **un dolor de cabeza** *headache*, II
la cabina telefónica *phone booth*, II
el cachorro *cub*, 2
el cactus *cactus*, II
cada *each;* a cada rato *every so often*, II; cada noche *each night*, II
la cadena *chain*, II
caer(se) (yo caigo) *to fall (down)*,

II; **Me caía muy bien.** *I really liked him/her.*, II
el café *coffee*, I; *café, 2;* **el café con leche** *coffee with milk*, I; **de color café** *brown*, I; **tener los ojos de color café** *to have brown eyes*, II
el café (Internet) *(Internet) café*, II
el cafetal *coffee plantation*, II
la cafetería *cafeteria*, I; *coffee shop*, I
la caja *cash register*, II
el cajero, la cajera *cashier*, II
el cajero automático *automatic teller machine*, I
el calabacín *zucchini*, 4
la calabacita *squash*, 4
el calambre *cramp*, II; **darle un calambre** *to get a cramp*, II; **tener un calambre** *to have a cramp*, II
los calcetines *socks*, I; **un par de calcetines** *a pair of socks*, I
la calculadora *calculator*, I
Calculo que van a implementar... *I predict that they are going to implement . . .*, 10
el cálculo *calculus*, 3
el caldo de pollo *chicken soup*, II
calentar (ie) *to heat up*, I
calentarse (ie) *to warm up*, II
la calidad del aire/agua *quality of the air/water*, 10
caliente *hot*, I
callado(a) *quiet*, I
la calle *street*, II; **ir por la calle...** *to take . . . street*, II
calmar *to calm*, 2
el calor *heat;* **Hace calor.** *It's hot.*, I; **tener calor** *to be hot*, I
caluroso(a) *hot*, II
la cama *bed*, I; **quedarse en cama** *to stay in bed*, II
la cámara *camera*, I; la Cámara de Comercio *Chamber of Commerce*, II; **la cámara desechable** *disposable camera*, I
los camareros *waiters*, II
el camarón, los camarones *shrimp*, 4
cambiar *to change*, 8; **cambiar (por)** *to exchange (for)*, II; **Cambiando de tema, ¿qué me dices de...?** *Changing the subject, what do you have to say about . . .?*, 5
caminar *to walk*, I
la caminata *walk, hike;* **dar una caminata** *to go on a hike*, II
el camión *truck*, II; **el camión de bomberos** *fire truck*, II
la camisa *shirt*, I
la camiseta *T-shirt*, I
el campeonato *championship*, 10
los campesinos *peasants*, II
el camping *camping*, II; **hacer camping** *to go camping*, II
el campo *countryside*, I; *field (of work)*, 8; **el campo de batalla** *battlefield*, 9
los campos *agricultural fields*, 7
canadiense *Canadian*, II
la cancha *court*, II; *playing field*, 10
la canción *song*, II
la canela *cinnamon*, II
el cántaro: **llover a cántaros** *to rain cats and dogs*, II
el canto *song*, II
la canoa *canoe*, I
canoso(a) *graying*, I
cansado(a) *tired*, I
cansarse de *to get tired of*, 1
el cantante, la cantante *singer*, II
cantar *to sing*, I
la cantidad *amount*, II; *quantity; II*
el (la) cantor(a) *singer*, 10
la caña de azúcar *sugar cane*, 7
la caña de pescar *fishing rod*, II
el cáñamo *cattail reeds*, 7
el cañón (pl. los cañones) *canyon*, II
el caos *chaos*, 10
la capa de ozono *the ozone layer*, 6
capaz *capable*, 8
la capilla *chapel*, II
el capital *money*, 6
la capital *government capital*, 6
el capitán *captain*, 2
captar *to understand, to grasp*, 8
la cara *face*, I
el caracol *shell*, II; **coleccionar caracoles** *to collect seashells*, II
el carácter (pl. los carácteres) *character, personality*, 4
la característica *characteristic*, 2
los carbohidratos *carbohydrates*, II
la cárcel *prison*, II
cargado(a) *loaded*
cargar *to carry*, 6
caribeño(a) *Caribbean*, II
las caricaturas *cartoons (Mexico)*, II
el cariño *tenderness, affection*; **Con cariño...** *Love, . . .*, II
cariñoso(a) *tender, affectionate*, II
la carne *meat, beef*, I; **la carne asada** *roast meat*, II
el carnet de identidad *ID*, I
la carnicería *butcher shop*, II
caro(a) *expensive*, I
la carpeta *folder*, I
el carpintero, la carpintera *carpenter*, II
la carrera *career;* 8; *race*, II; **echar carreras** *to run races*, II
la carretera *road*, II
el carril *lane*, II
el carrito *toy car*, II; **jugar con carritos** *to play with toy cars*, II
el carro *car*, I; **el carro eléctrico/híbrido** *electric/hybrid car*, 10
la carta *letter*, I; la carta de recomendación *letter of recommendation*, 8
los carteles *posters*, 5
la cartera *wallet*, II
el cartero, la mujer cartero *mail carrier*, II
la casa *house*, I; la casa natal *house where someone was born*, II; **jugar a la casita** *to play house*, II
el casabe *cassava bread*, 4
casarse con *to marry*, 4
la cascada *waterfall*, II
el caserío *hamlet, small village*, 9
casi *almost*, I; **casi nunca** *almost never*, I; **casi siempre** *almost always*, I
castaño(a) *dark brown*, I
el castellano *Castilian Spanish*, 1
castigar *to punish*, 9
el castigo *punishment*, 9
el castillo *castle*, II
la catarata *waterfall*, II
el catarro *cold*, I; **tener catarro** *to have a cold*, I
la catedral *cathedral*, II
catorce *fourteen*, I
el CD *CD*, II; **crear/grabar CDs** *to burn CDs*, II
la cebolla *onion*, II
las cejas *eyebrows*, II
celebrar *to celebrate*, I
el celo *zeal*, 3
celoso(a) *jealous*, 2
celular *cellular, cell*, I; **el teléfono celular** *cell phone*, II
el cementerio *cemetery*, II
la cena *dinner*, I
cenar *to eat dinner*, I
la censura *censorship*, 6
el centavo *cent*, 3
centígrados *Centigrade*, II
el centro *downtown*, I
el centro comercial *mall*, I
el centro recreativo *recreation center*, II
cepillarse *to brush*, II
el cepillo de dientes *toothbrush*, I
la cerámica *ceramic*, II
la cerbatana *hollow reed, blowgun*, 6
cerca de *close to, near*, I
el cerdo *pig*, I; **las chuletas de cerdo** *pork chops*, II
los cereales *cereal*, I
el cerebro *brain*, II
la ceremonia *ceremony*, 4
la cereza *cherry*, 4
cernerse *to hover*, 6
cero *zero*, I
cerrar (ie) *to close*, I; **cerrar la puerta con llave** *to lock the door*, II
la certeza *certainty*, 6
el césped *grass*, I
la cesta *basket*, II
el ceviche *raw fish marinated in lemon juice, chopped onions, salt and chili peppers*, 4
las chancletas *flip-flops*, II
Chao. *Bye.*, I
la chaqueta *jacket*, I
charlar *to talk, to chat*, I
los cheques de viajero *travelers' checks*, II
los chícharos *peas*, 4

Vocabulario español-inglés

el chico *boy,* II
el chile *pepper,* II
chileno(a) *Chilean,* II
la chimenea *chimney, hearth,* 2
chino(a) *Chinese;* **la comida china** *Chinese food,* I
el chisme *piece of gossip,* 2
chismear *to gossip,* 2
el(la) chismoso(a) *a gossip,* II, 2; **¡Qué chismoso(a)!** *What a gossip!,* II
el chiste *joke,* I; **contar(se) chistes** *to tell (one another) jokes,* II
chistoso(a) *funny,* II
chocar *to shock, to astonish,* 3
el choclo *corn,* 7
el chocolate *chocolate,* I; *hot chocolate,* I
las chuletas de cerdo *pork chops,* II
el cibercafé *cybercafé,* II
el ciclismo (practicar ciclismo) *biking (to bike),* 2
el ciclo *cycle,* II
ciego(a) *blind,* I
el cielo *sky,* II
cien *one hundred,* I
la ciencia ficción *science fiction,* I
las ciencias *science,* I; **las ciencias sociales** *social sciences,* 3
los científicos *scientists,* II
ciento un(o) *one hundred one,* I
cierto *true,* 1
ciertos(as) *certain,* II; hasta cierto punto *to some extent, in a way,* II
cinco *five,* I
cincuenta *fifty,* I
el cine *movie theater,* I
la cinematografía *cinematography,* 5
el cinturón *belt,* II; el cinturón de fuego *Ring of Fire,* 7
el círculo *circle,* II
las circunstancias *circumstances,* 9
la ciruela *plum,* 10
la cirugía *surgery,* II
la cita *date,* II; *quote,* II
citar *to cite,* 3
la ciudad *city,* I; la ciudad natal *city where someone was born,* II; **el plano de la ciudad** *city map,* II
los ciudadanos *citizens,* II
la civilización *civilization,* 9
claro *of course,* II; **¡Claro que sí!** *Of course!,* I; **Sí, claro.** *Yes, of course.,* II
claro(a) *clear,* 6
la clase *kind, sort;* **¿Qué clase de trabajo realiza...?** *What kind of work does . . . do?,* II
la clase *class,* II; **el salón de clase** *classroom,* I; **tomar clases de...** *to take . . . lessons,* II
clásico(a) *classic,* 5; **la música clásica** *classical music,* II
clasificado(a) *classified;* los anuncios clasificados *classified ads,* II
la cláusula principal *main clause,* 9
la cláusula subordinada *subordinate clause,* 9
clave *key;* la palabra clave *key word,* II
el cliente, la cliente *client,* I
el clima *climate, weather,* II; **¿Cómo será el clima en...?** *I wonder what the weather is like at (in) . . .?,* II; **¡Qué clima tan seco!** *What a dry climate!,* II
la clínica *clinic,* II
el club de debate *debate club,* I
el cobalto *cobalt,* 10
cobarde *cowardly,* 9
cobrar *to charge,* II; **hacer una llamada por cobrar** *to make a collect call,* II
el cobre *copper,* II
la cocción *cooking time,* II
cocer(ue) *to cook,* II; cocer al vapor *to steam,* II
el coche *car,* 10
el cochinillo *pork,* II
cocido(a) *cooked,* II
la cocina *kitchen,* I
cocinar *to cook,* I
el cocinero, la cocinera *cook,* II
el coco *coconut,* II
el cocodrilo *crocodile,* II
el códice *codex, writing,* 3
el codo *elbow,* II
la cola *line,* I; *tail,* 6, **hacer cola** *to wait in line,* I
la colaboración *collaboration*
coleccionar caracoles *to collect seashells,* **coleccionar estampillas/pósters/monedas** *to collect stamps/posters/coins,* II
el colega *colleague,* II
el colegio *school,* I; **después del colegio** *after school,* II
colgar (ue) *to hang,* I
el colibrí cometa *red-tailed comet hummingbird,* 9
el coliflor *cauliflower,* 4
la colina *hill,* II
el collar *necklace,* II
colocar *to put, to place,* 6
colombiano(a) *Colombian,* II
el color *color,* II; **de color café** *brown,* I; **¿Qué te parece este color?** *What do you think of this color?,* II
la columna de consejos *advice column,* 3
columpiarse *to swing (on a swing),* II
combatir *to combat,* 3
los combustibles *fuels,* 10
la comedia *comedy or play,* 5
el comedor *dining room,* I
comentar *to comment,* 6
el comentario *commentary,* 6
el (la) comentarista *commentator,* 6
comenzar (ie) *to start,* I
comer *to eat,* I; **darle de comer al perro** *to feed the dog,* II; **¿Ha comido en...?** *Have you eaten at . . .?,* II
comercializado(a) *commercialized,* 7
el comerciante, la comerciante *merchant,* II
el comercio *trade,* II; *commerce,* II; la Cámara de Comercio *Chamber of Commerce,* II
los comestibles *food products, groceries,* II; **la tienda de comestibles** *grocery store,* II
cometer (un crimen, un error) *to commit (a crime), to make (a mistake),* 10
cómico(a) *funny,* I; **la revista de tiras cómicas** *comic book,* I; **las revistas cómicas** *comic books,* II
la comida *food, lunch,* I; **la comida rápida** *fast food,* II; **la plaza de comida** *food court in a mall,* I
el comienzo *beginning,* 3
la comisaría *police department,* II
como *like, as,* II; como resultado *as a result,* II; **como siempre** *as always,* I; **tan... como** *as . . . as,* I; **tanto(a/os/as)... como...** *as much . . . as . . .,* II; **Como quieras.** *Whatever you want.,* 2
¿cómo? *how?, what?,* I; **¿Cómo debe ser un(a) buen(a) amigo(a)?** *What should a good friend be like?,* 2; **¿Cómo supiste el resultado?** *How did you find out the score?,* 6; **¿Cómo te enteraste de...?** *How did you find out about . . .?,* 6
Cómo no. *Of course.,* II
la cómoda *chest of drawers, armoire,* II
cómodo(a) *comfortable,* II
el compañero, la compañera *friend, pal,* II
el compañero de clase, la compañera de clase *classmate,* I
los compañeros de trabajo *colleagues,* 8
la compañía *company,* 6
la comparación *comparison,* II
comparar *to compare,* II
compartir *to share,* II
la compasión *compassion,* 10
la competencia *competition,* II
competente *competent,* 8
competir (i, i) *to compete,* II
competitivo(a) *competitive,* 10
complejo(a) *complex,* II
el complemento directo *direct object,* II
el complemento indirecto *indirect object,* II
completar *to complete,* II
completo *complete,* II; **Se me olvidó por completo.** *I totally forgot.,* II
complicar *to complicate,* II
los compradores *buyers,* II

comprar *to buy,* I; **comprarle un regalo** *to buy (someone) a gift,* 3
las compras *purchases,* II; **ir de compras** *to go shopping,* II
comprobar *to verify, to check,* 8
comprometerse *to get engaged,* 4
comprometido(a) *engaged,* II
el compromiso *engagement,* 4; *commitment, obligation,* 7
compuesto(a) *composed,* II
la computación *computer science,* I
la computadora *computer,* I; **hacer diseño por computadora** *to do computer design,* II
común *common,* II
la comunicación *communication,* 3
comunicarse *to communicate,* 3
la comunidad *community,* II
con *with,* I; con base en *based on,* II; **Con cariño...** *Love,. . .,* II; **¿Con qué frecuencia?** *How often?,* I; con razón *naturally,* II; contar con *to count on, to depend on,* II; **conmigo** *with me,* I; **contigo** *with you,* I; con tal (de) que *provided that,* 7; **Con el tiempo pude asimilar...** *With time I was able to assimilate . . .,* 7
concentrarse *to concentrate,* 5, 8
el concierto *concert,* I
el concurso *game show,* 6
el condado *county,* II
el cóndor *condor (bird),* 7
conducir *to drive,* II; **la licencia de conducir** *driver's license,* II
el conductor, la conductora *driver,* II
el conejo *rabbit,* II
confeccionar *to make,* II
conferir (ie, i) *to confer upon, to give,* 3
confesar (ie) *to confess*
confiable *reliable,* 2
confiar en *to trust,* 2
la confianza *trust,* 2
confrontar *to confront,* 2
confundirse *to become confused,* 7
confuso(a) *mixed up,* 3
congelado(a) *frozen,* II
el congrí *rice and black beans,* 4
conjugar *to conjugate,* II
el conjunto *group,* II
conmovedor(a) *moving, touching,* 10
conocer (zc) *to know (someone) or be familiar with a place,* I; **conocer el centro** *to get to know downtown,* II; **¿Conoces a...?** *Do you know . . .?,* II; dar a conocer *to introduce, to present,* II; **quiero conocer** *I want to see . . .,* I
un(a) conocido(a) *acquaintance,* 2
el conocimiento *knowledge,* II
el conquistador *conqueror,* 2
conquistar *to conquer,* II
la consecuencia *consequence,* 7
conseguir (i, i) *to obtain,* 7, 8
el (la) consejero(a) *guidance counselor,* 3; **El (La) consejero(a) insiste en que tome... ¡No me gusta para nada!** *The guidance counselor insists that I take . . . I don't like it at all!,* 3
los consejos *advice,* 3; **dar consejos** *to give advice,* II
consentido(a) *babied, spoiled,* II
el (la) conserje *janitor,* 8
conservador(a) *conservative,* 8
el conservador *curator,* II
conservar *to conserve,* 10
considerado(a) *respected, esteemed,* II
considerarse *to consider oneself,* 6
constantemente *constantly,* II
construir *to build,* II
el consultorio *doctor's office,* II
los consumidores *consumers,* II
el consumo *consumption,* II
el contacto *contact; touch;* **los lentes de contacto** *contact lenses,* II; ponerse en contacto *to contact, to get in touch,* II
contagioso(a) *contagious,* II
la contaminación *contamination/pollution,* 10
contaminado(a) *contaminated/polluted,* 10
contar (ue) con *to count on (someone),* 2
contarse (ue) *to tell each other,* II
el contenido *content,* II
contemplar *to contemplate,* 2
contemporáneo(a) *contemporary,* 5
contener *to contain,* 2
contento(a) *happy,* I; **estar contento(a)** *to be happy,* I
el contestador automático *answering machine,* 8
contestar *to answer,* II
el contexto *context,* 1
contra *against,* 10
contradecir *to contradict,* 6
contraer *to enter into (marriage),* 4
contrario(a) *contrary;* **¡Al contrario!** *No way!,* II; *on the contrary,* II; el equipo contrario *opposing team,* II; lo contrario *opposite,* II
contratar *to hire,* 8
contribuir *to contribute,* 7
el control de seguridad *security checkpoint,* I
controvertido(a) *controversial,* 6
convencer *to convince,* II
conveniente *convenient,* 8
conversador(a) *talkative,* II
conversar *to converse,* 1
convertirse en + noun *to change into + noun, to turn into + noun,* 8
la cooperación *cooperation,* 10
copiar *to copy,* II
el corazón *heart,* II
la corbata *necktie,* II
la cordillera *mountain range,* 9
el coro *chorus,* 5
coronado(a) *crowned,* II
corporativo(a) *corporate,* 8
el corral *corral,* 6
el correcaminos *roadrunner,* II
corregir *to correct,* II
el correo *post office,* I; *mail,* I; **la oficina de correos** *post office,* I
el correo electrónico *e-mail (address),* I
correr *to run,* I
correspondiente *corresponding,* II
cortado(a) *cut,* II
cortar *to cut, to mow,* I
cortarse *to cut oneself,* II; **cortarse el pelo** *to get a haircut,* II
corto(a) *short (in length),* I; **los pantalones cortos** *shorts,* I
la cosa *thing,* I; **No es gran cosa.** *It's not a big deal.,* I
la cosecha *crop*
coser *to sew,* II
la costa *coast,* II
el costado *side,* 8
costar (ue) *to cost,* I
costarricense *Costa Rican*
la costumbre *custom,* II; *habit,* 7
la creación *creation,* 6, 9
crear *to create,* 5; **crear (quemar) CDs** *to make (burn) CDs,* II; **crear un álbum** *to create an album, scrapbook,* II
creativo(a) *creative,* 5
crecer (zc) *to grow,* 10
el crecimiento *growth,* II
el crédito *credit;* **la tarjeta de crédito** *credit card,* II
Créeme que fue sin querer. *Believe me, I didn't mean to do it.,* 3
creer *to believe, to think,* II; **Creo que sí.** *I think so.,* II; **¡No me lo puedo creer!** *I can't believe it!,* 4; **Creo que vale la pena acordarse de...** *I think it's worth remembering . . .,* 10
creído(a) *arrogant,* 2
la crema *cream,* II; **la crema protectora** *sunblock,* II; **la crema agria** *sour cream,* 4
la cría *breeding,* 9
los criadores *breeders,* 9
criarse (en) *to grow up (in),* 7
el crimen *crime,* 10
la crisis ambiental/económica/ política *environmental/ economic/political crisis,* 6
cristalino(a) *crystalline,* 4
criticar *to criticize,* 4
criticón, criticona *critical, judgmental,* 2
el cruce *intersection,* II; **el cruce de... con...** *the intersection of . . . and . . ., II*
el crucero *cruise,* II; **tomar un crucero** *to go on a cruise,* II

el crucigrama *crossword puzzle,* II; **hacer crucigramas** *to do crossword puzzles,* II
crudo(a) *raw,* II
cruzar *to cross,* II
el cuaderno *notebook,* I
la cuadra *block,* II
el cuadro *painting,* II; *box,* II
cual: lo cual *which,* II
cuál *which,* II
¿cuál? *what?, which?,* I; **¿Cuál de estas pinturas te gusta más, la de... o la de...?** *Which of these paintings do you like better, the one of (by) or the one of (by) . . .?,* 5
¿cuáles? *which (ones)?,* I
las cualidades *(personal) qualities,* 2
cualquier *any,* I
cuando *when,* I; **Cuando me enteré, no lo pude creer.** *When I found out, I couldn't believe it.,* II; **Cuando oí la noticia, no lo quise creer.** *When I heard the news, I didn't want to believe it.,* II; **fue cuando** *that was when,* II; **Cuando sea mayor me gustaría...** *When I'm older, I'd like to . . .,* 7
¿cuándo? *when?*
¿cuánto(a)? *how much?,* I; **¿Cuánto tiempo hace que?** *How long have you been . . .?,* II; **¿Cuánto vale...?** *How much is . . .?,* II
¿cuántos(as)? *how many?,* I; **¿Cuántos años tiene...?** *How old is . . .?,* I
cuarenta *forty,* I
cuarto *quarter,* I; **menos cuarto** *quarter to (the hour),* I; **y cuarto** *quarter past (the hour),* I
cuarto(a) *fourth,* II
el cuarto *room,* I
cuatro *four,* I
cuatrocientos(as) *four hundred,* I
cubrir *to cover,* II
la cuchara *spoon,* I
la cucharada *tablespoon,* II
la cucharadita *teaspoon,* II
el cuchillo *knife,* I
el cuello *neck,* I
la cuenta *bill,* I; a fin de cuentas *in the end,* II
el cuento *story,* II, 9; **el cuento (de hadas)** *(fairy) tale,* 9, el cuento de viejas *old wives' tale,* 9
la cuerda *rope,* II; **saltar a la cuerda** *to jump rope,* II
el cuero *hide;* **de cuero** *leather . . .,* II
el cuerpo *body,* 2
cuesta(n)... *costs . . .,* I
la cueva *cave,* II; **explorar cuevas** *to explore caves, to go spelunking,* II
el cuidado *care;* **tener cuidado** *to be careful,* II
cuidar *to take care of,* I; **cuidar a los enfermos** *to take care of sick people,* II; **cuidar a una mascota** *to take care of a pet,* II
cuidarse *to take care of oneself,* I; **cuidarse la salud** *to take care of one's health,* I
la culebra *snake,* II
culinario(a) *culinary,* II
la culpa *fault,* II
cultivar *to cultivate,* II
el cultivo *crop,* II
la cumbia *a type of Latin American music,* 5
el cumpleaños *birthday,* I; **la tarjeta de cumpleaños** *birthday card,* I
cumplir *to carry out, to serve,* II; cumplir con los requisitos *to meet the requirements,* 8
la cuñada *sister-in-law,* 4
el cuñada *brother-in-law,* 4
el cura *priest,* 6
la cura *cure,* 6
curar *to cure,* II
curioso(a) *curious,* II
la curita *adhesive bandage,* II
el currículum (vitae) *resume,* 8
los cursos *classes,* 3
cuyo(a) *whose,* II

D

dado(a) *given,* II
la dama *lady,* II; **jugar a las damas** *to play checkers,* II
la danza *dance,* 5
dañino(a) *harmful,* 6
el daño *harm,* II
dar (yo doy) *to give,* I; **a todo dar** *great,* I; **Dale un saludo a... de mi parte.** *Say hi to . . . for me.,* II; **Me da igual.** *It's all the same to me.,* I; **dar una caminata** *to take a walk,* 1, **Me dio (alegría, tristeza, vergüenza, una rabia).** *It made me (happy, sad, embarrassed, angry).,* II; **dar consejos** *to give advice,* II; dar permiso *to give permission,* II; **dar una caminata** *to go on a hike,* II; **dar una vuelta** *to turn,* II; **dar una vuelta por...** *to walk/drive around . . .,* II; **darle de comer al perro** *to feed the dog,* II; **Me dieron ganas de** *(+ infinitive) I felt like . . .,* II; **me dieron un descuento** *they gave me a discount;* **darle miedo** *to scare,* II; **darle un calambre** *to get a cramp,* II; **darle un abrazo** *to give (someone) a hug,* 3
dar a luz *to give birth,* 4
(no)darse por vencido *to (not) give up,* 7
darse prisa *to hurry,* II
darse un golpe en... *to bump one's . . .,* II; **¡Uf! Me di un golpe en...** *Oh! I hit my . . .,* II
Date tiempo para pensarlo. *Give yourself time to think it over.,* 3
de *of, from, in, by,* I; de allí *from there,* II; **de amor** *romance . . .,* I; **de cuero** *leather . . .,* II; **de mi parte** *on my behalf, my regards;* **Dale un saludo a... de mi parte.** *Say hi to . . . for me.,* II; De nada. *You're welcome.,* II; de nuevo *again,* II; **¿De parte de quién?** *Who's calling?,* I; de paseo *out for a walk, going for a stroll,* II; **de pequeño(a)** *as a child,* II; **de repente** *suddenly,* II; **De repente, empezó a llover...** *Suddenly, it started to rain . . .,* II; ¿De veras? *Really?,* II; **de verdad** *honestly,* II; de vez en cuando *once in a while;* II; **de hecho,** *actually, in fact,* 3; de improviso *unexpectedly, suddenly,* 9; **de buen/mal gusto** *in good/bad taste,* 5; **De hoy en adelante** *from now on,* 1
de cultivo biológico *organic,* 10
de modo... *in a . . . way,* 6
declarar la guerra *to declare war,* 9
debajo de *underneath,* I
el debate *debate,* II
deber *should, ought to,* II; **deber +** infinitive *to need to, to have to do something,* II
debido(a) a *due to, because of,* II; *correct, proper, fitting,* 7
la década *decade,* 3
decidir *to decide,* II; decidirse a + infinitive *to decide to,* 8
décimo(a) *tenth,* II
decir (yo digo) *to say,* II; **¿Me dices dónde está...?** *Can you tell me where . . . is?,* II; **¿Me podría decir...?** *Could you tell me . . .?,* II; **¡No me digas!** *No way! Really?,* II; **¿Puede repetir lo que dijo?** *Can you repeat what you said?,* II
declarar *to declare,* **declarar la guerra** *to declare war,* 9
la decoración *decoration,* I
decorar *to decorate,* I
dedicarse a *to devote/dedicate oneself to, II;* **¿A qué se dedica...?** *What does . . . do?,* II
el dedo *finger,* I; **el dedo del pie** *toe,* II
la defensa *defense,* 9
la deforestación *deforestation,* 10
las defunciones *obituaries,* 6

la degradación del suelo *soil degradation,* 10
dejar *to allow,* I; *to leave,* I; *to let,* II; dejar en paz *to leave somebody alone,* II; **dejar la propina** *to leave the tip,* II; **Se los dejo en...** *I'll let you have them for . . .,* II; **dejar plantado(a) a alguien** *to stand someone up,* 2
dejar de + infinitive *to stop doing something,* I; **dejar de hablarse** *to stop speaking to one another,* 3
del (de + el) *of the,* I
delante de *in front of,* I
delgado(a) *thin,* I
delicioso(a) *delicious,* I
demasiado(a) *too much,* I
demostrar (ue) *to demonstrate,* II
el dentista, la dentista *dentist,* II
dentro de *within,* II
el dependiente, la dependiente *salesclerk,* I
los deportes *sports,* I; **practicar deportes** *to play sports,* I
deportivo(a) *sports;* **la escalada deportiva** *rock-climbing,* II
el depósito *deposit,* 10
la derecha *right,* II; **a la derecha (de)** *to the right of,* II; **doblar a la derecha en** *to turn right on,* II
derecho *straight,* II; **seguir derecho** *to go straight,* II; **seguir derecho hasta** *to keep going (straight) to,* II
el derecho *the right to,* 2
derramado(a) *spilled,* 9
derribar *to fell,* 2
derretido(a) *melted,* II
derretir (i, i) *to melt,* II
la derrota *defeat,* 5, 9
derrotar *to defeat,* II
el derrumbe *cave-in,* 10
desafiar *to challenge,* 7
desafortunadamente *unfortunately,* 8
desaparecer (zc) *to disappear,* 8
desarrollar *to develop,* 10
el desastre *disaster,* 10
desastroso(a) *disastrous,* II
desatarse *to come undone,* 9
desayunar *to eat breakfast,* I
el desayuno *breakfast,* I
descansar *to rest,* I
descargar *to unload,* 2
el (la) descendiente *descendant,* 7
desconocido(a) *unknown,* 9
descortés *rude, discourteous,* 2
describir *to describe,* II
el descubrimiento (de) *discovery (of), 10*
descubrir *to discover,* 10
el descuento *discount,* II
desde luego *naturally, of course,* II
desde que *since,* 10
el desdén *disdain,* 3
desear *to want, to wish for, to desire,* I
desechable *disposable;* **la cámara desechable** *disposable camera,* I
desembarcar *to disembark, to deplane,* I
desempeñar (el papel de...) *to play (the role of . . .),* 5
el desempleo *unemployment,* 10
desensillar *to remove a saddle from,* 2
el deseo *desire,* II
desértico(a) *desert-like,* II
la desertificación *desertification,* 6
desesperadamente *frantically,* II
desesperado(a) *desperate,* 10, *exasperated*
el desfile *parade,* II
desgraciadamente *unfortunately,* II
el desierto *desert,* II
(des)leal *(dis)loyal,* 2
desperdiciar *to waste,* 10
el despertador *alarm clock,* 1
despertarse (ie) *to wake,* I
el desprendimiento de tierras *landslide,* 10
después *after, afterwards,* I; **después de** *after,* I; **después de clases** *after class,* I; **después del colegio** *after school,* II; **que me llame después** *tell him/her to call me later,* I
destacarse *to stand out,* II
desterrado(a) *banished,* II
el destino *destination,* II; *destiny,* 3
las destrezas *skills,* II
la destrucción *destruction,* 10
los destructores *destroyers,* II
destruido(a) *destroyed,* II
destruir *to destroy,* II
la desventaja *disadvantage,* 8
detallado(a) *detailed,* 6
el detalle *detail,* 3
detener *to detain, to stop,* 4
detrás de *behind,* I
devolver (ue) *to return, to give back,* I
di *say, tell,* II
el día *day,* I; **algún día** *one day,* I; **Buenos días.** *Good morning.,* I; **el Día de Acción de Gracias** *Thanksgiving Day,* I; **el Día de la Independencia** *Independence Day,* I; **el Día de la Madre** *Mother's Day,* I; **el día de la semana** *day of the week,* I; **el Día de los Enamorados** *Valentine's Day,* I; **el día de tu santo** *your saint's day,* I; **el Día del Padre** *Father's Day,* I; **el día festivo** *holiday,* I; **el plato del día** *daily special,* II; hoy en día *nowadays,* II; **todos los días** *everyday,* I; **un día** *one day,* II; en esos días *in those days,* II; el día festivo *holiday,* 8
el diálogo *dialog,* 2
el diario *diary,* II
diario(a) *daily;* la rutina diaria *daily routine,* II
dibujar *to draw,* I
el dibujo *drawing,* 5
los dibujos animados *cartoons,* II
el diccionario *dictionary,* I
dicho *said (past participle of* **decir***),* II
diciembre *December,* I
el dictador *dictator,* 9
diecinueve *nineteen,* I
dieciocho *eighteen,* I
dieciséis *sixteen,* I
diecisiete *seventeen,* I
los dientes *teeth,* I; **el cepillo de dientes** *toothbrush,* I; **la pasta de dientes** *toothpaste,* I; lavarse los dientes *to brush one's teeth,* II
la dieta *diet,* I; **la dieta balanceada** *balanced diet,* II; **seguir (i) una dieta sana** *to eat well,* I
diez *ten,* I
difícil *difficult,* I
Diga. *Hello. (telephone greeting),* I
las diligencias *errands,* II; **hacer diligencias** *to run errands,* II
diligente *diligent,* 10
diminuto(a) *tiny, minute,* II
el dinero *money,* I; ganar dinero *to make money,* II; **sacar el dinero** *to get money,* I
el (la) dios(a) *god, goddess* 9
el (la) diplomático(a) *diplomat,* 7, 9
la dirección *address,* I
el director, la directora *principal,* 3, el/la director(a) de cine, *movie director,* 6
el dirigente de orquesta *orchestra conductor,* II
dirigido(a) *led,* 9
dirigir *to direct,* 8
dirigirse a *to address,* II
el disco compacto *compact disc,* I
la discriminación *discrimination,* 3
discriminar *to discriminate,* 7
la disculpa *apology,* 3
disculparse *to apologize,* 3
Disculpe. *Excuse me.,* II
el discurso *speech,* 7
discutir *to argue,* 3
diseñado(a) *designed,* 9
los diseñadores *designers,* II
diseñar *to design,* II; **diseñar páginas Web** *to design Web pages,* II
el diseño *design,* II; **hacer diseño por computadora** *to do computer design,* II; el diseño gráfico *graphic design,* 3
disfrutar de *to enjoy,* II
disparar *to shoot,* 2
disponer *to arrange,* 3
disponible *available,* II
distinto(a) *different,* 2

distraer *to distract,* II
distraerse *to entertain oneself, to relax,* II
la diversidad *diversity,* II
la diversión *amusement;* **el parque de diversiones** *amusement park,* I
diverso(a) *diverse,* II
divertido(a) *fun,* I
divertirse (ie, i) *to have fun,* II
divorciado(a)(s) *divorced,* 4
divorciarse (de) *to divorce,* 4
el divorcio *divorce,* 4
doblar *to fold;* **doblar a la derecha en** *to turn right on,* II; **doblar a la izquierda en** *to turn left on,* II
doce *twelve,* I
el documental *documentary,* 6
doler (ue) *to hurt,* I; **Me duele(n)...** *My . . . hurt(s).,* I; **¿Te duele algo?** *Does something hurt you?,* I
el dolor de cabeza *headache,* II
el domingo *Sunday,* I; **los domingos** *on Sundays,* I
dominicano(a) *Dominican,* 4
el dominó *dominoes,* 2
donar tiempo a una causa *to donate time to a cause,* 8
¿dónde? *where?,* I; **¿Dónde estabas y qué hacías cuando...?** *Where were you and what were you doing when . . .?,* 10
doña *title of respect used before a woman's Christian name,* 4
dorar *to brown,* 4
dormir (ue, u) *to sleep,* I; **dormir lo suficiente** *to get enough sleep,* I
dormirse (ue, u) *to fall asleep,* II
dos *two,* I
dos mil *two thousand,* I
dos millones (de) *two million,* I
doscientos(as) *two hundred,* I
la dosis *dose,* 3
el drama *drama,* 5
dramático(a) *dramatic,* 5
dramatizar *to role-play,* II
el dramaturgo *playwright,* II
la drogadicción *drug addiction,* 10
la ducha *shower,* II
ducharse *to take a shower,* II
la duda *doubt;* sin duda *without a doubt,* II
dudar *to doubt,* 6
Dudo que estés bien informado(a) sobre.../que sepas... *I doubt that you're well informed about . . ./that you know . . .,* 6
el dueño *owner,* II
dulce *sweet,* I
el dulce *candy,* I; **el pan dulce** *pastry,* I; el dulce de leche *milk and sugar candy,* 4
el dulce de coco *coconut candy,* 4
durante *during,* I
durar *to last,* 2
el durazno *peach,* I
el DVD *DVD,* I

E

e *and,* II
echar *to put in, to add,* II; *to grow, to put out,* 5, **echar carreras** *to run races,* II; **Está echado(a) a perder.** *It's spoiled.,* II; **Te echo mucho de menos.** *I miss you a lot.,* II
el eclipse *eclipse,* 3
los ecologistas *ecologists,* 9
el ecoturismo *ecotourism,* II; **hacer ecoturismo** *to go on an ecotour,* II
la edad *age,* II
el edificio *building,* I
el editor *editor,* 6
los editoriales *editorial section,* 6
la educación física *physical education,* I
educativo(a) *educational,* 6
efectivamente *actually, in effect,* 6
efectivo: **en efectivo** *in cash,* II
el efecto invernadero *greenhouse effect,* 10
eficaz *efficient,* 6
egoísta *selfish,* II
ejecutivo(a) *executive,* II
el ejemplo *example,* 2; por ejemplo *for example,* 2
ejercer *to practice,* II
el ejercicio *exercise;* **hacer ejercicios** *to exercise,* I; **los ejercicios aeróbicos** *aerobic exercises,* 1
el *the (masc. article),* I
él *he, him (after preposition),* I
las elecciones *elections,* 10
electrónico(a) *electronic;* **el correo electrónico** *e-mail address,* I
elegante *elegant,* 2
elevado(a) *elevated,* II
eligir *to choose,* 3
ella *she, her (after preposition),* I
ellas *they, them (after preposition),* I
ellos *they, them (after preposition),* I
la embajada *embassy,* II
el (la) embajador(a) *ambassador,* 7
la embarcación *boat, craft,* 9
el embarque *embarkation;* **la tarjeta de embarque** *boarding pass,* I
embravecido(a) *raging, wild,* 9
la emisora *radio/TV station,* 6
emocionante *moving, exciting,* 10
la empanada *turnover-like pastry,* I
emparejar *to match,* II
empatar *to tie a game,* II
empeñarse en *to insist on, be determined to,* 7
empeñoso(a) *persevering,* 10
empezar (ie) *to start, to begin,* I
la emigración *emigration,* 7
la emoción *emotion,* 2
empeorar *to become worse,* 8
el emperador *emperor,* 7, 9
el(la) empleado(a) *employee,* 8
emplear *to use,* II; *to hire,* II
el empleo *job,* II; **el empleo a medio tiempo** *part-time job,* 8; **el empleo a tiempo completo** *full-time job,* 8
la empresa *company,* 8
el (la) empresario(a) *businessman, businesswoman,* 10
en *on, in, at,* I; **en aquel entonces** *back then,* II; *in those days,* II; **en blanco** *blank,* I; **en efectivo** *cash,* II; en esa época *in those days,* II; en medio de *in the middle of,* II; **en oferta** *on sale,* II; en parejas *in pairs,* II; en particular *especially,* 1, **en punto** *on the dot,* I; **¿En qué le puedo servir?** *How can I help you?,* I; en realidad *in fact, really, actually,* II; en secreto *secretly,* II; **en seguida** *right away,* II; **en su punto** *just right,* II; en una hoja aparte *on a separate sheet of paper,* II; en vez de *instead of,* II; en esos días *in those days,* 2; en absoluto *not at all,* 2; en cuanto a *as to, in regards to,* 2; en vivo *live,* 2; **en tu lugar** *in your place,* 3; **en esa situación** *in that situation,* 3; en caso de que *in case,* 7; **En realidad, admiro...** *Actually, I admire . . .,* 5; **En cuanto cumpla los... años voy a...** *As soon as I turn . . . years old, I'm going to . . .,* 7; **en un santiamén** *instantly,* 8
los enamorados *lovers;* **el Día de los Enamorados** *Valentine's Day,* I
enamorarse *to fall in love,* 5, 9
el enano *dwarf,* II
encajar (en) *to fit in,* 7
el encaje *lace,* II
Encantado(a). *Delighted (to meet you).,* II
encantado(a) *enchanted,* 9
encantar *to really like, to love,* I; **Le encanta(n)...** *He/She/You love(s) . . .,* II
el encargo *order, task,* 5
encebollado(a) *cooked with onions;* **el bistec encebollado** *steak with onions,* II
las enchiladas *tortillas stuffed with meat or cheese (Mex.),* II
encima de *on top of, above,* I
la encina *oak tree,* 6
el encinal *oak grove,* 6
encontrar (ue) *to find,* I
encontrarse (ue) con alguien *to meet up with someone,* I
la encuesta *survey,* II
el (la) enemigo(a) *enemy,* 8
la energía solar *solar energy,* 10
enero *January,* I
enfadarse *to get angry,* II
enfermarse *to get sick,* II
la enfermedad *disease, sickness,* II, 10
el enfermero, la enfermera *nurse,* II

enfermo(a) *sick,* I; **estar enfermo(a)** *to be sick,* I
los enfermos *sick people,* II
enfocarse en *to focus on,* 7
el enfoque local/nacional/mundial *local/national/world perspective,* 6
enfrentar *to confront,* II
enfrente de *in front of, facing,* II
enfurecer *to infuriate,* 2
enmarañado(a) *tangled,* II
enojado(a) *angry,* 2
enojarse *to get angry,* II
la ensalada *salad,* I; **la ensalada mixta** *mixed salad,* II
ensangrentado(a) *bloody,* 2
ensayar *to rehearse,* 3
el ensayo *rehearsal,* I, *essay,* 2
enseguida *right away,* II, 8
enseñar *to teach, to show,* II
entender (ie) *to understand,* I
enterarse *to find out,* II
entero(a) *whole,* II; *entire,* II
enterrado(a) *buried,* II
enterrar (ie) *to bury,* 10
Entiendo algo de..., pero nada de... *I understand a little about . . ., but nothing about . . .,* 6
entonces *so, then,* II; **en aquel entonces** *back then,* II; *in those days,* II
la entrada *ticket,* II; *entrée, first course,* II; *entry (in a diary), entrance,* 4
los entrantes *appetizers,* II
las entrañas *entrails,* 2
entre *in between,* II
entregar *to give, to turn in,* II
los entremeses *appetizers,* II
el entrenador, la entrenadora *coach,* II
el entrenamiento *practice,* I
entrenarse *to work out,* I
entretenido(a) *entertaining,* 5
el entretenimiento *entertainment,* II
la entrevista *interview,* 8
entrevistar *to interview,* 6
entristecerse *to grow sad,* II
enumerar *to list,* II
envejecer (zc) *to grow old,* 10
en vivo *live,* 6
enviar *to send,* II
el episodio *episode, chapter*
la época: en esa época *in those days,* II
el equilibrio *balance, equilibrium*
el equinoccio *equinox,* 9
el equipaje *luggage,* I
el equipo *equipment,* II; *team,* II; el equipo contrario *opposing team,* II; el equipo de rescate *rescue equipment,* 10
la equitación *riding,* II
equivocado(a) *wrong,* II
equivocarse *to be wrong, to be mistaken,* II
Érase una vez *Once upon a time,* II; **Érase una vez en un lugar muy lejano...** *Once upon a time in a faraway place . . .,* 9
Eres muy bueno(a) para..., ¿verdad? *You're really good at . . ., aren't you?,* 2
el error *a mistake;* cometer un error *to make a mistake*
la erupción (de un volcán) *eruption (of a volcano),* 10
Es... *He/She/It is . . .,* I; **Es buena idea que...** *It's a good idea that . . .,* II; **Es importante que...** *It's important that . . .,* II; **¡Es increíble!** *It's incredible!,* II; **Es mejor que...** *It's better that . . .,* II; **Es que se me acabó...** *It's just that I ran out of . . .,* 4; **Es que se me olvidó ponerle...** *It's just that I forgot to add . . ..,* 4; es una lástima *it's a pity/shame,* 4; **Es mejor que veas la ópera. Es formidable.** *It's better for you to see the opera. It's great.,* 5; **Es evidente que...** *It's clear that . . .,* 6; **Es dudoso que...** *it's doubtful that . . .,* 6; **Es de esperar que...** *Hopefully . . .,* 9; **Es lamentable que...** *It's too bad that . . .,* 9; **Es muy posible que el tráfico aumente con...** *It's quite possible that traffic will increase with. . .,* 10; **es de suponer que...** *I suppose that . . .,* 10
la escalada deportiva *rock-climbing,* II, 2
escalar *to climb,* 2
la escalera *staircase, stairs,* 9
la escena *scene,* II
el escenario *setting,* II, *stage, scenery,* 5
los esclavos *slaves,* II
la escoba *broom,* 8
escoger *to pick, to choose,* I
escolar *school (adj.);* **la banda escolar** *school band,* II; **los útiles escolares** *school supplies,* I
esconderse *to hide,* 6
el escondite *hiding place;* **jugar al escondite** *to play hide and seek,* II
escribir *to write,* **escribir poemas y cuentos** *to write poems and stories,* I; **Se escribe...** *It's spelled . . .,* I
escrito(a) *written (past participle of* **escribir***),* II; *writings, manuscripts,* 7
los escritores *writers,* II
el escritorio *desk,* I
escuchar *to listen,* I
la escuela *school,* II
esculpir *to sculpt,* 5
la escultura *sculpture,* 5
ése *that (pron.),* II
ese(a) *that (adj.),* I
esforzarse (ue) *to strive, to make an effort,* 7
el esfuerzo *effort,* II
la esgrima *fencing,* 2
esgrimir *to fence,* 2
eso *that;* por eso *that's why,* II; **Eso me hace pensar en...** *That makes me think about . . .,* 5; **Eso me resulta fácil/bastante difícil.** *That's easy/pretty difficult for me.,* 8
esos, esas *those (adj.),* I
ésos, ésas *those (pron.),* II
el espacio *space,* II
la espalda *back,* I
espantar *to scare,* 2
espantoso(a) *frightening, terrible,* 10
el español *Spanish,* I
especial *special;* el plato especial *special dish,* II; **Qué hay de especial?** *What's the (daily) special?,* II
las especialidades *specialties,* II
los especialistas *specialists,* II
las especias *spices,* II
la especie *type,* II, *species,* 7
espectacular *spectacular,* 9
el espectáculo *show, performance,* II
los espectadores *spectators,* II
el espejo *mirror,* II
la espera *wait;* **la sala de espera** *waiting room,* I
la esperanza *hope,* 3
esperar *to wait, to hope, to expect,* I; **Espero que el viaje sea divertido.** *I hope the trip is fun.,* II; **Espero que estés bien.** *I hope you're doing well.,* II
las espinacas *spinach,* I
el esposo *husband,* II
el esquema *outline, sketch,* 7
el esquí acuático *water skiing,* II
esquiar *to ski,* I; **esquiar en el agua** *to water-ski,* I
la esquina *corner,* II
esta *this (adj.),* I
ésta *this (pron.),* I
establecerse (zc) *to get established,* 7
el establecimiento *establishment,* 2
la estación *station,* II; **la estación de bomberos** *fire station,* II; **la estación de trenes/autobuses** *train/bus station,* 1
las estaciones *seasons,* I
el estacionamiento *parking lot,* II
estacionarse *to park,* 8
el estadio *stadium,* I
las estadísticas *statistics,* II
el estado *state,* II
estadounidense *American,* II
estallar *to explode,* 10
las estampillas *stamps,* II; **coleccionar estampillas** *to collect stamps,* II
el estante *bookcase,* II
estar *to be,* I; **No está.** *He/She is not here.,* I; **Está a la vuelta.** *It's around the corner.,* I; **estar aburrido(a)** *to be bored,* I; **Está echado(a) a perder.** *It's spoiled.,* II; **Está (en su punto, exquisito(a), perfecto(a), quemado(a)).** *It's*

(just right, wonderful, perfect, burned)., II; **Estoy harto(a) de...** *I'm fed up with . . .*, II; **Estoy loco(a) por...** *I'm crazy about . . .*, II; **¿Qué tal está...?** *How is the . . .?*, II; **Está bien.** *All right.*, I; **estar bien** *to be (doing) fine*, I; **Espero que estés bien.** *I hope you're doing well.*, II; **estar en oferta** *on sale*, II; **(no) estar de acuerdo** *to (not) agree*, I; **estar listo(a)** *to be ready*, I; **estar mal** *to be doing badly*, I; *to be sick*, II; **estar resfriado(a)** *to have a cold*, II; **estoy seguro(a) de** *I'm positive that*, II; **No estoy seguro(a).** *I'm not sure.*, II; **estar loco(a) por** *to be crazy about*, 2; **estar dolido** *to be upset*, 2, **Estoy regular.** *I'm all right.*, I; **estar resentido(a)** *to be resentful*, 3; **estar casado(a)(s)** *to be married*, 4; **Está para chuparse los dedos.** *It's good enough to lick your fingers.*, 4; **Está pasada la leche.** *The milk has gone bad.*, 4; **estar al tanto** *to be up-to-date*, 6; **estar bien/mal informado** *to be well/poorly informed*, 6; **estar actualizado** *to be up to date*, 6, **Está fuera de/a mi alcance** *It's outside/within my reach.*, 8; **Estaba en casa cuando...** *I was at home when . . .*, 10; **Estoy convencido(a) de que...** *I'm convinced that . . .*, 6; **Estoy seguro(a) (de) que...** *I'm sure that . . .*, 6; **Estaba en primera plana** *It was on the front page*, 6; **está claro que,** it is clear that . . . 6, **estar agradecido(a) por** *to be thankful for*, 7; **Estuvo a todo dar.** *It was great.*, I

estas, estos *these (adj.)*, I
la estatua *statue*, 5
este(a) *this (adj.)*, I; **Este retrato fue pintado por...** *This portrait was painted by . . .*, 5
éste *this (pron.)*, I
el este *east*, II
el estereotipo *stereotype*, 3
el estilo *style*, II
el estilo de vida *lifestyle*, 7
estirarse *to stretch*, I
el estofado *stew*, 4
el estómago *stomach*, I
estornudar *to sneeze*, II
estos, estas *these (adj.)*, I
éstos, éstas *these (pron.)*, II
la estrategia *strategy*, II
estrecho(a) *narrow, tight*, II, estrechos *straits*, 9
la estrella *star*, II; la estrella solitaria *lone star*, II
estrenar (una película) *to open/premiere (a movie)*, 10
el estreno *opening/premiere*, 10
el estrés *stress*, II
estricto(a) *strict*, II
estridente *shrill*, 5
la estrofa *stanza*, 10
el estuario *estuary*, 10
el estudiante, la estudiante *student*, I
estudiantil *related to students*, 5; la orquesta estudiantil *student orchestra*, 5
estudiar *to study*, I
el estudio *study (room)*
los estudios *studies*, II
la estufa *stove*, II
estupendo(a) *marvelous*, I, 2
eterno(a) *eternal*, 2
la etiqueta *price tag*, II
europeo(a) *european*, II
evaluar *to evaluate, assess*, 2
evidente *obvious*, 6
evitar *to avoid*, II
exactamente *exactly*, 1
el examen *test*, I; **presentar el examen de...** *to take a . . . test*, I
la excursión *hike*, I; **ir de excursión** *to go on a hike*, I
la excusa *excuse*, II
exagerado(a) *exaggerated, dramatic*, 3
exagerar *to exaggerate*, 5
el éxito *success*, II
la expedición *expedition*, 9
experimentar *to experience*, 2
el experto *expert*, 6
la explicación *explanation*, II
explicar *to explain*, II
los exploradores *explorers*, 9
explorar *to explore*, II; **explorar cuevas** *to explore caves, to go spelunking*, II; **explorar la selva** *to explore the jungle*, II
la explotación *commercial use, exploitataion (of farmland)*, 9
explotar *to exploit*, II
la exportación *exportation*, 10
la exposición *exhibit*, 5
expresarse *to express (yourself)*, 7
exquisito(a) *wonderful*, II
extenso(a) *extensive*, 9
la extinción *extinction*, II
el extranjero, la extranjera *foreigner*, II
extranjero(a) *foreign*, II
extrañar *to miss*, II
extraño(a) *strange*, II
extremo(a) *extreme*, II
extrovertido(a) *outgoing*, I

la fábrica *factory*, II
la fabricación *manufacture*, 8
los fabricantes *manufacturers*, II
la fábula *fable*, II
fácil *easy*, I
facilitar *to facilitate*, 8
fácilmente *easily*, II
facturar *to check*, I; **facturar el equipaje** *to check luggage*, I
la falda *skirt*, I; **la falda a media pierna** *mid-length skirt*, II; la falda de la montaña *the foot of the mountain*, II
fallecer *to pass away, die*, II
falso *false*, 1
la falta de *lack of*, 3
faltar *to be missing;* **Le falta no sé qué.** *It needs something; I don't know what.*, II; **Le falta sabor.** *It doesn't have much flavor.*, II; **Le falta sal.** *It needs salt.*, II; **¿Qué te falta hacer?** *What do you still have to do?*, I; **Sólo me falta...** *I just need to . . .*, II; faltar el entrenamiento *to miss practice*, 2
la fama *reputation*, 3
la familia *family*, I
familiar *family-related*, 4; la foto familiar *family photo*, 4; los lazos familiares *family ties*, 4
los familiares *relatives*, II
famoso(a) *famous*, 2
fanático de *a huge fan of*, 2
el fantasma *ghost*, 9
fantástico(a) *fantastic*
el farmacéutico, la farmacéutica *pharmacist*, II
fascinar *to love*, II
fastidiar *to bother*, II
fatal *awful*, II
el favor *favor;* **Favor de** + infinitive *Please . . .*, II; **Haz el favor de** + infinitive *Please . . .*, II; **por favor** *please*, I
febrero *February*, I
la fecha *date*, I
¡Felicidades! *Congratulations!*, 2
feliz (pl. felices) *happy;* **¡Feliz...!** *Happy (Merry) . . .!*, I; **vivieron felices** *they lived happily ever after*, II
fenomenal *awesome*, I; *great*, II
feo(a) *ugly*, I
la feria *fair*, II
feroz *ferocious*, II
la ferretería *hardware store*, II
el ferrocarril *railroad*, II
festejar *to celebrate*, I
el festín *party*, 2
el festival *festival*, 6
(poco) fiable *(un)trustworthy*, 6
fiable *trustworthy*, 6
la ficción *fiction;* **la ciencia ficción** *science fiction*, I
ficticio(a) *fictitious*, 9
los fideos *noodles*, II; **la sopa de fideos** *noodle soup*, II
la fiesta *party*, I; **hacer una fiesta** *to have a party*, I; **la fiesta sorpresa**

surprise party, I; las fiestas *holidays,* II
la figura tallada *carved figure,* II
Fíjate que se ha casado. *Get this: he got married.,* 4
el fin *end;* a fin de cuentas *in the end,* II; **por fin** *at last,* II; *finally,* II
el fin de semana *weekend,* I
el final *final;* **al final** *in the end,* II
financiar *to finance,* 3
la finca *territory,* II
fines de *the end of,* 2
fino(a) *fine, excellent,* II
firmar *to sign,* II
la física *physics,* 3
el flamenco *flamenco music,* 2
el flan *flan, custard,* I; **el flan de vainilla** *vanilla flan,* II
flojo(a) *baggy, loose,* II; *lazy,* 8
la flor *flower,* II
florecer *to bloom,* II
la floristería *flower shop,* II
fluir *to flow,* 6
la fogata *campfire,* II
el folleto *pamphlet, brochure,* II
el fomento *promotion, fostering,* 10
el fondo del mar *the bottom of the ocean,* 9
la forma *form;* **mantenerse en forma** *to stay in shape,* I
formar *to form,* 6
formidable *great, tremendous,* I, 5
formular *to formulate,* 3
la fortuna *fortune,* I
la foto *photo,* I
la fotocopiadora *photocopier,* 8
la fotografía *photography,* 5
el fracaso *failure,* II
la fragancia *fragrance,* 7
el fraile *friar,* 3
francamente *frankly,* II
el francés *French language,* I
el fray *friar,* 3
la frecuencia *frequency;* **¿Con qué frecuencia?** *How often?,* I
frecuentemente *frequently,* II
el fregadero *(kitchen) sink,* II
freír (i, i) *to fry,* II; **frito(a)** *fried (past participle of* **freír***),* II
frenéticamente *frantically,* 9
frenético(a) *frantic, frenzied,* II
las fresas (con crema) *strawberries (and cream),* II
fresco(a) *cool,* I; *fresh,* II
la frescura *freshness,* 6
los frijoles *beans,* 4
frío(a) *cold,* I; **tener frío** *to be cold,* II
frito(a) *fried (past participle of* **freír***),* II; **las papas fritas** *French fries,* I
la frontera *border,* II
frustrar *to frustrate,* 2
la fruta *fruit,* I; **el surtido de frutas frescas** *assorted fresh fruit,* II
la frutería *fruit shop,* II
fue cuando *that was when,* II
Fue todo un... *It was a total . . .,* II
el fuego *fire,* II
los fuegos artificiales *fireworks,* I
la fuente *fountain,* II; *source,* II; **las fuentes de energía** *sources of energy,* 10
fuerte *strong,* II
fugaz *fleeting,* 2
fumar *to smoke,* I; **dejar de fumar** *to stop smoking,* I
la función *performance,* 5
funcionar *to work, to function,* 2
el (la) funcionario(a) *civil servant, public official,* 7
el fundador *founder,* II
fundar *to found,* II
fúnebre *mournful,* II
el funeral *funeral,* 4
el funicular *cable railway,* II
furiosamente *furiously,* II; *frantically,* II
la fusión nuclear *nuclear fusion,* 10
el fútbol *soccer,* I
el fútbol americano *football,* I
el futuro *future,* 10

las gafas *glasses;* **las gafas de sol** *sunglasses,* II
gala: los vestidos de gala *fancy dresses, gowns,* II
la galería *gallery,* 5
la galleta *cookie,* I
el gallo *rooster,* II
la gamba *shrimp,* 2
la gana *desire;* **Me dieron ganas de** (+ infinitive) *I felt like . . .,* II; **tener ganas de...** *to feel like. . .,* II
el ganado *livestock,* 2
ganar *to win,* II; ganar dinero *to make money,* II
los gandules *pigeon peas,* II
la ganga *bargain,* I
el garaje *garage,* I
garantizar *to guarantee,* 10
la garganta *throat,* I
la gasolinera *gas station,* II
gastar *to spend,* I
el gato, la gata *cat,* I
el gaucho *Argentine cowboy,* 7, 9
el gazpacho *cold tomato soup,* II
la generación *generation,* 9
generalmente *generally,* II
generar *to generate,* 9
el género *genre,* II
generoso(a) *generous,* 2
genial *great,* 2
la gente *people,* II; **ayudar a la gente** *to help/assist people,* II; **buena gente** *nice (person),* II
la geografía *geography,* 3
la geometría *geometry,* 3
el gerente *manager,* 8
el gigante *giant,* II
gigantesco(a) *gigantic,* 5
la gimnasia *gymnastics,* II
el gimnasio *gym,* I
la glorieta *traffic circle,* II
el (la) gobernador(a) *governor,* 3
el gobierno *government,* II
el golf *golf,* II
las golosinas *sweets, treats,* 2
el golpe *hit,* II; *bump,* II; **darse un golpe en...** *to bump one's . . .,* II; **¡Uf! Me di un golpe en...** *Oh! I hit my . . .,* II
golpear *to hit,* 9
gordo(a) *fat, overweight,* I
gótico(a) *gothic,* II
gozar de *to enjoy,* II
la grabación *recording,* II
grabar CDs *to burn CDs,* II
la gracia *humor,* II
gracias *thank you,* I; **el Día de Acción de Gracias** *Thanksgiving Day,* I; **Gracias por invitarme, pero ya lo/la he visto.** *Thanks for inviting me, but I've already seen it.,* 5; **Gracias, pero tengo mucho que hacer. La próxima vez iré.** *Thanks, but I have a lot to do. I'll go next time.,* 5; **Gracias al apoyo de... he podido superar...** *Thanks to the support of . . . I have been able to overcome . . .,* 7
gracioso(a) *witty,* I
los grados Fahrenheit/centígrados *degrees Fahrenheit/centrigrade,* 1
la graduación *graduation,* I
graduarse (de) *to graduate (from),* 4
la gráfica *graph; diagram; chart,* II
gran *great, big, wide;* **Tenemos un gran surtido de regalos.** *We have a wide assortment of gifts.,* II; **No es gran cosa.** *It's not a big deal.,* I
la granada *pomegranate,* II
grande *big, large,* I
la grandeza *grandeur,* 2
el granero *granary,* II
el granizo *hail,* II
el grano *seed,* II, los granos, *grain*
la grasa *(dietary) fat,* I
gratis *free of charge,* II
gratuito(a) *free of charge,* 3
grave *serious,* II
el griego *Greek (language),* II
el (la) gringo(a) *American,* 2
gris *gray,* I
gritar *to shout,* II; **gritar por ayuda** *to yell for help,* II
el grito *shout,* II
grosero(a) *rude, vulgar,* 2
el grupero *a type of Mexican music,* 5

el grupo étnico *ethnic group,* 7
la guagua *baby,* 7
los guantes *gloves,* II
guapísimo *very handsome,* II; **¡Te ves guapísimo!** *You look very handsome!,* II
guapo(a) *good-looking,* I
el guardabosques *forest ranger,* II
(no) guardar los secretos *to (not) keep secrets,* 2
el guardia *guard;* el puesto de guardia *guard post,* II
guatemalteco(a) *Guatemalan,* II
la guayaba *guava,* 4
gubernamental *governmental,* 10
la guerra *war,* 9; la guerra civil *civil war,* 9
el guerrero *warrior,* II
el guía, la guía *guide;* el guía turístico *tour guide,* II; la guía telefónica *telephone book,* II; **la guía turística** *guide book,* II; la guía de ocio *entertainment guide*
los guineos *bananas (Puerto Rico, Dominican Republic),* II
los guisantes *peas,* II
el guiso *cooked dish,* II
la guitarra *guitar,* I
la gula *gluttony,* 4
gustar: ¿Cuáles te gustan más...? *Which do you like better . . ?,* II; **Me gustan más los cortos.** *I like the short ones better.,* II; **Me gustaría...** *I would like . . .,* I; **Me gustaría más...** *I would prefer . . .,* I; **¿ Te gustan más... o...?** *Do you like . . . or . . . more?,* II; **¿Qué te gustaba hacer?** *What did you like to do?,* II
el gusto *pleasure,* II; *taste,* II; **al gusto** *to (one's) taste,* II; **El gusto es mío.** *The pleasure is mine.,* II; **Mucho gusto.** *Pleased/Nice to meet you.,* I; **¡Qué gusto verte!** *It's great to see you!,* I; **Tanto gusto.** *So nice to meet you.,* I
los gustos *likes,* II

haber *to have (auxiliary verb),* II; **¿Ha comido en...?** *Have you eaten at . . .?,* II; haber publicado *having published,* II; **Hay algo que se me escapa.** *There's something I can't quite grasp.,* 8
había *there was, there used to be,* II; **Había una vez** *There once was,* II; **Había muchos desafíos en...** *There were many challenges in . . .,* 7
las habichuelas *beans (Puerto Rico),* II
la habilidad *ability,* 8
la habitación *bedroom,* I
el hábito *habit,* II
hablador(a) *chatty,* 3
hablar *to talk, to speak,* I; **Habla...** *. . . speaking (on the telephone),* I; **se habla** *is spoken,* II; **Hablando de arte, ¿qué me cuentas de...?** *Speaking of art, what can you tell me about . . .?,* 5; **Hablamos del tema; por consiguiente...** *We discussed the issue; consequently . . .,* 7
¿Habrá...? *(future tense of* **haber***) Will there be . . .?,* II
hacer (yo hago) *to do, to make,* I; **¿Cuánto tiempo hace que...?** *How long have you been . . .?,* II; **Entonces, lo que tengo que hacer es...** *So, what I have to do is . . .,* II; **Hace mucho tiempo que...** *I've been . . . for a long time.,* II; **Hace poco tiempo que...** *I've been . . . for a little while.,* II; **Hace unos (muchos, cinco...) años** *A few (many, five . . .) years ago,* II; **¿Hará...?** *Will it be . . .?,* II; **Haz el favor de** + infinitive *Please . . .,* II; **hecho** *done (past participle of* **hacer***),* II; **No hice nada.** *I didn't do anything.,* II; **¿Qué hacías de niño(a)?** *What did you use to do when you were a little boy/girl?,* II; **¿Qué harán ustedes en la playa?** *What will you do at the beach?,* II; **Se nos hace tarde.** *It's getting late.,* II; **Ya lo hice mil veces.** *I've already done it a thousand times.,* II; *to be (with weather expressions);* **Hace buen (mal) tiempo.** *The weather is nice (bad).,* I; **Hacer (calor, fresco, frío, sol, viento).** *to be (hot, cool, cold, sunny, windy).,* I; **¿Qué tiempo hace?** *What's the weather like?,* I; **hacer camping** *to go camping,* II; **hacer cola** *to wait in line,* I; **hacer crucigramas** *to do crossword puzzles,* II; **hacer diligencias** *to run errands,* II; **hacer diseño por computadora** *to do computer design,* II, 1; **hacer ecoturismo** *to go on an ecotour,* II; **hacer ejercicios aeróbicos** *to do aerobics,* II; **hacer juego** *to match, to go with,* II; **hacer la maleta** *to pack your suitcase,* I; **hacer preguntas** *to ask questions,* **hacer los quehaceres** *to do chores,* I; **hacer senderismo** *to go hiking,* II; **hacer travesuras** *to play tricks,* II; **hacer un tour** *to take a guided tour,* II; **hacer un viaje** *to take a trip,* I; **hacer una fiesta** *to have a party,* I; **hacer una llamada por cobrar** *to make a collect call,* II; **hacer una reservación** *to make a reservation,* II; **hacer gimnasia** *to do gymnastics,* 1; **hacer windsurf** *to windsurf,* II; **hacer las paces** *to make up,* 3; **hacer(le) caso a** *to pay attention to,* 3, **Hace muchos años...** *Many years ago . . .,* 9; **Hace tiempo vino un desconocido...** *Some time ago a stranger came . . .,* 9
hacerse + adjective/noun *to become through personal effort,* 8
hacerse amigo(a) de alguien *to become friends with someone,* 1; hacerse arquitecto *to become an architect*
el hacha (f. las hachas) *hatchet, axe,* 6
hallar *to find*
la hamaca *hammock,* II
el hambre (f.) *hunger,* I, 10; **tener hambre** *to be hungry,* I
la hamburguesa *hamburger,* I
el Hanukah *Hanukkah,* I
la harina *flour,* II
harto(a) (de) *full (of);* **Estoy harto de...** *I'm fed up with . . .,* II
¿Has pensado en...? *Have you thought about . . .?,* 3
hasta *until, up to,* I; hasta cierto punto *to some extent, in a way,* II; **Hasta luego.** *See you later.,* I; **Hasta mañana.** *See you tomorrow.,* I; **Hasta pronto.** *See you soon.,* I; **seguir derecho hasta** *to keep going (straight) to,* II; **subir/bajar... hasta llegar a** *to go up/down . . . until you get to,* II
hay *(present tense of* **haber***) there is, there are,* I; **hay veces** *there are times,* I; **¿Qué hay de especial?** *What's the (daily) special?,* II; **¿Qué hay de nuevo?** *What's new?,* I
hay que... *one has to . . .,* 1; **¿Qué hay que hacer en la cocina?** *What needs to be done in the kitchen?,* II; **¿Y qué hay que hacer por aquí?** *And what is there to do around here?,* II; **Hay algo que se me escapa.** *There's something that I can't quite grasp.,* 8
el (la) hechicero(a) *wizard,* 9
el hecho *deed, event, fact,* 9
hecho(a) a mano *handmade,* II
la heladería *ice cream shop,* I
helado(a) *frozen,* 2
el helado *ice cream,* I
el helicóptero *helicopter,* 10
la hembra *female,* 9
la herencia *heritage,* 7
herido(a) *hurt,* II
herir (ie, i) *to hurt (someone),* II, 3
la hermana *sister,* I
la hermanastra *stepsister,* 4
el hermanastro *stepbrother,* 4
el hermano *brother,* I
los hermanos *brothers, brothers and sisters,* I

hermoso(a) *beautiful,* 5
el héroe *hero,* 9
la heroína *heroine,* 9
las herramientas *tools,* 5
hervido(a) *boiled,* II
hervir (ie, i) *to boil,* II
el hielo *ice,* II; **el patinaje sobre hielo** *ice skating,* II
la hierba *grass,* II
el hierro *iron,* 10
la hija *daughter,* I
el hijo *son,* I
los hijos *sons, children,* I
el himno *anthem,* 5
hinchado(a) *swollen,* II
hinchar *to swell,* II
hipotético(a) *hypothetical,* 8
la histeria *hysteria,* 5
la historia *history,* I; *story,* II
los historiadores *historians,* II
histórico(a) *historical,* 9
el hocico *snout,* 2
el hogar *home, household,* 3
la hoja *sheet;* en una hoja aparte *on a separate sheet of paper,* II
las hojas *leaves,* II
hojear *to turn the pages of, to leaf through,* II
hola *hi, hello,* I
el hombre *man,* I; el hombre de nieve *snowman,* II; **el hombre/la mujer de negocios** *businessman/businesswoman,* 8
el hombro *shoulder,* I
hondo(a) *deep;* **el plato hondo** *bowl,* I
hondureño(a) *Honduran,* II
honesto(a) *honest,* 2
honrar *to honor,* 9
la hora *hour,* II; **¿A qué hora...?** *At what time...?,* I; **¿Qué hora es?** *What time is it?,* I
el horario *schedule,* 3, 8
la hormiga *ant,* 8
horneado(a) *baked,* II
hornear *to bake,* II
el horno *oven,* I
horrible *horrible,* I
hospedarse en... *to stay at...,* II
el hospital *hospital,* II
hostelero(a): la industria hostelera *hospitality industry,* II
el hotel *hotel,* I
hoy *today,* I; hoy en día *nowadays,* II; **¿Qué fecha es hoy?** *What's today's date?,* I; **Hoy no, gracias. ¿Por qué no lo dejamos para la próxima semana?** *Not today, thanks. Why don't we wait and do it next week?,* 5; **hoy (en) día** *these days,* 8; **de hoy en adelante** *from now on,* 1
huele (inf. **oler**) **a** *it smells like,* II
las huellas *traces,* II; *tracks,* II
el hueso *bone,* II
el huésped *guest;* el cuarto de huéspedes *guest room,* II
el huevo *egg,* I; **los huevos revueltos** *scrambled eggs,* II
huir *to flee, run away,* II
húmedo(a) *humid,* II
humilde *poor,* II
hundirse *to sink,* 9
el huracán *hurricane,* II

Iba a... *(I) was going to...,* 2
los iberos *Iberians,* II
la idea *idea,* II; **Es buena idea que...** *It's a good idea for...,* II; **Ni idea.** *I have no idea.,* I
ideal *ideal,* 2
la identidad *identity;* **el carnet de identidad** *ID,* I
idílico(a) *idyllic,* 2
los idiomas *languages,* II
la iglesia *church,* I
la ignorancia *ignorance,* 3
igual *the same,* II; **Me da igual.** *It's all the same to me.,* I
Igualmente. *Likewise.,* I
la imagen (positiva/negativa) *(positive/negative) image,* 3
imaginar *to imagine,* 10; **me imagino que...** *I imagine that...*
imaginativo(a) *imaginative,* 5
impaciente *impatient,* II
imparcial *unbiased, objective,* 6
el imperio *empire,* 7, 9
el impermeable *raincoat,* II
impreso(a) *printed,* 6
imponente *impressive,* II
imponer *to impose,* II
importante *important,* II; **Es importante que...** *It's important that...,* II
importar *to be important, to matter;* **no importa** *it doesn't matter,* II
imprescindible *indispensible,* II
la impresión equivocada *wrong impression,* 3
impresionante *impressive,* 5
el impuesto *tax,* II
incaico(a) *Incan,* II
incansable *tireless,* II
el incendio *fire,* II
la incertidumbre *uncertainty, doubt,* II
inclinado(a) *inclined, sloping,* II
incluir *to include,* II
incluso *even, actually,* II
incómodo(a) *uncomfortable,* II
incomprensible *incomprehensible,* 5
incorporarse *to join, become part of,* 7
la incredulidad *incredulousness, disbelief,* 6
increíble *incredible,* II
la independencia *independence,* 5, 9; **el Día de la Independencia** *Independence Day,* I
indicado(a) *indicated,* II
indicar *to indicate,* II
la indiferencia *indifference,* 10
indígena *indigenous,* II, *native,* 5
individualmente *individually,* 1
la industria *industry,* 8; la industria hostelera *hospitality industry,* II
industrial *industrial,* 10
inesperado(a) *unexpected,* 2
infectado(a) *infected,* II; **Ahora lo tengo infectado.** *Now it's infected.,* II
infectar *to infect,* II
influir *to influence, to have an influence,* 10
informar *to report,* 6
iniciar *to begin, to start,* 3
la inferencia *inference,* 7
influyente *influential,* II
la información *information,* II
informar *to inform,* 6
informativo(a) *informative,* 6
la ingeniería *engineering,* 7
el ingeniero, la ingeniera *engineer,* II
ingerir (ie, i) *to consume,* II
el inglés *English (language),* I
los ingredientes *ingredients,* II
ingresar *to join,* II
iniciado(a) *initiated, begun,* II
las iniciales *initials,* II
injusto(a) *unfair,* I
inmediatamente *immediately,* 8
los inmigrantes *immigrants,* 10
innovador(a) *innovative,* 10
el inodoro *toilet,* II
inolvidable *unforgettable,* II
inscribirse *to sign up,* 3
inseguro(a) *insecure,* 2
insistir en *to insist,* 3
la insolencia *insolence,* 9
inspirado(a) *inspired,* II
inspirarle confianza *to inspire trust in,* 6
las instrucciones *instructions*
insultar *to insult,* 3
integrarse *to integrate,* 7
intelectual *intellectual,* I
inteligente *intelligent,* I
intentar *to try,* II
la interacción *interaction,* II
intercambiar *to exchange, to trade,* II
el intercambio *exchange;* los programas de intercambio *exchange programs,* II
el interés *(pl.* **los intereses***) interest,* II; **los lugares de interés** *places of interest,* I
interesante *interesting,* I
interesar *to interest,* II
internacional *international,* II;

banquero(a) internacional *international banker,* II
Internet *Internet,* II; **el café Internet** *Internet café,* II
interrogante *interrogating, questioning,* 9
interrumpir *to interrupt,* I
íntimo(a) *intimate,* 3
la inundación *flood,* II
el invento *invention,* 10
el (la) inversionista *investor,* 9
invertir *to invest,* 6
la investigación *research,* II
investigar *to research,* 6
el invierno *winter,* I
la invitación *invitation,* I
el invitado *guest,* I
invitar *to invite,* I
involucrado(a) *involved,* 9
involuntario(a) *involuntary,* 10
ir *to go,* I; **Iré a/al...** *I'll go to . . .,* II; **Que te vaya bien.** *Hope things go well for you.,* I; **Fui a...** *I went to. . .,* 1, **Si todavía no ha ido a/al..., debe ir.** *If you haven't gone to . . . yet, you must go.,* II; **¿Vamos bien para...?** *Are we going the right way to . . .?,* II; **¡Ya voy!** *I'm coming!,* II; **ir a** + *infinitive* *to be going to (do something),* I; **ir a cafés** *to go to outdoor cafés,* II; **ir a un cibercafé** *to go to a cybercafé,* II; **ir al zoológico** *to go to the zoo,* II; **ir de compras** *to go shopping,* I; **ir de excursión** *to go hiking,* I; **ir de pesca** *to go fishing,* I; **ir de vacaciones** *to go on vacation,* II; **ir por la calle...** *to take . . . street,* II
irradiar *to irradiate, to radiate,* 9
irrecuperable *unrecoverable, irreversible,* 6
irse *to leave,* I
la isla *island,* I; **la isla tropical** *tropical island,* II
el islote *isle,* II
italiano(a) *Italian;* **la comida italiana** *Italian food,* I
el itinerario *itinerary,* II
izado(a) *raised,* 9
izquierdo(a) *left,* II; **a la izquierda (de)** *to the left of,* II; **doblar a la izquierda en** *to turn left on,* II

el jabalí *wild boar,* 6
el jabón *soap,* I
el jai alai *jai-alai,* 2
jamás *never,* 1
el jamón *ham,* I
el japonés *Japanese,* II
el jarabe *cough syrup,* II
el jardín *garden,* I; **trabajar en el jardín** *to work in the garden,* II
el jefe *chief,* II, **el jefe, la jefa** *boss,* 8
el jinete *rider,* II
joven *young,* I
el joven, la joven *young person,* II
los jóvenes *young people,* I
la joya *jewel*
las joyas *jewelry,* II
la joyería *jewelry store,* I
los judíos *Jews,* II
el juego *game,* I; **el juego de mesa** *board game,* I; **hacer juego** *to match, to go with,* II; los Juegos Olímpicos *Olympic Games,* 2; **los juegos de computadora** *computer games,* 2
el jueves *Thursday,* I; **los jueves** *on Thursdays,* I
el(la) juez *judge,* 4
el jugador, la jugadora *player,* II
jugar (ue) *to play,* I; **jugar a la casita** *to play house,* II; **jugar a las damas** *to play checkers,* II; **jugar al ajedrez** *to play chess,* II; **jugar al escondite** *to play hide and seek,* II; **jugar al pilla-pilla** *to play tag,* II; **jugar al tenis** *to play tennis,* II; **jugar con bloques** *to play with blocks,* II; **jugar con carritos** *to play with toy cars,* II; **jugar naipes** *to play cards,* II; **Jugaremos con...** *We'll play with . . .,* II, **jugar al golf** *to play golf,* 1
el jugo *juice,* I; **el jugo de...** *. . . juice,* I
el juguete *toy,* I; **compartir los juguetes** *to share toys,* II
la juguetería *toy store,* I
juguetón, juguetona *playful,* II
julio *July,* I
el junco *reed,* II
junio *June,* I
juntarse *to get together,* 2
juntos(as) *together,* II; **trabajar juntos** *to work together,* II
justamente *precisely, exactly,* II
la justicia *justice,* 9
justo(a) *fair,* II; *right,* II **¡No es justo!** *It's not fair!,* II
juvenil *youth,* II; **el albergue juvenil** *youth hostel,* II
la juventud *youth, childhood,* 2
juzgar *to judge,* 3

el kárate *karate,* 2

la *the (fem. article),* I
la *you, it, (pron.),* I; **Bueno, se la regalo por..., pero es mi última oferta.** *Okay, I'll give it to you for . . ., but that's my last offer.,* II; **Enseguida se la traigo.** *I'll bring it right away.,* II; **(No) te la recomiendo.** *I (don't) recommend it to you.,* II
el laberinto *labyrinth,* II
los labios *lips,* II
la labor *labor,* 6
labrado(a) *carved,* 6
el lado *side;* al lado *next door,* II; **al lado de** *next to,* I
el ladrillo *brick,* II
el lagarto *lizard,* II
el lago *lake,* I; **la orilla del lago** *lakeshore,* II
lamentar *to regret,* 9
las láminas *trading cards,* II
la lámpara *lamp,* II
la lana *wool,* I; **de lana** *made of wool,* I
la lancha *motorboat,* I; **pasear en lancha** *to go out in a motorboat,* I
la langosta *lobster,* 4
lanzar(se) *to throw,* II
el lanzamiento *launching,* 10
el lápiz *(pl.* **los lápices)** *pencil,* I; **el lápiz labial** *lipstick,* II
largo(a) *long,* I
las *the (pl. fem. article),* I
las *you, them (pron.),* I
la lástima *pity, compassion;* **¡Qué lástima!** *What a shame!,* I
lastimarse *to injure/hurt oneself,* II
la lata *can,* II; *nuisance;* **la lata de salsa de tomate** *can of tomato sauce,* II; **¡Qué lata!** *What a pain!,* I
el lavabo *(bathroom) sink,* II
el lavadero *(kitchen) sink (Peru),* II
la lavadora *washing machine,* II
el lavamanos *(bathroom) sink,* II
la lavandería *laundromat,* II
el lavaplatos *dishwasher,* II
lavar *to wash,* I; **lavar los platos** *to do the dishes,* I
lavarse *to wash,* I; lavarse los dientes *to brush one's teeth,* II
el lavatorio *(bathroom) sink (Peru, Texas),* II
le *to/for him, her, you (sing.),* I; **¿En qué le puedo servir?** *How can I help you?,* I; **Le aconsejo que...** *I recommend that you . . .,* II; **Le encanta(n)...** *He/she/you love(s) . . .,* II; **Le falta no sé qué.** *It*

needs something; I don't know what., II; **Le falta sabor.** *It doesn't have much flavor.*, II; **Le falta sal.** *It needs salt.*, II; **Le gusta** + infinitive *He/She/It likes (to)...*, I; **Le presento a...** *This is (formal)...*, II; **Le voy a dar un precio especial.** *I'm going to give you a special price.*, II
la leche *milk*, I; **el café con leche** *coffee with milk*, I
el lechón *piglet, pork*, II; **el lechón asado** *roasted pork*, II
la lechuga *lettuce*, II
la lechuza *owl*, II
el lector *reader*, 8
la lectura *reading*, II
leer *to read*, I
lejano(a) *far away, distant*, 5
lejos *far;* **lejos de** *far from*, I
el lema *motto*, II
la lengua *language*, II; *tongue*, II
lentamente *slowly*, II
los lentes *glasses*, I; **los lentes de contacto** *contact lenses*, II; **usar lentes** *to wear glasses*, I
les *to/for them, you*, I; **A ellos/ellas les gusta** + infinitive *They like to...*, I; **A ellos/ellas/ustedes les gusta(n)** + noun *They (emphatic) like...*, II; **Les presento a...** *I'd like you (pl.) to meet...*, II; **¿Se les ofrece algo más?** *Would you like anything else?*, II; **Le/Les adjunto un(a)...** *I'm enclosing a...*, 8; **les agradecieron a...** *they thanked them, you...*, 9
la letra *lyrics*, 5, *handwriting*, 8
el letrero *sign*, II
levantar *to lift*, I; **levantar pesas** *to lift weights*, I
levantarse *to get up*, I
la ley (en contra/a favor de) *law (against/in favor of)*, 10
la leyenda *legend*, 9
liberar *to liberate*, 9
la libertad *liberty*, 9
el libertador *liberator*, 9
la libra *pound*, II
libre *free;* **al aire libre** *open-air, outdoor*, II; **el rato libre** *free time*, II; **la lucha libre** *wrestling*, II
la librería *bookstore*, I
el libro *book*, I; **el libro de amor** *romance book*, I; **el libro de aventuras** *adventure book*, I
la licencia *license*, II; **la licencia de conducir** *driver's license*, II; la licencia de maternidad *maternity leave*, 8
la licenciatura *bachelor's degree*, 8
el líder *leader*, 5, 9
la liebre *hare*, II
el lienzo *artist's canvas*, 5
la liga *league*, II
la lima *lime*, 4
limpiar *to clean*, I
la limpieza *cleaning*, 8
el limón *lemon*, 4
lindo(a) *pretty*, II; **lindísimo(a)** *really beautiful*, II
la línea *line;* **el patinaje en línea** *in-line skating*, II
la linterna *lantern, flashlight*, II
el lío *mess*, II
la liquidación *liquidation;* **la venta de liquidación** *clearance sale*, II
la lista *list*, II
listo(a) *ready*, I
listo(a)(s) *smart*, 1
la literatura *literature*, 3
la llama *flame*, II
la llamada *telephone call*, II; **hacer una llamada por cobrar** *to make a collect call*, II
llamar *to call*, I; **que me llame después** *tell him/her to call me later*, I
llamarle la atención *to be interested in*, II
llamar la atención *to attract one's attention*, 5
llamarse *to be named*, II
llamativo(a) *striking, attention-grabbing*, 5
el llano *plain, flat ground*, II
la llave *key*, II; **cerrar la puerta con llave** *to lock the door*, II
la llegada *arrival*, I
llegar *to arrive, to get there*, I; **¿Cómo puedo llegar a...?** *How can I get to...*, II; **subir/bajar... hasta llegar a** *to go up/down... until you get to*, II; **llegar a un acuerdo** *to reach an agreement*, 9
llegar a ser *to become*, 7, llegar a ser + adjective/noun *to become or to get to be (after a series of events or after a long time)*
llenar de *to fill up with*, II
lleno(a) *full*, II
llevar *to wear*, I; *to take*, I; *to take, to carry*, II; **llevar a alguien** *to take someone*, II; llevar a cabo *to carry out*, II; **llevar una dieta balanceada** *to eat a balanced diet*, II; **¿Qué lleva...?** *What's in the...?*, II
llevarse *to carry off, to take away;* **llevarse bien** *to get along well*, II; **llevarse mal** *to get along badly*, II; llevarse una sorpresa *to have a surprise*
llorar *to cry*, II; **ponerse a llorar** *to start to cry*, II
llover (ue) *to rain*, I; **De repente, empezó a llover...** *Suddenly, it started to rain...*, II; **llover a cántaros** *to pour rain*, 1
la llovizna drizzle, 1
lloviznar *to drizzle*, II
la lluvia de ideas *brainstorm*, 5
lo *him, it*, I; *you*, I; **Cuando me enteré, no lo pude creer.** *When I found out, I couldn't believe it.*, II; **No lo vas a creer, pero...** *You won't believe it, but...*, II; **Ya lo hice mil veces.** *I've already done it a thousand times.*, II; **Lo/La encontré muy interesante.** *I found it very interesting.* 1; **Lo leí en la sección deportiva** *I read it in the sports section.*, 6; Lo que le cuesta trabajo..., *What is difficult...*, 7, **Lo puedo hacer.** *I can do it.*, 8, **Lo recuerdo como si fuera ayer...** *I remember it like it was yesterday.*, 10
lo contrario *opposite*, II
lo de *that matter of, that business about;* **¿Cómo te sentiste cuando supiste lo de...?** *How did you feel when you heard about...?*, II
lo de siempre *same as usual*, I
lo que *what*, II; *the thing that*, 10; **Cuéntame lo que pasó el día que...** *Tell me what happened the day that...*, II; **¿Encontraste lo que buscabas en...?** *Did you find what you were looking for at...?*, II; **Entonces, lo que tengo que hacer es...** *So, what I have to do is...*, II; lo que pasa *what is happening*, II; **¿Puede repetir lo que dijo?** *Can you repeat what you said?*, II, 2; **Lo que noto es que...** *What I notice is that...*, 10
Lo siento. *I'm sorry*, I
lo siguiente *the following*, I
lo suficiente *enough*, II; **dormir lo suficiente** *to get enough sleep*, I
el lobo *wolf*, II
localizado(a) *located*, II
loco(a) *crazy*, II; **Estoy loco(a) por...** *I'm crazy about...*, II
el (la) locutor(a) *announcer, newscaster*, 6
el lodo *mud*, 5
lograr *to achieve, to manage (to do something)*, 7
el loro *parrot*, 9
los *the (pl. masc.)*, I; **Los/Las... me dejan frío(a).** *The... don't do anything for me (you, him, her).*, 2
los *you, them (pron.)*, I; **Enseguida se los traigo.** *I'll bring them to you right away.*, II; **Se los dejo en...** *I'll let you have them for...*, II
los cuales *which*, II
lozano(a) *leafy, robust*, 2
la lucha libre *wrestling*, II
lucir (zc) *to shine*, II; *to display*, 9
luchar por *to fight for*, 7
luego *then, later*, I; **Hasta luego.** *See you later.*, I; desde luego *naturally, of course*, II

el lugar *place,* II
los lugares de interés *places of interest,* I
la luminosidad *luminosity,* 9
luminoso(a) *bright, luminous,* II
la luna *moon,* II
el lunes *Monday,* I; **los lunes** *on Mondays,* I
la luz *(pl.* **las luces***)* *light,* II; **apagar la luz/las luces** *to turn off the light(s),* II

la madera *wood,* II
la madrastra *stepmother,* 4
la madre *mother,* I; **el Día de la Madre** *Mother's Day,* I
la madrina *godmother,* II
la madrugada *dusk,* 6
la maestra *teacher,* II
mágico(a) *magic,* 9
el maíz *corn,* I
majado(a) *mashed,* II
mal *bad;* **estar mal** *to be (doing) badly,* I; *to be sick,* II; **llevarse mal** *to get along badly,* II; **Me fue muy mal.** *I did very badly.,* II; **quedar mal** *to fit badly,* I; **Te veo mal.** *You don't look well.,* I
maleducado(a) *rude, ill-bred,* 2
la maleta *suitcase,* I; **hacer la maleta** *to pack your suitcase,* I
maliciosamente *maliciously,* 8
malo(a) *bad,* I; **sacar malas notas** *to get bad grades,* II
malsano(a) *unhealthy,* II
maltratar *to mistreat,* 3
la mamá *mom,* I
mandar *to send,* I
el mandato *command,* II
manejar *to drive,* II
la manera *way,* II; a manera *in the manner of,* II
las mangas *sleeves,* II
las manifestaciones *demonstrations,* 10
la mano *hand,* I; **hecho(a) a mano** *handmade,* II; pedir la mano *to ask for her hand in marriage,* II
el mantel *tablecloth,* II
la mantequilla *butter,* II
mantener (ie) *to maintain,* 7; *to support,* 7; mantener en equilibrio *to keep (something) balanced,* II
mantenerse (ie) *to maintain,* I; **mantenerse en forma** *to stay in shape,* I
la manzana *apple,* I; *block (Spain, Dominican Republic),* II
el mañana *tomorrow,* I; **Hasta mañana.** *See you tomorrow.,* I; **pasado mañana** *day after tomorrow,* I; **¿Mañana vamos a tener otra prueba en...? ¡Esto es el colmo!** *Tomorrow we're going to have another test in . . . This is the last straw!,* 3
la mañana *morning,* I; **de la mañana** *in the morning,* I; **por la mañana** *in the morning,* I
el mapa *map,* I
el maquillaje *makeup,* I
maquillarse *to put on makeup,* I
la máquina *car,* 10
el mar *sea,* II; **bañarse en el mar** *to swim in the sea,* II
la maravilla *wonder, marvel,* II
maravilloso(a) *marvelous,* 5
la marca *make, brand,* II
marcharse *to leave,* 6
marcial *martial;* **las artes marciales** *martial arts,* II
el maremoto *tidal wave, sea earthquake,* 10
el marinero *sailor,* 9
los mariscos *seafood,* II
marítimo(a) *maritime,* 6
el martes *Tuesday,* I; **los martes** *on Tuesdays,* I
marzo *March,* I
más *more,* I; **¿Algo más?** *Anything else?,* II; **¿Cuáles te gustan más, ... o ...?** *Which do you like better, . . . or . . .?,* II; **Esa corbata es la más elegante de todas.** *That tie is the nicest one.,* II; **Más o menos.** *So-so.,* I; *more or less,* II; **Me gustaría más...** *I would prefer to . . .,* I; **¿Qué más tengo que hacer?** *What else do I need to do?,* II; **¿Se les ofrece algo más?** *Would you like anything else?,* II; **más...que** *more . . . than,* 1
la masa *mass,* II
el masaje *massage,* II
la máscara *mask,* II
la mascota *pet,* II; **cuidar a una mascota** *to take care of a pet,* II
las matemáticas *mathematics,* I
la materia *school subject,* I; *material,* II
matricularse *to register, to enroll,* II
el matrimonio *wedding,* II
mayo *May,* I
la mayonesa *mayonnaise,* II
mayor *older,* I; *greatest,* 7
la mayoría *majority,* II
me *me, to/for me,* I; **A mí (no) me gusta(n)** + noun *I (emphatic) (don't) like . . .,* II; **Me caía muy bien.** *I really liked him/her.,* II; **Me da igual.** *It's all the same to me.,* I; **Me di un golpe en...** *I hit my . . .,* II; **¿Me dices dónde está...?** *Can you tell me where . . . is?,* II; **Me dieron ganas de** + infinitive *I felt like . . .,* II; **Me dio (alegría, tristeza, vergüenza, una rabia).** *It made me (happy, sad, embarrassed, angry).,* II; **Me duele la garganta** *My throat hurts.,* II; **Me fue muy bien (mal).** *I did very well (badly).,* II; **Me gustaría...** *I would like . . .,* I; **Me gustaría más...** *I would prefer to . . .,* I; **Me levanto, me baño...** *I get up, I bathe . . .,* II; **¿Me podría decir...?** *Could you tell me . . .?,* II; **¿Me puede rebajar el precio de ese/esa...?** *Can you lower the price on that . . .?,* II; **Me puse** + adj. *I felt/became . . .,* II; **Me puse a** + infinitive *I started to . . .,* II; **Me quedan...** *They're . . .,* II; **Me reí mucho.** *I laughed a lot.,* II; **Me da lo mismo.** *It's all the same to me.,* 2; **Me choca la actitud de... hacia... ¡No aguanto más!** *I can't stand the attitude of . . . towards . . . I can't take it anymore!,* 3; me parece bien *it sounds good to me,* 4; me da gusto *it pleases me,* 4; **Me has dejado boquiabierto(a).** *You've left me speechless.,* 4; **¿Me acompañas a...?** *Do you want to come to . . . with me?,* 5; **Me cuesta trabajo (hacer)...** *It takes a lot of work for me (to do) . . .,* 8; **Me gustaría ser un(a)...** *I would like to be a . . .,* 8; **Me interesaría estudiar para ser un(a)** *I would be interested in studying to be a . . .,* 8; **Me parece que...** *It seems to me that . . .,* 10; **Me imagino que para el año ... habrá...,** *I imagine that by the year . . . there will be . . .,* 10
la mecánica *mechanics;* **trabajar en mecánica** *to work on cars,* II
el mecánico, la mecánica *mechanic,* II
la medalla *medal,* II
mediado(a) *mediated,* 10; a mediados de *in the middle of,* II
la medianoche *midnight,* I
mediante *through,* II
el médico, la médica *doctor,* II
las medidas necesarias *the necessary steps,* 10
medio(a) *half;* el Oriente Medio *Middle East,* II; en medio de *in the middle of,* II; **la falda a media pierna** *mid-length skirt,* II; **y media** *half past,* I
el medio ambiente *environment,* 10
la medio hermana *half sister,* 4
el medio hermano *half brother,* 4
el mediodía *midday, noon,* I

los medios de transporte *means of transportation,* I
medir (i, i) *to measure,* II; **la taza de medir** *measuring cup,* II
la mejilla *cheek,* II
mejor *better, best,* I; **A lo mejor habrá...** *Maybe there will be . . .,* lo **Es mejor que...** *It's better for . . . to,* II; **mejor que nadie** *better than anyone*
mejorar *to improve,* 8
la melodía *melody,* 5
melodioso(a) *melodic,* 5
mencionar *to mention,* II
menor *younger,* I
menos *less,* I; **Más o menos.** *So-so.,* I; *more or less,* II; **...menos cuarto** *quarter to (the hour),* I; por/a lo menos *at least,* II; **Te echo mucho de menos.** *I miss you a lot.,* II, **menos... que** *less . . . than,* 1
el mensaje *message,* 6
mensual *monthly,* II
la mente *mind,* II
mentir (ie, i) *to lie,* 2
la mentira *lie,* II
el menú *menu,* II
el mercado *market,* II; **el puesto del mercado** *market stand,* II; **ir de compras al mercado** *to go shopping at the market,* II
la mercancía *merchandise,* II
merendar (ie) *to have a snack,* I
la mesa *table,* I; **el juego de mesa** *board game,* I
la mesera *waitress,* II
la meseta *highlands,* 2
el mesero *waiter,* II
los meses del año *months of the year,* I
la mesita de noche *bedside table,* II
mestizo(a) *half-Caucasian, half-indigenous,* 7
la meta *goal,* 7
el método *method,* II
el metro *subway,* I; **la parada del metro** *subway stop,* II
mexicano(a) *Mexican,* II; **la comida mexicana** *Mexican food,* I
la mezcla *mixture,* II
mezclar *to mix,* I
mí *me (emphatic),* I; **A mí me gusta** + infinitive *I like to . . .,* I; **a mí siempre me toca...** *I always have to . . .,* I; **A mí (no) me gusta(n)** + noun *I (emphatic) (don't) like . . .,* II
mi(s) *my,* I; **Dale un saludo a... de mi parte.** *Say hi to . . . for me.,* II; **¿Dónde estará(n) mi(s)...?** *Where could my . . . be?,* II; **Mis... enfrentaron obstáculos cuando...** *My . . . faced obstacles when . . .,* 7; **Mi éxito en... se debe a...** *My success in . . . is due to . . .,* 7
el miedo *fear,* I; **darle miedo** *to scare,* II; **tener miedo** *to be scared,* I
la miel *honey,* II
los miembros *members,* II
mientras *while,* II
el miércoles *Wednesday,* I; **los miércoles** *on Wednesdays,* I
mil *one thousand,* I; **dos mil** *two thousand,* I; **Ya lo hice mil veces.** *I've already done it a thousand times.,* II
milagroso(a) *miraculous,* 10
el militar *military man,* 9
un millón (de) *one million,* I; **dos millones (de)** *two million,* I
el mimbre *willow,* II
la mina de cobre *copper mine,* 10
el mineral *mineral;* **el agua** *(f.)* **mineral** *mineral water,* II
el minero *miner,* 10
la minifalda *miniskirt,* II
mío(a) *mine,* II; **El gusto es mío.** *The pleasure is mine.,* II
míos, mías *mine,* II
mirar *to look;* **Nada más estoy mirando.** *I'm just looking.,* I; **mirar las vitrinas** *to window shop,* I
mi(s) *my,* I
la misa *Mass,* I
la misión *mission,* 3
el misionero, la misionera *missionary,* II
mismo(a) *same,* II
el misterio *mystery,* I; **la película de misterio** *mystery movie,* I
misterioso(a) *mysterious,* 9
el mito *myth,* 9
mixto(a) *mixed,* II; **la ensalada mixta** *mixed salad,* II
la mochila *backpack,* I
la moda *style, fashion,* I; **a la (última) moda** *in the (latest) style,* I; **pasado(a) de moda** *out of style,* I
el modelo, la modelo *model*
moderno(a) *modern,* 5
el modo *way,* II; **el modo de ser** *a way of being,* 7
el mojo *a type of sauce,* 4
moler *to grind,* 4
molestar *to bother,* II
el molino *mill,* 2; el molino de viento *windmill,* 2
el momento *moment;* **Espera un momento.** *Hold on a moment.,* I; en otro momento *at another time,* 2
la momia *mummy,* 10
las monedas *coins,* II; **coleccionar monedas** *to collect coins,* II
los monitos *comic strips (Texas),* 6
el mono *monkey,* II
monstruoso(a) *monstrous,* 9
las montañas *mountains,* I; la falda de la montaña *the foot of the mountain,* II; **subir a la montaña** *to go up a mountain,* I
montañoso(a) *mountainous,* II
montar *to ride,* II; *to set up,* 7; **montar a caballo** *(to go) horseback riding,* II, **montar en bicicleta** *to ride a bike,* II
un montón *a ton,* I
la montura *saddle,* II
los monumentos *monuments,* II
morado(a) *purple,* I
moreno(a) *dark-haired; dark-skinned,* I
morirse (ue, u) *to die,* II
los moros *Moors,* II
el mortero *mortar,* II
la mosca *fly,* 10
la mostaza *mustard,* II
el mostrador *counter,* I
mostrar (ue) *to show,* II
la movida *night life, moving around,* 2
el movimiento *movement,* II
la muchacha *girl,* I
el muchacho *boy,* I
mucho(a) *a lot (of), much,* I; **Hace mucho tiempo que...** *I've been . . . for a long time.,* II; **llueve mucho** *it rains a lot,* I; **Me reí mucho.** *I laughed a lot.,* II; **Mucho gusto.** *Pleased/Nice to meet you.,* I; **pasar mucho tiempo** *to spend a lot of time,* II; **Te echo mucho de menos.** *I miss you a lot.,* II
muchos(as) *a lot of, many,* I; muchas veces *often,* II
mudarse *to move (houses),* 2
la mueblería *furniture store,* II
los muebles *furniture,* II; **sacudir los muebles** *to dust the furniture,* II
la muerte *death,* II
muerto(a) *dead,* II
la mujer *woman,* I; **la mujer cartero** *mail carrier (f.),* II; **la mujer policía** *policewoman,* II; **para mujeres** *for women,* I; **la mujer de negocios** *businesswoman,* 8, **la mujer soldado** *female soldier,* 9
la multa *fine,* II
el mundo *world,* II
la muñeca *wrist,* II
las muñecas *dolls,* II
la muralla *wall,* II
el mural *mural,* 5
el muro *wall,* II
musculoso(a) *muscular,* 9
el museo *museum,* I; **visitar un museo** *to visit a museum,* II
la música *music,* I; **la música clásica** *classical music,* II; la música norteña *a type of Mexican music,* 5
los músicos *musicians,* II
el muslo *thigh,* II

Vocabulario español-inglés

mutuamente *mutually,* 8
muy + adjective *very,* I; **Me caía muy bien.** *I really liked him/her.,* II; **Me fue muy bien (mal).** *I did very well (badly).,* II; **Muy atentamente** *Most sincerely,* 8; **Muy estimado(a) Sr./Sra./Srta.:** *Dear Sir/Madam/Miss:,* 8

nacer (zc) *to be born,* 4
nacido(a) *born,* II; recién nacida *newborn,* II
el nacimiento *birth,* II
la nación *nation,* 6
nacional *national,* II; **el parque nacional** *national park,* II
nada *nothing, not anything,* I; **Nada más estoy mirando.** *I'm just looking.,* I; De nada. *You're welcome.,* II; **No hice nada.** *I didn't do anything.,* II; **para nada** *not at all,* II
nadar *to swim,* I
nadie *nobody, not anybody,* I; **mejor que nadie** *better than anyone,* II
los naipes *cards,* II; **jugar naipes** *to play cards,* II
la naranja *orange,* I
la nariz *nose,* I
narrado(a) *narrated,* II
la natación *swimming,* II
natal *native;* la casa natal *house where someone was born,* II; la ciudad natal *city where someone was born,* II
la naturaleza *nature,* II; **observar la naturaleza** *to nature watch,* II
la navaja *razor,* I
la nave *ship, vessel,* II; la nave espacial *space ship,* 6; **la nave hundida** *sunken ship,* 10
navegable *navigable,* 7
navegar *to sail, to navigate;* **navegar por Internet** *to surf the Internet,* I
la Navidad *Christmas,* I
las necesidades *needs,* II
necesitar *to need,* I, **¿Necesitas algo?** *Do you need anything?,* I
la negación *negation,* 3
negar (ie) *to deny,* 3
el negocio *business,* II; el hombre/ la mujer de negocios *businessman/businesswoman,* I
negro(a) *black,* I
neoclásico(a) *neoclassical,* 10
nervioso(a) *nervous,* I
nerviosamente *nervously,* II
nevar (ie) *to snow,* I
ni *neither, nor,* I; **Ni idea.** *I have no idea.,* I
nicaragüense *Nicaraguan,* II
la niebla *fog,* II
la nieta *granddaughter,* I
el nieto *grandson,* I
los nietos *grandsons, grandchildren,* I
nieva *it snows,* I
la nieve *snow,* II; el hombre de nieve *snowman,* II
ningún *none, not (a single) one,* II
ninguno(a) *none, not (a single) one,* II
la niña *girl,* II; **¿Qué hacías de niña?** *What did you use to do when you were a little girl?,* II
la niñez *childhood,* II
el niño *boy,* II; **¿Qué hacías de niño?** *What did you use to do when you were a little boy?,* II
los niños *children,* I
el nivel *level,* 10
no *no,* I; *not, do not,* I; **Cómo no.** *Of course.,* II; **Ya no.** *Not anymore.,* II; **No, ando planeando...** *No, I'm planning . . .,* II; **¡No es justo!** *It's not fair!,* II; **No estoy seguro(a).** *I'm not sure.,* II; **No hice nada.** *I didn't do anything.,* II; **No lo vas a creer, pero...** *You won't believe it, but . . .,* II; **nomás** *just, only,* I; **¡No me digas!** *No way! Really?,* II; **no sólo... sino... también** *not only . . . but . . . as well,* II; **No te lo/la recomiendo.** *I don't recommend it to you.,* II; **No te olvides de...** *Don't forget to . . .,* II; **No te preocupes.** *Don't worry.,* II; **¿no?** *right?,* I; **No cabe duda que...** *There's no doubt that . . .,* 6; no es cierto que... *it's not true that . . ., 6;* no intencional *unintentional,* 8; **No vayamos...** *Let's not go . . .,* 2; **No aguanto...** *I can't stand . . .,* 2; **No me parece que sea justo.** *I don't think it's fair.* 3; **No te conviene...** *It's not good for you . . .,* 3; **No te olvides de...** *Don't forget to . . .,* 3; **No lo hice a propósito.** *I didn't do it on purpose.,* 3; **No quise hacerte daño/ofenderte.** *I didn't mean to hurt/offend you.,* 3; **¡No me digas!** *You don't say!,* 4; **¡No me lo puedo creer!** *I can't believe it!,* 4; **No te olvides de ir al ensayo de la banda.** *Don't forget to go to band practice.,* 5; **No creo que los periodistas/los noticieros sean...** *I don't think that journalists/newscasts are . . .,* 6; **No estoy seguro(a) (de) que tengas razón sobre...** *I'm not sure that you're right about . . .,* 6; **No tengo la menor idea si...** *I don't have the slightest idea if . . .,* 6; **No estudié así que...** *I didn't study, so . . .,* 7; **No logro entender...** *I can't seem to understand . . .,* 8; **No me cabe en la cabeza.** *I can't understand it.,* 8; **No me es nada difícil.** *It's not hard for me at all.,* 8; **No, no me acuerdo para nada.** *No, I don't remember at all.,* 10
la noche *night,* II; **esta noche** *tonight,* II; cada noche *each night,* II; **de la noche** *at night,* I; **la mesita de noche** *bedside table,* II; por la noche *at night, in the evening,* II
la Nochebuena *Christmas Eve,* I
la Nochevieja *New Year's Eve,* I
la noción *notion, idea,* 3
nocturno(a) *night,* II
nombrado(a) *named,* II
el norte *north,* II
nos *to/for us,* I; **Nos peleábamos** *We fought (would fight),* II; **¿Nos trae...?** *Would you bring us . . .?,* II; **¿Qué nos recomienda?** *What do you recommend?,* II; **Se nos hace tarde.** *It's getting late.,* II; **Nos costó trabajo acostumbrarnos a...** *It took a lot of work for us to get used to . . .,* 7; **Nos esforzamos en...** *We made a big effort at . . .,* 7
nosotros(as) *we, us (after preposition),* I
la nota *grade,* II; **sacar (buenas, malas) notas** *to get (good, bad) grades,* II
notar *to notice,* 2
la noticia *news,* II; **Cuando oí la noticia no lo quise creer.** *When I heard the news, I didn't want to believe it.,* II
las noticias *news,* II; **¿Qué noticias tienes de...?** *What news do you have of . . .?,* II; **las noticias (en línea)** *news (online),* 6
el noticiero *newscast,* 6
novecientos(as) *nine hundred,* I
la novela *novel,* I
noveno(a) *ninth,* II
noventa *ninety,* I
noviembre *November,* I
la novia *girlfriend,* II; *bride,* 4
el novio *boyfriend,* II; *groom,* 4
los novios *the bride and groom,* 4
las nubes *clouds,* II
nublado(a) *cloudy,* I; **Está nublado.** *It's cloudy.,* I
la nuca *nape of the neck,* 2
nuestro(a) *our,* I
nueve *nine,* I

nuevo(a) *new,* II; **el Año Nuevo** *New Year's Day,* I; *de nuevo again,* II; **¿Qué hay de nuevo?** *What's new?,* I
la nuez (pl. las nueces) *nut(s),* I
el número *number,* I; *shoe size,* I
nunca *never,* I
nutritivo(a) *nutritious,* II

o *or,* I
obedecer (zc) *to obey,* 7
obediente *obedient,* II
los obituarios *obituaries,* 6
el objetivo *objective,* 7
el objeto *object,* II
obligatorio(a) *obligatory,* 3
la obra *work,* 5; **(de teatro),** *play,* 5, la obra maestra *masterpiece,* 2
observar *to observe;* **observar la naturaleza** *to observe nature,* 1
obtener (ie) *to obtain,* II
obvio(a) *obvious,* 6; Es obvio que *It's obvious that . . .,* 6
ochenta *eighty,* I
ocho *eight,* I
ochocientos (as) *eight hundred,* I
ocio *leisure, spare time,* 2; guía de ocio *entertainment guide,* 2
octavo(a) *eighth,* II
octubre *October,* I
ocupado(a) *busy,* II
ocupar *to occupy, fill, take up,* II
ocurrir *to occur,* II
odiar *to hate,* II
el oeste *west,* II
la oferta *special offer;* **estar en oferta** *to be on sale,* II; **la última oferta** *last offer,* II
ofender *to offend,* 3
la oficina de... *office of . . .,* II; **la oficina de cambio** *money exchange,* I; **la oficina de correos** *post office,* I; **la oficina de turismo** *tourism office,* II
el oficio *job, profession, occupation,* II
ofrecer (zc) *to offer,* II; **¿Se les ofrece algo más?** *Would you like anything else?,* II
el oído *(inner) ear,* I
oír *to hear,* II; **Cuando oí la noticia no lo quise creer.** *When I heard the news, I didn't want to believe it.,* II
Ojalá que *I hope that,* II; **Ojalá que los países aún enguerra...** *Hopefully the warring countries . . .,* 9
¡ojo! *careful!, look out!,* II
los ojos *eyes,* I; **tener los ojos azules** *to have blue eyes,* I; **tener ojos de color café** *to have brown eyes,* II
las olas *waves,* II
oler (ue) *to smell,* II; **huele a** *it smells like,* II
olímpico(a) *Olympic,* 2; los Juegos Olímpicos *Olympic Games,* 2
la oliva: **el aceite de oliva** *olive oil,* II
las ollas *pots, pans,* II
la ollita *little pot,* 2
el olor *odor, smell,* 2
oloroso(a) *good-smelling,* 2
olvidar *to forget,* 3
olvidarse (de) *to forget (about), to forget (to),* II; **No te olvides de...** *Don't forget to . . .,* II; **Se me olvidó por completo.** *I totally forgot.,* II
once *eleven,* I
la onda *wave,* 6; de onda corta *shortwave,* 6
ondular *to wave, to undulate,* 5
la opción *option, choice,* II
opinar *to think, to be of the opinion,* 6
la oportunidad *opportunity,* II
el opresor *oppressor,* 3
opuesto(a) *opposite,* 2
la oración *sentence,* II
la oratoria *speech (class),* 1
el orden *order, organization,* 6
la orden *command,* 6
el ordenador *computer,* II
ordinario(a) *ordinary,* 2
la oreja *(outer) ear,* II
organizar *to organize,* I; *to tidy up,* II
el orgullo *pride,* 7
el origen *origin,* 7
original *original,* 5
la orilla *edge, border;* **la orilla del lago** *lakeshore,* II; **la orilla del río** *riverbank,* II
el oro *gold,* II; el Siglo de Oro *Golden Age,* II; oros, copas y bastos *playing cards,* 10
orondo(a) *conceited,* 4
la orquesta *orchestra,* 5; el dirigente de orquesta *orchestra conductor,* II
la ortografía *spelling,* 2
os *to/for you (pl., Spain),* I
el oso *bear,* II
el otoño *autumn,* I
otro(a) *other, another;* **¿Otra vez, por favor?** *One more time, please?,* II
otros(as) *other, others,* II
la oveja *sheep,* 2
Oye *Hey,* II

el pabellón *pavilion,* II; el pabellón nacional *flag,* 9
pacer (zc) *to graze on,* 2
la paciencia *patience,* II
paciente *patient,* II
el paciente, la paciente *patient,* II
el padrastro *stepfather,* 4
el padre *father,* I; *priest,* 5; **el Día del Padre** *Father's Day,* I
los padres *parents,* I
padrísimo(a) *really great, awesome,* 5
pagar *to pay,* I; **pagar con cheques de viajero** *to pay with traveler's checks,* II; **pagar con tarjeta de crédito** *to pay with a credit card,* II; **pagar en efectivo** *to pay cash,* II; **pagar la cuenta** *to pay the bill,* II
la página *page,* II; **páginas Web** *Web pages,* II
el país *country,* I
el paisaje *landscape,* 2
la paja *straw,* II
el pájaro *bird,* II
la palabra *word,* II; la palabra clave *key word,* II
el palacio *palace,* II
pálido(a) *pale,* 9
el pan *bread,* I; **el pan dulce** *pastry,* I; **el pan tostado** *toast,* I
la panadería *bakery,* II
el pánico *panic,* 10
la pantalla *monitor, screen,* I
los pantalones (vaqueros) *pants (jeans),* I; **los pantalones cortos** *shorts,* I
el panteón *cemetery,* II
la pantorrilla *calf,* I
el paño *cloth,* 8
el papá *dad,* I
la papa *potato,* I; **las papas fritas** *French fries,* I
el papel *paper,* I; *role,* II; hoja de papel *sheet of paper,* II
la papelería *stationer's shop,* II
el par *pair,* I
para *for, to, in order to,* I; **Estoy buscando un regalo para mi...** *I'm looking for a gift for my . . .,* II; **para nada** *not . . . a bit/at all,* II; Para servirle. *At your service.* **¿Tienes planes para el...?** *Do you have plans for . . .?,* II; **¿Vamos bien para...?** *Are we going the right way to . . .?,* II; para que *in order,* 7
el paracaídas *parachute;* **saltar en paracaídas** *to go skydiving,* II

la parada del metro *subway stop,* II
el paraguas *umbrella,* II
paraguayo(a) *Paraguayan,* II
el paraíso *paradise,* II
parar *to stop,* II
pararse *to stand up,* 2
parcial *biased,* 6
Parece mentira que haya.../ que digan... *It's hard to believe that there are . . ./that they say . . .,* 6
parecer *to seem, to think,* I; **¿Qué te parece este color?** *What do you think of this color?,* II; *to resemble,* 4, parecer que *in one's opinion,* 6
parecido(a) *similar,* II
la pared *wall,* II
la pareja *couple,* II; en parejas *in pairs,* II
los parientes *relatives,* II, el pariente lejano *distant relative,* 4
el parque *park,* I; el parque de atracciones *amusement park,* II; **el parque de diversiones** *amusement park,* I; **el parque nacional** *national park,* II
el párrafo *paragraph,* II
la parrilla *grill;* **el bistec a la parrilla** *grilled steak,* II
la parte *part;* **Dale un saludo a... de mi parte.** *Say hi to . . . for me.,* II
participar *to participate,* II
el participio pasado *past participle,* II
la partida *departure,* II
el partido de... *the . . . game,* I
partir *to start out on, to set off on;* a partir de *as of, starting on,* II; **A partir de entonces vivieron siempre felices.** *From then on they lived happily ever after.,* 9
el pasaboca *appetizer,* II
el pasadizo *corridor,* II
pasado(a) *last,* I; *past,* 10; **el año pasado** *last year,* I; **pasado(a) de moda** *out of style,* I; **pasado mañana** *day after tomorrow,* I
el pasaje *passage,* 3
pasajero(a) *temporary,* 6
el pasajero, la pasajera *passenger,* I
el pasaporte *passport,* I
pasar *to spend (time, occasion),* I; *to come in;* **Cuéntame lo que pasó el día que...** *Tell me what happened the day that . . .,* II; pasar el rato *to spend time,* I; **pasar mucho tiempo** *to spend a lot of time,* II; **¿Qué te pasó?** *What happened to you?,* II; **pasarlo bien/mal** *to have a good/bad time,* 2, **lo pasé de película/de maravilla** *I had a great time,* 1; **pasárselo bomba** *to have a great time,* 1; **pasar la aspiradora** *to vacuum,* I
pasar por *to stop at/by,* I; *to go through,* I
pasar por alto *to overlook,* 6
pasártelo(la) *to get someone for a telephone call,* I
las pasas *raisins,* 4
el pasatiempo *hobby,* I; **buscar un pasatiempo** *to look for a hobby,* I
el(la) paseante *walker, stroller,* II
pasear *to go for a walk,* I; **pasear en bote** *to go boating,* II; **pasear en bote de vela** *to go out in a sailboat,* I; **pasear en lancha** *to go out in a motorboat,* I
pasearse *to stroll, to take a walk,* II
el pasillo *hallway,* 5
pasivo(a) *passive,* 8
la pasta de dientes *toothpaste,* I
el pastel *cake,* I
la pastelería *pastry shop,* II
el(la) pastelero(a)(a) *pastry cook,* 4
la pastilla *pill,* II; **tomarse las pastillas** *to take pills,* II
el pasto *pasture,* 2
el patinaje *skating,* II; **el patinaje (en línea)** *(inline) skating,* II; **el patinaje sobre hielo** *ice-skating,* II
patinar *to skate,* I
el patio *patio, yard,* I
la patria *homeland, mother country,* 9
patrocinar *to sponsor,* II
el patrón *(pl. los patrones) pattern,* II; *master,* II
el pavo (con relleno) *turkey (with stuffing),* 4
la paz *peace;* dejar en paz *to leave somebody alone,* II
peatonal *pedestrian,* II; **la zona peatonal** *pedestrian zone,* II
los peatones *pedestrians,* II
el pecho *chest,* I
el pedazo *piece,* II
pedir (i, i) *to ask for, to order,* I; **pedir información** *to ask for information,* II; pedir la mano *to ask for her hand in marriage,* II; **pedir perdón** *to ask for forgiveness,* 3
peinarse *to comb your hair,* I; *to brush one's hair,* II
el peine *comb,* I
pelado(a) *peeled,* II
pelearse *to fight,* II, 3
la película *film, movie,* I; **(de ciencia ficción, de terror, de misterio)** *(science fiction, horror, mystery),* I; **el rollo de película** *roll of film,* II
el peligro *danger,* II
peligroso(a) *dangerous,* 2
pelirrojo(a) *red-headed,* I
el pelo *hair,* I; **cortarse el pelo** *to get a haircut,* II
la pelota *ball,* II
el peluche *felt;* **los animales de peluche** *stuffed animals,* II
la peluquería *hair salon,* II
el peluquero, la peluquera *hairstylist,* II
la pena *sorrow, grief,* 10
pendiente *pending,* 6
los pensamientos *thoughts,* II
pensar (ie) *to think,* I; **pensar** + infinitive *to plan to,* I
la pensión *boarding house; inn,* II
peor(es) *worse,* I
el pepino *cucumber,* 4
la pepita *kernel,* 4
pequeño(a) *small,* I; **de pequeño(a)** *as a child,* II
la pera *pear,* II
perder (ie) *to lose, to miss,* I; *to lose,* II; **Está echado(a) a perder.** *It's spoiled.,* II
perderse (ie) *to get lost,* II
el perdón *forgiveness,* II
Perdón. *Excuse me., Pardon me.,* II
Perdóname. No sé en qué estaba pensando. *Forgive me. I don't know what I was thinking.,* 3
perdonar *to forgive,* 3
perezoso(a) *lazy,* I
perfecto(a) *perfect,* II; **Está perfecto.** *It's perfect.,* II
el periódico *newspaper,* II; el periódico sensacionalista *tabloid newspaper,* 6
el periodismo *journalism,* 8
el periodista, la periodista *journalist,* 6
la perla *pearl,* II
permanecer (zc) *to stay, to remain,* II
el permiso *permission;* dar permiso *to give permission,* II
permitir *to allow;* **se permite** *is allowed,* II
pero *but, nevertheless,* I
el perro, la perra *dog,* I; **darle de comer al perro** *to feed the dog,* II
perseguido(a) *pursued,* 10
perseguir (i, i) *to chase,* 6
la persona *person,* I
el personaje *character,* 2
el personal *personnel, staff,* II
pertenecer (zc) a *to belong to,* 7

peruano(a) *Peruvian,* II
la pesadilla *nightmare,* 9
pesado(a) *boring;* **¡Ay, qué pesado!** *Oh, what a drag!,* II; **¡Qué pesado!** *How boring!,* II
las pesas *weights,* I
la pesca *fishing,* I
la pescadería *fish market,* II
el pescado *fish,* I
pescar *to fish,* I; **la caña de pescar** *fishing rod,* II
pésimo(a) *terrible,* I, 5
el peso *weight,* I
los pesticidas *pesticides,* 10
el petróleo *petroleum, oil,* 6
el pez (*pl.* **peces**) *fish (live),* II
picado(a) *diced,* II
picante *spicy,* I; **la salsa picante** *hot sauce,* I
el picadillo *dish of ground beef and vegetables,* 4
picar *to dice,* II; *to snack,* 2; *to sting,* 10; algo de picar *something to snack on*
el picnic *picnic,* I
el pie *foot,* I; **el dedo del pie** *toe,* II
la piedra *stone, rock,* II
la piel *skin,* II
la pierna *leg,* I; **la falda a media pierna** *mid-length skirt,* II
la pieza *piece,* II
la pila de heno *haystack,* 2
pilla-pilla: jugar al pilla-pilla *to play tag,* II
la pimienta *black pepper,* II
pintar *to paint,* II
pintarse las uñas *to paint one's nails,* II
las pinturas *paintings,* II
la piña *pineapple,* II
la piñata *piñata,* I
la pirámide *pyramid,* I; la pirámide alimenticia *food pyramid,* II
la piscina *swimming pool,* I
el piso *floor,* I; **el edificio de... pisos** *... story building,* I
el pisote *raccoon-like animal,* 6
la pista *clue,* II; *runway,* II
el piyama *pajamas,* I
la pizca *pinch,* II
la pizza *pizza,* I
la pizzería *pizza parlor,* 3
planchar *to iron*
planear *to plan,* II; **No, ando planeando...** *No, I'm planning. . .,* II
los planes *plans,* I; **¿Tienes planes para el...?** *Do you have plans for. . .?,* II
el planeta *planet,* 10
el plano *floorplan,* II; **el plano de la ciudad** *city map,* II
la planta *floor,* II
la planta hidroeléctrica *hydroelectric plant,* 8
la plantación bananera *banana plantation,* II
las plantas *plants,* I; **regar las plantas** *to water the plants,* II
el plástico *plastic,* II
la plata *silver,* II
el plátano *banana,* II
platicar *to chat,* II
el platillo *dish,* II
el plato *dish, plate,* I; **el plato del día** *daily special,* II; el plato especial *special dish,* II; **el plato hondo** *bowl,* I; **el plato principal** *main dish,* II; **lavar los platos** *to do the dishes,* I
la playa *beach,* I; **el balón de playa** *beachball,* II; **¿Qué harán ustedes en la playa?** *What will you all do at the beach?,* II
la plaza *town square, plaza,* II; **la plaza de comida** *food court in a mall,* I
el pluscuamperfecto *pluperfect, past perfect,* 5
la población *population,* II
pobre *poor,* II
¡Pobrecito(a)! *Poor thing!,* II
poco(a) *few, little, not much,* I; **Hace poco tiempo que...** *I've been . . . for a little while.,* II; **un poco** *a little,* I; **Poco a poco se adaptaron a...** *Little by little they adapted to . . .,* 7
poco fiable *untrustworthy,* 6
pocos(as) *few, not many,* I
poder (ue, u) *to be able to, can,* I; **¿Puedes dárme algún consejo?** *Can you give me some advice?,* 1, **Cómo puedo llegar a...?** *How can I get to . . .?,* II; **Cuando me enteré, no lo pude creer.** *When I found out, I couldn't believe it.,* II; **¿Me podría decir...?** *Could you tell me . . .?,* II; **¿Me puede rebajar el precio de ese/esa...?** *Can you lower the price on that . . .?,* II; **¿Puede repetir lo que dijo?** *Can you repeat what you said?,* II; **¿Puedo ayudarte?** *Can I help you?,* II; **¿Sabe usted dónde se puede...?** *Do you know where I can . . .?,* II; **¡No me lo puedo creer!** *I can't believe it!,*
los poderes *powers,* II
poderoso *powerful,* II
podrido(a) *rotten,* 6
el poema *poem,* II
la poesía *poetry,* II
el policía *police officer,* I; *policeman,* II; **la mujer policía** *policewoman,* II
el político *politician,* 6
la política *politics,* 6
el pollo *chicken,* I; **el caldo de pollo** *chicken soup,* II; **el pollo asado** *roast chicken,* II; **el pollo frito** *fried chicken,* 4
el polvo *dust;* quitar el polvo *to dust the furniture,* II
el ponche *punch,* I
poner (pongo) *to put,* I; **poner la mesa** *to set the table,* I
ponerse (me pongo) *to put on,* I; *to put something on,* II; **Me puse** + adjective *I felt/became . . .,* II; **Me puse a** + infinitive *I started to . . .,* II; **ponerse a llorar** *to start to cry,* II; ponerse en contacto *to contact, to get in touch,* II; ponerse + adjective *to become (change in physical or mental state),* 8
popular *popular,* 2
por *in, by,* I; **cambiar (por)** *to exchange (for),* II; **dar una vuelta por...** *to walk/drive around,* II; **Estoy loco(a) por...** *I'm crazy about . . .,* II; **gritar por ayuda** *to yell for help,* II; **por el estilo** *of that sort,* I; **por la mañana** *in the morning,* I; **por la tarde** *in the afternoon,* I; **hablar por teléfono** *to talk on the phone,* I; **hacer diseño por computadora** *to do computer design,* II; **hacer una llamada por cobrar** *to make a collect call,* II; **ir por la calle...** *to take . . . street,* II; **llamar por teléfono** *to make a phone call,* I; **por aquí** *around here,* II; **¿Y qué hay que hacer por aquí?** *And what is there to do around here?,* II; **Se me olvidó por completo.** *I totally forgot.,* II; **por eso** *that's why,* II; **por favor** *please,* I; **por fin** *at last,* II; *finally,* II; por lo general *generally,* II; por lo menos *at least,* II; **por primera vez** *for the first time,* II; por ejemplo *for example,* 2; por medio de *by means of,* 2; por digna de *thanks to,* 3; **Por fin... logré...** *Finally . . . I managed to . . .,* 7; **Por medio de la presente...** *The purpose of this letter is . . .,* 8
¿por qué? *why?,* I; **¿Por qué no vamos a...?** *Why don't we go to . . .?,* 5
Por supuesto. *Of course.,* II
el porcentaje *percentage,* II
la porción *portion,* II
la porfía *persistence, struggle,* 4
los porotos *beans,* 7

porque *because,* I
el porteño *nickname given to people from Buenos Aires because of the port,* 10
poseer *to possess,* 9
el posgrado *postgraduate (program),* II
postal *postal;* la tarjeta postal *post card,* II
posteriormente *later, subsequently,* II
los pósters *posters,* II; **coleccionar pósters** *to collect posters,* II
el postre *dessert,* I
potable *drinkable;* el agua potable *drinking water,* II
practicar *to practice,* II; to play (a sport), II; **practicar atletismo** *to do track and field,* 1, **¿Sigues practicando...?** *Are you still practicing...?,* II; **practicar deportes** *to play sports,* I
práctico(a) *practical,* II
el precio *price,* II; **Le voy a dar un precio especial.** *I'm going to give you a special price.,* II; **¿Me puede rebajar el precio de ese/esa...?** *Can you lower the price on that...?,* II
preciso(a) *precise,* II
la predicción *prediction,* II
preferible *preferable,* 2
preferido(a) *favorite,* I
preferir (ie, i) *to prefer,* I
la pregunta *question,* II
preguntar *to ask,* II
preguntarle a alguien *ask someone,* II
el prejuicio *prejudice,* 3
premiado(a) *award-winning,* II
el premio *prize,* II
las prendas *jewelry,* II
la prensa *the press,* 6
preocuparse *to worry,* I; **No te preocupes.** *Don't worry.,* I
preparar *to prepare,* I; **¿Cómo se prepara...?** *How do you make...? (How is... prepared?),* II
los preparativos *preparations,* I
presagiar *to forebode,* 9
la presencia *presence,* 4
presentar *to introduce,* II, *to present,* 5; **presentar el examen de...** *to take a... test,* I
el presidente *president,* 6
las prestaciones *benefits,* 8
prestar *to lend,* II
prever *to foresee,* 3
previo(a) *previous;* la experiencia previa *previous experience,* II
la primavera *spring,* I
la primera plana *front page,* 6
el primero *first,* I
primero(a) *first,* I
los primeros auxilios *first aid,* II
el primo, la prima *cousin,* I
los primos *cousins,* I
la princesa *princess,* 9
principal *main,* II; **el plato principal** *main dish,* II
principalmente *mainly,* II
el príncipe *prince,* 9;
la prisa: darse prisa *to hurry,* II; **tener prisa** *to be in a hurry,* I
probablemente *probably,* II
el probador *fitting room,* II
probar (ue) *to try, to taste,* I; **¿Probaste...?** *Did you try...?,* II
probarse (ue) *to try on,* II
el problema *problem,* 6
el proceso *process,* 10
la proclamación *proclamation,* 9
producido(a) *produced,* II
los productos lácteos *dairy products,* 4
el profesor, la profesora *teacher,* I
profundo(a) *deep,* II
el programa *program;* los programas de intercambio *exchange programs,* II; **los programas (de)** *programs (for),* 10
el programador, la programadora *programmer,* II
programar *to program,* II
prohibir *to prohibit;* **se prohibe** *is prohibited,* II
prometer *to promise,* II
promocionar *to promote,* II
promover (ue) *to promote,* II
el pronombre *pronoun;* el pronombre de complemento directo *direct object pronoun,* II; el pronombre de complemento indirecto *indirect object pronoun,* II; el pronombre del objeto directo *direct object pronoun,* II; el pronombre posesivo *possessive pronoun,* II; el pronombre reflexivo *reflexive pronoun,* II; el pronombre demostrativo *demonstrative pronoun,* 1
pronosticar *to forecast,* II
pronto *soon;* **Hasta pronto.** *See you soon.,* I
la propina *tip,* II; **dejar la propina** *to leave the tip,* II
propio(a) *own,* II
proponer (-go) *to propose,* 2
el propósito *purpose,* II
la propuesta *proposal,* 8
la prosa *prose,* 3
próspero(a) *prosperous*
los (las) protagonistas *protagonists,* 9
protector(a)*:* **la crema protectora** *sunblock,* II
proteger *to protect,* II
las proteínas *protein,* II
el proveedor *provider,* 6
la provincia *province,* 2
provocar *to provoke,* 10
próximo(a) *next,* I; **la próxima semana** *next week,* I; **el** (day of the week) **próximo** *next (day of the week),* I
el proyecto *project,* II
publicar *to publish,* II; haber publicado *having published,* II
la publicidad *publicity,* II
el público *audience,* 5
el pueblo *town, village,* II; el pueblo natal *home town,* 7
el puente *bridge,* 5
el puerco asado *roast pork,* 4
la puerta *door,* I; **cerrar (ie) la puerta con llave** *to lock the door,* II
el puerto *port,* II
puertorriqueño(a) *Puerto Rican,* 3
Pues,... *Well,...,* II; **Pues, la verdad es que...** *Well, the truth is that...,* 2; **Pues, sigue trabajando...** *Well, he's still working...,* 4
el puesto de guardia *guard post,* II
el puesto del mercado *market stand,* II
el puesto (de trabajo) *position (for work),* 8
el pulmón (pl. los pulmones) *lung,* II
la pulpería *grocery store (Costa Rica),* II
la pulsera *bracelet,* I
la punta de lanza *spearhead,* 7
el puntaje *score,* II
el punto *dot,* I; *point,* II; **en punto** *on the dot,* I; **Está en su punto.** *It's just right.,* II; hasta cierto punto *to some extent, in a way,* II

que *that;* **que me llame después** *(tell him/her to) call me later,* I; **Que te vaya bien.** *Hope things go well for you.,* I; **Que yo sepa, (no) hay...** *That I know of, there's (no)...,* 6
¡Qué...! *How/What...!;* **¡Ay, qué pesado!** *Oh, what a drag!,* II; **¡Qué bien!** *How great!,* I; **¡Qué chismoso(a)!** *What a gossip!,* II; **¡Qué clima tan seco!** *What a dry climate!,* II; **¡Qué divertido!** *What fun!,* I; **¡Qué fantástico!** *How fantastic!,* I; **¡Qué gusto verte!** *It's great to see you!,* I; **¡Qué lástima!** *What a shame!,* I; **¡Qué lata!** *What a pain!,* I; **¿Qué lleva...?** *What's in the...?,* II; **¡Qué mala suerte!** *What bad luck!,* I; **¡Qué pesado!** *How boring!,* II; *What a drag.,* II; Qué raro. *That's strange.,* II; **¡Qué rico(a)!** *How*

delicious!, II; ¡Qué ridículo! *How ridiculous!*, II; ¡Qué va! *No way!*; **¡Qué va! Eso no es cierto.** *No way! That's not true.*, 3; **Qué pena que se hayan...** *What a shame that they have . . .*, 4; **¡Qué sorpresa que se hayan...!** *What a surprise that they have . . .!*, 4; **¡Qué asco!** *That's disgusting!*, 4
¿qué? *what?*, I; **¿Qué hora es?** *What time is it?*, I; **¿A qué hora vas a...?** *What time are you going to . . .?*, I; **¿Qué me recomiendas?** *What do you recommend?*, 1; **¿Qué hiciste el verano pasado?** *What did you do last summer?*, 1; **¿A qué se dedica...?** *What does . . . do?*, II; **¿Qué clase de trabajo realiza...?** *What kind of work does . . . do?*, II; **¿Qué tal?** *How's it going?*, I; **¿Qué tal...?** *How is . . .?*, I; **¿Qué tal si...?** *How about if . . .?*, I; **¿Qué te parece...?** *What do you think of . . .?*, I; **¿Qué te pasa?** *What's wrong with you?*, I; **¿Qué te pasó?** *What happened to you?*, II; **¿Qué tiempo hace?** *What's the weather like?*, I; **¿Qué buscas en un(a) novio(a)?** *What do you look for in a boyfriend/ girlfriend?*, 2; **¿Qué te pasa? ¿Estás dolida?** *What's the matter? Are you upset?*, 2; **¿Qué anda haciendo...?** *What's . . . up to?*, 4; **¿Qué me cuentas de...?** *What can you tell me about . . .?*, 4; **¿Qué sabes de...?** *What do you know about . . .!*, 4; **¿Qué opinas de...?** *What do you think of . . .?*, 5; **¿Qué sé yo de...? No entiendo ni jota de...** *What do I know about . . .? I don't understand a thing about . . .*, 6; **¿Qué te gustaría hacer?** *What would you like to do?*, 8; **¿Qué tal lo pasaste?** *Did you have a good time?*, 1; **¿Qué te pareció...?** *How was . . .?*, 1; **¿Qué vas a hacer?** *What are you going to do?*, 1
quebrar (ie) *to break*, II
el quechua *indigenous language of the Andes*, 7; los quechuas *indigenous people of the Andes*
quedar *to fit, to look*, I; *to turn out (as in cooking)*, 4, **quedar bien/mal** *to fit well/poorly*, I
quedarse *to stay*, II, **quedarse** + adjective *to end up, to wind up, to be left a certain way*, 8
los quehaceres *household chores*, I; **hacer los quehaceres** *to do chores*, I
la queja *complaint*, II
quejarse *to complain*, 7
quemado(a) *burned*, II; **Está quemado(a).** *It's burned.*, II
quemar *to burn*, II
quemarse *to get a sunburn, to get burned*, II
querer (ie) a *to love (someone)*, 2; **querer** + infinitive *to want to*, II; **¿Quieres ir a ver...?** *Do you want to go see . . .?*, 5
querer (ie) que *to want someone else to do something*, II
el (la) querido(a) *sweetheart*, 4
Querido(a)..., *Dear . . .*, II
el queso *cheese*, I
¿quién? *who?*, I; **¿De parte de quién?** *Who's calling?*, I
¿quiénes? *who? (pl.)*, I
la química *chemistry*, I
quince *fifteen*, I
la quinceañera *girl's fifteenth birthday*, I
quinientos(as) *five hundred*, I
quinto(a) *fifth*, II
el quiosco de... *. . . stand*, II
Quisiera... *I would like (to). . .*, I
quitar *to take away, remove*
quitarse *to take off*, I; **...que no se me quita** *. . . that won't go away*, II
quizás *perhaps, maybe*, II

la rabia *anger;* **Me dio una rabia.** *It made me angry.*, II
la radio *radio (as a medium)*, 6
el radio *radio apparatus*, 6
las raíces *roots*, 7; bienes raíces *real estate*, II
la rama *branch*, 2
rápidamente *quickly*, II
rápido(a) *fast*, II; **la comida rápida** *fast food*, II
raro(a) *strange;* Qué raro. *That's strange.*, II; *rare*, II
el rastro *trace*, II
el rato *time*, I; a cada rato *every so often*, II; **el rato libre** *free time*, II; **pasar el rato solo(a)** *to spend time alone*, I
el ratón *mouse*, II
la razón *reason*, I; **tener razón** *to be right*, I; con razón *naturally*, II
la reacción *reaction*, II
reaccionar *to react*, II
la realidad *reality;* En realidad, admiro *Actually, I admire . . .*, II
realista *realistic*, 5
realizar (un sueño) *to fulfull (a dream)* 7; **¿Qué clase de trabajo realiza...?** *What kind of work does . . . do?*, II
realmente *really*, 4
reanudar *to resume*, 2
la rebaja *discount*, II
rebajar *to lower*, II
el recado *message*, I; **dejar un recado** *to leave a message*, I
el recepcionista, la recepcionista *receptionist*, II
la receta *recipe*, II
recetar *to prescribe*, II
rechazar *to reject, turn down*, 2
Reciba un cordial saludo *Kind regards*, 8
recibir *to receive*, I
recién *just, recently;* recién nacido(a) *newborn*, II
recientemente *recently*, II
el recibo *receipt*, II
reciclable *recyclable*, 10
reciclar *to recycle*, 10
el recipiente *bowl*, II
reclamar *to claim*, 9
el reclamo de equipaje *baggage claim*, I
recoger *to pick up*, I
recomendar (ie) *to recommend*, II; **recomendarle (a alguien) que...** *to recommend that (someone) . . .*, II
la recompensa *payment*, 3
la reconciliación *reconciliation*, 3
reconciliarse *to reconcile*, 3
reconocer (zc) *to recognize*, II
recordar (ue) *to remind*, II; *to remember*, 3
recorrer *to tour*, I; *to go over, to look through*, II
el recorte *clipping*, 3
recreativo: el centro recreativo *recreation center*, II
los recuerdos *memories*, II; **comprar recuerdos** *to buy souvenirs*, II
recuperar *to retrieve*, II
los recursos *resources*, II; **los recursos naturales** *natural resources*, 10
la red *grid*, 2
reemplazar *to replace*, 2
referir (ie, i) *to refer;* se refiere a *refers to*, II
reflejar *to reflect*, II
refrescar *to refresh*, II
el refresco *soft drink*, I
el refrigerador *refrigerator*, I
los refugiados *refugees*, 10
refugiarse *to flee*, II; *to take refuge*, 10
los refugios *homeless shelters*, 10
regalar *to give*, II; **Bueno, se la regalo por..., pero es mi última oferta.** *Okay, I'll give it to you for . . ., but that's my last offer.*, II
el regalo *gift*, I
regular *to regulate*, 6
regar (ie) *to water*, II; **regar las plantas** *to water the plants*, II

regatear *to bargain,* II
registrarse para *to register for,* 7
la regla *ruler,* I
regocijarse *to rejoice,* 9
regresar *to return, to go back,* I
regular *all right,* I
la reina *queen,* 9
reírse (i, i) *to laugh,* II; **Me reí mucho.** *I laughed a lot.,* II
la relación *relationship,* II
relacionar *to relate,* II
relajarse *to relax,* I
el relámpago *lightning,* II
el relicario *locket,* II
religioso(a) *religious,* II
el reloj *watch, clock,* I
el remo (remar) *rowing (to row),* 2
los remos *oars,* 9
remolinar *to move around,* 2
el renacimiento *Renaissance,* II
renovable/no renovable *renewable/non-renewable,* 10
renunciar *to renounce, to reject,* 4
repartir *to deliver,* 7
repente: **de repente** *suddenly,* II; **De repente, empezó a llover...** *Suddenly, it started to rain . . .,* II
repentinamente *suddenly,* 9
el repertorio *repertoire,* II
repetir (i, i) *to repeat,* II; **¿Puede repetir lo que dijo?** *Can you repeat what you said?,* II
el reportaje *news report,* 6
reportar *to report,* 6
el (la) reportero(a) *reporter,* 6
la repostería *pastry shop (Dominican Republic),* II
la represa *dam,* II
representados *represented,* II
requerir (ie, i) *to require,* 8
los requisitos *requirements,* 8
la res *beef,* II
resbalar *to slide,* 7
la reseña *(critical) review,* 5
reseñar *to review, critique,* 6
la reserva natural *nature preserve,* 2
la reservación *reservation,* II; **hacer una reservación** *to make a reservation,* II
resfriado(a) *sick with a cold,* II; **estar resfriado(a)** *to have a cold,* II
resfriarse *to catch a cold,* II
la residencia *residence,* II
la resolución *solution (of a problem),* 2
resolver (ue) *to solve;* **resolver (ue) un problema** *to resolve a problem,* 2
respetado(a) *respected,* II
respetar a (alguien) *to respect (someone),* 3
respetar los sentimientos de otros *to respect others' feelings,* 2
respetarse *to respect each other,* II
el respeto *respect,* 3
responder *to answer, to reply, to respond,* II
el responsable *the one responsible for something,* 10
la respuesta *answer,* II
el restaurante *restaurant,* I
los restos *remains,* II
restringir *to restrict,* 6
el resultado *result;* como resultado *as a result,* II
el resumen *summary,* 2
resumir *to summarize,* II
el reto *challenge,* 9
el retorno *return,* II
retumbar *to resound,* 2
la reunión *meeting,* I; *reunion,* I; **la reunión familiar** *family reunion,* 4, la reunión escolar, *class reunion,* 4
reunirse *to get together,* I
revelar *to reveal,* II
revisar *to examine,* II
la revisión *checking,* II
la revista *magazine,* I; **la revista de tiras cómicas** *comic book,* I; **las revistas cómicas** *comic books,* II
la revolución *revolution,* 5, 9
revolver (ue) *to stir,* II
revuelto(a) *stirred, scrambled, (past participle of* **revolver***),* II; **los huevos revueltos** *scrambled eggs,* II
el rey *king,* 9
la ribera *bank, shore,* 7
rico(a) *rich,* II; *tasty, delicious,* II; **¡Qué rico(a)!** *How delicious!,* II
ridículo(a) *ridiculous, absurd;* ¡Qué ridículo! *How ridiculous!,* II
la rima *rhyme,* 5
rimar *to rhyme,* 5
el río *river,* II; **la orilla del río** *riverbank,* II
la riqueza *richness,* 4
riquísimo(a) *delicious,* I
la risa *laughter, 2*
el ritmo *rhythm,* II, 5
robar *to steal,* 5; *to hold up,* 6
el robo *rip-off,* I; **¡Es un robo!** *It's a rip-off!,* I
el robot *robot,* 8
rociar *to baste, to sprinkle,* 4
el rococó *rococo (style),* 10
rocoso(a) *rocky,* II
rodear *to surround,* II
la rodilla *knee,* II
rogar (ue) *to beg,* II
rojo(a) *red,* I
el rollo de película *roll of film,* II
romántico(a) *romantic,* I
el rompecabezas *puzzle,* 2
romper to break, II; **roto** *broken (past participle of* **romper***),* II; **romper con** to break up with, 2
romperse + a body part *to break (one's body part),* II
la ropa *clothes,* II; la ropa vieja *a kind of beef stew,* 4
la rosa *rose,* 3
el rostro *face,* 3
roto(a) *broken (past participle of* **romper***),* II
rubicundo(a) *reddish,* 4
rubio(a) *blond,* I
rudo(a) *rough,* II
el ruido *noise,* II
las ruinas *ruins,* I; la ruina *decline, downfall,* 10
la runa *word used by the Quechua people to refer to themselves, the people,* 7
el ruso *Russian,* 5
la ruta *route,* II
la rutina *routine;* la rutina diaria *daily routine,* II

el sábado *Saturday,* I; **los sábados** *on Saturdays,* I
Sabe a... *It tastes like . . .,* II; **Sabe delicioso(a).** *It tastes delicious!,* 4; **no sabe a nada** *doesn't taste like anything,* 4
saber *to know,* I; **No sé.** *I don't know.,* I; **saber de** *to know about,* I; **¿Sabes qué?** *You know what?,* I; **¿Sabe usted dónde se puede...?** *Do you know where I can . . .?,* II; **¿Ya sabías que...?** *Did you already know that . . .?,* II
el (la) sabio(a) *wise man/wise woman,* 9
el sabor *flavor,* II; **Le falta sabor.** *It needs flavor.,* II
saborear *to savour,* II
sabroso(a) *tasty,* II
sacar *to take out,* I; **sacar buenas notas** *to get good grades,* II; **sacar el dinero** *to get money,* I; **sacar fotos** *to take photos,* I; **sacar malas notas** *to get bad grades,* II
el saco *jacket,* I
el sacrificio *sacrifice,* 7
sacudir *to dust,* II; **sacudir los muebles** *to dust the furniture,* II
sagrado(a) *sacred,* 4
sal *go out, leave,* I

la sal *salt,* II; **Le falta sal.** *It needs salt.,* II
la sala *living room,* I
la sala de computadoras *computer room,* 6
la sala de emergencias *emergency room,* II
la sala de espera *waiting room,* I
salado(a) *salty,* I
el salario *salary,* 8
la salchicha *sausage,* 4
la salida *departure,* I; *exit,* I
salir (salgo) *to go out, to leave,* I; **¿Cómo salió la competencia de...?** *How did the . . . competition turn out?,* II; salir caro *to end up costing a lot;* salir con alguien *to go out with someone;* salir mal *to turn out badly,* 8
el salón *room,* II; **el salón de belleza** *beauty parlor,* II; **el salón de clase** *classroom,* I
la salsa *sauce, gravy,* I; **la lata de salsa de tomate** *can of tomato sauce,* II; **la salsa picante** *hot sauce,* I
saltar *to jump;* **saltar a la cuerda** *to jump rope,* II; **saltar en paracaídas** *to go skydiving,* II
el salto de altura *high jump,* 2
la salud *health,* I; **cuidarse la salud** *to take care of one's health,* I
el saludo *greeting;* **Dale un saludo a... de mi parte.** *Say hi to . . . for me.,* II; **Un saludo de,...** *Yours sincerely, . . .,* II
salvadoreño(a) *Salvadoran,* II
salvar *to save,* 9
el sancocho *Dominican vegetable and beef stew,* 4
las sandalias *sandals,* I
la sandía *watermelon,* 4
el sándwich de... *. . . sandwich,* I
la sangre *blood,* II
sano(a) *healthy;* **seguir una dieta sana** *to eat well,* I
el santo, la santa *saint,* II; **el día de tu santo** *your saint's day,* I; **la Semana Santa** *Holy Week,* I
la sardina *sardine,* 2
la sartén *frying pan,* 4
satisfacer *to satisfy,* 5
sazonar *to season,* 4
se se acostumbra *it is customary,* II; **se escribe...** *It's spelled . . .,* I; **se habla** *is spoken,* II; **¿Se les ofrece algo más?** *Would you like anything else?,* II; **Se los dejo en...** *I'll let you have them for . . .,* II; **Se me olvidó por completo.** *I totally forgot.,* II; **Se nos hace tarde.** *It's getting late.,* II; **se permite** *is allowed,* II; **se prohibe** *is prohibited,* II; **se puede** *one can,* II; **¿Dónde se puede...?** *Where can I . . .?,* I; **¿Sabe usted dónde se puede...?** *Do you know where I can . . .?,* II; se refiere a *refers to,* II; **se trabaja** *one works,* II; **se vive** *one lives,* II; **Se me hace la boca agua.** *It makes my mouth water.,* 4; **Se me fue la mano con...** *I got carried away with . . .,* 4; **Se arrepiente de que...** *He/She regrets that. . .,* 9; **Se cuenta que de pronto...** *The story goes that all of a sudden . . .,* 9; **Se advierte que...** *They advise that . . .,* 10
la secadora *dryer,* II; **la secadora de pelo** *hair dryer,* I
secarse *to dry oneself,* I; secarse el pelo *to dry one's hair,* II
la sección: la sección de cocina *cooking section,* 6; **la sección de moda** *fashion section,* 6; **la sección de ocio** *entertainment section,* 6; **la sección de sociedad** *society section,* 6; **la sección deportiva** *sports section,* 6; **la sección financiera** *finance section,* 6
seco(a) *cold, unfriendly (person),* 2; *dry;* **¡Qué clima tan seco!** *What a dry climate!,* II
el secretario, la secretaria *secretary,* II
el secreto *secret,* II; en secreto *secretly,* II
secuestrado(a) *kidnapped,* 9
la secundaria *high school,* 2
la sed *thirst,* I; **tener sed** *to be thirsty,* I
la seda *silk,* I; **de seda** *made of silk,* I
la sede *headquarters,* II
seguido(a) *continuous; straight;* **en seguida** *right away,* II
seguir (i, i) *to follow,* I; **seguir** + gerund *to keep on doing something,* II; **seguir derecho** *to go straight,* II; **seguir derecho hasta** *to keep going (straight) to,* II; **seguir una dieta sana** *to eat well,* I; **¿Sigues...?** *Are you still . . .?,* II; **¿Sigues practicando...?** *Are you still practicing . . .?,* II; **seguir adelante** *to move forward,* 7; to keep going, II
según *according to,* II; **Según tengo entendido, ...** *From what I understand, . . .,* 4; **Según nos dicen, el malvado...** *From what we've been told, the villain . . .,* 9
el segundo *second,* II
segundo(a) *second,* II
la seguridad *security;* **el control de seguridad** *security checkpoint,* I
seguro *for sure, for certain,* II; de seguro *surely,* II; *safe,* 8; **estar seguro(a)** *to be sure,* II; **No estoy seguro(a).** *I'm not sure.,* II
el seguro *insurance,* 8; **el seguro (médico)** *(medical) insurance,* 8, seguro(a) *sure,* 9
seis *six,* I
seiscientos(as) *six hundred,* I
seleccionar *to select,* II
la selva *jungle,* II; **explorar la selva tropical** *to explore the tropical jungle,* II
el semáforo *traffic-light,* II
la semana *week,* I; **el día de la semana** *day of the week,* I; **esta semana** *this week,* I; **la próxima semana** *next week,* I
la Semana Santa *Holy Week,* I
sembrar (ie) *to plant,* 8, 10
semejante a *like, similar to,* II
la semejanza *similarity,* II
el semestre *semester,* 3
sencillez *simplicity,* II
sencillo(a) *simple,* II
el senado *senate,* 7
el (la) senador(a) *senator,* 6
el senderismo (hacer senderismo) *hiking (to hike),* II, 2
el sendero *path, track,* II
sensible *sensitive,* II
el sentido *meaning,* 2
la señal *signal,* II
el señor *sir, Mr.,* I
la señora *ma'am, Mrs.,* I
la señorita *young lady, Miss,* I
la sensación *sensation, feeling,* II
sentado(a) *seated,* 2
sentar (ie)*:* **De verdad, no te sienta bien.** *Honestly, it doesn't look good on you.,* II
sentarse (ie) *to sit down,* I
sentido del humor *sense of humor,* 3
los sentimientos *feelings,* II
sentir (ie, i) *to regret,* 2; **Lo siento, pero ya tengo otros planes/otro compromiso.** *I'm sorry, but I already have other plans/another engagement.,* 5
sentirse (ie, i) *to feel,* I; **¿Cómo te sentiste cuando...?** *How did you feel when . . .?,* II; **¿Cómo te sentiste cuando supiste lo de...?** *How did you feel when you heard about . . .?,* II
separado(a) *separated,* 4
separarse (de) *to separate,* 4
septiembre *September,* I
séptimo(a) *seventh,* II
la sequía *drought,* II
ser *to be,* I; **somos... personas** *there are . . . people,* I; **Son...** *They are . . .,* II; **Son las...** *It's . . . o'clock.,* I; lo que sea *whatever it may be,* 2; **ser un(a) fanático(a)** *to be a fanatic,* 2; **ser de ascendencia** *to be of (nationality) descent,* 7, **ser (in)fiel** *to be (un)faithful,* 3
la serie *series,* 6
Sería una buena/mala idea romper con... *It would be a good/bad idea to break up with . . .,* 3

Sería buena idea ir al concierto de la sinfónica. *It would be a good idea to go to the symphony.*, 5
serio(a) *serious*, I
la serpiente *snake*, II
el servicio *restroom*, I
la servilleta *napkin*, I
servir (i, i) *to serve*, I; **¿En qué le puedo servir?** *How can I help you?*, I
servir (i, i) para *to be used for*, II
sesenta *sixty*, I
setecientos(as) *seven hundred*, I
setenta *seventy*, I
sexto(a) *sixth*, II
si *if*, II; **si tengo suerte...** *if I'm lucky . . .*, I; **Si todavía no ha ido a/al..., debe ir.** *If you haven't gone to . . . yet, you must.*, II; **Si pudiera, iría a... a estudiar...** *If I could, I would go to . . . to study . . .*, 8; **Si tuvieras la oportunidad, ¿adónde irías?** *If you had the chance, where would you go?*, 8
sí *yes*, I; **¡Claro que sí!** *Of course!*, I; **Creo que sí.** *I think so.*, II; **Sí, claro.** *Yes, of course.*, II; **Sí, me la paso... Estoy loco(a) por...** *Yes, I'm always doing . . . I'm crazy about . . .*, 2; **Sí, estoy decepcionado(a) porque... Me dan ganas de llorar.** *Yes, I'm disappointed because . . . It makes me feel like crying.*, 2; **Sí, estoy entusiasmado(a) porque...** *Yes, I'm excited because . . .*, 2
sí mismo *him/herself*, II
siempre *always*, I; **casi siempre** *almost always*, I; **como siempre** *as always*, I; **Siempre he querido ser un(a)...** *I have always wanted to be a. . .*, 8
la siesta *nap*, 2
siete *seven*, I
el siglo *century*, 10; el Siglo de Oro *Golden Age*, II
el significado *meaning*, II
significar *to mean*, II
siguiente *following;* **lo siguiente** *the following*, I
silencioso(a) *silent*, 5
la silla *chair*, I
la silla de ruedas *wheelchair*, I; **estar en una silla de ruedas** *to be in a wheelchair*, I
el sillón *armchair*, II
el símbolo *symbol*, II
simpático(a) *friendly*, I
simplemente *simply*, 2
sin *without*, II; **¡Tanto tiempo sin verte!** *Long time, no see!*, I; sin que *without*, 7
sin duda *without a doubt*, II
sin embargo *however, nevertheless*, II

la sinfonía symphony, II
sinfónico(a) *symphonic*, II; **el concierto de la sinfónica** *concert symphony*, 5
siniestro(a) *sinister, evil*, II; *disaster, catastrophe*, II
sino *but (as in "Not this, but that instead.")*, II; **no sólo... sino... también** *not only . . . but . . . as well*, II
la sinagoga *synagogue*, I
sincero(a) *sincere*, II
los movimientos sindicalistas *labor union movements*, 5
los síntomas *symptoms*, II
el sistema *system*, 7
el sitio *place*, II
los sitios de Internet *Internet sites*, 6
situado(a) *situated, located*, 10
la situación *circumstances*, 1
la soberanía *sovereignty*, 9
sobre *on top of, above, about*, 1; **el patinaje sobre hielo** *ice-skating*, II
sobre todo *especially*, II
sobresaliente *excellent*, II; *outstanding*, 5
sobrevivir *to survive*, II
la sobrina *niece*, I
el sobrino *nephew*, I
los sobrinos *nephews, nieces and nephews*, I
socializar *to socialize*, 2
la sociedad *society*, 7
el socio *partner, associate*, 10
el sofá *couch, sofa*, I
el sofrito *sautee of garlic, tomato, onion and other ingredients*, 4
el sol *sun*, II; **Hace sol.** *It's sunny.*, I; **las gafas de sol** *sunglasses*, II; **tomar el sol** *to sunbathe*, I
solamente *only*, II
el soldado *soldier*, 7, 9
soleado(a) *sunny*, II
soler (ue) + infinitive *to usually do something, to tend to do something*, II
Solía... *I used to . . .*, II
solicitar *to apply*, 8
la solicitud *application*, 8
la solidaridad *solidarity*, *10*
solidario(a) *supportive*, 2
solitario(a) *likes to be alone*, II; *lonely*, 1, la estrella solitaria *lone star*, II
sólo *only;* **no sólo... sino... también** *not only . . . but . . . as well*, II; **Sólo me falta...** *I just need to . . .*, II
solo(a) *alone*, I; *a solas alone*, II; **pasar el rato solo(a)** *to spend time alone*, I
la sombra *shadow*, 9
el sombrero *hat*, I
sonar *to ring*, 1

el sonido *sound*, II
soñar (ue) con *to dream of*, II; **Soñaba con ser...** *I dreamed of being . . .*, 7
la sopa *soup*, I; **la sopa de ajo** *garlic soup*, II; **la sopa de fideos** *noodle soup*, II; **la sopa de verduras** *vegetable soup*, I
soplar *to blow*, 10
soportar *to endure*, 10
sordo(a) *deaf*, I; *muffled*, 9
el soroche *altitude sickness*, 7
sorprender(le) *to surprise*
la sorpresa *surprise;* **la fiesta sorpresa** *surprise party*, I
sos*:* vos sos *you (informal) are*
sostenible *sustainable*, 6
el sótano *cellar*, II
Soy bilingüe; por lo tanto tengo muchas oportunidades... *I'm bilingual; therefore, I have many opportunities . . .*, 7
Soy capaz de (hacer)... *I'm capable of (doing) . . .*, 8
Soy un(a) gran aficionado(a) a... ¿Qué deporte te gusta a ti? *I'm a big . . . fan. What sport do you like?*, 2
su(s) *your, his, her, its, their*, I; **Está en su punto.** *It's just right.*, II
subir *to go up*, I; **subir a la montaña** *to go up the mountain*, I; **subir de peso** *to gain weight*, I; **subir... hasta llegar a** *to go up . . . until you get to*, II
subirse *go up*, II
subrayados(as) *underlined*, 9
subterráneo(a) *underground*, II
el subtexto *subtext*
suceder *to occur*, 1
el suceso *event*
sucio(a) *dirty*, II
la sucursal *branch*, II
la suegra *mother-in-law*, 4
el suegro *father-in-law*, 4
el sueldo *salary*, 8
el sueño *sleep*, I; **tener sueño** *to be sleepy*, I
El sueño de mi vida es conmemorar a.... *My life-long dream is to commemorate . . .*, 9
la suerte *luck*, I; **¡Qué mala suerte!** *What bad luck!*, I; **si tengo suerte...** *if I'm lucky . . .*, I; ¡Suerte! *Good luck!*, II; **tener suerte** *to be lucky*, I; **tuviste suerte** *you were lucky*, I
el suéter *sweater*, I
suficiente *enough*, I; **dormir lo suficiente** *to get enough sleep*, I
sufrir *to suffer*, 9
la sugerencia *suggestion*, 6
sugerirle (ie, i) (a alguien) que... *to suggest that (someone) . . .*, II

Sugiero que no hagas caso a los rumores. *I suggest that you not pay attention to rumors.,* 3
sujetar *to secure, to fasten, to hold,* 7
el sujeto *subject,* II
super *super;* **¡Te ves super bien!** *You look great!,* II
superar *to exceed, to overcome,* 7
superficial *superficial,* 5
el supermercado *supermarket,* II
supervisar *to supervise,* 8
suponer *to suppose:* **Es de suponer que...** *I suppose that . . .,* 10; **Supongo que sí.** *I suppose so.,* 10
supuesto *supposed;* **Por supuesto.** *Of course.,* II
el sur *south,* 6
el suroeste *southwest,* 5
surtido(a) *assorted,* II; **el surtido de frutas frescas** *assorted fresh fruit,* II; **un gran surtido** *wide assortment,* II
suscitar *to awaken,* 4
suscribirse a *to subscribe to,* 6
suspender *to fail,* 3
el sustantivo *noun,* 2
sustituir *to substitute,* II
suyo(a) *yours (formal), his, hers, its, theirs,* II
suyos(as) *yours (formal), his, hers, its, theirs,* II

la tabla *table, list, chart,* II
tachar *to cross off,* 4
tal *such;* **¿Qué tal?** *How's it going?,* I; **¿Qué tal...?** *How is . . .?,* I; **¿Qué tal está...?** *How is the . . .?,* II; **¿Qué tal estuvo?** *How was it?,* 1; **¿Qué tal si...?** *How about if . . .?,* I; tal vez *perhaps, maybe,* II
el talento *talent,* 8
la talla *(clothing) size,* I
tallar en madera *to do wood-carving,* 5
tallado(a) *carved, sculpted,* II; **la figura tallada** *carved figure,* II
el taller *shop (class), workshop,* I
los tamales *tamales,* I
también *also,* I; **no sólo... sino... también** *not only . . . but . . . as well,* II
el tambor *drum,* II
tampoco *neither, not either,* I
tan... como *as . . . as,* I
Tan pronto como llegó... *As soon as . . . arrived . . .,* 9
Tan pronto como... pienso... *As soon as . . . I plan on . . .,* 7
tanto *so long; so much,* II
tantos(as) *so many,* I; *so much,* II; **tantos(as)... como...** *as many . . . as . . .,* II
las tapas *Spanish finger food,* 2
el tapiz *tapestry,* 7
tardar *to take long, to be late,* II
tardarse en + infinitive *to take a long time (to),* II
tarde *late,* I; **Se nos hace tarde.** *It's getting late.,* II
la tarde *afternoon,* I; **Buenas tardes.** *Good afternoon,* I; **de la tarde** *in the afternoon, evening,* I; **esta tarde** *this afternoon,* I; **por la tarde** *in the afternoon,* I
la tarea *homework,* II; **hacer la tarea** *to do homework,* I
la tarjeta *greeting card, card,* I; **la tarjeta de crédito** *credit card,* II; **la tarjeta de cumpleaños** *birthday card,* I; **la tarjeta de embarque** *boarding pass,* I; la tarjeta postal *post card,* II
el taxi *taxi,* I; **tomar un taxi** *to take a taxi,* II
el taxista, la taxista *taxi driver,* II
la taza de medir *measuring cup,* II
te *to/for you,* I; **¿Te acordaste de...?** *Did you remember to . . .?,* II; **Te conocí** *I met you;* **Te echo mucho de menos.** *I miss you a lot.,* II; Te importa si...? *Do you mind if . . .?;* **Te presento a...** *I'd like you to meet . . .,* I; **Te aconsejo que...** *I advise you to . . .,* 1; **Te recomiendo que...** *I recommend that you . . .,* 1, **Te veo mal.** *You don't look well.,* I; **¡Te ves guapísimo!** *You look very handsome!,* II; **¡Te ves super bien!** *You look great!,* II; **Te veo de buen humor.** *I see you're in a good mood.,* 2; **Te juro que no lo volveré a hacer.** *I swear I'll never do it again.,* 3; **Te aconsejo que vayas a la presentación de baile folclórico. Es muy...** *I recommend that you go to the folk dance performance. It's very . . .,* 5; **¿Te interesa ir a...?** *Are you interested in going to . . .?,* 5
¿Te acuerdas cuando sucedió...? *Do you remember when . . . happened?,* 10; **Te apuesto que...** *I bet you that . . .,* 10
teatral *theatrical,* II
el teatro *theatre,* II
el techo *roof, ceiling,* II
la técnica *technique,* 5, 10
el (la) técnico *technician,* 5
la tecnología *technology,* 8
tejano(a) *Texan,* 10
tejer *to knit,* II; *to weave,* II
los tejidos *woven cloth, textiles,* II
la tejuela *shingle,* 9
la tela *fabric,* II
la tele *television (TV),* II
las telecomunicaciones *telecommunications,* 8
el teleférico *ski lift,* II
telefónico(a) *telephone;* **la cabina telefónica** *phone booth,* II; la guía telefónica *telephone book,* II
el teléfono *telephone number,* I; *telephone,* I; **hablar por teléfono** *to talk on the phone,* I; **llamar por teléfono** *to make a phone call,* I
el teléfono celular *cell phone,* II
la telenovela *soap opera,* 6
el televidente *TV viewer,* 6
la televisión *television (TV),* I; **ver televisión** *to watch TV,* I
el televisor *TV set,* II
el tema *theme, topic,* 6
temblar (ie) *to shake, to tremble,* 2
temer *to fear,* 2
el temor *fear,* 3
la temperatura *temperature,* II
el templo *temple,* I, 9
la temporada *season,* II
temprano *early,* I
ten *have,* I; **Ten en cuenta que...** *Keep in mind that . . .,* 10
las tendencias *tendencies,* II
el tenedor *fork,* I
tener (tengo, ie) *to have,* I; **tener... años** *to be . . . years old,* II; **tener (calor, frío, hambre, miedo, prisa, razón, sed, suerte, sueño)** *to be (hot, cold, hungry, afraid, in a hurry, right, thirsty, lucky, sleepy),* I; **tener catarro** *to have a cold,* I; **tener cuidado** *to be careful,* II; **tener el pelo...** *to have . . . hair,* II; **tener ganas de (hacer...)** *to feel like (doing) . . .,* I; **tener que** + infinitive *to have to (do something),* I; **tener tos** *to have a cough,* II; **tener un calambre** *to have a cramp,* II; **tener celos de** *to be jealous of,* 2; **tener fama de ser** *to be known to be,* 2; **tener un malentendido** *to have a misunderstanding,* 2; **tener mucho/algo/nada en común** *to have much/something/nothing in common,* 2; **tener éxito** *to be successful,* 7; **Tuvimos que hacer un gran esfuerzo para...** *We had to make a big effort to . . .,* 7; **Tengo la intención de...** *I intend to . . .,* 7; Tener el gusto de... *to have the pleasure of . . .,* 8; **Tenía muchas esperanzas de...** *I had many hopes of . . .,* 9
el tenis *tennis,* I; **los zapatos de tenis** *tennis shoes,* I
teñir (i, i) *to tint, to stain,* 9
el terapista, la terapista *therapist,* II
tercero(a) *third,* II
terco(a) *stubborn,* 2

termal *thermal;* **las aguas termales** *hot springs,* II
la terminación *ending*
terminar *to finish,* I
los términos *words, expressions,* 3
la terraza *terrace,* II
el terremoto *earthquake,* II
el terreno *land,* II
el territorio *territory,* 9
el terror *horror,* I; **...de terror** *horror . . .,* I; **la película de terror** *horror film,* I
la tesis *thesis,* 8
el tesoro *treasure,* 2
el (la) testigo *witness,* 6
el testimonio *testimony,* II
ti *you (emphatic),* I
ti mismo *yourself,* II
la tía *aunt,* I
tibio(a) *lukewarm,* 4
el tiburón *shark,* II
el tiempo *weather,* I; *time,* II; **a tiempo** *on time,* I; **¿Cuánto tiempo hace que...?** *How long have you been . . .?,* II; **Hace buen (mal) tiempo.** *The weather is nice (bad).,* I; **Hace mucho tiempo que...** *I've been . . . for a long time.,* II; **Hace poco tiempo que...** *I've been . . . for a little while.,* II; **pasar mucho tiempo** *to spend a lot of time,* II; **¿Qué tiempo hace?** *What's the weather like?,* I; **¡Tanto tiempo sin verte!** *Long time, no see!,* I
la tienda de... *. . . store,* I; **la tienda de comestibles** *grocery store,* II
la tienda de campaña *tent,* II
el tiento *leather strap on a saddle,* 2
la tierra *land,* II
tímido(a) *shy,* I
el tío *uncle,* I
los tíos *uncles, uncles and aunts,* I
típicamente *typically,* II
típico(a) *typical,* II
el tipo *type,* II
tirar *to pull,* II; tirar a los leones, *to betray,* 9
tirarse al agua *to dive into the water,* II
las tiras cómicas *comic strips,* 6
el tiro con arco *archery,* 2
los titulares *headlines,* 6
el título *degree, title,* 8; el título universitario *college degree,* 3; el título académico *college degree,* 8
la toalla *towel,* I
el tobillo *ankle,* II
el tocadiscos *record player,* 6
tocar *to play (an instrument),* I; *to touch,* I; **tocarle (a alguien)** + infinitive *what someone has to do,* II
el tocino *bacon,* I
todavía *yet,* I; **todavía no** *not yet,* I; **¿Todavía no estás listo(a)?** *Aren't you ready yet?,* II
todo(a) *whole,* I; *all, every,* I; **a todo dar** *great,* I; sobre todo *especially,* II; todo el mundo *everybody,* 6
todos(as) *whole,* I; *all, every,* I
tolerante *tolerant,* 2
tomar *to drink,* I; *to eat,* I; *to take,* I; *to accept,* I; tomar apuntes *to take notes,* II; **tomar clases de...** *to take . . . lessons,* II; **tomar el sol** *to sunbathe,* I; **tomar un batido** *to have a milkshake,* I; **tomar un crucero** *to go on a cruise,* II; **tomar un taxi** *to take a taxi,* II; **tomar apuntes** *to take notes,* 3; **tomar la iniciativa** *to take the initiative,* 7
tomarse las pastillas *to take pills,* II
el tomate *tomato,* I; **la lata de salsa de tomate** *can of tomato sauce,* II
el tono *tone,* II
tonto(a) *dumb,* I
topar *to run into,* 2
torcer (ue) *to twist,* II
torcerse (ue) + a body part *to sprain (one's body part),* II
torcido(a) *twisted,* II
la tormenta *storm,* II
tormentoso(a) *stormy,* 9
el tornado *tornado,* II
la toronja *grapefruit,* 4
la torre *tower,* 5
la torta *cake,* 4
la tos *cough,* II; **tener tos** *to have a cough,* II
tostado(a) *toasted,* II; **el pan tostado** *toast,* I
tostar (ue) *to toast,* II
el tour *guided tour,* II; **hacer un tour** *to take a guided tour,* II
trabajador(a) *hard-working,* I
el trabajador social, la trabajadora social *social worker,* II
trabajar *to work,* I; **trabajar en mecánica** *to work on cars,* II
Trabajo duro... y por eso... *I work hard . . . and for that reason . . .,* 7
el trabajo *job, work,* I; **¿Qué clase de trabajo realiza...?** *What kind of work does . . . do?,* II
trabarse la lengua *to get tongue-tied,* 10
la tradición *tradition,* 7
traer (traigo) *to bring,* I
la tragedia *tragedy,* 5
trágico(a) *tragic,* 10
traicionar *to betray,* 7, 9
el (la) traidor(a) *traitor,* 9
el traje *suit,* II; **el traje de baño** *swimsuit,* I
la trama *plot (of a play)*
la trampa *trap,* II
tranquilamente *peacefully, calmly,* II
la tranquilidad *tranquility, peacefulness,* II
Tranquilo(a). *Relax.,* II; dejar tranquilo(a) *to leave (somebody) alone,* II
transcurrir *to take place,* II
el tránsito *traffic,* II
el transporte *transportation;* **los medios de transporte** *means of transportation,* I
trasero(a) *back, rear,* 8
trasladado(a) *moved,* II
tratar *to try,* II; *to be about,* II; **tratar de** + infinitive *to try to,* 8
tratar un tema a fondo *to cover a topic in depth,* 6
través: a través de *through,* II
las travesuras *antics, mischief,* II; **hacer travesuras** *to be mischievous,* II
travieso(a) *mischievous,* I
trazarse *to trace,* II
el trébol *clover,* 10
trece *thirteen,* I
treinta *thirty,* I
treinta y cinco *thirty-five,* I
treinta y dos *thirty-two,* I
treinta y uno *thirty-one,* I
el tren *train,* I; **la estación de tren** *train station,* II
trepar *to climb,* II
tres *three,* I
trescientos(as) *three hundred,* I
las tribus *tribes,* II
el trigo *wheat,* II
triste *sad,* I; **estar triste** *to be sad,* I
la tristeza *sadness;* **Me dio (mucha) tristeza.** *It made me (very) sad.,* II
triunfar *to triumph,* 7
el trofeo *trophy,* II
el tronco *trunk,* II
las tropas *troops,* 5, 9
tropical *tropical,* II; **explorar la selva tropical** *to explore the tropical jungle,* II; **la isla tropical** *tropical island,* II
trotar *to jog,* II
el trozo *passage,* II; *piece, chunk,* II
el trueno *thunder,* II
tú *you,* I
tu *your (informal),* I
la tumba *tomb,* II
la tuna *traditional Spanish music group,* 2
turbar *to disturb,* 10
el turismo *tourism,* II; **la oficina de turismo** *tourism office,* II
el turista, la turista *tourist,* II
turístico(a) *tourist;* el guía turístico *tour guide,* II; la atracción turística *tourist attraction,* II; **la guía turística** *guide book,* II

turnarse *to take turns,* II
tu(s) *your (informal),* I
tuyo(a) *yours,* II

ubicado(a) *located,* 9
¡Uf! Me di un golpe en... *Oh! I hit my . . .,* II
últimamente *lately,* 4
último(a) *latest,* I; *most remote,* 6; **a la (última) moda** *in the (latest) style,* I; **la última oferta** *last offer,* II
un(a) *a, an,* I; un rato *a while,* II; **Un(a) buen(a) amigo(a) debe apoyarme y... No debe...** *A good friend should support me and . . . He/She shouldn't . . .,* 2
el ungüento *(m.) ointment,* II
único(a) *only,* II
la unidad *unity,* 5
unir *to unite,* II
la universidad *university,* 3
uno(a) *one,* I; **Es la una.** *It is one o'clock.,* I
unos(as) *some,* I
la uña *nail,* II
uruguayo(a) *Uruguayan,* II
usar *to use, to wear,* I; **usar el/la...** *to wear size . . . in shoes/clothes,* I; **usar lentes** *to wear glasses,* I
usted (Ud.) *you (formal),* I
ustedes (Uds.) *you (pl.),* I
los usuarios *users,* II
útil *useful,* II
los útiles escolares *school supplies,* I
utilizar *utilize,* 8
las uvas *grapes,* II
¡Uy! *Oh!,* I

las vacaciones *vacation,* II; **ir de vacaciones** *to go on vacation,* II
la vacante *vacancy,* 8
la vainilla *vanilla,* II; **el flan de vainilla** *vanilla flan,* II
Vale. *Okay.,* I
la valentía *courage, valour,* 9
valer (-go) *to cost, to be priced at;* **¿Cuánto vale(n)...?** *How much is (are) . . .?,* II; **(no) valer la pena** *to (not) be worth it,* 2
valerse (-go) de *to avail oneself of,* 3
valiente *brave,* 9
valioso(a) *valuable,* 3
el valle *valley,* 9
vamos *we are going,* II; **¿Vamos bien para...?** *Are we going the right way to . . .?,* II
cocer al vapor to steam, II
los vaqueros *jeans,* I
variar *to vary,* II
la variedad *variety,* II
varios(as) *various,* 1
la varita mágica *magic wand,* 9
el varón *male,* 4
las vasijas *containers,* II
el vaso *glass,* I
¡Vaya! Por fin capto la idea. *Aha! I finally get the idea.,* 8
la vecindad *area, neighborhood,* 5
el vecindario *neighborhood,* II
el vecino, la vecina *neighbor,* II
los vegetales *vegetables,* II; el aceite vegetal *vegetable oil,* II
vegetariano(a) *vegetarian,* II
veinte *twenty,* I
veintiún *twenty-one,* I
la vela *candle,* II; *sail;* **el bote de vela** *sailboat,* I; **pasear en bote de vela** *to go out in a sailboat,* I
¡Ven acá! *Come over here!,* II; **¡Ven aquí!** *Come (right) here!,* II
vencer *to defeat,* 9
vendado(a) *bandaged, wrapped,* II
vendar *to bandage, to wrap,* II
vendarse *to put a bandage on,* II
el vendedor *seller,* II
vender *to sell,* I; **vender de todo** *to sell everything,* I
venezolano(a) *Venezuelan,* II
venir (ie, -go) *to come,* I; **¡Ven acá!** *Come over here!,* II; **¡Ven aquí!** *Come (right) here!,* II
la venta *sale,* II; **la venta de liquidación** *clearance sale,* II
la ventaja *advantage,* 8
la ventana *window,* I
ver *to watch, to see,* I; **Nos vemos.** *See you.,* I; **¡Qué gusto verte!** *It's great to see you!,* I; **¡Tanto tiempo sin verte!** *Long time, no see!,* I; **Te veo mal.** *You don't look well.,* I; **¡Te ves guapísimo!** *You look very handsome!,* II; **¡Te ves super bien!** *You look great!,* II; nada que ver con *nothing to do with;* algo que ver con *something to do with,* 1
el verano *summer,* I
la verdad *truth,* II; **de verdad** *honestly,* II; **¿verdad?** *right?,* I
verdadero(a) *true,* II
verde *green,* I; **la zona verde** *green belt, park,* II
las verduras *vegetables,* I; **la sopa de verduras** *vegetable soup,* I
la vereda *sidewalk (Bolivia),* II
la vergüenza *embarrassment;* **Me dio (mucha) vergüenza.** *It made me (very) embarrassed.,* II
el verso *verse,* II
vertido(a) *spilled,* 9
el vestido *dress,* I
el vestidor *fitting room,* II
los vestidos de gala *fancy dresses, gowns,* II
vestirse (i, i) *to get dressed,* I
la vez *(pl. veces) time;* **a veces** *sometimes,* I; en vez de *instead of,* II; **Érase una vez** *Once upon a time,* II; **Había una vez** *There once was,* II; **hay veces** *there are times,* I; tal vez *perhaps, maybe,* II; **Ya lo hice mil veces.** *I've already done it a thousand times.,* II
viajar *to travel,* 1; **viajé a...** *I traveled to . . .,* 1
el viaje *trip,* I; **Espero que el viaje sea divertido.** *I hope the trip is fun.,* II; **hacer un viaje** *to take a trip,* I
el viajero *traveler,* II; **los cheques de viajero** *travelers' checks,* II
la víctima *victim,* 9
la victoria *victory,* 5, 9
la vida *life,* II; la vida cotidiana *daily life,* 8; **la vida diaria** *daily life,* 8
el video *video,* I
los videojuegos *video games,* I
el vidrio *glass,* II
viejo(a) *old,* I
el vino *wine,* II
el violín *violin,* II
el viento *wind,* II; **Hace viento.** *It's windy.,* I
el viernes *Friday,* I
el vinagre *vinegar,* II
el visitante, la visitante *visitor,* II
visitar *to visit,* II
la víspera *eve,* II
la vista *view,* 2
el vistazo *glance,* II
visto(a) *seen (past participle of* **ver***),* II
las vitaminas *vitamins,* II
la vitrina *shop window,* I; **mirar las vitrinas** *to window-shop,* I
vivir *to live,* I; **vivieron felices** *they lived happily ever after,* II
la vocación *vocation, calling,* 3
volar (ue) *to fly,* 6
volar (ue) con ala delta *to go hang gliding,* II
el volcán *volcano,* II
el volibol *volleyball,* I
voltearse *to turn around,* 8
el voluntario *volunteer,* 8
volver (ue) *to go/come back,* I; **vuelto** *returned (past participle of* **volver***),* II
volverse (ue) + adjective *to*

become, to turn into *(a gradual change),* 8; Me estoy volviendo loca. *I'm going crazy.,* 8
vos *you (informal)*
vosotros(as) *you (pl., informal),* I
votar *to vote,* 7
Voy a... con la idea de... *I'm going to . . . with the intention of . . .,* 7
la voz *voice,* 6
el vuelo *flight,* I; **perder el vuelo** *to miss the flight,* I
la vuelta *turn;* **a la vuelta** *around the corner,* I; **dar una vuelta** *to turn,* II; **dar una vuelta por...** *to walk/drive around . . .,* II; **Está a la vuelta.** *It's around the corner.,* I
vuestro(a) *your (pl.),* I
vuestros(as) *your (pl.),* I

el wáter *toilet (Peru),* II
el Web *World Wide Web,* II; **diseñar páginas Web** *to design Web pages,* II; **páginas Web** *Web pages,* II
el windsurf *windsurf,* II; **hacer windsurf** *to windsurf,* II

y *and,* I
ya *already,* I; **Ya encontré mi(s)...** *I've already found my . . .,* II; **Ya lo hice mil veces.** *I've already done it a thousand times.,* II; **Ya no.** *Not anymore.,* II; **¿Ya sabías que...?** *Did you already know that . . .?,* II; **Ya te lo (la) paso.** *I'll get him/her.,* I; **¡Ya voy!** *I'm coming!,* II; **¡Ya caigo! Está más claro ahora.** *I get it! It's clearer now.,* 8; **Ya verás que van a promover...** *You'll see that they're going to promote . . .,* 10
la yapa *a small amount given in addition,* 7
el yeso *plaster,* II
yo *I,* I; **Yo que tú** *If I were you,* 3; **Yo te invito.** *My treat.,* 2
el yoga *yoga;* **hacer yoga** *to do yoga,* I
el yogur *yogurt,* 4
la yuca *yucca plant,* 4

la zanahoria *carrot,* I
la zapatería *shoe store,* I
los zapatos *shoes,* I
zapoteco(a) *related to the Zapotecs (Mexican civilization),* 5
la zona peatonal *pedestrian zone,* II
la zona verde *green belt, park,* II
el zoológico *zoo,* I
el zopilote *vulture (Mexico, Central America),* II
el zorro *fox,* 9

Vocabulario inglés-español

This vocabulary includes all of the words presented in the **Vocabulario** sections of the chapters. These words are considered active—you are expected to know them and be able to use them. Expressions are listed under the English word you would be most likely to look up.

Spanish nouns are listed with the definite article and plural forms, when applicable. If a Spanish verb is stem-changing, the change is indicated in parentheses after the verb: **dormir (ue).** The number after each entry refers to the chapter in which the word or phrase is introduced. Words and phrases from Level I are indicated by the Roman numeral I. Words and phrases from Level II are indicated by the Roman numeral II.

To be sure you are using Spanish words and phrases in their correct context, refer to the chapters listed. You may also want to look up Spanish phrases in **Expresiones de ¡Exprésate!**, pp. R21–R24.

a, *un(a)*, I
A big hug from, . . . *Un abrazo de,...*, II
A few (many, five . . .) years ago *Hace unos (muchos, cinco...) años*, II
A good friend should support me and . . . He/she shouldn't . . . *Un(a) buen(a) amigo(a) debe apoyarme y... No debe...*, 2
a gossip *chismoso(a)*, II; **What a gossip!** *¡Qué chismoso(a)!*, II
a little *un poco*, I
a lot *mucho*, I; **I laughed a lot.** *Me reí mucho.*, II; **I miss you a lot.** *Te echo mucho de menos.*, II; **to spend a lot of time** *pasar mucho tiempo*, II
a lot of *muchos(as)*, I
a ton *un montón*, I
to achieve *lograr*, 7
accident *el accidente*, 10
accustomed: to get accustomed to *acostumbrarse*, 7
acquaintance *un(a) conocido(a)*, 2
active *activo(a)*, I
Actually, I admire . . . *En realidad, admiro...*, 5
to add *añadir*, I; *echar*, II; **It's just that I forgot to add . . .** *Es que se me olvidó ponerle...*, 4
address *la dirección*, I; **My address is . . .** *Mi dirección es...*, I; **e-mail address** *el correo electrónico*, I
adhesive bandage *una curita*, II
administrative assistant *el (la) auxiliar administrativo(a)*, 8
to admire: Actually, I admire . . . *En realidad, admiro...*, 5
to admit a mistake *admitir un error*, 3
advances *los adelantos*, 8
advantage *la ventaja*, 8; **to take advantage of** *aprovechar*, 7
adventure *la aventura*, I; **adventure book** *el libro de aventura*, I
adventurous *aventurero(a)*, II
advice *el consejo*, II; **to give advice** *dar consejos*, II
to advise *aconsejar*, II; **They advise that . . .** *Se advierte que...*, 10
to advise someone to . . . *aconsejarle (a alguien) que...*, II
aerobics *los aeróbicos*, II; **to do aerobics** *hacer ejercicios aeróbicos*, II
affectionate *cariñoso(a)*, II
after *después*, I; *después de*, I; **after class** *después de clases*, I; **after school** *después del colegio*, II
afternoon *la tarde*, I; **in the afternoon** *por la tarde*, I; **this afternoon** *esta tarde*, I
afterwards *después*, I
agent *el agente, la agente*, I
agree: I agree. *Estoy de acuerdo*, I; **I don't agree.**, *No estoy de acuerdo.*, I
Aha! I finally get the idea. *¡Vaya! Por fin capto la idea.*, 8
airplane *el avión*, I; **by plane** *por avión*, I
airport *el aeropuerto*, I
album *el álbum*, II; **to create an album** *crear un álbum*, II
algebra *el álgebra*, 3
all *todo(a)(os)(as)*, I
all right *regular*, I
to allow *dejar*, I
almond *la almendra*, II
almost *casi*, I; **almost always** *casi siempre*, I; **almost never** *casi nunca*, I
alone *solo(a)*, I
alphabet *el alfabeto*, I
already *ya*, I; **Thanks for inviting me, but I've already seen it.** *Gracias por invitarme, pero ya lo/la he visto.*, 5
also *también*, I
alternatives (to) *las alternativas (a)*, 10
although *aunque*, 9; **Although I agree . . ., I think that . . .** *Aunque estoy de acuerdo..., creo que...*, 10; **Although there was/were . . ., on the other hand . . .** *A pesar de que hubo..., por otro lado...*, 10
always *siempre*, I; **almost always** *casi siempre*, I; **as always** *como siempre*, I; **Yes, I'm always doing . . . I'm crazy about . . .** *Sí, me la paso... Estoy loco(a) por...*, 2; **I have always wanted to be a . . .** *Siempre he querido ser un(a)...*, 8
American *estadounidense*, II
amusement park *el parque de diversiones*, I
an *un(a)*, I
ancestors *los antepasados*, 7
and *y*, I; *e*, II; **And what is there to do around here?** *¿Y qué hay que hacer por aquí?*, II; **And your friends, what do they like to do?** *Y a tus amigos, ¿qué les gusta hacer?*, II
ankle *el tobillo*, II
anniversary *el aniversario*, I
announcer *el (la) locutor(a)*, 6
answering machine *el contestador automático*, 8
antique *antiguo(a)*, 5
any *cualquier*, I
anything *algo*, I; **Anything else?** *¿Algo más?*, II; **Would you like anything else?** *¿Se les ofrece algo más?*, II
apartment *el apartamento*, I
apology *la disculpa*, 3
appetizers *los entremeses*, II
apple *la manzana*, I
application *la solicitud*, 8
to apply *solicitar*, 8
April *abril*, I
aquarium *el acuario*, II
archery *el tiro con arco*, 2
architecture *la arquitectura*, 5
Are you . . .? *¿Eres...?*, I
Are you interested in going to . . .? *¿Te interesa ir a...?*, 5
Are you still . . .? *¿Sigues...?*, II; **Are you still practicing . . .?** *¿Sigues practicando...?*, II
Aren't you ready yet? *¿Todavía no estás listo(a)?*, II
Argentine *argentino(a)*, II
to argue *discutir*, 3
arid *árido(a)*, II
arm *el brazo*, I
armchair *el sillón*, II
armoire *la cómoda*, II
around here *por aquí*, II
around the corner *a la vuelta*, I
arrival *la llegada*, I
to arrive *llegar*, I; **As soon as he/she arrived . . .** *Tan pronto como llegó...*, 9
arrogant *creído(a)*, 2
art *el arte*, I; **plastic arts** *las artes plásticas*, 5; **dramatic arts** *las artes dramáticas*, 5; **Speaking of art, what can you tell me about . . .?** *Hablando de arte, ¿qué me cuentas de...?*, 5

article *el artículo,* 4
artistic *artístico(a),* 5
as *como,* II
as . . . as *tan...como,* I
as a child *de pequeño(a),* II
as always *como siempre,* I
as much/many . . . as . . . *tanto(a)/ tantos(as)... como...,* II
As soon as . . . I plan on . . . *Tan pronto como... pienso...,* 7
As soon as he/she arrived . . . *Tan pronto como llegó...,* 9
As soon as I turn . . . years old, I'm going to . . . *En cuanto cumpla los... años, voy a...,* 7
to ask for *pedir (i, i),* I; *solicitar,* 8; **to ask for information** *pedir información,* II; **to ask for forgiveness** *pedir perdón,* 3
to ask someone *preguntarle a alguien,* II
aspirations *las aspiraciones,* 7
aspirin *la aspirina,* II
to assimilate *asimilar,* 7; **With time I was able to assimilate . . .** *Con el tiempo pude asimilar...,* 7
assorted *surtido(a),* II; **assorted fresh fruit** *el surtido de frutas frescas,* II
astronaut *el astronauta, la astronauta,* II
at *a(l),* I; **@** *la arroba,* I
at all *para nada,* II
at last *por fin,* II
at the same time *a la vez,* 8
athletic *atlético(a),* I
to attend *asistir a,* I
attitude: I can't stand the attitude of . . . towards . . . I can't take it anymore! *Me choca la actitud de... hacia... ¡No aguanto más!,* 3
to attract one's attention *llamar la atención,* 5
audience *el público,* 5
auditorium *el auditorio,* I
August *agosto,* I
aunt *la tía,* I
automatic teller machine *el cajero automático,* I
avocado *el aguacate,* 4
avenue *la avenida,* II
to avoid *evitar,* II
awesome *fenomenal,* I
awful *fatal,* II

babied *consentido(a),* II
back *la espalda,* I
back then *en aquel entonces,* II
backpack *la mochila,* I
bacon *el tocino,* I
bad *malo(a),* I; **to get bad grades** *sacar malas notas,* II; **in good/bad taste** *de buen/mal gusto,* 5; **It's too bad that . . .** *Es lamentable que...,* 9; **It would be a good/bad idea to break up with...** *Sería una buena/mala idea romper con...,* 3; **The milk has gone bad.** *Está pasada la leche.,* 4
bag *la bolsa,* I
baggage *el equipaje,* I; **baggage claim** *el reclamo de equipaje,* I
baggy *flojo(a),* II
to bake *hornear,* II
baked *horneado(a),* II
bakery *la panadería,* II
balanced *balanceado(a),* II; **balanced diet** *la dieta balanceada,* II; **to eat a balanced diet** *llevar una dieta balanceada,* II
ballet *el ballet,* 5
banana *el plátano,* II
band: Don't forget to go to band practice. *No te olvides de ir al ensayo de la banda.,* 5
to bandage *vendar,* II
bandaged *vendado(a),* II
bank *el banco,* II
baptism *el bautizo,* II
bargain *la ganga,* I
to bargain *regatear,* II
baseball *el béisbol,* I
basket *la cesta,* II
basketball *el básquetbol,* I
to bathe *bañarse,* I
bathroom *el baño,* I
bathroom sink *el lavabo,* II
bathtub *la bañera,* II
battle *la batalla,* 9
battlefield *el campo de batalla,* 9
be *sé,* I
to be *ser, estar,* I; **How are you?** *¿Cómo está(s)?,* I; **to be all right** *estar regular,* I; **to be bored** *estar aburrido(a)* I; **to be careful** *tener cuidado,* II; **to be embroidered** *estar bordado(a),* II; **to be familiar with (a place)** *conocer,* I; **to be fine** *estar bien,* I; **to be happy** *estar contento(a)* I; **to be hungry** *tener hambre,* I; **to be in a hurry** *tener prisa,* I; **to be in a wheelchair** *estar en una silla de ruedas,* I; **to be lucky** *tener suerte,* I; **to be nervous** *estar nervioso(a)* I; **to be ready** *estar listo(a),* I; **to be right** *tener razón,* I; **to be sad** *estar triste,* I; **to be scared** *tener miedo,* I; **to be sick** *estar enfermo(a)* I; *estar mal,* II; **to be sleepy** *tener sueño,* I; **to be sure** *estar seguro(a),* II; **to be thirsty** *tener sed,* I; **to be tired** *estar cansado(a),* I; **to be . . . years old** *tener... años,* II; **What did you want to be?** *¿Qué querías ser?,* II; **to be crazy about** *estar loco(a) por,* 2; **to be a fanatic** *ser un(a) fanático(a),* 2; **to be jealous of** *tener celos de,* 2; **to be known to be** *tener fama de ser,* 2; **to (not) be worth it** *(no) valer la pena,* 2; **to be resentful** *estar resentido(a),* 3; **to be (un)faithful** *ser (in)fiel,* 3; **to be married** *estar casado(a),* 4; **to be born** *nacer,* 4; **to be up-to-date** *estar al tanto,* 6; **to be of the opinion** *opinar,* 6; **to be of (nationality) descent** *ser de ascendencia,* 7; **to be thankful for** *estar agradecido(a) por,* 7; **to insist on, be determined to** *empeñarse en,* 7
to be able to *poder (ue, u),* I; **With time I was able to assimilate . . .** *Con el tiempo pude asimilar...,* 7; **I can do it.** *Lo puedo hacer.,* 8
to be going to (do something) *ir + a +* infinitive, I; **I'm going to give you a special price.** *Le voy a dar un precio especial.,* II; **I wasn't going to buy . . ., but they gave me a discount.** *No iba a comprar..., pero me dieron un descuento.,* II; **We're going to clean the rooms.** *Vamos a limpiar los cuartos.,* II; **We're going to go . . .** *Vamos a ir a/al...,* II
to be interested in *llamarle la atención,* II
to be late *tardar,* II
to be named *llamarse,* II; **His/Her name is . . .** *Se llama...,* II; **My . . .'s name is . . .** *Mi... se llama...,* II;
beach *la playa,* I
beachball *el balón de playa,* II
beans *las habichuelas,* II; *los frijoles,* 4
bear *el oso,* II
beautiful *hermoso(a),* 5
beauty parlor *el salón de belleza,* II
because *porque,* I; **Because of this . . .** *A causa de esto...,* 9
to become *llegar a ser;* **to become worse** *empeorar,* 8
bed *la cama,* I; **to go to bed** *acostarse,* I; **to make the bed** *hacer la cama,* I; **to stay in bed** *quedarse en cama,* II
bedroom *la habitación,* I
bedside table *la mesita de noche,* II
beef *la carne,* I
before *antes de,* I; **Before classes start, I want to . . .** *Antes de que empiecen las clases, quiero...,* 7
to start crying *ponerse a llorar,* II
behind *detrás de,* I
to believe *creer,* II; **When I found out, I couldn't believe it.** *Cuando me enteré, no lo pude creer.,* II; **When I heard the news, I didn't want to believe it.** *Cuando oí la noticia no lo quise creer.,* II; **Believe me, I didn't mean to do it.** *Créeme que fue sin querer.,* 3; **I can't believe it!** *¡No me lo puedo creer!,* 4; **It's hard to believe that there are . . ./that they say . . .** *Parece mentira que haya.../que digan...,* 6
bellhop *el botones,* II
to belong to *pertenecer(zc) a,* 7
belt *el cinturón,* II
benefits *los beneficios,* 8
besides *además,* I
best *mejor(es),* I
to bet: I bet that the rate of . . . won't go down. *A que no va a bajar la tasa de...,* 10; **I bet you that . . .** *Te apuesto que...,* 10
better *mejor(es),* I; **better than anyone** *mejor que nadie,* II; **It's better that . . .** *Es mejor que...,* II; **Which of these paintings do you like better, the one of (by) . . . or the one of (by) . . .?** *¿Cuál de estas pinturas te gusta más, la de... o la de...?,* 5
to betray *traicionar,* 9
biased *parcial,* 4
big *grande,* I; **I'm a big . . . fan. What sport do you like?** *Soy un(a) gran aficionado(a) a... ¿Qué deporte te gusta a ti?,* 2
bike *la bicicleta,* I; **to ride a bike** *montar en bicicleta,* I, **to bike** *practicar ciclismo,* 2
biking *el ciclismo,* 2
bilingual: I'm bilingual; therefore, I have many opportunities . . . *Soy bilingüe, por lo tanto, tengo muchas oportunidades...,* 7
bill *la cuenta,* I; *el billete,* II; **to pay the bill** *pagar la cuenta,* II
binoculars *los binóculos,* II
biology *la biología,* I
bird *el pájaro,* II
birth *el nacimiento,* II; **to give birth** *dar a luz,* 4
birthday *el cumpleaños,* I; **birthday card** *la tarjeta de cumpleaños,* I; **birthday of**

el cumpleaños de..., I
black *negro(a)*, I
blank *en blanco*, I
blind *ciego(a)*, I
block *la cuadra*, II; *el bloque*, II; **to play with blocks** *jugar (ue) con bloques*, II
blond *rubio(a)*, I
blouse *la blusa*, I
blue *azul*, I
to board *abordar*, I
board game *el juego de mesa*, I
boarding house *la pensión*, II
boarding pass *la tarjeta de embarque*, I
boat *el barco*, I; *el bote*, II; **to go boating** *pasear en bote*, II
to boil *hervir (ie, i)*, II
boiled *hervido(a)*, II
bomb *la bomba*, 10
bone *el hueso*, II
book *el libro*, I; **adventure book** *el libro de aventura*, I; **romance book** *el libro de amor*, I
bookcase *el estante*, II
bookstore *la librería*, I
boots *las botas*, I
boring *aburrido(a)*, I; **to be bored** *estar aburrido*, I
boss *el jefe, la jefa*, 8
to bother *fastidiar, molestar*, II
bowl *el plato hondo*, I
to bowl *jugar al boliche*, 2
bowling *el boliche*, 2
boy *el muchacho*, I; *el niño*, II
boyfriend: What do you look for in a boyfriend/girlfriend? *¿Qué buscas en un(a) novio(a)?*, 2
bracelet *la pulsera*, I
brain *el cerebro*, II
brave *valiente*, 9
bread *el pan*, I
to break *romper*, II; **broken** *roto(a) (past participle of* **romper)**, II
to break (one's body part) *romperse* + a body part, II
to break up with *romper con*, 2; **It would be a good/bad idea to break up with...** *Sería una buena/mala idea romper con...*, 3
breakfast *el desayuno*, I
breeze *la brisa*, II
bridge *el puente*, 5
to bring *traer (-igo)*, I; **Bring us the bill, please.** *Tráiganos la cuenta, por favor.*, II; **Did you bring your...?** *¿Trajiste tu...?*, II; **I'll bring it (them) right away.** *Enseguida se lo/la (los/las) traigo.*, II; **They bring movies to my house.** *Traen películas a mi casa.*, II; **Would you bring us...?** *¿Nos trae...?*, II
broccoli *el bróculi*, I
broken *roto(a) (past participle of* **romper)**, II
brother *el hermano*, I
brothers, brothers and sisters *los hermanos*, I
brother-in-law *el cuñado*, 4
brown *castaño(a)*, I; *de color café*, I
to brush *cepillarse*, II
to brush one's hair *peinarse*, II
to build *construir*, II
building *el edificio*, I; **... story building** *el edificio de... pisos*, I
bump *el golpe*, II; **to bump one's...** *darse un golpe en...*, II
to bump one's... *darse un golpe en...*, II
to burn *quemar*, II; **to burn CDs** *crear/grabar CDs*, II
burned *quemado(a)*, II; **It's burned.** *Está quemado(a).*, II
bus *el autobús*, I
businessman *el hombre de negocios*, 8
businesswoman *la mujer de negocios*, 8
busy *ocupado(a)*, II
but *pero*, I; **but (as in "Not this, but that instead.")** *sino*, II; **not only... but... as well** *no sólo... sino... también*, II
butcher shop *la carnicería*, II
butter *la mantequilla*, II
to buy *comprar*, I; **buy** *compre*, II; **don't buy** *no compre*, II; **I saw that... was (were) on sale, so I bought...** *Vi que... estaba(n) en oferta, así que compré...*, II; **I wasn't going to buy..., but they gave me a discount.** *No iba a comprar..., pero me dieron un descuento.*, II; **to buy souvenirs** *comprar recuerdos*, II; **you would buy** *comprarías*, I; **to buy (someone) a gift** *comprarle un regalo*, 3
by plane *por avion*, I
By the way, what have you heard about the...? *A propósito, ¿qué has oído de el/la...?*, 5
Bye. *Chao.* I

cactus *el cactus*, II
café *el café*, II; **Internet café** *el café Internet*, II; **to get together at an Internet café** *reunirse en un café Internet*, II; **to go to outdoor cafés** *ir a cafés*, II
cafeteria *la cafetería*, I
cake *el pastel*, I
calculator *la calculadora*, I
calculus *el cálculo*, 3
calf (of leg) *la pantorrilla*, I
to call *llamar*, I; **I'll call back later.** *Llamo más tarde.*, I
calmly *tranquilamente*, II
camera *la cámara*, I; **disposable camera** *la cámara desechable*, I
to camp *acampar*, I
campfire *la fogata*, II
camping *camping*, II; **to go camping** *hacer camping*, II
can *la lata*, II; **can of tomato sauce** *la lata de salsa de tomate*, II
can *poder (ue, u)*, I; **Do you know where I can...?** *¿Sabe usted dónde se puede...?*, II; **How can I get to...?** *¿Cómo puedo llegar a...?*, II; **one can** *se puede*, II; **Can I...?** *¿Puedo...?*, I; **Can I help you?** *¿En qué le puedo servir?*, I; *¿Puedo ayudarte?*, II; **Can you lower the price on that...?** *¿Me puede rebajar el precio de ese/esa...?*, II; **Can you repeat what you said?** *¿Puede repetir lo que dijo?*, II; **Can you tell me where... is?** *¿Me dices dónde está...?*, II; **I can do it.** *Lo puedo hacer.*, 8
Canadian *canadiense*, II
candy *el dulce*, I
canoe *la canoa*, I
capable: I am capable of (doing)... *Soy capaz de (hacer)...*, 8
car *el carro*, I; **toy car** *el carrito*, II; **to work on cars** *trabaja en mecánica*, II
carbohydrates *los carbohidratos*, II
card *la tarjeta*, I
cards *los naipes*, II; **to play cards** *jugar naipes*, II
career *la carrera* , 8
carpenter *el carpintero, la carpintera*, II
carpet *la alfombra*, II
carrot *la zanahoria*, I
to carry *llevar*, II; **I got carried away with...** *Se me fue la mano con...*, 4
cartoons *los dibujos animados*, II
carved figure *la figura tallada*, II
carving: to do woodcarving *tallar en madera*, 5
cash *en efectivo*, II
cash register *la caja*, II
cashier *el cajero, la cajera*, II
castle *el castillo*, II
cat *el gato, la gata*, I; **to rain cats and dogs** *llover a cántaros*, II
to catch a cold *resfriarse*, II
cathedral *la catedral*, II
cauliflower *la coliflor*, 4
cave *la cueva*, II; **to explore caves, to go spelunking** *explorar cuevas*, II
CD *el CD*, II; **to burn CDs** *crear/grabar CDs*, II
ceiling *el techo*, II
to celebrate *celebrar, festejar*, I; **Tonight we're going to celebrate...** *Esta noche vamos a celebrar...*, II
celery *el apio*, 4
cell phone *el teléfono celular*, II
cemetery *el cementerio*, II
censorship *la censura*, 6
Centigrade *centígrados*, II
ceramic *la cerámica*, II
cereal *los cereales*, I
chain *la cadena*, II
chair *la silla*, I; **wheelchair** *la silla de ruedas*, I
challenge: There were many challenges in... *Había muchos desafíos en...*, 7
championship *el campeonato*, 10
chance: If you had the chance, where would you go? *Si tuvieras la oportunidad, ¿adónde irías?*, 8
to change *cambiar*, 8; **Changing the subject, what do you have to say about...?** *Cambiando de tema, ¿qué me dices de...?*, 5
channel *el canal* , 6
to charge *cobrar*, II
to chat *charlar*, I
to check *facturar*, I; **to check luggage** *facturar el equipaje*, I
cheek *la mejilla*, II
to cheer *animar*, II
cheerleader *el animador, la animadora*, II
cheese *el queso*, I
chemistry *la química*, I
cherry *la cereza*, 4
chess *el ajedrez*, I; **to play chess** *jugar al ajedrez*, II
chest *el pecho*, I
chest of drawers *la cómoda*, II
chicken *el pollo*, I; **roasted chicken** *el pollo asado*, II; **fried chicken** *el pollo frito*, 4
chicken soup *el caldo de pollo*, II
children *los hijos*, I
chili pepper *el ají*, II
Chilean *chileno(a)*, II

chocolate *el chocolate*, I; **chocolate cake** *el bizcocho de chocolate*, 4
chores *los quehaceres*, I
Christmas *la Navidad*, I
Christmas Eve *la Nochebuena*, I
chunk *el trozo*, II
church *la iglesia*, I
cinematography *la cinematografía*, 5
city *la ciudad*, I; **city map** *el plano de la ciudad*, II
class *la clase*, I; *el curso*, 3; **after class** *después de clases*, I
classic *clásico(a)*, 5
classified ads *los anuncios clasificados*, 6
classmate *el compañero de clase*, I; *la compañera de clase*, I
clay *el barro*, II
to clean *limpiar*, I
to clean the room *arreglar el cuarto*, I; **We're going to clean the rooms.** *Vamos a limpiar los cuartos.*, II
clear: I get it! It's clearer now. *¡Ya caigo! Está más claro ahora.*, 8
clearance sale *la venta de liquidación*, II
client *el cliente, la cliente*, I
climate *el clima*, II; **What a dry climate!** *¡Qué clima tan seco!*, II
to climb *subir*, I; *trepar*, II; *escalar*, 2; **to climb trees** *trepar a los árboles*, II
clinic *la clínica*, II
to close *cerrar (ie)*, I
close to *cerca de*, I
clothes *la ropa*, I
cloudy *nublado(a)*, I
club *el club de...*, I
coach *el entrenador, la entrenadora*, II
coast *la costa*, II
coat *el abrigo*, I
coconut candy *el dulce de coco*, 4
coffee *el café*, I; **coffee with milk** *el café con leche*, I
coffee shop *la cafetería*, I
coins *las monedas*, II; **to collect coins** *coleccionar monedas*, II
cold *frío(a)*, I; **It's cold.** *Hace frío.*, I; **to be cold** *tener frío*, I; **to have a cold** *tener catarro*, I; **cold, unfriendly** *seco(a)*, 2
cold tomato soup *el gazpacho*, II
colleagues *los compañeros de trabajo*, 8
to collect *coleccionar*, II; **to collect coins** *coleccionar monedas*, II; **to collect posters** *coleccionar pósters*, II; **to collect seashells** *coleccionar caracoles*, II; **to collect stamps** *coleccionar estampillas*, II
color *el color*, II
Colombian *colombiano(a)*, II
comb *el peine*, I
to comb your hair *peinarse*, I
to combat *combatir*, 3
to come *venir (-go, ie)*, I; **come** *ven*, I; **Come over here!** *¡Ven acá!*, II; **Come (right) here!** *¡Ven aquí!*, II; **don't come** *no vengas*, I; **to come back** *volver*, I; **you're coming with me . . .** *vienes conmigo a...*, I; **Do you want to come to . . . with me?** *¿Me acompañas a...?*, 5
comedy *la comedia*, 5
comic book *la revista de tiras cómicas*, I
comic books *las revistas cómicas*, II
comic strips *las tiras cómicas*, 6
commemorate: My life-long dream is to commemorate . . . *El sueño de mi vida es conmemorar a....*, 9
commentary *el comentario*, 6
to commit (a crime) *cometer (un crimen)*, 10
commitment *el compromiso*, 7
common: to have much/something/nothing in common *tener mucho/algo/nada en común*, 2
to communicate *comunicarse*, 3
communication *la comunicación*, 3
compact disc *el disco compacto*, I
company *la empresa*, 8
compassion *la compasión*, 10
competent *competente*, 8
competition *la competencia*, II
completely *por completo*, II; **to cover a topic completely** *tratar un tema a fondo*, 6
computer *la computadora*, I; **to do computer design** *hacer diseño por computadora*, II; **computer games** *los juegos de computadora*, 2
computer science *la computación*, I
concert *el concierto*, I
to confront *enfrentar*, II
consequently: We talked about the issue; consequently . . . *Hablamos del tema; por consiguiente...*, 7
to conserve *conservar*, 10
consider: to consider oneself *considerarse*, 6
constantly *constantemente*, II
contact lenses *los lentes de contacto*, II
contaminated/polluted *contaminado(a)*, 10
contamination/pollution *la contaminación*, 10
contemporary *contemporáneo(a)*, 5
contrary: On the contrary! I disagree. *¡Al contrario! No estoy de acuerdo.*, 3
to contribute *contribuir*, 7
contribution *el aporte*, 7
controversial *controvertido(a)*, 6
convinced: I'm convinced that . . . *Estoy convencido(a) de que...*, 6
cook *el cocinero, la cocinera*, II
to cook *cocinar*, I
cooked *cocido(a)*, II
cookie *la galleta*, I
cooking section *la sección de cocina*, 6
cool *fresco(a)*, I; **It's cool.** *Hace fresco.*, I
cooperation *la cooperación*, 10
corn *el maíz*, I
corner *la esquina*, II
to cost *costar (ue)*, I; **it will cost** *costará*, I
cotton *el algodón*, I; **made of cotton** *de algodón*, I
cough *la tos*, II; **to have a cough** *tener tos*, II
cough syrup *el jarabe*, II
Could you tell me . . .? *¿Me podría decir...?*, II
counselor: guidance counselor *el (la) consejero(a)*, 3
to count *contar (ue)*, II
to count on *contar (ue) con*, 2
counter *el mostrador*, I
country *el país*, I
countryside *el campo*, I
cousin *el primo, la prima*, I
to cover *cubrir*, II; **to cover a topic completely** *tratar un tema a fondo*, 6
cowardly *cobarde*, 9
coyote *el coyote*, II
cramp *el calambre*, II; **for someone to get a cramp** *darle un calambre*, II; **to have a cramp** *tener un calambre*, II
crazy *loco(a)*, II; **I'm crazy about . . .** *Estoy loco(a) por...*, II
cream *la crema*, II; *la crema*, II; **strawberries (and cream)** *las fresas (con crema)*, II; **sour cream** *la crema agria*, 4
to create *crear*, 5
to create an album, scrapbook *crear un álbum*, II
creative *creativo(a)*, 5
credit card *la tarjeta de crédito*, II
creation *la creación*, 9
crime *el crimen*, 10
crisis: environmental/economic/political crisis *la crisis ambiental/económica/política*, 6
critical *criticón, criticona*, 2; **critical review** *la reseña*, 5
to critique *reseñar*, 6
crossword puzzle *el crucigrama*, II; **to do crossword puzzles** *hacer crucigramas*, II
to cry *llorar*, II; **to start crying** *ponerse a llorar*, II; **Yes, I'm disappointed because… It makes me feel like crying.** *Sí, estoy decepcionado(a) porque... Me dan ganas de llorar.*, 2
cucumber *el pepino*, 4
curious *curioso(a)*, II
custard *el flan*, I
customs (airport) *la aduana*, I
customs (cultural) *las costumbres*, 7
cut *cortado(a)*, II
to cut *cortar*, I; **to cut the grass** *cortar el césped*, I
to cut oneself *cortarse*, II
cybercafé *el cibercafé*, II; **to go to a cybercafé** *ir a un cibercafé*, II

dad *el papá*, I
daily life *la vida diaria*, 8
daily special *el plato del día*, II
dance *el baile*, I; **I recommend that you go to the folk dance performance. It's very . . .** *Te aconsejo que vayas a la presentación de baile folclórico. Es muy...*, 5
to dance *bailar*, I; **dancing** *bailando*, I; **to start dancing** *ponerse a bailar*, I
dark-skinned; dark-haired *moreno(a)*, I
date *la fecha*, I
daughter *la hija*, I
day *el día*, I; **day of the week** *el día de la semana*, I; **Father's Day** *el Día del Padre*, I; **holiday** *el día festivo*, I; **Independence Day** *el Día de la Independencia*, I; **Mother's Day** *el Día de la Madre*, I; **one day** *un día*, II; **some day** *algún día*, I; **Thanksgiving Day** *el Día de Acción de Gracias*, I; **Valentine's Day** *el Día de los Enamorados*, I; **What day is today?** *¿Qué día es hoy?*, I; **your saint's day** *el día de tu santo*, I; **these days** *hoy (en) día*, 8
day after tomorrow *pasado mañana*, I
day before yesterday *anteayer*, I
deaf *sordo(a)*, I
Dear . . ., *Querido(a)...*, II
Dear Sir/Madam/Miss: *Muy estimado(a) Sr./Sra./Srta.:*, 8

death *la muerte,* II

debate *el debate,* II

December *diciembre,* I

to decide *decidir,* II

to decide to *decidirse a* + infinitive, 8

to declare war *declarar la guerra,* 9

to decorate *decorar,* I; **He/She/You is (are) decorating the patio.** *Está decorando el patio.,* II

decoration *la decoración,* I

decorations *los adornos,* II

deed *el hecho,* 9

defeat *la derrota,* 9

to defeat *vencer,* 9

degrees Fahrenheit *los grados Fahrenheit,* II

delicious *delicioso(a),* I; *riquísimo(a),* I; *rico(a),* II; **How delicious!** *¡Qué rico(a)!,* II; **It tastes delicious.** *Sabe delicioso(a).,* 4

to delight *encantar,* I

Delighted (to meet you) . . . *Encantado(a).,* II

demonstrations *las manifestaciones,* 10

dentist *el dentista, la dentista,* II

department store *el almacén,* I

departure *la salida,* I; *la partida,* II

descent: to be of (nationality) descent *ser de ascendencia,* 7

to describe *describir,* II; **Describe . . . to me.** *Descríbeme...,* II

desert *el desierto,* II

to design *diseñar,* II; **to design Web pages** *diseñar páginas Web,* II

design *el diseño,* II; **to do computer design** *hacer diseño por computadora,* II

desire *la gana,* I; **to desire** *desear,* I

desk *el escritorio,* I

dessert *el postre,* I

destination *el destino,* I

destined *destinado(a),* I

destruction *la destrucción,* 10

detail *el detalle,* I

detailed *detallado(a),* 6

to determine *determinar,* I

determined: to insist on, be determined to *empeñarse en,* 7

to develop *desarrollar,* 10

to dice *picar,* II

diced *picado(a),* II

dictator *el dictador,* 9

dictionary *el diccionario,* I

Did you remember to . . .? *¿Te acordaste de...?,* II

Did you try . . .? *¿Probaste...?,* II

to die *morirse (ue, u),* II

diet *la dieta,* I; **to eat a balanced diet** *llevar una dieta balanceada,* II; **to eat well** *seguir una dieta sana,* I

difficult *difícil,* I; **That's easy/pretty difficult for me.** *Eso me resulta fácil/bastante difícil,* 8

dining room *el comedor,* I

dinner *la cena,* I

to direct *dirigir,* 8

disadvantage *la desventaja,* 8

disagree: On the contrary! I disagree. *¡Al contrario! No estoy de acuerdo.,* 3

to disappear *desaparecer (zc),* 9

disappointed: Yes, I'm disappointed because . . . It makes me feel like crying. *Sí, estoy decepcionado(a) porque... Me dan ganas de llorar.,* 2

disaster *el desastre,* 10

discount *el descuento,* II

to discover *descubrir,* 10

discovery (of) *el descubrimiento (de),* 10

to discriminate *discriminar,* 7

discrimination *la discriminación,* 3

disease *la enfermedad,* 10

disgusting: That's disgusting! *¡Qué asco!,* 4

dish *el plato,* I

dishwasher *el lavaplatos,* II

disloyal *desleal,* 2

disposable *desechable,* I

to dive in the water *tirarse al agua,* II

divorce *el divorcio,* 4

to divorce *divorciarse (de),* 4

divorced *divorciado(a),* 4

to do *hacer (-go),* I; **And what is there to do around here?** *¿Y qué hay que hacer por aquí?,* II; **And your friends, what do they like to do?** *Y a tus amigos, ¿qué les gusta hacer?,* II; **do** *haz,* I; **doing** *haciendo,* II; **done** *hecho (past participle of* **hacer**), II; **don't do** *no hagas,* I; **I didn't do anything.** *No hice nada.,* II; **I've already done it a thousand times.** *Ya lo hice mil veces.,* II; **So, what I have to do is . . .** *Entonces, lo que tengo que hacer es...,* II; **we are doing** *estamos haciendo,* I; **What did you do?** *¿Qué hiciste?,* I; **What did you like to do when you were . . . years old?** *¿Qué te gustaba hacer cuando tenías...?,* II; **What did you use to do when you were a little boy/girl?** *¿Qué hacías de niño(a)?,* II; **What do you do every morning?** *¿Qué haces todas las mañanas?,* II; **What do you like to do on weekends?** *¿Qué te gusta hacer los fines de semana?,* II; **What do you want to do this afternoon?** *¿Qué quieres hacer esta tarde?,* II; **What do your friends do on weekends?** *¿Qué hacen tus amigos los fines de semana?,* II; **What else do I need to do?** *¿Qué más tengo que hacer?,* II; **What needs to be done in the kitchen?** *¿Qué hay que hacer en la cocina?,* II; **What will you all do at the beach?** *¿Qué harán ustedes en la playa?,* II; **to do aerobics** *hacer ejercicios aeróbicos,* II; **to do chores** *hacer los quehaceres,* I; **to do computer design** *hacer diseño por computadora,* II; **to do crossword puzzles** *hacer crucigramas,* II; **to do homework** *hacer la tarea,* I; **to do woodcarving** *tallar en madera,* 5; **to do yoga** *hacer yoga,* I; **The . . . don't do anything for me.** *Los/Las... me dejan frío(a).,* 2; **Yes, I'm always doing . . . I'm crazy about . . .** *Sí, me la paso... Estoy loco(a) por...,* 2; **I can do it.** *Lo puedo hacer.,* 8; **What would you like to do?** *¿Qué te gustaría hacer?,* 8; **Where were you and what were you doing when . . .?** *¿Dónde estabas y qué hacías cuando...?,* 10

Do you like . . .? *¿Te gusta(n)...?,* I

Do you remember when . . . happened? *¿Te acuerdas cuando sucedió...?,* 10

Do you want to come to . . . with me? *¿Me acompañas a...?,* 5

Do you want to go see . . . *¿Quieres ir a ver...?,* 5

doctor *el médico, la médica,* II

documentary *el documental*, 6

dog *el perro, la perra,* I; **to feed the dog** *darle de comer al perro,* II

dolls *las muñecas,* II

dominoes *el dominó,* 2

Don't forget to . . . *No te olvides de...,* II, 3; **Don't forget to go to band practice.** *No te olvides de ir al ensayo de la banda.,* 5

Don't worry. *No te preocupes.,* II

to donate time to a cause *donar tiempo a una causa,* 8

done *hecho(a) (past participle of* **hacer**), II

door *la puerta,* I; **to lock the door** *cerrar (ie) la puerta con llave,* II

dot *el punto,* I

doubt: I doubt that you're well-informed about . . ./that you know . . . *Dudo que estés bien informado(a) sobre.../que sepas...,* 6

downtown *el centro,* I; **to get to know downtown** *conocer el centro,* II

drama *el drama,* 5

dramatic arts *las artes dramáticas,* 5

to draw *dibujar,* I

drawing *el dibujo,* 5

dream: My life-long dream is to commemorate . . . *El sueño de mi vida es conmemorar a....,* 9

to dream *soñar(ue),* II; **I dreamed of being . . .** *Soñaba con ser...,* II; **to dream of** *soñar (ue) con,* 7

dress *el vestido,* I

to dress up *arreglarse,* II

to drink *beber,* I; **to drink something** *beber algo,* II; *tomar,* I

drinks *las bebidas,* II

to drive *conducir(zc),* II

to drive around . . . *dar una vuelta por...,* II

driver *el conductor, la conductora,* II

driver's license *la licencia de conducir,* II

to drizzle *lloviznar,* II

drug addiction *la drogadicción,* 10

dry *árido(a),* II; *seco(a),* II; **What a dry climate!** *¡Qué clima tan seco!,* II; **The . . . is dry/isn't very sweet.** *El/La... está seco(a)/no está muy dulce.,* 4

to dry *secarse,* I

dryer *la secadora,* II

dumb *tonto(a),* I

during *durante,* I

to dust *sacudir,* II; **to dust the furniture** *sacudir los muebles,* II

DVD *el DVD,* I; **blank DVD** *el DVD en blanco,* I

E

eagle *el águila (f.),* II

ear (inner) *el oído,* I; **ear (outer)** *la oreja,* II

early *temprano(a),* I

earphones *los audífonos,* I

earrings *los aretes,* I

earthquake *el terremoto,* II

easily *fácilmente,* II

easy *fácil,* I; **That's easy for me.** *Eso me resulta fácil,* 8

to eat *comer,* I; *tomar,* I; **don't eat** *no coma,* II; *no comas,* II; **eat** *coma, come,* II; **Have you eaten at . . .?** *¿Ha comido en...?,* II; **to eat a balanced diet** *seguir (i) una dieta sana,* I; *llevar una dieta balanceada,* II; **to eat breakfast** *desayunar,* I; **to eat dinner** *cenar,* I; **to**

eat lunch *almorzar (ue)*, I; **to eat well** *seguir una dieta sana*, I
economic crisis *la crisis económica*, 6
ecotourism *el ecoturismo*, II; **to go on an ecotour** *hacer ecoturismo*, II
editorial section *los editoriales*, 6
educational *educativo(a)*, 6
effort: to make an effort to *esforzarse (ue) por*, 7; **We had to make a big effort to . . .** *Tuvimos que hacer un gran esfuerzo para...*, 7; **We made a big effort at . . .** *Nos esforzamos en...*, 7
egg *el huevo*, I; **scrambled eggs** *los huevos revueltos*, II
eight *ocho*, I
eight hundred *ochocientos*, I
eighteen *dieciocho*, I
eighth *octavo(a)*, II
eighty *ochenta*, I
elbow *el codo*, II
elections *las elecciones*, 10
electric/hybrid car *el carro eléctrico/híbrido*, 10
electronic planner *la agenda electrónica*, 8
eleven *once*, I
e-mail address *el correo electrónico*, I
embassy *la embajada*, II
embroidered *bordado(a)*, II; **to be embroidered** *estar bordado(a)*, II
emergency room *la sala de emergencias*, II
empire *el imperio*, 9
employee *el (la) empleado(a)*, 8
enchanted *encantado(a)*, 9
to enclose: I'm enclosing a . . . *Le/Les adjunto un(a)...*, 8
enemy *el (la) enemigo(a)*, 9
energy: solar energy *la energía solar*, 10
engaged: to get engaged *comprometerse*, 4
engagement *el compromiso*, 4; **engagement ring** *el anillo de compromiso*, 4; **I'm sorry, but I already have other plans/another engagement.** *Lo siento, pero ya tengo otros planes/otro compromiso.*, 5
engineer *el ingeniero, la ingeniera*, II
English *el inglés*, I
to enjoy *disfrutar de*, II
enough *suficiente*, I; **to get enough sleep** *dormir lo suficiente*, I
entertaining *entretenido(a)*, 5
entertainment section *la sección de ocio*, 6
environment *el medio ambiente*, 10; **work environment** *el ambiente de trabajo*, 8
environmental crisis *la crisis ambiental*, 6
equality: The way I see it, there's no equality between . . . *A mi parecer, no hay igualdad entre...*, 3
errands *las diligencias*, II; **to run errands** *hacer diligencias*, II
eruption (of a volcano) *la erupción (de un volcán)*, 10
established: to get established *establecerse*, 7
ethnic group *el grupo étnico*, 7
evening *la tarde*, I
event *el hecho*, 9; *el acontecimiento*, 10
every morning *todas las mañanas*, II
every year *todos los años*, II
everybody *todos(as)*, I
everything *todo*, I
evident: It's evident that . . . *Es evidente que...*, 6
to exchange *intercambiar*, II; **to exchange (for)** *cambiar (por)*, II
excited: Yes, I'm excited because . . . *Sí, estoy entusiasmado(a) porque...*, 2
exciting *emocionante*, 10
Excuse me. *Perdón., Disculpe.*, II; **Excuse me, is there a . . . around here?** *Disculpe, ¿hay un(a)... por aquí?*, II
to exercise *hacer ejercicios*, I
exhibit *la exposición*, 5
to expect *esperar*, I
expensive *caro(a)*, I
explode *estallar*, 10
to explore *explorar*, II; **to explore caves** *explorar cuevas*, II; **to explore the tropical jungle** *explorar la selva tropical*, II
explorers *los exploradores*, 9
to express (yourself) *expresarse*, 7
eyebrows *las cejas*, II
eyes *los ojos*, I; **to have blue eyes** *tener ojos azules*, I; **to have brown eyes** *tener ojos de color café*, II

F

face *la cara*, I
to face: My . . . faced obstacles when . . . *Mis... enfrentaron obstáculos cuando...*, 7
to facilitate *facilitar*, 8
facing *enfrente de*, II
fact *el hecho*, 9
factory *la fábrica*, II
to fail (a test, a class) *suspender*, 3
failure *el fracaso*, II
fair *justo(a)*, II; **It's not fair!** *¡No es justo!*, II; **I don't think it's fair.** *No me parece que sea justo.*, 3
fairy tale *el cuento de hadas*, 9
faithful: to be (un)faithful *ser (in)fiel*, 3
to fall *caer(se) (-igo)*, II; **to fall asleep** *dormirse (ue)*, II; **to fall in love** *enamorarse*, 9
fall *el otoño*, I
family *la familia*, I; **There are . . . people in my family.** *En mi familia somos...*, I
family reunion *la reunión familiar*, 4
fancy dresses *los vestidos de gala*, II
fantastic: How fantastic! *¡Qué fantástico(a)!*, I
fashion section *la sección de moda*, 6
fast food *la comida rápida*, II
fat *gordo(a)*, I; *la grasa*, I
father *el padre*, I; **Father's Day** *el Día del Padre*, I
father-in-law *el suegro*, 4
favorite *preferido(a)*, I
February *febrero*, I
to feed the dog *darle de comer al perro*, II
to feel *sentirse (ie, i)*, I; **to feel like doing something** *tener ganas de + infinitive*, I; **How did you feel when . . .?** *¿Cómo te sentiste cuando...?*, II; **How did you feel when you heard about . . .?** *¿Cómo te sentiste cuando supiste lo de...?*, II
to feel like *querer (ie) + infinitive*, II; **Yes, I'm disappointed because . . . It makes me feel like crying.** *Sí, estoy decepcionado(a) porque... Me dan ganas de llorar.*, 2
female soldier *la mujer soldado*, 9
to fence *esgrimir*, 2
fencing *la esgrima*, 2
few *poco(a), pocos(as)*, I
fifteen *quince*, I
fifth *quinto(a)*, II
fifty *cincuenta*, I
to fight *pelearse*, 3; **to fight for** *luchar por*, 7
film *la película*, I
finally *por fin*, II; **Finally . . . managed to . . .** *Por fin... logró...*, 7
financial section *la sección financiera*, 6
to find *encontrar (ue)*, I; **Did you find what you were looking for at . . .?** *¿Encontraste lo que buscabas en...?*, II; **I've already found my . . .** *Ya encontré mi(s)...*, II; **I find it to be very . . .** *Lo/La encuentro muy...*, 5
to find out *enterarse*, II; *averiguar*, II; **When I found out, I couldn't believe it.** *Cuando me enteré, no lo pude creer.*, II; **How did you find out about . . .?** *¿Cómo te enteraste de...?*, 6; **How did you find out the score?** *¿Cómo supiste el resultado?*, 6
fine *bien*, I
finger *el dedo*, I
finger food *los bocadillos*, II
finish *terminar*, I
fire *incendio*, II; **to put out fires** *apagar incendios*, II; **fire station** *la estación de bomberos*, II; **fire truck** *el camión de bomberos*, II; **firefighter** *el bombero*, II; **female firefighter** *la bombera*, II; **fireworks** *los fuegos artificiales*, I
first *el primero*, I; *primero(a)*, I
fish *el pescado*, I; **fish (live)** *el pez*, II
to fish *pescar*, I
fish market *la pescadería*, II
fishing *la pesca*, I; **to go fishing** *ir de pesca*, I
fishing rod *la caña de pescar*, II
to fit *quedar*, I; **How do the . . . fit?** *¿Cómo te quedan...?*, II
to fit in *encajar (en)*, 7
fitting room *el probador*, II
five *cinco*, I
five hundred *quinientos*, I
to fix *arreglar*, II
flag *la bandera*, 9
flan *el flan*, I
flashlight *la linterna*, II
flavor *el sabor*, II; **It doesn't have much flavor.** *Le falta sabor.*, II; **The . . . lacks flavor, but I don't know what's missing.** *Al (A la)... le falta sabor, pero no sé qué le falta.*, 4
to flee *huir*, II
flight *el vuelo*, I
floor *el piso*, I
flower shop *la floristería*, II
to focus on *enfocarse en*, 7
fog *la niebla*, II
folder *la carpeta*, I
folk: I recommend that you go to the folk dance performance. It's very . . . *Te aconsejo que vayas a la presentación de baile folclórico. Es muy...*, 5
to follow *seguir (i, i)*, I
food *la comida*, I; **Chinese (Italian, Mexican) food** *la comida china (italiana, mexicana)*, I; **food court in a mall** *la plaza de comida*, I; **food products** *los comestibles*, II; **fast food**

la comida rápida, II; **finger food** *los bocadillos*, II
foot *el pie*, I
football *el fútbol americano*, I
for *para*, I
forest *el bosque*, II
to **forget (about), to forget (to)** *olvidarse (de)*, II; **Don't forget to . . .** *No te olvides de...*, II; **I totally forgot.** *Se me olvidó por completo.*, II; **It's just that I forgot to add . . ..** *Es que se me olvidó ponerle...*, 4
to **forgive** *disculpar, perdonar*, 3; **Forgive me. I don't know what I was thinking.** *Perdóname. No sé en qué estaba pensando.*, 3
forgiveness: to ask for forgiveness *pedir perdón*, 3
fork *el tenedor*, I
formidable *formidable*, I
fortune *la fortuna*, I
forty *cuarenta*, I
forward: to move forward *seguir adelante*, 7
fountain *la fuente*, II
four *cuatro*, I
four hundred *cuatrocientos*, I
fourteen *catorce*, I
fourth *cuarto(a)*, II
frankly *francamente*, II
frantically *desesperadamente*, II
free of charge *gratis*, II
free time *el rato libre*, II
freeway *la autopista*, II
French *el francés*, I
French fries *las papas fritas*, I
frequency *la frecuencia*, I
frequently *frecuentemente*, II
fresh *fresco(a)*, II
Friday *el viernes*, I; **on Fridays** *los viernes*, I
fried *frito(a)*, II; **fried chicken** *el pollo frito*, 4
friend *el amigo, la amiga*, I; **to go out with his/her/their friends** *salir con sus amigos*, II; **to make friends** *hacerse amigo(a) de alguien*, II; **A good friend should support me and . . . He/she shouldn't . . .** *Un(a) buen(a) amigo(a) debe apoyarme y... No debe...*, 2; **What should a good friend be like?** *¿Cómo debe ser un(a) buen(a) amigo(a)?*, 2
friendly *amigable*, 2
friendship *la amistad*, 2
frightening *espantoso(a)*, 10
from *de*, I
From then on, they lived happily ever after. *A partir de entonces, vivieron siempre felices.*, 9
From what I understand . . . *Según tengo entendido,...*, 4
From what we've been told, the villain. . . *Según nos dicen, el malvado...*, 9
from where *de dónde*, I
front page *la primera plana*, 6; **It was on the front page.** *Estaba en la primera plana.*, 6
frozen *congelado(a)*, II
fruit *la fruta*, I; **assorted fresh fruit** *el surtido de frutas frescas*, II
fruit shop *la frutería*, II
to **fry** *freír (i, i)*, II; **fried** *frito (past participle of* **freír**), II
fuels *los combustibles*, 10
to **fulfill (a dream)** *realizar (un sueño)*, 7
full-time job *el empleo a tiempo completo*, 8
fun *divertido(a)*, I; **to have fun** *divertirse (ie, i)*, II
funeral *el funeral*, 4
funny *chistoso(a)*, II; *cómico(a)*, I
furiously *furiosamente*, II
furniture *los muebles*, II; **to dust the furniture** *sacudir los muebles*, II
furniture store *la mueblería*, II
future *el futuro*, 10

to **gain weight** *subir de peso*, I
gallery *la galería*, 5
game show *el concurso*, 6
garage *el garaje*, I
garbage *la basura*, II
garbage can *el basurero*, 10
garden *el jardín*, I; **to work in the garden** *trabajar en el jardín*, II
garlic *el ajo*, II; **garlic soup** *la sopa de ajo*, II
generally *generalmente*, II
generous *bondadoso(a)*, II; *generoso(a)*, 2
geography *la geografía*, 3
geometry *la geometría*, 3
German *el alemán*, I
to **get** *conseguir(i, i)*, I; *agarrar*, II; **to get a haircut** *cortarse el pelo*, II; **to get a sunburn** *quemarse*, II; **to get along badly** *llevarse mal*, II; **to get along well** *llevarse bien*, II; **to get bored** *aburrirse*, II; **to get burned** *quemarse*, II; **to get dressed** *vestirse (i, i)*, I; **to get lost** *perderse (ie)*, II; **to get off of . . .** *bajarse de...*, II; **to get ready** *arreglarse*, II; **to get sick** *enfermarse*, II; **to get someone for a telephone call** *pasártelo(la)*, I; **to get there** *llegar*, I; **How can I get to . . .** *¿Cómo puedo llegar a...?*, II; **to go up/down . . . until you get to** *subir/bajar... hasta llegar a*, II; **to get tired** *cansarse*, II; **to get together at an Internet café** *reunirse en un café Internet*, II; **to get up** *levantarse*, I; **to get engaged** *comprometerse*, 4; **to get accustomed to** *acostumbrarse*, 7; **to get established** *establecerse*, 7; **Aha! I finally get the idea.** *¡Vaya! Por fin capto la idea.*, 8; **I get it! It's clearer now.** *¡Ya caigo! Está más claro ahora.*, 8; **Get this: he got married.** *Fíjate que se ha casado.*, 4
ghost *el fantasma*, 9
gift *el regalo*, I; **to buy (someone) a gift** *comprarle un regalo*, 3
girl *la muchacha*, I; *la niña*, II
girl's fifteenth birthday *la quinceañera*, I
girlfriend: What do you look for in a boyfriend/girlfriend? *¿Qué buscas en un(a) novio(a)?*, 2
to **give** *dar*, I; *regalar*, II; **don't give** *no des*, I; *no dé, no den*, II; **give** *da, dé, den*, II; **I'm going to give you a special price.** *Le voy a dar un precio especial.*, II; **I wasn't going to buy . . ., but they gave me a discount.** *No iba a comprar..., pero me dieron un descuento.*, II; **Okay, I'll give it to you for . . ., but that's my last offer.** *Bueno, se la regalo por..., pero es mi última oferta.*, II; **to give advice** *dar consejos*, II; **to give (someone) a hug** *darle un abrazo*, 3; **to give birth** *dar a luz*, 4; **to (not) give up** *(no) darse por vencido*, 7; **Give yourself time to think it over.** *Date tiempo para pensarlo.*, 3
glass *el vaso*, I; *el vidrio*, II
glasses *los lentes*, I; **to wear glasses** *usar lentes*, I
gloves *los guantes*, II
to **go** *ir*, I; **Are we going the right way to . . .?** *¿Vamos bien para...?*, II; **don't go** *no vayas*, I; *no vaya, no vayan*, II; **go** *ve*, I; *vaya, vayan*, II; *siga, sigue*, II; **gone** *ido (past participle of ir)*, II; **If you haven't gone to . . . yet, you must.** *Si todavía no ha ido a/al..., debe ir.*, II; **I prefer to go to . . .** *Prefiero ir a/al...*, II; **I'll go to . . .** *Iré a/al...*, II; **I want to go to . . .** *Quiero ir a...*, II; **Tomorrow I'm going to . . .** *Mañana voy a...*, II; **Tonight we're going to celebrate . . .** *Esta noche vamos a celebrar...*, II; **Where do you intend to go tonight?** *¿Adónde piensan ir esta noche?*, II; **Where will you go this summer?** *¿Adónde irás este verano?*, II; **to go bad: The milk has gone bad.** *Está pasada la leche.*, 4; **to go boating** *pasear en bote*, II; **to go camping** *hacer camping*, II; **to go down . . . until you get to** *bajar... hasta llegar a*, II; **to go for a walk** *pasear*, I; **to go hang gliding** *volar (ue) con ala delta*, II; **to go hiking** *ir de excursión*, I; *hacer senderismo*, II; **to go on a cruise** *tomar un crucero*, II; **to go on a hike** *dar una caminata*, II; **to go on an ecotour** *hacer ecoturismo*, II; **to go on vacation** *ir de vacaciones*, II; **to go shopping at the market** *ir de compras al mercado*, II; **to go skydiving** *saltar en paracaídas*, II; **to go spelunking** *explorar cuevas*, II; **to go straight** *seguir (i) derecho*, II; **to go to a cybercafé** *ir a un cibercafé*, II; **to go to bed** *acostarse (ue)*, I; **to go to outdoor cafés** *ir a cafés*, II; **to go to the zoo** *ir al zoológico*, II; **to go up** *subirse*, II; **to go up . . . until you get to** *subir... hasta llegar a*, II; **to go with** *hacer juego*, II; **I was going to . . .** *Iba a...*, 2; **Let's not go . . .** *No vayamos...*, 2; **I'm going to . . . with the intention of . . .** *Voy a... con la idea de...*, 7; **Why don't we go to . . .?** *¿Por qué no vamos a...?*, 5
to **go back** *regresar, volver (ue)*, I; **gone back** *vuelto (past participle of* **volver**), II
go out *sal*, I
to go out *salir (-go)*, I; **to go out with his/her/their friends** *salir con sus amigos*, II; **to go out in a sailboat (motorboat)** *pasear en bote de vela (lancha)*, I
goal *la meta*, 7
god *el dios*, 9
goddess *la diosa*, 9
gold *el oro*, II
golf *el golf*, II
gone *ido (past participle of* **ir**), II
good *bien*, II; **Honestly, it doesn't look good on you.** *De verdad, no te sienta bien*, II

good *bueno(a)*, I; **It's a good idea that . . .** *Es buena idea que...*, II; **to get good grades** *sacar buenas notas*, II; **You're really good at . . . aren't you?** *Eres muy bueno(a) para... ¿verdad?*, 2; **in good/bad taste** *de buen/mal gusto*, 5; **I see you're in a good mood.** *Te veo de buen humor.*, 2; **It would be a good/bad idea to break up with...** *Sería una buena/mala idea romper con...*, 3; **It's good enough to lick your fingers.** *Está para chuparse los dedos.*, 4; **It's not good for you . . .** *No te conviene...*, 3; **What should a good friend be like?** *¿Cómo debe ser un(a) buen(a) amigo(a)?*, 2
Goodbye. *Adiós.*, I
good-looking *guapo(a)*, I
to gossip *chismear*, 2
gossip: What a gossip! *¡Qué chismoso(a)!*, II
gossipy *chismoso(a)*, 2
gowns *los vestidos de gala*, II
grade *la nota*, II; **to get good grades** *sacar buenas notas*, II; **to get bad grades** *sacar malas notas*, II
to graduate (from) *graduarse (de)*, 4
graduation *la graduación*, I
grandchildren *los nietos*, I
granddaughter *la nieta*, I
grandfather *el abuelo*, I
grandmother *la abuela*, I
grandparents *los abuelos*, I
grandson *el nieto*, I
grandsons *los nietos*, I
grapefruit *la toronja*, 4
grass *el césped*, I
gray *gris*, I
gray-haired *canoso(a)*, I
great *estupendo(a)*, I; *a todo dar*, I; *buenísimo(a)*, II; *fenomenal*, II; *genial*, 2; *formidable*, 5; **You look great!** *¡Te ves super bien!*, II; **It's better for you to see the opera. It's great.** *Es mejor que veas la ópera. Es formidable.*, 5
green *verde*, I
green belt *la zona verde*, II
greeting card *la tarjeta*, I
grilled *a la parrilla*, II; **grilled steak** *el bistec a la parrilla*, II
groceries *los comestibles*, II
grocery store *la tienda de comestibles*, II
to grow *crecer (zc)*, 10
to grow up (in) *criarse (en)*, 7
group: ethnic group *el grupo étnico*, 7
Guatemalan *guatemalteco(a)*, II
guest *el (la) invitado(a)*, I
guidance counselor *el (la) consejero(a)*, 3; **The guidance counselor insists that I take . . . I don't like it at all!** *El/La consejero(a) insiste en que tome... ¡No me gusta para nada!*, 3
guide book *la guía turística*, II
guided tour *el tour*, II; **to take a guided tour** *hacer un tour*, II
guitar *la guitarra*, I
gym *el gimnasio*, I
gymnastics *la gimnasia*, II

hail *el granizo*, II
hair *el pelo*, I; **to comb your hair** *peinarse*, I; **to have . . . hair** *tener el pelo...*, II
hair dryer *la secadora de pelo*, I
hair salon *la peluquería*, II
hairstylist *el peluquero, la peluquera*, II
half *medio*, I; **half past** *y media*, I
half brother *el medio hermano*, 4
half sister *la medio hermana*, 4
ham *el jamón*, I
hamburger *la hamburguesa*, I
hammock *la hamaca*, II
hand *la mano*, I
handmade *hecho(a) a mano*, II
to hang *colgar (ue)*, I
Hanukkah *el Hanukah*, I
happy *contento(a)*, I; **to be happy** *estar contento(a)*, I
Happy (Merry) . . . *¡Feliz...!*, I
hard *difícil*, I; **I work hard . . . and for that reason . . .** *Trabajo duro... y por eso...*, 7; **It's not hard for me at all.** *No me es nada difícil.*, 8
hardware store *la ferretería*, II
hard-working *trabajador(a)*, I
hat *el sombrero*, I
to hate *odiar*, II
have *haber (auxiliary verb)*, II; **Have you eaten at . . .?** *¿Ha comido en...?*, II; *haya (present subjunctive of haber)*, II; **If you haven't gone to . . . yet, you must.** *Si todavía no ha ido a/al..., debe ir.*, II; **Have you thought about . . .?** *¿Has pensado en...?*, 3
to have *tener (-go, ie)*, I; **have** *ten*, I; **don't have** *no tengas*, I; **Do you have plans for . . .?** *¿Tienes planes para el...?*, II; **We have a wide assortment of gifts.** *Tenemos un gran surtido de regalos.*, II; **What news do you have of . . .?** *¿Qué noticias tienes de...?*, II; **to have . . . hair** *tener el pelo...*, II; **to have a cold** *tener catarro*, I; *estar resfriado(a)*, II; **to have a conversation** *conversar*, II; **to have a cough** *tener tos*, II; **to have a cramp** *tener un calambre*, II; **to have a milkshake** *tomar un batido*, I; **to have a party** *hacer una fiesta*, I; **to have a picnic** *tener un picnic*, I; **to have a snack** *merendar*, I; **to have brown eyes** *tener ojos de color café*, II; **to have fun** *divertirse (ie, i)*, II; **to have lunch** *almorzar*, I; **to have to (do something)** *tener que + infinitive*, I; *Deber + infinitive*, II; **So, what I have to do is . . .** *Entonces, lo que tengo que hacer es...*, II; **We have to put the dessert/the drinks in the refrigerator.** *Tenemos que poner el postre/los refrescos en el refrigerador.*, II; **We all have to help her.** *Todos tenemos que ayudarla.*, II; **to have a misunderstanding** *tener un malentendido*, 2; **to have much/something/nothing in common** *tener mucho/algo/nada en común*, 2; **I don't have the slightest idea if . . .** *No tengo la menor idea si...*, 6; **to have success** *tener éxito*, 7; **I had many hopes of . . .** *Tenía muchas esperanzas de...*, 9
he *él*, I; **He is . . .,** *Él es...*, I; **He (emphatic) likes . . .** *A él le gusta(n) + noun*, II
He/She regrets that . . . *Se arrepiente de que...*, 9
He/She/You (emphatic) like(s) . . . *A él/ella/usted le gusta(n) + noun*, II
He/She/You like(s) to watch television. *Le gusta ver la televisión.*, II
He/She/You love(s) . . . *Le encanta(n)...*, II
head *la cabeza*, I
headache *un dolor de cabeza*, II
headlines *los titulares*, 6
health *la salud*, I
to hear *oír(-go)*, II; **When I heard the news, I didn't want to believe it.** *Cuando oí la noticia no lo quise creer.*, II; **By the way, what have you heard about the . . .?** *A propósito, ¿qué has oído de el/la...?*, 5
heart *el corazón*, II
heat *el calor*, I
to heat *calentar (ie)*, I
Hello. *Aló., Bueno., Diga.*, I
help *la ayuda*, I; **to yell for help** *gritar por ayuda*, II
to help *ayudar*, I; **Can I help you?** *¿Puedo ayudarte?*, II; **We all have to help her.** *Todos tenemos que ayudarla.*, II; **to help at home** *ayudar en casa*, I; **to help each other** *ayudarse*, II; **to help people** *ayudar a la gente*, II
helpful *atento(a)*, 2
here *aquí*, II; **around here** *por aquí*, II; **Come (right) here!** *¡Ven aquí!*, II
heritage *la herencia*, 7
hero *el héroe*, 9
heroine *la heroína*, 9
Hey *Oye*, II
Hi *Hola*, I
high jump *el salto de altura*, 2
highway *la autopista*, II
hiking *el senderismo*, II; **to go hiking** *hacer senderismo*, II
his *su(s)*, I
history *la historia*, I
hit *el golpe*, II; **Oh! I hit my . . .** *¡Uf! Me di un golpe en...*, II
hobby *el pasatiempo*, I
to hold *agarrar*, II
holiday *el día festivo*, I
Holy Week *la Semana Santa*, I
home: I was at home when . . . *Estaba en casa cuando...*, 10
homework *la tarea*, I
Honduran *hondureño(a)*, II
honest *honesto(a)*, 2
Honestly, it doesn't look good on you. *De verdad, no te sienta bien.*, II
to honor *honrar*, 9
hope: I had many hopes of . . . *Tenía muchas esperanzas de...*, 9
to hope (that) . . . *esperar que + subj.*, II; **I hope the trip is fun.** *Espero que el viaje sea divertido.*, II; **I hope you're doing well.** *Espero que estés bien.*, II
Hope things go well for you. *Que te vaya bien.*, I
Hopefully . . . *Es de esperar que...*, 9
Hopefully the war won't be . . . *Ojalá que la guerra no sea...*, 9
horrible *horrible*, I
horror *el terror*, I

horse *el caballo*, II; **to ride a horse** *montar a caballo*, II

hospital *el hospital*, II

hostel *el albergue*, II; **youth hostel** *el albergue juvenil*, II

hot *caliente*, I; **hot sauce** *la salsa picante*, I; **hot chocolate** *el chocolate*, I; **hot springs** *las aguas termales*, II

hotel *el hotel*, I; **to stay in a hotel** *quedarse en un hotel*, I

hour *la hora*, I

house *la casa*, I; **to play house** *jugar a la casita*, II

household chores *los quehaceres*, I

how? *¿cómo?*, I; **How can I get to . . .?** *¿Cómo puedo llegar a...?*, II; **How did the . . . competition turn out?** *¿Cómo salió la competencia de...?*, II; **How did you do in . . .?** *¿Cómo te fue en...?*, II; **How did you feel when . . .?** *¿Cómo te sentiste cuando...?*, II; **How did you feel when you heard about . . .?** *¿Cómo te sentiste cuando supiste lo de...?*, II; **How did you react when . . .?** *¿Cómo reaccionaste cuando...?*, II; **How do I look in . . .?**, *¿Cómo me veo con...?*, II; **How do the . . . fit?** *¿Cómo te quedan...?*, II; **How do you make . . .?** *¿Cómo se prepara...?*, II; **How do you spell . . .** *¿Cómo se escribe...?*, I; **How does it fit?** *¿Cómo me queda?*, I; **How is . . . prepared?** *¿Cómo se prepara...?*, II; **How is the . . .?**; *¿Qué tal está...?*, II; **How long have you been . . .?** *¿Cuánto tiempo hace que...?*, II; **How many . . .?** *¿cuántos(as)?*, I; **how much?** *¿cuánto(a)?*, I; **How much is (are) . . .?** *¿Cuánto vale(n)...?*, II; **How often do you go . . .?** *¿Con qué frecuencia vas...?*, I; **How old are you?** *¿Cuántos años tienes?*, I; **How did you find out about . . .?** *¿Cómo te enteraste de...?*, 6; **How did you find out the score?** *¿Cómo supiste el resultado?*, 6

How . . .! How boring! *¡Qué pesado!*, II; **How delicious!** *¡Qué rico(a)!*, II; **How fantastic!** *¡Qué fantástico!*, I; **How great!** *¡Qué bien!*, I;

hug *el abrazo*, II; **A big hug from, . . .** *Un abrazo de,...*, II; **to give (someone) a hug** *darle un abrazo*, 3

to hug each other *abrazarse*, II

humid *húmedo(a)*, II

hunger *el hambre*, I, 10

hungry, to be *tener hambre*, I

hurricane *el huracán*, II

to hurry *darse prisa*, II

hurt *herido(a)*, II

to hurt *doler (ue)*, I; *herir (ie, i)*, II; **My . . . hurt(s)** *Me duele(n)...*, I; **Is something hurting you?** *¿Te duele algo?*, I; **I didn't mean to hurt/offend you.** *No quise hacerte daño/ofenderte.*, 3

to hurt oneself *lastimarse*, II

husband *el esposo*, II

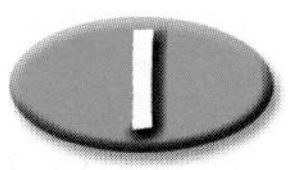

I *yo*, I; **I** *(emphatic)* **(don't) like . . .** *A mí (no) me gusta(n) + noun*, II; **I did very well (badly).** *Me fue muy bien (mal).*, II; **I didn't do anything.** *No hice nada.*, II; **I don't recommend it to you.** *No te lo/la (los/las) recomiendo.*, II; **I felt like . . .** *Me dieron ganas de + infinitive*, II; **I felt/became . . .** *Me puse + adj.*, II; **I have no idea.** *Ni idea.*, I; **I hope that** *ojalá que*, II; **I hope you're doing well.** *Espero que estés bien.*, II; **I just need to. . .** *Sólo me falta...*, II; **I laughed a lot.** *Me reí mucho.*, II; **I miss you a lot.** *Te echo mucho de menos.*, II; **I really liked him/her.** *Me caía muy bien.*, II; **I recommend that you . . .** *Le aconsejo que...*, II; **I saw that . . . was (were) on sale, so I bought . . .**, *Vi que... estaba(n) en oferta, así que compré...*, II; **I started to . . .** *Me puse a + infinitive*, II; **I totally forgot.** *Se me olvidó por completo.*, II; **I used to . . .** *Solía...*, II; **I wonder what the weather is like at (in) . . .?** *¿Cómo será el clima en...?*, II; **I would like . . .** *Quisiera...*, I; **I can't stand . . .** *No aguanto...*, 2; **I didn't study, so . . .** *No estudié, así que...*, 7; **I intend to . . .** *Tengo la intención de...*, 7; **I work hard . . . and for that reason . . .** *Trabajo duro... y por eso...*, 7; **I am capable of (doing) . . .** *Soy capaz de (hacer)...*, 8; **I bet that the rate of . . . won't go down.** *A que no va a bajar la tasa de...*, 10; **I bet you that . . .** *Te apuesto que...*, 10; **I can do it.** *Lo puedo hacer.*, 8; **I can't seem to understand . . .** *No logro entender...*, 8; **I can't understand it.** *No me cabe en la cabeza.*, 8; **I had many hopes of . . .** *Tenía muchas esperanzas de...*, 9; **I have always wanted to be a . . .** *Siempre he querido ser un(a)...*, 8; **I predict that they are going to implement . . .** *Calculo que van a implementar...*, 10; **I remember it like it was yesterday.** *Lo recuerdo como si fuera ayer.*, 10; **I think it's worth remembering . . .** *Creo que vale la pena acordarse de...*, 10; **I was at home when . . .** *Estaba en casa cuando...*, 10; **I would be interested in studying to be a . . .** *Me interesaría estudiar para ser un(a)*, 8; **I would like to be a . . .** *Me gustaría ser un(a)...*, 8; **I can't believe it!** *¡No me lo puedo creer!*, 4; **I didn't do it on purpose.** *No lo hice a propósito.*, 3; **I didn't mean to hurt/offend you.** *No quise hacerte daño/ofenderte.*, 3; **I don't have the slightest idea if . . .** *No tengo la menor idea si...*, 6; **I don't think it's fair.** *No me parece que sea justo.*, 3; **I don't think that journalists/newscasts are . . .** *No creo que los periodistas/los noticieros sean...*, 6; **I doubt that you're well-informed about . . ./that you know . . .** *Dudo que estés bien informado(a) sobre.../que sepas...*, 6; **I find it to be very . . .** *Lo/La encuentro muy...*, 5; **I got carried away with . . .** *Se me fue la mano con...*, 4; **I read it in the sports section.** *Lo leí en la sección deportiva.*, 6; **I recommend that you go to the folk dance performance. It's very . . .** *Te aconsejo que vayas a la presentación de baile folclórico. Es muy...*, 5; **I see you're in a good mood.** *Te veo de buen humor.*, 2; **I suggest that you not pay attention to rumors.** *Sugiero que no hagas caso a los rumores.*, 3; **I swear I'll never do it again.** *Te juro que no lo volveré a hacer.*, 3; **I understand a little about . . ., but nothing about . . .** *Entiendo algo de..., pero nada de...*, 6

I'd like you to meet . . . I'd like you (pl.) to meet . . . *Les presento a...*, II

I'll: I'll bring it (them) right away. *Enseguida se lo/la (los/las) traigo.*, II; **I'll let you have them for . . .** *Se los dejo en...*, II

I'm: I'm coming! *¡Ya voy!*, II; **I'm going to give you a special price.** *Le voy a dar un precio especial.*, II; **I'm not sure.** *No estoy seguro(a).*, II; **I'm sorry.** *Lo siento.*, I; **I'm bilingual; therefore, I have many opportunities** *Soy bilingüe, por lo tanto, tengo muchas oportunidades...*, 7; **I'm going to . . . with the intention of . . .** *Voy a... con la idea de...*, 7; **I'm enclosing a . . .** *Le/Les adjunto un(a)...*, 8; **I'm convinced that . . .** *Estoy convencido(a) de que...*, 6; **I'm positive that . . .** *Estoy seguro(a) (de) que...*, 6; **I can't stand the attitude of . . . towards . . . I can't take it anymore!** *Me choca la actitud de... hacia... ¡No aguanto más!*, 3; **I've: I've been . . . for a little while.** *Hace poco tiempo que...*, II; **I've been . . . for a long time.** *Hace mucho tiempo que...*, II; **I'm not sure that you're right about . . .** *No estoy seguro(a) (de) que tengas razón sobre...*, 6; **I'm sorry, but I already have other plans/another engagement.** *Lo siento, pero ya tengo otros planes/otro compromiso.*, 5

ice *el hielo*, II

ice cream *el helado*, I

ice cream shop *la heladería*, I

ice skating *el patinaje sobre hielo*, II

idea *la idea*, II; **It's a good idea that . . .** *Es buena idea que...*, II; **I have no idea.** *Ni idea.*, I; **I don't have the slightest idea if . . .** *No tengo la menor idea si...*, 6; **Aha! I finally get the idea.** *¡Vaya! Por fin capto la idea.*, 8; **It would be a good idea to go to the symphony.** *Sería buena idea ir al concierto de la sinfónica.*, 5; **It would be a good/bad idea to break up with . . .** *Sería una buena/mala idea romper con...*, 3

ID *el carnet de identidad*, I

if *si*, II; **If you haven't gone to . . . yet, you must.** *Si todavía no ha ido a/al..., debe ir.*, II; **If I could, I would go to . . . to study . . .** *Si pudiera, iría a... para estudiar...*, 8; **If you had the chance, where would you go?** *Si tuvieras la oportunidad, ¿adónde irías?*, 8

ignorance *la ignorancia*, 3

ill-mannered *maleducado(a)*, 2

image: (positive/negative) image *la imagen (positiva/negativa)*, 3

imaginative *imaginativo(a)*, 5

to imagine: I imagine that by the year . . . there will be . . . *Me imagino que para el año... habrá...*, 10

immediately *inmediatamente*, II, 8

immigrants *los inmigrantes*, 10

impatient *impaciente*, II

implement: I predict that they are going to implement . . . *Calculo que van a implementar...*, 10

important *importante*, II; **It's important that . . .** *Es importante que...*, II

impression: wrong impression *la impresión equivocada,* 3
impressive *impresionante,* 5
to improve *mejorar,* 8
in a . . . way *de modo...,* 6
in between *entre,* II
in front of *delante de,* I; *enfrente de,* II
in the (latest) fashion *a la (última) moda,* I
in the end *al final,* II; **In the end, we realized . . .** *Al final, nos dimos cuenta de...,* 9
in those days *en aquel entonces,* II
in, by *por,* I
incomprehensible *incomprensible,* 5
to include *incluir,* II
incredible *increíble,* II; **It's incredible!** *¡Es increíble!,* II
independence *la independencia,* 9
Independence Day *el Día de la Independencia,* I
indifference *la indiferencia,* 10
inexpensive *barato(a),* I
to infect *infectar,* II
infected *infectado(a),* II; **Now it's infected.** *Ahora lo tengo infectado.,* II
to inform *informar,* 6
information *la información,* II; **to ask for information** *pedir (i) información,* II
informative *informativo(a),* 6
informed: to be well/poorly informed *estar bien/mal informado,* 6; **I doubt that you're well-informed about . . . /that you know . . .** *Dudo que estés bien informado(a) sobre.../que sepas...,* 6
ingredients *los ingredientes,* II
initiative: to take the initiative *tomar la iniciativa,* 7
to increase: It's quite possible that traffic will increase with . . . *Es muy posible que el tráfico aumente con...,* 10
to injure *herir (ie, i),* II
to injure oneself *lastimarse,* II
inn *la pensión,* II
innovative *innovador(a),* 10
insecure *inseguro(a),* 2
inside *adentro,* II
to insist: The guidance counselor insists that I take . . . I don't like it at all! *El/La consejero(a) insiste en que tome... ¡No me gusta para nada!,* 3
to insist on *empeñarse en,* 7;
to inspire trust in *inspirarle confianza,* 6
instantly *en un santiamén,* 8
to insult *insultar,* 3
insurance *el seguro,* 8
intellectual *intelectual,* I
intelligent *inteligente,* I
intend: I intend to . . . *Tengo la intención de...,* 7
intention: I'm going to . . . with the intention of . . . *Voy a... con la idea de...,* 7
to interest *interesar,* II; **I would be interested in studying to be a . . .** *Me interesaría estudiar para ser un(a),* 8; **Are you interested in going to . . .?** *¿Te interesa ir a...?,* 5
interest *el interés,* I
interesting *interesante,* I
international banker *el (la) banquero(a) internacional,* II
Internet *el Internet,* II; **Internet café** *el café Internet,* II; **to get together at an Internet café** *reunirse en un café Internet,* II
to interrupt *interrumpir,* I
intersection *el cruce,* II
interview *la entrevista,* 8
to interview *entrevistar,* 6
to introduce *presentar,* I; **I want to introduce you to . . .** *Quiero presentarte a...,* II
invention *el invento,* 10
invitation *la invitación,* I
to invite *invitar,* I; **Thanks for inviting me, but I've already seen it.** *Gracias por invitarme, pero ya lo/la he visto.,* 5
is allowed *se permite,* II
is prohibited *se prohibe,* II
is spoken *se habla,* II
island *la isla,* I; **tropical island** *la isla tropical,* II
issue: We talked about the issue; consequently . . . *Hablamos del tema; por consiguiente...,* 7
it *lo, la,* I; **it: It made me (very) embarrassed.** *Me dio (mucha) vergüenza.,* II; **It made me (very) happy.** *Me dio (mucha) alegría.,* II; **It made me (very) sad.** *Me dio (mucha) tristeza.,* II; **It made me angry.** *Me dio una rabia.,* II; **It doesn't have much flavor.** *Le falta sabor.,* II; **It needs something; I don't know what.,** *Le falta no sé qué.,* II; **It needs salt.** *Le falta sal.,* II; **It seems all right/fine to me.** *Me parece bien.,* I; **it snows** *nieva,* I; **It started to rain.** *Empezó a llover.,* II **It tastes like . . .** *Sabe a...,* II; **It was a total . . .** *Fue todo un... ,* II; **It took a lot of work for us to get used to . . .** *Nos costó trabajo acostumbrarnos a...,* 7; **It seems to me that . . .** *Me parece que...,* 10; **It takes a lot of work for me (to do) . . .** *Me cuesta trabajo (hacer)...,* 8; **It makes my mouth water.** *Se me hace la boca agua.,* 4; **It tastes delicious.** *Sabe delicioso(a).,* 4; **It was on the front page.** *Estaba en la primera plana.,* 6; **It would be a good idea to go to the symphony.** *Sería buena idea ir al concierto de la sinfónica.,* 5; **It would be a good/bad idea to break up with . . .** *Sería una buena/mala idea romper con...,* 3
It's: It's a good idea that . . . *Es buena idea que...,* II; **It's a rip-off!** *¡Es un robo!,* I; **It's all the same to me.** *Me da igual.,* I; **It's around the corner.** *Está a la vuelta.,* I; **It's awful.** *Es pésimo(a).,* I; **It's better that . . .** *Es mejor que...,* II; **It's cold.** *Hace frío.,* I; **It's cool.** *Hace fresco.,* I; **It's delicious.** *Es delicioso(a).,* I; **It's getting late.** *Se nos hace tarde.,* II; **It's great to see you!** *¡Qué gusto verte!,* I; **It's hot.** *Hace calor.,* I; **It's important that . . .** *Es importante que...,* II; **It's incredible!** *¡Es increíble!,* II; **It's kind of fun.** *Es algo divertido.,* I; **It's necessary to . . .** *Hay que + infinitive,* II; **It's not a big deal.** *No es gran cosa,* I; **It's not fair!** *¡No es justo!,* II; **It's okay.** *Está bien.,* I; **It's rather good.** *Es bastante bueno.,* I; **It's spoiled.** *Está echado(a) a perder.,* II; **It's sunny.** *Hace sol.,* I; **It's windy.** *Hace viento.,* I; **It's all the same to me.** *Me da lo mismo.,* 2; **It's not hard for me at all.** *No me es nada difícil.,* 8; **It's outside/within my reach.** *Está fuera de/a mi alcance,* 8; **It's quite possible that traffic will increase with . . .** *Es muy posible que el tráfico aumente con...,* 10; **It's told that all of a sudden . . .** *Se cuenta que de pronto...,* 9; **It's too bad that . . .** *Es lamentable que...,* 9; **It's evident that . . .** *Es evidente que...,* 6; **It's good enough to lick your fingers.** *Está para chuparse los dedos.,* 4; **It's better for you to see the opera. It's great.** *Es mejor que veas la ópera. Es formidable.,* 5; **It's hard to believe that there are . . . /that they say . . .** *Parece mentira que haya.../que digan...,* 6; **It's just that I forgot to add . . ..** *Es que se me olvidó ponerle...,* 4; **It's just that I ran out of . . .** *Es que se me acabó...,* 4; **It's not good for you . . .** *No te conviene...,* 3

jacket *la chaqueta,* I; *el saco,* I
jai-alai *el jai-alai,* 2
January *enero,* I
jealous *celoso(a),* 2; **to be jealous of** *tener celos de,* 2
jeans *los vaqueros,* I
jewelry *las joyas,* II
jewelry store *la joyería,* I
job *el trabajo,* I; *el oficio,* II; **full-time job** *el empleo a tiempo completo,* 8; **part-time job** *el empleo a medio tiempo,* 8
to jog *trotar,* II
joke *el chiste,* I; **to tell each other jokes** *contarse chistes,* II
journalist *el periodista, la periodista,* II; **I don't think that journalists/newscasts are . . .** *No creo que los periodistas/los noticieros sean...,* 6
to judge *juzgar,* 3
judgmental *criticón, criticona,* 2
juice *el jugo,* I
July *julio,* I
to jump rope *saltar a la cuerda,* II
June *junio,* I
jungle *la selva,* II
just *no más,* I; *sólo,* II; **I just need to . . .** *Sólo me falta...,* II; **to just have done something** *acabar de,* I; **just right** *en su punto,* II
justice *la justicia,* 9

karate *el kárate,* 2
Keep in mind that . . . *Ten en cuenta que...,* 10
to keep going *seguir (i, i),* II; **don't go/keep going** *no siga, no sigas,* II; **keep going** *siga, sigue,* II
to keep going straight to *seguir derecho hasta,* II
to keep on doing something *seguir + gerund,* II
to (not) keep secrets *(no) guardar los secretos,* 2

key *la llave*, II
Kind of: **It's kind of fun.** *Es algo divertido.*, I; **What kind of work does . . . do?** *¿Qué clase de trabajo realiza...?*, II
Kind regards, *Reciba un cordial saludo*, 8
king *el rey*, 9
to kiss *besar*, 3
kitchen *la cocina*, I
kitchen sink *el fregadero*, II
knee *la rodilla*, II
knife *el cuchillo*, I
to knit *tejer*, II
to know *saber*, I; **I don't know.** *No sé.*, I; **Did you already know that . . .?** *¿Ya sabías que...?*, II; **Do you know where I can . . .?** *¿Sabe usted dónde se puede...?*, II; **It needs something; I don't know what.** *Le falta no sé qué.*, II; **to be known to be** *tener fama de ser*; **I doubt that you're well-informed about . . ./that you know . . .** *Dudo que estés bien informado(a) sobre.../que sepas...*, 6; **That I know of, there's (no) . . .** *Que yo sepa, (no) hay...*, 6; **The . . . lacks flavor, but I don't know what's missing.** *Al (A la)... le falta sabor, pero no sé qué le falta.*, 4; **What do I know about . . .? I don't understand a thing about . . .** *¿Qué sé yo de...? No entiendo ni jota de...?*, 6 **What do you know about . . .?** *¿Qué sabes de...?*, 4
to know (someone) or be familiar with a place *conocer (zc)*, I; **Do you know . . .?** *¿Conoces a...?*, II; **to get to know downtown** *conocer el centro*, II

laboratory assistant *el (la) auxiliar de laboratorio*, 8
lace *el encaje*, II
lack of *la falta de*, 3
to lack: The . . . lacks flavor, but I don't know what's missing. *Al (A la)... le falta sabor, pero no sé qué le falta.*, 4
lake *el lago*, I
lakeshore *la orilla del lago*, II
to lament *lamentar*, 9
lamp *la lámpara*, II
languages *los idiomas*, II
lantern *la linterna*, II
large *grande*, I
last *pasado(a)*, I; **at last** *por fin*, II; **last night** *anoche*, I; **last offer** *la última oferta*, II
late *tarde*, I; **later** *más tarde*, I; **It's getting late.** *Se nos hace tarde.*, II
latest *último(a)*, I
to laugh *reírse (i, i)*, II; **I laughed a lot.** *Me reí mucho.*, II
law (against/in favor of) *la ley (en contra/a favor de)*, 10
lawyer *el abogado, la abogada*, II
lazy *perezoso(a)*, I
leather goods *los artículos de cuero*, II
to leave *irse*, I; *dejar*, I; **don't leave** *no salgas*, I; **leave** *salir*, I; *sal*, I; **to leave a message** *dejar un recado*, I; **to leave the tip** *dejar la propina*, II
leaves *las hojas*, II
left *la izquierda*, II; **to the left of** *a la izquierda (de)*, II; **to turn left on** *doblar a la izquierda en*, II
leg *la pierna*, I
legend *la leyenda*, 9
lemon *el limón*, 4
to lend *prestar*, II
letter *la carta*, I; **The purpose of this letter is . . .** *Por medio de la presente...*, 8
lettuce *la lechuga*, II
to liberate *liberar*, 9
liberty *la libertad*, 9
library *la biblioteca*, I
license *la licencia*, II; **driver's license** *la licencia de conducir*, II
to lie *mentir (ie, i)*, 2
lifestyle *el estilo de vida*, 7
lift *levantar*, I; **to lift weights** *levantar pesas*, I
light *la luz*, II; **to turn off the light(s)** *apagar la luz/las luces*, II; **traffic light** *el semáforo*, II
lightning *el relámpago*, II
like *como*, II
to like *caerle bien/mal*; **I really liked him/her.** *Me caía muy bien.*, II; *gustar*, I; **And your friends, what do they like to do?** *Y a tus amigos, ¿qué les gusta hacer?*, II; **He/she/you** *(emphatic)* **like . . .** *A él/ella/usted le gusta(n) + noun*, II; **I would like . . .,** *Me gustaría...*, I; **What did you like to do when you were . . . years old?** *¿Qué te gustaba hacer cuando tenías...?*, II; **I'm a big . . . fan. What sport do you like?** *Soy un(a) gran aficionado(a) a... ¿Qué deporte te gusta a ti?*, 2; **When I'm older, I'd like to . . .** *Cuando sea mayor, me gustaría...*, 7; **I would like to be a . . .** *Me gustaría ser un(a)...*, 8; **What would you like to do?** *¿Qué te gustaría hacer?*, 8; **The guidance counselor insists that I take . . . I don't like it at all!** *El/La consejero(a) insiste en que tome... ¡No me gusta para nada!*, 3
likes to be alone *solitario(a)*, II
Likewise. *Igualmente.*, I
lime *la lima*, 4
line *la cola*, I; **to wait in line** *hacer cola*, I
lips *los labios*, II
lipstick *el lápiz labial*, II
to listen *escuchar*, I; **to listen to music** *escuchar música*, I
literature *la literatura*, 3
little *(adv.) poco*, I
Little by little they adapted to . . . *Poco a poco se adaptaron a...*, 7
to live *vivir*, I; **one lives** *se vive*, II; **they lived happily ever after** *vivieron felices*, II; **From then on, they lived happily ever after.** *A partir de entonces, vivieron siempre felices.*, 9
living room *la sala*, I
lizard *el lagarto*, II
lobster *la langosta*, 4
local perspective *enfoque local*, 6
to lock the door *cerrar la puerta con llave*, II
long *largo(a)*, I; **Long time no see.** *¡Tanto tiempo sin verte!*, I
to look *mirar*, I; **How do I look in . . .?** *¿Cómo me veo en...?*, II; **It doesn't look good on you.** *No te sienta bien.*, II; **You look great!** *¡Te ves super bien!*, II
to look for *buscar*, I; **Did you find what you were looking for at . . .?** *¿Encontraste lo que buscabas en...?*, II; **don't look** *no busques*, II; **I'm looking for a gift for my . . .** *Estoy buscando un regalo para mi...*, II; **look** *busca*, II; **What do you look for in a boyfriend/girlfriend?** *¿Qué buscas en un(a) novio(a)?*, 2
loose *flojo(a)*, II
to lose *perder (ie)*, I; **to lose a game** *perder*, II
to lose weight *bajar de peso*, I
to love *encantar*, I; *fascinar*, II; **He/she/ you love(s) . . .** *Le encanta(n)...*, II; **to love (someone)** *querer a*, 2
to love each other *quererse (ie)*, II
Love, . . . *Con cariño...*, II
low tide *la marea baja*, II
to lower *rebajar*, II; **Can you lower the price on that . . .?** *¿Me puede rebajar el precio de ese/esa...?*, II
loyal *leal*, 2
luck *la suerte*, I
luckily *afortunadamente*, II
luggage *el equipaje*, I
lunch *el almuerzo*, I; *la comida*, I; **to have lunch** *almorzar(ue)*, I
lung *el pulmón*, II
lyrics *la letra*, 5

ma'am; Mrs. *la señora, Sra.*, I
made *hecho (past participle of* **hacer***)*, II
magazine *la revista*, I
magic *mágico(a)*, 9
mail *el correo*, I
mail carrier (f.) *la mujer cartero*, II
mail carrier (m.) *el cartero*, II
main dish *el plato principal*, II
to maintain *mantenerse (ie)*, I, 7
to make *hacer (-go)*, I; **make** *haz*, I; **making** *haciendo*, II; **to make a (collect) call** *hacer una llamada (por cobrar)*, II; **to make a reservation** *hacer una reservación*, II; **to make friends** *hacerse amigo(a) de alguien*, II; **to make up** *hacer las paces*, 3; **to make a mistake** *cometer un error*, 3, 10; **to make an effort to** *esforzarse (ue) por*, 7; **to make peace** *acordar(ue) la paz*, 9
makeup *el maquillaje*, I
mall *el centro comercial*, I
man *el hombre*, I; **for men** *para hombres*, I
to manage (to do something) *lograr*, 7
manager *el (la) gerente*, 8
many *muchos(as)*, I; **many years ago** *hace muchos años*, II; **not many** *pocos(as)*, I; **Many years ago, . . .** *Hace muchos años,...*, 9
map *el mapa*, I
March *marzo*, I
market *el mercado*, II; **to go shopping at the market** *ir de compras al mercado*, II
market stand *el puesto del mercado*, II
to marry *casarse (con)*, 4; **to be married** *estar casado(a)*, 4; **Get this: he got married.** *Fíjate que se ha casado.*, 4
martial arts *las artes marciales*, II
marvelous *estupendo(a)*, 2; *maravilloso*, 5
mask *la máscara*, II
Mass *la misa*, I

to match *hacer juego*, II
mathematics *las matemáticas*, I
matter: What's the matter? Are you upset? *¿Qué te pasa? ¿Estas dolido(a)?*, 2
May *mayo*, I
maybe: Maybe there will be . . . *A lo mejor habrá...*, 10
mayonnaise *la mayonesa*, II
me *mí*, I; *me*, I; **I** *(emphatic)* **(don't) like . . .** *A mí (no) me gusta(n)* + noun, II
measuring cup *la taza de medir*, II
meat *la carne*, I
mechanic *el mecánico, la mecánica*, II
medical assistant *el (la) auxiliar médico(a)*, 8
medical insurance *el seguro médico*, 8
to meet *encontrarse (ue)*, I
meeting *la reunión*, I
melodic *melodioso(a)*, 5
melody *la melodía*, 5
to melt *derretir (i, i)*, II
melted *derretido(a)*, II
merchant *el comerciante, la comerciante*, II
Merry . . . *¡Feliz...!*, I
message *el recado*, I
Mexican *mexicano(a)*, II; **Mexican food** *la comida mexicana*, I
midday *el mediodía*, I
mid-length skirt *la falda a media pierna*, II
midnight *la medianoche*, I
milk *la leche*, I; **The milk has gone bad.** *Está pasada la leche.*, 4
milkshake *el batido*, I
million *un millón (de)*, I
mine *mío(a), míos(as)*, II; **The pleasure is mine.** *El gusto es mío.*, II
mineral water *el agua (f.) mineral*, II
miniskirt *la minifalda*, II
mirror *el espejo*, II
mischievous *travieso(a)*, I
Miss *la señorita, Srta.*, I
to miss *perder(ie)*, I; **The . . . lacks flavor, but I don't know what's missing.** *Al (A la)... le falta sabor, pero no sé qué le falta.*, 4
mistake: to admit a mistake *admitir un error*, 3; **to make a mistake** *cometer un error*, 3
to mistreat *maltratar*, 3
misunderstanding: to have a misunderstanding *tener un malentendido*, 2
to mix *mezclar*, I: **mixed** *mixto(a)*, II; **mixed salad** *la ensalada mixta*, II
modern *moderno(a)*, 5
mom *la mamá*, I
moment *un momento*, I
Monday *el lunes*, I; **on Mondays** *los lunes*, I
money *el dinero*, I; *el billete*, II
money exchange *la oficina de cambio*, I
monitor *la pantalla*, I
month *el mes*, I
months of the year *los meses del año*, I
monument *el monumento*, II
mood: I see you're in a good mood. *Te veo de buen humor.*, 2
more *más*, I; **Not anymore.** *Ya no.*, II; **More or less.** *Más o menos.*,
morning *la mañana*, I
Most sincerely, *Muy atentamente*, 8
mother *la madre*, I; **Mother's Day** *El Día de la Madre*, I
mother-in-law *la suegra*, 4
motorboat *la lancha*, I; **to go out in a motorboat** *pasear en lancha*, I
mountain *la montaña*, I
mouth *la boca*, I; **It makes my mouth water.** *Se me hace la boca agua.*, 4
to move forward *seguir adelante*, 7
movie *la película*, I
movie theater *el cine*, I
moving *conmovedor(a), emocionante*, 10
museum *el museo*, I; **to visit a museum** *visitar un museo*, II
music *la música*, I; **classical music** *la música clásica*, II; **music by . . .** *la música de*, I
mustard *la mostaza*, II
my mi(s), I; **My treat.** *Yo te invito*, 2; **My success in . . . is owed to . . .** *Mi éxito en... se debe a...*, 7; **My . . . faced obstacles when...** *Mis... enfrentaron obstáculos cuando...*, 7; **My life-long dream is to commemorate . . .** *El sueño de mi vida es conmemorar a....*, 9
mystery *el misterio*, I
mysterious *misterioso(a)*, 9
myth *el mito*, 9

nail *la uña*, II
napkin *la servilleta*, I
narrow *estrecho(a)*, II
national park *el parque nacional*, II
national perspective *enfoque nacional*, 6
natural resources *los recursos naturales*, 10
nature *la naturaleza*, II
to nature watch *observar la naturaleza*, II
near *cerca de*, I
neck *el cuello*, I
necklace *el collar*, II
need *necesitar*, I
to need to *deber* + infinitive, II; **You need to (should) . . .** *Debes* + infinitive, II; **You should wash the dishes/take out the garbage.** *Debes lavar los platos/sacar la basura.*, II
neighbor *el vecino, la vecina*, II
neighborhood *el vecindario, el barrio*, II
neither, not either *tampoco*, I; *ni*, I
nephew *el sobrino*, I
nervous *nervioso(a)*, I
nervously *nerviosamente*, II
never *nunca*, I; **almost never** *casi nunca*, I; **I swear I'll never do it again.** *Te juro que no lo volveré a hacer.*, 3
nevertheless *ahora bien*, 9
new *nuevo(a)*, II
New Year's Eve *la Nochevieja*, I
news *la noticia*, II; *las noticias*, II; **What news do you have of . . .?** *¿Qué noticias tienes de...?*, II; **When I heard the news, I didn't want to believe it.** *Cuando oí la noticia no lo quise creer.*, II; **news (online)** *las noticias (en linea)*, 6; **news report** *el reportaje*, 6; **newscast** *el noticiero*, 4; **I don't think that journalists/newscasts are . . .** *No creo que los periodistas/los noticieros sean...*, 6
newscaster *el (la) locutor(a)*, 6
newspaper *el periódico*, II
next *próximo(a)*, I; **next to** *al lado de*, I; **Not today, thanks. Why don't we wait and do it next week?** *Hoy no, gracias. ¿Por qué no lo dejamos para la próxima semana?*, 5; **Thanks, but I have a lot to do. I'll go next time.** *Gracias, pero tengo mucho que hacer. La próxima vez iré.*, 5
Nicaraguan *nicaragüense*, II
nice *simpático(a)*, I; *amable*, II; **nice (person)** *buena gente*, II; **Nice to meet you.** *Encantado(a)*, I; *Mucho gusto.*, I
nicely *amablemente*, II
niece *la sobrina*, I
nine *nueve*, I
nine hundred *novecientos*, I
nineteen *diecinueve*, I
ninety *noventa*, I
ninth *noveno(a)*, II
no *no*, I
No way! *¡Al contrario!*, II; **No way! That's not true.** *¡Qué va! Eso no es cierto.*, 3
nobody, not anybody *nadie*, I
none, not (a single) one *ningún, ninguno(a)*, II
non-renewable *no renovable*, 10
noodle soup *la sopa de fideos*, II
noodles *los fideos*, II
noon *mediodía*, I
nor *ni*, I
nose *la nariz*, I
Not anymore. *Ya no.*, II
not only . . . but . . . as well *no sólo... sino... también*, II
Not today, thanks. Why don't we wait and do it next week? *Hoy no, gracias. ¿Por qué no lo dejamos para la próxima semana?*, 5
not yet *todavía no*, I
notes: to take notes *tomar apuntes*, 3
notebook *el cuaderno*, I
nothing *nada*, I; **to have much/something/nothing in common** *tener mucho/algo/nada en común*, 2
notice: What I notice is that . . . *Lo que noto es que...*, 10
novel *la novela*, I
November *noviembre*, I
now *ahora*, I
nowhere *ninguna parte*, I
nuclear fusion *la fusión nuclear*, 10
number *el número*, I
nurse *el enfermero, la enfermera*, II
nutritious *nutritivo(a)*, II

obituaries *los obituarios*, 6
objective *imparcial*, 6
objective *el objetivo*, 7
obligation *el compromiso*, 7
obstacles: My . . . faced obstacles when . . . *Mis... enfrentaron obstáculos cuando...*, 7
to obtain *conseguir (i, i)*, 8
occasional: the occasional (thing) *alguno(a) que otro(a) (cosa)*, 6
occupation *el oficio*, II
October *octubre*, I
of *de*, I

of course *claro*, II; **Of course!** *¡Claro que sí!*, I; **Of course.** *Cómo no.*, II, *Por supuesto.*, II; **Yes, of course.** *Sí, claro.*, II
of the *del, de la*, I
to offend *ofender*, 3; **I didn't mean to hurt/offend you.** *No quise hacerte daño/ofenderte.*, 3
office of . . . *la oficina de...*, II
often *a menudo*, I
Oh! I hit my . . . *¡Uf! Me di un golpe en...*, II
Oh, no! *¡Ay, no!*, I
Oh, what a drag! *¡Ay, qué pesado!*, II
oil *el aceite*, II; **olive oil** *el aceite de oliva*, II
ointment *el ungüento*, II
Okay, I'll give it to you for . . ., but that's my last offer. *Bueno, se la regalo por..., pero es mi última oferta.*, II
Okay. *Vale.*, I
old *viejo(a)*, I
older *mayor(es)*, I; **When I'm older, I'd like to . . .** *Cuando sea mayor, me gustaría...*, 7
olive: olive oil *el aceite de oliva*, II
on *en*, I; **on sale** *estar en oferta*, II; **I saw that . . . was (were) on sale, so I bought . . .** *Vi que... estaba(n) en oferta, así que compré...*, II; **on the dot** *en punto*, I; **on time** *a tiempo*, I; **on top of, above** *encima de*, I
Once upon a time *Érase una vez*, II; **Once upon a time, in a faraway place . . .** *Érase una vez, en un lugar muy lejano...*, 9
one *uno*, I
one can *se puede*, II
one day *un día*, II
one hundred *cien*, I
one hundred one *ciento uno*, I
one lives *se vive*, II
one million *un millón (de)*, I
One more time, please? *¿Otra vez, por favor?*, II
one must . . . *hay que...*, II
one thousand *mil*, I; **I've already done it a thousand times.** *Ya lo hice mil veces.*, II
one works *se trabaja*, II
onion *la cebolla*, II
only *solo*, I; *no más*, I; *solamente*, II
to open *abrir*, I; **don't open** *no abra*, II; **open** *abra*, II; **open** *abierto (past participle of abrir)*, II; **to open gifts** *abrir regalos*, I; **to open (a movie)** *estrenar (una película)*, 10
open *abierto (past participle of* **abrir***)*, II
open-air *al aire libre*, II
opening *el estreno*, 10
opera: It's better for you to see the opera. It's great. *Es mejor que veas la ópera. Es formidable.*, 5
opinion: to be of the opinion *opinar*, 6
opportunities: I'm bilingual; therefore, I have many opportunities *Soy bilingüe, por lo tanto, tengo muchas oportunidades...*, 7
or *o*, I
orange *la naranja*, I; *anaranjado(a)*, I
orchestra *la orquesta*, 5
to order *pedir (i, i)*, I
organic *orgánico(a)*, 10
to organize *organizar*, I; **don't organize** *no organice, no organices*, II; **organize** *organice, organiza*, II
origin *el origen*, 7
original *original*, 5
ornaments *los adornos*, II
ought to *deber*, II
our *nuestro(a), nuestros(as)*, I
out of style *pasado(a) de moda*, I
outdoor *al aire libre*, II
outgoing *extrovertido(a)*, I
outside *afuera*, II
oven *el horno*, I
over here *acá*, II; **Come over here!** *¡Ven acá!*, II
overcoat *el abrigo*, I
overcome: Thanks to the support of . . . I have been able to overcome . . . *Gracias al apoyo de..., he podido superar...*, 7
to overlook *pasar por alto*, 6
owe: My success in . . . is owed to . . . *Mi éxito en... se debe a...*, 7
owl *el búho*, II

to pack your suitcase *hacer la maleta*, I
page *la página*, II; **to design Web pages** *diseñar páginas Web*, II; **Web pages** *páginas Web*, II; **front page** *la primera plana*, 6
pain: What a pain! *¡Qué lata!*, I
to paint *pintar*, II; **This portrait was painted by . . . What do you think of it?** *Este retrato fue pintado por... ¿Qué te parece?*, 5
to paint one's nails *pintarse las uñas*, II
painting *el cuadro*, II;
paintings *las pinturas*, II; **Which of these paintings do you like better, the one of (by) . . . or the one of (by) . . .?** *¿Cuál de estas pinturas te gusta más, la de... o la de...?*, 5
pair *el par*, I
pajamas *el piyama*, I
palace *el palacio*, 9
panic *el pánico*, 10
pants (jeans) *los pantalones (vaqueros)*, I
paper *el papel*, I
Paraguayan *paraguayo(a)*, II
Pardon me. *Perdón.*, II
parents *los padres*, I
park *el parque*, I; *la zona verde*, II; **amusement park** *el parque de diversiones*, I; **national park** *el parque nacional*, II
park bench *la banca*, II
parking lot *el estacionamiento*, II
part-time job *el empleo a medio tiempo*, 8
to participate *participar*, II
party, to have a *hacer una fiesta*, I; **surprise party** *la fiesta sorpresa*, I
pass *boarding pass*
to pass (a test, class) *aprobar (ue)*, 3
passenger *el pasajero, la pasajera*, I
passport *el pasaporte*, I
pastry *el pan dulce*, I
pastry shop *la pastelería*, II
patient *paciente*, II
patio *el patio*, I
to pay *pagar*, I; **to pay the bill** *pagar la cuenta*, II
to pay attention: I suggest that you not pay attention to rumors. *Sugiero que no hagas caso a los rumores.*, 3
peacefully *tranquilamente*, II
peach *el durazno*, I
pear *la pera*, II
peas *los chícharos*, 4
pedestrian *peatonal*, II; **pedestrian zone** *la zona peatonal*, II
pen *el bolígrafo*, I
pencil *el lápiz*, I
people *la gente*, II; **to help/assist people** *ayudar a la gente*, II
pepper *la pimienta*, II
perfect *perfecto(a)*, II; **It's perfect.** *Está perfecto.*, II
performance *la función*, 5; **I recommend that you go to the folk dance performance. It's very . . .** *Te aconsejo que vayas a la presentación de baile folclórico. Es muy...*, 5
person *la persona*, I
perspective: local/national/world perspective *enfoque local/nacional/mundial*, 6
Peruvian *peruano(a)*, II
pesticides *los pesticidas*, 10
pet *la mascota*, II; **to take care of a pet** *cuidar a una mascota*, II
pharmacist *el farmacéutico, la farmacéutica*, II
phone booth *la cabina telefónica*, II
photo *la foto*, I; **to show photos** *enseñar fotos*, I; **to take photos** *sacar fotos*, I
photocopier *la fotocopiadora*, 8
photography *la fotografía*, 5
physical education *la educación física*, I
physics *la física*, 3
to pick up *recoger*, I; **don't pick up** *no recoja, no recojas*, II; **pick up** *recoge, recoja*, II; **to pick someone up** *recoger a alguien*, II
picnic *el picnic*, I
piece *el trozo*, II
pill *la pastilla*, II; **to take pills** *tomarse las pastillas*, II
pineapple *la piña*, II
piñata *la piñata*, I
pizza *la pizza*, I
place *el lugar*, I; **Once upon a time, in a faraway place . . .** *Érase una vez, en un lugar muy lejano...*, 9
to plan *planear*, II; **No, I'm planning . . .** *No, ando planeando...*, II
plane ticket *el boleto de avión*, I
planet *el planeta*, 10
plans *planes*, I; **Do you have plans for . . .?** *¿Tienes planes para el...?*, II; **I'm sorry, but I already have other plans/another engagement.** *Lo siento, pero ya tengo otros planes/otro compromiso.*, 5
to plant *sembrar(ie)*, 8, 10
plantain *el plátano*, II
plants *las plantas*, I; **to water the plants** *regar las plantas*, II
plastic *el plástico*, II; **plastic arts** *las artes plásticas*, 5
plate *el plato*, I
play *la obra (de teatro)*, 5
to play: to play a game or sport *jugar (ue) (a)*, I; **to play cards** *jugar naipes*, II; **to play checkers** *jugar a las damas*, II; **to play chess** *jugar al ajedrez*, II; **to play**

Vocabulario inglés-español

hide and seek *jugar al escondite,* II; **to play house** *jugar a la casita,* II; **to play tag** *jugar lleva,* II; **to play tennis** *jugar al tenis,* II; **to play with blocks** *jugar con bloques,* II; **to play with toy cars** *jugar con carritos,* II; **We'll play with...** *Jugaremos con...,* II; **to play (an instrument)** *tocar,* I; **don't play** *no toques,* II; **play it** *tócalo,* II; **to play the piano** *tocar el piano,* I; **to play sports** *practicar deportes,* I; **to play tricks** *hacer travesuras,* II; **to play (the role of...)** *desempeñar el papel de...,* 5
player *el jugador, la jugadora,* II
playful *juguetón, juguetona,* II
plaza *la plaza,* II
please *por favor,* I; **Please...** *Favor de + infinitive, Haz el favor de + infinitive,* II
Pleased to meet you. *Encantado(a).,* I; *Mucho gusto.,* I
pleasure *el gusto,* II; **The pleasure is mine.** *El gusto es mío.,* II
poem *el poema,* II
police department *la comisaría,* II
police officer *el policía,* I
policeman *el policía,* II
policewoman *la mujer policía,* II
political crisis *la crisis política,* 6
pool *la piscina,* I
poor *pobre,* II
Poor thing! *¡Pobrecito(a)!,* II
poorly: to be poorly-informed *estar mal informado(a),* 6
porch *el patio,* I
pork *el lechón,* II; **roasted pork** *el lechón asado,* II; *el puerco asado,* 4
pork chops *las chuletas de cerdo,* II
port *el puerto,* II
portrait: This portrait was painted by... What do you think of it? *Este retrato fue pintado por... ¿Qué te parece?,* 5
position (for work) *el puesto (de trabajo),* 8
positive: I'm positive that... *Estoy seguro(a) (de) que...,* 6
possible: It's quite possible that traffic will increase with... *Es muy posible que el tráfico aumente con...,* 10
post office *la oficina de correos,* I
posters *los pósters,* II; **to collect posters** *coleccionar pósters,* II
potato *la papa,* I; **potato chips** *las papitas,* I
powers *los poderes,* 9
to practice *practicar,* II; **Are you still practicing...?** *¿Sigues practicando...?,* II
practice *el entrenamiento,* I; **Don't forget to go to band practice.** *No te olvides de ir al ensayo de la banda.,* 5
to predict: I predict that they are going to implement... *Calculo que van a implementar...,* 10
to prefer *preferir (ie, i),* I
prejudice *el prejuicio,* 3
premiere *el estreno,* 10
to premiere (a movie) *estrenar (una película),* 10
preparations *los preparativos,* I
to prepare *preparar,* I; **How is... prepared?** *¿Cómo se prepara...?,* II
to present *presentar,* 5
the press *la prensa,* 6
pretty *bonito(a),* I; *lindo(a),* II
price *el precio,* II
price tag *la etiqueta,* II
pride *el orgullo,* 7
prince *el príncipe,* 9
princess *la princesa,* 9
principal *el (la) director(a),* 3
profession *el oficio,* II
to program *programar,* II
programmer *el programador, la programadora,* II
programs for *los programas de,* 10
to promote: You will see that they're going to promote... *Ya verás que van a promover (ue)...,* 10
protein *las proteínas,* II
public restrooms *los aseos, los baños,* II
public speaking *la oratoria,* II
punch *el ponche,* I
to punish *castigar,* 9
punishment *el castigo,* 9
purple *morado(a),* I
purpose: I didn't do it on purpose. *No lo hice a propósito.,* 3; **The purpose of this letter is...** *Por medio de la presente...,* 8
purse *la bolsa,* I
put *puesto (past participle of poner),* II
to put **poner** *(-go),* I; **don't put** *no pongas,* I; **put** *pon,* I; **put** *puesto (past participle of* **poner**), II
to put a bandage on *vendarse,* II
to put in *echar,* II
to put on *ponerse,* I
to put on makeup *maquillarse,* I
to put out *apagar,* II; **to put out fires** *apagar incendios,* II
to put something on *ponerse,* II
puzzle *el rompecabezas,* 2
pyramid *la pirámide,* I

quality of the air/water *la calidad del aire/agua,* 10
quarter past (the hour) *y cuarto,* I
quarter to (the hour) *menos cuarto,* I
queen *la reina,* 9
quickly *rápidamente,* II
quiet *callado(a),* I

radio (as a medium) *la radio,* 6; **radio station** *la emisora,* 6
to rain *llover (ue),* I; **it rains a lot** *llueve mucho,* I; **to rain cats and dogs** *llover a cántaros,* II; **Suddenly, it started to rain...** *De repente, empezó a llover...,* II
raincoat *el impermeable,* II
raisins *las pasas,* 4
rate: I bet that the rate of... won't go down. *A que no va a bajar la tasa de...,* 10;
rather *bastante* + adjective, I
raw *crudo(a),* II
razor *la navaja,* I
reach: It's outside/within my reach. *Está fuera de/a mi alcance,* 8
to reach *alcanzar,* 7
to react *reaccionar,* II; **How did you react when...?** *¿Cómo reaccionaste cuando...?,* II
to read *leer,* I; **reading** *leyendo,* II; **I read it in the sports section.** *Lo leí en la sección deportiva.,* 6
ready *listo(a),* I; **to be ready** *estar listo(a),* I; **Aren't you ready yet?** *¿Todavía no estás listo(a)?,* II
realistic *realista,* 5
to realize: In the end, we realized... *Al final, nos dimos cuenta de...,* 9
Really? Well, I think... *¿Ah, sí? Pues, yo creo que...,* 2
really beautiful *lindísimo(a),* II
reason: I work hard... and for that reason... *Trabajo duro... y por eso...,* 7
receipt *el recibo,* II
to receive *recibir,* I; **to receive gifts** *recibir regalos,* I
recently *recientemente,* II
receptionist *el recepcionista, la recepcionista,* II
recipe *la receta,* II
to recommend *recomendar (ie),* II; **I (don't) recommend it to you.** *(No) te la recomiendo.,* II; **I recommend that you...** *Le aconsejo que...,* II; **What do you recommend?** *¿Qué nos recomienda?,* II; **What restaurant do you recommend to me?** *¿Qué restaurante me recomienda usted?,* II; **I recommend that you go to the folk dance performance. It's very...** *Te aconsejo que vayas a la presentación de baile folclórico. Es muy...,* 5
to recommend that someone... *recomendarle (a alguien) que...,* II
to reconcile *reconciliarse,* 3
reconciliation *la reconciliación,* 3
recreation center *el centro recreativo,* II
to recycle *reciclar,* 10
red *rojo(a),* I
red-headed *pelirrojo(a),* I
refrigerator *el refrigerador,* I
refugees *los refugiados,* 10
regret: He/She regrets that... *Se arrepiente de que...,* 9
rehearsal *el ensayo,* I
to rejoice *regocijarse,* 9
relatives *los parientes,* II; **to stay with relatives** *quedarse con parientes,* II
relax *relajarse,* I; **Relax.** *Tranquilo(a).,* II
reliable *confiable,* 2
to remember *acordarse (ue) de,* II; **Did you remember to...?** *¿Te acordaste de...?,* II; **I remember it like it was yesterday.** *Lo recuerdo como si fuera ayer.,* 10; **I think it's worth remembering...** *Creo que vale la pena acordarse de...,* 10; **No, I don't remember it at all.** *No, no me acuerdo para nada.,* 10
renewable *renovable,* 10
to rent *alquilar,* I; **to rent videos** *alquilar videos,* I
to repeat *repetir (i, i),* II; **Can you repeat what you said?** *¿Puede repetir lo que dijo?,* II
reporter *el (la) reportero(a),* 6
reputation *la fama,* 3
to require *requerir (ie, i),* 8
requirements *los requisitos,* 8
resentful: to be resentful *estar resentido(a),* 3

reservation *la reservación*, II; **to make a reservation** *hacer una reservación*, II
to resolve a problem *resolver (ue) un problema*, 2
resource: natural resources *los recursos naturales*, 10
respect *el respeto*, 3
to respect (someone) *respetar a (alguien)*, 3
to respect each other *respetarse*, II
to respect others' feelings *respetar los sentimientos de otros*, 2
to research *investigar*, 6
to rest *descansar*, I
restaurant *el restaurante*, II; **What restaurant do you recommend to me?** *¿Qué restaurante me recomienda usted?*, II
restroom *el baño, el servicio*, I
resume *el currículum (vitae)*, 8
to return, to go back *regresar*, I
returned, gone back *vuelto (past participle of* **volver**), II
reunion: family reunion *la reunión familiar*, 4
review *la reseña*, 5
to review *reseñar*, 6
revolution *la revolución*, 9
rhythm *el ritmo*, 5
rice *el arroz*, I
to ride *montar*, II; **to ride horseback** *montar a caballo*, II
to ride a bike *montar en bicicleta*, I
riding *la equitación*, II
right *la derecha*, II; **to the right of** *a la derecha (de)*, II; **to turn right on** *doblar a la derecha en*, II
right away *en seguida*, II, 8
right? *¿no?*, I; *¿verdad?*, I; **to be right** *tener razón*, I
ring *el anillo*, I
rip off *el robo*, I
river *el río*, II
riverbank *la orilla del río*, II
road *la carretera*, II
roast beef *la carne asada*, II
roast meat *la carne asada*, II
roasted *asado(a)*, II; **roasted chicken** *el pollo asado*, II; **roasted pork** *el lechón asado*, II; *el puerco asado*, 4
robot *el robot*, 8
rock *la piedra*, II
rock-climbing *la escalada deportiva*, II
roll of film *el rollo de película*, II
romance book *el libro de amor*, I
romantic *romántico(a)*, I
roof *el techo*, II
room *el cuarto*, I
roots *las raíces*, 7
rope *la cuerda*, II; **to jump rope** *saltar a la cuerda*, II
to row *remar*, II
rowing *el remo*, 2
rude *grosero(a)*, 2
rug *la alfombra*, II
ruins *las ruinas*, I
ruler *la regla*, I
rumor: I suggest that you not pay attention to rumors. *Sugiero que no hagas caso a los rumores.*, 3
to run *correr*, I; **to run away** *huir*, II; **to run errands** *hacer diligencias*, II; **to run races** *echar carreras*, II
to run out of: It's just that I ran out of . . . *Es que se me acabó...*, 4

sacrifice *el sacrificio*, 7
sad *triste*, I
sailboat *el bote de vela*, I; **to go out in a sailboat** *pasear en bote de vela*, I
salad *la ensalada*, I
salary *el salario*, 8
sale *la venta*, II; **clearance sale** *la venta de liquidación*, II
salesclerk *el dependiente, la dependiente*, I
salt *la sal*, II; **It needs salt.** *Le falta sal.*, II
salty *salado(a)*, I; **The... is salty/spicy.** *El/La... está salado(a)/picante.*, 4
Salvadoran *salvadoreño(a)*, II
same: It's all the same to me. *Me da lo mismo.*, 2
same as usual *lo de siempre*, I
sand *la arena*, II
sandals *las sandalias*, I
sandwich *el sándwich*, I
Saturday *el sábado*, I; **on Saturdays** *los sábados*, I
sauce, gravy *la salsa*, I; **tomato sauce** *la salsa de tomate*, II; **hot sauce** *la salsa picante*, I
sausage *la salchicha*, 4
to save money *ahorrar*, I
to say *decir (yo digo)*, II; **Can you repeat what you said?** *¿Puede repetir lo que dijo?*, II; **said** *dicho (past participle of* **decir**), II; **say** *di*, II; **You don't say!** *¡No me digas!*, II, 4; **Changing the subject, what do you have to say about . . .?** *Cambiando de tema, ¿qué me dices de...?*, 5
Say hi to . . . for me. *Dale un saludo a... de mi parte.*, II
to scare *darle miedo*, II
scarf *la bufanda*, II
scenery *el escenario*, 5
schedule *el horario*, 3, 8
school *el colegio*, I; **after school** *después del colegio*, II; **school band** *la banda escolar*, II; **school supplies** *los útiles escolares*, I
science *las ciencias*, I; **science fiction** *la ciencia ficción*, I; **computer science** *la computación*, I; **social sciences** *las ciencias sociales*, 3
score *el puntaje*, II
scrambled *revuelto(a)*, II; **scrambled eggs** *los huevos revueltos*, II
scrapbook *el álbum*, II; **to create a scrapbook** *crear un álbum*, II
to scuba dive *bucear*, II
to sculpt *esculpir*, 5
sea *el mar*, II; **to swim in the sea** *bañarse en el mar*, II
seafood *los mariscos*, II
second *segundo(a)*, II
secretary *el secretario, la secretaria*, II
secrets: to (not) keep secrets *(no) guardar los secretos*, 2
security checkpoint *el control de seguridad*, I
to see *ver*, I; **I saw that . . . was (were) on sale, so I bought . . .** *Vi que... estaba(n) en oferta, así que compré...*, II; **seen** *visto (past participle of ver)*, II; **See you tomorrow.** *Hasta mañana.*, I; **See you.** *Nos vemos.*, I; **Do you want to go see . . .** *¿Quieres ir a ver...?*, 5; **I see you're in a good mood.** *Te veo de buen humor.*, 2; **The way I see it, there's no equality between . . .** *A mi parecer, no hay igualdad entre...*, 3
to seem *parecer (zc)*, I; **It seems to be that . . .** *Me parece que...*, 10
seen *visto(a) (past participle of* **ver**), II
selfish *egoísta*, II
to sell *vender*, I
semester *el semestre*, 3
to send *mandar*, I
separated *separado(a)*, 4
September *septiembre*, I
serious *serio(a)*, I
to serve *servir (i, i)*, I
to set *poner (-go)*, I; **to set the table** *poner la mesa*, I
seven *siete*, I
seven hundred *setecientos*, I
seventeen *diecisiete*, I
seventh *séptimo(a)*, II
seventy *setenta*, I
to sew *coser*, II
shame: What a shame that they have . . . *Qué pena que se hayan...*, 4
to share *compartir*, II; **to share toys** *compartir los juguetes*, II
to shave *afeitarse*, I
she *ella*, I; **She** *(emphatic)* **likes . . .** *A ella le gusta(n) + noun*, II
shell *el caracol*, II; **to collect seashells** *coleccionar caracoles*, II
ship: sunken ship *la nave hundida*, 10
shirt *la camisa*, I
shoe size *el número*, I
shoe store *la zapatería*, I
shoes *los zapatos*, I; **tennis shoes** *los zapatos de tenis*, I
shop window *la vitrina*, I; **to window shop** *mirar las vitrinas*, I;
shopping *las compras*, II; **I like to go shopping.** *Me gusta ir de compras.*, II; **to go shopping at the market** *ir de compras al mercado*, II
short *(height) bajo(a)*, I; *(length) corto(a)*, I
shorts *los pantalones cortos*, I
should *deber*, I; **A good friend should support me and . . . He/she shouldn't . . .** *Un(a) buen(a) amigo(a) debe apoyarme y... No debe...*, 2
shoulder *el hombro*, I
to shout *gritar*, II
show: game show *el concurso*, 4
to show *enseñar*, I; **Show me . . .** *Enséñame...*, II; **to show photos** *enseñar fotos*, I
shower *la ducha*, II
shrill *estridente*, 5
shrimp *el camarón, los camarones*, 4
shy *tímido(a)*, I
sick people *los enfermos*, II; **to take care of sick people** *cuidar a los enfermos*, II
sick with a cold *resfriado(a)*, II
sick: to be sick *estar enfermo(a)*, I; *estar mal*, II
sickness *la enfermedad*, II, 10
sidewalk *la acera*, II
to sign *firmar*, II
silk *la seda*, I
silly *tonto(a)*

silver *la plata*, II
to sing *cantar*, I
sink: bathroom sink *el lavabo*, II; **kitchen sink** *el fregadero*, II
sir, Mr. *el señor, Sr.*, I
sister *la hermana*, I
sister-in-law *la cuñada*, 4
to sit down *sentarse (ie)*, I
six *seis*, I
six hundred *seiscientos*, I
sixteen *dieciséis*, I
sixth *sexto(a)*, II
sixty *sesenta*, I
size *la talla*, I
to skate *patinar*, I
skating *el patinaje*, II; **in-line skating** *el patinaje en línea*, II; **ice-skating** *el patinaje sobre hielo*, II
to ski *esquiar*, I; **to water ski** *esquiar en el agua*, I
skin *la piel*, II
skirt *la falda*, I
to sleep *dormir (ue, u)*, I; **sleeping** *durmiendo*, II; **to get enough sleep** *dormir lo suficiente*, I
slowly *lentamente*, II
small *pequeño(a)*, I; **pretty small** *bastante pequeño*, I
to smell *oler(ue)*, II
smells like *huele a*, II
to smoke *fumar*, I; **to stop smoking** *dejar de fumar*, I
to snack *merendar (ie)*, I
snake *la serpiente*, II
to sneeze *estornudar*, II
to snow *nevar (ie)*, I
snow *la nieve*, II
so *así que*, II
so *entonces*, II; **So, what I have to do is . . .** *Entonces, lo que tengo que hacer es...*, II
so much; so many *tanto*, I; *tanto(a), tantos(as)*, II
so that's how *así fue que*, II
soap *el jabón*, I
soap opera *la telenovela*, 6
society section *la sección de sociedad*, 6
soccer *el fútbol*, I
social sciences *las ciencias sociales*, 3
social worker *el trabajador social, la trabajadora social*, II
socks *los calcetines*, I; **a pair of socks** *un par de calcetines*, I
sofa *el sofá*, I
soft drink *el refresco*, I
solar energy *la energía solar*, 10
soldier *el soldado*, 9
solidarity *la solidaridad*, 10
some *unos(as)*, I
some day *algún día*, I
Some time ago, a stranger came . . . *Hace tiempo, vino un desconocido...*, 9
someone *alguien*, II; **to advise someone to . . .** *aconsejarle (a alguien) que...*, II; **to ask someone** *preguntarle a alguien*, II; **to pick someone up** *recoger a alguien*, II; **to recommend that someone . . .** *recomendarle (a alguien) que...*, II; **to suggest that someone . . .** *sugerirle (a alguien) que...*, II; **to take someone** *llevar a alguien*, II
something *algo*, I; **to have much/something/nothing in common** *tener mucho/algo/nada en común*, 2; **There's something I can't quite grasp.** *Hay algo que se me escapa.*, 8
sometimes *a veces*, I
son *el hijo*, I
sorry: I'm sorry, but I already have other plans/another engagement. *Lo siento, pero ya tengo otros planes/otro compromiso.*, 5
so-so *más o menos*, I
soup *la sopa*, I; **garlic soup** *la sopa de ajo*, II; **noodle soup** *la sopa de fideos*, II; **vegetable soup** *la sopa de verduras*, I
sources of energy *las fuentes de energía*, 10
Spanish *el español*, I
to speak *hablar*, I; **is spoken** *se habla*, II; **to stop speaking to one another** *dejar de hablarse*, 3; **Speaking of art, what can you tell me about . . .?** *Hablando de arte, ¿qué me cuentas de...?*, 5
specialties *las especialidades*, II
speech *la oratoria*, II
speechless: You've left me speechless. *Me has dejado boquiabierto(a).*, 4
to spend *(money) gastar*, I; *(time) pasar*, I; **to spend a lot of time** *pasar mucho tiempo*, II; **to spend time alone** *pasar el rato solo(a)*, I
spices *las especias*, II
spicy *picante*, I; **The . . . is salty/spicy.** *El/La... está salado(a)/picante.*, 4
spinach *las espinacas*, I
split peas *los gandules*, II
spoiled *consentido(a)*, II
spoon *la cuchara*, I
sports *los deportes*, I; **I'm a big . . . fan. What sport do you like?** *Soy un(a) gran aficionado(a) a... ¿Qué deporte te gusta a ti?*, 2
sports cards *las láminas*, II
sports section *la sección deportiva*, 6; **I read it in the sports section.** *Lo leí en la sección deportiva.*, 6
to sprain (one's body part) *torcerse (ue) +* a body part, II
spring *la primavera*, I
stadium *el estadio*, I
stage *el escenario*, 5
stamps *las estampillas*, II; **to collect stamps** *coleccionar estampillas*, II
stand *el quiosco de...*, II
to stand someone up *dejar plantado(a) a alguien*, 2
to start *empezar (ie)*, I; *comenzar (ie)*, I; **don't start** *no empieces*, II; **Suddenly, it started to rain . . .** *De repente, empezó a llover...*, II; **to start crying** *ponerse a llorar*, II
station *la estación*, II; **fire station** *la estación de bomberos*, II; **train station** *la estación de tren*, II
statue *la estatua*, 5
to stay *quedarse*, I; **to stay in bed** *quedarse en cama*, II; **to stay with relatives** *quedarse con parientes*, II; **to stay at . . .** *hospedarse en...*, II; **to stay in shape** *mantenerse en forma*, I
steak *el bistec*, II; **grilled steak** *el bistec a la parrilla*, II; **steak with onions** *el bistec encebollado*, II
steel *el acero*, II
stepbrother *el hermanastro*, 4
stepfather *el padrastro*, 4
stepsister *la hermanastra*, 4
stepmother *la madrastra*, 4
stereotype *el estereotipo*, 3
still: Well, he's still working . . . *Pues, sigue trabajando...*, 4
to stir *revolver(ue)*, II; **stirred** *revuelto (past participle of revolver)*, II
stirred *revuelto (past participle of revolver)*, II
stomach *el estómago*, I
stone *la piedra*, II
to stop *parar*, II; **to stop doing something** *dejar de + infinitive*, I; **to stop speaking to one another** *dejar de hablarse*, 3
store *la tienda de...*, I; **grocery store** *la tienda de comestibles*, II
storm *la tormenta*, II
story *el piso*, I; **. . . story building** *el edificio de . . .pisos*, I
story *el cuento*, II; **to tell each other stories** *contarse cuentos*, II
stove *la estufa*, II
straight *derecho*, II; **to go straight** *seguir derecho*, II; **to keep going (straight) to** *seguir derecho hasta*, II
stranger: Some time ago, a stranger came . . . *Hace tiempo, vino un desconocido...*, 9
straw *la paja*, II; **We're going to have another test in . . . tomorrow? This is the last straw!** *¿Mañana vamos a tener otra prueba en...? ¡Esto es el colmo!*, 3
strawberries (and cream) *las fresas (con crema)*, II
to stretch *estirarse*, I
strict *estricto(a)*, II
strike: To tell the truth, it strikes me as . . . *A decir verdad, me parece...*, 5
to stroll *pasearse*, II
stubborn *terco(a)*, 2
student *el estudiante, la estudiante*, I
to study *estudiar*, I; **I didn't study, so . . .** *No estudié, así que...*, 7; **I would be interested in studying to be a . . .** *Me interesaría estudiar para ser un(a)*, 8; **If I could, I would go to . . . to study . . .** *Si pudiera, iría a... para estudiar...*, 8
stuffed animals *los animales de peluche*, II
style *la moda*, I; **in the latest style** *a la última moda*, I; **out of style** *pasado de moda*, I
subject *la materia*, I; **Changing the subject, what do you have to say about . . .?** *Cambiando de tema, ¿qué me dices de...?*, 5
success: to have success *tener éxito*, 7; **My success in . . . is owed to . . .** *Mi éxito en... se debe a...*, 7
to subscribe to *suscribirse a*, 6
suburbs *las afueras*, I
subway *el metro*, I
subway stop *la parada del metro*, II
success *el éxito*, II
suddenly *de repente*, II; **Suddenly, it started to rain . . .** *De repente, empezó a llover...*, II; **It's told that all of a sudden . . .** *Se cuenta que de pronto...*, 9
to suffer *sufrir*, 9
sugar *el azúcar*, II
to suggest: I suggest that you not pay attention to rumors. *Sugiero que no hagas caso a los rumores.*, 3
to suggest that someone . . . *sugerirle (ie, i) (a alguien) que...*, II

suit *el traje*, II
suitcase *la maleta*, I
summer *el verano*, I
sun *el sol*, II
to sunbathe *tomar el sol*, I
sunblock *la crema protectora*, II
Sunday *el domingo*, I; on Sundays *los domingos*, I
sunglasses *las gafas de sol*, II
sunken ship *la nave hundida*, 10
sunny *soleado(a)*, II
superficial *superficial*, 5
supermarket *el supermercado*, II
to supervise *supervisar*, 8
to suppose: I suppose that . . . *Es de suponer que...*, 10; I suppose so. *Supongo que sí*, 10
support *el apoyo*, 7; Thanks to the support of . . . I have been able to overcome . . . *Gracias al apoyo de..., he podido superar...*, 7; A good friend should support me and . . . He/She shouldn't . . . *Un(a) buen(a) amigo(a) debe apoyarme y... No debe...*, 2
to support *apoyar*, 2, 7
supportive *solidario(a)*, 2
sure: I'm not sure that you're right about . . . *No estoy seguro(a) (de) que tengas razón sobre...*, 6
to surf the Internet *navegar por Internet*, I
surprise: What a surprise that they have . . .! *¡Qué sorpresa que se hayan...!*, 4
surprise party *la fiesta de sorpresa*, I
to swear: I swear I'll never do it again. *Te juro que no lo volveré a hacer.*, 3
sweater *el suéter*, I
to sweep *barrer*, II
sweet *dulce*, I; The . . . is dry/isn't very sweet. *El/La... está seco(a)/no está muy dulce.*, 4
to swell *hinchar*, II
to swim *nadar*, I; to swim in the sea *bañarse en el mar*, II
swimming (swim class) *la natación*, II
swimsuit *el traje de baño*, I
to swing (on a swing) *columpiarse*, II
swollen *hinchado(a)*, II
symphony: It would be a good idea to go to the symphony. *Sería buena idea ir al concierto de la sinfónica.*, 5
synagogue *la sinagoga*, I

table *la mesa*, I
tablecloth *el mantel*, II
tablespoon *la cucharada*, II
to take: to take . . . lessons *tomar clases de...*, II; to take a taxi *tomar un taxi*, II; to take a test *presentar el examen*, I; to take photos *sacar photos*, I; to take someone *llevar a alguien*, II; to take . . . street *ir por la calle...*, II; to take a guided tour *hacer un tour*, II; to take a long time (to) *tardarse en* + infinitive, II; to take a shower *ducharse*, II; to take a walk *pasearse*, II; to take notes *tomar apuntes*, 3; It took a lot of work for us to get used to . . . *Nos costó trabajo acostumbrarnos a...*, 7; to take advantage of *aprovechar*, 7; to take the initiative *tomar la iniciativa*, 7; I can't stand the attitude of . . . towards . . . I can't take it anymore! *Me choca la actitud de... hacia... ¡No aguanto más!*, 3; to take care of *cuidar*, I; Take care. *Cuídate.*, I; to take care of a pet *cuidar a una mascota*, II; to take care of oneself *cuidarse*, I; to take care of sick people *cuidar a los enfermos*, II; to take long *tardar*, II; The guidance counselor insists that I take . . . I don't like it at all! *El/La consejero(a) insiste en que tome... ¡No me gusta para nada!*, 3
to take off *quitarse*, I
to take out *sacar*, I; don't take out *no saque*, II; take out *saque*, II; You should take out the garbage. *Debes sacar la basura.*, II
to take pills *tomarse las pastillas*, II
tale *el cuento*, 9
talent *el talento*, 8
to talk *hablar*, I; *charlar*, I; *conversar*, II; don't talk *no hables*, II; talking *hablando*, II; We talked about the issue; consequently... *Hablamos del tema; por consiguiente...*, 7
talkative *conversador(a)*, II
tall *alto(a)*, I
tamales *los tamales*, I
to taste *probar (ue)*, I; *al gusto*, II; It tastes delicious. *Sabe delicioso(a).*, 4; The . . . doesn't taste like anything. *El/La... no sabe a nada.*, 4
taste *el gusto*, II; to taste *al gusto*, II; in good/bad taste *de buen/mal gusto*, 5
tasty *rico(a), sabroso(a)*, II
tax *el impuesto*, II
taxi *el taxi*, I; to take a taxi *tomar un taxi*, II
taxi driver *el taxista, la taxista*, II
tea *el té*, II
to teach *enseñar*, II
teacher *la profesora, el profesor*, I
team *el equipo*, II
teaspoon *la cucharadita*, II
technology *la tecnología*, 8
teeth *los dientes*, I
telephone number *el teléfono*, I
telephones *los teléfonos*, II
television *la televisión*, I; to watch television *mirar la televisión*, I; TV *la tele*, II; TV station *la emisora*, 6
to tell *contar (ue)*, II; Tell me what happened the day that . . . *Cuéntame lo que pasó el día que...*, II; to tell jokes *contar chistes*, I; It's told that all of a sudden . . . *Se cuenta que de pronto...*, 9; Speaking of art, what can you tell me about . . .? *Hablando de arte, ¿qué me cuentas de...?*, 5; What can you tell me about . . .? *¿Qué me cuentas de...?*, 4
to tell *decir (yo digo)*, II; don't tell *no digas*, II; Can you tell me where . . . is? *¿Me dices dónde está...?*, II; Could you tell me . . .? *¿Me podría decir...?*, II; tell *di*, II; To tell the truth, it strikes me as . . . *A decir verdad, me parece...*, 5
to tell each other *contarse (ue)*, II; to tell each other jokes *contarse chistes*, II; to tell each other stories *contarse cuentos*, II
temperature *la temperatura*, II
temple *el templo*, I, 9
ten *diez*, I
tender *cariñoso(a)*, II
tennis *el tenis*, I; tennis shoes *los zapatos de tenis*, I; to play tennis *jugar al tenis*, II
tent *la tienda de campaña*, II
tenth *décimo(a)*, II
terrible *pésimo(a)*, 5; *espantoso(a)*, 10
terrifying *aterrador(a)*, 10
test *el examen*, I; to take a . . . test *presentar el examen de...*, I; We're going to have another test in . . . tomorrow? This is the last straw! *¿Mañana vamos a tener otra prueba en...? ¡Esto es el colmo!*, 3
textiles *los tejidos*, II
to thank: They thanked . . . *Les agradecieron a...*, 9
thank you *gracias*, I
thankful: to be thankful for *estar agradecido(a) por*, 7
thanks: Thanks to the support of . . . I have been able to overcome . . . *Gracias al apoyo de..., he podido superar...*, 7; Not today, thanks. Why don't we wait and do it next week? *Hoy no, gracias. ¿Por qué no lo dejamos para la próxima semana?*, 5; Thanks for inviting me, but I've already seen it. *Gracias por invitarme, pero ya lo/la he visto.*, 5; Thanks, but I have a lot to do. I'll go next time. *Gracias, pero tengo mucho que hacer. La próxima vez iré.*, 5
Thanksgiving Day *el Día de Acción de Gracias*, I
that *ese(a)*, I; *ése*, II; that *(farther away) aquél, aquel, aquella*, II; that was when *fue cuando*, II; that won't go away *...que no se me quita ...*, II; That I know of, there's (no) . . . *Que yo sepa, (no) hay...*, 6; That makes me think about . . . *Eso me hace pensar en...*, 5
That's disgusting! *¡Qué asco!*, 4
That's easy/pretty difficult for me. *Eso me resulta fácil/bastante difícil.*, 8
the *el, la, los, las*, I; The pleasure is mine. *El gusto es mío.*, I; The purpose of this letter is . . . *Por medio de la presente...*, 8; The milk has gone bad. *Está pasada la leche.*, 4; The way I see it, there's no equality between . . . *A mi parecer, no hay igualdad entre...*, 3; The . . . doesn't taste like anything. *El/La... no sabe a nada.*, 4; The . . . is dry/isn't very sweet. *El/La... está seco(a)/no está muy dulce.*, 4; The . . . is salty/spicy. *El/La... está salado(a)/picante.*, 4; The . . . lacks flavor, but I don't know what's missing. *Al (A la)... le falta sabor, pero no sé qué le falta.*, 4
to the left of *a la izquierda (de)*, II
to the right of *a la derecha (de)*, II
theatre *el teatro*, II
their *su(s)*, I
them *los, las*, I
then *entonces*, II; back then *en aquel entonces*, II
then *luego*, I
there *allí*, I; there *(general area) allá*, II; there is, there are *hay*, I; there used to be *había*, II; there was *había*, II; There once was *Había una vez*, II; There

were many challenges in... *Había muchos desafíos en...,* 7; **I imagine that by the year ... there will be ...** *Me imagino que para el año... habrá...,* 10; **There's something I can't quite grasp.** *Hay algo que se me escapa.,* 8
these *éstos, éstas, estos, estas,* I; **these days** *hoy (en) día,* 8
they *ellas, ellos,* I; **They** (emphatic) **like ...** *A ellos/ellas/ustedes les gusta(n)* + noun, II; **they lived happily ever after** *vivieron felices,* II; **They're ...** *Me quedan...,* II; **They advise that ...** *Se advierte que...,* 10; **They thanked ...** *Les agradecieron a...,* 9
thigh *el muslo,* II
thin *delgado(a),* I
thing *la cosa,* I; **the occasional (thing)** *alguno(a) que otro(a) (cosa),* 6
to think *pensar (ie),* I; **don't think** *no pienses,* II; **think** *piensa,* II; *creer,* II; **I think so.** *Creo que sí.,* II; **What do you think of this color?** *¿Qué te parece este color?,* II; **Really? Well, I think ...** *¿Ah, sí? Pues, yo creo que son...,* 2; **Forgive me. I don't know what I was thinking.** *Perdóname. No sé en qué estaba pensando.,* 3; **Give yourself time to think it over.** *Date tiempo para pensarlo.,* 3; **Have you thought about ...?** *¿Has pensado en...?,* 3; **I don't think it's fair.** *No me parece que sea justo.,* 3; **I don't think that journalists/newscasts are ...** *No creo que los periodistas/ los noticieros sean...,* 6; **to think, to be of the opinion** *opinar,* 6; **I think it's worth remembering ...** *Creo que vale la pena acordarse de...,* 10; **That makes me think about...** *Eso me hace pensar en...,* 5; **This portrait was painted by ... What do you think of it?** *Este retrato fue pintado por... ¿Qué te parece?,* 5; **What do you think of...?** *¿Qué opinas de...?,* 5
third *tercero(a),* II
thirst *la sed,* I
thirteen *trece,* I
thirty *treinta,* I
this *ésta, éste,* I; *este(a),* I; **This is ...** *Le presento a... (formal),* II; *Te presento a... (informal),* II; **This portrait was painted by ... What do you think of it?** *Este retrato fue pintado por... ¿Qué te parece?,* 5
those *ésos, ésas, esos, esas,* I; **those** *(farther away) aquellos, aquellas, aquéllos, aquéllas,* II
three *tres,* I
three hundred *trescientos,* I
throat *la garganta,* I
thunder *el trueno,* II
Thursday *el jueves,* I; **on Thursdays** *los jueves,* I
ticket *el boleto,* I
ticket *la entrada,* II
tide *la marea,* II; **low tide** *la marea baja,* II
tie *la corbata,* II
to tie a game *empatar,* II
tight *apretado(a), estrecho(a),* II
time: I've been ... for a long time. *Hace mucho tiempo que...,* II; **to spend a lot of time** *pasar mucho tiempo,* II; **free time** *el rato libre,* II; **time(s)** *vez (pl. veces),* II; **Once upon a time** *Érase una vez,* II; **One more time, please?** *¿Otra vez, por favor?,* II; **I've already done it a thousand times.** *Ya lo hice mil veces.,* II; **at the same time** *a la vez,* 8; **Once upon a time, in a faraway place ...** *Érase una vez, en un lugar muy lejano...,* 9; **Some time ago, a stranger came ...** *Hace tiempo, vino un desconocido...,* 9; **Give yourself time to think it over.** *Date tiempo para pensarlo.,* 3; **Thanks, but I have a lot to do. I'll go next time.** *Gracias, pero tengo mucho que hacer. La próxima vez iré.,* 5
tip *la propina,* II; **to leave the tip** *dejar la propina,* II
tired *cansado(a),* I
to/for me *me,* I; **you** *te,* I; **us** *nos,* I; **him, her, you, them** *le(s),* I
toast *el pan tostado,* I
toasted *tostado(a),* II
today *hoy,* I; **Not today, thanks. Why don't we wait and do it next week?** *Hoy no, gracias. ¿Por qué no lo dejamos para la próxima semana?,* 5
toe *el dedo del pie,* II
together *juntos(as),* II; **to work together** *trabajar juntos,* II
toilet *el inodoro,* II
tolerant *tolerante,* 2
tomato *el tomate,* I; **can of tomato sauce** *la lata de salsa de tomate,* II
tomorrow *mañana,* I; **We're going to have another test in ... tomorrow? This is the last straw!** *¿Mañana vamos a tener otra prueba en...? ¡Esto es el colmo!,* 3
tonight *esta noche,* II
too much *demasiado(a),* I
toothbrush *el cepillo de dientes,* I
toothpaste *la pasta de dientes,* I
topic: to cover a topic completely *tratar un tema a fondo,* 6
tornado *el tornado,* II
totally *por completo,* II; **I totally forgot.** *Se me olvidó por completo.,* II
touching *conmovedor(a),* 10
to tour *recorrer,* I
tourism *el turismo,* II; **tourism office** *la oficina de turismo,* II
tourism office *la oficina de turismo,* II
tourist *el turista, la turista,* II
towel *la toalla,* I
tower *la torre,* 5
town *el pueblo,* II; **town hall** *el ayuntamiento,* II; **town square** *la plaza,* II
toy *el juguete,* I; **to share toys** *compartir los juguetes,* II; **toy car** *el carrito,* II; **to play with toy cars** *jugar (ue) con carritos,* II; **toy store** *la juguetería,* I
track and field *el atletismo,* II
to trade *intercambiar,* II
tradition *la tradición,* 7
traffic: It's quite possible that traffic will increase with ... *Es muy posible que el tráfico aumente con...,* 10
traffic light *el semáforo,* II
tragedy *la tragedia,* 5
tragic *trágico(a),* 10
train station *la estación de tren,* II
traitor *el (la) traidor(a),* 9
trash *la basura,* I
traveler's checks *los cheques de viajero,* II
treat: My treat. *Yo te invito,* 2
tree *el árbol,* II; **to climb trees** *trepar a los árboles,* II
tricks *las travesuras,* II; **to play tricks** *hacer travesuras,* II
trip *el viaje,* I
to triumph *triunfar,* 7
troops *las tropas,* 9
trophy *el trofeo,* II
tropical *tropical,* II; **to explore the tropical jungle** *explorar la selva tropical,* II; **tropical island** *la isla tropical,* II
truck *el camión,* II; **fire truck** *el camión de bomberos,* II
true: No way! That's not true. *¡Qué va! Eso no es cierto.,* 3
trust: to inspire trust in *inspirarle confianza,* 6
to trust *confiar en,* 2
trustworthy *fiable,* 6
truth: To tell the truth, it strikes me as ... *A decir verdad, me parece...,* 5
to try on *probarse (ue),* II
to try, taste *probar (ue),* I
to try to *tratar de + infinitive,* 8
T-shirt *la camiseta,* I
Tuesday *el martes,* I; **on Tuesdays** *los martes,* I
tuna fish *el atún,* I
turkey (with stuffing) *el pavo (con relleno),* 4
to turn *dar una vuelta,* II
to turn left on *doblar a la izquierda en,* II
to turn off *apagar,* II; **to turn off the light(s)** *apagar la luz/las luces,* II
to turn right on *doblar a la derecha en,* II
turnover-like pastry *la empanada,* I
TV set *el televisor,* II
twelve *doce,* I
twenty *veinte,* I
to twist *torcer (ue),* II
twisted *torcido(a),* II
two *dos,* I
two hundred *doscientos,* I
two thousand *dos mil,* I
typically *típicamente,* II

ugly *feo(a),* I
umbrella *el paraguas,* II
unbiased *imparcial,* 6
uncle *el tío,* I
under, underneath *debajo (de),* I
to understand: I can't seem to understand ... *No logro entender...,* 8; **I can't understand it.** *No me cabe en la cabeza.,* 8; **From what I understand ...** *Según tengo entendido,...,* 4; **I understand a little about ..., but nothing about ...** *Entiendo algo de..., pero nada de...,* 6; **What do I know about ...? I don't understand a thing about ...** *¿Qué sé yo de...? No entiendo ni jota de...?,* 6
unemployment *el desempleo,* 10
unfair *injusto(a),* I
unfaithful: to be (un)faithful *ser (in)fiel,* 3

unfortunately *desgraciadamente*, II

unfriendly *antipático(a)*, I; *seco(a)*, 2

university *la universidad*, 3

unknown *desconocido(a)*, 9

until *hasta*, I; **See you later.** *Hasta luego.*, I; **See you tomorrow.** *Hasta mañana.*, I; **See you soon.** *Hasta pronto.*, I

untrustworthy *poco fiable*, 6

up to *hasta*, I; **What's . . . up to?** *¿Qué anda haciendo...?*, 4

up-to-date: to be up-to-date *estar al tanto*, 6

to update *actualizar*, 8

upset: What's the matter? Are you upset? *¿Qué te pasa? ¿Estas dolido(a)?*, 2

Uruguayan *uruguayo(a)*, II

us *nos*, I

to utilize *utilizar*, 8

vacation *las vacaciones*, II; **to go on vacation** *ir de vacaciones*, II

to vacuum *pasar la aspiradora*, I; **vacuum cleaner** *la aspiradora*, II

Valentine's Day *el Día de los Enamorados*, I

vanilla *la vainilla*, II; **vanilla flan** *el flan de vainilla*, II

vegetables *las verduras*, I; *los vegetales*, II; **vegetable soup** *la sopa de verduras*, I

vegetarian *vegetariano(a)*, II

Venezuelan *venezolano(a)*, II

very *muy + adjective*, I; **I did very well (badly).** *Me fue muy bien (mal).*, II; **very bad** *pésimo(a)*, I; **very handsome** *guapísimo*, II

victim *la víctima*, 9

victory *la victoria*, 9

video *el video*, I

video games *los videojuegos*, I

village *el pueblo*, II

villain: From what we've been told, the villain . . . *Según nos dicen, el malvado...*, 9

vinegar *vinagre*, II

violin *el violín*, II

to visit *visitar*, II; **to visit a museum** *visitar un museo*, II

vitamins *las vitaminas*, II

volcano *el volcán*, II

volleyball *el volibol*, I

volunteer *el (la) voluntario(a)*, 8

vulture *el buitre*, II

to wait *esperar*, I; **Not today, thanks. Why don't we wait and do it next week?** *Hoy no, gracias. ¿Por qué no lo dejamos para la próxima semana?*, 5

waiter *el mesero*, II

waiting room *la sala de espera*, I

waitress *la mesera*, II

to wake *despertarse (ie)*, I

to walk *caminar*, I; *andar*, II; **to go for a walk** *pasear*, I

to walk . . . *dar una vuelta por...*, II

to walk down (a street) *bajar*, II; **to go down . . . until you get to** *bajar... hasta llegar a*, II

wall *la pared*, II

wallet *la billetera*, I; *la cartera*, II

to want *querer (ie)*, I; **I want to go to . . .** *Quiero ir a...*, II; **I want to introduce you to . . .** *Quiero presentarte a...*, II; **I wanted . . ., but there weren't any in my size.** *Quería..., pero no había en mi número.*, II; **What did you want to be?** *¿Qué querías ser?*, II; **What do you want to do this afternoon?** *¿Qué quieres hacer esta tarde?*, II; **When I heard the news, I didn't want to believe it.** *Cuando oí la noticia no lo quise creer.*, II; **Whatever you want.** *Como quieras.*, 2; **I have always wanted to be a . . .** *Siempre he querido ser un(a)...*, 8; **Do you want to come to . . . with me?** *¿Me acompañas a...?*, 5; **Do you want to go see . . .** *¿Quieres ir a ver...?*, 5

to want someone else to do something *querer que*, II

to warm up *calentarse (ie)*, II

to wash *lavar*, I; **to wash the dishes** *lavar los platos*, I; *lavarse*, I

washing machine *la lavadora*, II

to waste *desperdiciar*, 10

to watch *ver*, I; **to watch television** *ver televisión*, I

watch, clock *el reloj*, I

to water *regar (ie)*, II; **to water the plants** *regar las plantas*, II; **It makes my mouth water.** *Se me hace la boca agua.*, 4

water *el agua (f.)*, I; **mineral water** *el agua (f.) mineral*, II; **to dive in the water** *tirarse al agua*, II

water skiing *el esquí acuático*, II

watercolor *la acuarela*, 5

waterfall *la cascada, la catarata*, II

watermelon *la sandía*, 4

watery *aguado(a)*, II

waves *las olas*, II

way: in a . . . way *de modo...*, 6; **a way of being** *el modo de ser*, 7; **No way! That's not true.** *¡Qué va! Eso no es cierto.*, 3; **The way I see it, there's no equality between . . .** *A mi parecer, no hay igualdad entre...*, 3

we *nosotros(as)*, I; **We** (emphatic) **like . . .** *A nosotros nos gusta(n) + noun*, II; **We had to make a big effort to . . .** *Tuvimos que hacer un gran esfuerzo para...*, 7; **We made a big effort at . . .** *Nos esforzamos en...*, 7; **We talked about the issue; consequently . . .** *Hablamos del tema; por consiguiente...*, 7

we are going *vamos*, II; **We're going to . . .** *Vamos a ir a/al...*, II; **Are we going the right way to . . .?** *¿Vamos bien para...?*, II

we fought (would fight) *nos peleábamos*, II

weak *aguado(a)*, II

to wear *llevar*, I; **to wear glasses** *usar lentes*, I

weather *el tiempo*, I; **The weather is nice (bad).** *Hace buen (mal) tiempo.*, I; *el clima*, II; **I wonder what the weather is like at (in) . . .?** *¿Cómo será el clima en...?*, II

wedding *la boda*, I

Wednesday *el miércoles*, I; **on Wednesdays** *los miércoles*, I

week *la semana*, I; **Not today, thanks. Why don't we wait and do it next week?** *Hoy no, gracias. ¿Por qué no lo dejamos para la próxima semana?*, 5

weekend *el fin de semana*, I; **weekends** *los fines de semana*, I

weight *el peso*, I

weights *las pesas*, I; **to lift weights** *levantar pesas*, I

well *bien*, II; *ahora bien*, 9; **I did very well.** *Me fue muy bien.*, II; **I hope you're doing well.** *Espero que estés bien.*, II; **to get along well** *llevarse bien*, II; **to be well-informed** *estar bien informado*, 6

Well, . . . *Bueno,...*, II; **Really? Well, I think . . .** *¿Ah, sí? Pues, yo creo que son...*, 2; **Well, the truth is that . . .** *Pues, la verdad es que....* 2; **Well, he's still working . . .** *Pues, sigue trabajando...*, 4

We're going to have another test in . . . tomorrow? This is the last straw! *¿Mañana vamos a tener otra prueba en...? ¡Esto es el colmo!*, 3

whale *la ballena*, II

what *lo que*, II; **So, what I have to do is . . .** *Entonces, lo que tengo que hacer es...*, II; **What I notice is that . . .** *Lo que noto es que...*, 10

What . . .! *¡Qué...!*, II; **What a dry climate!** *¡Qué clima tan seco!*, II; **What a gossip!** *¡Qué chismoso(a)!*, II; **What a pain!** *¡Qué lata!*, I; **What a shame!** *¡Qué lástima!*, I; **What bad luck!** *¡Qué mala suerte!*, I; **What a shame that they have . . .** *Qué pena que se hayan...*, 4; **What a surprise that they have . . .!** *¡Qué sorpresa que se hayan...!*, 4

What . . .? *¿Qué...?*, II; **What are your parents/brothers and sisters/ friends like?** *¿Cómo son tus padres/ hermanos/amigos?*, II; **What did you like to do when you were . . . years old?** *¿Qué te gustaba hacer cuando tenías...?*, II; **What did you used to do when you were a little boy/girl?** *¿Qué hacías de niño(a)?*, II; **What did you want to be?** *¿Qué querías ser?*, II; **What do you do every morning?** *¿Qué haces todas las mañanas?*, II; **What do you like to do on weekends?** *¿Qué te gusta hacer los fines de semana?*, II; **What do you recommend?** *¿Qué nos recomienda?*, II; **What do you still have to do?** *¿Qué te falta hacer?*, I; **What do you think of this color?** *¿Qué te parece este color?*, II; **What do you want to do this afternoon?** *¿Qué quieres hacer esta tarde?*, II; **What do your friends do on weekends?** *¿Qué hacen tus amigos los fines de semana?*, II; **What does . . . do?** *¿A qué se dedica...?*, II; **What else do I need to do?** *¿Qué más tengo que hacer?*, II; **What happened to you?** *¿Qué te pasó?*, II; **What kind of work does . . . do?** *¿Qué clase de trabajo realiza...?*, II; **What needs to be done in the kitchen?** *¿Qué hay que hacer en la cocina?*, II;

What news do you have of . . .? *¿Qué noticias tienes de...?*, II; **What restaurant do you recommend to me?** *¿Qué restaurante me recomienda usted?*, II; **what someone has to do** *(me/te/le/nos/les) toca + infinitive*, II; **What were you like . . .?** *¿Cómo eras...?*, II; **What will you all do at the beach?** *¿Qué harán ustedes en la playa?*, II; **What's in the . . .?** *¿Qué lleva...?*, II; **What's new?** *¿Qué hay de nuevo?*, I; **What's the (daily) special?** *¿Qué hay de especial?*, II; **What's wrong with you?** *¿Qué te pasa?*, I; What would you like to do? *¿Qué te gustaría hacer?*, 8; **Where were you and what were you doing when . . .?** *¿Dónde estabas y qué hacías cuando...?*, 10; **What can you tell me about . . .?** *¿Qué me cuentas de...?*, 4; **What do I know about . . .? I don't understand a thing about . . .** *¿Qué sé yo de...? No entiendo ni jota de...?*, 6; **What do you know about . . .?** *¿Qué sabes de...?*, 4; **What do you look for in a boyfriend/girlfriend?** *¿Qué buscas en un(a) novio(a)?*, 2; **What do you think of . . .?** *¿Qué opinas de...?*, 5; **What should a good friend be like?** *¿Cómo debe ser un(a) buen(a) amigo(a)?*, 2

What! *¡Cómo?, ¿Qué?*, I

what?, which? *¿cuál?*, I

What's the matter? Are you upset? *¿Qué te pasa? ¿Estas dolido(a)?*, 2

What's . . . up to? *¿Qué anda haciendo...?*, 4

Whatever you want. *Como quieras.*, 2

wheelchair *la silla de ruedas*, I; **I use a wheelchair.** *Estoy en una silla de ruedas.*, II

when *cuando*, I; **When I found out, I couldn't believe it.** *Cuando me enteré, no lo pude creer.*, II; **When I heard the news, I didn't want to believe it.** *Cuando oí la noticia no lo quise creer.*, II; **that was when** *fue cuando*, II; **When I'm older, I'd like to . . .** *Cuando sea mayor, me gustaría...*, 7

when? *¿cuándo?*, I

where? *¿adónde?, ¿dónde?*, I; **Where did you go on vacation during the winter?** *¿Adónde fuiste de vacaciones durante el invierno?*, II; **Where will you go this summer?** *¿Adónde irás este verano?*, II; **Where do you intend to go tonight?** *¿Adónde piensan ir esta noche?*, II; **Can you tell me where . . . is?** *¿Me dices dónde está...?*, II; **Do you know where I can . . .?** *¿Sabe usted dónde se puede...?*, II; **Where could my . . . be?** *¿Dónde estará(n) mi(s)...?*, II; **Where were you and what were you doing when . . .?** *¿Dónde estabas y qué hacías cuando...?*, 10

which? *¿cuál?, ¿cuáles?*, I; **Which of these paintings do you like better, the one of (by) . . . or the one of (by) . . .?** *¿Cuál de estas pinturas te gusta más, la de... o la de...?*, 5

while *mientras*, II

white *blanco(a)*, I

Who's calling? *¿De parte de quién?*, I

whole *todo(a)*, I; *entero(a)*, II

why *¿por qué?*, I; **Why don't we go to . . .?** *¿Por qué no vamos a...?*, 5

wide *ancho(a)*, II

wide assortment *un gran surtido*, II

Will it be . . .? *¿Hará...?*, II

Will there be . . .? *¿Habrá...?*, II

to win *ganar*, II

wind *el viento*, II

window *la ventana*, I; **to window shop** *mirar las vitrinas*, I

windsurf *el windsurf*, II; **to windsurf** *hacer windsurf*, II

winter *el invierno*, I

wise man/woman *el (la) sabio(a)*, 9

to wish for *desear*, I

with *con*, I; **with me** *conmigo*, I; **with you** *contigo*, I; **With time I was able to assimilate . . .** *Con el tiempo pude asimilar...*, 7

witty *gracioso(a)*, I

wizard *el (la) hechicero(a)*, 9

wolf *el lobo*, II

woman *la mujer*, I

wood *la madera*, II; **to do woodcarving** *tallar en madera*, 5

wool *la lana*, I

to work *trabajar*, I; **one works** *se trabaja*, II; **to work in the garden** *trabajar en el jardín*, II; **to work on cars** *trabajar en mecánica*, II; **to work together** *trabajar juntos*, II; **I work hard . . . and for that reason . . .** *Trabajo duro... y por eso...*, 7; **Well, he's still working . . .** *Pues, sigue trabajando...*, 4

work *el trabajo*, I; **It took a lot of work for us to get used to . . .** *Nos costó trabajo acostumbrarnos a...*, 7; **It takes a lot of work for me (to do) . . .** *Me cuesta trabajo (hacer)...*, 8

work environment *el ambiente de trabajo*, 8

to work out *entrenarse*, I

workshop *el taller*, I

world perspective *el enfoque mundial*, 6

World Wide Web *el Web*, II; **Web pages** *páginas Web*, II

to worry *preocuparse*, I; **Don't worry.** *No te preocupes.*, I

worse *peor(es)*, I

worth: to (not) be worth it *(no) valer la pena*, 2; **I think it's worth remembering . . .** *Creo que vale la pena acordarse de...*, 10

Would you bring us . . .? *¿Nos trae...?*, II

Would you like anything else? *¿Se les ofrece algo más?*, II

woven cloth *los tejidos*, II

to wrap *vendar*, II

wrapped *vendado(a)*, II

wrestling *la lucha libre*, II

wrist *la muñeca*, II

to write *escribir*, I; **don't write** *no escribas*, II; **write** *escribe*, II; **writing** *escribiendo*, II; **written** *escrito (past participle of escribir)*, II

wrong impression *la impresión equivocada*, 3

Y

yard *el patio*, I

year *el año*, I; **A few (many, five . . .) years ago** *Hace unos (muchos, cinco...) años*, II; **every year** *todos los años*, II; **last year** *el año pasado*, I; **New Year** *el Año Nuevo* I; **Many years ago, . . .** *Hace muchos años,...*, 9; **I imagine that by the year . . . there will be . . .** *Me imagino que para el año... habrá...*, 10

to yell for help *gritar por ayuda*, II

yellow *amarillo(a)*, I

yes *sí*, I; **Yes, of course.** *Sí, claro.*, II; **Yes, I'm disappointed because . . . It makes me feel like crying.** *Sí, estoy decepcionado(a) porque... Me dan ganas de llorar.*, 2; **Yes, I'm excited because . . .** *Sí, estoy entusiasmado(a) porque...*, 2

yesterday *ayer*, I; **I remember it like it was yesterday.** *Lo recuerdo como si fuera ayer.*, 10

yoga: to do yoga *hacer yoga*, I

yogurt *el yogur*, 4

you *usted, (Ud.) ustedes, (Uds.) (formal)* I; *tú, vosotros(as), (informal)* I; **You were lucky!** *Ah, ¡tuviste suerte!*, I; **You're really good at . . . aren't you?** *Eres muy bueno(a) para... ¿verdad?*, 2;

You've left me speechless. *Me has dejado boquiabierto(a).*, 4

You *(emphatic)* **like . . .** *A ti te gusta(n) + noun*, II; *A vosotros os gusta(n) + noun, (pl., informal)*, II

You don't say! *¡No me digas!*, II, 4

You look great! *¡Te ves super bien!*, II

You look very handsome! *¡Te ves guapísimo!*, II

You will see that they're going to promote . . . *Ya verás que van a promover...*, 10

You won't believe it, but . . . *No lo vas a creer, pero...*, II

young *joven*, I

young people *los jóvenes*, I

young person *el joven, la joven*, II

younger *menor(es)*, I

your *tu(s), su(s), vuestro(a)(s)*, I

Yours sincerely, . . . *Un saludo de,...*, II

yours *tuyo(a), tuyos(as)*, II

yours (formal), his, hers, its, theirs *suyo(a), suyos(as)*, II

youth hostel *el albergue juvenil*, II

zero *cero*, I

zoo *el zoológico*, I; **to go to the zoo** *ir al zoológico*, II

zucchini *el calabacín*, 4

Índice gramatical

Page numbers in boldface type refer to the first presentation of the topic. Other page numbers refer to the grammar topic in subsequent presentations or in the ***¡Exprésate!*** features. The Roman numeral I preceding page numbers indicates Level 1; the Roman numeral II indicates Level 2; the Roman numeral III indicates Level 3. Page numbers beginning with R refer to the **Síntesis gramatical** in this Reference Section (pages R25–R46).

Agradecimientos

ACKNOWLEDGMENTS

For permission to reprint copyrighted material, grateful acknowledgment is made to the following sources:

Agencia Literaria Carmen Balcells: "Oda al presente" from *Nuevas odas elementales* by Pablo Neruda. Copyright ©2003 by Random House Mondadori, S.A.

BBC World Service: From "Educación sin fronteras" from *BBC Mundo* web site, November 14, 2002, accessed October 2, 2003, at http://news.bbc.co.uk/hi/spanish/specials/newsid_2411517.stm. Copyright ©2002 BBC World Service.

Agencia Literaria Carmen Balcells, S.A.: "El árbol de oro" from *Historias de la Artámila* by Ana María Matute. Copyright ©1961 by Ana María Matute.

Bilingual Press/Editorial Bilingüe, Arizona State University: "Un oso y un amor" from *Primeros encuentros* by Sabine Ulibarrí. Copyright ©1982 by Bilingual Press/Editorial Bilingüe.

Editorial de la Universidad de Puerto Rico: "Danza Negra" by Luis Palés Matos from *Aproximaciones al estudio de la literatura hispánica* by Carmelo Virgillo, L. Teresa Valdivieso, and Edward H. Friedman. Copyright ©by Editorial de la Universidad de Puerto Rico.

Fondo de Cultura Económica: From "Epístola" from *Donde nacen las aguas: Antología* by Nicolás Guillén. Copyright ©2002 by Fondo de Cultura Económica. Chapter 11 from *Popol Vuh: Las antiguas historias del Quiché,* translated by Adrián Recinos. Copyright ©1952, 1986 by Fondo de Cultura Económica.

Houghton Mifflin Company: From "Senderos fronterizos" from *Senderos fronterizos: Continuación de Cajas de cartón* by Francisco Jiménez. Copyright ©2001 by Francisco Jiménez; Spanish translation copyright ©2002 by Francisco Jiménez. All rights reserved.

International Editors Agency: "El eclipse" from *Obras Completas (y otros cuentos)* by Augusto Monterroso. Copyright ©1998 by Editorial Anagrama, S.A. and Augusto Monterroso.

La Insignia: From "Recuperar la Tierra" by María José Atiénzar from *La Insignia* web site, accessed January 5, 2004, at http://www.lainsignia.org/2003/junio/ecol_003.htm. Copyright ©2003 by La Insignia.

Medios Digitales Copesa: "El Caleuche" adapted by Carlos Ducci Claro from *Fiestas Patrias 2001* web site; accessed January 14, 2004, at http://docs.tercera.cl/especiales/2001/fonda2001/tradiciones/LEYENDAS/sur.html. Copyright ©2001 by Medio Digitales Copesa. All rights reserved.

STAFF CREDITS

Editorial Priscilla Blanton, Barbara Kristof, Amber P. Nichols, Douglas Ward

Editorial Development Team Marion Bermondy, Konstanze Alex Brown, Lynda Cortez, Janet Welsh Crossley, Zahydée González, Jean Miller, Beatriz Malo Pojman, Paul Provence, Jaishree Venkatesan, J. Elisabeth Wright

Editorial Staff Sara Anbari, Hubert Bays, Yamile Dewailly, Virginia Dosher, Milagros Escamilla, Rita Ricardo, Glenna Scott, Geraldine Touzeau-Patrick

Editorial Permissions Ann B. Farrar, Yuri Muñoz

Book Design Bruce Albrecht, Sally Bess, Robin Bouvette, Marc Cooper, Ed Diaz, José Garza, Marta Kimball, Liann Lech, Kay Selke

Image Acquisitions Michelle Dike, Sam Dudgeon, Stephanie Friedman, Curtis Riker, Victoria Smith, Jeannie Taylor, Cindy Verheyden

Media Design Richard Metzger, Chris Smith

Design New Media Edwin Blake, Kimberly Cammerata

Production, Manufacturing, and Inventory Jennifer Craycraft, Rose Degollado, Rhonda Fariss, Jevara Jackson, Beth Prevelige, Diana Rodriguez

New Media Nina Degollado, Lydia Doty, Cathy Kuhles, Jamie Lane, Chris Pittman, Kenneth Whiteside

eLearning Systems Jim Bruno, Beau Clark, Annette Saunders

PHOTOGRAPHY CREDITS

Photo Credits: Abbreviations used: c-center, b-bottom, t-top, l-left, r-right, bkgrd-background. Others indicate image label.

AUTHORS: Page iii (Humbach) courtesy Nancy Humbach; (Madrigal Velasco) courtesy Sylvia Madrigal.

TABLE OF CONTENTS: Page vi (cr) ©Zefa Visual Media-Germany/Index Stock Imagery; vii (cr) ©Owen Franken/CORBIS; viii (cr) ©Art Wolfe/Getty Images; ix (cr) ©Jerry Alexander/Lonely Planet Images; x (cr) ©D. Boone/CORBIS; xi (cr) ©Bruce Dale/National Geographic Image Collection; xii (cr) ©Paul Harris/Getty Images; xiii (tr) ©Grant Dixon/Lonely Planet Images; xiii (inset) ©Harvey Lloyd/Getty Images/Taxi; xiv (cr) Don Couch/HRW; xv (cr) ©Hubert Stadler/CORBIS; xvi (tr) Don Couch/HRW; xvii (cl) John Langford/HRW; (tr) Don Couch/HRW.

CAPÍTULO 1 All photos by Don Couch/HRW except: Page xviii (b) Álvaro Ortiz/HRW; xvii (t) ©Robert Frerck/Odyssey Productions; 1 (ave) ©Sincronia Audiovisuals; (b) ©Zefa Visual Media-Germany/Index Stock Imagery; (Daimiel) ©Sincronia Audiovisuals; (flor) ©Owen Franken/CORBIS; (tl) ©Owen Franken/CORBIS; (tr) ©Owen Franken/CORBIS; (Yebes) ©Centro Astronómico de Yebes; 2 (bl) ©Index Fototeca; (br) ©Cathedral of Santiago de Compostela/Dagli Orti/Art Archive; (tl) ©Giraudon/Art Resource, NY; (tr) ©Robert Frerck/Odyssey Productions; 3 (bc) ©AP/Wide World Photos; (bl) PhotoDisc/gettyimages; (tl) ©AKG Images; (tr) ©The Stapleton Collection/Bridgeman Art Library; 4 (bl) Álvaro Ortiz/HRW; (br) ©Francesc Muntada/CORBIS; (tl) Álvaro Ortiz/HRW; (tr) ©Robert Frerck/Odyssey Productions; 5 (b) ©Metropolitan Museum of Art, New York, USA/Bridgeman Art Library; (tc) ©Museum of Fine Arts, Budapest, Hungary/Bridgeman Art Library; (tl) ©Hermitage, St. Petersburg, Russia/Bridgeman Art Library; (tr) ©Robert Frerck/Odyssey Productions; 8 (bl, l, tc, tr) Álvaro Ortiz/HRW; (br) ©Royalty-Free/CORBIS; 9 (c) Álvaro Ortiz/HRW; (r) PhotoDisc/gettyimages; 10 (bl) ©Francesc Muntada/CORBIS; (A) ©Bob Krist/CORBIS; (C) Victoria Smith/HRW; (B) PhotoDisc/gettyimages; (D)©Archivo Iconográfico, S.A./CORBIS; 11 (bl) Nancy Black/Mercury Press International; (br) ©David Young-Wolff/PhotoEdit; (c) Álvaro Ortiz/HRW; (cl) Heinz Hebeisen/Iberimage; (cr, t) ©Robert Frerck/Odyssey Productions; 12 (cl) Álvaro Ortiz/HRW; 13 (r) ©Archivo Iconográfico, S.A./CORBIS; 15 (1) ©Michael Keller/Index Stock Imagery; (2) ©David Young-Wolff/PhotoEdit; (3) ©Bob Winsett/Index Stock Imagery; (Adriana) ©Tom Rosenthal/SuperStock; 17 (1, 2) PhotoDisc/gettyimages; (3) ©Comstock Images; (4) Royalty-Free/Brand X Pictures; 18 (l) John Langford/HRW; 19 (t) ©Jean Dominique Dallet/SuperStock; 20 (t) ©Gonzalez/Laif/Aurora Photos; 21 (b) ©Jeff Greenberg/PhotoEdit; 22 (l) ©Ellen Senisi/Photo Researchers, Inc.; (r) PhotoDisc/gettyimages; 23 (tr) PhotoDisc/gettyimages; 24 (cl) ©Robert Frerck/Odyssey Productions; 25 (1) Victoria Smith/HRW; (2, 3, 4) Sam Dudgeon/HRW; 26 (all) Álvaro Ortiz/HRW; 27 (1) Don Couch/HRW; (2) Victoria Smith/HRW; (3) Sam Dudgeon/HRW; (4) PhotoDisc/gettyimages; (golf bag) ©Royalty Free/CORBIS; 29 (cl) ©Royalty-Free Rubberball Productions; (cr, l) PhotoDisc/gettyimages; (r) Victoria Smith/HRW; 30 (l) John Langford/HRW; 31 (r) ©Bob Daemmrich/PhotoEdit; 32 (l) Sam Dudgeon/HRW; 33 (bc) ©SW Productions/Brand X Pictures/PictureQuest; (bl) ©John A. Rizzo/Photodisc/PictureQuest; (br, tr) ©Royalty-Free/CORBIS; (c, cl, cr)

PhotoDisc/gettyimages; 36 (b) ©Mark Antman/The Image Works, Inc.; (t) ©Owen Franken/CORBIS; 37 (tl) ©Godo-Foto; 42 (cl) PhotoDisc/gettyimages; (cr) ©Image Ideas; (l) ©Steve Timewell/Iberianimage/Iberian Image; (r) ©Royalty-Free/CORBIS; 46 (cl, cr, r) ©Royalty-Free/CORBIS; (l) ©Image Source/PictureQuest.

CAPÍTULO 2 All photos by Don Couch/HRW except: Page 48-49 Álvaro Ortiz/HRW; 50 (bl) ©Elena Rooraid/The Image Works, Inc; (br) Álvaro Ortiz/HRW; (tc) ©Valentí Zapater - V&W/The Image Works, Inc.; (tr) ©Michael S Yamashita/Corbis; 51 (br, l, r) Álvaro Ortiz/HRW; (cl) ©Ingram Publishing; (cr) PhotoDisc/gettyimages; (tl) ©Jeff Greenberg/PhotoEdit; (tr) ©Corbis; 52 (A) ©Werran/Ochsner/ImageState; (B) ©Pablo Corral Vega/CORBIS; (bl) ©Francesc Muntada/Getty Images; (C) ©Dann Tardif/CORBIS; (D) ©Rachel Epstein/PhotoEdit; (E) Randy M. Ury/CORBIS; (F, G) PhotoDisc/gettyimages; (H) ©Brooke Slezak/Getty Images; 54 (t) Álvaro Ortiz/HRW; 55 (r) ©AP/Wide World Photos; 56 (l) John Langford/HRW; 60 (l) Sam Dudgeon/HRW; 61 (r) ©Owen Franken/CORBIS; 62 (t) ©Enrique Carrascal/Alfaqui Fotografía; 63 (b) ©AP/Wide World Photos; (br) ©Tom Fox/Dallas Morning News; (t) John Langford/HRW; 64-65 (all) Álvaro Ortiz/HRW; 66 (tl) ©Robert Fried Photography; 68 (tl) Álvaro Ortiz/HRW; 69 (r) Álvaro Ortiz/HRW; 71 (r) ©Stuart Cohen/The Image Works, Inc.; 72 (l) Gary Russ/HRW; 74 (bl) PhotoDisc/gettyimages; 78 (bl) ©Enrique Carrascal/Alfaqui Fotografía; 79 (tl) ©Eising/StockFood America; 84 (c) ©George D. Lepp/CORBIS; (l) ©Lawrence Manning/CORBIS; (r) ©Darama/CORBIS; 88 (cl, l) PhotoDisc/gettyimages; (cr) ©Mike Powell/Allsport Concepts/Getty Images; (r) Royalty-Free/CORBIS.

CAPÍTULO 3 All photos by John Langford/HRW except: page 90 (b) ©H. Rodgers/Art Directors & TRIP Photo Library; (c) ©Art Wolfe/Getty Images; (t) ©David Parker/Science Photo Library/Photo Researchers, Inc.; 91 (bc) ©NOAA; (bl) ©AP/Wide World Photos; (br) ©Jerry Alexander/Lonely Planet Images; (c) ©Martjan Lammertink; 92 (br, tr) ©North Wind Picture Archives; (cl) ©Ayuntamiento de Coruna, Spain/Bridgeman Art Library; (cr) ©Ira Block/National Geographic Image Collection; (tl) ©Robert Fried Photography ; 93 (bl) ©U.S. Naval Historical Center; (br) Catalog # 16399, Object #5162 in the Collection of the San Juan National Historic Site, San Juan, Puerto Rico. Photograph courtesy of the National Park Service; (tl) ©Bernard Boutrit/Woodfin Camp & Associates; (tr) ©Getty Images Editorial; 94 (b) From the collection of the Museum of History, Anthropology and Art of the University of Puerto Rico; (cr) ©Christie's Images; (t) ©AKG Images; 95 (bc, br) ©AP/Wide World Photos; (bl) ©The Solomon R. Guggenheim Foundation, New York/Guggenheim Museum; (c) ©Nicole Marie Sanchez/Courtesy of Fundación Ramón Oviedo; 5 (tl) The Cock, 1941 by Mariano (Mariano Rodrìguez). Oil on canvas, 29 1/4 X 25 1/8". Gift of the Comisión Cubana de Cooperación Intelectual.Digital Image ©The Museum of Modern Art/Licensed by SCALA/Art Resource, NY; (tr) Cuatro Vientos, 2000 by Ramón Oviedo. Acrylic on canvas, 50 x 70 inches. Private collection of Antonio Ocaña; 98 (all) Nathan Keay/HRW; 99 (r) Sam Dudgeon/HRW; 100 (bl) ©Robert Fried Photography; 103 (bc) Mary Kate Denny/PhotoEdit; (c) ©David Young-Wolff/PhotoEdit; (l) ©Sean Murphy/Getty Images; (r) ©David White/Index Stock Imagery; 104 (l) Sam Dudgeon/HRW; 105 (all) Sam Dudgeon/HRW; 107 (cr) ©P. Treanor/Art Directors & TRIP Photo Library; 110 (t) ©Jeff Greenberg/PhotoEdit; 111 (b) ©D. Donne Bryant/DDB Stock Photography; (t) Don Couch/HRW; 114 (A, B, D, E, F) Sam Dudgeon/HRW; (C) Nathan Keay/HRW; 115 (tr) ©Robert Fried Photography; 117 (r) ©Keith Dannemiller/CORBIS/SABA; 119 (all) Sam Dudgeon/HRW; 120 (l) Sam Dudgeon/HRW; 122 (bc, tc, tl) Sam Dudgeon/HRW; (bl, br) Victoria Smith/HRW; 126 (r) ©Michael Newman/PhotoEdit; (tl) PhotoDisc/gettyimages; 127 (l) PhotoDisc/gettyimages; 136 (all) Sam Dudgeon/HRW.

CAPÍTULO 4 All photos by John Langford/HRW except: Page 140-141 (all) David Pou/HRW; 143 (cr) ©Tom Bean/CORBIS; (cr) ©Martha Cooper/Viesti Associates, Inc.; 145 (1) Michael Newman/PhotoEdit; (2) ©David Lok/SuperStock; (3) ©Royalty-Free/CORBIS; (4) Don Couch/HRW; (tr) Rudi Von Briel/PhotoEdit; 149 (1) David Pou/HRW; (3) David Pou/HRW; (4) David Pou/HRW; (yo) ©Michael Newman/PhotoEdit; 150 (cl) David Pou/HRW; 151 (cr) Don Couch/HRW; 152 (t) ©Rob Lewine/CORBIS; 153 (b) ©Rudi Von Briel/PhotoEdit; (br) Victoria Smith/HRW; (t) Sam Dudgeon/HRW; 154 (all) David Pou/HRW; 155 (bl) William Koechling/HRW; (cl, cr) David Pou/HRW; (tl) Victoria Smith/HRW; 156 (a.) David Pou/HRW; (b.) Victoria Smith/HRW; (c.) David Pou/HRW; (d.) David Pou/HRW; (e.) William Koechling/HRW; (f.) William Koechling/HRW; 157 (cr) David Pou/HRW; 158 (tl) David Pou/HRW; 159 (a-b, d-f) William Koechling/HRW; (c.) Sam Dudgeon/HRW; 160 (l) Gary Russ/HRW; 163 (1-3, 5-6) William Koechling/HRW; (4.) Sam Dudgeon/HRW; 164 (l) Don Couch/HRW; 168-169 (all) David Pou/HRW; 170-171 (all) William Koechling/HRW; 172 (1) Mary Ellen Bartley/Foodpix; (2) Dorling Kindersley LTD Picture Library; (3) PhotoDisc/gettyimages; (4) ©Royalty Free/CORBIS; (5) Scott Vallance/VIP Photo/HRW; (6) PhotoDisc; (tr) William Koechling/HRW; 174 (tc) ©Chuck Savage/CORBIS; (tl) ©Stockbyte/SuperStock; (tr) ©David Young-Wolff/PhotoEdit; 178 (all) William Koechling/HRW.

CAPÍTULO 5 All photos by Don Couch/HRW except: Page 180-181 (t) ©David Muench/GETTY; 180 (br) ©Raymond Watt/Albuquerque International Balloon Fiesta, Inc.; (c) ©NASA Human Space Flight Gallery; 181 (bl) ©Anthony Cooper, Ecoscene/CORBIS; (br) ©Royalty-Free/CORBIS; (c) ©Bettmann/CORBIS; (tl) ©Goldberg Diego/CORBIS/Sygma; (tr) ©Bruce Dale/National Geographic Image Collection; 182 (bl) ©Collection of Moody Medical Library, The University of Texas Medical Branch, Galveston/Adair Margo Gallery; (br) ©José Luis Soto/Museum of National Independence, Dolores Hidalgo, Mexico/©Doranne Jacobson/International Images; (tl) ©David Frazier/Getty Images; (tr) ©Philip James Corwin/CORBIS; 183 (b) ©D. Boone/CORBIS; (c) ©CORBIS; (tl) ©North Wind Picture Archives; 184 (bl) ©Robert Frerck/Getty Images; (br) ©John Loengard/Time Life Pictures/Getty Images Editorial; (tl) ©Dewitt Jones/CORBIS; (tr) ©PlaceStockPhoto; 185 (alfombra) ©George H. H. Huey/CORBIS; (b) ©Mario Torero; (cl) Sandía/Watermelon ©1986 by Carmen Lomas Garza. Gouache painting on paper, 20 x 28 inches. Collection of Dudley D. Brooks & Tomas Ybarra-Frausto, New York, NY./Courtesy of Carmen Lomas Garza; (cr) ©David W. Hamilton/Getty Images; (tl) ©David Tineo; 186-187 Gary Russ/HRW; 188 (br) Martha Granger/Edge Video Productions/HRW; (tl) Victoria Smith/HRW; (tr) Gary Russ/HRW; 189 (c) Gary Russ/HRW; 190 (A) ©Robert Emmett Bright/Photo Researchers, Inc; (B) ©Robert Fried Photography; (C) ©Virginia Historical Society, Richmond, Virginia; (D) ©Albright-Knox Art Gallery/CORBIS; (E) ©New York Historical Society; (F) ©Mary Heller/Mira; 191 (bc) ©Marilee Whitehouse-Holm/SuperStock; (bl) ©Dennie Cody/Getty Images; (br) ©National Anthropological Museum Mexico/Dagli Orti/Art Archive; 193 (r) ©Robert Frerck/Odyssey Productions; 194 (l) Sam Dudgeon/HRW; 195 (1) PhotoDisc/gettyimages; (2) ©SuperStock; (3) ©Steve Vidler/SuperStock; (4) ©ARS, NY/©The Museum of Modern Art/Licensed by SCALA/Art Resource, NY; (t) ©Royalty-Free/CORBIS; 196 (l) ©El Paso Museum of Archaeology; 197 (r) ©Bob Daemmrich Photography; 198, (l) Sam Dudgeon/HRW; 199 (tr) ©Joel Salcido/Bob Daemmrich Photography; 200 (tl) painting ©2004 Banco de México Diego Rivera & Frida Kahlo Museums Trust. Av. Cinco de Mayo No. 2, Col. Centro, Del. Cuauhtémoc 06059, México, D. F.; photo source©Robert Frerck/Odyssey Productions; Reproduction Authorized by the National Institute of Fine Arts and Literature, Mexico City; 201 (br) ©Dave G. Houser/Houserstock, Inc.; 202 (l) Gary Russ/HRW; 204 (A) ©A. Tovy/Art Directors & TRIP Photo Library; (B) ©BSIP Agency/Index Stock Imagery; (C) ©AP/Wide World Photos; (D) PhotoDisc/gettyimages; (E) ©Odile Noel/Lebrecht Collection; (F) ©Wolfgang Kaehler Photography; 205 (cr) ©Bob Daemmrich/Stock Boston; 207 (cr) ©Danny Lehman/Corbis; (r) Leonel Monroy/Latin Focus; 212 (l) John Langford/HRW; 216 (l) ©Bettmann/Corbis; 222 (c) ©Susan Ruggles/Index Stock Imagery; (l) ©Michael S. Yamashita/Corbis; (r) ©Michael Newman/PhotoEdit; 226 (A) ©Greg Williams/Latin Focus; (B) ©Robert Fried/DDB Stock Photography; (C) ©Jeff Greenberg/PhotoEdit; (D) ©Jay Syverson/Corbis.

CAPÍTULO 6 All photos by Sam Dudgeon/HRW except: Page 228-229 Gary Russ/HRW; 230 (bc) ©Shelley Gazin/Corbis; (bl) ©Larry Kolvoord/The Image Works, Inc.; (br) ©Wesley Boxce/Getty Images Editorial; 231 (cl) ©Spencer Grant/PhotoEdit; (cr) Keith Dannemiller/Corbis/SABA; (tl) ©Luis Diez Solano/COVER/The Image Works, Inc.; (tr) STR/AFP/Getty Images; 232 (desierto) Paul Mccormick/Image Bank/Getty Images; (tv) PhotoDisc/gettyimages; 233 (tr) Don Couch/HRW; 234 (t) Don Couch/HRW; 235 (cr) ©Robert Frerck/Odyssey Productions; 236 (cl) ©Robert Fried Photography; 237 (cr) ©Bob Daemmrich/The Image Works, Inc.; 238 (l) John Langford/HRW; 240 (l) John Langford/HRW; 241 (cr)

©Robert Frerck/Odyssey Productions; 242 (b) Gary Russ/HRW; (t) ©Robert Fried Photography; 243 (br) ©Tony Arruza Photography; (t) Don Couch/HRW; 244 Victoria Smith/HRW; 245 (all) Victoria Smith/HRW; 246 (bl) ©Bob Daemmrich Photography; (tl) ©Action Images/Icon Sports Media; 247 (1, 2, 4, 6, 7,8) Victoria Smith/HRW; 248 (tl) Victoria Smith/HRW; 249 (cr) ©Robert Frerck/Odyssey Productions; 251 (cr) ©Royalty-Free/CORBIS; 252 (bl) ©Despotovic Dusko/Corbis/Sygma; 253 (cr) ©DigitalVision; 258 (t) ©Reuters NewMedia Inc./CORBIS; 259 (b) ©Reuters NewMedia Inc./CORBIS; (tl) ©AFP/CORBIS; 264 (bc) ©José Luis Pelaez, Inc./CORBIS; (bl) ©Quin Llenas/Cover/The Image Works, Inc.; (tc) ©Larry Kolvoord/The Image Works, Inc.; (tr) ©Robert E. Daemmrich/Getty Images; 268 (cl) ©STL/Icon Sports Media; (cr) ©Davis Barber/PhotoEdit; (l) ©Peter Beck/CORBIS; (r) ©Len Kaufman.

CAPÍTULO 7: All photos by Don Couch/HRW except: Page 270 (t) PhotoDisc/gettyimages; 271 (b) ©Francois Gohier/Photo Researchers, Inc.; (tr) ©Grant Dixon/Lonely Planet Images; (tr inset) ©Frank Schreider/Photo Researchers, Inc.; 272 (b) ©North Wind Picture Archives; (tl) Atahualpa, Fourteenth Inca, 1 of 14 Portraits of Inca Kings, Colonial Period, mid 18th century, Peru, South America. Oil on canvas, 23 5/8 x 21 3/4 in., ©Brooklyn Museum of Art. 1995.29.14; (tr) ©Pablo Corral Vega/CORBIS; 273 (b) ©AP/Wide World Photos; (cl) ©Hippenmeyer/AFP/Getty Images; (cr) ©Bettmann/CORBIS; (tl) ©Museo Nacional de Bellas Artes/Kactus Foto/SuperStock; 274 (bl) ©Paul Harris/Getty Images; (br) La Santusa 1928, José Sabogal, Cajabamba, Cajamarca, 1888 - Lima, 1956, óleo sobre lienzo sobre nórdex, 65 x 56 cm. Museo de Arte de Lima, donación Manuel Cisneros Sánchez, cód. V-2.0-401./©Museo de Arte de Lima; (tl) ©Ronald Sheridan/Ancient Art & Architecture Collection, Ltd.; (tr) ©Photo by Paul Maeyaert/Cuzco Cathedral, Cuzco, Peru/Bridgeman Art Library; 275 (br) Columbine Galleries, Loveland CO; (c) ©Miguel Andrango; (tl) ©Guayasamín Foundation Collection/Fundacion Guayasamín; 279 (tl) ©Robert Fried Photography; 282 (t) ©Todd Wolf; 285 (r) ©Jeremy Horner/CORBIS; 287 (cl, cr) ©David Young-Wolff/PhotoEdit; (l) ©A. Ramey/PhotoEdit; (r) ©Vanessa Vick/Photo Researchers, Inc.; 288 (cl) ©David Young-Wolff/PhotoEdit; (cr) ©Kindra Clineff/Index Stock Imagery; (l) ©Bob Daemmrich/PhotoEdit; (r) ©Bill Aron/PhotoEdit; 289 (r) ©Robert Frerck/Odyssey Productions; 291 (b, br) ©AP/Wide World Photos; 293 (tl) ©Mark Scott/Alamy; 294 (bl) ©AP/Wide World Photos; (cl) ©SuperStock; (cr) ©Bob Daemmrich Photography; (l) ©Rob Lewine/CORBIS; (r) ©Michelle D. Bridwell/PhotoEdit; 297 (cr) ©Robert Frerck/Odyssey Productions; 298 (bl) ©Robert Frerck/Odyssey Productions; 300 (bl) ©Pablo Coral Vega/CORBIS; 302 (cl) ©Loren McIntyre/Woodfin Camp & Associates; 306 (b) ©Len Kaufman; (t) ©Steve Vidler/SuperStock; 307 (b, t) ©Robert Frerck/Odyssey Productions; 312 (cl) ©Myrleen Ferguson Cate/PhotoEdit; (cr) ©Charles Gupton/CORBIS; (l) ©Daniel Zheng/CORBIS; (r) ©ImageState; 316 (bl) ©Susan Van Etten/PhotoEdit; (br) ©Anton Vengo/SuperStock; (tl) ©J. Highet/Art Directors & TRIP Photo Library; (tr) ©Michelle D. Bridwell/PhotoEdit.

CAPÍTULO 8 All photos by Don Couch/HRW except: Page 320 (tl) Sam Dudgeon/HRW; 321 (c) ©Fujifotos/The Image Works, Inc.; 323 (1) Peter Van Steen/HRW; (2) Victoria Smith/HRW; (2-screen, 3, 4-boy) Sam Dudgeon/HRW; (4-robot) ©Fujifotos/The Image Works, Inc.; 325 (r) ©Robert Fried Photography; 326 (l) Sam Dudgeon/HRW; 328 (cl) ©Robert Frerck/Odyssey Productions; 331 (bc, bl, br, tc, tr) Sam Dudgeon/HRW; (tl) Victoria Smith/HRW; 332 (t) ©Bob Daemmrich/Bob Daemmrich Photography; 333 (b) ©Patrick Zachmann/Magnum Photos; (br) Peter Van Steen/HRW; 336 (cl) ©Julio Macedo; 340 (l) John Langford/HRW; 341 (r) John Langford/HRW; 343 (1.) Sam Dudgeon/HRW ; (2.) ©Digital Vision; (3.) PhotoDisc/gettyimages; (4.) ©G.K. & Vikki Hart/PhotoDisc/gettyimages; (yo) PhotoDisc/gettyimages; 344 (l) John Langford/HRW; 345 (tr) ©Marcel & Eva Malherbe/The Image Works, Inc.; 348 (l) ©Jeff Greenberg/The Image Works, Inc.; (r) ©Patrick Zachmann/Magnum Photos; 349 (tl) ©Melanie Carr/ImageState; 354 (a.) PhotoDisc/gettyimages; (b.) PhotoDisc/gettyimages; (c.) PhotoDisc/gettyimages; (d.) ©Fujifotos/The Image Works, Inc.; 358 (all) Sam Dudgeon/HRW.

CAPÍTULO 9 All photos by Don Couch/HRW except: Page 360 (t) ©Victor Englebert Photography; 361 (b) ©Hubert Stadler/CORBIS; (chaco) ©R. Cinti/Focus; (Houssay) ©Mary Evans Picture Library; (Leloir) ©Mary Evans Picture Library; (Montevideo) ©Daniel Rivademar/Odyssey Productions; 362 (b) ©Museo Nacional de Bellas Artes, Buenos Aires/Dagli Orti/Art Archive; (tl) Biblioteca Nacional de Chile; 363 (b) ©AFP/CORBIS; (c) ©Norman Tomalin/Alamy; (tl) ©Bettmann/CORBIS; (tr) ©Peter Marlow/Magnum Photos; 364 (br) ©Museo Histórico Nacional, Buenos Aires, Argentina/Index/Bridgeman Art Library; (tl) ©Chris Sharp/DDB Stock Photography; (tr) ©Hubert Stadler/CORBIS; 365 (cl) ©ARS, NY/Giraudon/Art Resource, NY; (tr) ©Mercedes Ulloa; 370 (bl) ©AP/Wide World Photos; 374 (bl) ©Kenneth W. Fink/Photo Researchers, Inc.; 377 (cr) ©John Gefrom/Latin Focus; 379 (cr) ©Robert Holmes/Robert Holmes Photography; 381 (b) ©Stock Montage; (br) ©Archivo José Luis Dorado/Godo-Foto; 382 (br) ©Index/Bridgeman Art Library; (tr) ©SuperStock; 383 (b) ©Museo Nacional de Historia, Lima/Dagli Orti/Art Archive; (tl) ©CORBIS; (tr) ©Mary Evans Picture Library; 384 (bl) ©Bettmann/CORBIS; (cl) ©Robert Fried Photography; (cr) ©Steve Casimiro/Getty Images; (l) ©Digital Vision; (r) ©Clarin/CORBIS/Sygma; 385 (tr) ©Robert Frerck/Odyssey Productions; 387 (cl) ©AP/Wide World Photos; (cr) ©Pablo Corral Vega/CORBIS; (l) ©Bettmann/CORBIS; (r) ©Daniel Aguilar/Reuters/Time Life Pictures/Getty Images; 388 (l) Sam Dudgeon/HRW; 390 (l) Azul y Blanco afiche gentileza del director Sebastián Araya, Chile; 391 (cr) PhotoDisc/gettyimages; 392 (bl) ©Pablo Corral Vega/CORBIS; 397 (tl) Peter Marlow/Magnum Photos; 406 (cl) Victoria Smith/HRW; (cr) Sam Dudgeon/HRW; (l, r) Peter Van Steen/HRW.

CAPÍTULO 10 All photos by Don Couch/HRW except: Page 410 (b) ©Nik Wheeler/CORBIS; (c, cr) ©AP/Wide World Photos; (cl) ©Stephen Frink/Getty Images; 411 (tl) ©Victor Englebert Photography; (tr-inset) Francois Gohier/Photo Researchers, Inc; (tr) Rogerio Reis/Tyba/BrazilPhotos; 412 (A) ©Vo Trung Dung/CORBIS/Sygma; (B) ©Stephen Frink/Index Stock Imagery; (C) ©Popperfoto/Alamy; (D) ©G. H. Harrison/Bruce Coleman Inc.; (bl) ©Topical Press Agency/Hulton Archive/Getty Images; 413 (cr) ©AFP/CORBIS; 415 (cr) ©Walter Bibikow/Index Stock Imagery; 416 (bl) Sam Dudgeon/HRW; 417 (cl, cr, r) Sam Dudgeon/HRW; (l) Victoria Smith/HRW; 418 (bl) ©Topham/The Image Works, Inc.; 419 (r) David Phillips/HRW; 420 (b) ©Robert Frerck/Odyssey Productions; (cl) John Langford/HRW; 422 (t) ©AFP/CORBIS; 423 (br) ©Heidi Jo Brady/Odyssey Productions; 424 (bl) ©Tony Freeman/PhotoEdit; (br) ©Alex Ocampo/The Photoworks/DDB Stock Photography; (cl) ©Francesc Muntada/CORBIS; (cr) ©Neil Beer/CORBIS; 425 (bl) ©Joséph Sohm, Visions of America/CORBIS; (tl) ©Rob Crandall/The Image Works, Inc.; (tr) ©Photographer 9074/ImageState; 426 (bl) ©Carlos Goldin/DDB Stock Photography; 431 (1, 2) Sam Dudgeon/HRW; (3) Peter Van Steen/HRW; (4) Peter Chartrand//DDB Stock Photography; (cr) ©Bruce Clarke/Index Stock Imagery; 432 (l) ©Robert Frerck/Odyssey Productions; 433 (1) ©SuperStock; (2) ©WP Wittman Photography; (3) ©Carlos Reyes-Manzo/Andes Press Agency; (4) ©Inga Spence/Visuals Unlimited; (5) ©Bill Varie/CORBIS; (6) Charles Philip/Photri-Microstock; 434 (tl) ©Spencer Grant/Stock Boston; 435 (r) ©Luis Padilla/Getty Images; 439 (tl) ©Frank Kletschkus/ImageState; 444 (cl) ©Bettmann/CORBIS; (cr) ©Reuters NewMedia Inc./CORBIS; (l) ©Ian Cartwright/PhotoDisc/gettyimages; (r) ©AFP/CORBIS; 448 (cl, cr) Sam Dudgeon/HRW; (l, r) Victoria Smith/HRW.

REPASO DE VOCABULARIO: Page R9 (br) ©David Young-Wolff/PhotoEdit; (cl) PhotoDisc/gettyimages; R10 (bl) PhotoDisc/gettyimages; (br) ©Robert Fried Photography; (br-screen) Paul Mccormick/Image Bank/Getty Images; (cr, tr) Don Couch/HRW; (tl) John Langford/HRW; R11 (bl) ©Stockbyte; (cl) ©Royalty Free/CORBIS; (cr) David Pou/HRW; R12 (bl, br) William Koechling/HRW; (cr) David Pou/HRW; (tl) ©Ingram Publishing; R13 (br) ©Victor Englebert Photography; (cl) PhotoDisc/gettyimages; (cr) Don Couch/HRW; (tl) William Koechling/HRW; R14 (l) ©Bob Winsett/Index Stock Imagery; (r) ©Jeff Greenberg/PhotoEdit.

VOCABULARIO ADICIONAL: Page R15 (all) PhotoDisc/gettyimages; R16 (bl) PhotoDisc/gettyimages; (br) John Langford/HRW; (tl) Don Couch/HRW; R17 (bl) PhotoDisc/gettyimages; (br, tl) ©Royalty-Free/CORBIS; R18 (Chac Mool) ©Royalty-Free/CORBIS; (computer) ©Thinkstock; (llamas, windmills) Don Couch/HRW; (tl) Ryan McVay/PhotoDisc/gettyimages; R19 (r) PhotoDisc/gettyimages.

NOVELA STILL PHOTOS and ¿TE ACUERDAS? ICON KIDS: Puerto Rico - John Langford/HRW; Spain, Mexico, Costa Rica, Peru, Chile, Argentina - Don Couch/HRW.